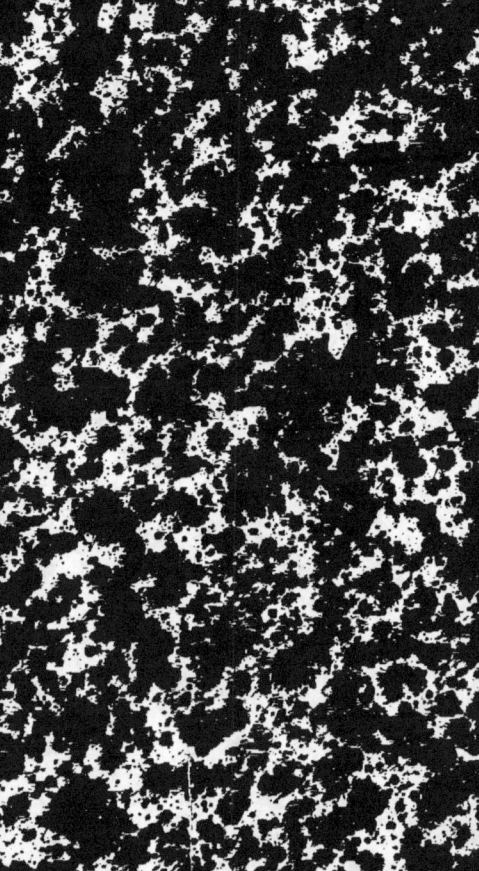

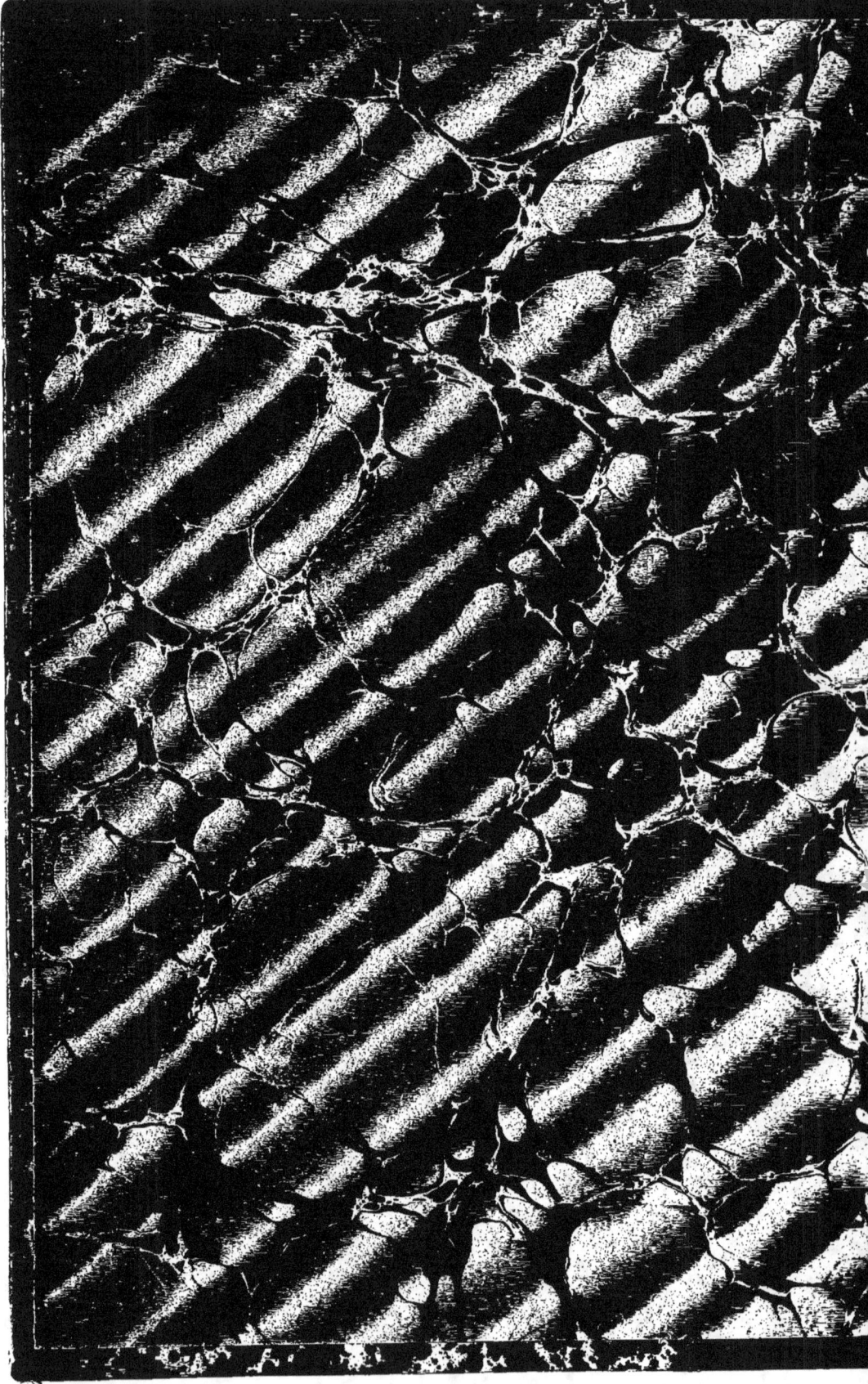

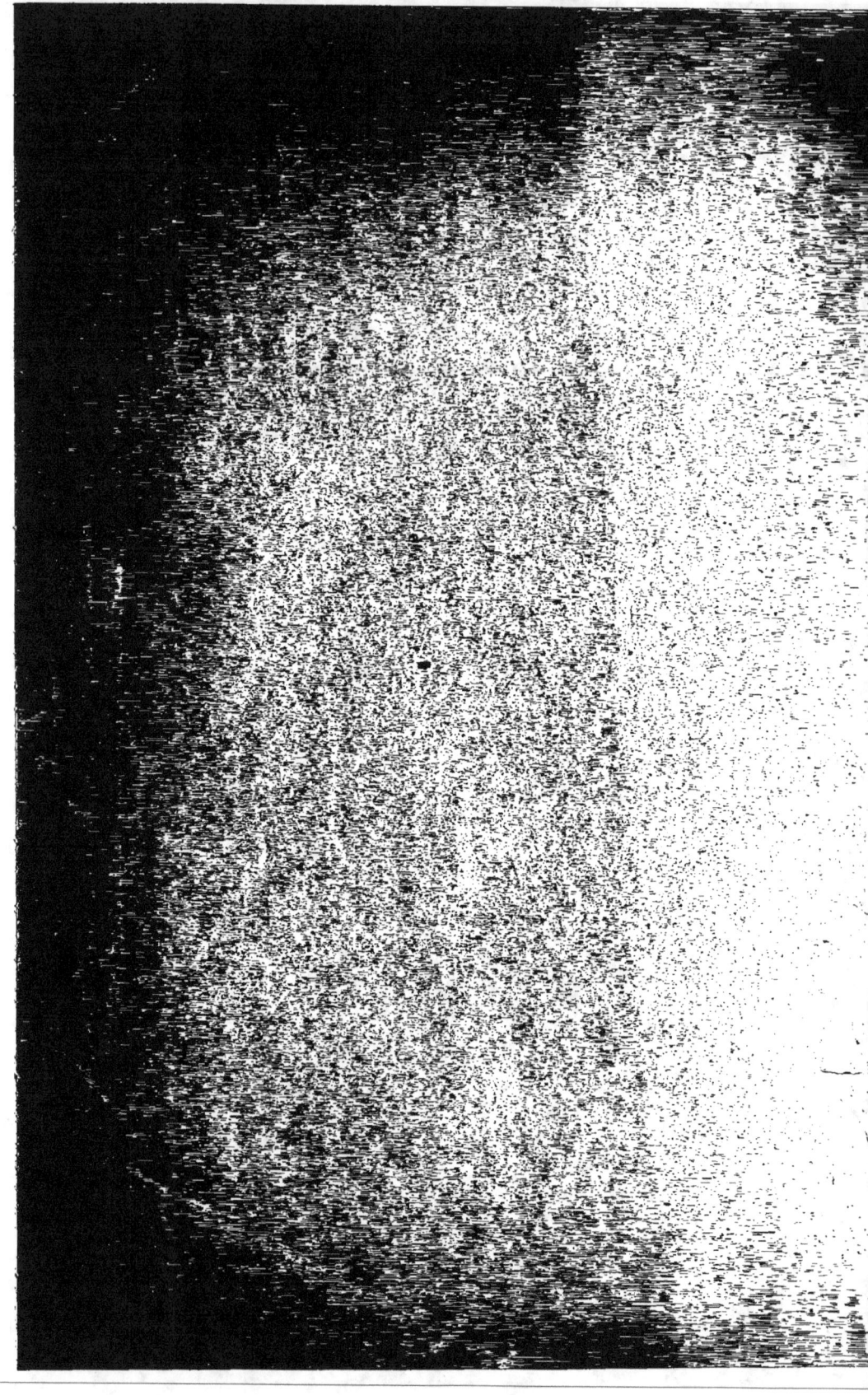

FLEURS HISTORIQUES

PIERRE LAROUSSE

D'après un buste de PERRAUD

FLEURS HISTORIQUES

CLEF DES ALLUSIONS AUX FAITS ET AUX MOTS CÉLÈBRES
QUE L'ON RENCONTRE FRÉQUEMMENT
DANS LES OUVRAGES DES ÉCRIVAINS FRANÇAIS

PAR

P. LAROUSSE

Auteur des FLEURS LATINES

Indocti discant et ament meminisse periti.
LE PRÉSIDENT HÉNAULT.

HUITIÈME ÉDITION

PARIS
LIBRAIRIE LAROUSSE
13-17, RUE MONTPARNASSE (6ᵉ)
SUCCURSALE : Rue des Écoles, 58 (Sorbonne)

PRÉFACE

COMMENT ON PEUT FAIRE UNE PRÉFACE SANS LE VOULOIR
ET SANS LE SAVOIR

Donc, puisqu'il est bien décidé que pas un lecteur qui se respecte ne saurait lire une préface, on se demande, aux premières lignes de celle-ci : pourquoi tant de préfaces, écrites avec tant de zèle et tant de soins par quantité de bons écrivains et d'honnêtes gens désireux de plaire au lecteur bénévole et de capter ses bonnes grâces? — « Hors-d'œuvre! La préface est un hors-d'œuvre ! » Et ils ont tout dit. Eh bien! supprimez-vous les *hors-d'œuvre* d'un festin bien ordonné?

Un livre que l'auteur vous invite à parcourir, sur chaque page duquel il interroge votre goût, il attend avec anxiété votre jugement, n'est-ce pas un banquet dont il est l'amphitryon? C'est au nouveau Trimalcion à faire les frais du festin; il ne faut pas que le convive soit un instant sans entendre une bonne parole, ou sans quelque chose à grignoter. Le véritable amphitryon est celui qui vous tient attentif des œufs aux fruits, des radis aux cerneaux ! Le véritable écrivain tiendra donc son lecteur, de la *préface* au mot : *fin !* sinon l'auteur manque à sa tâche, l'amphitryon manque à sa gloire, et Célimène aura toute raison de lui reprocher

> Que de son cuisinier il s'est fait un mérite,
> Et que c'est à sa table à qui l'on rend visite ;
> Qu'il prend soin d'y servir des mets fort délicats,
> Mais que l'on voudrait bien qu'il ne s'y servît pas.

En outre, la préface est au livre ce que sont à la conversation ces vaines mais utiles formules que s'adressent deux amis quand ils se rencontrent : « Bonjour, cher... comment cela va-t-il ?... » Et cependant, quel est le mal-appris qui oserait s'affranchir de ces banalités ?

Bientôt l'*abordage* étant fait, voilà nos deux amis qui se racontent l'un à l'autre leurs émotions, voire leurs aventures, depuis leur dernière rencontre, et plus d'une fois la causerie qui a commencé par : *Comment vous portez-vous ?* s'élève aux plus hautes considérations. D'où il suit qu'il ne faut rien mépriser... et rien négliger des grandes et des petites choses de l'esprit humain.

L'été passé, des bords fleuris de l'Oanne, délicieuse petite rivière du département de l'Yonne perdue au milieu des bois, arrivait dans notre modeste ermitage de Billancourt une jeune provinciale. J'ajouterais bien que madame Laurence n'est ni blonde ni brune, ni grande ni petite, ni vieille ni jeune ; mais comme ces antithèses superbes émaillent déjà tous nos traités de rhétorique, je vous dirai tout bonnement qu'elle est sage, bien tournée et d'agréable aspect.

La journée du lendemain fut employée par cette aimable femme à visiter le musée du Louvre et le musée du Luxembourg ; moi, malheureux, retenu par mes livres en mon logis studieux. Le soir de cette rude journée, on était à table, à ce moment du repas où une douce langueur commence à circuler dans les veines. La conversation eut son tour ; on causa, non de la politique... une trépassée, mais d'histoire, de beaux-arts, de littérature, aimables et vivantes passions qui nous trouvent toujours attentifs. La modeste et sérieuse Laurence, qui, grâce à Dieu, prend volontiers sa part d'une causerie étrangère aux magasins de modes de la rue de la Paix, se mit à nous raconter, en termes entrecoupés de moues charmantes et de jolis airs boudeurs, la déception, disons le mot, l'ennui qu'elle venait d'éprouver dans la compagnie des Raphaël, des Michel-Ange, des Rubens, des Rembrandt, des Murillo.

« ..... Certes, s'écriait-elle, j'ai vu d'admirables choses ; les plus riches tableaux, les plus magnifiques statues, les œuvres immortelles des plus grands maîtres ; toutes les écoles, française, italienne, florentine, flamande, hollandaise, espagnole, rassemblées comme dans un banquet divin. Mais à chaque maître, à chaque toile, à chaque école, était attaché le mot : *Mystère !*

» Ah ! ce grand Louvre... On dirait d'une énigme à deviner. Un chiffre, et voilà tout ! un chiffre inerte et muet, pour m'expliquer les scènes dramatiques ou légères, guerrières ou riantes, simples ou grandioses que j'avais sous les yeux ! Je voyais des personnages se mouvoir et s'agiter dans tous les sens ; leurs yeux respiraient toutes les passions, leurs figures exprimaient tous les sentiments : palais, temples, chaumières, la couronne et la houlette, le sceptre et l'éventail ! tout menaçait, pleurait, souriait, s'agitait, et moi, dans ce tourbillon de toutes les gloires, de toutes les douleurs, je cherchais en vain le motif, la passion, l'accident qui faisait s'épanouir, grincer, rugir, gémir, prier tant de personnages si divers.

» Oui, dans ces galeries sans fin peuplées par le génie, qui éclate sous mille aspects, le philosophe ou le critique a oublié d'allumer la lanterne.

..... Je vois bien quelque chose ;
Mais je ne sais pour quelle cause,
Je ne distingue pas très bien.

» En présence de tous ces chefs-d'œuvre, et sans une charitable légende qui serait le fil d'Ariane entre les mains de tous ceux qui ne sont pas familiers avec l'histoire des beaux-arts, j'étais comme l'affamé savourant du regard les figues appétissantes, les abricots dorés, les pêches vermeilles, les raisins empourprés, dont une grille infranchissable le sépare... *Ils sont trop verts !...*

» Ah ! ce supplice d'une curiosité inassouvie est cent fois plus cruel que le supplice de Tantale et d'Ugolin. »

Tous les convives répondirent aux justes plaintes de la jeune dame par un signe d'assentiment.

« Entre autres drames sans nom, reprit Laurence, j'ai été vivement émue à l'aspect d'un tableau rempli de mouvement et de tumulte : des hommes, je devrais dire des tigres, ivres de fureur, partagés en deux camps, semblent sur le point d'en venir aux mains ; ils brandissent leurs armes, se provoquent du regard ; encore un moment, et la mêlée ardente va s'engager, le sang coulera à flots ; au même instant accourent des femmes éperdues, échevelées, portant dans leurs bras de tout petits enfants qu'elles élèvent au-dessus de leur tête, et qu'elles semblent présenter aux deux partis avec des angoisses inexprimables : éplorées, suppliantes, elles se précipitent entre les combattants... et voilà nos soldats qui laissent tomber leurs armes et leur fureur! Pour la première fois peut-être, sur un champ de bataille, la faiblesse paraît triompher de la force. — A la fin, j'interroge le *muet*, c'est-à-dire mon livret, qui me fait cette sublime réponse, divisée en trois points, comme un sermon de Bourdaloue : n° 149, *David, les Sabines.*

— Eh bien, dis-je à mon tour, mon éloquente Laurence, je comprends votre émotion : vous étiez en présence d'un des chefs-d'œuvre du grand peintre à qui nous devons une salutaire révolution dans l'école française. Ce tableau représente un des épisodes les plus dramatiques de l'histoire romaine. En voici la légende : pour augmenter la population de son État naissant, Romulus avait ouvert un asile à tous les aventuriers qui voudraient partager les futures grandeurs de l'empire qu'il avait fondé. Mais les femmes manquaient à ces héros. Ils étaient seuls et sans famille. « Pas d'amour, partant pas de joie ! » En vain ils imploraient l'alliance de leurs voisins ! « Cherchez, disaient ces dédaigneux, des femmes qui vous ressemblent ! »

Repoussé de toutes parts, le fils de la louve fait proclamer une fête et des jeux publics... A cette annonce heureuse, les jeunes Sabines, superbement parées, vinrent en foule. Au plus beau moment de la fête, et ces curieuses s'abandonnant au double plaisir de voir et d'être vues, soudain nos jeunes bandits se précipitent comme des lions sur ces timides gazelles. A l'aide! au meurtre! au secours! Elles criaient, elles pleuraient!... et cependant... quelques jours plus tard, elles pardonnèrent. Mais les pères, et les frères, et les fiancés de ces filles : « A Rome ! à Rome, et vengeons-nous ! » Ils attendirent toute une année... O conflit mémorable ! ô bataille entre ces frères et ces beaux-frères ! Ce fut alors que, portant leurs enfants dans leurs bras, les Sabines accoururent et se jetèrent entre les combattants.

— Grâce à vous, cher maître, je comprends le drame, et je revois le tableau ! Que dit le proverbe : un peu d'aide fait grand bien ! Vous m'avez aidée, je continue, avec votre permission.

» Du Louvre au Luxembourg, il n'y a qu'un pas ; voyons cependant si notre OEdipe m'expliquera aussi facilement les énigmes de cette galerie où les peintres vivants attendent les honneurs du Louvre, et les attendent patiemment. Une vaste toile fixa tout d'abord mon attention. Des hommes, des femmes de tout âge et de toute condition, en habits de cour, en robes de soie, les traits pâles et abattus, les yeux rouges de larmes, semblent entassés dans le préau sur le seuil funeste d'une prison. Au milieu de cette foule, un personnage en costume d'archevêque, le visage calme et résigné ; puis une sorte de fonctionnaire, la tête haute, la physionomie impassible, lisant une liste fatale ; autour de cet aboyeur de la mort, et dans le fond du tableau, des figures à expression cynique et repoussante ; au premier plan, sur une misérable chaise de paille, un jeune homme, les yeux rêveurs, la tête appuyée sur la main droite, et, de la gauche, tenant des tablettes, complètement absorbé, et paraissant insensible à la scène déchirante qui se passe autour de lui... Qu'est-ce enfin, je vous le demande, que cet affreux mélange d'impassibilité et de désespoir, au fond duquel j'ai deviné un drame terrible, une minute suprême ?...

— Et vous ne vous êtes pas trompée, Laurence, vous aviez sous les yeux le tableau célèbre de M. Louis Müller : l'*Appel des victimes de la Terreur*. Le fonctionnaire dont vous parlez vient faire l'*appel* de mort des malheureux que le tribunal impie a condamnés à monter, ce jour-là, sur l'échafaud. Autour de la charrette, une insulte immense ! Hélas ! le doux jeune homme aux yeux pensifs, qui s'abandonne à la rêverie, est un enfant de l'Ionie, André Chénier...

— Quoi ! s'écria Laurence, les lèvres frémissantes et les yeux brillants d'émotion, c'était là le poète charmant de cette lyre brisée ! Ah ! le cœur se serre, en songeant qu'en ce moment il traçait sur ses tablettes ces vers touchants, interrompus par la hache :

> Comme un dernier rayon, comme un dernier zéphyre
> Anime la fin d'un beau jour,
> Au pied de l'échafaud j'essaye encor ma lyre !
> Peut-être est-ce bientôt mon tour !...
> Peut-être, avant que l'heure, en cercle promenée
> Ait posé sur l'émail brillant,
> Dans les soixante pas où sa route est bornée,
> Son pied sonore et vigilant,
> Le sommeil du tombeau pressera ma paupière.
> Avant que de ses deux moitiés
> Ce vers que je commence ait atteint la dernière,
> Peut-être, en ces murs effrayés,
> Le messager de mort, noir recruteur des ombres,
> Escorté d'infâmes soldats,
> Remplira de mon nom ces longs corridors sombres...
> . . . .

Je l'entends ! je le vois ! Il se lève ! Il marche à la mort, la tête haute et le ciel dans le regard ! Quel drame et quel tableau ! André Chénier dans le tombereau qui s'en va, lentement, sur cette place de la Révolution où le roi est mort, où sont mortes la reine et madame Élisabeth, rencontre à ce rendez-vous funèbre son digne ami le poète Roucher, et les voilà, dans l'invocation de Racine, charmant les ennuis du voyage, en se récitant ces beaux vers qui renfermaient pour eux une si poignante ironie :

> Oui, puisque je retrouve un ami si fidèle,
> Ma fortune va prendre une face nouvelle ;
> Et déjà son courroux semble s'être adouci,
> Depuis qu'elle a pris soin de nous rejoindre ici.

» Et c'est alors qu'en se frappant le front, le jeune poëte de trente ans s'écriait : « *Et pourtant j'avais quelque chose là !* » Ah ! demain, pas plus tard, en ce Luxembourg éclairé par la lanterne, je veux revoir encore une fois cette toile navrante, et pleurer tout à mon aise, à présent que je comprends cette dernière scène de la Terreur.

» Mais, puisque nous voilà en si beau chemin, cher maître, ne pourriez-vous pas encore déchirer le voile qui recouvre pour moi un charmant et gracieux tableau, dont le sujet me semble emprunté à la mythologie ? Une sorte de dieu des eaux, fort beau, en vérité, la tête couronnée de joncs et d'herbes marines, se montre au-dessus des flots réjouis ; il accueille gracieusement une belle jeune fille à l'air doux et timide, aux regards baissés et pudiques, nue, et parée à ravir d'un léger voile de fiancée qui flotte sur ses épaules.

— Je le pense bien ! c'est le Scamandre.

— Un fleuve de la Troade, je crois ?

— Précisément. Vous savez que les anciens l'avaient divinisé.

— A merveille ; mais la jeune demoiselle, était-ce quelque nymphe ou quelque fille d'honneur d'Amphitrite ?

— Non ; ce n'était qu'une simple mortelle, avec un penchant à devenir déesse, et qui même a cru l'être, pendant quelques jours. La veille de leurs noces, et selon la coutume du pays, les jeunes Troyennes allaient se baigner dans les eaux du Scamandre, offrant au dieu... ce que la fille de Jephté alla pleurer si amèrement sur la montagne. Ah! voyez la fourberie, et comme en cette religion païenne on ne savait jamais, homme ou Dieu, à qui se fier! Il advint qu'un jeune Troyen, de bonne aventure et de peu de foi, s'avisa de se déguiser en dieu marin, ce qui n'occasionne pas de grands frais de toilette, et quand la nymphe arriva, tremblante, invoquant le vieux fleuve. « — Oh! bien, me voilà, répondit le garnement, j'accepte!...» Pour cette fois, chère Laurence, il faut baisser vos beaux yeux... d'autant plus que Fontenelle était de cet avis : que la nymphe innocente en savait aussi long que son jeune imposteur.

— Ne me parlez pas de votre Fontenelle; il a passé près d'un siècle à médire des femmes, et s'il n'avait eu la main pleine que de vérités de ce genre, on lui reprocherait moins de l'avoir tenue constamment fermée. Mais comme il s'agit ici d'une accusation grave, je ne veux pas m'en tenir à une hypothèse.

— Oyez cependant comment se termina cette indigne supercherie. A quelques jours de là, Callirhoé — c'était, je crois, le nom de la jeune Troyenne — entrant dans un temple au bras d'un jeune homme qu'elle allait épouser, aperçut le beau Fleuve, en habit de ville : « Ah! s'écria-t-elle ingénument, voilà le Scamandre! »

— Euh! j'aime autant la fin que vous dites! Fontenelle, à mon sens, n'a rien trouvé de mieux. Comme on devait admirer la fiancée du Fleuve aux bras de ce jeune bourgeois!...

— L'antiquité, tout comme nous, aimait à rire; elle avait le fleuve Scamandre, et nous avons George Dandin... Dites-nous maintenant si les marbres de nos musées vous ont moins intéressés que ces toiles splendides, et si vous n'avez rien à demander aux mystères des sculpteurs.

— Vraiment si; j'ai voulu admirer cette fameuse Vénus de Milo, qui passe pour la merveille de la statuaire antique; mais, vous l'avouerai-je ? je suis restée presque aussi froide que le marbre que je considérais, en ne voyant là qu'une statue mutilée, un débris auquel mon imagination ne rattachait aucun souvenir.

— Doucement, madame, et, s'il vous plait, parlons avec plus de respect du chef-d'œuvre de ce maître inconnu qui, sans nul doute, a vu poser, sous son regard ébloui, le même modèle qui servit à Praxitèle pour sa Vénus de Cnide (1). J'ai nommé Phryné. O miracle ! on la venait admirer de toutes les extrémités de la terre ; elle fut célébrée à d'envi par les poètes, les historiens, les orateurs de la Grèce. Un poète écrivit à sa louange ces vers charmants, que Voltaire a traduits dans les plaisirs de ses vingt ans :

> Cypris passait à Cnide ; elle y trouva Cypris.
> « O ciel ! dit la déesse émue,
> Quel objet se présente à mes regards surpris !
> Aux yeux de trois mortels j'ai paru toute nue :
> Adonis, Anchise et Pâris ;
> Mais Praxitèle, où m'a-t-il vue ? »

— C'est bien la même Phryné, celle qui, accusée d'impiété, dut comparaître devant l'Aréopage ?

— Elle-même ! elle allait être condamnée, quand Hypéride, son défenseur, eut l'idée heureuse d'arracher le voile qui couvrait les épaules et le sein de cette reine de beauté. A l'aspect de tant de charmes, ces vieux juges furent désarmés, et la dame fut ramenée chez elle en triomphe. Un de nos artistes les plus célèbres, M. Gérôme, *un Grec dans les remparts de Troie*, exposait naguère un

---

(1) De savants critiques supposent que la Vénus de Milo n'est autre que la Vénus de Cnide, et que Praxitèle est ce maître inconnu.

magnifique tableau représentant Phryné devant le tribunal des héliastes. Hypéride couronne son discours par l'*éloquente* péroraison que nous venons de rapporter.

Gloire à Phryné! louange éternelle à la beauté périssable! Ils étaient bien dignes de rechercher de pareils arguments et de pareils juges, ces Athéniens qui mettaient à l'amende une femme négligente de sa coiffure! Or, justement, dans ces détails se retrouve l'histoire entière de la cité de Minerve.

— A merveille; et cette fois, grâce à vos bienveillantes explications, je pourrai me passer du livret, dont le laconisme me mit hier si fort en colère. Un livret! quelle misère! Il faudrait un livre tout entier!

— Hélas! madame, vous avez raison; ce guide aimable, ce cavalier servant des belles ignorantes heureuses de tout savoir, ce professeur discret n'existe pas; il manque à la fois dans toutes les sciences, dans tous les arts. Le juste dépit que vous éprouvez errante à l'aventure dans les vastes galeries du Louvre et du Luxembourg, vous l'avez ressenti mille fois dans vos lectures. Quel est le savant, l'érudit, le rhétoricien tout parfumé des lauriers du prix d'honneur, qui ne se soit vu arrêté chaque jour par ce caillou, qui ne se soit jamais piqué le nez contre ce *chardon*, pour nous servir d'un mot pittoresque de madame Émile de Girardin; un mot, une phrase, une allusion, autant d'obstacles qui vous arrêtent au milieu du chemin!... Et tire-toi de là, si tu peux!

— Eh! monsieur, à chaque instant, hier, aujourd'hui, tout à l'heure; dans le roman, dans les revues, dans les journaux, dans la conversation, je vois, j'entends de ces allusions que je comprends quelquefois, que souvent aussi je fais semblant de saisir, au risque de prendre le Pirée pour un homme. Ainsi, dans notre petite ville règne une aimable dame, hospitalière et de bonne compagnie : elle ne manque jamais de répondre au convive en retard qui s'excuse : « Eh monsieur, est-ce qu'il n'y a pas le quart d'heure de Rabelais? »

— De grâce, Laurence, tirez moins sur vos troupes.

— Aussi, mon cher cicerone, pour vous prouver ma candeur, ai-je commencé par tirer sur moi-même, et je continue ce feu de file en vous déroulant, non sans rougir, ce petit chapelet d'allusions littéraires, mythologiques ou historiques, qui sont pour moi des mystères plus obscurs que les causes efficientes ou la lumière incréée. Tenez, lisez vous-même, voici mon carnet :

— Le tison de Méléagre. — Une lettre de Bellérophon. — Mon petit ruisseau de la rue du Bac. — Et de Caron, pas un mot. — L'antre de Trophonius. — Ah ! le bon billet qu'a La Châtre ! — Après vous, messieurs les Anglais. — Avez-vous lu Baruch? — Le cor d'Astolphe. — Le chapeau de Fortunatus. — Le cercle de Popilius. — Comment peut-on être Persan? — Discussions byzantines. — L'abbaye de Thélème. — Les dés du juge de Rabelais. — Les laitues de Dioclétien. — Les grues d'Ibicus. — Le grain de sable de Pascal. — La lance de Télèphe. — Le grand Pan est mort. — L'ordre règne à Varsovie. — Apollon et Marsyas. — Le manteau d'Élie. — Le manteau d'Antisthène. — La marchande d'herbes d'Athènes. — Les manchettes de Buffon. — La tunique du Centaure. — Le festin des Lapithes. — Ai-je dit quelque sottise? — Le trait du Parthe. — Qu'on me ramène aux carrières ! — Les pavots de Tarquin. — Visages pâles qui déplaisaient à César. — Le taureau de...

— Ah, grâce et pitié ! Quel beau livre on ferait des choses que nous ne savons pas ! Toutes ces ignorances que je me sens obligée de contesser ne laissent pas que de mortifier cruellement mon amour-propre, et de contrarier vivement...

— Votre curiosité, madame?

— Eh bien, oui, là, franchement; pourquoi ne l'avouerais-je pas?

— Mais cette curiosité est légitime, et beaucoup d'honnêtes gens la partagent. Celui-là est déjà bien près de savoir, qui répond ingénument : *je ne sais pas !*

— C'est bientôt dit; mais, pas plus tard que ce matin, un banquier que je cherchais à rassurer à propos de certains bruits répandus sur l'état de ses affaires, me répondait : « *la femme de César ne doit pas même être soupçonnée.* » J'approuvai... du bonnet, en m'avouant que je ne m'attendais guère

A voir César en cette affaire.

— Eh bien, madame, vous allez saisir ce rapport, qui vous a échappé, bien qu'il soit rigoureusement exact.

Clodius, jeune patricien de la suite de Catilina, débauché comme son maître, honorait de ses empressements Pompéia, mariée à Jules-César. Une nuit, que les dames romaines, à l'abri des regards impies, célébraient les mystères de la bonne déesse, il s'introduisit sous des habillements de femme jusque dans l'appartement de Pompéia. Mais, surpris par une servante, il fut mis en jugement comme profanateur des mystères ! Le riche Clodius trouva des témoins pour attester qu'il était hors de Rome à l'heure de ces profanations, et, faute de preuves, il fut absous. César s'était contenté de répudier sa femme. Appelé en témoignage, il répondit qu'il n'avait aucune connaissance des faits qu'on imputait à l'accusé. Cette déclaration parut étrange, et l'accusateur lui demandant : pourquoi ce divorce ? — *Il ne faut pas*, répondit-il, *que la femme de César soit soupçonnée.*

— Ah ! fort bien, je saisis le rapprochement, et mon banquier avait raison. Mais voyez, ce livre inestimable, que je demandais tout à l'heure pour l'intelligence de nos musées, n'est pas moins indispensable pour les chefs-d'œuvre de notre littérature. On ne parcourt pas tous les jours les ruines de Pompéi et les galeries du Louvre, et chaque jour on lit ou l'on cause : à pied, en voiture; à la maison, en voyage; en bonne santé, malade; triste ou gai : la causerie ou le livre ! En quelque situation de corps ou d'esprit que ce soit, on feuillette un roman, un journal, une pièce de théâtre; à chaque page se trouvent rappelés un fait que l'on ignore, une allusion que l'on ne comprend pas, un mot oublié; ce sont là autant de lacunes qui restent à combler dans notre désir de connaître, autant de brèches faites au plaisir que nous demandons à la lecture.

— Ainsi, madame, à votre compte, il vous faut un livre où seraient réunis, expliqués, commentés les faits, les mots célèbres, les circonstances curieuses, les phrases originales que l'on trouve à chaque instant çà et là, cités ou rappelés dans la lecture ou la conversation?

— C'est cela même! Hélas! où trouver ce phénix, ce merle blanc, que j'ai demandé vainement à tous les échos de la librairie?

— Un livre où toutes ces choses, indépendamment de leur histoire, fussent accompagnées d'aperçus empruntés aux meilleurs écrivains, aux hommes les plus compétents; une suite intelligente d'allusions ou d'anecdotes qui réveillent le lecteur, qui soient la vivacité, l'attrait, le conseil, le compagnon du livre, et son commentaire obligé!

— Eh oui; mais, encore une fois, où le trouver?

— Un livre qui vous évitât la peine d'étudier l'histoire, ou plutôt qui vous l'apprît sans fatigue, et vous y fît trouver l'intérêt du roman?

— Eh oui, mille fois oui; mais ce livre n'existe pas.

— Je vous demande bien pardon, belle Laurence; il n'existait pas, nous l'avons inventé, le voici, vous venez d'en composer la préface.

— Mais c'est un piège, une insigne trahison, monsieur! J'ai fait une préface! Et moi qui n'en lis jamais! Que celle-ci pèse au moins sur votre conscience, car, si je l'ai faite, c'était vraiment sans le vouloir.

— Très bien, madame, elle n'en vaudra que mieux, j'en suis sûr! Ainsi, M. Jourdain faisait de la **prose** assez bonne et sans le savoir!

Pierre Larousse.

LISTE

DES

PRINCIPAUX AUTEURS CITÉS DANS CET OUVRAGE

About (Edmond).
Achard (Amédée).
Alembert (d').
Ampère.
Ancelot (madame).
Andrieux.
Arago (Jacques).
Arnault.
Asselineau (Charles).
Audigier (Henri d').
Augier (Émile).

Babinet.
Ballanche.
Balzac (Honoré de).
Banville (Théodore de).
Barbey d'Aurevilly.
Barthélemy (*Anacharsis*).
Barthélemy (le poète).
Baudin.
Bautain (l'abbé).
Beaumarchais.
Beauvoir (Roger de).
Bédollière (Émile de la).
Béranger.
Berchoux.
Berlioz.
Bernard (Charles de).
Bernardin de Saint-Pierre.
Berthoud (Henri).
Biéville (de).

Biographie Michaud.
Blanc (Louis).
Blaze (Castil).
Blaze (Elzéar).
Blaze (Henri).
Blaze de Bury.
Boileau.
Boiste.
Boitard.
Bonald (de).
Bossuet.
Bouilhet (Louis).
Bourdonnaie (de la).
Brainne (Charles).
Brazier.
Brifaut (Charles).
Brillat-Savarin.
Broglie (de).
Bussy-Rabutin.

Camp (Maxime du).
Capefigue.
Caraguel (Clément).
Carrel (Armand).
Castille (Hippolyte).
Cauchois-Lemaire.
Chamfort.
Chateaubriand.
Chauvin (Victor).
Chevalier (Michel).
Collet (Louise).

Colnet.
Comettant (Oscar).
Condorcet.
Constant (Benjamin).
Cormenin (de.
Courier (Paul-Louis).
Crétineau-Joly.
Custine (marquis de).
Cuvillier-Fleury.

Danton.
Darimon (Alfred).
Delord (Taxile).
Desmoulins (Camille).
Dictionnaire de la Conversation.
Diderot.
Didier (Charles).
Drouineau (Gustave).
Droz.
Ducange (Victor).
Dumas (Alex.).
Dumas (Alex.) fils.
Dupin aîné.
Dupin (Charles).
Duruy.
Duval (Amaury).
Duval (Georges).

Énault (Louis).
Esquiros (Alphonse).
Favre (Jules).
Fénelon.
Feuillet (Octave).
Féval (Paul).
Figaro (le).
Figuier (Louis).
Fiorentino.
Fléchier.
Fontenelle.
Forcade (Eugène).
Forge (Anatole de la).
Fouinet (Ernest).
Fourier (Charles).
Fournel (Victor).
Fournier (Édouard).
Frédéric II.
Fréron.

Garat.
Gastineau (Benjamin).
Gatien-Arnould.
Gautier (Théophile).
Génin.
Geruzez.
Girardin (madame Émile de).
Gouet (Amédée).
Granier de Cassagnac.
Grimm.
Guinot (Eugène).
Guizot.

Harpe (la).
Hatin.
Heine (Henri).
Helvétius.
Houssaye (Arsène).
Hugo (Abel).
Hugo (Victor).

Ivoi (Paul d').

Jacquemont.
Janin (Jules).
Joubert.
Jourdan (Louis).
Jouy (de).

Karr (Alphonse).
Kératry

Labitte (Charles).
Laboulaye (Édouard).
Lacordaire.
Lamartine.
Lanfrey.
Laroque.
Latouche (Henri de).
Lavergne (Alexandre de).
Lecomte (Jules).
Lemercier (Népomucène).
Lerminier.
Leroux (Pierre).
Lesage.
Liadières.
Limayrac (Paulin).

LINGUET.
LUCHET (Auguste).
LURINE (Louis).

MAISTRE (Joseph de).
MAISTRE (Xavier de).
MALLEFILLE (Félicien).
MALLET.
MARAT.
MARMIER (Xavier).
MARTIN (Aimé).
MARTIN (Henri).
MASSILLON.
MASSON (Michel).
MAZADE (Charles de).
Mémorial de Sainte-Hélène (le).
MÉRIMÉE.
MÉRY.
MEUNIER (Victor).
MICHELET.
MIRABEAU.
MIRECOURT (Eugène de).
MOLÈNES (de).
MONSELET (Charles).
MONTAIGNE.
MONTIGNY.
MOREAU (Hégésippe).
MORGAN (lady).
MORNAND (Félix).
MURGER (Henri).
MUSSET (Alfred de).

NADAR.
NAPOLÉON Ier.
NAPOLÉON III.
NAUDET.
NERVAL (Gérard de).
NETTEMENT (Alfred).
NISARD.
NODIER (Charles).
NORIAC (Jules).

PASQUIER (le duc).
PEISSE (Louis).
PÉLISSON.
PELLETAN (Eugène).
PÈNE (de).
PETIT-JEAN.

PETIT-SENN.
PEYRAT.
PHILARÈTE CHASLES.
PLUTARQUE.
PICHAT (Laurent).
PIGAULT-LEBRUN.
PLANCHE (Gustave).
PLÉE (Léon).
PLOCQUE.
POMPADOUR (la marquise de).
PONTMARTIN (Armand de).
PORTALIS.
POUJOULAT.
PRÉVOST-PARADOL.
PROUDHON (P.-J.).

QUINET (Edgar).
QUITARD.
RACINE (Jean).
RATISBONNE (Louis).
REGNARD.
Revue britannique.
Revue contemporaine.
Revue de l'Instruction publique.
Revue de Paris.
Revue des Deux Mondes.
Revue germanique.
REYBAUD (Louis).
REYNAUD (Jean).
RICHTER.
RIGAULT (Hippolyte).
RIVAROL.
ROBERT (Clémence).
ROBESPIERRE.
ROLLAND (Amédée).
ROSSI.
ROUSSEAU (J.-B.).
ROUSSEAU (J.-J.).
ROYER-COLLARD.

SACY (Sylvestre de).
SAINTE-BEUVE.
SAINTINE.
SAINT-VICTOR (Paul de).
SAISSET (Émile).
SALVANDY.
SAM.
SAND (George).

SANDEAU (Jules).
SARCEY (Francisque).
SCHILLER.
SCRIBE (Eugène).
SECOND (Albéric).
SÉGUR (comte de).
SIMON (Jules).
SOUMET (Alexandre).
SOUVESTRE (Émile).
STAEL (madame de).
STERN (Daniel).
SWETCHINE (madame).

TALBOT (Eugène).
TEXIER (Edmond).
THIERS.
TISSOT.
TOUSSENEL.

ULBACH (Louis).

VACHEROT.
VACQUERIE (Auguste).
VAPEREAU.
VAULABELLE (Achille de).
VÉRON (Eugène).
VÉRON (le docteur).
VÉRON (Pierre).
VEUILLOT (Louis).
VIEILLARD.
VIENNET.
VIGNY (Alfred de).
VILLEMAIN.
VILLEMESSANT (de).
VILLEMOT (Auguste).
VOLTAIRE.

WALTER SCOTT.
WEISS (Charles).
WOLOWSKI.

LES
FLEURS HISTORIQUES

ABIME DE PASCAL.

Génie profond, caractère étrange, Pascal était constamment plongé dans les plus hautes méditations philosophiques et religieuses. L'idée qui semble prédominante dans ses *Pensées*, petits fragments jetés sans ordre sur des papiers enfilés, c'est l'idée de l'abaissement et de la misère de l'homme quand il est seul, quand Dieu lui manque, quand il se débat par ses propres forces contre la nature et contre lui-même. M. Cousin a donné une appréciation motivée de ce penseur extraordinaire, de ce Montaigne converti, qui rassemble toutes ses forces pour annihiler la raison, et qui n'échappe au scepticisme qu'en se condamnant à une foi bien cher achetée, et elle-même pleine de doute. De là ces défaillances que l'on remarque dans les esprits les plus sains et les intelligences les plus vigoureusement trempées : Socrate avait un démon familier ; Brutus aperçut un fantôme la veille de la bataille de Philippes ; Pascal, vers la fin de sa vie, et il mourut jeune, fut tourmenté par une vision singulière : il croyait toujours apercevoir à son côté gauche un abime ouvert pour l'engloutir, et quoiqu'il eût soin de placer près de lui une chaise, afin de convaincre sa raison qu'elle était dupe de son imagination, il ne put chasser tout à fait de son esprit cette bizarre hallucination, dont quelques historiens attribuent l'origine à un accident qui faillit lui coûter la vie, sur les bords de la Seine.

La santé de Pascal s'était affaiblie. Les médecins lui conseillèrent les distractions du monde. Il y prit goût. Les conversations, le jeu même, le séduisirent. Se trouvant heureux de ce régime nouveau, il allait s'attacher à la vie du siècle par un mariage, lorsque l'aventure du pont de Neuilly le rappela à Dieu par une secousse vigoureuse et imprévue. Il se promenait dans une voiture attelée de quatre chevaux ; tout à coup l'attelage s'emporta, le carrosse fut entraîné vers le fleuve, deux chevaux y tombèrent ; mais les courroies qui les attachaient s'étant rompues, les voyageurs n'eurent que la peur de la mort.

« Cet accident, dit M. Geruzez, produisit sur l'imagination de Pascal une impression terrible. La mort l'avait menacé dans un moment où, tout entier aux plaisirs du siècle, son âme n'était pas en règle avec Dieu. Le gouffre sur les bords duquel il s'était arrêté, comme par miracle, fut pour lui l'image de l'éternité ; dès lors il vit toujours devant lui cet *abime* de l'infini prêt à l'engloutir.

Voilà ce que les hommes ont appelé sa vision et presque sa folie. L'*abîme* sans cesse présent sous les yeux de Pascal, ce fut la pensée de l'éternité, pensée austère et sublime qui gouverna le reste de sa vie, et régla tous ses mouvements, toutes ses actions, par la perspective de la mort, toujours incertaine, mais inévitable. « C'est en vain, dit-il, que les hommes détournent leur pensée de cette » éternité qui les attend, comme s'ils la pouvaient anéantir en n'y pensant point. » Elle subsiste malgré eux, elle s'avance, et la mort, qui la doit ouvrir, les » mettra infailliblement dans l'horrible nécessité d'être éternellement anéantis » ou malheureux. »

Ce dévoûment actif et sincère de M. de Talleyrand pour toutes les grandeurs qui montent, cette ingratitude froide et délibérée pour toutes les grandeurs qui descendent, enfin, cette cruauté apparente dans les principes, mêlée à je ne sais quelle douceur réelle dans le langage, dans les manières, dans les goûts, dans les habitudes, n'est-ce point là un mélange incompréhensible de toutes les idées, quelque chose d'inconnu, d'impénétrable et de ténébreux, comme le *gouffre imaginaire* qui s'entr'ouvrait sans cesse sous les pieds chancelants de Pascal?...

Louis Lurine, *Voyage dans le passé.*

La philosophie de Herder exprime d'une manière satisfaisante un certain nombre de faits d'un ordre inférieur; mais, à mesure que l'ordre des phénomènes s'élève, elle a plus de peine à les saisir. Si bien que, lorsqu'il s'agit de fonder les grandes lois de la destinée, ces étonnants problèmes qui épouvantent et glacent le cœur d'effroi, elle abandonne l'homme qui s'était reposé sur elle. Des allégories, des analogies, des pressentiments secrets, des prodiges de divination, voilà ce qui nous reste. Mais cet éclat éphémère, ces fêtes de l'imagination, ne sont plus qu'un leurre décevant et sans empire, quand l'*abîme de Pascal* est devant nous.

Edgar Quinet, *Étude sur Herder.*

Dans ce livre, qui n'est rien, il y a de tout : il y est question de peinture et de statuaire, de Lulli et de Mozart, de tous les poëtes connus et inconnus : c'est une bibliothèque en désordre; c'est à en devenir fou, car il y a un fragment sur Dieu, — un *abîme* qui eût effrayé Pascal. Ce livre, c'est ma vie.

Arsène Houssaye, *l'Amour et la Muse.*

Swammerdam mourut à quarante-trois ans : qui l'avait tué réellement? sa science elle-même. Cette trop brusque révélation (1) le frappa et l'emporta. Si Pascal vit près de lui s'ouvrir un *abîme* imaginaire, que pouvait-il arriver de ce Pascal hollandais qui voyait l'abîme réel et l'approfondissement sans terme de ce monde inattendu ?
Michelet, *l'Insecte.*

ABSALON SUSPENDU PAR LES CHEVEUX.

« Il n'y avait pas, dit l'Écriture, entre tous les enfants d'Israël, un homme aussi beau qu'Absalon : depuis la plante des pieds jusqu'à la tête, il était sans défaut. » L'orgueil ne tarda pas à enivrer Absalon ; il afficha un luxe royal, gagna l'affection du peuple, et conspira contre son père, qui fut obligé de s'enfuir à pied de Jérusalem. L'armée du jeune prince et celle de David, commandée par Joab, se rencontrèrent dans le bois d'Éphraïm. Les rebelles furent taillés en pièces, et vingt mille hommes restèrent sur le champ de bataille. Absalon, monté sur une mule, chercha son salut dans la fuite ; mais en passant sous un chêne touffu, son énorme chevelure s'embarrassa dans les branches, et il resta suspendu entre le ciel et la terre. Joab, sans tenir compte des ordres de David, qui lui avait commandé d'épargner son fils, saisit trois javelots et lui en perça le cœur.

La fin tragique d'Absalon a merveilleusement inspiré un perruquier qui était menacé dans son existence, je veux dire dans sa clientèle.

Il avait pour rival un *artiste* dont le talent se bornait à faire la barbe et à entretenir les cheveux. Or, celui-ci, héritier de Figaro pour l'imagination, avait eu l'idée originale, afin d'achalander sa boutique, de représenter sur une énorme enseigne un homme qui se noyait. Un nageur charitable s'élançait pour le tirer du perfide élément, et croyait le sauver en le saisissant par les cheveux ; mais il ne lui restait à la main qu'une perruque, et le pauvre diable tombait au fond de l'eau. Aussi l'enseigne portait-elle en grosses lettres : « A l'inconvénient des perruques ! »

L'exemple était trop frappant pour qu'il ne produisît pas l'effet désiré. L'autre barbier, qui faisait, lui, des perruques, voyant tous les amateurs, effrayés de ce saisissant apologue, courir à son confrère le tondeur, se hâta de fabriquer à son tour une enseigne parlante. Il y fit représenter Absalon au moment où il vient d'être abandonné par sa mule, et il écrivit au-dessous ces mots : « S'il avait porté perruque !... »

L'histoire ne dit pas quelle fut l'issue de cette lutte d'un nouveau genre. A en juger par le présent, les perruques eurent le dessous. Mais leur tour pourra revenir ; la mode a opéré bien d'autres prodiges !

Dans ces interminables sentiers de traverse, resserrés par une double haie d'aubépines, tantôt je me sentais arrêté par les basques

(1) Les métamorphoses des insectes.

de mon habit, tantôt mon chapeau roulait loin de moi ; et lorsque je me baissais pour le ramasser, une hamadryade, cachée dans les branches, me saisissait par les cheveux, au risque de faire de moi un autre *Absalon*, ou lançait malicieusement mon cigare à dix pas de là. SAINTINE, *Métamorphoses de la Femme*.

Dans sa course enragée, notre Bucéphale vint à passer sous une enseigne ; je profitai de l'occasion : je lâchai bride et bâton ; je saisis de mes deux mains la branche de fer, et, me laissant tirer du cabriolet comme une lame de son fourreau, je restai suspendu ainsi qu'*Absalon ;* seulement, comme ce n'était point par les cheveux, je n'eus qu'à lâcher prise pour me retrouver immédiatement sur la terre. ALEX. DUMAS, *Impressions de voyage*.

ADAM ET ÈVE.

Dieu avait placé Adam et Ève dans l'Éden, jardin de délices, et il leur avait dit : « Mangez de tous les fruits des arbres du Paradis, mais gardez-vous de toucher à l'arbre de la science du bien et du mal ; si vous en mangez, vous mourrez. » Le démon, jaloux du bonheur de l'homme, voulut l'entraîner dans sa chute. Il prit la forme du serpent, le plus rusé de tous les animaux, et s'adressant à la femme : « Pourquoi, lui dit-il, ne mangez-vous pas de tous les fruits du Paradis ? » Ève répondit : « Dieu nous a défendu de toucher à l'arbre de la science ; si nous en mangeons, nous mourrons. — Vous ne mourrez pas, répondit le serpent, mais vos yeux seront ouverts, et vous deviendrez comme des dieux, connaissant le bien et le mal. » Ève se laissa séduire par ces paroles ; elle cueillit le fruit fatal et en présenta à Adam, qui en mangea comme elle. Aussitôt leurs yeux s'ouvrirent, et s'étant aperçus qu'ils étaient nus, ils entrelacèrent des feuilles de figuier pour se couvrir. Alors la voix de l'Éternel retentit, et ils se cachèrent loin de sa face : « Adam, Adam, où es-tu ? — J'ai entendu votre voix, et je me suis caché parce que je suis nu. — Comment sais-tu que tu es nu, sinon parce que tu as mangé du fruit que je t'avais défendu de manger ? »

Alors le Seigneur maudit le serpent ; puis il dit à la femme : « Tu enfanteras dans la douleur, et tu resteras dans la puissance de l'homme. » Et à Adam : « La terre te sera rebelle, elle produira des épines et des ronces, et tu mangeras ton pain à la sueur de ton front. » Ensuite le Seigneur les chassa du Paradis, et plaça à la porte un chérubin armé d'un glaive flamboyant pour leur en défendre l'entrée.

La chute de l'homme est le plus ancien et le plus grand événement de l'histoire de l'humanité. De savants rabbins ont confondu Ève avec le fruit défendu. D'après cette opinion, reprise au dernier siècle et soutenue par la philosophie allemande, tous les maux, toutes les infirmités physiques et morales de l'homme auraient suivi la perte de sa virginité. Suivant d'autres, la malédiction divine aurait frappé les aspirations de l'homme vers la vérité, et sa lutte incessante contre les forces vives de la nature.

Ainsi, il y aurait une grande analogie entre le mythe chrétien et le mythe grec de Prométhée, de ce Prométhée, fils de la Terre, l'Adam des Grecs, qui dérobe au ciel le feu, c'est-à-dire le principe de vie; que Jupiter punit en le clouant sur un rocher, où un vautour ronge son foie sans cesse renaissant, jusqu'à ce que l'Hercule rédempteur, fils aimé de Jupiter, vienne mettre un terme à cette magnifique trilogie, en tuant le vautour et en brisant les liens de Prométhée, fils de la Terre.

Du reste, l'idée défigurée de la chute de l'homme et du péché originel se retrouve à la naissance de toutes les sociétés, et forme le fondement de la cosmogonie de tous les peuples.

On lit dans le *Chi-king* :

« Nous avions d'heureux champs, la femme nous les a ravis. Tout nous était soumis, la femme nous a jetés dans l'esclavage ; ce qu'elle hait, c'est l'innocence, et ce qu'elle aime, c'est le crime.

» Le mari sage élève l'enceinte des murs; mais la femme, qui veut tout savoir, les renverse. Oh ! qu'elle est éclairée ! c'est un oiseau dont le cri est funeste ; elle a eu trop de langue ; c'est l'échelle par où sont descendus tous nos maux.....

» Elle a perdu le genre humain ; ce fut d'abord une erreur, puis un crime.»

« Le désir immodéré de la science, dit Hoï-nan-tsé, a perdu le genre hu-
» main. »

« Il ne faut pas, dit un proverbe chinois, écouter les discours de la femme ;
» car la femme a été la source et la racine du mal. »

Au Japon, nous voyons la création représentée par le symbole d'un gros arbre autour duquel se roule un horrible serpent.

Chez les Mongols, nous trouvons cette tradition, que l'état de félicité de nos premiers parents ne fut pas de longue durée; qu'ils virent bientôt s'échapper par leur faute toutes les félicités qui avaient jusqu'alors embelli leur existence; qu'à la surface du sol croissait en abondance la plante du *schimæ*, blanche et douce comme le sucre, que son aspect séduisit un homme qui en mangea, et que tout fut consommé.

Les Tartares nous disent que nos premiers parents, d'abord heureux, devinrent malheureux en mangeant d'une plante funeste dont la douceur égalait la beauté.

Les Perses nous montrent le *Zend-Avesta*, où nous lisons : «Mesquia et Mesquiane étaient d'abord purs et plaisaient à Ormuzd; Ahriman, jaloux de leur bonheur, les aborda sous la forme d'une couleuvre, leur présenta des fruits, et leur persuada que lui, Ahriman, était l'auteur de l'univers ; ils le crurent et devinrent ses esclaves; leur nature fut dès lors corrompue, et cette corruption infecta leur postérité. Le péché ne vient donc pas d'Ormuzd, mais d'Ahriman, c'est-à-dire l'être caché dans le crime. »

Les Scythes appelaient leur mère commune la femme-serpent.

Les Scandinaves nous disent, dans les *Eddas*, que le principe du mal, le terrible fils de Loke, est un serpent qui enveloppe le monde et le pénètre de son venin.

En Grèce, nous trouvons l'histoire de l'âge d'or, celle de la boîte de Pandore, et enfin, comme nous l'avons dit plus haut, le drame de Prométhée enchaîné.

Chez les Iroquois, la mère du genre humain se laisse séduire au pied d'un arbre et est chassée du Paradis.

Dans le Mexique, la première femme est représentée avec un gros serpent, et appelée Cihua-Cohualt, la *femme au serpent*.

Que l'imagination des premiers âges ait symbolisé le *mal*, la *perversité*, dans l'animal qui rampe et qui est armé de poison ; la *curiosité spontanée*, *crédule*, *imprévoyante*, et en même temps la *puissance de séduction*, dans la femme, il n'y a rien là en vérité que de très naturel.

On ne doit pas s'étonner non plus que la *vivacité du désir* et la *tristesse de la déception* aient été exprimées par un beau fruit inconnu, cueilli et mangé en dépit d'une sage défense.

Toute cette mythologie est très pratique. C'est une révélation naïve du cœur humain.

La nature nous pousse à la *science* et à l'*action* par le *désir*, au *désir* par l'*illusion* : elle fixe nos yeux sur l'*idéal* pour nous conduire à la *réalité* ; elle nous *promet* toujours plus qu'elle ne nous *tient*.

La femme est le ministre de l'illusion sur la terre : on dirait qu'elle a été plus spécialement chargée par la nature de verser à l'humanité ce vin généreux.

L'expérience *transie* est fille de l'*ardente* illusion, qu'elle détruit sans cesse. C'est l'expérience qui nous ouvre les yeux, et qui nous révèle, à chaque pas que l'illusion nous fait faire, notre impuissance et notre *nudité*.

A mesure que nous savons davantage, nous perdons à jamais l'inconsciente et insouciante innocence, nous sentons se dédoubler, pour ainsi dire, notre être, et se développer en nous la lutte intérieure du bien et du mal.

Ajoutons que la puissance de l'illusion ne nous permet pas de mettre à profit la science et la prudence d'autrui : ce qui est en même temps *inconnu* et *défendu* nous semble deux fois désirable.

L'homme, poussé au mal par la femme, s'en est vengé par l'épigramme ; et la curiosité, proverbiale, il faut bien le dire, des filles d'Ève a toujours fourni aux écrivains, aux poètes surtout, un texte inépuisable de plaisanteries plus ou moins spirituelles :

> Pour triompher de l'humaine nature,
> Le vieux serpent, cauteleux et madré,
> Tenta la femme, et la femme, parjure,
> Fit parjurer l'homme inconsidéré.
> Mais que nous a Moïse figuré
> Par ce récit ? Le sens en est palpable :
> De tout temps l'homme à la femme est livré ;
> Et de tout temps la femme l'est au diable.
>   J.-B. ROUSSEAU.

> Lorsqu'Adam vit cette jeune beauté
> Faite pour lui d'une main immortelle,
> S'il l'aima fort, elle, de son côté,
> (Dont bien nous prit), ne lui fut pas cruelle.

> Cher Charleval, alors en vérité
> Je crois qu'il fut une femme fidèle ;
> Mais comme quoi ne l'aurait-elle été ?
> Elle n'avait qu'un seul homme avec elle.

> Or, en cela, nous nous trompons tous deux,
> Car bien qu'Adam fût jeune et vigoureux,
> Bien fait d'esprit et de corps agréable,
>
> Elle aima mieux, pour s'en faire conter,
> Prêter l'oreille aux sornettes du diable,
> Que d'être femme et ne pas coqueter.
>
> SARRASIN.

La prose n'a pas été moins impitoyable que la poésie. Un commentateur de la Bible (ce n'est pas un Père de l'Église) a dit : « Le diable voulant mettre à bout la résignation de Job et lui faire maudire l'existence, lui enleva ses sept fils, ses trois filles, trois mille chameaux, sept mille brebis, cinq cents paires de bœufs et cinq cents ânesses ; mais *il eut soin de lui laisser sa femme.* »

NOTA. Cet article, l'un des plus importants de cet ouvrage, renferme un certain nombre de locutions qui, bien que différentes entre elles, se rattachent toutes à une idée principale : la chute de l'homme. Nous les faisons suivre ici, avec les applications qui s'y rapportent.

1° UN ÉDEN.

L'image d'Hermann semblait sourire à l'image de Dorothée, et lui dire en tremblant ces paroles :

« Aimable fille, n'es-tu point un ange du ciel ? ou Dieu me montre-t-il en toi l'épouse qui embellira ma solitude, comme autrefois, dans *Éden*, il présenta à Adam sa belle compagne ? »

BALLANCHE, *Fragments*.

Monde des troubadours ! réveil de la société laïque ! qu'est-ce que les traditions de ce monde de chevalerie, qui partout marque les origines de la race romane ? C'est l'*Éden* des temps modernes, la légende du jardin enchanté où le couple chrétien, un nouvel Adam et une nouvelle Ève, au sein de l'amour, reconstituent entre eux une langue, une société, un monde... La chute aussi ne tarde pas. Après l'âge idéal de la chevalerie, les temps historiques s'abaissent, se traînent ; le genre humain est encore une fois chassé de l'*Éden*.

EDGAR QUINET, *Révolutions d'Italie*.

Pendant la nuit, cet *Éden* des malheureux, la pauvre enfant échappait aux ennuis, aux tracasseries qu'elle avait à supporter durant la journée. Semblable au héros de je ne sais quelle ballade allemande, son sommeil lui paraissait être une vie heureuse, et le jour était un mauvais rêve.

HONORÉ DE BALZAC, *Pierrette*.

Je rentrais dans ma prison comme Adam fût rentré dans l'*Éden*, s'il lui eût été permis d'y retourner après quelques jours d'exil sur la terre. Mon Ève avait péché contre Dieu, il est vrai, en péchant contre l'amour ; elle avait cueilli le fruit amer du doute et de la jalousie ; mais, en dépit de cette crise terrible, nous étions heureux de nous retrouver ensemble, avec l'espoir de ne plus nous quitter.
George Sand, *Daniella*.

2° ARBRE DE LA SCIENCE.

La Vallière, toute belle qu'elle était, n'eut pas les prémices de l'amour de Louis XIV ; ce fut une femme de chambre de la reine-mère qui secoua pour lui *l'arbre de la science;* Henriette Berlier, femme de Pierre de Beauvais, âgée de quarante-cinq ans, et borgne, si l'on en croit la princesse Palatine.
Revue de l'Instruction publique.

Mon ami, la plupart des femmes, à ce que je crois, passent leur vie à dépouiller de ses fruits mûrs ou verts le vieil arbre dont Ève eut la primeur ; et tel est l'attrait du *fruit maudit,* que les honnêtes femmes mêmes ne peuvent se résigner à mourir sans y avoir donné un coup de dent.
Octave Feuillet, *la Crise.*

La femme, Ève, c'est la Révolution, qui force le bon Adam à chanter avec elle la *Marseillaise* de l'Éden, qui l'entraîne avec elle à l'assaut de *l'arbre de la science,* comme le peuple a poussé les bourgeois de Paris à l'assaut de la Bastille, qui enlève bravement la pomme, et qui, de ses pepins tombés sur la terre de France, fait éclore les principes de 1789 au soleil de la liberté !
Hippolyte Rigault, *Études littéraires.*

Voltaire est un arbre dont tous les fruits ne sont pas bons : « N'allez jamais vous asseoir sous son ombre, » a dit le poëte. J'ai passé trois mois sous cet *arbre du bien et du mal.*
Arsène Houssaye, *le Roi Voltaire.*

Si le Révélateur suprême se refuse à m'instruire, je m'instruirai

moi-même; je descendrai au plus profond de mon âme, je mangerai, comme mon père, le *fruit sacré de la science ;* et quand, d'infortune, je me tromperais, j'aurais du moins le mérite de mon audace, tandis que *Lui* n'aurait pas l'excuse de son silence.
    P.-J. Proudhon, *Confessions d'un Révolutionnaire.*

⁕

3° FRUIT DÉFENDU.

Toute la force d'un immense désir éclata dans ces derniers mots. Ève patricienne, sous les ombrages d'un Éden dont elle était lasse, au milieu des joies d'un monde qui la fatiguait, agitée entre Dieu et la vie, rejetée par la solitude, Cennara cherchait le *fruit défendu* dans l'âme de Giusto, dans ces rêves qu'elle avait vus briller devant elle pendant leurs longues causeries.
    Laurent Pichat, *la Sibylle.*

L'auteur de ce recueil n'est pas de ceux qui reconnaissent à la critique le droit de questionner le poëte sur sa fantaisie, et de lui demander pourquoi il a choisi tel sujet, broyé telle couleur, cueilli à tel arbre, puisé à telle source. L'ouvrage est-il bon ou est-il mauvais? Voilà tout le domaine de la critique.

L'art n'a que faire des lisières, des menottes, des bâillons; il vous dit : « Va! » et vous lâche dans ce grand jardin de poésie où il n'y a pas de *fruit défendu.* V. Hugo, préface des *Orientales.*

La première fois qu'un livre de M. de Chateaubriand tomba sous mes yeux, ce fut sur un banc de pierre, dans une des cours du collége de Lyon. Un vent léger agitait les acacias de la cour, et semait une à une les fleurs sur le volume embaumé; ces pages (c'étaient *Atala et René*) firent sur moi l'effet d'une vision. Je sentais une sorte de terreur à l'approche de ce monde idéal qui s'ouvrait devant moi... Quand je fermai le livre, il me sembla que je venais d'apprendre le secret du grand amour et de goûter le *fruit de l'arbre du bien et du mal* dans l'Éden de l'imagination.
    Edgar Quinet, *Mélanges.*

La papillote contenait un coupon de loge de l'Opéra.
— Quel malheur! dit madame Meunier.

— Où est le malheur?

— C'est que vos bonbons du diable nous apportent un *fruit défendu*, et que j'ai un Adam qui ne mord guère aux pommes que je lui présente.

— Quand Adam va-t-il rentrer?

— Dans un instant, pour dîner.

ALPHONSE KARR, *Roses noires et Roses bleues.*

Nulle part la barbarie envers les chevaux n'est pratiquée plus fortement qu'à Gœttingue. En voyant combien cette pauvre rosse boiteuse et suante, qui recevait pour toute sa peine une misérable poignée de fourrage, était martyrisée et forcée de traîner une pleine carrossée d'étudiants, je disais comme Voltaire : «Pauvre animal! sans doute tes ancêtres ont mangé dans le paradis de l'*orge défendue.* »

HENRI HEINE, *Reisebilder.*

Vous êtes dans les meilleures conditions, et votre conquête offre aux Èves de la cour tout l'attrait, tout le sel, toute la volupté du *fruit défendu.*

Hector sourit, et M. de Fourqueveaux continua en ces termes :

« Je m'y connais : l'homme est d'étoupe et la femme est de feu. Et puis, s'il est une science que je sache un peu, c'est la géographie de la carte de Tendre. Du sentier de *petits soins* au bosquet de *parfait contentement,* il n'y a pas si loin qu'on le pense, et vous vous en apercevrez. »

AMÉDÉE ACHARD, *la Chasse royale.*

4° LE SERPENT TENTATEUR.

Le serpent, celui-là qui perdit Ève et toutes les filles d'Ève, avait déployé sous ses yeux éblouis les robes de soie et de velours, la dentelle de Chantilly, l'or, qui vous prend par le doigt et par le bras sous la forme d'une bague et d'un bracelet; les diamants, qui ont les yeux du *Tentateur.* « Pourquoi suis-je dans un grenier? » demandait-elle. Et le serpent lui répondait : « Laisse là ton père et ta mère; je te conduirai au banquet où l'on chante et où l'on rit; l'arbre de la vie a des fruits dorés pour toi comme pour les autres. »

ARSÈNE HOUSSAYE, *la Vertu de Rosine.*

Bras nus et jambe découverte,
Margot lave sa jupe verte ;
Le meunier l'embrasse en passant.
Là-bas, dans son insouciance,
L'écolier, cherchant la science,
Secoue un arbre jaunissant.

L'écolière, comme une abeille,
A chaque pas prend un détour,
Pour recueillir dans sa corbeille
Ces bouquets si doux au retour !
Prends garde, ô ma pauvre écolière !
Que ta corbeille hospitalière
N'accueille ce *serpent maudit*
Qui surprit Ève ta grand'mère,
Et lui vanta la pomme amère
Si bien, hélas ! qu'elle y mordit.
   ARSÈNE HOUSSAYE, *les Sentiers perdus*.

Les grands yeux noirs de Thamar (dans le tableau d'Horace Vernet) sont séduisants comme la voix de l'insinuant *Tentateur* dans le paradis. La femme est à la fois *pomme* et *serpent*, et nous ne devons point condamner ce pauvre Juda parce qu'il lui présente en si grande hâte les gages demandés : le bâton, l'anneau et la ceinture.
   HENRI HEINE, *Lutèce*.

5° UNE ÈVE, UNE FILLE D'ÈVE.

Quand l'arbre de la nuit laissait pendre sur la terre toutes ses étoiles, j'ai souvent étendu la main vers ses rameaux ; j'ai voulu cueillir une de ces pommes qui sont des mondes, et voir quel goût avait ce fruit défendu. Oh ! ces pommes de la science, et c'est sans doute une de celles-là que cueillit *Ève la blonde*, si belles au dehors et si vermeilles qu'elles semblent, ne sont que cendre en dedans.
   ALPHONSE ESQUIROS, *le Magicien*.

On peut enfin, sans mériter une contre-marque pour Charenton, s'arracher pour quelques jours aux délices du macadam des Italiens, et croire à un autre paradis terrestre que le passage de l'Opéra, et à d'autres *Èves* que celles qui, tous les soirs, cherchent par là des pommes à croquer.
   JULES LECOMTE, *le Monde illustré*.

Elle porte des robes rouge-vif pour vous crever les yeux, dit Félix ; je la connais parfaitement. C'est une *fille d'Ève* pur sang, qui me paraît avoir un appétit capable de croquer toutes les pommes du monde, les pepins avec. Elle m'a dit tout à l'heure, entre deux parenthèses, des choses à faire dresser les cheveux sur la tête de l'homme qui aspire à devenir son mari.
Henri Murger, *une Victime du bonheur.*

Je le proclamai sur-le-champ amateur prédestiné de la bonne chère. Cette remarque physiognomonique, je la coulais bien doucement et bien bas dans l'oreille d'une dame fort jolie et que je croyais discrète. Hélas ! je me trompais : elle était *fille d'Ève* ; et mon secret l'eût étouffée.
Brillat-Savarin, *Physiologie du Goût.*

6° L'ÉPÉE FLAMBOYANTE DE L'ANGE.

Les Croisades échouées, quand il parut que les deux religions ne pouvaient rien l'une sur l'autre, un immense désenchantement saisit la terre. Le Christ avait reculé devant Mahomet, l'Évangile devant le Coran ; quelle nouvelle pour un croyant du treizième siècle !

Depuis ce moment, le moyen âge cesse de vivre dans l'extase ; il a senti sa limite et il se retire ; *l'épée flamboyante* de Mahomet l'a chassé de l'Éden ! Edgar Quinet, *Révolutions d'Italie.*

Tel était l'adieu unanime qui suivait le maître d'études comme *l'épée flamboyante de l'archange*, et qui devait lui interdire, de par la toute-puissance de la coalition, l'entrée des autres maisons d'enseignement, au cas où ce premier essai ne l'aurait pas dégoûté du métier. Louis Ulbach, *Histoire d'un honnête homme.*

Au commencement du monde, Dieu, selon vous, acheminait l'homme de bonheur en bonheur à travers un perpétuel miracle, par un perpétuel coup d'État contre ses propres lois, pour épargner au favori de la nature jusqu'à l'apparence d'une douleur et l'insolence d'un pli de rose sur son épiderme. — J'accepte tout cela, je crois tout cela ; j'ai vu, moi aussi, en songe cette porte fermée où l'ange monte la garde *une épée de feu à la main*, et j'accepte l'Éden sur parole, sans vouloir en presser davantage ou en marchander la théorie.   EUGÈNE PELLETAN, *le Monde marche*.

A DEMAIN LES AFFAIRES SÉRIEUSES.

Sparte s'était emparée de la citadelle de Thèbes par trahison, et avait imposé aux Thébains, pour gouverneur, le tyran Archias. Celui-ci avait banni de la ville les principaux citoyens, parmi lesquels se trouvait Pélopidas. Ces derniers, réfugiés à Athènes, résolurent de délivrer leur patrie, et se concertèrent avec un de leurs compatriotes, ennemi secret du tyran, qui leur offrit de les recevoir dans sa maison. Au jour fixé pour l'exécution du complot, les conjurés pénétrèrent à Thèbes à la faveur d'un déguisement. Ce jour-là même, Archias fut invité à souper chez un riche citoyen thébain, qui faisait également partie de la conspiration. Tout était prêt, et les conjurés n'attendaient qu'une heure plus avancée pour mettre leur projet à exécution, quand un courrier, envoyé d'Athènes, vint apporter à Archias une lettre renfermant tous les détails du complot. Admis près du tyran, il lui remit la dépêche en l'invitant à la lire sans délai, parce qu'il y était question d'*affaires sérieuses*. Archias, déjà accablé par l'ivresse, mit nonchalamment la lettre sous son coussin, en s'écriant : « *A demain les affaires sérieuses !* » Quelques instants après, Pélopidas et les autres conjurés pénétrèrent dans la salle du festin, et massacrèrent le tyran.

Cet événement, qui amena l'affranchissement de la Béotie, obtint une grande célébrité dans la Grèce, et la phrase : *à demain les affaires sérieuses* devint un proverbe que les insouciants et les amis de la joie affectent de prendre pour devise, et qu'ils feraient mieux de prendre pour leçon.

Un de nos vieux poètes a tiré une leçon morale de cette locution, avec plus de naïveté que de poésie :

> C'est un mot à blasmer, *à demain les affaires* :
> On sait qu'il a cousté bien cher à son auteur.
> Un moment négligé nous cause long malheur ;
> Qui le ménage bien se tire de misères.

— Je vous demande pardon de vous quitter, général, dit le maître de forges, mais vous savez qu'un homme qui a un procès n'est pas maître de son temps.

— Ah bah ! *à demain les affaires sérieuses*, reprit le vieillard avec un accent d'enjoûment ; voyons, soyez bon compagnon.

    CHARLES DE BERNARD, *un Beau-Père*.

Voici les bals qui éclairent leurs péristyles, les spectacles qui s'ouvrent, les boutiques de friandises qui se dressent le long des promenades. Paris a décidément déposé la plume, le mètre et le tablier ; après la journée livrée au travail, il veut la soirée pour jouir : comme les maîtres de Thèbes, il a remis *au lendemain les affaires sérieuses.*

ÉMILE SOUVESTRE, *un Philosophe sous les toits.*

Quelle qu'eût été la dernière maîtresse de Louis XIV, le roi fût mort repentant jusqu'à la faiblesse, chrétien jusqu'au fanatisme. Quelle qu'eût été la dernière maîtresse de Louis XV, Louis XV fût mort sans souci de l'avenir, ne s'inquiétant que du présent et renvoyant *les affaires sérieuses à un terrible lendemain.*

J. JANIN, *Littérature dramatique.*

— Silence, je t'en prie, Shetland ; je ne puis me montrer. Je ne suis plus Euphonien ; j'ai perdu mon emploi ; je viens seulement t'entretenir d'une grave affaire.

— *A demain les affaires sérieuses*, répliqua Shetland ; ton emploi te sera rendu, j'en réponds ; tu es toujours des nôtres. Suis-moi, suis-moi ; il faut que je te présente à Nadira, qui sera ravie de te connaître enfin.

BERLIOZ, *Soirées de l'orchestre.*

Quel est mon devoir en cette occurrence ? disais-je moi-même ; interviendrai-je ?

Cette question n'était pas de celles qu'on peut résoudre sans réflexion, à quatre heures du matin et au sortir du bal ; je me couchai donc sans m'en préoccuper davantage, et en disant avec l'Ancien :

— *A demain les affaires sérieuses !*

CHARLES DE BERNARD, *le Nœud gordien.*

AGAR DANS LE DÉSERT.

Sara voyait d'un œil jaloux le fils d'Agar, le fils de la servante. Abraham, cédant à ses instances, prit un pain, un vase plein d'eau, et renvoya Agar avec son fils. Ils errèrent longtemps dans le désert de Bersabée. Mais l'eau étant venue à leur manquer, Ismaël tomba sur le sable, et Agar s'éloigna en pleurant pour ne pas voir mourir son enfant sous ses yeux. Un ange lui apparut tout à coup et lui montra une source d'eau vive, où elle put se désaltérer avec son fils, et continuer son voyage. Ismaël devint par la suite la souche du peuple arabe et le père de l'*Islam*.

De l'amour des choses bibliques au désir de voir les lieux où ces choses s'étaient passées, il n'y avait qu'un pas. Je brûlais donc, dès l'âge de huit ans, du désir d'aller visiter ces montagnes où Dieu descendait ; ces déserts où les anges venaient montrer à *Agar la source cachée* pour ranimer son pauvre enfant banni et mourant de soif.
  Lamartine, *Voyage en Orient*.

Bedreddin lui-même avait accompli deux fois le pénible voyage de La Mecque, qui est agréable aux yeux de Dieu ; il s'était agenouillé devant la pierre noire, avait baisé la pierre blanche, avait bu l'eau du puits Zemzem, et avait trempé dans les eaux jaillies à la prière d'*Agar* éperdue une longue étoffe de mousseline blanche brochée d'or, qui devait plus tard servir de dernier vêtement à son corps, prêt à comparaître devant Moukir et Nadir, les deux anges interrogateurs des premières heures du tombeau.
  Maxime du Camp, *les Six Aventures*.

En sortant de l'isba où elle avait passé la nuit, elle eut un moment d'effroi lorsqu'elle se vit toute seule. L'histoire d'*Agar dans le désert* lui revint à la mémoire et lui rendit son courage. Elle fit le signe de la croix, et s'achemina en se recommandant à son ange gardien.
  Xavier de Maistre, *la Jeune Sibérienne*.

Le malheureux orphelin, le proscrit de la vérité catholique, s'en va péniblement à la conquête des promesses que la science lui a faites. Promesses vaines ! le christianisme philosophique découvert par la science ne lui présentera que d'arides solitudes ; comme *Agar*, il se verra près de mourir de soif au désert, et si un ange ne vient point lui montrer la source de la foi, le jeune homme tombera d'épuisement et de douleur.
  Poujoulat, *État des doctrines en Judée et en Orient au temps de J.-C.*

AH! LE BON BILLET QU'A LA CHATRE!

Le marquis de La Châtre était depuis quelques jours l'amant heureux de Ninon de Lenclos, lorsqu'il reçut l'ordre de se rendre à l'armée. La Châtre ne put penser à cette séparation qu'avec une extrême terreur, car il pressentait le tort que devait lui faire l'absence auprès d'une belle habituée à regarder l'amour comme une sensation et non comme un sentiment, et qui disait qu'une liaison de cœur est la pièce où les actes sont les plus courts et les entr'actes les plus longs. Pour avoir une garantie contre l'inconstance de sa maîtresse, il voulut qu'elle s'engageât par écrit à lui rester fidèle... Ninon lui signa donc ce fameux billet où elle faisait de tous les serments celui qu'elle était le moins en état de tenir, le serment de n'en jamais aimer d'autre que lui. Mais elle ne se crut pas liée un seul instant par un engagement si téméraire. Quelques jours après, au moment même où elle manquait à la foi jurée de la manière la moins équivoque, elle s'écria plusieurs fois : « *Ah! le bon billet qu'a La Châtre!* » Saillie plaisante, qui est devenue proverbe, pour signifier une assurance peu solide sur laquelle il ne faut pas compter.

M.-J. Chénier s'est bien gardé de laisser échapper ce trait dans les vers suivants, consacrés à cette belle et insoucieuse Ninon, qui

> En amour connaissait l'ivresse,
> Mais très peu la fidélité;
> Pleine d'honneur, de probité,
> Si ce n'est en fait de tendresse;
> Bel esprit sans fatuité,
> Et philosophe sans rudesse.
> Paris tour à tour enviait
> Villarceau, Sévigné, Gourville
> Et *La Châtre*, dormant tranquille
> *Sur la foi de son bon billet.*
> Affrontant la troupe hargneuse
> Des médisantes par métier,
> Elle osait être plus heureuse
> Que les prudes de son quartier.
> Tous les arts venaient lui sourire
> Douce amitié, tendres amours
> Égayaient ses nuits et ses jours;
> Le trait jaloux de la satire
> Ne l'atteignit point dans leurs bras;
> Tartufe pouvait en médire,
> Mais Molière en faisait grand cas.
> Afin de varier la vie,
> Chemin faisant elle avait eu
> Mainte faiblesse fort jolie;
> On parlait peu de sa vertu,
> Mais on l'aimait à la folie.

Saint-Évremond a fait sur la belle hétaïre du dix-septième siècle le quatrain suivant :

> L'indulgente et sage nature
> A formé l'âme de Ninon
> De la volupté d'Épicure
> Et de la vertu de Caton.

Épicure, soit; mais

> On ne s'attendait guère
> A voir Caton en cette affaire.

En France, où la gaieté gauloise sait toujours trouver un côté plaisant aux calamités publiques, un journaliste du petit format voulut *rassurer* par les vers suivants les infortunés porteurs d'assignats :

> « *Ah! le bon billet qu'a La Châtre!* »
> Disait Ninon d'un air folâtre
> Dans ses ébats.
> Gardez-vous, détracteurs frivoles,
> D'appliquer jamais ces paroles
> Aux assignats.

Notre écolier jette à Louison sa croix de chevalier de Malte, que lui avait attachée, le matin même, son oncle le commandeur, en lui faisant jurer, en latin de capucin, les vœux d'humilité, de chasteté, de continence, et le renoncement aux sept péchés capitaux. « *Ah!* disait le nouveau néophyte, *le bon billet qu'a mon oncle!* Recevez cependant, madame, et ma croix et mon cœur. »

J. JANIN, *les Gaités champêtres*.

Une des anciennes lorettes de Gavarni, dans une explication avec son ridicule protecteur, dissipe les nuages d'une jalousie trop fondée par cet élan d'un beau lyrisme : « Me soupçonner! mais quelle femme ne serait pas heureuse et fière de vous appartenir, ô Arthur! » Arthur a soixante-dix ans, une perruque blonde et des besicles. Il n'en est pas moins très-flatté de cette séduisante et surtout très-sincère profession de foi. Il est tout prêt à fredonner, sur ce *bon billet*, le refrain du *Tableau parlant :*

> Il est certains barbons
> Qui sont encor bien bons.

FÉLIX MORNAND, *la Vie de Paris*.

Et le décret qui garantissait l'organisation du travail? Remarquons ceci. Ce n'était pas la république qui garantissait; c'était le gouvernement provisoire. Mais qu'était-ce, nous vous le demandons, que la garantie d'un *provisoire?* N'était-ce pas le cas de dire : *Le bon billet qu'a La Châtre!* Qu'est-il arrivé? Que le gouvernement définitif a donné tort au gouvernement provisoire.

ALFRED DARIMON.

Quoi, cher maître, parce qu'il a plu à un poëte affamé de verdure, à Valery Vernier, de déclarer que vous écoutiez causer vos roses, vous croyez être à la campagne, quand vous demeurez à Passy ! Ah ! le bon billet qu'on vous donne !

ANATOLE DE LA FORGE.

Vous savez que la petite Dufresne, étant à l'article de la mort, a signé un beau billet conçu en ces termes : « Je promets à Dieu et à M. le curé de Saint-Sulpice de ne jamais remonter sur le théâtre. » Tout le monde a dit : *Ah ! le beau billet qu'a La Châtre !*

VOLTAIRE, *Lettre à M. de Formont.*

AI-JE DIT QUELQUE SOTTISE?

Les leçons de Platon et de Xénocrate avaient développé en Phocion un cœur vertueux et une âme élevée. A la tribune comme sur le champ de bataille, il rappelait Aristide. Jamais orateur ne fut plus inflexible dans ses conseils, et ne compta moins sur le succès de sa persévérance. L'éloquence de Phocion était l'expression naturelle de son caractère et de ses mœurs ; il parlait aux Athéniens avec le calme d'un philosophe et le laconisme d'un Spartiate. On sait que Démosthène l'appelait *la hache de ses discours.* Supérieur aux applaudissements comme aux clameurs de la multitude, il heurtait de front la puissance populaire, et ses vertus imposaient à toutes les passions. Sa parole était austère ; son éloquence vigoureuse et concise dédaignait ces artifices oratoires qui plaisent à la multitude et font éclater les applaudissements. Étant un jour à la tribune, et se voyant bruyamment applaudi par tout le peuple, il se tourna étonné vers ses amis, en leur disant : « *Me serait-il échappé quelque sottise ?* »

Avant qu'il eût parlé, on n'a jamais vu d'homme plus content que cet homme-là des belles et sublimes choses qu'il allait dire ; après qu'il eût parlé, on n'a jamais vu d'homme plus content des belles paroles qu'il venait de prononcer. Certes, nous étions bien loin, avec ce digne évêque, de l'Athénien applaudi par le peuple, et qui demandait : « *Ai-je dit quelque sottise ?* » Au contraire, on applaudissait avec rage, et le nouvel élu redoublait de grands gestes, de grosse voix, de petits airs penchés qui n'appartiennent qu'aux gens satisfaits de leur voix, de leurs gestes, de leur beauté, de leurs paroles, de leur silence, de leur grandeur.

J. JANIN, *Fontenelle et la marquise de Lambert.*

« *Quelle sottise ai-je faite, que le peuple me loue ?* » disait l'Athénien. Quelle sottise, quelle plaie à la patrie a donc faite Sy...., que les impartiaux viennent de lui donner leurs voix pour le porter à la présidence ? CAMILLE DESMOULINS, *Révolutions de France*.

J'avais entrepris, en 1789, une réfutation de quelques-uns des principes de l'*Esprit des lois*; cette réfutation remplit cinq ou six séances du *Lycée* avec un tel succès, que je fus sollicité de l'imprimer. J'aurais dû dire alors, comme cet ancien philosophe applaudi par la multitude : « *Est-ce que je viens de dire des sottises ?* » Heureusement, je ne publiai pas les miennes. Lorsque je les relus, en 1794, je jetai sur-le-champ le manuscrit au feu, sans en conserver une phrase, et je rendis grâces à Dieu.
LA HARPE, *Cours de littérature*.

AIGLE (L') VOLANT DE CLOCHER EN CLOCHER JUSQU'AUX TOURS DE NOTRE-DAME.

Napoléon quitta l'île d'Elbe le 26 février 1815, ramenant avec lui en France sa petite armée, composée de onze cents hommes qu'il avait embarqués sur sept bâtiments. Trois jours après, le 1er mars, à trois heures du soir, il mouilla dans le golfe Juan et effectua aussitôt son débarquement, aux cris répétés de *Vive l'Empereur !* poussés par ses soldats. Un de ses premiers soins fut d'envoyer à Grasse, pour livrer à l'impression deux proclamations, dont l'une était adressée au peuple et l'autre à l'armée. Nul mieux que Napoléon n'a su le secret de parler au cœur et à l'imagination des soldats, et il y a peu de ses proclamations où la puissante originalité de son génie et la vivacité de son esprit ne se soient révélées par un mot, par une phrase devenue proverbiale.

« Soldats ! disait Napoléon dans sa proclamation à l'armée, nous n'avons pas été vaincus : deux hommes (1) sortis de nos rangs ont trahi nos lauriers, leur pays, leur prince, leur bienfaiteur.

» Ceux que nous avons vus pendant vingt-cinq ans parcourir toute l'Europe pour nous susciter des ennemis, qui ont passé leur vie à combattre contre nous dans les rangs des armées étrangères, en maudissant notre belle France, prétendraient-ils commander et enchaîner nos aigles, eux qui n'ont jamais pu en soutenir les regards ? Souffrirons-nous qu'ils héritent du fruit de nos travaux, qu'ils s'emparent de nos honneurs, de nos biens, qu'ils calomnient notre gloire ? Si leur règne durait, tout serait perdu, même le souvenir de nos plus mémorables journées.

» Votre général, appelé au trône par le choix du peuple, et élevé sur vos pavois, vous est rendu : venez le joindre.

» Arrachez ces couleurs que la nation a proscrites, et qui pendant vingt-cinq ans servirent de ralliement à tous les ennemis de la France. Arborez cette cocarde tricolore que vous portiez dans nos grandes journées. Nous devons oublier que

(1) Marmont et Augereau.

nous avons été les maîtres des nations ; mais nous ne devons pas souffrir qu'aucune se mêle de nos affaires. Qui prétendrait être maître chez nous? Qui en aurait le pouvoir? Reprenez ces aigles que vous aviez à Ulm, à Austerlitz, à Iéna, à Eylau, à Wagram, à Friedland, à Tudela, à Eckmühl, à Essling, à Smolensk, à la Moskowa, à Lutzen, à Wurtchen, à Montmirail... Venez vous ranger sous les drapeaux de votre chef. Son existence ne se compose que de la vôtre ; ses droits ne sont que ceux du peuple et les vôtres ; son intérêt, son honneur, sa gloire ne sont autres que votre intérêt, votre honneur, votre gloire. La victoire marchera au pas de charge ; *l'aigle*, avec les couleurs nationales, *volera de clocher en clocher jusqu'aux tours de Notre-Dame*. Alors vous pourrez montrer avec honneur vos cicatrices ; alors vous pourrez vous vanter de ce que vous avez fait : vous serez les libérateurs de la patrie. »

L'estime dont on l'entoure a nécessité, attendu son grand âge, des précautions dont la digne femme s'est indignée, mais auxquelles il lui a fallu se soumettre. Volontiers elle eût été de Paris à Saint-Denis, partant des tours de Notre-Dame, pour arriver à la pointe de la vieille basilique ; car, ainsi que l'aigle, son oiseau de prédilection, madame Saqui est accoutumée à voler victorieuse *de clocher en clocher*.   *Biographie de madame Saqui.*

Drouot, le sage de la grande armée, roulait encore de tristes pressentiments dans son cœur quand les brises embaumées de la France accueillirent l'esquif de l'île d'Elbe, et enflèrent ce drapeau qui devait *voler de clocher en clocher jusqu'aux tours de Notre-Dame*.
     LACORDAIRE, *Éloge funèbre de Drouot.*

ALCIBIADE.

Alcibiade, Athénien célèbre, vivait au temps de Périclès, son tuteur, dans la maison duquel il fut élevé. Il se distingua de bonne heure par son esprit, sa beauté, l'impétuosité de son caractère, et fut en quelque sorte la personnification du peuple athénien : spirituel, frivole, voluptueux, brave et éloquent. Socrate, qui espérait faire tourner cette riche nature au profit de la vertu et de la république, l'avait pris en grande amitié.

Alcibiade fut toute sa vie suspect aux principaux citoyens d'Athènes, dont les uns redoutaient ses talents, les autres ses excès ; il se vit tour à tour adoré, craint et haï du peuple, qui ne pouvait se passer de lui. Comme les haines et les affections dont il était l'objet devenaient des passions violentes, ce fut avec des convulsions de joie et de fureur que les Athéniens l'élevèrent aux honneurs, le condamnèrent à mort, le rappelèrent et le proscrivirent de nouveau.

Exilé plusieurs fois d'Athènes, il se fit remarquer par la facilité avec laquelle il sut se plier aux mœurs les plus opposées des différents peuples chez lesquels il se réfugia. Plutarque le compare au caméléon, toujours prêt à prendre la couleur des objets dont il est environné : les Spartiates furent étonnés de sa frugalité ; les Thraces, de son intempérance ; les Ioniens, de sa mollesse et de sa volupté ; les satrapes de l'Asie, d'un luxe qu'ils ne pouvaient égaler.

Le nom d'Alcibiade a passé dans la langue, et sert à désigner un homme dont le caractère offre le contraste de grands vices unis à de brillantes qualités, qui sait se plier, avec la plus grande facilité, au genre de vie et aux mœurs qu'exigent les circonstances où il est placé.

Sans cesse en garde contre la flatterie, Alexandre Dumas est constamment ébloui par elle ; ferme comme un roc devant une déclaration de guerre ; faible comme une courtisane en face d'une caresse ; esclave de sa parole et oublieux de sa promesse ; roué comme une fille, naïf comme un enfant ; sobre comme un Arabe et organisant un repas comme Lucullus ; un morceau de cire entre les mains d'une femme... c'est, en un mot, *Alcibiade*, ayant tous les vices et toutes les vertus. *Le Figaro.*

Je ne connais pas de médecin mieux fait pour la clientèle : il court matin et soir, du haut en bas de la société, et il est à sa place partout. C'est un *Alcibiade* bourgeois qui se façonne sans travail aux mœurs de tout pays. On l'aime au faubourg Saint-Germain pour sa réserve, à la Chaussée-d'Antin pour son esprit, et rue Vivienne pour sa rondeur. EDMOND ABOUT, *Germaine.*

Un petit édifice circulaire, qui se fait à peine remarquer parmi les maisons qui l'entourent, mériterait peu, sans doute, que je m'arrêtasse à l'observer, si je ne savais que c'est l'unique reste du fameux Pavillon de Hanovre ; que là venaient aboutir les fastueux hôtels et les jardins de l'*Alcibiade* prétendu du dix-huitième siècle, du libertin maréchal de Richelieu.

AMAURY DUVAL, *Livre des Cent-et-un.*

—Monsieur, répondit Jean, il faudrait connaître les usages et le climat du pays. Ce pain ne vous semble pas cuit ; mais peut-être l'est-il comme il faut pour les estomacs de céans. Les anciens conseillent au voyageur de se mettre à la cuisine des peuples qu'il visite. C'est pourquoi *Alcibiade*, à Sparte, se régalait de *brouet noir*, après un bain dans l'Eurotas.   Louis Veuillot, *Çà et là*.

Après avoir sermonné avec quelque sévérité les royalistes d'outre-Rhin, Suleau croit devoir sermonner avec la même franchise ceux de Paris : ont-ils donc bien l'esprit et les mœurs de leur situation, ces beaux messieurs qui ont précieusement conservé tous les attributs de la frivolité, et ne savent pas se sevrer d'une seule de leurs fantaisies dans des conjonctures qui auraient conseillé à *Alcibiade* lui-même un maintien mâle et des habitudes austères ?
Hatin, *Histoire de la presse*.

ALEXANDRE.

Alexandre, fils de Philippe, roi de Macédoine, fut l'un des plus grands capitaines de l'antiquité. Dès l'âge le plus tendre, il se sentit animé d'une noble ambition. Comme on lui demandait s'il concourrait aux jeux olympiques : « J'irais, répondit-il, si je savais y rencontrer des rois pour rivaux. » Il pleurait de colère en voyant les succès multipliés de Philippe : « Mon père ne nous laissera donc rien à faire ! » s'écriait-il. Il mourut à Babylone, à l'âge de trente-trois ans, après avoir dompté la Grèce et conquis l'Asie avec une poignée de soldats.

Alexandre est resté dans toutes les langues le type du héros et du conquérant : « A la veille d'un si grand jour et dès la première bataille, il est tranquille, tant il se trouve dans son naturel ; et on sait que le lendemain, à l'heure marquée, il fallut réveiller d'un profond sommeil cet autre *Alexandre*. »
Bossuet. *Oraison funèbre du prince de Condé*.

J'ai lu, chez un conteur de fables,
Qu'un second Rodilard, l'*Alexandre* des chats,
L'Attila, le fléau des rats,
Rendait ces derniers misérables...
La Fontaine, *le Chat et le vieux Rat*.

Nota. Nous allons rapporter, dans leur ordre chronologique, les différentes circonstances de la vie d'Alexandre qui ont donné lieu à des locutions proverbiales.

1° SI JE N'ÉTAIS ALEXANDRE, JE VOUDRAIS ÊTRE DIOGÈNE.

Alexandre venait d'être nommé généralissime des Grecs et se trouvait à Corinthe, dont les principaux citoyens s'empressaient d'aller lui offrir leurs félicitations. Étonné de ne pas recevoir la visite de Diogène, il se rendit lui-même auprès du célèbre cynique, dont la conversation facile et piquante le remplit d'admiration. Alexandre ayant demandé au philosophe s'il désirait quelque chose :

« Que tu t'ôtes de mon soleil, » lui répondit Diogène. Alexandre, frappé de ce désintéressement, s'écria : « *Si je n'étais Alexandre, je voudrais être Diogène.* »

Le roi de Macédoine disait : « *Si je n'étais Alexandre, je voudrais être Diogène.* » Me permettrez-vous de dire : « *Si je n'étais esprit, je voudrais être matière ?* » Car je serais encore l'œuvre de Dieu, le fruit de sa pensée et de sa bonté. Son œil serait encore sur moi, et uni dans l'humanité à une âme immortelle, après l'avoir ici-bas servie dans ses besoins, je la servirais un jour dans un bonheur qui rejaillirait sur moi.   LACORDAIRE, *Conférences de Notre-Dame.*

Si Rothschild le Grand entrait avec tout son cortége de courtiers, d'escompteurs, d'expéditeurs, d'agents de change et de chefs de comptoir, avec lesquels il fait la conquête du monde, et qu'il lui dit : « Moïse Loque, demande-moi une faveur, et ce que tu voudras sera fait... » Je suis convaincu que Moïse Loque répondrait tout tranquillement : « Mouche-moi mes chandelles ! » Et Rothschild le Grand dirait avec admiration : « *Si je n'étais Rothschild, je voudrais être Loque.* »   HENRI HEINE, *Reisebilder.*

Vive un médecin de faubourg ! Ses fautes sont moins en vue, et ses assassinats ne font pas de bruit. Oui, mon enfant, ajouta-t-il, ton sort me paraît digne d'envie ; et, pour parler comme Alexandre, « *Si je n'étais pas Fabrice, je voudrais être Gil Blas.* »
   LE SAGE, *Gil Blas.*

2° MON FILS, RIEN NE PEUT TE RÉSISTER.

Avant de partir pour l'expédition qu'il projetait en Asie, Alexandre voulut consulter l'oracle de Delphes. Comme la pythie refusait de monter sur le trépied, le jeune héros l'y traînait violemment. « Ah ! mon fils, s'écria-t-elle, on ne saurait te résister. — Cet oracle me suffit, répondit Alexandre, et je n'en veux point d'autre. »

Votre *Duc de Foix* m'a fait le plus grand plaisir du monde ; la conduite m'en paraît excellente, les caractères bien soutenus, et la versification admirable. Avec combien d'amour, de passion et de

— 24 —

naturel, le duc de Foix revient toujours à son objet, dans la scène entre lui et Lisois, au troisième acte! En écoutant cette scène et bien d'autres de la pièce, je disais à M. de Voltaire, comme la prêtresse de Delphes à Alexandre : « *Ah! mon fils, on ne peut te résister.* » D'ALEMBERT, *Correspondance.*

3° ALEXANDRE SE RÉSERVANT L'ESPÉRANCE.

Au printemps de l'année 334, Alexandre, âgé seulement de vingt-deux ans, se disposait à envahir l'Asie à la tête d'une armée de trente mille fantassins et de cinq mille chevaux. Comme si déjà il eût eu en son pouvoir les trésors du grand roi, il distribua à ses amis tout ce qu'il possédait. « Prince, lui demanda Perdiccas, que vous réservez-vous donc? — *L'Espérance,* » répondit Alexandre.

Nous ne sommes point de ceux qui, prompts à désespérer de l'humanité, lèvent tristement les mains sur une société expirante.

La jeunesse part pour la conquête d'une terre lointaine, l'Avenir : laissons-lui donc ce qu'Alexandre s'était réservé en partant pour la conquête de l'Orient : *l'Espérance.*

ALFRED NETTEMENT, *les Ruines morales et intellectuelles.*

GUILLERY. Ne pleure pas, tu n'as pas perdu ton temps, tu as appris la grande guerre à mon école, tu as acquis une expérience qui te servira pour l'avenir.

MONOCORDE. Oui, mais qu'est-ce qu'il me reste pour le présent?

GUILLERY. *L'Espérance!* Alexandre n'avait pas autre chose dans son sac, lorsqu'il partit pour la conquête de l'Asie.

EDMOND ABOUT, *Guillery.*

4° ALEXANDRE TRANCHANT LE NŒUD GORDIEN.

Gordius, simple laboureur phrygien, devint roi pour avoir accompli un oracle qui promettait la couronne à celui qui entrerait le premier, à un jour marqué, dans la capitale. Midas, son fils, consacra dans le temple de Jupiter le char sur lequel son père était monté. Le nœud qui attachait le joug au timon était fait si artistement, qu'on ne pouvait en découvrir les deux extrémités. On l'appelait le *nœud gordien* ou *de Gordius,* et un ancien oracle promettait l'empire de l'Asie à celui qui parviendrait à le dénouer. Alexandre, s'étant emparé de la ville, résolut d'accomplir l'oracle et d'agir fortement sur l'imagination de ses soldats.

Après plusieurs tentatives infructueuses, il tira son épée et trancha le nœud mystérieux, éludant ainsi plutôt qu'il n'accomplissait l'oracle.

L'Alexandre des temps modernes, qui avait profondément étudié l'histoire du conquérant macédonien, a fait une allusion des plus saisissantes à la circonstance que nous venons de rapporter. Le 14 mars 1814, au moment où les armées étrangères couvraient la France, il écrivait, de Reims, au ministre de la police :

« Vous ne m'apprenez rien de ce qui se fait à Paris. Il y est question d'adresse, de régence, et de mille intrigues aussi plates qu'absurdes, et qui peuvent tout au plus être conçues par un imbécile comme Miot. Tous ces gens-là ne savent point que *je tranche le nœud gordien* à la manière d'Alexandre. Qu'ils sachent bien que je suis aujourd'hui le même homme que j'étais à Wagram et à Austerlitz ; que je ne veux dans l'État aucune intrigue ; qu'il n'y a point d'autre autorité que la mienne, et qu'en cas d'événements pressés, c'est la régente (Marie-Louise) qui a exclusivement ma confiance. . . . . »

La condition principale de ce traité du 30 mai 1814, c'était l'abdication de Napoléon et la déchéance de sa dynastie. Sa reprise de possession du pouvoir était donc la plus grande des infractions à ce traité ; son offre de le maintenir en était une énorme violation. Rien de plus contradictoire, de plus inadmissible, que cette adhésion posthume de Napoléon, sous le titre d'empereur actuellement régnant, à ce traité, dont son exclusion du trône était la clause première et fondamentale. Tous les artifices du raisonnement ne pouvaient rien pour *délier ce nœud gordien* que l'épée seule devait trancher.

Villemain, *Souvenirs historiques.*

La conversion des rentes a parfaitement réussi en Angleterre, où elle ne frappe pas la propriété privilégiée. L'impôt de la terre, l'impôt sur le vin et l'impôt sur le sel, réussissent aussi admirablement en France, où ils ne frappent que les classes laborieuses ; mais essayez un peu d'imposer les classes fainéantes ! Je viens d'indiquer le *nœud gordien* de la question des rentes ; mais je cherche vainement, parmi les ministres actuels ou leurs successeurs présomptifs, un Alexandre qui ose le trancher.

Toussenel, *les Juifs.*

« La question d'Orient est toute simple, » venait de dire, en se résumant, un monsieur qui tranchait le *nœud gordien* avec sa fourchette.

« Je la crois multiple, » dit M. Elphége, interrupteur étourdi.

Le préopinant, très-contrarié, arrêta sa fourchette chargée de fricandeau à deux doigts de sa bouche, et regarda fixement son contradicteur.
MÉRY, *un Couple affreux.*

Je trouve qu'on abuse singulièrement du suicide dans les vers et la prose de nos contemporains. Laissons de côté la morale pour nous placer à un point de vue simplement littéraire. Il est si facile de *trancher le nœud gordien* au lieu de le dénouer, de se tirer d'embarras au point où l'intrigue s'embrouille, à l'aide de ce moyen banal! Vous ne saviez que faire de votre héros? Qu'il se tue! La situation trop tendue menaçait de se rompre; vite un coup de poignard ou une fiole de poison!
VICTOR FOURNEL, *Ce qu'on voit dans les rues de Paris.*

C'est ainsi que se lance sur la mer de la vie le couple intéressant, tandis qu'une voix paternelle murmure aux oreilles du mari un dernier monitoire qui peut se traduire ainsi : Maintenant, débrouillez-vous.

Un débrouillement assez ordinaire est l'enchevêtrement le mieux conditionné, le plus inextricable *nœud gordien* dont puissent s'étrangler réciproquement deux tourtereaux liés par le cou.
CHARLES DE BERNARD, *Gerfaut.*

La plupart des femmes se fatiguent dans cette lutte journalière des goûts luxueux contre une fortune médiocre; elles se plaignent et finissent par se plier à leur sort; mais, au lieu de déchoir, l'ambition de Célestine grandissait avec les difficultés; elle ne pouvait pas les vaincre, elle voulait les enlever; car, à ses yeux, cette complication dans les ressorts de la vie était comme le *nœud gordien* qui ne se dénoue pas et que le génie tranche.
BALZAC, *les Employés.*

Elle étendit la main sous l'oreiller et en tira le portefeuille volé qu'elle avait vainement essayé d'ouvrir la veille.

« J'en viendrai bien à bout! dit-elle en le retournant dans tous les sens. J'aurais *dénoué le nœud gordien* sans avoir besoin d'épée, comme ce brutal d'Alexandre. »

Et elle se mit en quête du secret qui devait ouvrir ce mystérieux portefeuille où se trouvaient sans doute de précieuses indications.
Théophile Gautier, *Fortunio*.

5° LE MÉDECIN D'ALEXANDRE.

Peu de temps après le passage du Granique, Alexandre, s'étant baigné couvert de sueur dans les eaux glacées du Cydnus, fut pris subitement d'un frisson mortel, et ses soldats l'emportèrent sans mouvement dans sa tente. Toute l'armée fut frappée de consternation, car son état semblait désespéré. En même temps, Darius s'avançait avec des forces immenses pour lui fermer les issues du Taurus. Les médecins n'osaient essayer aucun remède ; un seul, Philippe, Acarnanien de nation et ami d'enfance d'Alexandre, composa un breuvage dont l'effet puissant et salutaire devait être immédiat. Pendant ces préparatifs, Alexandre reçut une lettre de Parménion, qui l'avertissait de se défier de Philippe, secrètement gagné par Darius pour attenter aux jours de son maître. Le héros tenait encore la lettre, quand son médecin apporta le breuvage. Alors, sans manifester aucune émotion, il saisit la coupe d'une main, et de l'autre, présentant la lettre à Philippe, il vida la coupe d'un seul trait. Le médecin, indigné, mais dominant ses impressions, exhorta le roi à suivre fidèlement ses conseils : la guérison était à ce prix. En effet, après une crise terrible qui glaça d'effroi toute l'armée, et dont un homme seul n'appréhendait pas l'issue, le malade recouvra ses sens et fut rendu à la santé.

Ce qu'il y a surtout d'admirable dans ce trait de la vie d'Alexandre, c'est sa foi profonde dans l'amitié. L'anecdote suivante, racontée par J.-J. Rousseau, montrera que la beauté de cette action peut être diversement appréciée.

« J'étais allé passer quelques jours à la campagne chez une bonne mère de famille qui prenait grand soin de ses enfants et de leur éducation. Un matin que j'étais présent aux leçons de l'aîné, son gouverneur, qui l'avait très bien instruit de l'histoire ancienne, reprenant celle d'Alexandre, tomba sur le trait connu du médecin Philippe. A table, on ne manqua pas, selon la méthode française, de faire beaucoup babiller le petit bonhomme. La vivacité naturelle à son âge et l'attente d'un applaudissement sûr, lui firent débiter mille sottises, tout à travers lesquelles partaient de temps en temps quelques mots heureux qui faisaient oublier le reste. Enfin vint l'histoire du médecin Philippe : il la raconta fort nettement et avec beaucoup de grâce. Après l'ordinaire tribut d'éloges qu'exigeait la mère et qu'attendait le fils, on raisonna sur ce qu'il avait dit. Le plus grand nombre blâma la témérité d'Alexandre ; quelques-uns, à l'exemple du gouverneur, admiraient sa fermeté, son courage : ce qui me fit comprendre qu'aucun de ceux qui étaient présents ne voyait en quoi consistait la véritable beauté de ce trait.

» Après le dîner, soupçonnant, sur plusieurs indices, que mon jeune docteur n'avait rien compris du tout à l'histoire qu'il avait si bien racontée, je le pris par la main, je fis avec lui un tour de parc, et, l'ayant questionné tout à mon aise, je trouvai qu'il admirait plus que personne le courage si vanté d'Alexandre ; mais savez-vous où il voyait ce courage ? uniquement dans celui d'avaler d'un seul trait un breuvage de mauvais goût, sans hésiter, sans marquer la moindre répugnance. Le pauvre enfant, à qui l'on avait fait prendre médecine il n'y avait pas quinze jours, et qui ne l'avait prise qu'avec une peine infinie, en avait encore le déboire à la bouche. »

Dans son livre du *Chasseur conteur*, Elzéar Blaze raconte un trait du roi-chevalier, qui ne déparerait pas l'histoire d'Alexandre.

« Un comte Guillaume, de Saxe, vint en France et fut très bien accueilli par le roi ; peu à peu il parvint à plaire, et François Ier l'attacha à son service. Mais ce comte était un traître, qui depuis longtemps avait formé le projet de l'assassiner. Quelques amis en avertirent le roi ; celui-ci, trop grand, trop généreux pour croire à un projet si infâme, leur répondit qu'ils se trompaient et qu'un tel crime était impossible. Enfin, un jour, à Fontainebleau, on remit à François Ier une lettre du comte qui prouvait la noirceur de son âme et l'attentat qu'il méditait. Le roi partait pour la chasse.

— A cheval, messieurs, dit-il ; la journée sera bonne.

Un fidèle serviteur s'approcha :

— Mais sire, dit-il, c'est pour aujourd'hui, dans la forêt !

— Bien, j'y serai.

Au moment où le cerf fut lancé, le roi partit au galop.

— Suivez-moi, dit-il au comte Guillaume. Arrivé dans un endroit écarté, seul avec son ennemi : — Vous êtes gentilhomme, monsieur ? mettez l'épée à la main, nous sommes seuls.

— Quoi !... sire...

— L'épée à la main ! vous dis-je ; car je ne pense pas que votre intention fût de m'assassiner comme un lâche !

— Sire, je ne comprends pas, dit le comte tout tremblant.

— Ah ! mon épée vous fait peur ! Soyez tranquille, elle n'a jamais tué que des braves. Voyez cette lettre ; partez, et si dans trois jours vous êtes encore en France, je vous fais pendre, car un drôle tel que vous ne doit point avoir la tête tranchée. »

Un de mes meilleurs amis, M. Roubot, était malade ; je l'allai voir. Après bien des hésitations, il me dit la cause de son mal et m'apprit que le chirurgien allait venir le saigner.

« Garde-toi bien de cette saignée, m'écriai-je, ou tu es mort. Laisse-moi faire, je vais te préparer une potion appropriée à ton état ; en attendant, prends ceci. »

Je lui présentai un verre d'eau saturée de sucre, qu'il avala avec la confiance d'Alexandre ingurgitant cette *fameuse médecine* qu'on lui avait dit être du poison.

BRILLAT-SAVARIN, *Physiologie du goût.*

On est juste, sobre, économe, laborieux, fidèle observateur de sa parole, parce que c'est là un ordre dont l'exactitude rapporte plus qu'elle ne coûte. Mais placez ces esprits bien réglés en présence de la *coupe d'Alexandre*, c'est-à-dire en présence d'un sacrifice qui se peut éviter sans dommage, en face d'une vertu qui n'a pas de rémunération visible, alors vous connaîtrez le vide d'un cœur où manque la foi.   LACORDAIRE, *Conférences*.

6° CELUI-CI EST AUSSI ALEXANDRE.

Éphestion est moins cité dans l'histoire pour la part qu'il a prise aux conquêtes d'Alexandre que pour la grande amitié qui l'unissait à ce héros. Les deux amis avaient été élevés ensemble, et ne furent séparés l'un de l'autre que par la mort. Après la sanglante bataille d'Issus, où la mère, la femme et les deux filles de Darius tombèrent au pouvoir du vainqueur, Alexandre, accompagné d'Éphestion, alla visiter dans leur tente les infortunées princesses. Sysigambis, mère de Darius, adressa le salut à Éphestion, qu'elle prenait pour Alexandre à la supériorité de sa taille et à l'éclat de son costume. Avertie de son erreur, elle se jeta aux pieds du héros, qui la releva avec bonté en lui disant : « Vous ne vous êtes pas trompée, ma mère, *celui-ci est aussi Alexandre !* »

Compagnons d'armes dans la bataille terrestre, qu'importe à qui va le prix de la victoire ? Si la fortune passe à nos côtés sans nous voir, et prodigue ses caresses à d'autres, consolons-nous comme l'ami d'Éphestion, en disant : « *Ceux-là sont aussi Alexandre !* »
    ÉMILE SOUVESTRE, *un Philosophe sous les toits*.

7° ET MOI AUSSI, SI J'ÉTAIS PARMÉNION.

Après la bataille d'Issus, qui avait fait tomber entre les mains d'Alexandre toute la famille de Darius, et quelques jours avant la bataille d'Arbelles, le grand roi fit offrir au vainqueur dix mille talents (cinquante-quatre millions), la cession de toute l'Asie jusqu'à l'Euphrate, et l'une de ses filles en mariage. Alexandre ayant communiqué ces brillantes propositions à ses généraux : « J'accepterais, si j'étais Alexandre ! s'écria Parménion. — *Et moi aussi, si j'étais Parménion,* » repartit Alexandre. Et il refusa.

A celui qui conseillait à Alexandre de faire la paix, savez-vous ce qu'il répondit : « *Oui, si j'étais Parménion*, c'est-à-dire si j'étais homme ; mais je suis un héros, il me faut du carnage ; tout autre passe-temps est indigne de moi. »
    P.-L. COURIER, *Correspondance*.

Comme soldat, je ne pouvais me plaindre ; mon sort même faisait des jaloux, et je m'en serais contenté *si j'eusse été Parménion;* mais mon ambition était d'une espèce particulière, et ne tendait pas à vieillir

Dans les honneurs obscurs de quelque légion.

J'avais des projets dont le succès eût fait mon malheur. La fortune m'a mieux traité que je ne méritais.

P.-L. COURIER, *Lettres inédites.*

8° O ATHÉNIENS ! QU'IL EN COUTE POUR ÊTRE LOUÉ DE VOUS !

Du fond de l'Asie, Alexandre avait les regards fixés sur la Grèce, et surtout sur Athènes. Malgré l'abaissement dans lequel elle était tombée, cette ville, par les chefs-d'œuvre de ses artistes, les immortelles harangues de ses orateurs et les écrits de ses historiens, était toujours restée la métropole du monde civilisé ; et Alexandre, si passionné pour la gloire, aspirait avant tout aux applaudissements de ces Athéniens frivoles, mais qui n'en distribuaient pas moins pour la postérité le blâme et la louange. Le conquérant venait de pénétrer dans les vastes régions de l'Inde, et se préparait à traverser l'Hydaspe, dont Porus, à la tête d'une armée formidable, allait lui disputer le passage. Le fleuve était large et profond, et ses flots, se brisant avec fracas, montraient çà et là des rochers menaçants. Alexandre trompe l'attention des ennemis par une fausse attaque, et, profitant d'un orage qui dérobe ses mouvements, brave des périls inouïs pour passer le fleuve. Il avoua ensuite qu'il avait enfin trouvé là un péril digne de son courage, et ce fut dans cette circonstance, dit Racine (1), qu'il s'écria : « *O Athéniens ! combien il en coûte pour être loué de vous !* »

Mais c'est surtout entre deux plaisants de profession, quand ils se rencontrent, que la lutte est terrible et impitoyable. C'est quelque chose de comparable à un combat de coqs ou de taureaux, ou à celui de deux cochers de fiacre qui se sont heurtés l'un contre l'autre ; il y a sans doute plus de courtoisie, au moins en apparence, mais non moins d'acharnement. Ils se poursuivent le vertige dans les yeux et dans l'esprit, le gosier en feu, la voix éraillée, la langue épaissie, et les auditeurs ont la barbarie de rire, de les applaudir et de les exciter.

O Athéniens ! que de mal on se donne pour vous plaire !

VICTOR FOURNEL, *le Plaisant de profession.*

(1) Préface de la tragédie d'*Alexandre.*

Vous qui avez passé dix ans, vingt ans, à encourager, à caresser, à affermir, à autoriser, à justifier cette naïve présomption de M. Véron, cet ingénu contentement de soi, cette candide certitude d'être un grand personnage, — d'où viennent donc vos mépris et vos risées ? *O Athéniens ! qu'il est difficile de vous plaire*, et que vous vous lassez vite de vos favoris !

ARMAND DE PONTMARTIN, *Causeries littéraires*.

Un auteur doit donc se donner toutes les peines imaginables pour en épargner à ses lecteurs ; il doit souvent répéter d'après Alexandre le Grand : « *O Athéniens ! qu'il m'en coûte pour être loué de vous !* » HELVÉTIUS, *de l'Esprit*.

Frédéric a besoin d'un bibliothécaire, et Delille est tout propre pour cet emploi. J'ai écrit à Frédéric dans cette idée, je n'ai point encore de réponse ; mais sûrement il vous répondra, car il est coquet, il veut vous plaire. Vous avez dans Paris une voix prépondérante, et Alexandre voulait plaire aux Athéniens. Je ne sais si c'est en donnant douze cents francs de pension qu'il s'écriait : « *O gens d'Athènes, voyez ce qu'il m'en coûte pour être loué de vous !* »

VOLTAIRE, *Lettre à d'Alembert*.

9° AU PLUS DIGNE.

L'Asie était conquise ; *la terre*, suivant la belle expression de l'Écriture, *s'était tue devant Alexandre* ; il avait fait son entrée à Babylone « non comme un conquérant, mais comme un Dieu, » et le rôle éclatant et terrible qu'il avait joué touchait à sa fin. Les festins et les débauches de toute espèce avaient succédé aux batailles. Au milieu d'une dernière orgie, le conquérant fut saisi d'une fièvre qui l'emporta en quelques jours ; il ne laissait que des héritiers en bas âge ou incapables. On rapporte qu'à son lit de mort, ses généraux lui demandant à qui il laissait l'empire, il répondit : « *Au plus digne ;* » puis il expira, « plein des tristes images de la confusion qui devait suivre sa mort. »

Une société démocratique qui ne veut pas être une arène confuse où toutes les médiocrités ambitieuses se précipitent en se culbutant, n'a d'autre ressource que de s'en tenir avec fermeté à l'axiome d'Alexandre mourant : « *Au plus digne !* » C'est la prétention et la devise de toutes les démocraties.

De Broglie, *Législation et économie sociale.*

L'État n'est pas assez riche pour accorder à toutes les ambitions qu'engendrent le besoin et la libre concurrence, une part honorable de la fortune publique. Il est impossible que cet état de choses n'amène pas de grandes souffrances morales. Rien n'est beau comme le testament d'Alexandre : « *Au plus digne ;* » mais rien n'est triste comme le partage réel de sa succession entre ses capitaines. Nous assistons à un spectacle pareil.

Lacordaire, *Mémoire pour les Frères prêcheurs.*

10° LES FUNÉRAILLES D'ALEXANDRE.

« Alexandre laissait, en mourant, des capitaines à qui il avait appris à ne respirer que l'ambition et la guerre. Il prévit à quels excès ils se porteraient quand il ne serait plus au monde ; pour les retenir et de peur d'en être dédit, il n'osa nommer ni son successeur ni le tuteur de ses enfants. Il prédit seulement que ses amis *célébreraient ses funérailles par des batailles sanglantes.* »

Bossuet.

Autour de la doctrine de Jouffroy, nous trouverons toutes les écoles groupées, soit pour l'adopter, soit pour la modifier ou la combattre ; ce philosophe eut, à sa manière, *les funérailles d'Alexandre ;* les différentes écoles en vinrent aux mains autour de son cercueil.

Alfred Nettement, *Littérature sous le gouvernement de Juillet.*

11° DÉMEMBREMENT DE L'EMPIRE D'ALEXANDRE.

A peine Alexandre avait-il rendu le dernier soupir, que ses généraux s'assemblèrent pour se partager son immense héritage. Perdiccas, à qui Alexandre mourant avait laissé son anneau, se fit nommer régent ; les autres généraux se distribuèrent les provinces : Lysimaque eut la Thrace, Antipater la Macédoine et la Grèce, Ptolémée l'Égypte, Antigone et Cassandre se partagèrent l'Asie Mineure. Vingt ans après, ils se rencontraient dans les plaines de la Phrygie, et la bataille d'Ipsus était le dernier acte de ce drame sanglant.

M. Hippolyte Flandrin est le plus excellent de tous les élèves de M. Ingres, le continuateur de sa tradition, l'héritier présomptif de sa royauté. M. Delacroix mourra comme Alexandre : *on taillera quelques douzaines de gilets dans son manteau de pourpre.* L'héritage de M. Ingres restera indivis entre les mains de M. Flandrin.

Edmond About, *nos Artistes au Salon de* 1857.

ALLEZ DIRE A VOTRE MAITRE QUE NOUS SOMMES ICI PAR LA VOLONTÉ DU PEUPLE, ET QUE NOUS N'EN SORTIRONS QUE PAR LA FORCE DES BAIONNETTES.

Le 23 juin 1789, Louis XVI avait convoqué les trois ordres de la nation. A cette séance fameuse, le roi fit connaître ses volontés avec une sévérité et un ton de menace qui contrastaient avec la bienveillance naturelle de son caractère. En se retirant, il ordonna aux trois ordres de se séparer et de se rendre dans leurs salles respectives. La noblesse et le clergé obéirent à cette injonction ; mais les députés du Tiers-État, qui demandaient que le vote eût lieu par tête et non par ordre, se tinrent immobiles et silencieux. Le marquis de Dreux-Brézé, grand maître des cérémonies, rentre alors dans la salle, et s'adressant au président Bailly : « Vous connaissez, dit-il, les intentions du roi. » C'est alors que Mirabeau, prenant la parole, fit cette réponse foudroyante, devenue justement célèbre : « Oui, monsieur, nous avons entendu les intentions qu'on a suggérées au roi, et vous, qui ne sauriez être son organe auprès des états généraux, vous qui n'avez ici ni place ni voix, vous n'avez nul droit de nous rappeler son discours. Cependant, pour éviter tout délai, *allez dire à votre maître que nous sommes ici par la volonté du peuple, et que nous n'en sortirons que par la force des baïonnettes !* »

Blondeau recula d'un pas, pour mettre entre Deslandes et lui une distance nécessaire à la dignité de la scène ; puis il s'affermit sur la jambe gauche, porta le pied droit en avant, posa une de ses mains sur la hanche, étendit l'autre, releva la tête par un geste superbe, et fixant sur le substitut déconcerté un regard foudroyant :

« *Allez dire à celle qui vous envoie,* s'écria-t-il, *que nous sommes ici par la puissance de notre argent, et que nous n'en sortirons que par la force des baïonnettes* (1). »

Charles de Bernard, *les Ailes d'Icare.*

Manuel demandait à répandre les dernières gouttes de son sang ;

(1) La scène se passe dans un bal donné par souscription au profit des indigents, et Blondeau s'y est présenté avec des femmes d'apparence suspecte.

il reprochait aux rois leurs vaines promesses, et rappelait, aux applaudissements frénétiques de l'Assemblée, les célèbres paroles de Mirabeau, qu'il voulait faire retentir encore une fois dans toute l'Europe : « *Nous sommes ici par la volonté du peuple, et nous n'en sortirons que par la puissance des baïonnettes !* »

Le Dr Véron, *Mémoires d'un Bourgeois de Paris.*

J'ai eu beau faire et beau dire, monseigneur, il m'a chassé en se moquant de moi, en me jetant ces mots à la figure : « *Allez dire à celui qui vous envoie que je suis entré ici par la porte, et que je n'en sortirai que par la fenêtre !* »

Louis Lurine, *Voyage dans le Passé.*

L'autorité déchira l'insolent protocole et annonça qu'elle donnait cinq minutes aux insurgés pour se soumettre. Les insurgés, par l'organe de Charles, répondirent qu'*ils étaient là par la volonté de leurs parents*, qui ne consentiraient pas à les voir tyrannisés, *et qu'ils n'en sortiraient que par la force des sergents de ville !* »

Louis Ulbach, *Histoire d'un honnête homme.*

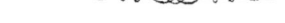

A L'OEIL DROIT DE PHILIPPE.

Pendant que la Grèce était déchirée par les fureurs de la Guerre Sacrée, Philippe s'empara de Méthone et la détruisit. C'est pendant le siège de cette ville qu'il perdit l'œil droit, par une singulière aventure que raconte Suidas. Un habile archer d'Amphipolis, nommé Aster, était venu offrir ses services à Philippe. Il se vantait de ne jamais manquer un oiseau dans son vol le plus rapide. « Bon ! lui avait répliqué Philippe, je t'emploierai quand je ferai la guerre aux étourneaux. »

La raillerie piqua au vif l'habile tireur ; il se jeta dans Méthone, et lança contre le roi une flèche sur laquelle il avait écrit ces mots : « *A l'œil droit de Philippe.* » Aster n'avait pas exagéré son adresse ; car la flèche alla frapper le but. Philippe la fit renvoyer à l'archer avec cette inscription : « Si Philippe prend la ville, Aster sera pendu ; » et il tint parole.

On raconte que, depuis cet événement, Philippe ne pouvait, sans colère, entendre prononcer le nom de Cyclope.

Dans mon vieux carquois, où font brèche
Les coups de vos juges maudits,

Il me reste encore une flèche ;
J'écris dessus : « *Pour Charles Dix.* »
Malgré ce mur qui me désole,
Malgré ces barreaux si serrés,
L'arc est tendu, la flèche vole :
Mon bon roi, vous me le paierez !
Béranger, *Chansons.*

A MOI ! AUVERGNE, VOILA LES ENNEMIS !

L'épisode si connu dont le chevalier d'Assas fut le héros est une des nombreuses péripéties qui signalèrent la guerre de Sept Ans. Les Prussiens et les Hanovriens, commandés par le duc de Brunswick, étaient en face de l'armée française à Closter-Camp, et l'on allait en venir aux mains. Dans la nuit du 15 au 16 octobre 1760, le chevalier d'Assas, capitaine de chasseurs au régiment d'Auvergne, étant sorti à la tête de sa compagnie pour inspecter les postes, tomba au milieu d'une colonne ennemie qui s'avançait en silence pour surprendre l'armée française. Menacé de mort si un seul cri, un seul mot sort de sa bouche, d'Assas n'hésite pas et s'écrie d'une voix éclatante : « *A moi ! Auvergne, voilà les ennemis !* » Et il tombe aussitôt criblé de coups de baïonnettes. Il meurt immortel, et son dévoûment, qui sauva l'armée française, est une des plus belles pages de notre histoire.

L'action héroïque de d'Assas a été contestée, et quelques critiques, s'appuyant sur des mémoires inédits de Grimm, font honneur de cette réponse à un simple sergent, nommé Dubois. De semblables documents, émanés d'un chroniqueur, peuvent-ils infirmer l'autorité de la plupart des historiens ? et pour la vaine gloriole de faire étalage de son érudition, un critique qui se prend au sérieux doit-il si légèrement grossir la liste des iconoclastes (1) ?

---

(1) Voici le récit de Voltaire dans son *Précis du Siècle de Louis XV* : « Le prince héréditaire de Brunswick, qui commandait les ennemis, assiégeait Vesel, qui allait tomber en son pouvoir. Le marquis de Castries, qui commandait l'armée française, s'avança avec rapidité, emporta Rhinsberg l'épée à la main, et jeta des secours dans Vesel. Méditant une action plus décisive encore, il vint camper, le 15 octobre, à un quart de lieue de l'abbaye appelée Closter-Camp. Le prince ne crut pas devoir l'attendre devant Vesel ; il se décida à l'attaquer, et se porta au-devant de lui, par une marche forcée, la nuit du 15 au 16.

» Le général français, qui se doute du dessein du prince, fait coucher son armée sous les armes ; il envoie à la découverte pendant la nuit M. d'Assas, capitaine au régiment d'Auvergne. A peine cet officier a-t-il fait quelques pas, que des grenadiers ennemis, en embuscade, l'environnent et le saisissent à peu de distance de son régiment. Ils lui présentent la baïonnette, et lui disent que s'il fait du bruit il est mort. M. d'Assas se recueille un instant pour mieux renforcer sa voix, il crie : « *A moi ! Auvergne, voilà les ennemis !* » Il tombe aussitôt percé de coups. Ce dévoûment, digne des anciens Romains, aurait été immortalisé par eux. On dressait alors des statues à de pareils hommes ; de nos jours ils sont oubliés, et ce n'est que longtemps après avoir écrit cette histoire (Voltaire parle de la première édition de son ouvrage) que j'ai appris cette action si mémorable. J'apprends qu'elle vient enfin d'être récompensée par une pension de mille livres accordée à perpétuité aux aînés de ce nom. »

Ce récit de Voltaire s'appuie sur le témoignage du baron d'Assas, frère du chevalier, et, ce qui a encore plus d'autorité, sur la parole du major même du régiment d'Auvergne. De leur côté, les partisans du sergent Dubois se fondent sur des *mémoires* apocryphes de Grimm, et sur un autre recueil de Lombard de Langres, qui aurait tenu le récit de son propre père, soldat au régi-

Le prince Eugène demanda à Djafer-Pacha, le glaive à la gorge, de l'instruire des desseins du padischah, et lui signifia qu'il lui ferait couper la tête s'il ne lui disait pas la vérité. Le captif turc n'était pas un *chevalier d'Assas;* tremblant de peur, il révéla au généralissime chrétien le plan de campagne de son souverain.

Poujoulat, *Histoire de Constantinople.*

Les hommes aiment naturellement tout ce qui vient du cœur, tout ce qui est grand, tout ce qui éblouit, et même tout ce qui est étrange. Une action héroïque, ou simplement un acte de générosité les émeut infailliblement et provoque leur enthousiasme. Ils voient ces actions; ils ne voient pas la justice dans le cœur du juste. Soyez *d'Assas,* et votre nom sera immortel pour un moment de courage sublime. Mais Aristide, si le sort ne le place pas à la tête de la république, peut n'emporter au tombeau qu'une froide estime.

Jules Simon, *le Devoir.*

L'ennemi, mettant à profit l'obscurité de la diversion opérée sur la gauche, cherche à pénétrer dans la batterie française couverte par les embuscades. En moins de temps qu'il n'en faut pour le dire, les quatre compagnons du sergent sont tués à côté de lui. *Nouveau d'Assas,* il donne l'éveil à la garde de tranchée en déchargeant son fusil, et tombe lui-même assommé à coups de crosses.

Jules Noriac, *le 101ᵉ régiment.*

Beaucoup aimée, la courtisane aime peu; elle se méfie de l'amour, parce que sa condition la condamne à n'aimer personne. Si par hasard, si par malheur une tendresse innocente arrive jusqu'à son âme, elle l'étouffe comme on étouffe un incendie : « *A moi! Auvergne, voilà l'ennemi!* » L'ennemi, c'est quelque beau jeune homme qu'elle craint d'aimer.

J. Janin, *les Débats.*

---

ment de Dubois. Mais Lombard se complaisait dans la compilation de *contes militaires*, d'*anecdotes secrètes*, de *niaiseries historiques*, etc. Entre autres affronts que lui valut son habileté à arranger l'histoire, nous ne citerons que le désaveu formel auquel le contraignit le maréchal Lefebvre, de la bouche duquel il avait assuré tenir une foule de détails controuvés. Ainsi, jusqu'à nouvel et plus ample informé, nous maintenons au chevalier d'Assas le mot sublime de la nuit de Closter-Camp.

ANE DE BURIDAN.

Cette expression, qu'on emploie communément pour peindre la situation d'un homme sollicité de deux côtés à la fois et qui ne sait à quoi se résoudre, a pris naissance au milieu des âpres disputes de la scolastique du moyen âge. Comme on le pense bien, ce baudet illustre n'a jamais eu d'existence réelle; c'est un âne métaphysique, une entité. — Jean Buridan était un des subtils docteurs du quatorzième siècle. Un jour, dans une discussion sur le libre arbitre, qui passionnait alors les esprits, il imagina, pour embarrasser les disputeurs, l'hypothèse d'un âne également pressé par la soif et par la faim, et qui se trouverait placé, à égale distance, entre un seau d'eau et un picotin d'avoine. Par où commencera l'animal pour satisfaire en même temps deux besoins qui le sollicitent avec la même énergie? Tel était le problème. Les écoles du temps retentirent d'invectives latines et se livrèrent de furieux combats de syllogismes à propos de cet argument.

A ceux qui prétendaient que l'âne se déciderait pour l'un ou pour l'autre, Buridan répliquait : « Il a donc son libre arbitre. » Si, au contraire, ses contradicteurs soutenaient que, la soif étant aussi vive que la faim, l'âne se trouvait dans l'impossibilité de se décider, « Il se laissera donc mourir de faim et de soif, » répondait Buridan. Comme on le voit, cette fameuse hypothèse était de la famille de ces arguments *cornus* si chers aux anciens sophistes, et au moyen desquels ils amenaient forcément leurs adversaires à une absurdité, quelle que fût l'alternative à laquelle ceux-ci s'arrêtaient.

Le chancelier Bacon faisait allusion à ces disputes oiseuses, quand il comparait l'œuvre des philosophes scolastiques au labeur de l'araignée.

Montaigne, avec son esprit railleur et sceptique, n'hésitait pas à déclarer qu'un homme qui serait dans le cas de l'âne de Buridan, mourrait de faim et de soif : « Qui nous logerait, dit-il, entre la bouteille et le jambon avec un égal appétit de boire et de manger, il n'y aurait sans doute remède que de mourir de soif et de faim, n'y ayant aucune raison qui nous incline à la préférence » (*Essais*, liv. II, ch. XIV.)

> Connaissez-vous cette histoire frivole
> D'un certain âne illustre dans l'école ?
> Dans l'écurie on vint lui présenter
> Pour son dîner deux mesures égales,
> De même forme, à pareils intervalles :
> Des deux côtés l'âne se vit tenter
> Également, et dressant ses oreilles,
> Juste au milieu des deux formes pareilles,
> De l'équilibre accomplissant les lois,
> Mourut de faim, de peur de faire un choix.
> VOLTAIRE.

M. Fabuleux, candidat légitimiste, M. Vertigo, conservateur, et M. Gibraltar, radical, briguent la députation dans mon arrondissement. Chacun d'eux m'a envoyé sa profession de foi, et, chose étrange! ces trois déclarations promettent, en termes identiques, une indépendance complète, un dévoûment absolu aux intérêts du pays. Lequel choisir?

— 38 —

La position embarrassante où je me trouve n'est pas sans rapport avec celle où se trouva jadis *l'âne de Buridan.*

Il y a pourtant une différence ; encore est-elle à mon préjudice. L'âne de Buridan n'hésitait qu'entre deux... et moi je balance entre trois.

ALBÉRIC SECOND, *les Mémoires d'un homme heureux.*

— « Oh! le pouvoir, le pouvoir, Paturot, c'est la servitude! Vous connaissez la situation de *l'âne de Buridan.* Eh bien! entre le château et les chambres, un ministre joue le même rôle. Il a peur que ce qu'il fait en vue de l'un ne déplaise aux autres, et réciproquement. »

LOUIS REYBAUD, *J. Paturot à la recherche d'une position sociale.*

Voilà la Suède, de menaçante qu'elle était autrefois, devenue mesurée ; la voilà embarrassée de sa liberté, et indécise entre l'argent d'Angleterre et celui de France, comme *l'âne de Buridan* entre deux mesures d'avoine.   VOLTAIRE, *à Frédéric II.*

L'aristocrate Bobilier du côté droit, le tribun Toussaint Gilles du côté gauche, et, au centre, le méticuleux maire Amoudru, ne sachant de quel côté pencher, et aussi embarrassé que *l'âne de Buridan* entre ses deux picotins d'avoine! Pauvre commune! Du reste, c'est comme partout.

CHARLES DE BERNARD, *le Gentilhomme campagnard.*

MAINVIELLE. — Nous avons le bonheur de posséder parmi nous des représentants des deux églises.

CARRA. — Il est vrai, passez-moi cette saillie, que nous voilà exactement placés, comme le *symbolique animal de Buridan*, entre deux boisseaux d'exhortations évangéliques.

CHARLES NODIER, *les Girondins.*

ANESSE DE BALAAM.

Lorsque les Israélites, après avoir erré pendant quarante ans dans le désert, furent arrivés sur les bords du Jourdain, Balac, roi de Moab, effrayé de leur approche, envoya chercher Balaam, fameux devin ou prophète d'Aram, pour maudire ce peuple, et lui indiquer le moyen de l'éloigner de ses États. Séduit par les riches présents du roi, Balaam monta sur son ânesse et se mit en chemin. Comme il était arrivé dans une gorge étroite, un ange, tenant une épée nue à la main, se présenta au-devant de l'animal, qui recula effrayé. Balaam, pour qui l'ange était invisible, pressait et frappait en vain sa monture. « Pourquoi me frapper ? dit une voix qui semblait sortir de la bouche de l'ânesse ; ne t'ai-je pas toujours fidèlement servi ? » Et en même temps les yeux de Balaam s'ouvrirent ; il vit l'ange et se prosterna à ses pieds. « Poursuis ton chemin, lui dit l'envoyé du Très-Haut ; va, mais tu ne diras que ce qui te sera inspiré. » Balaam, arrivé près de Balac, fut conduit sur les hauts lieux consacrés à Baal, et saisi de l'esprit de Dieu, il s'écria :

« Comment lancerais-je l'anathème sur celui que Dieu n'a pas réprouvé ? De la cime des monts je contemple ces tribus. Le voilà donc ce peuple qui demeure seul au milieu des nations !

» Oh ! qui dira le nombre des enfants d'Israël ?

— Que fais-tu ? s'écria Balac ; je t'ai appelé pour maudire, et voilà que tu bénis ! »

Il espéra que l'esprit de Dieu ne le suivrait point, et il le conduisit sur une autre montagne ; mais Balaam s'écria encore :

« Le Seigneur m'a conduit ici pour bénir. Regarde ce peuple ; comme un lionceau il se lève ; comme le lion il se dresse ; il ne se recouche point qu'il n'ait dévoré sa proie.

» Que tes tentes sont belles, ô Jacob ! que tes demeures sont brillantes, ô Israël ! elles semblent un jardin de délices près d'un fleuve, un bois de cèdres au bord des eaux.

» Une étoile sortira de Jacob ; un homme s'élèvera dans Israël ; il brisera les chefs de Moab. L'Idumée deviendra son domaine ; l'héritage de Séir passera entre ses mains. Amalec, toi, le premier des peuples, la destruction sera ton partage. »

Cet épisode, tiré des Écritures, a enrichi la langue de deux locutions fréquemment usitées :

« L'ânesse de Balaam, » et « Balaam bénissant au lieu de maudire. »

Les allusions à l'ânesse de Balaam sont presque toujours plaisantes :

> Quoi que Moïse ait révélé,
> Un certain Charles, peu crédule,
> Soutenait qu'ânesse ni mule
> Au bon vieux temps n'avait parlé.
> « Eh quoi ! dit Babet l'infaillible,
> Tu prétends démentir la Bible !
> De par le grand Dieu d'Abraham,
> Je te jure, mon ami Charle,
> Que l'ânesse de Balaam
> A parlé comme je te parle. »

Le poète Gacon ayant décoché quelques épigrammes contre La Motte, un partisan de ce dernier écrivit au satirique :

> Jadis un âne, au lieu de braire,
> Parla sous les coups de bâton :

> Mais un bâton te fera taire,
> Ou parler sur un autre ton.

Gacon répliqua aussitôt avec une soumission plaisante :

> Eh bien, vous le voulez, je vais changer de ton :
> L'opéra de La Motte est une pièce exquise.
> J'aime mieux dire une sottise
> Que d'avoir des coups de bâton.

Jusqu'à quel degré d'infirmité a-t-il donc fallu que descendit l'esprit d'oppression d'un gouvernement, puisqu'un Frédéric de Raumer lui-même en a perdu patience, est devenu rétif, n'a plus voulu trotter plus loin, et même a commencé à parler en langage d'homme? Aurait-il vu l'ange avec son glaive au milieu du chemin, tandis que les *Balaam* de Berlin, éblouis qu'ils sont, ne le voient pas encore ? HENRI HEINE, *la France*.

Aujourd'hui on ne veut plus voir dans les proverbes que des lieux communs, et, qui pis est, des avilissements de la pensée et du langage. Si ceux qui les condamnent apprenaient à les connaître, ils reviendraient certainement de leurs préventions, et peut-être feraient-ils, suivant une comparaison proverbiale, comme ce prophète Balaam, qui *finit par bénir ce qu'il voulait maudire*.

QUITARD, *Études sur la langue proverbiale*.

Le rustre qui montait ce cheval distrait le frappa du fouet et le gourmanda en disant : « Voilà encore un de ses caprices ! ce maudit animal n'en fait pas d'autres : il faut qu'il regarde tout ; on jurerait qu'il veut s'instruire ; un peu plus, et il parlerait allemand comme *l'ânesse de Balaam*. » ALPHONSE ESQUIROS, *Paris*.

Cette pauvre idiote était assurément la plus simple et la plus ignorante créature que nos montagnes eussent jamais produite. Quand on me dit qu'elle prêchait, mais qu'elle prêchait à merveille, je n'en crus rien du tout. Il ne pouvait pas me tomber dans l'esprit qu'elle pût seulement joindre quatre mots de français ensemble, ni même qu'elle eût la hardiesse de parler dans une compagnie. Cependant j'ai été témoin plusieurs fois qu'elle s'acquittait de tout cela miraculeusement bien. Cette pauvre folle, véritable *ânesse de Balaam*, avait une bouche d'or quand l'intelligence céleste la faisait parler.

Louis Figuier, *Histoire du Merveilleux*.

ANITUS ET MELITUS.

Les doctrines nouvelles de Socrate, que l'oracle de Delphes avait proclamé le plus sage des Grecs, ses vertus, son éloquence, lui avaient fait un grand nombre de disciples dans les familles les plus illustres d'Athènes. Mais la liberté de ses censures, l'amertume de ses critiques contre la constitution athénienne, ses traits satiriques contre la démocratie et les élections populaires, ses liaisons bien connues avec les chefs du parti aristocratique, l'orgueil avec lequel il s'isolait dans son impassibilité de sage, un mépris mal dissimulé pour les croyances nationales, ses éternelles railleries, avaient amassé autour de lui bien des haines et des préventions. Ses ennemis commencèrent par susciter contre lui le poète Aristophane, qui le couvrit de ridicule dans sa comédie des *Nuées*. L'an 400 av. J.-C., une accusation formelle fut déposée contre lui par Mélitus, poète obscur, et soutenue par Anitus, citoyen qui jouissait d'une grande considération et était un zélé partisan de la démocratie. Le prétexte de l'accusation était le crime d'impiété, de corruption de la jeunesse, et d'introduction de divinités étrangères. Mais le vrai motif paraît avoir été purement politique. Le parti populaire reprochait au philosophe ses sympathies pour l'oligarchie, et ses longues liaisons avec tous les chefs du parti aristocratique.

Quoi qu'il en soit des raisons qui ont mis la coupe aux lèvres du plus grand des sages de l'antiquité, les noms d'Anitus et de Mélitus n'en sont pas moins restés flétris dans l'histoire, et ils servent aujourd'hui à désigner ces accusateurs que de vils sentiments de jalousie et de vengeance soulevèrent dans tous les temps contre la vertu et le génie.

Adieu, monsieur; il y a peu de Socrates en France, il y a trop d'*Anitus et de Mélitus*, et surtout trop de sots; mais je veux faire comme Dieu, qui pardonnait à Sodome en faveur de cinq justes.

Voltaire, *à d'Alembert*.

Un homme tel que vous ne doit voir qu'avec horreur le pays où vous avez le malheur de vivre. On ne peut s'empêcher d'écrire à Socrate, quand *les Mélitus et les Anitus* se baignent dans le sang et allument les bûchers.

Voltaire, *à Diderot*.

ANNEAU DE GYGÈS.

Gygès était un jeune berger de Lydie. Un jour, ayant vu la terre s'entr'ouvrir, il descendit dans cette ouverture et aperçut, entre autres merveilles, un cheval de bronze entièrement creux, qui avait des portes à ses flancs. Les ayant ouvertes, il vit un cadavre de grandeur plus qu'humaine, qui avait au doigt un anneau d'or. Cet anneau, dès qu'on en avait tourné le chaton en dedans de la main, avait le pouvoir de rendre invisibles ceux qui le portaient. Gygès s'empara de ce précieux talisman et se rendit à la cour du roi Candaule, où son anneau fut pour lui la source d'une brillante fortune; il ne tarda pas à devenir favori et premier ministre.

Les circonstances ne sont pas rares où l'on désirerait avoir au doigt l'anneau de Gygès ; quel est celui qui n'a pas été placé dans quelques-unes de ces situations critiques qui font souhaiter, comme on dit vulgairement, « d'être à cent pieds sous terre ? » D'autres fois, que ne donnerait-on pas pour se trouver, invisible, à certains lieux où se débattent nos intérêts les plus chers et notre destinée ? De là l'application fréquente que l'on fait de l'anneau de Gygès en littérature et dans la conversation.

M. Alphonse Karr a voulu voir dans l'anneau de Gygès une allégorie, qu'il explique à sa manière dans cette boutade poétique :

> Celui qui met Gygès, son anneau merveilleux,
> Au nombre des récits faux et des contes bleus,
> (Je le sais maintenant), et se trompe et divague.
> Des exemples frappants ont dessillé mes yeux.
> Si vous êtes méchant, stupide, laid et vieux,
> Mettez à votre index, un beau soir, une bague,
> Avec un diamant valant deux mille écus.
> . . . .
> Le diamant paraît et de ses feux éclaire
> Vos charmes ignorés, vos modestes vertus;
> Vous étiez bête et laid, mais vous ne l'êtes plus !
> Dites n'importe quoi, les femmes applaudissent.

Où êtes-vous, monsieur Marat? Adam, où es-tu? Quand Dieu appelait ainsi Adam, il se moquait de notre premier père, car Dieu, qui voit tout, ne pouvait ignorer où était Adam. Pour moi, j'ignore où est l'ami du peuple. Il ne se passe point de jour qu'on ne me demande de ses nouvelles. Je commence à croire qu'il possède *l'anneau de Gygès;* il faut qu'il soit bien sûr de mettre en défaut tous les espions de l'ancienne police et tous les observateurs de la nouvelle.

Camille Desmoulins.

Qu'eût-il donc pensé, craint et redouté, ce prudent Germain, si, le jour où, d'après son calcul, il devait voir arriver Otbert à Inspruck, il eût pu, muni pour un moment du miraculeux *anneau de Gygès*, se trouver transporté à Venise, et reconnaître son protégé appuyé sur le balcon de marbre du palais Bastiglia, au milieu des douces pénombres d'une soirée italienne ?...

Jules Lecomte, *le Poignard de cristal.*

Les voleurs me prirent mes cent écus. J'espérais sauver le solitaire que je portais au doigt, et je l'avais tourné en dedans ; malheureusement il n'avait pas la vertu de *l'anneau de Gygès*. On vit mon pauvre solitaire, et on me le prit.

Alex. Dumas, *Impressions de voyage*.

Pour faire un recueil d'observations curieuses sur la poésie, il faudrait, à l'aide de *l'anneau magique de Gygès*, pénétrer dans ces arrière-boutiques de confiseurs où se confectionnent les innocentes devises, les quatrains sucrés, les madrigaux candides destinés à servir d'enveloppes aux pralines ; dans l'échoppe de ces écrivains incompris qui rédigent au rabais des distiques ou des tercets galants pour les fabricants de mirlitons.

Victor Fournel, *Ce qu'on voit dans les rues de Paris*.

Franz passa une partie de la nuit à rêver et à désirer le lendemain. En effet, le lendemain tout devait s'éclaircir ; et cette fois, à moins que son hôte de Monte-Cristo ne possédât *l'anneau de Gygès*, et, grâce à cet anneau, la faculté de se rendre invisible, il était évident qu'il ne lui échapperait pas.

Alex. Dumas, *Monte-Cristo*.

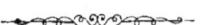

ANNEAU DE POLYCRATE.

Polycrate, tyran de Samos (536-522 av. J. C.), jouissait depuis plus de quarante années d'une prospérité inouïe, qu'aucun revers n'avait encore troublée. Il suffisait qu'il entreprît une guerre, la victoire le suivait de près ; il n'avait qu'à vouloir les choses les plus difficiles, elles se faisaient comme d'elles-mêmes. Ses richesses immenses se multipliaient chaque jour ; tous ses ennemis étaient abattus à ses pieds. Amasis, roi d'Égypte, son allié, s'inquiéta pour lui d'un bonheur si constant qui présageait quelque infortune éclatante. Frappé de cette crainte, Polycrate résolut d'interrompre lui-même le cours de ses prospérités par une perte volontaire. « Il tira de son doigt son anneau, qui était d'un très grand prix et orné d'une riche émeraude gravée par le célèbre Théodore de Samos, et le jeta du haut d'une tour dans la mer, espérant par cette perte avoir satisfait à la nécessité de subir, du moins une fois en sa vie, les rigueurs de la fortune. Mais c'était un aveuglement causé par sa prospérité : les maux qu'on choisit et qu'on se fait soi-même ne sont plus des maux ; nous ne sommes affligés que par les peines forcées et imprévues qui nous frappent. Polycrate ne savait pas que le vrai moyen de prévenir la Fortune était de se détacher par sagesse et par modération de tous les biens fragiles qu'elle donne. La Fortune, à laquelle il voulut sacrifier son anneau, n'accepta point ce sacrifice, et Polycrate, malgré lui, parut plus heureux que jamais. Un poisson avait avalé l'anneau ; le poisson avait été pris, porté chez Polycrate et préparé pour être servi à sa table ; et l'anneau, trouvé par un cuisinier dans le ventre du poisson, fut rendu au tyran, qui pâlit à la vue d'une fortune si opiniâtre à le favoriser (1). Mais le temps s'approchait où ses prospérités se devaient changer tout à coup en des adversités affreuses. Le grand roi de Perse, Darius, fils d'Hystaspe, entreprit la guerre contre les Grecs : il subjugua bientôt toutes les colonies de la côte d'Asie et des îles voisines qui sont dans la mer Égée ; Samos fut prise, le tyran fut vaincu ; et Oronte, qui commandait pour le grand roi, ayant fait dresser une haute croix, y fit attacher le tyran. » FÉNELON, *Aventures d'Aristonoüs.*

« Bien, ma fille, reprit la marquise. Tu viens de te dessaisir, en faveur de ta cousine, d'une propriété magnifique et d'une valeur considérable : c'est un sacrifice que tu as cru devoir faire à ton bonheur ; maintenant, voilà une affaire finie, *tu as jeté à la mer ton anneau de Polycrate.* Sois tranquille, aucun poisson ne te le rapportera. » KÉRATRY, *Clarisse.*

Telle est notre confiance dans l'instabilité de la Fortune, que la prospérité démesurée de nos ennemis nous réjouit comme le signal de leur chute prochaine. Nous aimons à leur dire : « Il est temps, Polycrate, de *jeter ton anneau dans la mer,* » assurés que nous sommes qu'ils n'éviteront pas la croix. PRÉVOST-PARADOL.

Quant à moi, je suis tellement étonné de mon bonheur, qu'il m'inspire plus d'effroi que de contentement. En vérité, je me vois dans la situation de ce prince qui se crut obligé de faire un sacrifice à une fortune trop prospère ; et volontiers je demanderais *l'anneau de Polycrate* pour le jeter dans la Seine. Qui sait encore si on ne me le rapporterait pas ? KÉRATRY, *Baronne de Kerieya.*

(1) C'était une croyance générale, chez les anciens, que la Fortune était une déesse essentiellement capricieuse et qu'elle aimait à faire tomber ses rigueurs sur ceux pour qui elle n'avait eu longtemps que des sourires. Parmi les traits nombreux que nous pourrions citer à ce sujet, nous ne rapporterons que le suivant : Philippe était absent de Macédoine, lorsqu'on lui apporta, suivant Plutarque, ces trois nouvelles à la fois : un fils lui était né ; Parménion, l'un de ses généraux, avait remporté une grande victoire sur les Illyriens ; enfin, il avait été couronné aux jeux olympiques. Effrayé d'un si prodigieux bonheur : « Grand Jupiter ! s'écria-t-il, envoie-moi au plus tôt quelque légère disgrâce. »

Je n'ai jamais su si j'étais superstitieux, le temps m'a manqué pour faire cette étude ; mais la simple logique me conduit à penser que cette chance inouïe qui me protége ne peut pas durer éternellement. Mon bonheur m'épouvante, et parfois il me prend envie de faire à la mauvaise fortune quelque sacrifice volontaire, comme le tyran de Samos. Mais tu verras que cet argent rentrera dans ma caisse comme un poisson rapporta la bague.

  Amédée Achard, *Petites Misères d'un millionnaire.*

Le ciel fut constamment pur, le vent bon, la mer brillante. Des vivres frais, des grenades excellentes, du vin de Chypre, du café de la meilleure qualité, nous tenaient dans l'abondance et la joie. L'excès de ma prospérité aurait dû me causer des alarmes ; mais, quand j'aurais eu *l'anneau de Polycrate*, je me serais bien gardé de le jeter à la mer, à cause du maudit esturgeon.

  Chateaubriand, *Itinéraire de Paris à Jérusalem.*

Quiconque est heureux ou le paraît doit être sans cesse à genoux pour en demander pardon. Je ne vois guère que cette considération qui ait pu porter un homme aussi irascible que Beaumarchais à ne pas relever les insultes de Mirabeau. Il crut devoir faire à l'envie le sacrifice d'un outrage, comme Polycrate faisait à la Fortune le sacrifice de son plus beau diamant jeté à la mer.

  La Harpe, *Cours de littérature.*

ANTINOUS.

Jeune Bithynien, favori de l'empereur Adrien, d'une beauté qui est restée célèbre. Selon quelques historiens, il se noya dans le Nil. Adrien le pleura comme une femme adorée, et lui fit ériger des temples dans toute l'étendue de l'empire. Par ses ordres, les artistes les plus fameux reproduisirent l'image d'Antinoüs. Parmi les statues qui le représentent, deux surtout sont des chefs-d'œuvre ; l'une est aujourd'hui au Belvédère du Vatican, et l'autre orne le Capitole. Dans toutes les statues qui restent d'Antinoüs, le visage a quelque chose de mélancolique, les yeux sont grands et parfaitement dessinés, le profil est légèrement incliné ; autour de la bouche et du menton règne une expression de beauté vraiment idéale.

— Madame, dit le chevalier, ce jeune *Antinoüs* que je présente à vos hommages est mon neveu, mon seul héritier, assez riche par conséquent pour que vous lui fassiez toujours accueil.

Louis ULBACH, *l'Homme aux Cinq Louis d'or.*

Un lion, un tigre, sont plus beaux que des hommes, et dans leur espèce beaucoup d'individus atteignent à toute la beauté qui lui est propre. Cela est extrêmement rare chez l'homme. Que d'avortons pour un *Antinoüs!*

THÉOPHILE GAUTIER, *Mademoiselle de Maupin.*

Quels trésors d'amour et de dévoûment dans cette âme (Charlotte Corday), si elle eût aimé! Mais elle avait prodigué toutes ses riches facultés à la liberté, à la république qu'elle rêvait pure, forte, brillante de talents et de vertus; elle n'avait plus rien à donner à d'autres affections; cette âme féconde s'y épuisait. J'avoue que, pour mon compte, je serais fâché qu'elle eût aimé Barbaroux, l'*Antinoüs* du parti girondin; je l'en aimerais moins, j'y verrais une vengeance; ce serait une femme comme il y en a tant, avec un degré d'exaltation de plus; je serais désolé de rencontrer un amour terrestre entre elle et moi, qui l'admire si passionnément.

GUSTAVE DROUINEAU, *Livre des Cent-et-un.*

APRÈS MOI LE DÉLUGE.

Vers la fin du règne de Louis XV, l'esprit d'examen avait ébranlé jusque dans ses fondements l'édifice de la vieille société. Le besoin de tout connaître et de tout expliquer livrait à toutes les hardiesses du raisonnement les croyances qui en avaient fait la base. D'un autre côté, des lâchetés sans exemple, des dilapidations effrontées avilissaient le pouvoir; les désordres à peu près publics de Louis XV ternissaient le prestige de la royauté.

Lui-même travaillait avec connaissance de cause à la désorganisation sociale; il sentait les vieux ressorts de la monarchie craquer sous de continuelles secousses. L'insouciance, qui tenait à sa nature, et l'égoïsme, fruit d'une mauvaise éducation, avaient étouffé à la longue ses meilleurs instincts. Les remontrances des parlements, les réclamations du clergé, les idées nouvelles émises par la philosophie, tout ce bruit le dérangeait dans ses plaisirs, et, moitié impatienté, moitié effrayé, il dit un jour à madame de Pompadour : « Ces grandes robes et le clergé me désolent par leurs querelles... mais je déteste bien plus les grandes robes; ils finiront par perdre l'État : ce sont des assemblées de républicains ! »

« La conclusion, ajoute M. Henri Martin, fut caractéristique et digne du personnage : « Au reste, les choses comme elles sont dureront bien autant que moi ! » Berry (1) s'en tirera comme il pourra ! *Après moi le déluge !* » Le roi et le père, continue l'éminent historien, se valaient dans Louis XV. »

Ce mot égoïste n'avait pas même le triste mérite de la nouveauté. C'était déjà un proverbe chez les Latins, qui disaient : « Que le monde brûle quand je serai mort ! »

Ces sentiments de froide indifférence ne règnent pas dans l'âme de tous les princes. « Pour moi, écrivait le grand Frédéric à Voltaire, quelques jours avant la bataille de Rosbach, alors qu'il se voyait dans une situation presque désespérée,

« Pour moi, menacé du naufrage,
Je dois, en affrontant l'orage,
Penser, vivre et mourir en roi. »

La duchesse avait tout engagé sous les yeux du vieux duc, qui regardait partir une à une toutes les pièces de son mobilier, et leur souhaitait gaîment un bon voyage. Cet incompréhensible vieillard vivait dans sa maison comme Louis XV dans son royaume, sans souci de l'avenir, et disant : « *Après moi le déluge !* »

Edmond About, *Germaine*.

Les femmes ne vivent pas dans l'avenir, leur règne est au jour le jour, car c'est le règne de la beauté, qui ne peut que perdre en avançant. Les femmes de génie qui ont voulu gouverner le monde n'ont jamais contemplé les nuages d'un lointain horizon ; elles ont su voir autour d'elles, mais elles n'ont pu voir loin d'elles. Madame de Pompadour disait comme Louis XV : « *Après moi le déluge !* »

Arsène Houssaye, *le Roi Voltaire*.

La plume de M. de Chateaubriand ressemble à l'épée de Roland, d'où jaillit l'éclair ; mais ici, sur ces choses de 1830, c'est l'épée de Roland furieux, qui frappe à tort et à travers dans le délire de sa vanité, dans sa rage de n'avoir pas été tout sous le régime bourbonnien, de sentir qu'il ne peut, qu'il ne doit rien être par honneur sous le règne nouveau, dans son désir que ce monde, dont il n'est plus, ne soit plus rien qui vaille après lui. « *Après moi le déluge !* » telle est son inspiration habituelle.

Sainte-Beuve, *Causeries du lundi*.

(1) Le Dauphin.

Le jeune amoureux, qui avait lu dans les *Commentaires de César* que les équipages de route sont des empêchements, ne s'était pas muni, à l'exemple de sa compagne, des provisions les plus variées. Il avait prêté une oreille attentive aux conseils que le diable lui avait soufflés la nuit passée. « Il faut partir, disait le tentateur, et *après nous le déluge;* tu n'as guère d'expérience, à quoi bon l'expérience? Elle te viendra juste au moment où tu ne sauras plus qu'en faire. » J. JANIN, *les Gaîtés champêtres.*

Il n'y a, à Rio-Janeiro, que le *statu quo* de possible. L'empereur, qui est sincèrement épris des théories constitutionnelles de Benjamin Constant, est très convaincu de cela, et il gouverne en conséquence. Il vit au jour le jour; il dit comme l'autre : « *Après moi le déluge!* » JACQUEMONT, *Correspondance.*

APRÈS VOUS, MESSIEURS LES ANGLAIS.

Cette phrase courtoise date de la bataille de Fontenoi, gagnée le 11 mai 1745 par les Français sur les Anglais alliés des Hollandais et des Autrichiens. L'armée anglaise avait déjà beaucoup souffert, lorsque le duc de Cumberland eut l'idée de masser en une formidable colonne l'infanterie anglo-allemande, et de charger en lignes serrées le centre de l'armée française. Cette sorte de bataillon triangulaire, qui est resté célèbre, s'avançait lançant la mort de toutes ses faces. Quand la tête de la colonne fut arrivée à cinquante pas des gardes françaises, les officiers se saluèrent réciproquement, et lord Hay, sortant des rangs, dit en ôtant son chapeau : « Messieurs des gardes françaises, tirez! » Alors le comte d'Auteroche, s'avançant à son tour, répond à haute voix : « Après vous, messieurs les Anglais; nous ne tirons jamais les premiers! » Cette courtoisie intempestive coûta cher aux Français : une épouvantable décharge emporta complètement la première ligne.

— Sir John, fit Roland avec une expression presque féroce, je ne comprends pas toutes ces délicatesses en matière de duel. Quand on se bat, c'est pour se tuer. Qu'on se fasse auparavant toutes sortes de politesses, comme vos ancêtres et les miens s'en sont fait à Fontenoi, très bien; mais une fois que les épées sont hors du fourreau ou les pistolets chargés, il faut que la vie d'un homme paye la peine que l'on a prise et les battements de cœur que l'on a perdus.
ALEX. DUMAS, *les Compagnons de Jéhu.*

— Courage! murmura tout bas le commandeur en poussant le coude d'Enguerrand, qui venait de s'incliner respectueusement sous l'œil scrutateur et le salut froidement poli du prince ; l'ennemi paraît prêt à rendre les armes, à moins pourtant qu'il ne veuille nous donner d'abord *un coup de chapeau comme à Fontenoi*.

Alexandre de Lavergne, *le Cadet de famille*.

Je me promenais triste et découragé, comme on l'est toujours après une grande espérance déçue, lorsque, levant les yeux, j'aperçus un vol de grues qui passaient sur ma tête. Je m'arrêtai pour les examiner. Elles s'avançaient en ordre triangulaire, comme la *colonne anglaise à la bataille de Fontenoi*.

Xavier de Maistre, *Voyage autour de ma chambre*.

Il est aujourd'hui parfaitement constaté que l'armée manqua d'ordres. Le peuple de Paris a vu, le 23 février, les barricades s'élever sous les yeux de la troupe. Il a entendu les dialogues plaisants de l'insurgé, derrière ses pavés, avec le soldat à son rang. Ce n'était pas tout-à-fait comme à *Fontenoi entre les Français et les Anglais, à qui tirerait les derniers;* mais il s'établissait une sorte de convention qu'on ne tirerait pas sans prévenir.

Hippolyte Castille, *Histoire de la Deuxième République*.

ARCHE DE NOÉ.

C'était un immense vaisseau que Dieu, après avoir résolu de punir les hommes par le déluge, ordonna à Noé de construire pour s'y réfugier. Le patriarche employa cent ans à la construction de cette arche, qui avait trois cents coudées de long, cinquante de large, trente de haut, et qui renfermait, outre Noé et sa famille, deux couples d'animaux impurs et sept couples d'animaux purs (1).

A cause de la multitude des êtres que ce vaisseau renfermait, le nom d'*arche de Noé* a passé dans la langue et sert à désigner l'agglomération d'objets nombreux et disparates.

C'était un charivari, comme si trente-six joueurs de cornemuse enivrés d'eau-de-vie eussent commencé leur bastringue. C'était un

---

(1) On appelait purs, chez les Juifs, les animaux qu'il était permis d'offrir en sacrifice; les autres étaient déclarés impurs.

tohu-bohu comme si, dans *l'arche de Noé*, tous les animaux à l'unisson eussent entonné la *Marseillaise* du déluge.

Henri Heine, *Légendes*.

La maison de Saint-Lazare était, selon l'expression de Vincent de Paul lui-même, une *arche de Noé*, où toutes les créatures du Seigneur étaient bienvenues et également précieuses.

Clémence Robert.

Le fameux bahut que sa tante Angélique avait décoré du nom de pupitre, était devenu, grâce à son ampleur et aux nombreux compartiments dont Pitou avait enrichi son intérieur, une espèce d'*arche de Noé* contenant une paire de toutes sortes de bêtes grimpantes, rampantes ou volantes; il y avait des lézards, des couleuvres, des formica-léo, des scarabées et des grenouilles.

Alex. Dumas, *Ange Pitou*.

ARCHE D'ALLIANCE.

L'arche d'alliance, qu'on appelle aussi l'arche sainte, était une sorte de coffre de bois, à peu près carré, travaillé avec soin par les ordres de Moïse, de deux coudées et demie de long sur une et demie de haut et de large. Les côtés étaient doublés de lames d'or en dehors et en dedans. La garde en était confiée aux seuls lévites, qui, pour la transporter, passaient deux bâtons dorés dans les anneaux d'or fixés aux extrémités. Le couvercle, appelé *propitiatoire*, formait tout alentour une espèce de couronne d'or pur, et supportait deux chérubins en or battu, qui le couvraient de leurs ailes. L'arche d'alliance était placée dans la partie la plus retirée du tabernacle, et enfermait les deux tables de la loi, la verge d'Aaron et un vase plein de la manne dont le peuple s'était nourri dans le désert. C'était du haut du propitiatoire que Dieu avait promis de se manifester et de rendre ses oracles.

Les Hébreux avaient pour l'arche la plus grande vénération, et ils la portaient dans leurs expéditions militaires, comme gage de la protection divine. Sous le gouvernement du grand-prêtre Héli, Dieu permit qu'elle tombât entre les mains des Philistins, qui la placèrent dans le temple de Dagon. Rendue bientôt aux Israélites, ceux-ci la déposèrent à Cariathaïm, dans la maison du lévite Abinadab, où elle demeura soixante-dix ans; après quoi David résolut de la transporter en grande pompe dans son palais. Elle fut placée sur un chariot tout neuf, traîné par des bœufs que conduisait Osa, fils d'Abinabad. David l'accompagnait, suivi de trente mille soldats et de tout le peuple, jouant de la harpe, du tambour, des sistres et des timbales. Mais les bœufs ayant regimbé le long du chemin et fait pencher l'arche, Osa y porta la main pour la retenir; à l'instant même il tomba frappé de mort.

Les partisans de la bulle imaginèrent les billets de confession, et de là le refus des sacrements. Le parlement de Paris lança des arrêts contre les délinquants ; d'autre part, le roi (Louis XV) faisait sommer par des commissaires l'assemblée du clergé de verser au trésor le dixième de ses revenus : c'était toucher à *l'arche sainte*.
Mémoires inédits de Grimm.

Abd-el-Kader fait alors un appel suprême à tous ses serviteurs dévoués et à toutes les tribus, cessant de s'inquiéter de ce que deviendront celles qui l'abandonnent ; et, à la tête de soixante mille individus, possédant près de deux millions de têtes de bétail, il s'enfonce dans les grandes solitudes. Maintenant il ne cherche plus à attaquer les Français ; il ne songe qu'à protéger *l'arche sainte*, cette smala, cette nombreuse famille unie par les liens du malheur, nation errante et nomade au milieu de la grande nation.
Dictionnaire de la Conversation.

« Toutes mes biographies sont dictées par le sentiment le plus consciencieux ; la vôtre surtout, la plus délicate, sans contredit, a été l'objet d'un soin particulier. Pourtant, vous le voyez, madame, avec tout le désir possible de vous être agréable, je n'ai réussi qu'à m'attirer vos reproches. Dois-je en conclure que l'histoire contemporaine est une *arche sainte* sur laquelle il ne faut jamais porter la main ? Non vraiment, et je vous affirme qu'on peut en approcher sans être frappé de mort. »
Eugène de Mirecourt, *à madame George Sand.*

Je ne parle pas des auteurs, race éminemment irritable, comme on le sait. L'un regarde son livre comme une *arche sainte* à laquelle il est interdit de toucher, même du bout du doigt ; l'autre, insatiable d'encens, se trouve maltraité si l'on n'épuise pas pour lui les formules les plus hyperboliques de l'éloge ; un autre crie à l'injustice parce qu'on l'a laissé dans la foule des inconnus, où il mérite de rester confondu.
Victor Chauvin, *Revue de l'Instruction publique.*

Fidèle à la haine qu'elle avait vouée à la magistrature, l'opposition s'était proposé, par divers amendements, de faire opérer de fortes réductions sur les traitements des fonctionnaires de l'ordre judiciaire, déjà si peu rétribués. Toucher aux traitements militaires, à Dieu ne plaise ! C'était *l'arche sainte* pour ceux qui, ne cessant de flatter l'armée, espéraient s'y faire des partisans ; mais pour l'ordre civil, ils en faisaient bon marché.   Dupin aîné, *Mémoires*.

Oh ! que le roi s'est montré sage, lorsqu'en disant aux Français : « Que leur antique et sage constitution était pour lui *l'arche sainte*, et qu'il lui était défendu d'y porter une main téméraire ; » il ajoute cependant : « Qu'il veut lui rendre toute sa pureté que le temps avait corrompue, et toute sa vigueur que le temps avait affaiblie. »
Joseph de Maistre, *Considérations sur la France*.

ARISTARQUE.

Célèbre grammairien et critique de l'école d'Alexandrie, qui florissait environ 148 ans avant notre ère. Il fut chargé par Ptolémée Philadelphe de revoir les poèmes d'Homère, dont il donna l'édition que nous avons aujourd'hui. C'est lui qui, pour rendre la lecture de ces poèmes plus facile, divisa l'*Iliade* et l'*Odyssée* chacune en vingt-quatre chants. Dans cette importante révision, il fit preuve d'une érudition si sage et si judicieuse, que son nom a servi depuis à désigner un censeur juste, profond et éclairé. C'est ce que les Romains entendaient par un *Aristarque*, comme le prouve ce vers de l'*Art poétique* d'Horace :

> Arguet ambigue dictum, notanda mutabit,
> Fiet *Aristarchus*.

C'est aussi ce que nous entendons, mais quelquefois nous y attachons une idée particulière de sévérité.

Clément de Dijon publia deux volumes d'observations, dans lesquels l'aigreur et l'amertume n'excluent pas la judicieuse sévérité du goût. Pendant que Saint-Lambert provoquait contre le critique, *Aristarque* et Zoïle tout ensemble, les rigueurs arbitraires du pouvoir, Delille, plus sage et mieux avisé, profitait des avis de son détracteur pour améliorer notablement plusieurs passages de sa traduction.   Geruzez, *Nouveaux Essais d'histoire littéraire*.

Cette comédie de Baron est spirituelle et amusante ; non pas que l'esprit y soit en relief; mais il est mêlé dans la contexture de la pièce avec assez de bonheur. Tous les *Aristarques* qui en ont parlé ne nous paraissent pas lui avoir rendu justice.

     Hippolyte Lucas, *Histoire du Théâtre-Français.*

Le goût, le choix, la correction, ne sauraient se trouver dans cet ouvrage. Vivant seul, je n'ai pu le montrer à personne. J'avais un *Aristarque* sévère et judicieux; je ne l'ai plus, je n'en veux plus; mais je le regretterai sans cesse, et il manque bien plus encore à mon cœur qu'à mes écrits. J.-J. Rousseau, *Mélanges.*

L'espace et le temps sont au poëte. Que le poëte donc aille où il veut en faisant ce qui lui plaît. C'est la loi.

L'auteur insiste sur ces idées, si évidentes qu'elles paraissent, parce qu'un certain nombre d'*Aristarques* n'en est pas encore à les admettre pour telles. Lui-même a été plus d'une fois l'objet de ces méprises de la critique.

     V. Hugo, *Préface des Orientales.*

Quand nous allons au jeu de boule, on nous tourne le dos de tous les côtés : « Voilà, dit-on, les beaux esprits, les écrivains, les gens de plume; regardez un peu ce M. Cotonet qui écarte tout de travers au piquet, et qui se mêle de littérature! ne sont-ce pas là de beaux *Aristarques?* etc., etc. » Tout cela est fort désagréable. Si nous avions prévu ce qui arrive, nous n'aurions certainement pas mis notre nom en toutes lettres.

     A. de Musset, *Lettres de Dupuis et Cotonet.*

Le temps n'est plus où le journaliste n'était qu'un juge de comédie, qui prononçait si Vestris dansait mieux que Dauberval; ou un maître d'affiches, qui indiquait les maisons à vendre, les effets perdus; ou un *Aristarque* éternellement en guerre avec les talents et en paix avec les vices, arrêtant les livres et laissant passer les crimes, insultant au génie, et à genoux devant le despotisme.

     Camille Desmoulins, *Révolutions de France.*

ARISTOPHANE.

Aristophane, le plus illustre des poètes comiques grecs, naquit à Athènes vers 450 av. J.-C. On ne sait presque rien de sa vie. La plupart de ses pièces sont des pamphlets politiques, suivant l'esprit de l'*ancienne comédie*, dont le caractère essentiel était la censure des mœurs publiques. Sous sa plume, la comédie devint une puissance qu'on a comparée avec justesse à la presse de nos temps modernes; la raillerie la plus mordante, la plus acérée, s'unissait en ce poète à la grâce la plus exquise et à la finesse du plus pur atticisme. Il avait composé cinquante-quatre comédies, dont seulement onze nous sont parvenues. Mais la plus remarquable, à cause du retentissement qui en fut la suite, est sa comédie des *Nuées*, où il attaqua Socrate avec autant d'esprit que de mauvaise foi. Dans cette pièce, Socrate est mis en scène et accusé de corrompre la jeunesse, de mépriser la religion nationale et d'introduire des dieux étrangers. On a remarqué que ce sont là précisément les accusations qui devaient se reproduire plus tard dans le procès du grand philosophe. Toutefois, il n'est guère admissible qu'Aristophane, comme l'a prétendu Élien, ait vendu sa plume à Anitus; car la représentation des *Nuées* eut lieu vingt-quatre ans avant cette inique condamnation.

« Il n'y a rien de commun, dit Camille Desmoulins dans son *Vieux Cordelier*, entre les *Nuées* d'Aristophane et la mort de Socrate, qui arriva vingt-quatre ans après la première représentation, et plus de vingt ans après la dernière. Les poètes et les philosophes étaient depuis longtemps en guerre; Aristophane mit Socrate sur la scène, comme Socrate l'avait mis dans ses sermons : le théâtre se vengea de l'école... Ce qui a fait périr Socrate, ce ne sont donc point les plaisanteries d'Aristophane, qui ne tuaient personne, ce sont les calomnies d'Anitus et de Mélitus, qui soutenaient que Socrate était l'auteur de la disette, parce qu'ayant parlé des dieux avec irrévérence dans ses dialogues, Minerve et Cérès ne faisaient plus venir de beurre et d'œufs au marché. »

Dans ses poëmes politiques, Henri Heine s'attache souvent à des personnalités pour en faire jaillir quelques idées justes et frappantes; il châtie en faisant rire. C'est un *Aristophane* philosophe, qui a le bonheur de s'attaquer à d'autres qu'à Socrate.

GÉRARD DE NERVAL.

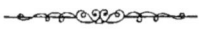

ARTÉMISE.

Cette princesse, reine de Carie, était sœur et épouse de Mausole. La mort de ce prince la rendit inconsolable. Pour honorer sa mémoire, elle fit composer des poèmes et des tragédies, et convia à cette lutte littéraire les poètes et les orateurs les plus célèbres de la Grèce. Mais elle voulut éterniser le souvenir de sa douleur par un monument plus éclatant et plus durable; c'est le magnifique tombeau, l'une des sept merveilles du monde, qu'elle appela, du nom de son époux, *mausolée*, mot qui depuis a passé dans toutes les langues. Mais, si l'on en croit

Valère-Maxime et Aulu-Gelle, sa douleur l'entraîna à quelque chose de plus merveilleux encore. Après avoir fait brûler le corps de son époux, elle en but les cendres mêlées à son breuvage. Deux ans après, elle succombait à des regrets que rien n'avait pu apaiser ni même tromper.

Le nom d'Artémise est devenu celui des veuves inconsolables, et le symbole de l'amour conjugal.

> Les chroniques les plus amples
> Des veuves des premiers temps
> Nous fournissent peu d'exemples
> D'*Artémises* de vingt ans.
> Plus leur douleur est illustre,
> Et plus elle sert de lustre
> A leur amoureux essor.
> Andromaque, en moins d'un lustre,
> Remplaça deux fois Hector.
> J.-B. ROUSSEAU.

La douleur inconsolable des *Artémises* est une *vérité* qui ne pouvait pas échapper aux traits de La Fontaine. Tout le monde connaît son joli conte de la *Matrone d'Éphèse* :

> Elle écoute un amant, elle en fait un mari ;
> Le tout au nez du mort qu'elle avait tant chéri.

Voici les derniers vers de la *Jeune Veuve* :

> Un mois de la sorte se passe ;
> L'autre mois on l'emploie à changer tous les jours
> Quelque chose à l'habit, au linge, à la coiffure ;
> Le deuil enfin sert de parure,
> En attendant d'autres atours.
> Toute la bande des Amours
> Revient au colombier ; les jeux, les ris, la danse,
> Ont aussi leur tour à la fin :
> On se plonge soir et matin
> Dans la fontaine de Jouvence.
> Le père ne craint plus ce défunt tant chéri ;
> Mais comme il ne parlait de rien à notre belle :
> Où donc est le jeune mari
> Que vous m'avez promis ? dit-elle.

Dans un de ses *Dialogues des Morts*, Fontenelle a fait passer sous les fourches caudines de son esprit railleur et sceptique la fidélité proverbiale d'Artémise.

RAYMOND LULLE (1). Je vois bien que vous avez envie de me railler. Nous nous ressemblons pourtant plus que vous ne croyez.

ARTÉMISE. Moi, je vous ressemblerais ! moi qui fus un modèle de fidélité conjugale, qui bus les cendres de mon mari, qui lui élevai un superbe monument, admiré de tout l'univers ! Comment pourrais-je ressembler à un homme qui a passé sa vie à chercher le secret de changer les métaux en or ?

RAYMOND LULLE. Oui, oui, je sais bien ce que je dis. Après toutes les belles choses dont vous venez de vous vanter, vous devîntes folle d'un jeune homme qui ne vous aimait pas : vous lui sacrifiâtes ce bâtiment magnifique, dont vous eussiez pu tirer tant de gloire ; et les cendres de Mausole, que vous aviez avalées, ne furent pas un assez bon remède contre une nouvelle passion.

ARTÉMISE. Je ne vous croyais pas si bien instruit de mes affaires. Cet endroit

---

(1) L'une des victimes les plus connues de la pierre philosophale.

de ma vie était assez peu connu, et je ne m'imaginais pas qu'il y eût bien des gens qui le sussent.

. . . .

RAYMOND LULLE. N'avons-nous point cherché tous deux une chose qui ne se peut trouver : vous, le secret d'être fidèle à votre mari, et moi, celui de changer les métaux en or ? Je crois qu'il en est de la fidélité conjugale comme du grand œuvre.

ARTÉMISE. Il y a des gens qui ont si mauvaise opinion des femmes, qu'ils diront peut-être que le grand œuvre n'est pas assez impossible pour entrer dans cette comparaison. . . . . Mais d'où vient qu'on le cherche, et que vous-même vous avez donné dans cette rêverie ? . . . .

RAYMOND LULLE. Toutes les sciences ont leur chimère, après laquelle elles courent sans la pouvoir attraper ; mais elles attrapent en chemin d'autres connaissances fort utiles. . . . . Je vous parle une langue que vous n'entendrez peut-être pas bien ; mais vous comprendrez, du moins, que la morale a aussi sa chimère : c'est le désintéressement, la parfaite amitié. On n'y parviendra jamais ; mais il est bon que l'on prétende y parvenir : du moins, en le prétendant, on parvient à beaucoup d'autres vertus, ou à des actions dignes de louange ou d'estime.

La véritable veuve appartient à toutes les classes de la société. La veuve inconsolable est la variété la plus originale de l'espèce. *Nouvelle Artémise*, elle pleure tous les jours un mari dont elle fait le plus brillant panégyrique, et qui n'a eu, selon son cœur, qu'un bon mouvement, c'est d'avoir su mourir à propos.

Le Royaume des lanternes.

Quel que pût être le culte qu'elle avait conservé pour la mémoire de son mari, il était difficile de supposer que, *nouvelle Artémise*, cette veuve de vingt ans à peine se renfermât ainsi pour pleurer, en toute liberté, sur la cendre d'un Mausole plus que septuagénaire.

ALEXANDRE DE LAVERGNE, *le Cadet de famille.*

C'est le monde des oiseaux qui offre à l'observation du philosophe les plus nombreux et les plus ravissants exemples de l'ordre dans la liberté amoureuse, de la fidélité conjugale et du dévoûment maternel. L'histoire des hirondelles, des pigeons, des cygnes, des moineaux francs eux-mêmes, fourmille d'*Artémises* et de Niobés inconsolables, qui se laissent mourir de faim et de douleur près du cadavre de leurs défunts époux ou de leurs enfants égorgés.

TOUSSENEL, *Ornithologie passionnelle.*

L'union des hirondelles dure autant qu'elles-mêmes, autant que leur affection pour les lieux qui furent le berceau de leur premier amour. L'espèce est féconde en *Artémises* inconsolables, qui portent jusqu'au tombeau le deuil de leur époux. On en a vu d'autres traverser les monts et les mers et faire deux mille lieues pour revoir encore le nid de leurs dernières amours et s'y enfermer pour mourir. TOUSSENEL, *le Monde des oiseaux*.

ASPASIE.

Femme grecque, originaire de Milet, célèbre par son esprit et sa beauté. Elle vint de bonne heure à Athènes, où elle ne tarda pas à exercer sur les hommes les plus illustres de cette époque, Périclès, Alcibiade, Socrate lui-même, l'ascendant irrésistible de l'éloquence, de la grâce et de la beauté. Périclès, épris de ses charmes, répudia sa première femme pour l'épouser. Elle prit sur lui un tel ascendant, qu'elle eut la plus grande part aux affaires de la Grèce, et devint un véritable pouvoir dans la république. On disait que les harangues de Périclès renfermaient plus d'une phrase inspirée par Aspasie. Accusée d'impiété, elle défendit sa cause elle-même avec une éloquence qui ne l'eût point sauvée si son époux n'eût attendri les juges par ses larmes. Cette femme illustre doit être rangée, non point, comme on l'a fait trop souvent, dans la classe des courtisanes, mais dans celle des *hétaires*, femmes grecques adonnées aux arts, à la poésie, à la science même, que l'on recherchait pour les plaisirs de l'esprit, et dont Aspasie fut un des types les plus gracieux et les plus parfaits. C'est à juste titre que le nom d'Aspasie signifiait chez les Grecs la plus aimable des femmes, comme Alexandre le plus grand des héros, et c'est dans ce sens que nous appelons encore aujourd'hui une *Aspasie* la femme qui réunit les dons de l'esprit aux charmes de la beauté.

La maison de mademoiselle de Lenclos devint une succursale de l'hôtel de Rambouillet, et quand Molière eut immolé les *Précieuses*, il advint que les femmes galantes, les jeunes courtisanes de l'Œil-de-Bœuf, les plus vaillants capitaines, les plus beaux esprits et la meilleure compagnie de la ville et de la cour se donnèrent rendez-vous chez *Aspasie*. On venait de toutes parts admirer son luth, son clavecin, sa beauté. J. JANIN, *Littérature dramatique*.

Assurément le nom de la femme qui inspirait Jean Goujon n'ajouterait rien à notre admiration pour Diane, pour les nymphes, dont l'immortelle jeunesse nous éblouit et nous enchante, et cependant notre curiosité n'a rien de puéril. La Fornarine inconnue de Jean Goujon, si son nom nous était un jour révélé, nous intéresserait en raison du génie de son amant, comme *Aspasie* nous intéresse à cause de Périclès.   Gustave Planche, *Portraits d'artistes.*

ATTILA.

Attila, roi des Huns, se rendit en 444, par le meurtre de son frère, le seul chef des hordes nombreuses de barbares qui erraient dans les vastes contrées au nord du Pont-Euxin et du Danube. Il se précipita sur l'empire romain, et commença ces grandes expéditions qui semblaient devoir submerger la civilisation antique, dévasta l'Europe jusqu'à l'Adriatique, soumit à un tribut et aux plus avilissantes sujétions les empereurs d'Orient et d'Occident, s'avança à travers la Germanie, franchit le Rhin et promena la flamme et le fer dans la Gaule épouvantée. Les Romains, unis aux Visigoths et aux Francs, arrêtèrent dans les champs catalauniques ce torrent dévastateur, et obligèrent Attila à regagner ses campements de la Germanie, où il mourut au milieu des orgies d'un nouveau mariage. Ce Tartare se regardait comme l'instrument des vengeances divines, comme *le fléau de Dieu.* Il mettait sa gloire à inspirer la terreur au monde :
« L'herbe ne croît plus, disait-il, où le cheval d'Attila a passé ! »

Elle est tourmentée par le plus fameux chicaneur de notre province, et je ne pense pas que la Normandie en ait jamais porté un si redoutable. Son nom seul fait trembler les veuves et met en fuite les orphelins. Il n'y a pièce de pré ni de vigne à trois lieues de lui qui soit assurée à celui qui la possède. C'est *Attila* en petit, c'est le *fléau de Dieu* dans son voisinage.

Balzac, *Lettre à M. de Priézac.*

Dans le monde intellectuel, comme dans le monde des choses, il y a des *Attilas,* des *fléaux de Dieu,* qui, nés pour détruire, résument par leur nom toute une époque de renversements.

Alfred Nettement, *Ruines morales et intellectuelles.*

> Que d'acteurs convoqués pour ce drame tragique !
> La Prusse va bondir en trouant la Belgique ;
> L'aigle de Pétersbourg, qu'un long vol fatigua,
> S'est posé sur la cendre où fume encor Praga ;
> Dès demain, vers son but, il volera plus vite :
> N'entends-tu pas hurler l'*Attila* moscovite ?
> Sur un sol ravagé rêvant d'autres débris,
> Un pied sur la Vistule, il tient l'œil sur Paris.

Barthélemy, *Némésis.*

M. Nisard en veut beaucoup au vers brisé, et il n'a peut-être pas tort ; mais qui se préoccupe encore du vers brisé aujourd'hui, je vous le demande ? La poésie est-elle sérieusement menacée, à l'heure présente, par le défaut de césure ? L'hémistiche est-il en danger ? Le vers brisé, ce barbare, cet *Attila* de vers brisé est-il à nos portes ?   Edmond Texier, *Critiques et récits littéraires.*

AU DIEU INCONNU.

Les Athéniens, le peuple le plus éclairé de l'antiquité, saisissaient toutes les occasions de faire briller leur intelligence : légers et superficiels, ils admettaient volontiers toutes les croyances et tous les dieux ; cette facilité était même poussée si loin que, pour ne pas s'exposer à quelque oubli involontaire, ils avaient élevé un temple avec cette inscription : « Au dieu inconnu. » Peut-être aussi était-ce un sentiment vague de l'insuffisance des dieux de l'Olympe, une espèce de pressentiment de la venue d'un Dieu plus digne de leur adoration.

Lorsque le grand apôtre des gentils, saint Paul, arriva au milieu d'eux et leur parla de purifier leurs temples, de renverser les statues des faux dieux et de pratiquer une morale plus pure, ils ne saisirent pas d'abord le sens de ces paroles, et s'écrièrent qu'il fallait faire examiner la question par l'Aréopage. C'était la réunion des grands esprits de l'époque, le tribunal le plus renommé de la Grèce.

Saint Paul comparut donc devant l'Aréopage : « Athéniens, dit-il, il me semble que la puissance divine vous inspire plus qu'à tous les autres hommes une crainte religieuse ; car, en traversant votre ville et en contemplant les objets de votre culte, j'ai rencontré un autel avec cette inscription : « *Au Dieu inconnu.* » Ce dieu que vous adorez sans le connaître, c'est lui que je vous annonce, le Dieu qui a fait le monde et tout ce qui est dans le monde, le Seigneur du ciel et de la terre, qui n'habite point les temples bâtis par les hommes, et qui n'est point honoré par les œuvres des mortels comme s'il avait besoin de quelque chose, lui qui donne tout à tous, la vie et la respiration !... »

L'apôtre continua longtemps encore, tenant l'auditoire sous le charme de sa parole. A peine eut-il cessé de parler, qu'une grande agitation se manifesta dans l'assemblée, non pas cette agitation qui annonce les menaces et le danger, mais celle qui révèle une impression profonde. Quelques-uns des membres de l'Aréopage se convertirent, entre autres Denys, surnommé l'*Aréopagite*, qui fut plus tard le premier évêque d'Athènes.

A nous la philosophie, à nous l'univers moral, à nous le fini et l'infini, l'alpha et l'oméga ! Nous sommes les rois de l'empire des idées. Christophe Colomb a découvert un monde ; nous marchons sur les flots, au milieu des éclairs et des tonnerres, à la découverte du *dieu inconnu*.   Arsène Houssaye, *le Roi Voltaire.*

La liberté n'a qu'un âge, celui de la force et de la vigueur. Autrement, ceux qui se font tuer pour la république seraient aussi stupides que ces fanatiques de la Vendée, qui se font tuer pour des délices de paradis dont ils ne jouiront point. Quand nous aurons péri dans le combat, ressusciterons-nous aussi dans trois jours, comme le croient ces paysans stupides? Non, cette liberté que j'adore n'est point le *dieu inconnu*. Nous combattons pour défendre des biens dont elle met sur-le-champ en possession ceux qui l'invoquent.   Camille Desmoulins, *le Vieux Cordelier.*

Est-il vrai que Jean-Jacques écrit contre vous et qu'il renouvelle la querelle de l'article de *Genève?* On dit bien plus, on dit qu'il pousse le sacrilége jusqu'à s'élever contre la comédie. On est fou de spectacle dans le pays de Calvin. On a donné trois pièces nouvelles, faites à Genève même, en trois mois de temps, et de ces pièces, je n'en ai fait qu'une.

Voilà l'autel du *dieu inconnu* à qui cette nouvelle Athènes sacrifie. Rousseau en est le Diogène, et, du fond de son tonneau, il s'avise d'aboyer contre nous. Il y a en lui double ingratitude : il attaque un art qu'il a exercé lui-même, et il écrit contre vous qui l'avez accablé d'éloges.   Voltaire, *Lettre à d'Alembert.*

Le scepticisme du vicaire savoyard est un scepticisme d'espérance bien plutôt que de mécompte. Dans ce doute, je sens un grand commencement de foi. Le vicaire savoyard se confie aux temps qui viendront pour dévoiler ce qui lui reste obscur. A proprement parler, il officie sur l'autel du *dieu inconnu.* C'est la première pierre d'une société nouvelle.

      Edgar Quinet, *l'Ultramontanisme.*

AVEZ-VOUS LU BARUCH?

La nature de La Fontaine était un enthousiasme sincère. « Il oubliait tout de suite le vrai caractère des choses et les voyait telles qu'il se les figurait... En dehors des héros de ses fables et vis-à-vis des personnages réels, il se perdait dans l'admiration et dans la louange, élevait les gens jusqu'au ciel et les y installait à demeure. « Pour peu que j'aime, disait-il, je ne vois les défauts des

» personnes non plus qu'une taupe qui aurait cent pieds de terre sur elle. Des
» que j'ai un grain d'amour, je ne manque pas d'y mêler tout ce qu'il y a d'en-
» cens dans mon magasin. » En toutes choses il exagérait, et sincèrement. Il se
prenait tout à coup et se donnait sans réserve. A vingt ans, la lecture de quelques livres pieux l'avait jeté au séminaire. Deux ans après, la lecture de l'ode
de Malherbe sur la *Mort de Henri IV* le ravit ; il ne lit plus autre chose ; il passe
les nuits à l'apprendre par cœur, il va déclamer son poète à l'écart..... »

Un jour de la semaine sainte, Racine l'avait mené à l'office du soir, et, pour l'occuper, lui avait mis dans les mains un volume de la Bible. La Fontaine tomba sur la belle prière des Juifs dans le prophète Baruch. Plein d'admiration, il s'empressa de dire à Racine au sortir de l'office : « Quel était donc ce Baruch ? c'était un bien beau génie ! » Et les jours suivants il disait à toutes les personnes qu'il rencontrait : « *Avez-vous lu Baruch ?* c'était un bien beau génie ! » Il est probable que, dans son esprit, Baruch allait alors de pair avec Platon et Rabelais ; il confondait en effet assez facilement le sacré et le profane.

Cette interrogation s'emploie par analogie avec l'exclamation naïve du fabuliste, quand on a l'esprit rempli d'une chose que l'on considère comme une soudaine découverte, et dont on reste fortement frappé.

La réclame, qui a une érudition et surtout des ressources à nulle autre pareilles, s'est emparée de la naïve exclamation du Bonhomme. Nous lisions, il y a quelques jours, à la dernière page d'un journal : « La Fontaine, au sortir de ténèbres, disait à tous ceux qu'il rencontrait : « Connaissez-vous Baruch ? avez-vous lu
» Baruch ? » Aujourd'hui, ce cri admiratif a subi une légère modification. Deux dandys se rencontrent-ils sur le boulevard des Italiens, ils s'abordent, et l'un dit à l'autre : « Connaissez-vous Krakikoff ? Avez-vous consulté Krakikoff ? » C'est le premier tailleur de Paris pour la coupe, l'élégance et l'*incroyabilité* du fini. Il transformerait Ésope en Adonis. »

Depuis que j'ai lu cet écrit véritablement sauveur, je dis à tous les patriotes que je rencontre : « *Avez-vous lu Philippeaux ?* » et je le dis avec autant d'enthousiasme que La Fontaine disait : « *Avez-vous lu Baruch ?* »   CAMILLE DESMOULINS, *le Vieux Cordelier.*

Peut-il exister en dehors des divers systèmes politiques, aux confins des doctrines qui se combattent et se font la guerre, un terrain plus ou moins neutre, une sorte de lisière, où l'on est bien venu à errer un moment, à se souvenir de ces choses vieilles comme le monde et éternellement jeunes comme lui, du printemps, du soleil, de l'amour, de la jeunesse ; à se promener même (si la jeunesse est passée) un livre à la main, et à vivre avec un auteur d'un autre âge, sauf à en raffoler tout un jour et à demander ensuite, en rentrant dans la ville, à chaque passant qu'on rencontre : « *L'avez-vous lu ?* »   SAINTE-BEUVE, *Causeries du Lundi.*

Ce fut là un trait de lumière pour Chapelier. Il se rendit successivement chez tous ses collègues de la députation de Bretagne, et à mesure qu'il arrivait chez l'un d'eux :

« *Avez-vous lu Baruch ?* Je veux dire, savez-vous ce que c'est qu'un club ?

— Non.

— Je le sais, moi ; Mirabeau vient de me le dire. Un club, voyez-vous, ce sont dix hommes réunis qui en font trembler cent mille qui restent séparés. » George Duval, *Souvenirs de la Terreur*.

BAAL.

Baal, Bel ou Bélus, était la principale divinité des Chaldéens, des Babyloniens, des Assyriens et des Phéniciens. Le caractère mythologique de cette idole reçut les formes les plus diverses, suivant les temps et les lieux. Le culte de Baal était magnifique et bruyant ; ses temples, ordinairement entourés de colonnes, étaient construits sur des hauteurs où on lui faisait de sanglants sacrifices. Les Israélites introduisirent à différentes époques le culte tout sensuel de cette divinité dans leur religion. Cette idolâtrie excitait le juste courroux des prophètes, qui rivalisaient de zèle et d'indignation pour la flétrir. De là les expressions de *culte de Baal*, de *prêtres de Baal*, qui sont devenues synonymes d'*idolâtrie* et de *serviteurs hypocrites de la divinité*.

Le nom de Baal, qui avait des temples chez les Juifs au temps d'Athalie, se retrouve fréquemment dans le chef-d'œuvre de Racine :

> D'adorateurs zélés à peine un petit nombre
> Ose des premiers temps nous retracer quelque ombre.
> Le reste pour son Dieu montre un oubli fatal,
> Ou même, s'empressant aux autels de *Baal*,
> Se fait initier à ses honteux mystères,
> Et blasphème le nom qu'ont invoqué leurs pères.
>
> *Athalie*, acte I", scène I".

Le préfet, mieux avisé, instruit d'ailleurs, guidé par le coadjuteur, les moines, les dévotes et les séminaristes, en appuyant son maire et criant anathème au prêtre de *Baal*, a montré qu'il entendait la politique du jour. P.-L. Courier, *Pamphlets*.

Jean-Jacques, dont vous me parlez, fait un peu de tort à la bonne cause : jamais les Pères de l'Église ne se sont contredits autant que lui ; son esprit est faux ; cependant il a encore des appuis. Je lui pardonnerais tous ses torts envers moi, s'il se mettait à pulvériser par un bon ouvrage les prêtres de *Baal* qui le persécutent. J'avoue que sa main n'est pas digne de soutenir notre arche; mais

Qu'importe de quel bras Dieu daigne se servir?

VOLTAIRE, *Lettre à d'Alembert.*

Les hommes des campagnes se révoltent contre leurs seigneurs, la chaumière incendie le château, le temple renverse l'église, l'église renverse le temple à son tour. Entendez-vous ces cent mille voix qui s'élèvent impétueuses, violentes et sans frein, proclamant la messe une comédie, le purgatoire un trafic, l'hostie un morceau de pain, l'adoration une idolâtrie, le pape un antechrist, les théologiens des sophistes, les cardinaux et les évêques autant de prêtres de *Baal*, les religieuses autant de sauterelles sorties du puits de l'abîme ? J. JANIN, *la Religieuse de Toulouse.*

BABEL.

Après le déluge universel, les descendants de Noé, devenus très nombreux dans la vallée de Sennaar, voulurent, avant de se séparer, construire une tour, monument de leur puissance, qui s'élèverait jusqu'au ciel. Mais le Seigneur, qui ne vit dans cette entreprise qu'un monument de leur orgueil, confondit leur langage avant que la tour fût achevée. Ne se comprenant plus entre eux, les hommes se dispersèrent sur tous les points du globe.

On emploie aujourd'hui, figurément et familièrement, ce mot, *tour de Babel*, pour désigner une assemblée tumultueuse, où règne une grande confusion d'opinions et de discours ; une réunion, une collection de choses qui ne se relient pas entre elles par des rapports communs. Ce nom a été appliqué surtout aux encyclopédies et aux dictionnaires biographiques.

Le père Lacordaire, dans une de ses *Conférences*, apprécie la construction de la tour de Babel à ce point de vue philosophique et élevé :

« Les actes de la Providence avaient, dans les temps primordiaux, un caractère gigantesque :

» Ainsi, la catastrophe de Babel, contraire en apparence au dessein d'unité d'une seule famille, que s'était proposé Dieu, n'en était pourtant que la suite, parce qu'en multipliant les langues, elle multipliait les témoignages en faveur de la vérité que chaque tribu emportait dans sa mémoire sous des signes et des sons divers. »

Voltaire raconte qu'une dame disait un jour à la cour de Versailles : « C'est bien dommage que l'aventure de la tour de Babel ait produit la confusion des langues, sans cela tout le monde aurait parlé français. »

Les jeux de mots ont toujours été de mode en France : il y a près de deux cents ans qu'un révérend père jésuite disait que si les hommes ont construit la tour de *Babel*, les femmes ont fait celle de *babil*. Molière fait dire à madame Pernelle, très forte sur ces sortes d'étymologies :

> C'est véritablement la tour de *Babylone;*
> Car chacun y babille, et tout le long de l'aune.

M. Alfred de Musset transporte la tour de Babel sur nos chemins de fer :

> Sur deux rayons de fer un chemin magnifique
> De Paris à Pékin ceindra ma république;
> Là, cent peuples divers, confondant leur jargon,
> Feront une *Babel* d'un colossal wagon.

L'Arc de l'Étoile rappelle d'une façon frappante la confusion des langues de *Babel*. Il est impossible d'imaginer une réunion de manières plus contradictoires, plus hostiles : à côté du type élégant et sobre de Chaponnière, nous avons le style glacé de M. Lemaire, les efforts courageux mais impuissants de M. Gechter, la pompe de M. Marochetti; l'emphase des trophées de M. Étex ajoute à l'insignifiance du Napoléon de M. Cortot, et permet à peine d'apprécier les bonnes parties qui se rencontrent dans le travail de M. Rude.

GUSTAVE PLANCHE, *Portraits d'artistes.*

La presse, cette machine géante, qui pompe sans relâche toute la sève intellectuelle de la société, vomit incessamment de nouveaux matériaux pour son œuvre; le genre humain tout entier est sur l'échafaudage; chaque esprit est maçon; tous les jours une nouvelle assise s'élève : certes, c'est là aussi une construction qui grandit et s'amoncelle en spirales sans fin; là aussi il y a confusion des langues, activité incessante, labeur infatigable, concours acharné de l'humanité tout entière, refuge promis à l'intelligence contre un nouveau déluge, contre une submersion de barbares : c'est la seconde tour de *Babel* du genre humain.

V. HUGO, *Notre-Dame de Paris.*

Les éditions de l'*Encyclopédie* se multiplient au dehors de la France, et toute l'Europe lettrée peut contempler plus ou moins librement la *Babel* édifiée par les philosophes français.

Babel, en effet, mais construite avec bien des matériaux précieux. Il y eut autre chose qu'un orgueil impie dans cette espèce d'apothéose de l'esprit humain : il y eut l'amour sincère de l'humanité, cette religion terrestre qui survit à la religion de l'idéal et de l'éternel, et qui permet d'en espérer le retour, tant qu'elle n'est pas elle-même étouffée sous l'égoïste scepticisme et le matérialisme pratique. Henri Martin, *Histoire de France.*

Les arts sont des moyens moins nobles que les sciences, parce qu'ils sont moins purement intellectuels et qu'ils opèrent sur la matière. C'est précisément pour cette raison qu'un siècle qui penchait vers le matérialisme a voulu les élever à l'égal des sciences ou les confondre même avec elles, et qu'on a lu sur le frontispice de cette *tour de Babel* élevée par l'orgueil et l'impiété : *Dictionnaire des sciences, arts et métiers*, où la science de *policer* les hommes se trouve à côté de l'art de *polir* les métaux, et la *religion* tout auprès du métier de *relieur.* De Bonald, *Mélanges littéraires.*

Au jour et à l'heure fixés, la grande compagnie de Paris fit irruption dans les salons du docteur Raoul ; ils se trouvèrent trop petits pour tout contenir. Ce qu'on y voyait de plaques et de cordons étrangers était prodigieux : les Jarretière, les Saint-Esprit, les Toison d'or, tous les autres ordres réunis de tous les points de l'univers se trouvaient représentés à cette fête ; on eût dit un congrès ou une *Babel*, car toutes les langues s'y confondaient.

Louis Reybaud, *la Vie à rebours.*

Escorté de quelques citoyens, M. Ledru-Rollin se mit en marche pour l'Hôtel de Ville. L'arène resta à la multitude sans chefs. C'est l'heure du tumulte délirant, des motions folles, des grandes excentricités populaires. La tribune, débordante comme un pressoir et toute chargée de grappes humaines, laisse échapper mille cris incompréhensibles : c'est le gouvernement de l'anarchie dans le royaume de *Babel*, c'est la confusion dans les cris et les interpellations.

Hippolyte Castille, *Histoire de la Deuxième République.*

Une femme de bien ne coucherait pas avec son mari, ni une coquette avec son galant, s'ils ne leur avaient parlé ce jour-là d'affaires d'État; elles veulent tout voir, tout connaître, tout savoir, et, qui pis est, tout faire et tout brouiller. Nous en avons trois, entre autres, qui nous mettent tous les jours en plus de confusion qu'il n'y en eut jamais à *Babel*.

Paroles du cardinal Mazarin à don Louis de Haro.

Il y eut, vers trois heures du matin, un moment de confusion assez plaisant : les hommes qui voulaient partir s'apercevaient alors tous à la fois que le chapeau qu'ils tenaient à la main n'était pas leur chapeau; une fée moqueuse avait sans doute opéré ce prodige. Alors une immense chasse commença autour de nous, et l'on entendit des dialogues incompréhensibles, inouïs : « Votre chapeau est-il à vous? — Non. — J'ai envie de vous donner le mien, qui n'est pas à moi. » Le jeune pédant qui était près de nous, et qui ne manquait pas une occasion de faire valoir son érudition, dit : « C'est la *Babel* des chapeaux. »

Mme ÉMILE DE GIRARDIN, *Correspondance parisienne.*

Ce caractère cosmopolite est ce qui fait le charme de Bade et sa physionomie à part. Pour vous en donner une idée, je vous citerai la statistique officielle de la dernière saison; le chiffre total des étrangers s'élevait à 46,341, qui se répartissaient ainsi : 16,936 Allemands, 12,812 Français, 5,672 Anglais, 3,510 Russes, 2,064 Américains du Nord, 1,682 Hollandais, 1,319 Suisses, 336 Belges, 526 Italiens, 269 Espagnols, 188 Polonais, 150 Américains du Sud, 143 Hongrois, 142 Suédois, 124 Danois, 95 touristes des Principautés Danubiennes, 81 des Indes-Orientales, 71 Norwégiens, 48 Grecs, 35 Portugais, 33 Algériens, 22 Turcs, 19 de Gibraltar, 12 Australiens, 10 Africains du Cap, 10 des îles Ioniennes, 9 des Indes-Occidentales, 9 Égyptiens, 7 Javanais, 4 Madérins, 3 Ceylandais, 2 Illyriens, 1 Chinois.

Quelle *Babel* que Bade!

CHARLES BRAINNE, *l'Opinion nationale.*

BABYLONE.

Bâtie sur l'Euphrate et embellie par Sémiramis, Babylone paraît avoir été la ville la plus magnifique de l'antiquité. Ses murailles, larges de cinquante pieds et d'une hauteur prodigieuse, ses cent portes d'airain, ses temples, ses palais, ses statues d'or, et surtout ses jardins suspendus, en faisaient la reine des cités antiques. Rivale de Jérusalem, elle fut souvent en guerre avec le peuple juif, qui y passa les soixante-dix ans de captivité, pendant lesquels un grand nombre ne *suspendirent point leurs harpes aux saules de la rive* et abandonnèrent la religion de leurs pères. Les Écritures parlent de Babylone comme d'un foyer de corruption et d'idolâtrie ; ils en ont fait la personnification du monde profane, le réceptacle de tous les vices et de toutes les impuretés. Exaspérés par la politique barbare des Babyloniens, les Israélites leur vouèrent une haine profonde, et la dissolution de mœurs dont ils furent témoins dans la captivité ajouta à ce sentiment celui de l'horreur et du dégoût. De là le nom de *grande Prostituée*, qu'ils donnèrent à cette ville.

Aujourd'hui, que Babylone n'existe plus, que les voyageurs et les archéologues ne peuvent même en retrouver l'emplacement, le nom seul a survécu, et s'applique aux grands centres de population, comme Londres et surtout Paris, où l'agglomération des masses, les richesses, les raffinements de l'industrie et de la civilisation engendrent fatalement la corruption des mœurs.

Les protestants, qui se prétendent seuls observateurs de la lettre et de l'esprit évangéliques, appellent la ville éternelle la *grande Babylone*.

La *Babylone* moderne sera dépeuplée et détruite par les rats de Montfaucon. Des légions innombrables de rats vont descendre en noires colonnes sur Paris. Cette terrible invasion arrivera le jour où l'on transportera la voirie dans son palais de la plaine des Vertus. Tous ces rats, qui font à Montfaucon des déjeuners de Balthazar, manquant soudain de pâture, viendront à Paris manger de l'homme à défaut de cheval.   Théophile Gautier, *Zigzags*.

« Et où irez-vous ? — A Paris. — Comment ! à Paris ! Mais vous aviez secoué sur la *grande Babylone* la poudre de vos sandales ! La décadence du goût, l'essor de plus en plus marqué de la cuisine romantique ! Ce sont vos propres paroles. »
   Octave Feuillet, *la Petite Comtesse*.

Je ne vois que bergers et troupeaux ; je n'entends que les chalumeaux et le murmure des fontaines, et, dans l'innocence de ma vie, je ne regrette rien de cette *Babylone* impure que vous habitez ; s'entend, je n'en regrette que vous.

P.-L. COURIER, *Lettres inédites.*

Lui seul a conservé le costume des démagogues et les façons de parler qui en font partie ; il vante encore Arminius le Chérusque et madame Thusnelda, son épouse, comme s'il était leur blond descendant. Il nourrit toujours une haine patriotique contre la *Babylone* française, contre l'invention du savon, contre la grammaire grecque païenne de Thiersch, contre Quintilius Varus, contre les gants et contre tous les hommes qui ont un nez décent.

HENRI HEINE, *Reisebilder.*

Supposez que Pétrarque soit un des familiers de la papauté, qu'il la voie à toute heure : nul n'en connaîtra mieux que lui la faiblesse ; il mêlera sa voix à celle des précurseurs de la Réforme, qui dénoncent la *grande Babylone*, l'enfer des vivants, la courtisane effrontée.

EDGAR QUINET, *Révolutions d'Italie.*

BAISER LAMOURETTE.

Quand éclata la révolution de 1789, l'abbé Lamourette était vicaire général de l'évêque d'Arras. Lié d'une vive amitié avec Mirabeau, on lui attribue, du moins en partie, le discours que le grand orateur prononça sur la constitution civile du clergé. Lamourette fut élu en 1791 évêque métropolitain de Lyon, et nommé peu de temps après député à l'Assemblée législative. A la suite de l'événement de Varennes, qui divisa la France et l'Assemblée en deux camps, la guerre civile paraissait imminente, et l'on parlait hautement d'établir la république. Déplorant les divisions qui partageaient l'Assemblée, Lamourette, dans la fameuse séance du 7 juillet 1792, tenta d'opérer un rapprochement entre le côté droit et le côté gauche ; il fit entendre des paroles de paix et d'union au nom de la patrie, de la liberté, et invita ses collègues à se rallier franchement à la Constitution, à rester fidèles à leur serment, au pacte fondamental, à la France, au roi. Son discours était l'expression d'un sentiment généreux, d'une conviction profonde ; c'était l'éloquence du cœur. Toutes les divisions entre les partis semblèrent apaisées, les députés des opinions les plus opposées *s'embrassèrent*, et l'Assemblée décréta que le procès-verbal de cette mémorable séance serait porté au roi par une députation et adressé à tous les départements. Louis XVI se rendit immédiatement à l'assemblée ; il y fut accueilli par des applaudissements, et les députés en masse l'accompagnèrent à son retour aux Tuileries. Mais cet enthousiasme n'eut pour résultat qu'une trêve de quelques heures. Trois jours après, l'insolent manifeste de Brunswick soulevait toute la France ; les partis étaient plus ennemis que jamais, et l'Assemblée prononçait la formule : « Citoyens, *la patrie est en danger !* »

Les accolades fraternelles provoquées par le discours du 7 juillet sont restées célèbres sous le nom de *baiser Lamourette*, et ces mots ont passé dans la langue pour désigner une réconciliation éphémère et peu sincère.

La grande ère de ce qu'on est convenu d'appeler les intérêts matériels vient d'être définitivement ouverte : toutes les puissances européennes s'envoient des *baisers Lamourette*.

C'est le système de la paix quand même et à tout prix : la paix à l'état de *cliché;* le temple de Janus est clos à perpétuité.

De Pène, *Mémoires de Bilboquet.*

Ces réconciliations, ces protestations d'oubli ont toujours un air de *baiser Lamourette* qui fait sourire les politiques et les sceptiques. On hésite donc beaucoup à les prendre au sérieux, quelque nécessaires qu'elles soient.

Charles de Mazade, *Revue des Deux Mondes.*

La paix signée à la pointe des épées n'est jamais qu'une trêve ; la paix élaborée dans un conciliabule d'économistes et de quakers ferait rire, comme le fameux *baiser Lamourette*. L'humanité travailleuse est seule capable d'en finir avec la guerre, en créant l'équilibre économique, ce qui suppose une révolution radicale dans les idées et dans les mœurs.

P.-J. Proudhon, *la Paix et la Guerre.*

L'Assemblée nationale s'est constituée au bruit du canon, du tambour et des fanfares.

Dans ces jours où l'imagination est séduite par les sens, le cœur entraîné par l'imagination, la raison absorbée par le sentiment, l'âme n'a plus d'attrait que pour les épanchements de la sensibilité, pour les illusions de l'espérance. C'est l'heure des *baisers Lamourette*, c'est l'instant des réconciliations perfides.

Mais bientôt l'enthousiasme s'apaise, le sentiment s'évanouit, et la raison revient poser ses questions redoutables.

P.-J. PROUDHON, *Idées révolutionnaires.*

BAYARD,
LE CHEVALIER SANS PEUR ET SANS REPROCHE.

Bayard est peut-être le plus illustre représentant de la chevalerie en France, le seul de tous les héros du moyen âge dont la vie soit sans tache, et qu'on puisse louer sans aucune restriction. La chevalerie jeta en lui son plus brillant, mais son dernier éclat; elle mourut avec lui. François Ier, par un hommage éclatant rendu à sa valeur et à sa vertu, voulut, après la glorieuse journée de Marignan, être armé chevalier de ses propres mains. Quand le monarque fut à genoux, le héros, le frappant au col du plat de son épée, lui dit : « Sire, autant vaille que si c'était Roland ou Olivier, Godefroy ou Baudoin, mon frère ; certes, vous êtes le premier prince que onc fis chevalier. » Puis, regardant son épée et la baisant avec une joie ingénue : « Tu es bien heureuse, mon espée, d'avoir à si vertueux et si puissant roi donné l'ordre de chevalerie!..... Ma bonne espée, tu seras moult bien comme relique gardée et sur toutes autres honorée ! » Son intrépidité et sa vertu ne se démentirent pas un seul instant, et lui valurent, de son vivant, le glorieux surnom de *chevalier sans peur et sans reproche*. Blessé à mort dans la retraite de Rebecque, d'un coup d'arquebuse qui lui brisa l'épine du dos, il se fit placer au pied d'un arbre, le visage regardant l'ennemi, comme il avait fait toute sa vie, disait-il, et mourut en donnant une dernière leçon de fidélité et d'honneur au connétable de Bourbon, qui portait les armes contre sa patrie.

Jamais on ne vit, dans un pays où les gens madrés ne manquent pas, d'esprit plus subtil, d'intelligence plus précoce ; peut-être s'y mêlait-il un peu trop d'ardeur et un goût trop vif pour le succès à tout prix. Mais ce n'était là qu'un germe, et à cette époque de sa vie, Mistigris pouvait poser hardiment la main sur son cœur et se déclarer *sans peur et sans reproche*, exactement comme le chevalier *Bayard*.

Louis REYBAUD, *Mœurs et Portraits.*

DELATOUR.
Il m'est venu
Que vous vous composiez un joli revenu.
DUBOIS.
Un revenu ! monsieur sait bien quels sont mes gages.

DELATOUR.

Oui ; mais je ne sais pas quels sont vos tripotages.
Vous seriez, m'a-t-on dit, un courtier de laquais.
Prenez garde, Dubois ; car si je remarquais...

DUBOIS.

Oh ! je suis là-dessus *sans peur et sans reproches*.
PONSARD, *la Bourse*.

Colonge observa Aurélie ; il la trouva tout-à-fait résignée au rôle de reine de salon, et prête à exercer *sans peur et sans reproche* l'empire que semblait lui promettre sa beauté. Le résultat de cette épreuve rassura Colonge pour le présent, sans le tranquilliser complétement sur l'avenir. Il est tant de femmes qui de la devise du chevalier *Bayard*, finissent par ne garder que la moitié.
CHARLES DE BERNARD, *la Chasse aux Amants*.

Je me connais en gentilshommes. Si Gaspard n'était pas tout ce qu'il paraît être, je n'aurais pas attendu qu'on vînt m'en instruire, je l'aurais bien démasqué moi-même. Le vicomte est digne de sa race. Comme ce chevalier dont Laure m'a quelquefois parlé, il est *sans peur et sans reproche*. JULES SANDEAU, *Sacs et Parchemins*.

La comtesse de Chantevilliers, mon pauvre Adolphe, c'est la femme *sans peur et sans reproche;* c'est l'ange qui n'a jamais failli et qui plane majestueusement au-dessus des faiblesses humaines ; c'est la reine des salons qu'elle veut bien honorer de sa présence ; c'est l'arbitre du goût, le juge des réputations et des talents, la dispensatrice des éloges et du blâme.
CHARLES DE BERNARD, *le Paravent*.

Le père et le fils vivaient dans la meilleure intelligence ; ils avaient les mêmes goûts et ne se gênaient pas pour les satisfaire. L'enfant avait la gaîté naturelle à son âge ; le père, la bonne humeur d'un gentilhomme qui, toute sa vie, a marché dans le sentier de l'honneur, *sans peur et sans reproche*, comme le chevalier *Bayard*.
AMÉDÉE ACHARD, *la Chasse royale*.

BÉATRIX.

Béatrix Portinari, Florentine, née en 1266, morte en 1290, a été immortalisée par l'amour et les vers de Dante. La passion si connue du poète pour cette femme, et qui eut tant d'influence sur sa vie entière, naquit d'une circonstance fortuite que Boccace raconte ainsi dans sa *Vie* de Dante :

« C'était en cette saison de l'année où la terre sourit dans ses riches vêtements de vert feuillage et de fleurs variées, que Dante vit pour la première fois Béatrix, le 1er de mai, jour où, selon la coutume, Falco Portinari, homme en grande estime parmi ses concitoyens, avait rassemblé chez lui ses amis avec leurs enfants. Dante, alors âgé de neuf ans seulement, était du nombre de ces jeunes hôtes. De cette joyeuse troupe enfantine, faisait partie la fille de Falco; elle avait à peine atteint sa huitième année. C'était une charmante et gracieuse enfant, et de séduisantes manières Ses beaux traits respiraient la douceur, et ses paroles annonçaient en elle des pensées au-dessus de ce que semblait comporter son âge. Si aimable était cette enfant, si modeste dans sa contenance, que plusieurs la regardaient comme un ange. Cette jeune fille donc, telle que je l'ai décrite, ou plutôt d'une beauté qui surpasse toute description, était présente à cette fête. Tout enfant qu'était Dante, cette image se grava soudain si avant dans son cœur, que, de ce jour jusqu'à la fin de sa vie, jamais elle ne s'en effaça. Le progrès des années ne fit même qu'irriter sa flamme, et toute sa joie, tout son bonheur était d'être près de celle qu'il aimait, de contempler son beau visage. Mais tout en ce monde est périssable. A peine Béatrix avait-elle atteint sa vingt-quatrième année, qu'elle mourut. Il plut au Tout-Puissant de la tirer de ce monde de douleurs, et de l'appeler au séjour de gloire préparé pour ses vertus. A son départ, Dante ressentit une affliction si profonde, si poignante, il versa tant de larmes et de si amères, que ses amis crurent qu'elles n'auraient d'autre terme que la mort seule, et que rien ne pourrait le consoler. »

La figure de Béatrix est une des plus délicieuses apparitions de la *Divine Comédie*. Dans son poème immortel, Dante suppose que l'an 1300, *au milieu du voyage de la vie*, c'est-à-dire à l'âge de trente-cinq ans, il parcourt en esprit les trois royaumes des morts. Égaré dans une forêt obscure, il arrive au pied d'une colline, qu'il s'apprête à gravir. Trois animaux, un lion, une panthère, une louve maigre et affamée, lui ferment le passage; et déjà, dans son effroi, il revenait sur ses pas, lorsqu'une ombre lui apparaît : c'est *Virgile*, qu'une dame céleste, Béatrix, lui envoie pour le secourir et le guider. Virgile, qui est mort sans avoir connu le vrai Dieu, ne peut accompagner le poète que dans les deux premiers royaumes, et c'est sa chère Béatrix, symbole de la science divine, qui l'introduit dans le paradis, et lui en fait parcourir toutes les sphères.

On sait avec quelle majestueuse lenteur l'auditoire du théâtre des Italiens descend le grand escalier. Une foule compacte arrêtait à chaque pas la marche de M. d'Esparon et de sa belle compagne. Tous les yeux se dirigeaient vers eux. « C'est la duchesse de

Dienne et Octave d'Esparon, disait-on à demi-voix. — Le poëte et la muse ! — Dante et *Béatrix !* »

Armand de Pontmartin, *Contes et Nouvelles.*

La princesse Marie de Gonzague avait surtout de la grâce, de l'indulgence, et un charme qui opéra sensiblement sur cet excellent et galant abbé de Marolles, plus encore peut-être qu'il ne l'a dit et qu'il ne se l'est avoué à lui-même. Elle disposa souverainement de lui durant des années. Il était de sa cour et de sa suite; il l'accompagnait dans ses voyages. Je ne sais s'il était capable de se former un idéal à la *Béatrix* et j'en doute; mais s'il a eu un éclair de cet idéal, c'est à la princesse Marie qu'il l'a dû.

Sainte-Beuve, *Causeries du lundi.*

Être rencontré en bonnet de coton par sa *Béatrix !* O fortune ! pouvais-tu jouer un tour plus cruel à un jeune homme dantesque et passionné?

Rodolphe se souhaitait sous la terre, à la profondeur de la couche diluvienne; il aurait bien voulu pouvoir se supprimer temporairement, ou avoir à son doigt l'anneau de Gygès, qui rendait invisible.

Théophile Gautier, *Œuvres humoristiques.*

BENJAMIN.

La naissance de Benjamin avait coûté la vie à Rachel, l'épouse bien-aimée de Jacob, qui lui donna le nom de *Benjamin* (fils de ma vieillesse). Jacob avait une prédilection marquée pour cet enfant, et c'est par allusion à cette préférence que l'on donne le nom de *Benjamin*, devenu synonyme de *bien-aimé*, à l'enfant dernier-né d'une nombreuse famille.

Si M. Brifaut fut si cordialement adopté par la société polie; s'il resta son *Benjamin* jusqu'à l'âge de Jacob, ce fut bien plus encore par la sûreté de son commerce que par la grâce de son esprit ou par le charme de ses manières.

Armand de Pontmartin, *Causeries littéraires.*

Oui, le dix-neuvième siècle, le plus grand devant Dieu parce qu'il est le dernier-né et le *Benjamin*, en quelque sorte, de l'histoire, est un siècle missionnaire chargé d'une révélation. Il porte en lui une nouvelle effusion de la Divinité.

Eugène Pelletan, *Profession de foi du Dix-neuvième Siècle.*

La Chambre entière écoutait, avec une surprise qui n'était pas sans agrément, les audaces du jeune homme, et ne regardant qu'au talent et à la façon, elle y trouvait avant tout des gages et de futures promesses pour elle-même. Elle accueillait ce dernier-né de l'hérédité avec la faveur et presque la tendresse qu'une mère a pour le dernier de ses enfants. Depuis ce jour, M. de Montalembert fut véritablement porté dans les entrailles de la pairie ; il en fut le *Benjamin*.

Sainte-Beuve, *Causeries du lundi.*

BÉQUILLE DE SIXTE-QUINT.

Sixte-Quint, souvent nommé le *Pâtre de Montalte*, en souvenir de sa première profession et du lieu de sa naissance, fut élu pape à la mort de Grégoire XIII. Ce dernier ne lui avait donné aucune part dans le gouvernement, et cette disgrâce servit ses vues ambitieuses. On vit tout à coup cet homme, qui était dans toute la force de l'âge, se retirer du tourbillon du monde et se confiner dans la retraite, pour ne travailler désormais, disait-il, qu'à son salut. Il paraissait succomber sous le poids des années et des infirmités, ne se montrant en public qu'appuyé sur une béquille, la tête penchée, ne parlant que d'une voix entrecoupée, avec une toux qui semblait présager une fin prochaine. Tous ces signes de caducité redoublèrent quand il fut question de donner un successeur à Grégoire XIII. Il n'en fallut pas davantage pour réunir en sa faveur toutes les factions qui divisaient le conclave, dans l'espoir qu'un pontificat faible et de peu de durée laisserait à chacune d'elles le temps et leur fournirait les moyens de se mieux concerter, pour parvenir plus sûrement à leur but. Il fut donc élu sans contradiction, le 24 avril 1585. A peine le dépouillement des votes était-il achevé, que Montalte se leva par un mouvement si brusque qu'il fit reculer ses voisins, *jeta sa béquille*, releva la tête, et entonna le *Te Deum* d'une voix qui fit trembler les vitres de la salle. Les cardinaux, stupéfaits, ne pouvaient en croire leurs yeux et leurs oreilles. Quelques jours après, le cardinal de Médicis l'ayant complimenté sur cet heureux changement : « N'en soyez pas surpris, lui répondit-il ; avant mon élection je cherchais les clefs du paradis, et pour les mieux apercevoir, je me courbais, je baissais la tête ; mais depuis que je les ai trouvées, je ne regarde que le ciel, n'ayant plus besoin des choses d'ici-bas. »

Après cette résurrection, qui n'a rien de miraculeux, Sixte-Quint occupa la chaire de saint Pierre pendant cinq ans, quatre mois et seize jours, et se montra l'un des plus grands hommes de son temps.

C'est ainsi qu'il feignit une grande maladie afin de pouvoir obtenir une rente viagère plus forte de la cession de son magnifique château d'Azay-le-Rideau, en Touraine. La rente viagère fut fixée à cent quatre-vingt mille francs, payable à raison de cinq cents francs par jour, que le moribond devait trouver régulièrement sous sa serviette en déjeunant. *Sixte-Quint* n'envoya pas mieux ses *béquilles* au diable, une fois élu pape, que l'ami Michel ne se redressa, le contrat signé.   JULES LECOMTE, *le Monde illustré.*

— Regarde mes pauvres jambes, si l'on ne dirait pas des fuseaux! ajouta-t-il en montrant d'un air piteux un mollet vigoureux et rond. J'ai la poitrine bien malade! Ne nous faisons point illusion; je ne suis plus qu'un rameau de bois mort qu'emportera bientôt un coup de bise. — Oh! mon père, que dites-vous là! s'écria mademoiselle de la Seiglière en se jetant tout éplorée au cou du *nouveau Sixte-Quint.*   JULES SANDEAU, *Mademoiselle de la Seiglière.*

— J'ai été imprudent, se dit le député; je leur ai laissé mesurer trop tôt l'envergure de mes ailes; aussi dès le premier jour, voilà toutes les vanités soulevées contre moi. Dornier a raison : la *béquille de Sixte-Quint!* c'est le vrai bâton de voyage de l'homme politique. Pour ne pas trop effaroucher tous ces petits amours-propres, je vais être obligé de me diminuer pendant quelque temps.
   CHARLES DE BERNARD, *un Homme sérieux.*

Sœurs jumelles, la vanité et l'ambition doivent procéder différemment; la première monte sur des échasses, la seconde s'appuie sur une béquille; car l'une convoite la grandeur, dont l'apparence suffit à l'autre. Madame Piard, ambitieuse de parti pris, adopta les mœurs de sa passion nouvelle. A l'instar de *Sixte-Quint*, elle se vieillit, artifice qui doit plus coûter à une femme qu'à un prêtre.
   CHARLES DE BERNARD, *les Ailes d'Icare.*

BICHE DE SERTORIUS.

Sertorius, célèbre général romain, partisan de Marius, voyant Sylla maître absolu dans Rome et les affaires de l'Italie désespérées, se retira en Espagne et continua à combattre pour la cause populaire. Il acquit une très grande influence sur les Lusitaniens. Profondément versé dans la connaissance des hommes, et sachant combien le merveilleux exerce d'empire sur des esprits grossiers et ignorants, il feignit d'être en rapport avec les dieux par l'intermédiaire d'une *biche blanche*, qu'il disait avoir reçue de Diane, et qu'il avait rendue familière au point de s'en faire suivre au milieu des combats. Il acquit ainsi un ascendant absolu sur les Lusitaniens, qui respectaient ses moindres volontés comme des ordres émanés de la Divinité.

Sertorius n'est pas le seul qui ait eu recours à cet artifice pour impressionner vivement les esprits. On connaît l'Égérie de Numa, le pigeon de Mahomet (1), le lion d'Abd-el-Moumen, etc.

Abd-el-Moumen, le visage serein, s'avança vers le lion (il l'avait apprivoisé en secret), qui s'inclina devant lui, en lui léchant les mains comme un chien soumis. A cette vue, les Almoravides acclamèrent tout d'une voix cet homme privilégié devant lequel s'apaisaient les lions du désert, et tous lui jurèrent fidélité. Depuis lors ce lion miraculeux, qui rappelle la *biche de Sertorius*, car le vulgaire de tous les temps s'est laissé prendre aux mêmes pièges, ne quitta plus le nouveau calife.

Dictionnaire de la Conversation.

BOUC ÉMISSAIRE.

Le bouc a joué un certain rôle dans la religion de tous les peuples. Il était en grande vénération chez les Égyptiens, qui le regardaient comme symbole du dieu Pan, principe de toute fécondité dans la nature. Dans l'Évangile, les boucs signifient les méchants, les réprouvés : « Au jour du jugement, Jésus-Christ séparera les brebis d'avec les boucs. » Chez les Juifs, à la fête des Expiations, on amenait au grand prêtre un bouc, sur la tête duquel il étendait les mains, et qu'il chargeait, avec des imprécations, de toutes les iniquités d'Israël. Les Juifs désignaient cet animal réprouvé sous le nom d'*Azazel*, mot hébreu qui signifie *émissaire* ou *renvoyé*. Après cette cérémonie, le bouc était conduit sur les confins du désert, et chassé au milieu des cris de tout le peuple. Le conducteur était obligé de se laver le corps et les vêtements, pour se purifier, avant de rentrer au milieu des siens.

Le mot *bouc émissaire* est devenu proverbial pour désigner une personne sur laquelle on fait retomber toutes les fautes, à laquelle on impute tous les torts, et qu'on accuse de tous les malheurs qui arrivent.

(1) Pour faire croire à la divinité de sa mission, Mahomet avait dressé un pigeon à venir becqueter du grain dans son oreille. Aux yeux des hommes prévenus et des esprits crédules, ce pigeon n'était autre que l'Esprit-Saint.

La vraie grandeur d'Estienne Dolet est dans sa mort plutôt que dans sa vie; il fut le *bouc émissaire*, la victime choisie par l'Église : il paya pour tous les hommes illustres de son temps. Voilà ce qui doit nous rendre doublement chère la mémoire du martyr de la place Maubert. TAXILE DELORD, *le Siècle*.

L'homme soldé, le soldat, est un pauvre glorieux, victime et bourreau, *bouc émissaire*, journellement sacrifié à son peuple et pour son peuple, qui se joue de lui; c'est un martyr féroce et humble tout ensemble, que se rejettent le pouvoir et la nation toujours en désaccord.
ALFRED DE VIGNY, *Servitude et Grandeur militaires*.

Toutes les tentatives de résistance de Louis XVI au mouvement qui précipitait la monarchie, étaient appelées conspirations; toutes ses faiblesses étaient appelées trahisons; c'était bien plus l'acte d'accusation de son caractère et des circonstances que l'acte d'accusation de ses crimes. Le temps trop lourd pour tous, on le rejetait tout entier sur lui. Il payait pour le trône, pour l'aristocratie, pour le sacerdoce, pour l'émigration, pour La Fayette, pour les Girondins, pour les Jacobins eux-mêmes, et c'était l'*homme émissaire* des temps antiques inventé pour porter les iniquités de tous.
LAMARTINE, *Girondins*.

BROUET NOIR DES SPARTIATES.

Un grand nombre de peuples ont un mets favori : on connaît le cresson des anciens Perses, le couscoussou des Arabes, les nids d'hirondelles des Chinois, le caviar des Russes, le plum-pudding des Anglais, l'olla-podrida des Espagnols, la choucroute des Allemands, la bouillabaisse des Marseillais, etc. Mais aucun de ces aliments n'a la célébrité historique du fameux *brouet noir*, mets national des Spartiates. C'était, suivant quelques auteurs, un mélange de graisse de porc, de sang, de sel, de vinaigre et de morceaux de viande. Ce mets semblait exquis à la frugalité lacédémonienne, mais détestable aux étrangers. Un roi de Pont, qui se trouvait à Sparte, ayant voulu en goûter, le rejeta aussitôt avec la plus vive répugnance. « Il y manque, lui dit l'esclave lacédémonien qui l'avait apprêté, deux assaisonnements essentiels : les exercices violents du plataniste et un bain froid dans l'Eurotas. »

Voici, sur madame Dacier, une anecdote qui donnera une idée de ce que pouvait être ce fameux brouet noir.

« Zoïle fut brûlé vif! disait la traductrice des deux poèmes d'Homère, et jamais supplice ne fut mieux mérité. » On sait, en effet, l'enthousiasme que cette femme célèbre professait pour tout ce qui touchait à l'antiquité. Elle n'épousa M. Dacier que parce qu'il était, comme elle, grand érudit et savant philologue, ce qui fit dire plaisamment à Basnage que c'était le *mariage du grec et du latin*. « Le jour du repas qu'ils devaient donner à leurs amis sous le nom de *retour de noces*, raconte M. Émile Souvestre, madame Dacier voulut offrir à ses convives un échantillon de son savoir-faire comme ménagère, et surtout comme helléniste, en préparant elle-même un brouet spartiate. Armée des documents les plus authentiques, elle fit cuire le mets héroïque, et le servit avec une solennité respectueuse. A peine y eut-on goûté que tout le monde poussa un cri! on se croyait empoisonné! Madame Dacier eut beau prouver, ses auteurs à la main, que c'était le véritable *brouet noir* inventé par Lycurgue, et assaisonner le plat savant de citations grecques, personne n'y voulut revenir. Tous les convives s'écrièrent, au grand scandale des deux époux, qu'ils préféraient la cuisine française. C'était la querelle des anciens et des modernes transportée, cette fois, de l'Académie dans la salle à manger. »

Le *brouet noir* des Spartiates est devenu proverbial, et se dit d'un mets détestable, d'un mauvais ragoût, d'une sorte d'arlequin dont on ne devine pas la composition.

Tout ce qui touche, de près ou de loin, à l'art culinaire, doit figurer dans les annales de la gastronomie. C'est à ce titre que le *brouet noir* a trouvé place dans le poème de Berchoux :

> . . . . . Ce *brouet*, alors très renommé,
> Des citoyens de Sparte était fort estimé.
> Ils se faisaient honneur de cette sauce étrange,
> De vinaigre et de sel détestable mélange.
> On dit, à ce sujet, qu'un monarque gourmand
> De ce breuvage noir, qu'on lui dit excellent,
> Voulut goûter un jour. Il lui fut bien facile
> D'obtenir en ce genre un cuisinier habile.
> Sa table en fut servie. O surprise! ô regrets!
> A peine le breuvage eut touché son palais,
> Qu'il rejeta bientôt la liqueur étrangère.
> « On m'a trahi, dit-il, transporté de colère.
> — Seigneur, lui répondit le cuisinier tremblant,
> Il manque à ce ragoût un assaisonnement.
> — D'où vient que vous avez négligé de l'y mettre?
> — Il y manque, seigneur, si vous voulez permettre,
> Les préparations que vous n'emploierez pas :
> L'exercice, et surtout les bains de l'Eurotas. »

Camille Desmoulins, Cicéron bègue, conseiller public de meurtres, épuisé de débauches, républicain à calembours et à bons mots, diseurs de gaudrioles de cimetière, déclara qu'aux massacres de septembre tout s'était passé avec ordre. Il consentait à devenir Spartiate, pourvu qu'on laissât la façon du *brouet noir* au restaurateur Méot.

CHATEAUBRIAND, *Mémoires d'Outre-Tombe*.

Le meilleur vin me paraît presque de la piquette dans un verre mal tourné, et j'avoue que je préférerais le *brouet* le plus lacédémonien sur un émail de Bernard Palissy, au plus fin gibier sur une assiette de terre.
  Théophile Gautier, *Mademoiselle de Maupin*.

Grégoire B., démocrate de province, fut admis à l'audience d'un habile écrivain, défenseur éloquent des droits de l'homme, qui demande tous les jours qu'enfin le peuple sorte de servitude. Le publiciste était à table : Grégoire remarqua tout d'abord qu'il ne se nourrissait pas de *brouet noir*.
  Louis Veuillot, *les Libres Penseurs*.

— Maître Froideveaux, ajouta Héraclius en s'adressant au vicomte afin de mettre la conversation sur un autre sujet, nous fera-t-il l'honneur de venir dîner?
— Maître Froideveaux, répondit Langerac, est un républicain farouche qui préfère le *brouet spartiate* à tes perdreaux truffés. Au premier mot d'invitation, il a crié que je voulais le corrompre.
  Charles de Bernard, *le Gentilhomme campagnard*.

Une causerie pleine de confiance et de douceur s'établit entre les deux amis. Jamais Charney n'a si bien et si longtemps savouré les plaisirs de la table ; jamais repas ne lui a semblé si succulent. C'est que, si l'exercice et les eaux de l'Eurotas pouvaient servir d'assaisonnement au *brouet noir* des Spartiates, la présence et la conversation d'un ami ajoutent mieux encore au goût des mets les plus fins.
  Saintine, *Picciola*.

BRULER N'EST PAS RÉPONDRE.

Au commencement de l'année 1794, le régime de la Terreur, dirigé par Robespierre au sein du Comité de Salut Public, était dans toute sa violence ; les dantonistes eux-mêmes étaient devenus des *indulgents*, des modérés ; maintenant que la république était restée maîtresse du champ de bataille, ils voulaient la faire rentrer dans le règne des lois, dans les voies de la justice pour tous. Danton était le chef de cette opposition nouvelle, le jeune et fougueux Camille Desmoulins en était la plume, et, dans son *Vieux Cordelier*, il poursuivait le gouvernement de ses censures et de ses sarcasmes. Son journal était lu avec avidité ; on en vendit en quelques jours cinquante mille exemplaires. Enfin, Camille osa provoquer un *Comité de Clémence* comme le seul moyen de pacifier les partis et de finir la révolution. Ce n'était pas là ce que voulait Robespierre, qui, dans une séance des Jacobins où l'impétueux pamphlétaire avait été sommé de comparaître, proposa perfidement de lui donner une correction paternelle et de *brûler* les numéros de son journal.

« *Brûler n'est pas répondre !* » s'écria Desmoulins. Cette réplique imprudente causa sa perte. Robespierre ne se contint plus : « Eh bien, dit-il, qu'on ne brûle pas, mais qu'on réponde ; qu'on lise sur-le-champ les numéros de Camille, puisqu'il le veut, et qu'il soit couvert d'ignominie !... » Quelques jours après, l'intrépide jeune homme montait sur l'échafaud.

Plusieurs historiens ont fait naître des doutes sur l'authenticité de l'histoire de Guillaume Tell. Le curé Freudenberger, de Berne, les a exprimés, en 1760, dans un écrit intitulé : *Guillaume Tell, fable danoise*. Le gouvernement d'Uri fit brûler ce livre, et s'en plaignit amèrement auprès des États confédérés. D'autres trouvèrent que *brûler n'est pas répondre*.   *Biographie Michaud.*

Les communistes se promettent, une fois maîtres du pouvoir, d'exproprier tout le monde et de n'indemniser et garantir personne. Au fond, cela pourrait n'être ni injuste ni déloyal : malheureusement, *brûler n'est pas répondre*, comme disait à Robespierre l'intéressant Desmoulins.

P.-J. Proudhon, *Contradictions économiques.*

Les plaisants de Rome, sous Sévère, successeur de Commode, qualifiaient les chrétiens de *gens à sarments et de gens à poteaux*, et rien n'était mieux justifié que ces termes d'extrême dédain, puisque les chrétiens étaient attachés à des poteaux et brûlés avec des sarments. Cependant il se trouva de bonne heure, parmi les païens, des gens d'esprit qui dirent que *brûler n'était pas répondre*. — Cela dépend de ce que l'on brûle.

Louis Veuillot, *le Parfum de Rome.*

BRULER SES VAISSEAUX.

Cette locution est une allusion à la conduite de quelques grands capitaines, que l'histoire nous représente incendiant les vaisseaux qui les avaient portés sur des bords ennemis, afin que leurs soldats, privés de toute espèce de retraite, fussent déterminés à vaincre ou à mourir. Agathocle, tyran de Syracuse, donna sur la côte d'Afrique le premier exemple de cette résolution hardie. L'empereur Julien mit le feu à ses magasins et à ses onze cents navires qui mouillaient dans le Tigre, lorsqu'il fit son expédition contre Sapor, roi de Perse. Guillaume le Conquérant, abordant en Angleterre en 1066, eut recours au même moyen, qui fut suivi de la victoire d'Hastings. Robert Guiscard, dans le péril pressant où il se trouvait avec sa petite armée devant les troupes nombreuses d'Alexis Comnène, brûla aussi sa flotte et ses bagages, et gagna la bataille de Durazzo, le 13 octobre 1084. Enfin, c'est ainsi que Fernand Cortez, débarqué sur la côte du Mexique, préluda à la conquête de cette contrée.

Ces mots, *brûler ses vaisseaux*, ont passé en proverbe et signifient : s'interdire, s'enlever, par une initiative hardie, les moyens de revenir sur une résolution, de renoncer à une entreprise ; se mettre dans l'impossibilité de reculer.

Depuis environ un an, Marcel et Rodolphe avaient annoncé un somptueux gala, qui devait toujours avoir lieu *samedi prochain;* mais des circonstances pénibles avaient forcé leur promesse à faire le tour de cinquante-deux semaines ; si bien qu'ils en étaient arrivés à ne pouvoir faire un pas sans se heurter à quelque convié de leurs amis. C'est alors qu'ils avaient envoyé l'invitation énoncée plus haut.

« Maintenant, avait dit Rodolphe, il n'y a plus à reculer, *nous avons brûlé nos vaisseaux;* il nous reste devant nous huit jours pour trouver les cent francs qui nous sont indispensables pour bien faire les choses. »   HENRI MURGER, *la Vie de Bohême.*

Quant à moi, je n'entends pas à demi-mot. En fait de déclaration, j'en veux une bien claire, bien complète, une qui me crève les yeux, ou je n'en veux point. Toute déclaration qui ne *brûle pas ses vaisseaux*, et qui ne me livre pas son homme pieds et poings liés, est une poltronnerie qui me manque de respect.
OCTAVE FEUILLET, *la Crise.*

« Il faut qu'il meure ! reprit Marat. Tant que cet homme vivra, des factions s'agiteront autour de lui. Nous-mêmes (car qui peut répondre de l'avenir?) nous pouvons, d'un instant à l'autre, être pris de faiblesse et retourner en arrière. Le roi mort, il n'y aura plus moyen de reculer. Je ne me dissimule pas que Louis nous a servi à faire la révolution; mais, abordés d'hier dans une île nouvelle, il faut *brûler maintenant le vaisseau* qui nous a conduits, afin que, n'ayant plus ni salut à attendre des mesures tempérées, ni merci à espérer des rois, nous combattions comme des furieux pour maintenir la République. »

Alphonse Esquiros, Charlotte Corday.

M. Solar a réfléchi et il s'est décidé. Il a vendu son hôtel de la rue Saint-Georges, il a congédié ses domestiques, il va se défaire de sa bibliothèque, qui ne lui a pas coûté moins de six cent mille francs, et dont le catalogue sera expédié aux quatre coins de l'Europe, etc. Bref, il liquide sa position de millionnaire ennuyé, il *brûle presque ses vaisseaux,* à Paris, pour aller vivre dans ses terres, en véritable gentilhomme campagnard, à Bordeaux.

Paul d'Ivoi.

Elle avait été embrasser sa sœur, et, après lui avoir tout raconté et tout confié, excepté le sentiment secret qui l'agitait, elle avait *brûlé ses vaisseaux,* en lui laissant une lettre qui, au bout de huit jours, devait être envoyée à madame de Villemer. Dans cette lettre, elle annonçait son départ pour l'étranger.

George Sand, le Marquis de Villemer.

BRUTUS.

Le nom de Brutus est un de ceux qui ont le plus marqué dans l'histoire romaine. Élevé par Caton d'Utique, son oncle et son beau-père, dans les austères principes de la philosophie stoïcienne, se prétendant issu du fondateur de la république, ennemi, jusqu'à l'exaltation, de la tyrannie et de la royauté, Brutus fut un des principaux chefs de la conjuration dont César fut victime, et l'un des derniers défenseurs de la liberté; et quand sa cause eut succombé dans les champs de Philippes, il se donna la mort pour ne point lui survivre.

Napoléon Ier a porté sur le républicanisme de Brutus un jugement tout autre, que nous allons citer sans commentaire :

« L'on cite toujours Brutus comme l'ennemi des tyrans : eh bien, Brutus n'était qu'un aristocrate ; il ne tua César que parce que César voulait diminuer l'autorité du sénat pour accroître celle du peuple. Voilà comme l'ignorance ou l'esprit de parti cite l'histoire. »

Le nom de *Brutus* sert à désigner aujourd'hui un républicain farouche, qui sacrifie tout, même sa vie, à ses principes.

Souvent aussi on fait allusion au premier Brutus, le fondateur de la république, celui qui n'hésita pas à sacrifier ses propres fils et qui voulut même présider à leur supplice pour la consolider. Dans ce dernier cas, le nom de *Brutus* sert à désigner un père juste, mais inflexible jusqu'à la cruauté. On a souvent comparé au premier Brutus le tsar Pierre le Grand, qui fit condamner à mort et exécuter son fils rebelle.

Si Bonaparte avait voulu se faire dieu, le collége des prêtres était tout prêt : il aurait été adoré ; et peut-être nos *Brutus*, ces fiers ennemis des rois, lui doivent quelque reconnaissance pour leur avoir épargné cette dernière honte. DE BONALD, *Pensées*.

Le mot d'usurpation ne lui vint même pas pour caractériser l'entreprise du nouveau César, et il ne s'enveloppa point contre lui dans la sombre haine d'un *Brutus*.
ARMAND CARREL, *Essai sur P.-L. Courier*.

Corrige, si tu peux, ces *Brutus* subalternes
Que l'émeute en hurlant recrute en nos tavernes,
Héroïques benêts qui, bravant le trépas,
Meurent pour de grands mots qu'ils ne comprennent pas.
VIENNET.

Quelle fortune ferait, je vous le demande, la constitution de Lacédémone dans la capitale de la gastronomie, dans la patrie des Véry, des Véfour et des Carême ! Ce dernier, à l'exemple de Vatel, se percerait certainement de son épée, comme un *Brutus* de la cuisine. HENRI HEINE, *la France*.

Le général Custine, en allant à l'échafaud, baisa le crucifix, qu'il ne quitta qu'au sortir de la fatale charrette. Ce courage religieux ennoblit sa mort autant que le courage militaire avait ennobli sa vie ; mais il scandalisa les *Brutus* parisiens.
Marquis DE CUSTINE, *la Russie en* 1839.

BUCÉPHALE.

Bucéphale occupe la première place dans l'histoire des chevaux célèbres.

Un Thessalien amena un jour à Philippe, roi de Macédoine, un cheval qu'il voulait vendre treize talents (environ soixante-dix mille francs). On descendit dans la plaine pour l'essayer ; mais on le trouva difficile, farouche, et impossible à manier ; il ne souffrait pas que personne le montât, et se cabrait contre tous ceux qui tentaient de l'approcher. Déjà Philippe avait donné l'ordre de l'emmener, quand le jeune Alexandre, alors âgé de quinze ans, s'écria : « Quel cheval ils vont perdre, pour ne pas savoir s'y prendre ! » Philippe, choqué de sa présomption, lui permit d'essayer à son tour. Le jeune prince, qui avait remarqué que le cheval s'effrayait des mouvements de son ombre, lui fit faire un demi-tour et le plaça en face du soleil. Après l'avoir flatté doucement de la voix et de la main, il s'élança sur son dos par un mouvement aussi prompt que léger. D'abord il lui tint la bride serrée, sans le frapper, et quand il vit que sa fougue commençait à se calmer, il baissa la main, lui parla d'une voix plus rude et le lança à toute bride. Philippe et toute sa cour, saisis de frayeur, gardaient un profond silence. Mais lorsque, la carrière parcourue, on vit le jeune prince tourner bride et ramener le cheval avec une parfaite assurance, tous les spectateurs le couvrirent de leurs applaudissements. C'est alors que Philippe, les larmes aux yeux, s'écria en l'embrassant : « Mon fils, cherche un autre royaume qui soit digne de toi ; la Macédoine ne peut te suffire. »

Si l'on en croit les historiens, Bucéphale se laissait conduire sans difficulté, lorsqu'il n'avait point de selle, par l'écuyer qui en prenait soin ; mais quand il était vêtu de son harnais, il ne souffrait pas qu'un autre qu'Alexandre le montât, et aussitôt qu'il apercevait ce prince il pliait les genoux pour le recevoir. Alexandre le garda dans tout le cours de ses expéditions, et eut la douleur de le perdre dans la sanglante bataille livrée contre Porus. Il le regretta vivement, lui fit faire de magnifiques funérailles sur les bords de l'Hydaspe, et fonda sur son tombeau une ville qu'il appela de son nom *Bucéphalie*.

Le nom de *Bucéphale* se donne par analogie aux chevaux de bataille ou de parade, et quelquefois aussi, par antiphrase, aux chevaux usés par le travail ou la vieillesse, ou même à la modeste monture de Sancho. C'est ainsi que Delille a dit :

Il sert de *Bucéphale* à la beauté peureuse.

Frédéric II menait sa chère levrette au feu, couchée sur le pommeau de la selle en porte-manteau. Un jour, il eut son *Bucéphale* tué sous lui d'un boulet de canon. Le héros et l'héroïne roulèrent pêle-mêle dans un fossé.

EUGÈNE PELLETAN, *les Rois philosophes*.

Le chemin s'élargit tout à coup, et l'on se vit en face d'une grande flaque d'eau dormante qui ne ressemblait guère au gué d'une rivière. Le patachon s'y engagea pourtant; mais, au beau milieu, il enfonça tellement, qu'il voulut tirer de côté; ce fut le dernier exploit de son maigre *Bucéphale*. La patache pencha jusqu'au moyeu, et l'animal s'abattit en brisant ses traits.

George Sand, *le Meunier d'Angibault.*

Le faucon, qui est la plus noble et la plus intelligente de toutes les créatures ailées, fait commerce d'amitié, depuis soixante siècles, avec l'homme; mais toutes ses préférences de cœur sont pour la femme. L'histoire de la fauconnerie est pleine d'exemples remarquables de ces attachements passionnés. Ici, c'est un gerfaut qui ne veut pas voler loin des yeux de sa maîtresse, qui n'obéit qu'à sa voix, qui ne veut pas se poser sur un autre poing que le sien, à l'instar de *Bucéphale*, qui n'admettait d'autre familiarité que celle d'Alexandre.

Toussenel, *Ornithologie passionnelle.*

On racontait, lorsque j'étais à Jérusalem, les prouesses d'une de ces cavales merveilleuses qui font souvent l'objet de l'entretien du pays. Ali-Aga m'a religieusement montré, dans les montagnes, près de Jéricho, la marque de cette jument morte en voulant sauver son maître. Un Macédonien n'aurait pas regardé avec plus de respect la trace des pas de *Bucéphale*.

Chateaubriand, *Itinéraire de Paris à Jérusalem.*

CAÏN, QU'AS-TU FAIT DE TON FRÈRE?

Caïn, premier-né d'Adam et d'Ève, jaloux de son frère Abel, dont les offrandes étaient plus agréables au Seigneur, lui proposa une promenade dans la campagne et le tua. Le sang du juste monta vers Dieu, et la voix de l'Éternel se fit entendre : « *Caïn, Caïn, qu'as-tu fait de ton frère?* » Dieu maudit le fratricide, le chassa de devant sa face et le *marqua au front* d'un signe de réprobation.

Ce premier meurtre a été reproduit bien des fois sur la toile; c'est le chef-d'œuvre de Prudhon, l'un des maîtres de l'école française. Dans ce tableau, on admire surtout la vigueur du pinceau et la sombre énergie de la composition. La figure du meurtrier est le type achevé du criminel endurci. Le grand artiste a symbolisé le sujet en montrant l'assassin poursuivi par la Vengeance et la

Justice. Le poignard, dans la main de Caïn, est un de ces anachronismes qui sont familiers aux plus grands peintres.

Ces mots : « *Caïn, Caïn, qu'as-tu fait de ton frère ?* » ont été l'expression d'une des plus noires calomnies, d'une des plus criantes injustices qui aient marqué la fin du dernier siècle. André Chénier, qui avait osé flétrir les hommes de sang qui décimaient la France, fut envoyé à l'échafaud par le tribunal révolutionnaire. Son frère, Marie-Joseph, que l'on croyait alors en relations avec Robespierre, fut accusé de n'avoir rien fait pour prévenir la condamnation de son frère. Laissons ici la parole à M. Ch. Labitte : « Ce fut une guerre sanglante, acharnée, sans trêve, une guerre qui dura trois ans. L'essaim bourdonnant enveloppa sa victime et ne la quitta plus ; nous allons voir quelles cruelles piqûres il lui fit, quels aiguillons restèrent dans la plaie.

» Marie-Joseph avait beaucoup d'ennemis. Les inconnus lui en voulaient de sa célébrité, les ingrats des services rendus, les envieux de ses succès. Il fut immolé avec une animosité, une fureur, une rage persistante dont il n'y a peut-être pas eu d'autre exemple. L'abbé Morellet (1) couvrit le premier de l'autorité de son nom cette lâche invention, qui n'avait encore circulé que dans quelques feuilles obscures, et qui, au milieu même des colères contemporaines, n'avait pas été appuyée une seule fois sur un fait, sur une preuve quelconque. Morellet eut l'indignité d'écrire cette phrase : « Sultan Chénier, auriez-vous rapporté de » Constantinople (2) les mœurs des Ottomans, qui croient ne pouvoir régner » qu'en étranglant leurs frères ? » Voilà, dès le début, le ton vraiment féroce de cette polémique. Aussitôt les folliculaires à gages, toute la cohue des journaux, répétèrent à l'envi le gratuit et infâme mensonge, comme s'il eût été avéré et patent. Un des premiers, Michaud, attaqua la vie politique de Chénier dans la *Quotidienne* ; Chénier riposta par quelques vers mordants. A son tour, Michaud se vengea, il faut le dire, avec une étrange cruauté. Pendant une année tout entière son journal, *la Nonne sanglante*, comme on le surnommait, contint presque tous les jours quelque diatribe nouvelle avec cette épigraphe permanente : « *Caïn, qu'as-tu fait de ton frère ?* »

» Bientôt les vengeances secrètes s'inspirèrent de ces vengeances publiques. Tous les jours Chénier recevait, sous les formes les plus variées, une lettre anonyme qui reproduisait l'épigraphe des articles Michaud : « *Caïn, qu'as-tu fait de ton frère ?* » Pendant une année tout entière, le mystérieux billet arriva au poète avec une régularité que la haine la plus cruelle avait pu seule combiner : il le trouvait sous sa porte, dans sa correspondance, sur le tabouret de sa loge, et une fois même sous son chevet. On ne sut jamais l'auteur de cette infâme persécution, digne du supplice de Dante. Jusque-là le mépris l'avait emporté dans le cœur ulcéré de Marie-Joseph, mais, à la fin, l'indignation eut le dessus : c'est alors que parut l'*Épître sur la Calomnie*.

..... » Mais, se l'imaginerait-on ? le rédacteur de la *Quotidienne* ne croyait pas le premier mot de l'imputation horrible qu'il contribua plus que personne à propager. Un jour que Ginguené causait avec lui de Chénier, il convint que tout cela n'avait été qu'une stratégie de presse ; puis il ajouta crûment : « Il fallait » bien le démonétiser ; après tout, avouez que c'est un fameux chat que nous » lui avons jeté dans les jambes. »

(1) L'abbé *Mords-les*, comme l'appelait Voltaire.
(2) Les deux Chénier étaient nés en Turquie.

Il est prouvé aujourd'hui, même d'après le témoignage des plus cruels ennemis de Joseph Chénier, que lui-même avait à défendre sa tête quand son malheureux frère porta la sienne à l'échafaud, et qu'il tenta les démarches les plus actives et les plus compromettantes pour arracher cette chère victime à la Révolution.

Terminons par ces beaux vers, qui expriment une mélancolie touchante et vraie :

> Auprès d'André Chénier, avant que de descendre,
> J'élèverai la tombe... où manquera sa cendre,
> Mais où vivront du moins et son doux souvenir,
> Et sa gloire, et ses vers, dictés pour l'avenir.
> Là, quand de thermidor la septième journée
> Sous les feux du Cancer ramènera l'année,
> O mon frère ! je veux, relisant tes écrits,
> Chanter l'hymne funèbre à tes mânes proscrits.
> Là, souvent tu verras, près de ton mausolée,
> Tes frères gémissants, ta mère désolée,
> Quelques amis des arts, un peu d'ombre et des fleurs,
> Et ton jeune laurier grandira sous mes pleurs.

Un Espagnol, un descendant de Pélage ! un homme qui a eu dans sa famille des grands de première classe, ne peut agir comme vous autres Français. Lorsqu'au jour du jugement, ses ancêtres lui demanderaient : *Caïn, qu'as-tu fait de notre héritage ?* qu'as-tu fait de la maison ? qu'as-tu fait de la galerie de tableaux ? qu'as-tu fait du château ? voudriez-vous qu'il répondît : « Je les ai vendus ? »

FÉLICIEN MALLEFILLE, *Mémoires de Don Juan.*

Quand je repris mes sens, ma sœur était encore immobile et sans souffle sur le lit ! Je me remis à genoux devant, la tête sur son corps, priant Dieu, priant tous les anges et tous les saints, priant ma mère surtout de la ressusciter et de me prendre à sa place. C'est alors que j'entendis là, comme je m'entends, la voix de ma mère dans mon oreille ; mais sa voix plus sévère que je ne l'avais entendue pendant sa vie, qui me dit : « *Caïn, Caïn, qu'as-tu fait de ta sœur ?* » comme elle m'avait lu ces mots dans sa Bible.

LAMARTINE, *Geneviève.*

Pharisiens ! votre société s'est vantée quand elle s'est personnifiée dans le type ignoble de Robert-Macaire ! Le type de votre société, c'est *Caïn,* à qui l'on peut demander ce qu'*il a fait de son frère;* non pas qu'il le tue, mais il le laisse mourir à sa porte de misère et de faim !

TOUSSENEL, *les Juifs.*

Ces hommes, aujourd'hui qu'ils sont vaincus et désarmés, invoquent une générosité qu'ils ne connurent jamais; ils réclament l'oubli d'un passé toujours présent à leur mémoire; ils réclament l'amnistie de la Charte pour des crimes qui lui sont postérieurs, comme si les forfaits devaient jouir d'une éternelle impunité, comme si l'auguste pardon dont ils étaient couverts, semblable au *sceau de réprobation* placé par l'Éternel au *front du premier fratricide*, suspendait la vengeance des hommes pour les réserver aux vengeances éternelles.

DE LA BOURDONNAIE, *Discours à la Chambre des députés*, 1817.

Surtout des vieux scrutins épurant la morale,
Repoussez à jamais de l'urne électorale,
Ces Lameth, ces Agier, ces Jars, ces Rambuteau,
Que le peuple a déjà frappés de son *veto*.
. . . .
Je dirai devant tous par quels indignes votes
Ils ont meurtri neuf mois leurs frères patriotes,
Et sauvant l'avenir des maux que nous souffrons,
De ces *Caïns* publics je *marquerai les fronts*.

BARTHÉLEMY, *la Chambre des députés*. (*Némésis*.)

Cromwell, en signant l'ordre d'exécution de Charles Ier, barbouilla d'encre le visage de Henry Martyn, qui signait après lui; le régicide Henry Martyn rendit jeu pour jeu à son camarade de forfait : cette encre était du sang; elle leur laissa la *marque qu'on voyait au front de Caïn*.

CHATEAUBRIAND, *Mélanges politiques et littéraires*.

CALVAIRE.

Le Calvaire, aussi appelé *Golgotha*, mot hébreu qui signifie *tête chauve*, est le nom d'une petite montagne aride, triste, sombre, dépouillée de toute végétation, située au nord et près de l'ancienne Jérusalem. C'est là que les Juifs faisaient exécuter les condamnés à mort, et que s'est accompli le drame de la passion de Jésus-Christ, qui y fut crucifié après l'avoir gravi, chargé de sa croix.

Dans le sens figuré, le Calvaire ou Golgotha, indique les peines et les souffrances du chrétien résigné, en conformité avec celles de Jésus-Christ.

L'anecdote suivante, empruntée à La Harpe, renferme de ce mot une spirituelle et heureuse application :

« Il y a environ cinquante ans qu'un chevalier de Modène, homme d'esprit, et d'un esprit fort original, avait fait une centaine de stances contre l'usage des chaises à porteurs. Il les récitait à Versailles, dans une société où était l'abbé de Boismont, prédicateur du roi, et qui, ce jour-là même, devait monter en chaire. On vient l'avertir qu'il est l'heure de se rendre à la chapelle, et que ses *porteurs* sont là. Il s'excuse auprès du chevalier sur la circonstance qui le prive du plaisir d'entendre le reste des stances. — « Monsieur l'abbé, encore une, et je vous laisse aller :

>Double spectacle bien contraire :
>Jésus porte sur le Calvaire
>La croix où son sang va couler;
>Les successeurs des Chrysostomes
>Sont portés par ces mêmes hommes
>Pour qui Jésus va s'immoler.

— Monsieur le chevalier, je vous entends. Qu'on renvoie mes porteurs; j'irai à pied. »

A entendre M. Bulwer, la gloire est un *Calvaire* où le poëte est crucifié. En vérité, s'il n'était, par sa profession de romancier, habitué à confondre l'invention et la réalité, nous serions saisi de compassion. Mais il est probable que la gloire est à Londres, comme à Paris, une croix très douce à porter.

Gustave Planche, *Portraits littéraires.*

Pour moi, je ne me plaindrai plus : je subirai, sinon vaillamment, du moins avec résignation, la destinée que je me prépare; je gravirai solitairement mon *Calvaire*, m'arrêtant parfois pour contempler à mes pieds la vallée où j'aurais pu vivre avec la compagne de mon amour.   Jules Sandeau, *Madame de Sommerville.*

CANTIQUE DE SIMÉON.

Le temps fixé pour la purification étant arrivé, Joseph et Marie portèrent Jésus à Jérusalem pour le présenter au temple, selon la loi, et pour offrir le sacrifice prescrit. Or, il y avait à Jérusalem un saint vieillard nommé Siméon, auquel il avait été révélé qu'il ne mourrait pas avant d'avoir vu le Sauveur. Il vint donc au temple par un mouvement de l'Esprit-Saint, et ayant pris le divin Enfant entre ses bras, il s'écria : « C'est maintenant, Seigneur, que vous laisserez partir en paix votre serviteur, puisque mes yeux ont vu le Sauveur destiné à être la lumière des nations et la gloire d'Israël : *Nunc dimittis servum tuum, Domine...* »

Depuis, ces paroles du saint vieillard se prononcent surtout dans ces moments d'enthousiasme qui suivent un événement longtemps et ardemment attendu, alors que le cœur déborde de joie.

Le Tellier, père du fameux Louvois, se sentant près de mourir, souhaitait avec passion d'attacher son nom à la révocation de l'édit de Nantes, mesure dont il avait toujours été le promoteur le plus énergique. « Le 22 octobre 1685, dit M. Henri Martin dans son *Histoire de France*, le vieux Le Tellier lève au ciel la main qui vient de signer la révocation, et parodie, à propos d'un édit qui rappelle les temps de Décius et de Dioclétien, le cantique par lequel Siméon saluait la naissance du Sauveur. Il meurt en fanatique, après avoir vécu en froid et astucieux politique; il meurt, et la voix (1) la plus éloquente de l'Église gallicane éclate en hymnes triomphales comme sur la tombe d'un héros victorieux. »

Pendant les guerres de religion, les fanatiques et les politiques avaient cru anéantir l'hérésie par le nombre et l'atrocité des supplices; ils s'apercevaient avec effroi que l'hydre s'était multipliée sous leurs coups. Il n'avaient réussi qu'à exalter à un degré inouï tout ce qu'il y a de puissances héroïques dans l'âme humaine. Pour un martyr disparu dans les flammes, il s'en présentait cent: hommes, femmes, enfants, marchaient au supplice en chantant les psaumes de Marot ou le *cantique de Siméon :*

> Rappelez votre serviteur,
> Seigneur! j'ai vu votre Sauveur.

HENRI MARTIN, *Histoire de France.*

Faites un article nécrologique soigné; dites que M. de la Billardière n'a jamais voulu transiger avec le premier Consul, qu'il a été anobli par Louis XVIII; arrangez bien ça... *La loyauté qui ne s'est jamais démentie... une religion éclairée...* Amenez gentiment qu'il a pu chanter le *cantique de Siméon* à l'avénement de Charles X.

BALZAC, *les Employés.*

Sire, ma respectueuse reconnaissance n'a osé passer les bornes de deux lignes, quand j'ai remercié Votre Majesté de ses bienfaits envers la famille des Sirven, qui lui devra bientôt son honneur et sa fortune; mais le bien que vous faites à l'humanité entière, en établissant une sage tolérance en Pologne, me donne un peu plus de hardiesse. Il s'agit ici du genre humain : vous en êtes le bien-

---

(1) Bossuet, *Oraison funèbre de Michel Le Tellier.*

faiteur, sire. Vous pardonnerez donc au bon vieillard Siméon de s'écrier : « *Je mourrai en paix, puisque j'ai vu les jours du salut.* » Le vrai salut est la bienfaisance.

VOLTAIRE, *Lettre à Poniatowski, roi de Pologne.*

CAPITOLE (DU) A LA ROCHE TARPÉIENNE IL N'Y A QU'UN PAS.

La roche Tarpéienne, ainsi nommée de Tarpéia, jeune Romaine qui y fut étouffée et ensevelie après l'acte de trahison qu'elle commit en livrant la citadelle aux Sabins, était un rocher situé dans l'enceinte même de Rome. Les Romains, qui s'attachaient à perpétuer les souvenirs, décidèrent, après le supplice de Tarpéia, qu'on précipiterait du haut de cette colline les criminels coupables de trahison ; d'où cette locution : *Être précipité de la roche Tarpéienne*, pour exprimer, au figuré, la chute rapide d'une position élevée, et particulièrement la perte d'une grande popularité.

Comme cet endroit était situé près du Capitole, où l'on couronnait les triomphateurs, ces mots : *La roche Tarpéienne est près du Capitole*, signifient que la chute suit souvent de près le triomphe, et que l'ignominie touche à la gloire. Cette phrase est surtout en usage depuis l'éloquent emploi qu'en fit Mirabeau dans une circonstance célèbre : il s'agissait de savoir si l'initiative de la guerre devait être dévolue au roi ou à l'assemblée ; Mirabeau se prononça pour la cour, et comme il entendait le mot *traître* retentir à ses oreilles, le fougueux tribun s'élança à la tribune, et prenant pour texte de son exorde l'instabilité de la faveur populaire, il fit entendre ces paroles restées célèbres : « Et moi aussi, on voulait, il y a peu de jours, me porter en triomphe ; et l'on crie maintenant dans les rues : *La grande trahison du comte de Mirabeau !...* Je n'avais pas besoin de cette leçon pour savoir qu'*il n'y a qu'un pas du Capitole à la roche Tarpéienne !...* »

Cette coutume, de précipiter les criminels, était sans doute commune à divers peuples de l'antiquité, car on la retrouve encore aujourd'hui dans quelques pays où se sont maintenues les mœurs primitives. En voici trois exemples cités par des auteurs différents :

« Le 23 mai 1618, les délégués des protestants de Bohême jetèrent par les fenêtres du château royal de Prague deux des membres catholiques du conseil de régence : ils prétendirent que c'était une ancienne coutume du pays, et que, comme les Romains, ils précipitaient les traîtres du haut de leur *roche Tarpéienne.* »
HENRI MARTIN, *Histoire de France.*

« Tout autour de l'hôpital de Constantine, se trouvent les rochers d'un abîme marqué de dramatiques souvenirs. Cette place était la *roche Tarpéienne* de l'adultère. Un jour, dit-on, une des pauvres créatures lancées dans les profondeurs du précipice, fut soutenue dans l'espace par ses vêtements déployés, qui lui servirent d'aile comme la voile à une nacelle : elle descendit ainsi tout doucement au fond de l'abîme sans le moindre mal. »
POUJOULAT, *Études africaines.*

« Là, toutes les transactions ont lieu sur parole. On n'y connaît, depuis des siècles, qu'un seul exemple de crime contre la propriété. A peu de distance de ‘la route de Catalogne, existe un précipice affreux dont l'œil ne peut sonder la profondeur. C'est l'espèce de *roche Tarpéienne* d'où l'on précipiterait les criminels..., s'il y en avait. Telle est la guillotine des Andorrans. »

Jules Lecomte, *Monde illustré*.

Est-ce le sanglier qui est chassé, est-ce le sanglier qui chasse? on ne sait; le fait est que les aboîments des combattants qui survivent ont semblé indiquer tout à coup que le lieu du combat changeait. Oui, vraiment, c'est le solitaire qui charge la meute et la force à rebrousser. Bravo, le solitaire! Mais, hélas! comme *la roche Tarpéienne est près du Capitole!* Dans son retour offensif, l'animal imprudent, emporté par sa fougue, passe à portée de la balle d'un veneur... La bête tombe.

Toussenel, *Mammifères de France*.

Le brave notaire lit tous les matins le *Constitutionnel*. La politique lui tourne la tête; il a osé déjà une ou deux fois rêver le bruit enivrant de la tribune; mais il n'a confié ce rêve téméraire à personne. D'ailleurs, comment arriver à la tribune? Par quel chemin semé de pierres et bordé d'épines aller affronter ce *Capitole,* qui est presque la *roche Tarpéienne?*

Arsène Houssaye, *la Fille à marier*.

Des fenêtres de son hôtel, le noble duc peut se voir chaque matin sous la forme d'un Achille de bronze, ce qui est un réveil fort agréable. Malheureusement lord Wellington jouit en Angleterre d'une popularité très problématique. La canaille ne connaît pas de jouissance plus vive que de casser à coups de pierre les vitres d'Achille. Ce sont les gémonies à côté du Panthéon, *la roche Tarpéienne tout près du Capitole.* Théophile Gautier, *Zigzags*.

—Mon cher monsieur, les pièces de théâtre tombent ou réussissent, indépendamment des vœux de ceux qui voudraient l'un ou l'autre de ces deux résultats. J'ai vu des chefs-d'œuvre précipités du haut de la *roche Tarpéienne,* j'ai vu des turpitudes portées au *Capitole.* Je suis sceptique sur la chute et le triomphe.

Auguste Villemot.

Le dictateur trouva la cuisine incomparablement meilleure depuis qu'elle était dirigée par un chef français. Il fit complimenter Bénédict et ordonna qu'on doublât ses appointements.

Mais est-il ici-bas de *Capitole* qui ne soit voisin d'une *roche Tarpéienne ?* Ce bienveillant dictateur ne tarda pas d'être renversé par un compétiteur audacieux. Le vainqueur arriva naturellement au pouvoir avec des ministres, des fonctionnaires et des cuisiniers de son choix.

Bénédict dut quitter son poste avec tout le personnel du gouvernement déchu. Oscar Comettant, *le Nouveau Monde.*

CAPRÉE.

Caprée, l'une des plus charmantes îles du golfe de Naples, renferme, dans un espace extrêmement restreint, une foule de beautés naturelles et de ruines célèbres. Au temps d'Auguste, la petite ville de Caprée, le seul point de l'île où l'on pût aborder, offrait un aspect féerique. On y trouve encore aujourd'hui les ruines du forum, des thermes, et surtout les restes des douze palais que Tibère y avait fait construire. C'est là que ce prince passa les onze dernières années de sa vie, au sein des plus infâmes voluptés et des plus honteuses débauches.

Dans ces derniers temps, deux Anglais, en se baignant, ont découvert, ou plutôt retrouvé, dans la partie méridionale de l'île, la grotte d'*Azur* ou des *Nymphes*, merveilleuse grotte à stalactites, dont l'aspect intérieur surpasse en beauté toutes les grottes connues. On suppose que c'était une des retraites favorites de Tibère.

On a donné, par analogie, le nom de *Caprée* à un lieu de délices et de plaisirs mais surtout de plaisirs sensuels.

En cet endroit le lac est bien large ; tout au milieu s'élève à fleur d'eau une île verdoyante, couverte de longs peupliers frémissants, dans laquelle on voit encore les débris d'un temple de marbre, autrefois dédié aux nymphes ; île charmante et cachée, que le prince appelait en riant sa petite *Caprée.*

J. Janin, *un Cœur pour deux amours.*

On y voit les œuvres mauvaises
Écrites en fauves sillons,
Et les brûlures des fournaises
Où bouillent les corruptions,

Les débauches dans les *Caprées*
Des tripots et des lupanars,
De vin et de sang diaprées,
Comme l'ennui des vieux Césars.
            Théophile Gautier, *Émaux et Camées*.

CAPTIVITÉ DE BABYLONE.

A la suite d'une révolte des Juifs, Nabuchodonosor le Grand marcha contre la Judée, s'empara de Jérusalem après un an de siège, et fit crever les yeux au roi Sédécias, qui fut transféré à Babylone, ainsi que la plus grande partie de la nation juive. Dispersés sur les bords du fleuve Chobar, les Juifs maudissaient leurs vainqueurs et ne pouvaient oublier Jérusalem. Ces plaintes et ce souvenir sont venus jusqu'à nous dans un chant mélancolique qui est un des chefs-d'œuvre de la poésie hébraïque :

« Assis au bord du fleuve de Babylone, nous avons pleuré en nous souvenant de Sion ;

» *Nous avons suspendu nos harpes aux saules de la rive ;*

» Et nos maîtres nous disaient : « Chantez-nous quelques-uns des cantiques » de Sion. »

» Comment chanterions-nous le cantique du Seigneur sur une terre étrangère ?

» Si je t'oublie jamais, ô Jérusalem ! que ma droite se dessèche ;

» Que ma langue s'attache à mon palais, si je ne conserve ton souvenir, si je ne me propose toujours Jérusalem comme le premier sujet de mon amour et de ma joie ! »

La conquête de Babylone par Cyrus mit fin à la captivité des Juifs, qui avait duré soixante-dix ans.

Ces plaintes touchantes se retrouvent dans la bouche de tous ceux que la défaite arrache à leur pays et transporte sur une terre étrangère. On chante encore aujourd'hui en Écosse la vieille ballade de la bataille de Culloden : « Nous ne reverrons plus le Lochaber (1). »

L'histoire désigne aussi quelquefois sous le nom de *Captivité de Babylone* le séjour des papes à Avignon, qui fut d'environ soixante-dix ans.

Les papes quittent Rome pour Avignon. Dans cette *captivité de Babylone,* la papauté, séparée du monde romain, perdait la moitié de sa grandeur.   Edgar Quinet, *Révolutions d'Italie.*

Armée de la Loire ! voilà donc quel nom est réduit à prendre un

---

(1) Le Lochaber est la partie la plus montagneuse de toute l'Écosse.

sanglant débris que l'Europe appelait, il n'y a pas longtemps, la Grande Armée! Rien n'est grand ici-bas que le fleuve auquel nous sommes appuyés, et à qui nous racontons nos peines, comme autrefois les Hébreux à l'Euphrate : *Sur les ondes de Babylone.*
Henri de Latouche, Mirage.

Un petit bassin d'eau limpide réfléchit au fond la lueur de nos torches. Des gouttes brillantes comme le diamant suintent des parois de la voûte, et, tombant par intervalles réguliers dans le bassin, y produisent ce tintement sonore, harmonieux et plaintif, qui, pour les petites sources comme pour les grandes mers, est toujours la voix de l'eau. *Nous nous tenions sur les bords des fleuves de Babylone, et nous pleurions.* Pourquoi? C'est que l'eau pleure avec tout le monde. Lamartine, <i>l'Enfance.</i>

Chateaubriand, pèlerin de la mélancolie, va ravir aux échos de Sion le secret des tristesses divines. Après lui, Lamartine, comme Salomon après David, fils plus grands que leurs pères, détache *la harpe d'Israël suspendue sur les fleuves de Babylone*, et, penché sur l'Océan des âges, il chante les inconsolables ennuis de l'exil éternel.
Félicien Mallefille, Mémoires de Don Juan.

Enfant des époques tranquilles et ordonnées, l'ancien théâtre ne convenait plus guère à ce moment des agitations, des révolutions, des essais et des troubles en toute chose; il fallait absolument que le génie français cherchât une route nouvelle, ou bien, n'en trouvant pas, qu'il *suspendît sa vieille lyre aux saules de l'Euphrate.* « Là, nous nous sommes arrêtés, et nous avons pleuré au souvenir de Jérusalem. » J. Janin, <i>Littérature dramatique.</i>

Le temps est dur pour les arts et la littérature : on ne cesse de le dire; il faut convenir qu'on a raison. Poëtes, peintres, écrivains, ressemblent aux *Hébreux captifs à Babylone :* ils pleurent au souvenir de Sion, et plusieurs ont suspendu leurs harpes aux saules qui bordent les prairies. Henri d'Audigier.

CATHERINE II EN CRIMÉE.

Potemkin avait succédé à Orloff dans les bonnes grâces de Catherine, et l'on put dire qu'il tenait les rênes de l'empire. Ce fut lui qui porta les limites de la Russie jusqu'au delà du Caucase. Voulant donner à sa souveraine une haute idée de la Tauride et de la Crimée, provinces nouvellement conquises, il imagina le plus singulier artifice pour lui persuader qu'il avait introduit la civilisation et l'aisance où régnaient naguère la barbarie et la misère. Catherine accepta avec empressement ce voyage, qui flattait son ardente imagination. Sur une route de près de mille lieues, on ne voyait que fêtes, décorations théâtrales, prestiges, enchantements : c'étaient de grands feux allumés sur toute l'étendue de la route, des illuminations dans les villes, des palais au milieu des campagnes désertes, et ces palais ne devaient être habités qu'un jour ; c'étaient des villages et même des villes nouvellement formés dans des solitudes où les Tatars avaient naguère conduit leurs troupeaux. Des bandes de *figurants*, chargés de jouer le rôle de populations agricoles, semblaient se livrer avec bonheur aux travaux champêtres. Partout un peuple nombreux, image de l'aisance et du bonheur ; partout des danses, des chants, les hommages de cent peuplades différentes qui se précipitaient au-devant de leur souveraine. Mais il n'y avait dans tout cela que de la fiction ; Catherine apercevait de loin des villes et des villages dont il n'existait que les murs extérieurs ; de près, elle voyait un peuple nombreux, mais ce même peuple courait pendant la nuit, pour lui donner plus loin, le lendemain, un spectacle semblable. Enfin, arrivée à Kerson, elle lut sur un arc de triomphe cette inscription, qui caressait le rêve de l'ambition moscovite : *Route de Byzance.* C'était le bouquet de ce feu d'artifice, que le plus ingénieux des favoris donnait à la plus ambitieuse des souveraines.

Si j'avais eu à ma disposition quelques années de liberté et quelques-uns des cinq cents chevaux qui emportaient Catherine et son cortége dans sa *fabuleuse promenade de la Tauride*, vers quelle cité mémorable, vers quelle rive nouvelle ne me serais-je pas élancé avec bonheur ! XAVIER MARMIER, *Lettres sur la Russie.*

J'aurais pu profiter de l'offre que m'avait faite Mariette et l'accompagner à Arpajon ; mais on eût combiné les choses de manière à ce que rien ne blessât mes yeux. Je ne voulais pas d'un *voyage à la Potemkin*, où tout eût été d'avance préparé pour l'effet, et où j'aurais joué le rôle de dupe. LOUIS REYBAUD, *l'Employé.*

Quand *Catherine faisait son voyage en Crimée*, on plantait à la hâte des arbres, on dessinait des jardins, on construisait des maisons dans les lieux qu'elle devait traverser, afin de lui faire croire que cette contrée inculte et déserte était habitée par une nombreuse et florissante population. Nos illusions les moins redoutables ne ressemblent-elles pas à ces plantes éphémères, à ces édifices qui abusaient un instant les regards de la puissante impératrice, et tombaient derrière elle en poussière?

Xavier Marmier, Gazida.

CATILINA.

Célèbre conspirateur romain, né vers 109 av. J.-C., d'une ancienne et illustre famille. Homme d'une trempe supérieure, mais profondément corrompu, il se rendit de bonne heure fameux par ses crimes et sa dépravation, fut une des créatures de Sylla, et gagna à servir les cruautés du dictateur des richesses immenses qu'il dissipa dans la débauche. Repoussé deux fois du consulat, il trama une conspiration formidable pour subjuguer la république et s'emparer du pouvoir. On l'a aussi accusé de vouloir incendier Rome et massacrer les sénateurs. Démasqué en plein sénat par Cicéron, alors consul, dans le fameux discours qui débute par la foudroyante apostrophe : « Jusques à quand, Catilina... » il sortit de la ville en disant : « Puisqu'on veut allumer un incendie contre moi, je l'étoufferai sous des ruines. » Puis il partit, et alla rassembler des forces en Étrurie. Cependant la consternation régnait dans Rome : on craignait à chaque instant de voir apparaître le redoutable rebelle à la tête d'une armée, on se disait avec terreur : « *Catilina est à nos portes !* » Les alarmes ne durèrent pas longtemps ; attaqué près de Pistoie, Catilina combattit avec la fureur du désespoir et périt les armes à la main.

Ce portrait de Catilina et les détails de sa célèbre conjuration sont empruntés à Salluste et à Cicéron, que la critique moderne accuse d'avoir, l'un et l'autre, singulièrement chargé le tableau : Cicéron pour se donner de l'importance en exagérant le danger, et montrer qu'il méritait bien le surnom de *sauveur* de la patrie, et Salluste pour complaire à César, qui avait réussi là où Catilina avait échoué. Napoléon, avec son œil d'aigle, est le premier qui ait envisagé cet événement à ce point de vue. On lit dans le *Mémorial de Sainte-Hélène* : « Aujourd'hui, 22 mars 1816, l'empereur lisait dans l'*Histoire romaine* la conjuration de Catilina ; il ne pouvait la comprendre telle qu'elle est tracée. Quelque scélérat que fût Catilina, observait-il, il devait avoir un objet : ce ne pouvait être celui de gouverner Rome, puisqu'on lui reprochait d'avoir voulu y mettre le feu aux quatre coins. L'empereur pensait que c'était plutôt quelque nouvelle faction à la manière de Marius et de Sylla, qui, ayant échoué, avait accumulé sur son chef toutes les accusations banales dont on les accable en pareil cas. »

Les éclaircissements que Napoléon désirait sur Catilina, deux historiens, dans ces derniers temps, ont essayé de les donner : Michelet dans son *Précis de l'histoire romaine*, Lamartine dans sa *Vie de Cicéron*. Mais comme il ne nous est parvenu sur cet événement d'autres témoignages positifs que ceux de Salluste et de Cicéron, l'histoire en restera toujours réduite aux conjectures.

Quoi qu'il en soit, Catilina est demeuré le type du conspirateur, et son nom sert à désigner ceux qui voudraient rétablir leur fortune sur les ruines de leur patrie.

On comprend que personne n'ambitionne la célébrité d'un pareil nom ; en cela on diffère de certain archevêque, qui jouissait d'une grande réputation d'intégrité et de vertu, et que l'on comparait à Caton : « Sans aller aussi loin, répondit-il, cherchez dans notre histoire, n'avons-nous pas *Cutilina ?* » Sa Grandeur ne se trompait que d'une syllabe.

Quelquefois, pour faire comprendre qu'on est menacé d'un grand danger, on rappelle cette exclamation, qui traduisait la terreur de Rome : *Catilina est à nos portes !*

Dans une de ses plus éloquentes péroraisons, Mirabeau s'est heureusement inspiré de ce souvenir : « Eh ! messieurs, à propos d'une ridicule motion du Palais-Royal, d'une risible insurrection qui n'eut jamais d'importance que dans les imaginations faibles ou les desseins pervers de quelques hommes de mauvaise foi, vous avez entendu naguère ces mots forcenés : *Catilina est aux portes de Rome, et l'on délibère !* Et certes, il n'y avait autour de nous ni Catilina, ni périls, ni factions, ni Rome ; mais aujourd'hui la banqueroute, la hideuse banqueroute est là ; elle menace de consumer, vous, vos propriétés, vos familles, votre honneur, et vous délibérez !!! »

« Aujourd'hui que la Convention nationale entière se trouve sur les bords d'un abîme, où la moindre impulsion peut la précipiter à jamais avec la liberté, aujourd'hui que les émissaires de *Catilina* ne se présentent plus seulement aux *portes de Rome*, mais qu'ils ont l'insolente audace de venir jusque dans cette enceinte déployer les signes de l'insurrection, je ne puis plus garder un silence qui deviendrait une véritable trahison. »

Vergniaud, *Discours à la Convention.*

Aujourd'hui que les *Catilinas* n'infestent plus que par intervalle cette cité... aujourd'hui que d'autres se forment peut-être... mais qu'il est encore temps de conjurer l'orage... Marat va reprendre la plume !... Chez un peuple récemment libre, les écrivains patriotes ne doivent point laisser de masque aux ambitieux ; ils doivent verser à pleines mains l'infamie sur les traîtres ; ils doivent dénoncer impitoyablement tous les mandataires déhontés qui se prostituent sans pudeur au pouvoir exécutif, ou qui insultent à la majesté du peuple en méconnaissant ses droits. Marat.

Les rats, à qui les chats imposent encore, les rats sont aux aguets ;

ils n'attendent que le moment où vous aurez prononcé l'arrêt fatal contre les chats, pour entrer en campagne et venir s'établir dans vos habitations, que vous serez forcés de leur abandonner. Et vous pouvez hésiter encore ! *Catilina est à vos portes*, et vous délibérez !
COLNET, *Plaidoyer en faveur des chats*.

CATON.

Marcus Porcius Caton est surtout célèbre par l'austérité de ses mœurs. Il se fit remarquer, dès le début de sa vie publique, par son éloquence mordante et agressive, et par son opposition passionnée aux idées de la Grèce, qui commençaient dès lors à modifier le génie de la Rome antique. Aussi dur pour lui-même que pour ses esclaves, il se levait avant l'aube, excitait ses serviteurs au travail, se mettait nu comme eux pour labourer, mangeait leur pain noir et buvait leur eau vinaigrée. Élevé à la censure, il put enfin travailler à l'accomplissement de son rêve : la restauration de l'antique simplicité romaine. Il fit des réglements somptuaires, mit des taxes sur les objets de luxe, sur la parure des femmes, réprima les dilapidations, et montra une sévérité de mœurs inflexible, jusqu'à dégrader un sénateur qui avait embrassé sa femme en présence de sa fille. On aimait sa parole, on honorait son caractère ; le peuple applaudissait à ce censeur inexorable qui *mordait* tout le monde. Le surnom de *Censeur* lui resta, et on lui éleva une statue avec cette inscription : *A Caton, qui a corrigé les mœurs*.

Sa présence inspirait un tel respect aux Romains que, quand il assistait au spectacle, le peuple attendait qu'il fût parti pour demander les atellanes, sorte de farces et de danses licencieuses.

Rien n'est plus agréable à voir qu'une jolie gourmande sous les armes : sa serviette est avantageusement mise ; une de ses mains est posée sur la table ; l'autre voiture à sa bouche de petits morceaux élégamment coupés, ou l'aile de perdrix qu'il faut mordre ; ses yeux sont brillants, ses lèvres vernissées, sa conversation agréable, tous ses mouvements gracieux ; elle ne manque pas de ce grain de coquetterie que les femmes mettent à tout. Avec tant d'avantages, elle est irrésistible, et *Caton le Censeur* lui-même se laisserait émouvoir. BRILLAT-SAVARIN.

Le persiflage est la raison du fat, comme le duel est l'honneur du spadassin. Pour se permettre de persifler les autres, il faut être soi-même un *Caton;* et quand on est *Caton*, on ne persifle pas.

Le Diamant.

Un *Caton* de vingt ans, un Adonis de cinquante ans, sont également ridicules; nous devons nous regarder vieillir, ne viser qu'aux succès qui conviennent à l'époque où nous nous trouvons, et ne pas oublier les changements que le temps fait en nous, et que nous remarquons si vite chez autrui.

Comte DE SÉGUR, *Galerie morale et politique.*

Ce brave tribun, ennemi de l'ancien régime, de la royauté et des prêtres, tenant encore pour le calendrier républicain et la simplicité des mœurs démocratiques, et nous montrant d'un air piteux cette tourbe de *Catons* et de Brutus prompts à se ruer à la curée des places, à gueuser les titres et les cordons, est moins suspect et plus vrai qu'un moraliste ou un satirique.

ARMAND DE PONTMARTIN, *Causeries.*

CE N'EST PAS AU ROI DE FRANCE A VENGER LES INJURES DU DUC D'ORLÉANS.

Louis XII, petit-fils de cet infortuné duc d'Orléans qui fut assassiné par Jean sans Peur, avait eu une jeunesse orageuse, et il était un des chefs qui commandaient les révoltés à la bataille de Saint-Aubin. En succédant à Charles VIII, qui mourut sans enfants, son premier soin fut de porter la sécurité dans l'esprit de ceux qui croyaient avoir quelque raison de craindre son ressentiment. Excité par des courtisans à se venger de La Trémouille, qui l'avait fait prisonnier à Saint-Aubin, et qui s'était montré inexorable envers tous ses amis, il répondit : « *Ce n'est pas au roi de France à venger les injures du duc d'Orléans* (1). »

Cette belle réponse du roi *Père du Peuple* est rappelée dans les circonstances, malheureusement trop rares, où un grand caractère immole à ses instincts généreux le désir si naturel de la vengeance.

L'histoire romaine nous offre un trait à peu près analogue. Adrien, ayant eu à se plaindre d'un officier des légions de Syrie avant son élévation à l'empire, lui dit, au moment où il revêtit la pourpre : « Tu es sauvé, me voici empereur ! »

---

(1) Suivant plusieurs auteurs, et d'après la chronique abrégée d'Humbert Velai, ce mot aurait été dit à la députation de la ville d'Orléans, qui, après s'être assez mal conduite avec son duc, venait en hâte lui faire sa soumission comme à son roi.

Il était bien naturel, en vérité, que M. Charles Maurice comptât sur quelque reconnaissance de la part du propriétaire; mais, s'il faut en croire le plaignant, *Louis-Philippe ne se souvient pas des services rendus au duc d'Orléans;* non seulement il n'a point remercié M. Charles Maurice comme il convenait, mais il l'a reçu à la cour plus que cavalièrement. *Revue des Deux Mondes.*

Pour dominer la masse flottante dont il s'agit, il faudrait sans doute certaines concessions, il faudrait une sorte de programme conciliateur, il faudrait, en un mot, appuyer légèrement sur le centre gauche; le puis-je?
— Qui vous en empêche?
— Le député oubliera-t-il les promesses du candidat?
— *Louis XII a bien oublié les injures du duc d'Orléans!*
   CHARLES DE BERNARD, *un Homme sérieux.*

Comment me rappeler les dédains d'autrefois, et garder rancune à tant d'esprit et de grâce? pensa maître Guibout, qui, pour s'excuser à ses propres yeux en voyant sa vengeance s'en aller par morceaux à chaque nouveau sourire d'Anastasie, finit par se dire :
« Bah! après tout, elle est charmante; j'en suis amoureux, elle commence à m'aimer, et je serais un niais de songer à autre chose qu'à être heureux; et puis, enfin, *ce n'est pas au roi de France de venger les injures du duc d'Orléans.*
   LE MÊME, *l'Anneau d'argent.*

CERCLE DE POPILIUS.

Le roi de Syrie, Antiochus Épiphane, profitant de la minorité de Ptolémée Philométor, avait conquis déjà une partie de l'Égypte; Rome, jalouse de ces envahissements, envoya, comme ambassadeur, le consul Popilius Lænas (170 av. J.-C.) pour intimer au roi de Syrie l'ordre d'abandonner ses conquêtes. Le roi voulait en délibérer avec ses conseillers. Mais le Romain, d'un geste impérieux, traça autour d'Antiochus un cercle sur le sable : « Avant de sortir de ce cercle, dit-il, rends-moi la réponse que je dois porter au sénat. » Le roi, stupéfait de cette injonction hautaine, et craignant d'ailleurs les armes de la puissante et ambitieuse république, se soumit humblement à ce qu'on exigeait de lui, et abandonna l'Égypte.

Depuis, le *cercle de Popilius* est resté une expression proverbiale, que l'on emploie à propos de quelqu'un qui est mis en demeure de prendre un parti et de se prononcer immédiatement.

On a plaisamment comparé à Popilius le bavard qui vous rencontre dans la rue alors que vous vous rendez en hâte à une affaire importante, qui vous appréhende au collet, qui vous raconte la naissance de son dernier enfant, le dernier repas qu'il a donné, le dernier bal auquel il a assisté, et qui trace autour de vous un *cercle de Popilius* dont il ne vous permet plus de sortir.

Napoléon fut péremptoire relativement à la durée de l'armistice, disant que, stipuler un mois pour traiter tant de matières si difficiles, c'était tracer autour de lui le *cercle de Popilius;* qu'il était habitué à y enfermer les autres, et pas du tout à y être enfermé lui-même, et que, voulant sérieusement d'un congrès, il demandait le temps de le tenir et de le faire aboutir à un résultat.

THIERS, *Histoire du Consulat et de l'Empire.*

J'essayais, si je puis parler ainsi, de cantonner mes raisonnements, mes preuves, mes mouvements, c'est-à-dire que je convenais avec moi-même que je pourrais aller à telle limite, mais non au delà; je traçais autour de moi un *cercle de Popilius*, que je m'interdisais de dépasser. DUPIN, *Mémoires.*

Je connais un homme d'esprit que le souvenir des légats du pape au moyen âge fait encore trembler : « Semblables, dit-il, aux envoyés de l'ancienne Rome, ils traçaient autour des rois le *cercle de Popilius,* et leur défendaient d'en sortir. »

Il rassemble beaucoup d'autres traits communs aux légats et aux ambassadeurs de la République romaine; et, ayant amené à fin son parallèle, il conclut que la ressemblance est entière, que c'est tout à fait cela. LOUIS VEUILLOT, *le Parfum de Rome.*

Le dévoûment qui nous fait mettre à la disposition d'un ami notre bourse, notre crédit, au besoin notre épée, nous impose-t-il aussi la loi de prévenir le malheur conjugal près de le frapper? — Telle fut la question que je m'adressai en me promenant dans ma chambre, où je m'étais enfermé comme dans le *cercle de Popilius.*

CHARLES DE BERNARD, *le Nœud gordien.*

Les révolutions, qui ne se sont presque jamais opérées que faute de consentir à transiger avec les partis contraires, n'ont pourtant qu'une manière de se clore : c'est par les transactions. La justice qui règle les choses humaines, fait pour les peuples, de cette grande et heureuse loi, un *cercle de Popilius*.

SALVANDY, *Vingt Mois*.

CÉSAR.

Caïus Julius César, consul romain, dictateur, et l'un des plus grands capitaines de l'antiquité, était neveu de Marius. Il grandit au milieu des guerres civiles, et fut proscrit à dix-huit ans par Sylla, qui devinait en lui *plusieurs Marius*. La statue d'Alexandre le Grand, qu'il vit en passant à Cadix, lui fit verser des larmes de dépit de ce qu'à l'âge auquel était mort ce héros il n'avait encore rien accompli de remarquable. Il avait une ambition et une activité dévorantes, « et croyait n'avoir rien fait tant qu'il lui restait quelque chose à faire. » Montesquieu a judicieusement remarqué qu'il avait plusieurs vices, mais qu'il n'avait point de défauts. La nature, qui semblait l'avoir fait naître pour commander au reste des hommes, lui avait donné un air d'empire et une grande dignité dans les manières; il excellait dans l'art de se faire obéir et de maintenir la discipline; souvent un seul mot lui suffisait pour apaiser la révolte d'une légion. Enfin, cet homme était né avec de si heureuses dispositions que rien n'était étranger à son génie.

Son nom, comme celui d'Alexandre, est resté le synonyme de grand guerrier, de conquérant civilisateur :

Armés des foudres de la guerre,
Suivis de soldats indomptés,
Les *Césars* enchaînent la terre
Sous leurs drapeaux ensanglantés.
BALZAC.

Ci-gît un roturier d'une illustre naissance;
Un vrai *César*, quoique poltron ;
Un habile docteur, boursouflé d'ignorance ;
Un inconnu, de grand renom ;
Un bourru, d'une humeur charmante ;
Un homme qui sait tout, et pourtant ne sait rien.
Est-ce possible? non, et le nœud gordien,
C'est que notre homme avait cent mille écus de rente.
ANONYME.

NOTA. Nous allons rapporter, dans leur ordre chronologique, les différentes circonstances de la vie de César qui ont donné lieu à des locutions proverbiales.

1. LA FEMME DE CÉSAR NE DOIT PAS MÊME ÊTRE SOUPÇONNÉE.

Clodius, jeune patricien ambitieux et débauché, aimait Pompéia, femme de César. Une nuit que les femmes célébraient les mystères de la bonne déesse, interdits aux hommes, il s'introduisit sous des habillements de femme jusque dans les appartements de Pompéia. Mais il fut surpris par une esclave, qui n'était pas dans la confidence. « Le lendemain, dit Plutarque, toute la ville apprit que Clodius avait commis un sacrilège horrible. »

Mis en jugement comme profanateur des saints mystères, il corrompit ses juges et fut absous. César s'était contenté de répudier sa femme. Appelé en témoignage, il répondit qu'il n'avait aucune connaissance des faits qu'on imputait à l'accusé. Cette déclaration parut fort étrange, et l'accusateur lui demanda pourquoi alors il avait répudié sa femme. « *C'est*, répondit-il, *que la femme de César ne doit pas même être soupçonnée.* »

Le véritable motif de cette conduite, c'est qu'il voulait exploiter, dans l'intérêt de son ambition, l'audace, la popularité et la scélératesse de Clodius, qu'il fit peu de temps après nommer tribun, et qui remplit Rome de séditions et de crimes.

— Ah! madame la marquise, vous ne connaissez pas notre monde d'affaires; la probité, la solvabilité d'une maison de banque sont comme *la femme de César, elles ne doivent pas même être soupçonnées.*   LE DOCTEUR VÉRON, *Cinq cent mille francs de rente.*

— Avant d'aller plus loin dans cette causerie, dit le marquis de Montvert, je prierai M. le duc de Beuvron de vouloir bien me donner satisfaction de l'insulte qu'il vient de faire à madame de Montvert. Cette satisfaction, je la demande immédiatement. Vous savez, messieurs, que je pars au point du jour pour la Flandre, où j'ai mission de porter des dépêches à M. le maréchal de Saxe, et, comme César, *je ne veux pas que ma femme soit même soupçonnée.*
AMÉDÉE ACHARD, *les Dernières Marquises.*

Il en est du langage d'un grand peuple comme de *la femme de ce Romain qui ne doit pas même être soupçonnée;* une langue déshonorée est bien près de sa ruine; d'abord elle perd l'attrait, l'énergie et la consistance dont l'avaient ornée, à force de génie et de bon sens, tant d'âmes justes et fermes, tant d'esprits droits et éclairés.
J. JANIN, *les Gaîtés champêtres.*

— Je n'ai pas besoin de vous dire qu'il est inutile de prononcer ici le nom de madame de Marmancourt; mes visites chez cette dame n'ont rien que de fort innocent; mais les actions les plus simples sont souvent mal interprétées...

— Et *la femme de César ne doit pas être soupçonnée!* interrompit le substitut, avec la familiarité d'un confident en titre.

Charles de Bernard, *les Ailes d'Icare.*

Est-il quelque chose de plus touchant et en même temps de plus honorable pour la mémoire de la marquise de Sévigné, que cette sollicitude que sa bonne renommée lui inspire, et ce soin qu'elle prend de la préserver de la moindre atteinte? On disait autrefois que *la femme de César ne devait pas être soupçonnée*... La femme du marquis de Sévigné ne le fut jamais sérieusement. Avouons qu'elle y avait bien quelque mérite.

Cuvillier-Fleury, *Études historiques et littéraires.*

---

2. J'AIMERAIS MIEUX ÊTRE LE PREMIER DANS UN VILLAGE QUE LE SECOND A ROME.

Tous les actes, toutes les paroles de César, avant son arrivée au pouvoir, révèlent son caractère et la nature de son ambition. Après sa préture, le sort lui ayant assigné le gouvernement de l'Espagne ultérieure, il partit pour sa province. Comme il traversait un pauvre village, perdu au fond des Alpes, quelques-uns de ses amis lui demandèrent en plaisantant si l'ambition du pouvoir et le désir des dignités occasionnaient aussi des débats dans cette misérable bourgade : « Ne riez pas, répondit le futur dictateur, *j'aimerais mieux être le premier dans ce village que le second à Rome.* »

Le mot de César a été diversement apprécié : Montaigne, qui n'était pas un conquérant, disait : « M'aimerois à l'adventure mieulx deuxiesme ou troisiesme à Périgueux que premier à Paris. »

Ch. Brifaut, l'inoffensif académicien, a écrit dans le *Passe-Temps d'un reclus* :

« Quand César s'écriait : J'aimerais mieux être le premier dans un village que le second dans Rome, il débitait une énorme sottise. Placez-le commandant de vétérans à Ostie ou à Fidène, et vous verrez ce que deviendra le grand César, s'il n'a pas pour ses menus plaisirs un monde tout au moins à bouleverser. »

Le P. Lacordaire, qui fut successivement avocat, journaliste, fondateur d'un nouvel ordre de Dominicains, représentant du peuple, académicien, enfin qui a fait tant de bruit dans notre société contemporaine, s'est montré, dans une de ses *Conférences*, du même avis que César :

« Descendons en nous-mêmes ; que nous soyons nés sur un trône ou dans l'échoppe d'un ouvrier, au fond, depuis le moment où la vie morale s'est éveillée en nous, nous n'avons cessé d'aspirer à l'exaltation de la primauté.

» César, dit-on, passant dans je ne sais quel village des Alpes, et s'apercevant sur ce petit forum d'une agitation pour le choix d'un chef, s'arrêta un moment devant ce spectacle. Ses capitaines, qui étaient autour de lui, s'étonnaient : « Est-ce qu'il y a aussi en ce lieu des disputes sur la prééminence? » Et César, en grand

homme qu'il était, leur dit : « J'aimerais mieux être le premier dans cette
» bicoque que le second dans Rome. »

» C'est là le vrai cri de la nature. Quelque part que nous soyons, nous voulons être les premiers. »

Ces trois exemples prouvent combien chacun de nous est enclin à juger des hommes et des choses d'après son propre caractère.

MAÎTRE BRIDAINE. Cela est certain, on lui donnera encore aujourd'hui la place d'honneur. Cette chaise que j'ai occupée si longtemps à la droite du baron sera la proie du gouverneur !... Adieu, table splendide, noble salle à manger, je ne dirai plus le *Bénédicité !* Je retourne à ma cure; on ne me verra pas confondu parmi la foule des convives, et *j'aime mieux,* comme César, *être le premier au village que le second dans Rome.*

ALFRED DE MUSSET, *On ne badine pas avec l'amour.*

L'espèce d'importance que nous donne ma place ne suffit pas pour compenser le peu de ressources qu'offre, à un esprit comme celui de ma femme, la société d'une petite ville. Les femmes, vois-tu, ne ressemblent pas à César, qui aimait mieux, disait-il, *être le premier dans une bourgade que le second à Rome;* je suis sûr que Marthe abdiquerait volontiers la royauté de C..., pour être la seconde à Paris.

CHARLES DE BERNARD, *le Nœud gordien.*

Dorival est depuis trente-six ans en possession de l'emploi des jeunes-premiers sur tous les théâtres de France. A mesure que son talent se forme et que les années arrivent, son crédit, parmi les directeurs, diminue sensiblement. Il ne veut pas changer d'emploi, il change de ville. A tout ce que j'ai pu lui dire pour lui prouver que sa vanité faisait un mauvais calcul, il s'est contenté de me répondre par le mot de César : *Qu'il valait mieux être le premier dans un village que le second dans Rome.*

DE JOUY, *l'Ermite de la Chaussée-d'Antin.*

Né en 1614, d'une famille illustre, destiné malgré lui à l'Église avec « l'âme peut-être la moins ecclésiastique qui fût dans l'univers, » le cardinal de Retz essaya de se tirer de sa profession par des duels, par des aventures galantes; mais l'opiniâtreté de sa famille et son étoile empêchèrent ces premiers éclats de produire leur effet et de le rejeter dans la vie laïque. Il en prit son parti et se mit à l'étude avec vigueur, déterminé, comme César, *à n'être le second en rien*, pas même en Sorbonne.

Sainte-Beuve, *Causeries du lundi*.

— Cette bague me vient d'une personne qui est morte et à qui j'ai juré de ne la quitter jamais.

— C'est bien; n'en parlons plus.

— Mais vous accepterez cette turquoise; c'est, après cette bague que vous me demandiez, le bijou auquel je tiens le plus.

— Permettez-moi de la refuser. Je ne viendrais qu'en second dans votre souvenir, et, comme César : *Je veux être la première partout où je suis*.

Alex. Dumas fils, *Voyage autour d'un quatre de pique*.

3. FRANCHIR LE RUBICON.

César venait d'achever la conquête des Gaules, et avait trouvé dans ces contrées assez de trésors pour tout acheter à Rome, où tout était devenu vénal. Ses succès, sa puissance, encore plus que ses projets connus, éveillèrent enfin la défiance de Pompée, qui commençait à redouter de se voir la dupe de celui dont il s'était imaginé être le protecteur. Dès lors, il mit tout en œuvre pour obtenir du sénat un décret qui enjoignait à César d'abandonner son armée et de résigner son commandement. Celui-ci répondit qu'il était prêt à obéir, à condition que Pompée rentrerait de son côté dans la vie civile. Dès ce moment, la guerre était déclarée. Le sénat chargea les consuls de pourvoir à la sûreté publique, et César fit avancer son armée vers le Rubicon. — C'était une petite rivière qui séparait l'Italie de la Gaule cisalpine. Le sénat, pour assurer Rome contre les troupes de la Gaule, avait, par un sénatus-consulte célèbre, déclaré traître à la patrie et dévoué aux dieux infernaux quiconque, avec une légion ou même une cohorte, franchirait cette rivière. — Parvenu sur la rive opposée, César, frappé du danger de la résolution audacieuse qu'il allait prendre, hésita quelques instants.

« On avait vu des révolutions d'empires, des trônes changer de maîtres, et c'était là, dans ces jeux de fortunes passagères, qu'avait éclaté le génie des plus grands d'entre les hommes. César, au Rubicon, s'était arrêté pensif; la main dans sa poitrine et le regard au delà du ruisseau, il s'était dit à lui-même : « Moi, César, je fais une chose qu'aucun Romain n'a faite encore, je désobéis au » sénat romain. D'une république, maîtresse du monde, en passant ce ruisseau, » je fais un empire : passons-le (1). »

(1) Lacordaire.

« Allons donc, s'écria César, comme s'il cédait à l'obsession de sa fortune, allons où nous appellent la voix des dieux et l'iniquité de nos ennemis. *Alea jacta est!* le sort en est jeté! » Mot irrévocable, dit M. de Lamartine, prononcé depuis par tous les hommes qui, ne trouvant plus de fond dans leur pensée, et contraints de choisir entre deux périls suprêmes, prennent leur résolution dans leur caractère, ne pouvant la prendre ailleurs, et se jettent à la nage sur le Rubicon du hasard, pour périr ou pour se sauver par le sort! »

« César, dit M. Cuvillier-Fleury, était un politique sans scrupule, qui disait qu'on ne doit violer les lois que pour régner. C'était un factieux et en même temps un grammairien puriste. Sa plume s'arrêtait devant un mot insolite et ne franchissait pas ce Rubicon. »

On vantait un jour devant Cyrano de Bergerac les talents et le génie de César : « Vous oubliez une de ses principales qualités, dit en riant le spirituel écrivain, c'est qu'il était le joueur le plus habile de son temps, puisque d'un seul coup de dés (1) qu'il jeta sur le Rubicon, il gagna l'empire du monde. »

Pour M. Barthélemy, dans ses *Douze journées de la Révolution*, le Rubicon français, c'est le pont de Saint-Cloud, que traversa Bonaparte le dix-huit brumaire, lorsqu'il allait renverser le gouvernement du Directoire :

> Nul pouvoir ne retient un tonnerre lancé :
> Sur le pont de Saint-Cloud Bonaparte a passé;
> C'était le Rubicon de la nouvelle Rome :
> Voici la liberté face à face avec l'homme!
> C'est elle! voyez-vous pâlir à ce seul nom
> Celui qui, l'œil serein, marche sur un canon!

Après le massacre de Vassy et les autres massacres auxquels celui-ci donna le signal, et qui excitèrent les chefs réformés à prendre les armes, l'amiral de Coligny, retiré à Châtillon-sur-Loing avec ses frères et autres principaux du parti, hésitait encore à tirer l'épée ; ce vieux capitaine trouvait le *passage de ce Rubicon* si dangereux, qu'il avait résisté un soir par deux fois à toutes les raisons que lui avaient apportées les siens de s'émouvoir.

SAINTE-BEUVE, *Causeries du lundi*.

— Écoute, reprit mon ami, malgré ta prétendue aversion pour le mariage, tu prendras femme un de ces jours, c'est moi qui te le prédis. Je faisais en l'honneur du célibat des prosopopées autrement éloquentes que les tiennes, et pourtant j'ai fini par *passer le Rubicon*. Ton tour viendra plus tôt que tu ne le crois peut-être.

CHARLES DE BERNARD, *le Nœud gordien*.

(1) Le mot latin *alea* signifie tout à la fois *fortune*, *hasard* et *jeu de dés*.

Cependant, un jour que je faisais mes malles et que je disposais tout pour un grand voyage, il fit paraître, à ses mouvements, qu'il était parfaitement résolu à me suivre, tirant son courage du danger même. Quand il fallut s'embarquer, je vis ce que je n'aurais jamais osé croire : il s'élança dans la chaloupe sans même délibérer, comme César avait fait au *passage du Rubicon*.

    Bernardin de Saint-Pierre, *Éloge de mon chien.*

Se plaindre des assiduités de Stéphen, le mari ne l'osait guère non plus. Il avait le sentiment intime du danger qu'il y a, en se montrant jaloux, d'éclairer une femme sur des sensations vagues, et de lui faire *passer le Rubicon*.

    Alphonse Karr, *Roses noires et Roses bleues.*

Carrel n'éclate que le jour où le ministère Périer est nommé, le 13 mars ; il sent que la question de guerre lui échappe, et, bien qu'il compte encore sur cette guerre inévitable, de laquelle il attend le triomphe de ses espérances et de ses instincts les plus chers, il sent que la royauté n'en veut pas. Il commence donc à s'agiter et à se retourner directement contre elle ; mais il ne *passera* décidément *le Rubicon* et ne parlera hautement république que depuis janvier 1832.   Sainte-Beuve, *Causeries du lundi.*

Bon gré, mal gré, j'étais condamné à donner à mon arrondissement le spectacle de mon éloquence. Mon silence devenait chaque jour plus fâcheux. Mort pour mort, il valait mieux encore un moyen désespéré que cette agonie lente. Je me décidai à *franchir le Rubicon* parlementaire.

    Louis Reybaud, *J. Paturot à la recherche d'une position sociale.*

4. TU PORTES CÉSAR ET SA FORTUNE.

A l'approche de César, Pompée désespérant de défendre l'Italie, quitta Rome, accompagné d'un grand nombre de sénateurs, de magistrats et de citoyens, et passa en Grèce où il rassembla une armée. César l'y suivit. Ayant débarqué à la tête de cinq légions, il apprend que la flotte qui lui amenait des vivres et des renforts avait été battue et dispersée par celle de Pompée. Dans la situation critique où cette circonstance le plaçait, il prend la résolution d'aller au-devant d'Antoine, qui devait lui amener des secours, et se jette lui seul dans un bateau de pêcheur. Une tempête s'élève pendant la traversée et menace de submerger la fragile embarcation. Le pilote épouvanté veut rentrer au port ; c'est alors que le héros lui dit ce mot fameux, rapporté par Plutarque : « *Que crains-tu ? tu portes César et sa fortune !* »

Quelques jours après, il écrasait son rival dans les champs de Pharsale.

Ce mot de César indique-t-il qu'il croyait aux faveurs aveugles de la fortune ? Il faut laisser aux poètes cette image plus gracieuse qu'exacte d'une déesse emportée sur une roue, et versant au hasard les trésors de sa corne d'abondance. Celui qui, dans ces paroles adressées au pêcheur épirote, semblait placer son espoir dans les faveurs de la fortune, avait tout fait pour les mériter. Pendant dix ans, il avait attendu dans les forêts des Gaules le moment favorable de la tenter, et au retour de cette expédition qui l'entourait d'un prestige surhumain, il ne cessa pas un seul instant de justifier le mot énergique de Cicéron, qui l'appelait un *monstre d'activité*, n'abandonnant à la fortune, suivant l'expression de Fléchier, dans l'*Oraison funèbre de Turenne*, rien de ce qu'il pouvait lui arracher.

La vie de la reine Henriette d'Angleterre, cette fille courageuse d'Henri IV, à laquelle s'était attachée la fatalité qui poursuivait les Stuarts, offre un trait qui rappelle la confiance et l'intrépidité de César au milieu des flots de l'Épire :

« On vit cette courageuse femme, dit Chateaubriand, canonnée jusque dans la maison qui lui servait d'abri contre les flots, obligée de passer la nuit dans un fossé où les boulets la couvraient de terre. Une autre fois, le vaisseau qui la portait étant près de périr, elle dit aux matelots effrayés : « Que craignez-vous ? » une reine ne se noie pas. »

Napoléon arriva entre onze heures du soir et minuit au bord du grand Danube, et voulut le passer immédiatement. Le péril était grave, car outre une obscurité profonde, il fallait braver les énormes corps flottants que le courant entraînait, et qui, heurtant la frêle barque dans laquelle Napoléon allait monter, pouvaient la submerger. Mais il n'y avait pas à hésiter en présence des grands devoirs qui restaient à remplir, et, avec la confiance de César au milieu des flots de l'Épire, Napoléon s'embarqua sur un esquif, accompagné de Berthier et de Savary, conduit par quelques pontonniers intrépides, qui le transportèrent sain et sauf sur l'autre rive.

THIERS, *Histoire du Consulat et de l'Empire.*

Une nuit d'hiver, une nuit d'orage, il a vu, ce château d'Eu, arriver, sous l'habit d'un villageois, le roi de ces demeures, le roi accompagné de la reine et suivi de quelques serviteurs fidèles. Le lendemain, une barque se perdit dans le nuage au milieu de l'Océan irrité.

Cette barque de pêcheur emportait dans les abîmes *le roi et sa fortune.*
        J. Janin, *Littérature dramatique.*

Lorsque, six ans plus tard, son fils eut terminé sa tragédie de *Jugurtha*, madame Lagrange-Chancel pensa qu'un tel génie n'était point fait pour la province, mais pour la capitale, où l'attendaient la gloire et la fortune; et un beau matin de l'année 1691, le coche qui *portait Lagrange-Chancel et sa fortune* entra dans Paris par la porte Saint-Antoine.   Taxile Delord, *le Siècle.*

Il y a deux jours, M. Isaac Péreire, ses enfants et les dames de sa famille ont failli périr sur la route agricole de leur propriété d'Eulalie. La locomotive a déraillé et a versé sur la voie avec tous les wagons composant le train. Heureusement personne n'a rien attrapé, pas même la plus petite égratignure. Convoi intelligent! Il s'est rappelé à temps qu'il *portait Isaac et sa fortune.*   *Le Figaro.*

Napoléon part, et du fond de l'île d'Elbe il organise sa fabuleuse expédition. Il n'a pas encore mis le pied sur les rivages du golfe Juan, que déjà, du haut de ce frêle esquif qui *porte César et sa fortune,* il livre aux flots, il sème aux vents sa proclamation.
        Cormenin, *Livre des Orateurs.*

---

5. Soldat, frappe au visage.

Avant la bataille de Pharsale, César, au milieu d'une contrée dévouée à son rival, se trouvait dans une position critique. Pompée, dont l'armée était approvisionnée par sa flotte, avait résolu d'affamer son ennemi. La perte de César semblait assurée, quand Pompée, cédant à l'impatience de ses soldats, engagea la bataille contre ces vieux légionnaires des Gaules, qui pouvaient bien être détruits par la famine, mais qui ne savaient pas se laisser vaincre. « Soldat, frappe au visage! » avait crié César à ses vétérans, en voyant les brillants cavaliers de l'armée pompéienne. Ces jeunes patriciens, effrayés, prirent la fuite pour ne pas être défigurés par les lances des légionnaires, et César resta maître du champ de bataille.

Le mot impitoyable de César ne trouve guère son application dans des circonstances analogues; il s'emploie à l'égard d'un adversaire dont on veut toucher la fibre sensible, que l'on veut frapper au défaut de la cuirasse.

Mirabeau était atteint : il le désirait peut-être ; il s'élança énonçant les motifs, réels ou non, qu'il avait eus pour entrer dans la discussion ; il alla droit, avant tout, à l'adversaire, et, le *frappant* de l'épée *au visage*, selon le conseil de César, il le raillait sur cette prétention au patriotisme, au désintéressement et au bien public, de laquelle Beaumarchais aimait à recouvrir ses propres affaires et ses spéculations d'intérêt.   SAINTE-BEUVE, *Causeries du lundi.*

Quant au sournois Aramis, d'Artagnan n'en avait pas très-grand' peur, et en supposant qu'il arrivât jusqu'à pouvoir se battre avec lui, il se chargerait de l'expédier bel et bien, ou du moins en *frappant au visage*, comme César avait recommandé de faire aux soldats de Pompée, d'endommager à tout jamais cette beauté dont le jeune mousquetaire était si fier.

ALEX. DUMAS, *les Trois Mousquetaires.*

6. JE SUIS VENU, J'AI VU, J'AI VAINCU.

Après la mort de Pompée et la conquête de l'Égypte, et tandis que César s'oubliait au sein des plaisirs près de Cléopâtre, le parti de Pompée, plutôt dispersé que détruit, se relevait de toutes parts. Pharnace, roi de Pont, avait profité de la guerre civile pour tenter de ressaisir en Asie les anciennes possessions de son père. Réveillé par le péril, César court au Bosphore, écrase le fils de Mithridate et termine cette guerre avec une telle rapidité, qu'il put la raconter tout entière dans ces trois mots, devenus célèbres, qu'il écrivit au sénat : « *Veni, vidi, vici* ; » je suis venu, j'ai vu, j'ai vaincu !

On fait usage de ces mots pour exprimer la facilité, la promptitude avec laquelle on a exécuté une entreprise.

Après sa victoire sur les Turcs, Sobieski envoya au pape l'étendard de Mahomet, avec ces mots de César auxquels il donna un caractère de modestie chrétienne : « Je suis venu, j'ai vu, Dieu a vaincu. »

Dans *Bérénice*, Racine fait dire à Antiochus :

Titus, pour mon malheur, vint, vous vit et vous plut.

Dans une autre circonstance, le poète satirique fut mieux inspiré que le poète tragique. Le roi d'Angleterre, Guillaume III, avait été battu à Senef, à Steinkerque et à Nerwinde ; l'auteur de *Bérénice* fit à son adresse l'épigramme suivante :

Si César vint, vit et vainquit,
Guillaume vint et vit de même ;
C'est un vrai César en petit ;
Des trois choses que César fit
Il ne manque que la troisième.

L'habile danseuse avait réussi au delà de ses espérances; aussitôt qu'il avait reçu le billet menteur, son ancien amant était revenu à ses pieds, plus épris que jamais.

Dès que Léon fut parti, Irène sauta sur une feuille de papier à lettre et écrivit au comte de Loweindalh ces quelques mots :

Il est venu, il m'a vue et il a été vaincu.

AMÉDÉE ACHARD, la Robe de Nessus.

L'aînée était charmante, la cadette plus charmante que l'aînée, et la troisième plus jolie que les deux autres. Mon ami venait de faire ses premières armes au quartier latin. *Il arrive, il voit, il est vaincu.* La cadette, miss Arabella, avait décoché tant de flèches à son adresse, qu'il avait le cœur transpercé comme une cible.

EDMOND TEXIER, les Choses du temps présent.

Hector avait si bien préparé les voies, la profession de foi avait produit un tel effet, des courtiers, répandus dans la ville et dans la campagne, avaient promis tant de tableaux pour les églises, tant de chemins vicinaux, tant de bureaux de tabac, que Roullin, dès son arrivée à Barbézieux, put dire comme César : *Je suis venu, j'ai vu, j'ai vaincu.*

EDMOND TEXIER, Amour et finance.

Le corps que commandait le roi avait fait quarante-deux milles d'Allemagne en quinze jours de temps, et n'avait eu qu'un jour pour se reposer avant de livrer la mémorable bataille de Breslaw. Le roi peut dire comme César : *Je suis venu, j'ai vu, j'ai vaincu.* Il me mande qu'il n'est embarrassé à présent que de nourrir et de placer le nombre prodigieux des prisonniers.

WILHELMINE, Lettre à Voltaire.

---

7. IDES DE MARS.

César était rentré dans Rome, maître du monde entier. Le sénat lui décerna des honneurs extraordinaires et le revêtit d'une autorité sans limite. Il fut nommé consul pour dix ans et dictateur perpétuel; on lui donna le nom d'*empereur*, le titre de *Père de la patrie,* et une statue lui fut élevée avec cette inscription : *Au dieu invincible.* Sa personne fut déclarée inviolable. On lui accorda le privilège d'assister au spectacle dans une chaise dorée, avec une couronne sur la tête. Il méditait des projets immenses; il voulait agrandir Rome, l'orner de monuments magnifiques et en faire la reine de l'univers. Mais il ne lui était pas réservé d'accomplir de si vastes desseins. En vain il s'était efforcé d'effacer toutes les traces de la guerre civile; en vain il avait comblé de faveurs et élevé aux premières charges ceux qui l'avaient combattu; en vain il avait relevé les statues de son rival, rien ne pouvait désarmer les partisans de l'antique liberté. « Sa clémence, dit Montesquieu, paraissait insultante; on regarda qu'il ne pardonnait pas, mais qu'il dédaignait de punir. » Enfin, une conjuration formidable se trama contre sa vie. Le complot devait éclater au milieu du sénat, et l'époque en était fixée aux *ides de mars*. La conspiration transpirait dans le public, mais César refusa de prendre aucune précaution. Calpurnie, sa femme, était si persuadée de la réalité du danger, qu'elle le conjura avec les plus vives instances de ne pas sortir ce jour-là.

Plutarque raconte que, longtemps avant, un devin avait averti le dictateur de se défier des *ides de mars*. Comme il sortait de sa maison pour se rendre au sénat, il rencontra le devin et lui dit en riant : « Nous voici arrivés aux ides de mars. — Oui, répondit celui-ci, mais elles ne sont pas encore passées. »

Quelques pas plus loin, un homme lui remit un billet qui renfermait tous les détails du complot. « Lisez, dit-il, et promptement » Mais César ne put en trouver le temps, et il entra au sénat.

Les *ides de mars* désignent, par analogie, une époque dangereuse à passer, et pour laquelle de fâcheux pronostics ont été faits.

Nous possédons trente-six rois et roitelets (ce n'est pas trop). Chacun porte une étoile protectrice sur son cœur, et il n'a pas à s'inquiéter des *ides de mars*.   HENRI HEINE, *Légendes*.

---

8. ET TOI AUSSI, MON FILS!

A peine César était-il entré dans le sénat, que tous les conjurés l'environnèrent comme pour lui faire honneur. Cimber, l'un d'eux, se présenta afin de lui demander le rappel de son frère exilé, et, comme pour le prier avec plus de soumission, il prit le bas de sa robe et la tira avec violence; c'était le signal convenu. Casca, tirant son poignard, en frappa le dictateur à l'épaule. Au même instant César saisit l'arme du meurtrier et se précipite sur lui en criant : « Scélérat de Casca, que fais-tu? » Alors tous les conjurés tirent leurs épées et lui en portent plusieurs coups. Cassius, plus animé que les autres, lui fait à la tête une profonde blessure; César se défendait encore, lorsque, apercevant Brutus, le poignard levé sur lui, il s'écria : « *Et toi aussi, mon fils!* » En même temps il se couvrit le visage avec sa robe, et tomba percé de vingt-trois coups, aux pieds de la statue de Pompée : il était alors âgé de cinquante-six ans.

M. Mérimée, dans ses *Mélanges historiques*, donne une idée assez exacte des meurtriers de César :

« A l'exception de Brutus, ils étaient tous de vils coquins. Amnistiés par César, quelques-uns plusieurs fois, ils ne lui pardonnaient ni sa gloire ni l'établissement d'un régime d'ordre qui fermait la porte à bien des ambitions. Les orateurs, c'étaient les journalistes du temps, avaient perdu l'espoir d'obtenir des provinces; les militaires, celui de commander en chef des armées; tous, habitués à piller le trésor public, voyaient avec peine qu'ils avaient un maître dont la prétention bien justifiée était de fonder partout une bonne administration.

» Brutus seul était, je l'ai dit, un honnête homme; mais, comme bien des gens de notre temps, esclave de l'opinion publique, c'est-à-dire d'une coterie. En lui rappelant sa descendance de Brutus, qui chassa les Tarquins, origine fort contestable d'ailleurs, on pouvait tout faire de lui, même un assassin. Ces mots: *Tu dors, Brutus*, écrits sur la statue de son aïeul, lui mirent le poignard à la main. En outre, il avait ses griefs particuliers contre César, qu'il se cachait à lui-même, sans doute, en se disant qu'il n'en voulait qu'au tyran de sa patrie. On sait que César avait été l'amant de Servilia, mère de Brutus, et même, si l'on en croit un calembour de Cicéron, de sa sœur Tertia. Bien qu'à Rome ce ne fût point la coutume « *d'attacher l'honneur de l'homme le plus sage aux choses que* » *peut faire une femme volage,* » Brutus ne pardonnait pas à César son ordre du jour le matin de Pharsale, qui recommandait qu'on lui amenât vivant le fils de Servilia. C'était encore César qui l'avait poussé dans les affaires et qui lui avait fait conférer la préture. Il était pénible d'être aimé par un César quand on s'appelait Brutus. »

Quelques pages plus loin, le même auteur apprécie ainsi le caractère de César lui-même:

« C'est par ses faiblesses, étrangères à ses contemporains, que César me semble si supérieur à son temps et à son pays. César était délicat, honnête homme jusque dans la débauche. Romain et élevé dans le paganisme, ne croyant pas aux juges des enfers, il était pourtant bon, humain et sensible. Il pleurait en traversant la plaine de Pharsale jonchée de ses ennemis morts. « Ils l'ont voulu! disait-il » avec douleur, ils m'y ont forcé! » Il pleurait encore en voyant la tête de Pompée, son rival; et lorsque, percé de coups de poignard, il aperçut Brutus parmi ses assassins: « *Et toi aussi, mon fils!* » s'écria-t-il en grec, car c'est sans doute dans cette langue de la bonne compagnie qu'il parlait à Servilia, mère de Brutus. »

Où est, dans ce buste, l'homme d'exquise aménité qui mangeait des asperges à l'huile rance sans témoigner aucun dégoût, de peur d'affliger son hôte, et qui prenait un vomitif avant d'aller dîner chez Cicéron, pour faire honneur au repas de ce vieux traître? Où est le cynique qui affectait de lire des lettres pendant qu'on égorgeait devant lui trente mille hommes dont il avait fait présent au peuple romain? Où est l'homme de cœur qui rendait si noblement à Brutus son coup de poignard, en lui disant: « *Et toi aussi?* » Le buste de César n'est rien de tout cela.

Louis Veuillot, *le Parfum de Rome.*

Charles X voulut ensuite insister sur les droits de Henri V; mais, aux premiers mots, le maréchal Maison l'arrêta, en lui faisant observer qu'il ne pouvait engager avec le roi une conversation sur la politique générale, hors de la présence de ses collègues. « En révolution, lui dit-il, on devient facilement suspect, et ma position particulière me commande la plus grande réserve. » Ce maréchal devait sa dignité militaire à Charles X, qui l'avait, en outre, comblé de ses dons. En l'entendant avouer aussi crûment qu'il voulait se ménager avec les ennemis de son trône et de sa race, le vieux roi ne put retenir un mouvement de vive surprise : « Quoi! *vous aussi!* » s'écria-t-il. Puis, après un moment de silence, il ajouta : « Vous pouvez vous retirer. »

ACHILLE DE VAULABELLE, *Histoire des Deux Restaurations.*

Lorsque le vieux Rezzonico (le pape Clément XIII) reçut l'avis du cabinet espagnol qui lui annonçait le bannissement de l'ordre comme un fait accompli, il fondit en larmes, tant ce coup était inattendu pour lui. Il avait pour le roi Charles III une tendresse toute paternelle ; il se croyait assuré de son amitié. Lorsqu'elle lui manqua tout à coup, il se sentit défaillir. « *Et toi aussi, mon fils!* » lui écrivit-il, en répétant le mot de César frappé à mort par Brutus.

LANFREY.

— Tu ne m'as pas encore dit un seul mot du dépôt que je t'ai confié, et c'est là pour moi la chose essentielle, car j'ai besoin d'argent.

Blondeau fit un pas en arrière, comme si quelque reptile subitement sorti du parquet avait dardé vers lui sa langue fourchue.

— *Et toi aussi*, Deslandes! s'écria-t-il avec l'accent d'une déception douloureuse ; au lieu de me tendre la main, tu achèves de m'accabler !   CHARLES DE BERNARD, *les Ailes d'Icare.*

Le roi s'informa, avec une curiosité calme et comme étrangère à son sort, du vote de quelques-uns des hommes qu'il connaissait dans la Convention. « Quant à Pétion et à Manuel, dit-il à M. de Malesherbes, je ne m'en informe pas, je suis bien sûr qu'ils n'ont pas voté ma mort ! » Il demanda comment avait voté son cousin le duc d'Orléans. Et sur la réponse de M. de Malesherbes : « Ah! dit-il, celui-là m'afflige plus que tous les autres ! » C'était le mot de César reconnaissant le visage de Brutus parmi ses meurtriers; celui-là seul le fit parler.   LAMARTINE, *les Girondins*.

9. ROBE DE CÉSAR.

Le cadavre de César, abandonné dans le sénat, fut porté tout sanglant dans sa maison par trois esclaves. Quelques jours après, Antoine parut à la tribune aux harangues, et lut à la foule assemblée le testament du dictateur. Le peuple, qu'il n'avait pas oublié dans ses largesses, fit éclater son indignation. Alors Antoine, déployant du haut de la tribune la robe de César, ensanglantée et percée de coups, traita de parricides les auteurs de ce meurtre. Cette scène mit le comble à l'exaspération populaire. Tous les assistants faisant à l'instant même un bûcher avec les tables et les bancs qu'ils trouvèrent sur la place, y brûlèrent le corps de César ; puis, saisissant des tisons enflammés, ils coururent aux maisons des meurtriers pour y mettre le feu et les attaquer eux-mêmes.

Dans sa tragédie de la *Mort de César*, Voltaire fait dire à Antoine en déployant la robe du dictateur :

> Du plus grand des Romains voilà ce qui nous reste.

A la première représentation, un mauvais plaisant ajouta :

> Son chapeau, son habit, son gilet et sa veste.

Une pétition en faveur des malheureux Lyonnais fut lue à la barre de la Convention et parut produire quelque effet ; mais Collot, qui avait été appelé à Paris par le comité de salut public, vint à bout d'intimider ses adversaires par un véritable coup de théâtre ; il se servit de l'effigie de Chalier (1), comme autrefois Antoine des *restes sanglants de César*, pour exalter la fureur populaire. Le simulacre du féroce Piémontais fut présenté à la Convention, porté dans toutes les rues, invoqué à la tribune des Jacobins, et l'ordre de continuer les exécutions fut réitéré.

VILATE, *Causes secrètes de la révolution du 9 thermidor*.

Dans sa *Vie de Jésus*, le docteur Strauss concentrait tous les doutes en un seul, et formait un même faisceau des traits épars du scepticisme. Ajoutez à cela qu'en déchirant le voile métaphysique qui palliait ces doctrines, il ramenait la question aux termes les plus simples ; que, par là, on voyait à découvert et pour la première fois

---

(1) Jacobin qui fut jugé et guillotiné à Lyon, malgré les ordres de la Convention.

quel travail de destruction on avait accompli. Il soulevait, comme Antoine, *la robe de César*. Chacun pouvait reconnaître, dans ce grand corps, les coups qu'il avait portés dans l'ombre.

Ce n'est pas qu'il niât absolument l'existence de Jésus. Il en conservait, au contraire, une ombre.

        Edgar Quinet, *État du christianisme en Allemagne*.

Que reste-t-il du spectacle que vient de donner la tribune? Une seule chose qui, il est vrai, a été mise hors de doute par chacun des orateurs. L'affaissement de l'État, son impuissance dans les petites comme dans les grandes affaires : voilà le fond, le résumé, la substance de tous leurs discours. Ils ont soulevé eux-mêmes *la robe de César,* et ils ont étalé aux yeux les blessures qu'ils lui ont faites.

        Edgar Quinet, *Avertissement au pays*.

C'EST LA FAUTE A VOLTAIRE, C'EST LA FAUTE A ROUSSEAU.

Les grands événements qui ont marqué la fin du dix-huitième siècle et qui ont failli emporter dans une tempête les deux pouvoirs les plus anciennement constitués : la royauté et la religion, ont été la conséquence de l'esprit d'examen et des idées philosophiques dont Voltaire et Rousseau sont les représentants les plus illustres ; de là l'acrimonie, les haines, les invectives qui ont érigé ces deux écrivains en boucs émissaires sur la tête desquels retombaient toutes les iniquités d'Israël.

Un prédicateur qui en était sur ce chapitre, et qui venait de pulvériser en chaire Voltaire et Rousseau, imagina un jour de terminer sa péroraison par une de ces images frappantes qui agissent fortement sur l'esprit de la multitude. Il plaça devant lui son bonnet carré et sa tabatière, en s'écriant : « Voilà Voltaire ! voici Rousseau ! » Puis il fit couler sur la tête de ses antagonistes des flots d'éloquence à propos de la grâce, du libre arbitre et des peines éternelles. Les deux adversaires, confondus, ne trouvaient rien à répliquer. La cause était entendue. Alors le prédicateur saisissait avec dédain le bonnet et la tabatière, et, d'un geste triomphant, il mettait Voltaire sur sa tête et Rousseau dans sa poche.

De là ces mots passés en proverbe, mais qui ne se disent guère aujourd'hui que par forme de plaisanterie : « *C'est la faute à Voltaire, c'est la faute à Rousseau !* »

On se sert également, en parlant du premier, de l'expression suivante : *Cet affreux Voltaire*. M. Ponsard termine ainsi sa comédie de *l'Honneur et l'Argent* :

    Eh bien ! nous disions donc que *cet affreux Voltaire*...

Après le roman, c'est le théâtre qui passe sous la férule de M. Granier. On disait autrefois : « *C'est la faute à Voltaire;* » on dit aujourd'hui : « C'est la faute à la littérature; » cela varie le refrain. Je comprends, du reste, jusqu'à un certain point, la mauvaise humeur du rédacteur en chef du *Pays :* M. de Cassagnac avait rêvé la régénération du théâtre, et il avait charpenté dans ce but louable une comédie morale en cinq actes ; cette comédie a été froidement accueillie par le comité de lecture du Théâtre-Français.

Edmond Texier.

Tandis que la religion se perd pour le peuple, elle devient pour les riches, comme la musique et les modes, un embellissement de l'existence, je dirai presque un objet de luxe. Quelle peut être la cause de ce revirement? Est-ce *la faute de Voltaire ?* Est-ce *la faute de Rousseau ?* Ou n'est-ce pas plutôt celle de l'Église ?

P.-J. Proudhon, *de la Justice dans la Révolution et dans l'Église.*

Passant de l'histoire à la polémique, nous trouvons comme gage d'un esprit qui n'est pas tout à fait celui de la tolérance, *les Philosophes au pilori, étude historique et catholique,* par M. Ch. de Bussy. Nous ne savons ce que l'histoire et le catholicisme peuvent avoir à démêler avec un pamphlet de cette nature, où, sous le titre de philosophes, les noms les plus célèbres du passé ou les plus distingués du présent sont jetés en pâture à des haines, Dieu merci, inoffensives. C'est une suite de variantes du fameux refrain : « *C'est la faute à Rousseau, c'est la faute à Voltaire.* »

Vapereau, *Année littéraire.*

C'EST PLUS QU'UN CRIME, C'EST UNE FAUTE.

La politique, telle du moins que l'ont comprise le sénat romain dans différentes circonstances, Louis XI, Machiavel, Catherine de Médicis, et, de notre temps, le prince de Talleyrand, s'écarte tellement des notions les plus élémentaires de la morale, elle a introduit un tel bouleversement dans le sens général des mots, qu'un dictionnaire particulier, à côté de celui de l'Académie, ne serait pas chose superflue pour l'intelligence de ses maximes. La morale dit : « Chacun pour tous et tous pour chacun ; » la diplomatie retourne cet adage de toutes pièces : « Chacun chez soi, chacun pour soi. » La grammaire dit : « Les mots sont les signes de nos idées ; » la diplomatie répond : « La parole a été donnée à l'homme pour déguiser sa pensée. » Tous les traités de synonymes établissent une gradation marquée entre une faute et un crime, donnant l'un comme superlatif de l'autre ; la diplomatie a renversé cette gradation ; à ses yeux, un crime n'est qu'une peccadille en politique :

<blockquote>
Eh bien ! manger moutons, canaille, sotte espèce,
Est-ce un péché ? Non, non...
</blockquote>

Mais une faute :

<blockquote>
. . . . Quel crime abominable !
</blockquote>

C'est à ce point de vue qu'il faut se placer pour juger tout ce qu'il y a de fine politique, mais aussi de profonde immoralité dans cette phrase, prononcée, dit-on, par le prince de Talleyrand après la sanglante exécution des fossés de Vincennes.

Achille de Vaulabelle, dans son *Histoire des Deux Restaurations*, tome 1er, pages 80 et 81, nie que ce mot ait jamais été prononcé par Talleyrand.

« M. de Talleyrand, dit-il, au milieu des hommes du gouvernement consulaire, avait une position tout exceptionnelle. Prêtre, ses rapports et ses votes à l'Assemblée constituante avaient puissamment contribué à la constitution civile du clergé et à la vente des biens de l'Église. Gentilhomme issu d'une des premières maisons du royaume, on l'avait vu occuper les plus hauts emplois sous la république, jurer haine aux rois et à la royauté, et fêter, comme ministre, la commémoration du 21 janvier ; évêque, il avait depuis longtemps jeté sa croix pastorale et son camail épiscopal aux orties ; il y a plus : il venait de se marier. Personne, plus que lui, n'avait donc intérêt à compromettre irrévocablement Bonaparte avec les Bourbons. Il y réussit en dévouant le duc d'Enghien à la colère du premier consul. Son rôle, dans ce drame, fut positivement influent. Jamais il n'a donc pu dire à Bonaparte : « *La mort du duc d'Enghien est plus qu'un crime, c'est une faute.* » On ne se défie pas assez de ces *sentences* toujours fabriquées après coup, que jettent à la crédulité de la foule les charlatans politiques, derrière lesquelles ils abritent leur responsabilité ou cachent leurs actes, et qui, mensonges effrontés, sont trop souvent acceptées par la foule comme vérités historiques. Beaucoup de gens ont admiré sur parole la profondeur et la vérité du mot que M. de Talleyrand s'est si complaisamment prêté. Le mot n'est ni vrai ni profond. L'exécution du duc d'Enghien ne fut pas une faute : la masse ne connaissait pas même le nom de ce prince ; jamais elle n'en avait entendu parler ; elle ne vit là qu'un ennemi, qu'un émigré de moins. »

En niant que Talleyrand ait jamais dit au premier consul : « *C'est plus qu'un crime, c'est une faute,* » M. de Vaulabelle est en dehors de la question. L'histoire ne présente pas le mot comme ayant été adressé directement à Bonaparte lui-même ; elle en fait un propos de salon, qui aurait échappé à l'esprit fin et peu scrupuleux du rusé diplomate, quelques jours après l'événement. Que l'exécution des fossés de Vincennes favorisât ou non les intérêts de l'ex-évêque d'Autun, le mot peut lui être attribué ; car, ce qui n'est douteux pour personne, c'est qu'on ne trouve rien dans toute la carrière diplomatique de M. de Talleyrand qui puisse protester contre une pareille maxime.

Du reste, M. de Vaulabelle est lui-même de notre avis ; car on lit les lignes suivantes dans le tome II, page 19, du même ouvrage :

« Dépourvu de principes, indifférent à toute morale, M. de Talleyrand était singulièrement facile à tous les expédients commandés par l'intérêt ou par la nécessité politique. *Les gouvernements*, selon lui, *pouvaient commettre des* FAUTES, *jamais des* CRIMES. Il avait mis cette doctrine au service de Napoléon, premier consul et empereur ; il dut la tourner contre ce prince après la prise de Paris. »

Richard Lenoir, un des plus grands citoyens que la France ait eus, s'est ruiné pour avoir fait travailler six mille ouvriers sans commande, les avoir nourris, et avoir rencontré des ministres assez stupides pour le laisser succomber à la révolution que 1814 a faite dans les tissus. Eh bien! cet homme est aujourd'hui l'objet d'une souscription sans souscripteurs, tandis que l'on a donné un million aux enfants du général Foy. La France est sans aucun sentiment religieux. L'histoire de Richard Lenoir fait répéter : *C'est plus qu'un crime, c'est une faute.*

HONORÉ DE BALZAC, *la Maison Nucingen.*

Mme DE MAINTENON.

. . . . . . Le mari n'est pas homme, je croi,
A monter aux honneurs par l'escalier du roi ;
J'ai, dans cet entretien, sondé son caractère.
C'est un vieux nom, gonflé de gloire héréditaire,
Une lame d'acier dans un fourreau d'airain ;
Un vrai soldat. — Allons. — Un billet de ma main...

    (Elle écrit.)

« Veillez ; quelqu'un vous trompe (1)... »

        (S'interrompant tout à coup.)

            Une lettre anonyme !...
Un piége !... un guet-apens !... jamais !

    (Elle froisse la lettre.)

           C'est plus qu'*un crime*,
C'est *une lâcheté !*   LOUIS BOUILHET, *Mme de Montarcy.*

La perspective de ce danger fit éclore dans l'esprit de la femme ambitieuse, une réflexion que le plus spirituel des diplomates modernes avait exprimée en termes presque semblables, à propos d'une catastrophe sanglante.

---

(1) Mme de Maintenon veut faire croire au marquis de Montarcy, par ce billet anonyme, que sa femme est destinée à devenir la maîtresse du roi.

— Dans ma position, se dit Isaure, la moindre aventure *serait plus qu'un crime, ce serait une faute.*

CHARLES DE BERNARD, *les Ailes d'Icare.*

C'ÉTAIT ÉCRIT.

Cette résignation aux prétendus arrêts du destin est le fond de la doctrine religieuse de la plupart des peuples orientaux : c'est une sorte de *fatum* antique, un reflet affaibli de ce caractère poétique, presque grandiose, que le fatalisme, mélange de sensibilité profonde et de sombre résignation, avait revêtu chez les anciens.

On connaît le mot du grand Arnaud sur la *Phèdre* de Racine : « C'est une femme vertueuse à qui la grâce a manqué, » et ces vers de Boileau, qui n'en sont que la traduction :

> Et qui, voyant un jour la douleur vertueuse
> De Phèdre, *malgré soi*, perfide, incestueuse...

Les différents systèmes phrénologiques paraissent n'avoir pour but que de donner les raisons physiques de ces faits moraux.

La littérature philosophique du dix-huitième siècle nous a légué deux ouvrages bien connus sur la fatalité : *Zadig*, conte de Voltaire, et *Jacques le Fataliste*, roman de Diderot.

Quand le drame était encore, ou peu s'en faut, contenu dans ses limites naturelles, une analyse en cinq alinéas n'était pas la mer à boire : on voyait entrer la princesse, on entendait rugir le tyran à certains intervalles réguliers ; on était sûr de retrouver à leur place la scène d'amour et la scène de deuil : *C'était écrit !* pouvaient dire en ces temps reculés les critiques aux lecteurs, et les lecteurs aux critiques. J. JANIN, *Littérature dramatique.*

Le Vaudeville ne sait rien comprendre, il ne sait rien observer. Il prend de ses grosses mains les pensées les plus délicates, il les enlumine à sa manière, il les jette contre le mur de son théâtre comme du plâtre mal gâché.

— Tiens-toi là comme tu pourras !

Ainsi le héros charmant de Diderot, défiguré à plaisir, arrive sur ces planches malsaines, ne sachant que répéter à tout propos : *C'était écrit là-haut !... C'était écrit !* Ils en parlent bien à leur aise, ces jeunes messieurs. J. JANIN, *Littérature dramatique.*

Si Clovis perdait une lettre ou s'il attrapait un rhume, *c'était écrit !* Si le feu ne prenait pas malgré le secours d'un soufflet dont il fatiguait la poche, ou s'il oubliait, chemin faisant, une commission dont il était chargé, *c'était écrit !* Et ces deux paroles sacramentelles, il les prononçait avec la résignation d'un derviche qui sait que rien ne prévaut contre Allah.

AMÉDÉE ACHARD, *Petites Misères d'un millionnaire.*

CEUX QUI VONT MOURIR TE SALUENT.

A Rome, les combats de gladiateurs étaient un des spectacles que le peuple et les grands recherchaient avec le plus d'avidité. Ces luttes sanglantes procèdent sans aucun doute des sacrifices humains offerts aux dieux du paganisme, et surtout de cet usage, général dans l'antiquité, d'immoler des esclaves aux funérailles des riches et des puissants. Les Étrusques et les Campaniens, au lieu d'égorger silencieusement les victimes, trouvèrent les premiers un barbare plaisir à donner des armes à leurs prisonniers de guerre, qui, forcés de s'entr'égorger, pouvaient du moins faire éclater une dernière fois leur courage sous les yeux de leurs vainqueurs. Tel était le sentiment qui animait d'une mâle fierté le Germain, le Gaulois, le Numide, lorsque, vaincus sur les champs de bataille par les légions romaines, ils venaient dans le cirque chercher la mort des guerriers ; c'était avec orgueil qu'ils donnaient ou recevaient cette mort, aux applaudissements frénétiques du peuple-roi. Les sénateurs, les ambassadeurs des nations étrangères, les vestales, étaient placés dans la partie la plus voisine du trône de l'empereur. Avant le combat, les gladiateurs défilaient deux à deux devant la loge impériale, et s'inclinaient en prononçant ces paroles empreintes d'une sombre résignation : « *César, ceux qui vont mourir te saluent !* »

Les pages éloquentes de Sénèque et la divine morale de l'Évangile même ne purent mettre un terme à ces boucheries horribles, qui ne cessèrent qu'avec la chute de l'empire romain.

Les scènes les plus lugubres de l'histoire ont leurs parodies, comme les écrits les plus sublimes de la littérature. Il est inutile d'expliquer ici le sens que les vaudevillistes donnent, sur le théâtre, au *Tu quoque* de César. Le salut suprême du gladiateur a souvent éprouvé le même sort, et comme si les lauriers de Scarron avaient empêché la peinture de dormir, après le chef-d'œuvre si palpitant de M. Gérôme, nous avons eu la toile spirituelle de M. Hamon, où les gladiateurs, transformés en escargots, défilent devant le Génie de la cuisine, et lui disent, avant de tomber dans la géhenne bouillante : « *Ceux qui vont mourir te saluent !* »

Après la peinture, les vers et la prose ont commenté à l'envi ce cri suprême du gladiateur :

> César, empereur magnanime,
> Le monde, à te plaire unanime,
> A tes fêtes doit concourir !

> Éternel héritier d'Auguste,
> Salut ! prince immortel et juste,
> *César ! sois salué par ceux qui vont mourir !*
>
> V. Hugo, *Odes et Ballades.*

« Étrange effet de la peur, effrayante abjection de l'homme ! dit M. Louis Veuillot dans le *Parfum de Rome;* ces victimes ne se pardonnaient pas, ne se résignaient pas, ne se défendaient pas. Bien plus, elles se pliaient au cérémonial des jeux et s'acquittaient de mourir comme d'un service. Ceux qui allaient être dévorés sans combattre, pour mettre les bêtes en appétit, entraient les premiers. Dépouillés de tous vêtements, ils devaient passer entre deux files de *venatores* armés de fouets, qui leur donnaient chacun un coup, faire le tour de l'arène, s'arrêter devant l'empereur et lui adresser la fameuse parole : « *César ! ceux qui vont mourir te saluent !* » Ils accomplissaient tout ce cérémonial. »

Jamais l'image de Napoléon ne disparaîtra de ma mémoire. Je le vois toujours, sur son haut coursier, ses yeux éternels dans cette face impériale de marbre, regardant, calme comme le destin, ses gardes qui défilaient au-dessous de lui. Il les envoyait alors en Russie, et les vieux grenadiers élevaient leurs regards vers lui avec un sombre dévoûment, un sérieux d'initiés et un orgueil de mourants : « *César, ceux qui vont mourir te saluent !* »

Henri Heine, *Reisebilder.*

— Oh ! non, non, comte ! s'écria Morel en saisissant les deux mains de son ami; riez, soyez heureux, vous, et prouvez-moi par votre indifférence que la vie n'est mauvaise qu'à ceux qui souffrent. C'est pour me donner du courage, au moment suprême, que vous affectez cette gaîté. Car vous le savez, ami, l'heure est venue; et comme disait le gladiateur, entrant dans le cirque, au sublime empereur, je vous dis à vous : *Celui qui va mourir te salue !*

Alex. Dumas, *Monte-Cristo.*

Mon parti était irrévocablement pris; il était cinq heures, je m'étais accordé jusqu'à six heures un quart. Je m'agenouillai, et, tourné vers le crucifix pendu à la muraille, je priai avec ferveur, avec désespoir, sentant des larmes couler le long de mes joues.

Quand j'eus fini, je contemplai longtemps le canif avec lequel je comptais me couper les veines, et je me rappelle que je le baisai avec amour, en disant : « O mon libérateur ! » Puis je tâtai mon cou, afin de bien reconnaître aux battements des artères à quelle place il faudrait frapper. Obéissant à ce sentiment dont j'ai déjà parlé, j'écrivis sur le mur, auprès du Christ : « *Celui qui va mourir te salue!* » MAXIME DU CAMP, *le Livre posthume.*

Si le cylindre de fer qu'ils appellent générateur éclatait, l'explosion serait effroyable. Une fois déjà ce malheur a eu lieu, et les murs sont comme mitraillés par les débris de fer de l'appareil ; les deux savants n'ont été préservés que par miracle. Avant de recommencer une opération si dangereuse, l'ami de Pierre a fait son testament, et Pierre lui-même écrit à sa femme une lettre d'adieu, qui ne doit lui être remise qu'après sa mort. Puis ils s'embrassent et mettent en mouvement le générateur, l'un priant, l'autre parodiant solennellement le salut des gladiateurs à César : *Science, ceux qui vont mourir te saluent!* VAPEREAU, *Année littéraire.*

Tout Paris est en démolitions. Le jour commence à poindre et éclaire un spectacle qui peut donner aux amateurs l'idée d'une ville prise d'assaut : caves effondrées et creusant en pleine ville des précipices inattendus ; fenêtres sans vitres ouvrant sur des chambres sans hôtes ; toits croulants, cheminées chancelantes, pans de murs inclinés comme pour parodier la vieille formule romaine : *Parisiens, ceux qui vont mourir vous saluent!*
PIERRE VÉRON, *le Monde illustré.*

Que de fois, lorsqu'il m'a fallu prendre une part obscure mais active dans nos troubles civils, j'ai senti ma conscience s'indigner de cette condition inférieure et cruelle! Que de fois j'ai comparé cette existence à celle du gladiateur! Le peuple est le César indifférent, le Claude ricaneur auquel les soldats disent sans cesse en défilant : *Ceux qui vont mourir te saluent!* ALFRED DE VIGNY.

Irène, qui voulait frapper un grand coup, aida cet enthousiasme spontané de toute la salle par la grâce et l'amoureuse langueur de sa danse ; mille bravos saluèrent sa mort simulée, et quelques bouquets tombèrent à ses pieds.
Au bruit de cette ovation, elle souleva ses paupières et jeta sur Léon, assis au premier rang de l'orchestre, un regard plein de ten-

dresse et d'amour, qui semblait lui dire en son muet langage : *Celle qui va mourir te salue !* Et, inanimée après ce suprême effort, comme Vénus après le trépas d'Adonis, elle se laissa tomber aux bras de ses compagnes.   AMÉDÉE ACHARD, *la Robe de Nessus.*

Qu'on y fasse attention, une grande partie de la jeunesse regrette l'Empire. C'est qu'au moins l'Empire lui accordait de glorieuses funérailles, qu'elle préfère à une misérable vie. La plus grande partie de la jeunesse est encore prête à dire : *César, ceux qui vont mourir te saluent !* Et c'est là une sanglante satire de l'impéritie de ceux qui ne savent ni faire vivre la jeunesse, ni lui trouver une belle mort.

ALFRED NETTEMENT, *Ruines morales et intellectuelles.*

CHACUN CHEZ SOI, CHACUN POUR SOI.

Cette maxime célèbre de l'égoïsme a été attribuée à M. Dupin aîné, qui l'aurait formulée dans la séance du 6 décembre 1830, à l'occasion d'une levée de 80,000 hommes demandés par l'opposition pour secourir la Pologne alors en insurrection. Les paroles textuelles prononcées par M. Dupin sont : « *Chacun chez soi, chacun son droit,* » et voici en quels termes l'irascible et spirituel orateur a dénié, dans le second volume de ses *Mémoires*, la paternité de celles qu'on lui prête :

« . . . . Voilà le texte et l'esprit de mon discours du 6 décembre. Je le maintiens ; ce sont là mes principes, et je les tiens pour irréprochables.

» Au lieu de cela, qu'ont imaginé les partis ? Ils ont impudemment travesti le texte de mes paroles ; et au lieu de *chacun chez soi, chacun son droit,* dans le sens où je l'ai dit, c'est-à-dire appliqué à l'intervention étrangère, ils m'ont fait dire : *chacun pour soi,* d'une manière absolue, en l'appliquant même à la vie intérieure de la cité. C'est-à-dire qu'à une maxime juste, *conservatrice du droit et de la liberté de tous les peuples,* l'esprit de parti a substitué malicieusement la formule odieuse : *chacun pour soi,* afin d'en faire un texte d'accusation contre ce qu'ils appellent l'*égoïsme de la bourgeoisie !*

» A quoi je réponds : « *Chacun pour soi* n'est pas de moi ; cela vient de vous
» et je laisse cette odieuse formule à la charge de ceux qui l'ont inventée. »

» Le premier qui a employé cette perfidie est M. Louis Blanc. Dans son *Histoire de dix ans*, il a glissé comme un petit serpent le venin de cette interprétation : « Le principe de non-intervention, dit-il, fut, dès les premiers jours du
» nouveau règne, adopté comme fondement de la politique du nouveau gou-
» vernement. C'était un principe étroit, peu généreux... Prendre cette devise
» égoïste : *Chacun chez soi, chacun* POUR *soi,* la France ne le pouvait sans faire
» violence à son génie, sans abdiquer son rôle de *haute tutelle* à l'égard des

» peuples malheureux. » . . . . . En tout cas, une *protestation*, maintes fois réitérée à la tribune, dans mes livres, dans les journaux, suffit pour rétablir la vérité aux yeux des hommes impartiaux, et ne permet à personne de bonne foi d'accoler mon nom à l'odieuse maxime formulée par M. Louis Blanc. »

« Petit serpent ! » quelle exclamation aurait donc poussée l'ire de M. Dupin, s'il avait connu ce coup de boutoir de M. Toussenel :

« Un illustre avocat, mal chaussé et fort laid, plaidant un jour contre la Pologne en pleine tribune législative française, eut le malheur de clore sa harangue par cette honteuse conclusion bien digne de l'exorde : « *Chacun chez soi, chacun pour soi.* » L'éloquent orateur avait dérobé ce jour-là au corbeau sa devise politique. »

Quoi qu'il en soit de cette paternité si vivement répudiée, le *chacun chez soi, chacun pour soi* est resté la maxime de l'égoïste, de l'*homme personnel*, et voici, à propos de ces deux derniers mots, une anecdote qui ne sera pas déplacée ici.

Colardeau se mourait ; un de ses amis, Barthe, poëte connu par sa fatuité littéraire bien plus que par son talent, arrive chez lui, pénètre dans sa chambre à coucher, et malgré les signes non équivoques d'impatience et de fatigue du moribond, il lit, sans lui faire grâce d'une scène, sa comédie de l'*Homme personnel*. « Mon ami, lui dit Colardeau d'une voix éteinte, quand il eut achevé sa lecture, il manque un trait de caractère à cette pièce : c'est celui d'un auteur qui vient lire une comédie en cinq actes à son ami au lit de mort. » Colardeau expira quelques instants après.

La sagesse impie a dit aux hommes : *Chacun pour soi, chacun chez soi.* Mais la charité chrétienne écrit sur sa bannière : Chacun pour tous, tous pour chacun !

Louis Veuillot, *les Libres Penseurs.*

La noble France se jette la première aux croisades en criant : *Dieu le veut !* sans demander qu'on lui montre à cette entreprise un autre intérêt. Je sais qu'il y a aujourd'hui des Français d'un autre style. Ils disent : *Chacun chez soi, chacun pour soi.*

Louis Veuillot, *Çà et là.*

Lors même que l'Italie ne nous aurait jamais été d'aucune espèce d'utilité, lors même que nous aurions eu en certaines circonstances à nous plaindre de quelques-unes de ses populations ; elle est malheureuse, elle tend ses mains suppliantes vers nous ; devons-nous tout à coup nous renfermer dans l'étroite maxime : *Chacun chez soi, chacun pour soi ?*

Léon Plée, *le Siècle.*

Il était impossible qu'une bonne et loyale créature comme l'hirondelle, dont tous les actes sont marqués au coin du dévoûment et de la charité fraternelle, ne fût pas quelque jour mise au ban d'une société avare et égoïste, où ceux qui se disent les sages n'ont pas honte de poser pour règle de conduite l'ignoble devise : *Chacun chez soi, chacun pour soi!*

De toutes parts l'hirondelle a été obligée de déserter la demeure des heureux, d'où l'amour et la poésie avaient déguerpi bien longtemps avant elle. TOUSSENEL, *le Monde des Oiseaux.*

CHAISE CURULE.

La *chaise curule* était, à Rome, une sorte de siége d'ivoire en forme d'X, sans bras ni dossier. C'était un des insignes de la dignité des sénateurs et des premiers magistrats. Ce qu'on appelle le *fauteuil de Dagobert* était une chaise curule romaine.

Les Gaulois, conduits par Brennus, assiégeaient Clusium, ville d'Étrurie alliée des Romains. Ceux-ci envoyèrent des ambassadeurs qui demandèrent à Brennus de quel droit il attaquait un peuple ami de Rome. « Du même droit, répondit le fier Gaulois, que vous vous êtes emparés des terres des Véiens et des Sabins. » Les ambassadeurs se jettent alors dans la place et combattent avec les Clusiens. Brennus, qui voit là une violation du droit des gens, lève le siége et marche aussitôt sur Rome. A la sanglante bataille de l'Allia, les légions romaines, épouvantées par les cris affreux, la taille gigantesque et les armes inconnues des Gaulois, se débandèrent au premier choc, et Brennus entra sans coup férir dans la ville, que les citoyens avaient abandonnée, tant la terreur était grande ! Plusieurs vieux sénateurs étaient restés seuls dans Rome, revêtus de leurs robes de pourpre et assis sur leur *chaise curule*. Un Gaulois s'approcha de Papirius, et, le prenant pour une statue, passa doucement sa main sur sa longue barbe. Le patricien frappa l'audacieux de son bâton d'ivoire : ce fut le signal du massacre.

Les propositions se succédaient dans l'assemblée, et plus elles étaient violentes, plus on les adoptait avec un empressement unanime. Tous les représentants voulaient mourir sur leur *chaise curule.* M. Dupin lui-même était plein de courage ; il était prêt à braver les Anglais et les Prussiens.

LE Dr VÉRON, *Mémoires d'un bourgeois de Paris.*

Dans ce moment, les Girondins, réunis une dernière fois, dinaient ensemble pour se consulter sur ce qui leur restait à faire. Il était évident à leurs yeux que l'insurrection actuelle ne pouvait plus avoir pour objet, ni *des presses à briser,* comme avait dit Danton, ni une commission à supprimer, et qu'il s'agissait définitivement de leurs personnes. Les uns conseillaient de rester fermes à leur poste, et de mourir sur la *chaise curule,* en défendant jusqu'au bout le caractère dont ils étaient revêtus.

Thiers, Histoire de la Révolution française.

Le flamant couve ses œufs à califourchon, les pieds pendants à terre; et comme les femelles, dans cette espèce, aiment à couver en société, ce doit être un assez singulier tableau que la réunion d'une cinquantaine de ces hauts personnages vêtus de robes rouges et assis gravement sur leurs chaises pointues, à la façon des sénateurs romains. Toussenel, *Ornithologie passionnelle.*

J'ai rencontré dernièrement à l'une des barrières de Paris un de ces vieux fiacres, avec ses vieux panneaux, ses vieux chevaux, son vieux cocher. Cela faisait peine à voir. Eh bien! au milieu des voitures nouvelles dont il était entouré, ce cocher antique, avec sa vieille houppelande, avait encore un air de dignité. Insensible aux moqueries de ses camarades, il gardait une attitude calme, résignée; il paraissait fier d'être assis sur son siége vermoulu, il fumait sa pipe à leur nez... on l'aurait pris pour un de ces vieux sénateurs romains, attendant la mort dans sa *chaise curule.*

Brazier, Livre des Cent-et-un.

CHAPEAU DE GESSLER.

Albert 1er, empereur d'Allemagne, ayant eu à se plaindre des cantons de Schwitz, Uri, Unterwalden et Lucerne, avait ordonné à ses baillis, ou avoyers, de redoubler de sévérité. L'un d'eux, Hermann Gessler, exagérant encore les ordres de son maître, signala son zèle par des actes de la plus révoltante tyrannie. Il fit arborer un chapeau sur la place publique d'Altorf (peut-être le chapeau ducal, suivant la conjecture du célèbre historien J. de Muller) et voulut obliger tous les Suisses à le saluer en passant. Un homme de la campagne, Guillaume Tell, refusa de se soumettre à cette humiliation. Le gouverneur le fit arrêter, et, le sachant très habile archer, le condamna à abattre avec une flèche une pomme placée sur la tête de son jeune fils, épreuve terrible dont il sortit victorieux. Quelques jours après, il perçait le tyran lui-même, et l'épisode du chapeau de Gessler se terminait par l'affranchissement des quatre cantons.

On rappelle le *chapeau de Gessler* à propos d'une prétention humiliante, à laquelle on refuse de se soumettre.

Vrai, le général Cavaignac est bien généreux de ne pas nous faire adorer son épée ou son cafetan au bout d'une perche, comme le farouche *Gessler fit adorer son chapeau;* il ne se trouverait pas un Guillaume Tell français pour le jeter par terre.

Mme ÉMILE DE GIRARDIN, *Correspondance parisienne.*

En vain les tuyaux des pompes, dirigés sur l'indiscipliné cuisinier, l'inondent d'une eau amère; en vain les menaces éclatent de toutes parts; ferme comme un rocher au milieu des flots mutinés, il s'écrie :

— Fussiez-vous vingt fois plus nombreux, vous ne viendriez pas à bout de me soumettre aux lois extravagantes de votre père la Ligne, dont ma fierté veut s'affranchir. Non, je n'aurais pas salué le *chapeau de Gessler,* ni le cheval de Caligula; non, je ne serai pas baptisé.

JACQUES ARAGO, *Voyage autour du Monde.*

La Suisse fait mieux que de ne rien dépenser pour l'entretien de ses troupes; elle vend ses soldats, elle en tire un revenu. Ce qui ruine partout les nations, lui fait profit à elle. Je ferai même observer à ce propos, que la Suisse républicaine ne vend ses soldats qu'aux monarchies absolues. A Palerme, c'est un compatriote de *Guillaume Tell* qui vous force à *mettre chapeau bas* devant une affiche de spectacle collée sur un mur, sous prétexte que ce mur est celui du palais du roi.

TOUSSENEL, *les Juifs.*

Le censeur le plus terrible aujourd'hui, c'est ce public que toute vérité hardie importune et blesse, qui met ses préjugés au bout d'une perche, et veut, comme *Gessler,* qu'on leur *ôte son chapeau;* qui se plaît aux pensées creuses, aux grandes phrases; qui a peur d'une idée neuve ou d'un trait vif, comme un oiseau de nuit d'un rayon de soleil, et n'admire un journaliste que s'il écrit en style de revue les ponts-neufs de la politique et de la morale officielle.

FRANCISQUE SARCEY, *Opinion nationale.*

CHARBONNIER EST MAITRE DANS SA MAISON.

François Ier, s'étant égaré à la chasse, entra, à la nuit tombante, dans la cabane d'un charbonnier dont il trouva la femme seule et accroupie auprès du feu. C'était en hiver et le temps était pluvieux. Le roi demanda à souper et à passer la nuit; mais il fallut attendre le retour du mari, ce qu'il fit en se chauffant, assis sur l'unique chaise qu'il y eût dans la cabane. Arrive enfin le charbonnier las de son travail, tout mouillé et fort affamé. Le compliment d'entrée ne fut pas long. A peine eut-il salué son hôte et secoué son chapeau couvert de pluie, qu'il se fit rendre le siège que le roi occupait, et prit la place la plus commode en disant : « J'agis ainsi sans façon, parce que je suis chez moi :

> Or, par droit et par raison,
> Chacun est maitre en sa maison. »

François Ier applaudit au proverbe rimé et s'assit sur une sellette de bois. On soupa, on causa, on régla les affaires du royaume. Le charbonnier se plaignait des impôts et voulait qu'on les supprimât. Le prince eut bien de la peine à lui faire entendre raison. « Eh bien ! soit, répondit notre homme ; mais ces défenses rigoureuses contre la chasse, les approuvez-vous aussi ? Je vous crois fort honnête homme, et je pense que vous ne me dénoncerez pas. J'ai là un quartier de chevreuil pris sur les plaisirs de Sa Majesté et qui en vaut bien un autre, mangeons-le ; et que le *Grand Nez* (1) n'en sache rien. » François Ier sourit, promit tout, soupa avec appétit, se coucha sur des feuilles sèches et dormit parfaitement. Le lendemain, sa suite l'ayant rejoint, il se fit connaître au charbonnier, qui se crut perdu. Le roi lui paya généreusement l'hospitalité qu'il en avait reçue, et lui accorda à perpétuité le droit de chasse. C'est à cette aventure, rapportée dans les *Commentaires* de Blaise de Montluc, qu'on attribue le proverbe : *Charbonnier est maitre chez lui*, qui n'est qu'une variante de celui dont le charbonnier se servit (2).

« Je veux vous dire une folie de M. d'Armagnac. Il était question de la dispute des princes et des ducs pour la Cène : voici comme le roi l'a réglée. Immédiatement après les princes du sang, M. de Vermandois a passé, et puis, toutes les dames ; et puis, M. de Vendôme et quelques ducs. M. d'Armagnac ayant voulu reparler au roi sur cette disposition, le roi lui fit comprendre qu'il le voulait ainsi. M. d'Armagnac lui dit : « *Sire, le charbonnier est maitre à la maison.* » On a trouvé cela fort plaisant ; nous le trouvons aussi, et vous le trouverez comme nous. »   CORBINELLI, *à madame de Grignan*.

— Excusez, messieurs, cria Grandet en reconnaissant la voix de ses amis, je suis à vous ! Je ne suis pas fier, je rafistole moi-même une marche de mon escalier.

— Faites, faites, monsieur Grandet, *charbonnier est maitre chez lui*,

---

(1) C'est le nom que donnait le peuple à François Ier, dont le nez était un remarquable morceau d'histoire naturelle.
(2) Quitard.

dit sentencieusement le président, en riant tout seul de son allusion que personne ne comprit.

Honoré de Balzac, *Eugénie Grandet.*

— Allons, Minoret, tu restes là tout hébété comme un grand serin ! Tu es chez toi et tu laisses monsieur son chapeau sur la tête devant ta femme ! Vous allez, mon petit monsieur, commencer par détaler. *Charbonnier est maître chez lui.* Tournez-moi les talons, et, si vous touchez à Désiré, vous aurez affaire à moi, vous et votre pécore d'Ursule.

Le Même, *Ursule Mirouet.*

Dans le *Traité de vénerie et de chasse,* il est dit que « tout seigneur peut chasser noblement, c'est-à-dire à force de chiens et d'oiseaux, dans ses forêts, buissons, garennes et plaines, pourvu que ce soit à une lieue au moins des plaisirs du roi ; et, quand ils sont à trois lieues, il est maître de chasser chevreuil et sanglier ; il peut aussi tirer sur toute sorte de gibier, excepté le cerf, le faon et la biche. »

Grâce à la révolution de 1789, toute cette jurisprudence nous paraît fabuleuse. Aujourd'hui, *charbonnier est maître chez lui.* Le propriétaire d'un are de terre peut tuer les animaux qui mangent sa récolte, et les manger eux-mêmes.

Elzéar Blaze, *le Chasseur au chien d'arrêt.*

CHARLES-QUINT AU MONASTÈRE DE SAINT-JUST.

A l'âge de cinquante-cinq ans, Charles-Quint, en proie à des infirmités précoces, dégoûté des grandeurs, voyant l'horizon politique s'assombrir de toutes parts autour de lui, et poursuivi encore par le besoin de faire des choses extraordinaires, résolut de résigner à son fils Philippe ses États héréditaires, dessein qu'il méditait depuis longtemps. Passant un jour dans la vallée de Yuste (Estramadure), où se trouvait un couvent de hiéronymites, improprement appelé monastère de Saint-Just par nos historiens, il avait dit à ses courtisans : « O la belle retraite pour un autre Dioclétien ! » Le 25 octobre 1555, il abdiqua à Bruxelles, et quelques jours après se retira dans ce monastère. « Ce fut là, dit Robertson, qu'il ensevelit dans la solitude et le silence sa grandeur, son ambition, et tous ces vastes projets, qui, pendant près d'un demi-siècle, avaient rempli l'Europe d'agitations et d'alarmes. » Ses amusements se bornaient à des promenades solitaires, à la culture d'un petit jardin et à des ouvrages mécaniques. En même temps, il pratiquait dans toute leur rigueur les règles de la vie monastique. Dans l'excès de sa dévotion, il cherchait à inventer quelque acte extraordinaire de piété qui pût signaler son zèle, attirer sur lui les regards du ciel, et peut-être aussi ceux du monde, qu'il regrettait d'avoir quitté. Il résolut donc de célébrer ses propres funérailles; enveloppé d'un linceul, et précédé de ses domestiques vêtus de deuil, il s'avança vers une bière placée au milieu de l'église et s'y étendit. On célébra l'office des morts, et le monarque mêla sa voix à celle des religieux qui priaient pour lui. Après la dernière aspersion, tout le monde se retira, et les portes de la chapelle furent fermées. Charles-Quint, resté seul, sortit du cercueil et alla se prosterner devant l'autel; puis il rentra dans sa cellule, où il passa la nuit dans la plus profonde méditation, la tête pleine des idées lugubres qu'une semblable solennité lui avait inspirées. Cette cérémonie hâta la fin de ses jours; une fièvre causée par l'agitation violente où l'avaient jeté les pensées de la mort, le saisit et l'enleva le 21 septembre 1558, dans la cinquante-neuvième année de son âge.

Cette retraite si extraordinaire de Charles-Quint, et ces funérailles anticipées, plus extraordinaires encore, sont restées dans notre langue l'objet de fréquentes allusions.

L'amour des chardonnerets dure autant que leur vie. On en a vu prendre le deuil à la suite d'une grosse peine de cœur et se retirer du monde, à l'instar de l'empereur Charles-Quint, qui, dégoûté de l'ambition et de la vaine grandeur, abdiqua le sceptre pour s'ensevelir tout vivant dans le *monastère de Saint-Just*. L'histoire dit que le regret de sa détermination prit quelquefois le monarque. Ainsi, le chardonneret qui a déposé sa couronne écarlate, signe de royauté, pour coiffer le voile noir, signe de renoncement et de deuil, revient quelquefois aussi sur la résolution que lui a dictée le désespoir, et rentre en ses insignes. TOUSSENEL, *le Monde des Oiseaux*.

Le nom d'Arthur n'apparaît plus que de loin en loin dans la littérature. Il fabriquait le roman, le drame et tout ce qui s'ensuit, avec assez de facilité; mais il a été dans ces derniers temps bien distancé. C'est un écrivain qui *a fait son temps*, et l'on dit de lui maintenant ce qu'il disait naguère de quelques-uns de ses confrères, que, comme Charles-Quint, *il assiste vivant à ses propres funérailles*.
ALEXANDRE DE LAVERGNE, *la Recherche de l'Inconnu*.

— Dès ce moment, je deviens un homme grave, j'abdique à Saint-Sylvain, mes vues se tournent vers Paris. Dès aujourd'hui, mon fils, c'est vous qui me succédez, c'est vous qui régnez ici; vous êtes le souverain de l'arrondissement. Je vous laisse un trône tranquille et des sujets respectueux. Quant à moi, je vous suivrai de loin, comme Charles-Quint suivait Philippe II des hauteurs de *Saint-Just*. Maintenant, mon fils, venez que je vous embrasse, cette accolade vous servira de consécration.   Louis Reybaud, *le Coq du clocher*.

Le prince des éclectiques est descendu aux travaux purement littéraires, où il fait merveille. M. Cousin s'est retiré dans les lettres, comme Charles-Quint se retira au *monastère de Saint-Just;* mais son abdication lui a porté bonheur, et il peut se consoler de n'être plus un philosophe nuageux en étant un brillant homme de lettres.
   Paulin Limayrac.

Affaibli par la douleur, Potard rompit complétement avec le monde ; la solitude devint son seul abri contre le désespoir. Tout ce qui se rattachait à sa vie passée lui était devenu odieux ; la pipe, cette dernière compagne de l'isolement, n'avait plus pour lui le moindre charme. Il avait brisé de ses mains tout un arsenal de ce genre, laborieusement amassé, et où il avait prodigué le souffle de sa jeunesse. C'était une abdication complète, un de ces actes décisifs qui firent de Charles-Quint un simple profès de *Saint-Just*. Comme lui, Potard se déclara mort au monde.
   Louis Reybaud, *le Dernier des commis-voyageurs*.

CHEVAL DE CALIGULA.

Caligula est un des souverains les plus extravagants qui aient porté la couronne. S'étant pris de passion pour son cheval, nommé *Incitatus*, il en fit son favori, lui monta une maison magnifique, lui donna des meubles et des serviteurs pour recevoir splendidement ceux qui venaient le visiter. Son écurie était de marbre, sa mangeoire de nacre, sa couverture de pourpre, sa bride semée de pierreries. Ses *gens* lui présentaient sa nourriture dans des vases d'or, et on lui versait du vin dans des coupes de même métal ; l'empereur le faisait souvent manger à sa table, et lui servait lui-même de l'orge dorée ; il l'avait nommé membre du collège des Prêtres et projetait, dit-on, de le faire consul, quand Chéréas débarrassa la terre de ce monstre.

Dans ses *Mémoires*, le cardinal de Retz a observé que les Romains étaient descendus à un tel degré d'avilissement, qu'ils ne furent ni fort surpris, ni fort indignés, quand ils apprirent que Caligula voulait faire son cheval consul.

Cyrano de Bergerac se plaisait à poser le problème suivant : Quelle différence y a-t-il entre Caligula et Darius?... Et il ajoutait : Caligula a fait son cheval empereur, tandis que Darius a été fait empereur par son cheval (1).

Depuis le *cheval de Caligula*, qui fut nommé consul, on ne citerait pas un seul quadrupède qui ait eu une fortune plus rapide, plus éclatante que *Souvenir*, le vainqueur du prix du jockey-club, du Derby de Chantilly. Son nom est dans toutes les bouches; l'Europe acclame sa gloire; il contrebalance la vogue des *Misérables*, de M. Victor Hugo.   ALBÉRIC SECOND, *l'Univers illustré.*

Le pouvoir ne se prouve sa force à lui-même que par le singulier abus de couronner quelque absurdité des palmes du succès, en insultant au génie, seule force que le pouvoir absolu ne puisse atteindre. La promotion du *cheval de Caligula*, cette farce impériale, a eu et aura toujours un grand nombre de représentations.
    HONORÉ DE BALZAC, *la Dernière Incarnation de Vautrin.*

CHEVAL DE JOB.

L'un des passages les plus sublimes de la Bible est cette magnifique description du cheval dans le livre de Job. Les poètes et les prosateurs s'en sont tour à tour inspirés; mais, en dépit de leur génie et de leurs efforts, leurs descriptions ne sont que de pâles imitations. Pendant l'entretien de Job avec ses amis, quelques mots de doute sur la justice de Dieu s'échappent des lèvres du patriarche. Tout à coup le Très-Haut, du sein de la nue, fait entendre sa voix formidable comme le tonnerre, et, sans daigner expliquer ses décrets, rappelle quelques-uns des prodiges de sa puissance, et relève, avec une magnificence de langage que rien n'égale dans l'Ancien Testament, la grandeur de sa majesté. Les descriptions qu'il fait de quelques animaux, avec lesquels il défie Job d'oser se mesurer, portent l'empreinte visible de son sceau :

« As-tu donné au cheval sa force et son courage? As-tu orné son cou d'une crinière flottante? Il bondit aussi léger que la sauterelle, et son hennissement est la voix de la terreur. Il frappe du pied la terre et se rit du glaive qui menace sa poitrine. Les flèches volent, les piques étincellent, et, de son pied irrité, il creuse le sol. Mais la trompette sonne, il hennit, il bondit, il flaire de loin la bataille et dit : « Allons ! »

(1) Après la mort du faux Smerdis, sept nobles Persans qui aspiraient à la couronne, convinrent de s'assembler un certain jour, et de reconnaître pour roi celui dont le cheval hennirait le premier. La veille de ce jour, l'écuyer de Darius conduisit le cheval de son maître, en compagnie d'une cavale, à l'endroit désigné, et fit décerner, par cette ruse, la couronne à Darius.

Dès qu'a sonné l'airain, dès que le fer a lui,
Il s'éveille, il s'anime, et, redressant la tête,
Provoque la mêlée, insulte à la tempête;
De ses naseaux brûlants il souffle la terreur;
Il bondit d'allégresse, il frémit de fureur;
On charge, il dit : « Allons ! » se courrouce et s'élance;
Il brave le mousquet, il affronte la lance...
                    DELILLE, *les Trois Règnes*, chant VIII.

Le gamin joue dans le ruisseau et se redresse par l'émeute; son effronterie persiste devant la mitraille; c'était un polisson, c'est un héros; ainsi que le petit Thébain, il secoue la peau du lion; le tambour Barra était un gamin de Paris; il crie : En avant ! comme le cheval de l'Écriture dit : *Allons !* et en une minute il passe du marmot au géant.   VICTOR HUGO, *les Misérables.*

Vienne une révolte, par exemple; *semblable au cheval de Job*, le gamin de Paris tressaille, et l'ivresse du combat gonfle d'avance sa narine.   VICTOR FOURNEL, *Ce qu'on voit dans les rues de Paris.*

L'hippogriffe, dont le type esquissé par l'Arioste laissait d'ailleurs pleine carrière à la fantaisie de l'artiste, n'a pas été compris, par M. Barye, moins heureusement qu'Angélique et Roger. Cet animal merveilleux dont la nature ne fournit pas de modèle, qui tient à la fois de l'aigle et du cheval, dévore l'espace comme le *coursier de Job*, et souffle le feu par ses naseaux dilatés.
                    GUSTAVE PLANCHE, *Portraits d'artistes.*

Comme le *cheval de l'Écriture*, qui hennit au son de la trompette, quand l'homme de génie entend le bruit des idées, son cœur bat, ses cheveux se hérissent, son œil s'allume, il se dit : «*Allons !*» et il crée; il prononce un *fiat !*   LACORDAIRE, *Conférences.*

L'ivresse de la polémique est quelque chose d'analogue à l'effet que produisent sur le champ de bataille l'odeur de la poudre et le bruit de la trompette, qui, selon Job, fait dire au cheval : «*Allons !*» Or, M. Louis Veuillot n'est point une de ces natures calmes et un de ces esprits modérés et doux qui ne descendent dans l'arène qu'avec une certaine répugnance. Comme le *cheval de Job*, il est né pour la guerre ; loin de craindre la mêlée, il la cherche.

Alfred Nettement, *Littérature sous le gouvernement de Juillet.*

CHRISTOPHE COLOMB.

Christophe Colomb naquit à Gênes en 1435 ; son père était cardeur de laine. La lecture attentive des ouvrages des anciens, les écrits de Marco-Polo et les calculs de la science le portèrent à penser qu'en faisant voile sur l'océan Atlantique, vers l'ouest, on devait nécessairement et promptement découvrir les côtes occidentales de l'Asie. Aborder aux Indes, en s'embarquant à l'ouest de l'Europe, tel fut l'audacieux et admirable projet de Colomb. Pour arriver à le concevoir, il fallait *croire*, mais *croire absolument* à la sphéricité de la terre. Pour l'exécuter, il fallait des matelots et des vaisseaux, c'est-à-dire l'appui d'un gouvernement. Colomb s'adressa d'abord à sa patrie ; mais les Génois ayant rejeté ses offres, il alla trouver Jean II, roi de Portugal. Traité de visionnaire, il passa en Espagne. Là, il eut à défendre son opinion sur la sphéricité de la terre et la possibilité d'en faire le tour, devant le collège de Salamanque, composé des plus savants professeurs d'astronomie, de géographie, de mathématiques, et des dignitaires les plus éminents de l'Église. « Aucune discussion scientifique, dit M. Liebig, n'exerça plus d'influence sur le développement intellectuel de l'humanité. A cette époque, les preuves mathématiques perdaient leur valeur, quand elles semblaient contraires à certains passages de l'Ecriture ou à certaines interprétations des Pères. Comment la terre pourrait-elle être ronde, disait-on, puisqu'on lit dans les Psaumes que le ciel est tendu comme une peau ; et quand saint Pierre, dans sa lettre aux Hébreux, compare le ciel à un tabernacle ou à une tente déployée sur la terre, comment nier encore qu'elle soit plate ? Lactance et saint Augustin ne se sont-ils pas prononcés contre l'existence des antipodes ?... Quelle prétention, d'ailleurs, pour un *homme du commun*, de vouloir faire une si grande découverte, quand la forme du monde a été l'objet des méditations de tant de philosophes et de savants, quand tant de hardis marins y ont navigué depuis des milliers d'années ! » Ce fut au bout de huit ans, huit ans d'attente pleine d'angoisses, huit ans où nulle épreuve ne manqua à son courage, que l'illustre Génois put enfin réaliser son idée. Débarrassés de la guerre contre les Maures de Grenade, Ferdinand et Isabelle avaient consenti à lui accorder trois navires.

Colomb partit de Palos le 3 août 1492, et le 12 octobre, après une traversée que rendit périlleuse l'insubordination de matelots découragés ou effrayés, il aperçut San-Salvador, une des Lucayes.

La découverte de Colomb eut des résultats immenses. On peut dire que c'est une date aussi importante dans l'histoire de l'esprit humain que dans celle de la civilisation matérielle. Une nouvelle vie de l'intelligence et du sentiment s'empara de toutes les couches de la société. Les espérances, les curiosités, les rêves prirent un essor plus audacieux. Les vastes espaces du nouveau continent se peuplèrent d'émigrants ; on vit de nombreuses colonies se former, principalement aux rives opposées à l'Europe. Bientôt leur étendue et leur situation firent de ces colonies des États libres, et la république put prendre naturellement des formes nouvelles dans un milieu social dégagé de toute tradition.

Qui aurait pensé, il y a cinquante ans, que le même pouvoir faisait le mouvement des astres et la pesanteur! Qui aurait soupçonné la réfrangibilité et les autres propriétés de la lumière, découvertes par Newton! Il est notre *Christophe Colomb;* il nous a menés dans un nouveau monde, et je voudrais bien y voyager à votre suite.
VOLTAIRE, *Lettre à Maupertuis.*

Voilà ce que ressentait à Annecy l'enfant de Genève, en 1731, pendant qu'on lisait à Paris *le Temple de Gnide.* Ce jour-là, il découvrit la rêverie, ce charme nouveau qu'on avait laissé comme une singularité à La Fontaine, et qu'il allait, lui, introduire décidément dans une littérature jusque-là galante et positive. La *rêverie,* telle est sa nouveauté, sa découverte, son *Amérique* à lui.
SAINTE-BEUVE, *Causeries du lundi.*

Céleste m'a apporté en dot une beauté devant laquelle tous les peintres briseraient leurs pinceaux, et tous les poëtes oublieraient leur idéal. En échange de mon anneau, elle m'a mis dans la main une clef avec laquelle je viens d'ouvrir une félicité que j'ignorais encore, moi qui les connais toutes, et qui les connais tant! Il était écrit que je devais être le *Christophe Colomb* de cette autre Amérique, dont tant d'autres avant moi avaient vainement tenté la conquête.
HENRI MURGER, *une Victime du bonheur.*

Ah! si j'avais le talent de tels et tels écrivains de nos jours, et leur jeunesse, et leurs loisirs, et leur plume, que ne ferais-je pas! Il y a un monde nouveau à découvrir, sans aller, comme *Christophe Colomb,* traverser l'Atlantique. Ce monde nouveau, c'est la sensibilité et la raison des masses.
LAMARTINE, *Geneviève.*

CHRISTOPHE COLOMB ET AMÉRIC VESPUCE.

Christophe Colomb éprouva le sort réservé aux grands génies et aux grands inventeurs. Après sa découverte, les souverains d'Espagne montrèrent envers ce grand homme une ingratitude qu'on ne saurait trop flétrir. On regrettait d'avoir investi de pouvoirs si étendus et de si brillants privilèges un homme d'une naissance obscure. Lors de son troisième voyage, la cour ordonna une enquête sur sa conduite et sa gestion, et on en chargea un homme violent et ambitieux, Bobadilla, qui, dès son arrivée dans le nouveau monde, fit arrêter Colomb et le renvoya en Espagne chargé de chaînes. Colomb voulut garder toute sa vie ces fers, qui avaient été la récompense de ses services. Pendant le reste de ses jours, il les conserva suspendus dans son cabinet, et ordonna qu'à sa mort ils fussent enfermés avec lui dans son cercueil. Il mourut pauvre et délaissé à Séville, le 20 mai 1506.

Mais la plus grande injustice dont il ait été victime, car elle a été consacrée par la postérité, est celle qui lui a enlevé l'honneur de donner son nom à sa découverte. Un navigateur florentin, Améric Vespuce, qui avait fait en qualité de pilote et de géographe plusieurs voyages vers la terre nouvellement découverte, prétendit avoir reconnu le continent dès 1497, c'est-à-dire une année avant Colomb, ne laissant à celui-ci que l'honneur d'avoir découvert les îles. Mais il est prouvé par des documents authentiques que le voyage d'Améric n'a été accompli qu'en 1499. Le nom d'*Amérique* n'en a pas moins été appliqué au nouveau monde dès la première année du seizième siècle; et cette grande injustice s'est perpétuée jusqu'à nos jours. Le continent découvert par Colomb a pour parrain Améric Vespuce : *Sic vos non vobis*.

« L'*Amérique*, dit M. Henri Martin, ne devrait porter d'autre nom que celui de *Colombie*. La postérité a été aussi injuste envers Colomb que la couronne d'Espagne : celle-ci lui a refusé la récompense de ses travaux; celle-là lui a laissé ravir l'honneur de nommer le monde qu'il avait trouvé. Le Florentin Améric Vespuce vola au grand Génois cette gloire par la fraude la plus gigantesque dont l'histoire ait gardé le souvenir; Améric ayant fait, en 1499, un voyage sur la côte de terre ferme reconnue l'année d'avant par Colomb, prétendit plus tard avoir devancé d'un an Colomb, qu'il n'avait fait que suivre : ses lettres, adressées à d'illustres personnages, à Laurent de Médicis, au duc René de Lorraine, eurent une vaste publicité; sa lettre au duc René fut imprimée à Saint-Dié en 1507, et l'éditeur lorrain y proposa de donner le nom d'*Amérique* à la quatrième partie du monde, qu'il croyait découverte par Vespuce. Cette proposition, faite par un inconnu dans un coin obscur de la Lorraine, a été accueillie par l'univers, afin que rien ne manquât à la triste destinée de Colomb. »

Linnæus découvrit un beau jour le mystère des amours des plantes, et il écrivit que la corolle était la couche nuptiale des fleurs; mais là s'arrêta son génie, pour le malheur des hommes. Semblable à *Christophe Colomb*, qui, débarqué sur la terre d'Amérique, croyait fouler encore le sol de l'ancien continent, Linnæus ne s'aperçut pas qu'il venait de découvrir un nouveau monde. L'œil de son corps ne vit pas aussi loin que l'œil de sa pensée, et Dieu, pour le punir de sa myopie, lui ravit, comme à son émule, la gloire de baptiser de son nom sa découverte immortelle, et réserva cet honneur à un autre *Vespuce*.   TOUSSENEL, *Ornithologie passionnelle.*

———

M. Niepce est mort et la *machine* s'appelle Daguerréotype.

Le monde découvert par *Christophe Colomb* s'appelle bien *Amérique*.   ALPHONSE KARR, *les Guêpes.*

———

Il y a des peuples de génie qui inventent, et des peuples hommes d'affaires qui exécutent ; il y a des penseurs qui découvrent, et des habiles qui exploitent la découverte, et souvent ne l'exploitent qu'à leur profit. Derrière un *Colomb*, qui devine un monde, il y a presque toujours un *Améric Vespuce* qui s'y installe et qui lui donne son nom.

HIPPOLYTE RIGAULT, *Querelle entre les Anciens et les Modernes.*

CI-GIT PIRON, QUI NE FUT RIEN, PAS MÊME ACADÉMICIEN.

Piron, poète de second ordre, mais immortel auteur de la *Métromanie*, avait un grand talent pour la saillie et l'épigramme, et ne laissait passer aucune occasion de lancer des brocards contre l'Académie française : « *Ils sont là quarante,* disait-il, *qui ont de l'esprit comme quatre.* » Un jour qu'il s'efforçait de percer la foule pour assister à une séance publique, il s'écria : « *Il est plus difficile d'entrer ici que d'y être reçu.* » Cependant, en 1750, il se mit sur les rangs pour la place laissée vacante par la mort de l'abbé Terrasson, et ne fut point nommé. Trois ans après, il obtint les suffrages de l'assemblée, mais Louis XV refusa son agrément à cette élection, et donna au poète, pour dédommagement, une pension de mille livres. Ce fut peu de temps après que Piron envoya à l'Académie son testament avec cette épigramme :

> Ci-gît Piron, qui ne fut rien,
> Pas même académicien.

Toute l'Académie française avait été invitée à l'enterrement de Piron ; elle pouvait sans doute se dispenser d'y assister en corps ; mais on n'y vit pas un seul de ses membres. Il y avait dans un pareil procédé plus qu'une inconvenance. On fit circuler à ce sujet ce quatrain :

> Des quarante, priés en vain à ton convoi,
> Aucun n'en a voulu grossir le petit nombre ;
> Ne t'en plains pas, Piron, c'est qu'ils avaient, ma foi,
> Encor peur de ton ombre.

Cette fidélité à la mauvaise fortune de la démocratie fut récompensée par la perte de sa place de professeur à l'Université de Munich et de toutes ses distinctions honorifiques. Il ne sauva de la débâcle que son titre de membre de l'Académie des Sciences, en sorte qu'on peut retourner pour lui le mot de Piron, et dire de Fallmerayer qu'*il ne fut rien,*

Hélas! qu'académicien!

Revue de l'Instruction publique.

Béranger n'est pas de l'Académie française, il s'est dit qu'il ne fallait pas en être. C'est une singularité dont il se flatte, et dont il se vanterait presque, si tout le monde ne savait pas qu'il ne tient qu'à lui d'être un des premiers des Quarante. Mais il ne veut pas qu'on puisse « accoler jamais d'autre titre à son nom que celui de *chansonnier.* » Il ne fut rien, *pas même académicien*, c'est une épitaphe qu'il s'est appliquée à l'avance.

Sainte-Beuve, *Causeries du lundi.*

Guérin avait complétement abandonné ses poursuites ambitieuses. « Complimente-moi, mon cher maître, dit-il à son ami avec un sourire convulsif :

Comme Piron, je ne suis rien,
Pas même académicien.

Mais que les quarante immortels se tiennent ferme ! je vais faire pleuvoir sur eux un déluge de couplets, d'épigrammes, de satires, qui les submergera tous. »

Népomucène Lemercier, *Livre des Cent-et-un.*

Le roi ouvrit ses bras au vicomte de Montflanquin et le tint longtemps sur son cœur. Je n'ai pas besoin d'ajouter que ses yeux étaient mouillés de larmes.

— Nous ne ferons rien pour vous, lui dit-il enfin avec bonté ; puisque vous l'exigez, *vous ne serez rien, pas même pair de France.* Seulement, quoi que vous demandiez, soit pour vos proches, soit pour vos amis, vous l'obtiendrez, noble jeune homme, de notre royale gratitude.

Jules Sandeau, *Sacs et Parchemins.*

CINCINNATUS.

Patricien romain célèbre par ses vertus militaires et civiques, son amour de la patrie et son désintéressement. Presque ruiné, pour avoir payé une amende à laquelle son fils avait été condamné, il alla cultiver au delà du Tibre un petit champ qui lui restait. Appelé plusieurs fois par les Romains dans des circonstances difficiles, c'est à sa charrue que le rencontraient les députés du sénat. Quand il avait sauvé la république, il se démettait, même au bout de quelques jours, d'une dictature de six mois, et retournait à ses travaux rustiques. Il n'avait pas moins de quatre-vingts ans quand les Romains l'arrachèrent une dernière fois à sa charrue, pour déjouer les complots de l'ambitieux Spurius Mélius.

Cincinnatus est resté le modèle, le type du dévoûment civique et du désintéressement.

Après avoir assuré l'indépendance de leur patrie, les officiers de l'armée des États-Unis instituèrent l'ordre militaire de Cincinnatus. Chaque membre portait une décoration qui représentait d'un côté Cincinnatus quittant ses rustiques foyers pour prendre les armes; de l'autre on voyait le dictateur déposant son glaive, son bouclier, et reprenant sa charrue. Cette décoration fut envoyée à quelques officiers français qui avaient contribué à l'affranchissement de la république américaine. L'un d'eux, homme très distingué par sa naissance, excellent officier, mais dont l'instruction avait été fort négligée, s'écria en recevant les insignes de l'ordre : « Je connaissais déjà les ordres de Saint-Louis, de Saint-Lazare, de Saint-Michel, de Saint-Jacques, de Saint-Vladimir, de Saint-André, etc.; mais où diable nos amis d'Amérique sont-ils allés déterrer l'ordre de *Saint-Cinnatus ?* »

Le jour où le général Saint-Germain arriva de sa retraite à Versailles fut pour lui un jour de triomphe. Les courtisans, les femmes s'empressaient pour le voir; on savait que le courrier, porteur de sa nomination, l'avait trouvé occupé à planter un arbre dans son jardin : c'était un nouveau *Cincinnatus!* On le regardait avec une admiration qui tenait de la curiosité et de l'enthousiasme.

Droz, *Règne de Louis XVI*.

Rentré au logis, vous avez beau endosser une blouse malpropre et vous couvrir le chef d'un affreux chapeau de paille, il y a, toutes les heures, une locomotive indiscrète qui vient siffler à vos oreilles que vous êtes un Parisien déguisé, un campagnard de carton, un *Cincinnatus* sans charrue.

Edmond Texier, *les Choses du temps présent*.

Après les avocats, et avant les hommes de banque ou de négoce,

venaient, dans la députation californienne, les fermiers ou colons. Ils sont paisiblement retournés à leurs champs, où ils ont repris de bonne grâce, comme *Cincinnatus*, le manche de la charrue.
Revue nationale.

Deux fois sauveur de son pays, à l'est et au nord, et tenu pour tel par deux décrets, Pichegru sauve Paris, en passant, des bandits de germinal ; il sauve la Convention, qu'il pouvait renverser d'un souffle, laisse rugir les furies de l'ingratitude et se retire dans son pauvre village, où il pend l'épée de Scipion à la *charrue de Cincinnatus*.
CHARLES NODIER, *Portraits*.

Dans ces dernières années, on a pu voir un éminent prélat revêtir la pourpre, après avoir quitté jadis, pour l'habit ecclésiastique, le manche de la charrue et les travaux au milieu desquels s'était écoulée son enfance, nouveau *Cincinnatus* dont les populations des campagnes ont le droit d'être fières.
CHARLES DUPIN.

CINÉAS ET PYRRHUS.

Cinéas, négociateur, ministre et ami de Pyrrhus, qui disait de lui que son éloquence lui avait conquis plus de villes que la force des armes, ayant été envoyé à Rome pour y traiter de la paix après la bataille d'Héraclée, fut vivement frappé de la majesté du sénat, qu'il comparait à une assemblée de rois. Cinéas n'approuvait pas toujours les projets ambitieux du roi conquérant. On connaît la conversation qu'il eut avec ce prince, pour le détourner de son expédition d'Italie. Boileau la rapporte ainsi dans sa première *Épître* (au Roi) :

> « Pourquoi ces éléphants, ces armes, ce bagage
> Et ces vaisseaux tout prêts à quitter le rivage ? »
> Disait au roi Pyrrhus un sage confident,
> Conseiller très sensé d'un roi très imprudent.
> « Je vais, lui dit ce prince, à Rome où l'on m'appelle.
> — Quoi faire ? — L'assiéger. — L'entreprise est fort belle,
> Et digne seulement d'Alexandre ou de vous :
> Mais, Rome prise enfin, seigneur, où courons-nous ?
> — Du reste des Latins la conquête est facile.
> — Sans doute, on les peut vaincre : est-ce tout ? — La Sicile
> De là nous tend les bras, et bientôt, sans effort,
> Syracuse reçoit nos vaisseaux dans son port.
> — Bornez-vous là vos pas ? — Dès que nous l'aurons prise,
> Il ne faut qu'un bon vent, et Carthage est conquise.
> Les chemins sont ouverts : qui peut nous arrêter ?
> — Je vous entends, seigneur, nous allons tout dompter :
> Nous allons traverser les sables de Lybie,
> Asservir en passant l'Égypte, l'Arabie,

> Courir delà le Gange en de nouveaux pays,
> Faire trembler le Scythe aux bords du Tanaïs,
> Et ranger sous nos lois tout ce vaste hémisphère.
> Mais, de retour enfin, que prétendez-vous faire ?
> — Alors, cher Cinéas, victorieux, contents,
> Nous pourrons rire à l'aise, et prendre du bon temps.
> — Eh ! seigneur, dès ce jour, sans sortir de l'Épire,
> Un matin jusqu'au soir qui nous défend de rire ? »

On aurait pu répondre à Cinéas que le repos n'est pas la vocation de l'homme; il n'est légitime que s'il est acheté par de longs travaux. Arnaud disait à Nicole, fatigué de lutter si longtemps et qui demandait quelque répit : « Vous reposer ! vous reposer ! n'avons-nous pas pour le repos l'éternité tout entière ? » Un noble esprit, hélas ! enlevé prématurément à la philosophie, à la poésie, à l'amitié, Georges Farcy, écrivait sur ce sujet de courageuses paroles : « Le conseil de Cinéas, qui paraît sensé à tant de gens, n'était que lâche, et son raisonnement était un pur sophisme. Il confondait l'oisiveté d'une vie stérile avec le repos après le travail ; le repos du lion et le sommeil engourdi de l'unau. D'où vient que le soleil nous semble si majestueux à son coucher? C'est que tout esprit étant préparé à cette idée que ce qui est mortel doit finir, ce lent décroissement d'une puissance qui s'est si magnifiquement déployée, ces derniers rayons d'un feu qui brille encore, quoiqu'il ne puisse plus échauffer, ce paisible adieu à une aussi sublime carrière, semblent la fin la plus noble qui puisse couronner une grande vie. » (*Pensées de Georges Farcy.*)

En littérature comme en politique, dans le roman comme dans l'histoire, n'a-t-il pas raison celui qui dit : « *Et pourquoi, seigneur, ne pas nous livrer tout de suite au repos, aux plaisirs et à la joie ?* »
J. JANIN, *le Chemin de traverse.*

Si l'on répond que l'âme, après plusieurs migrations successives, vient s'abîmer dans le sein de Dieu, pourquoi ne pas être panthéiste plus tôt? Pourquoi faire un si long trajet, s'il faut à la fin tomber dans ce gouffre? Ne dirons-nous pas à ces poëtes du monde invisible ce que le *courtisan de Pyrrhus* disait à son maître : « Reposez-vous dès le premier jour ? » JULES SIMON, *la Loi naturelle.*

M. de Narbonne était un homme brillant et sage, courtisan spirituel et loyal, soldat intrépide et même élégant au milieu du péril, politique généreux, qui, dans sa vie pleine de vicissitudes, comme l'histoire de nos soixante dernières années, changea de dévoûment plutôt que d'opinion ; ministre d'un roi pour lequel il offrait sa vie ; émigré, mais jaloux de l'honneur de son pays jusqu'à défendre, contre M. Pitt, la France qui l'a proscrit ; conseiller de l'empereur, *Cinéas* d'un conquérant plus grand et plus difficile à retenir que *Pyrrhus*.   HIPPOLYTE RIGAULT, *Revue de l'Instruction publique.*

CODRUS.

Codrus, dix-septième et dernier roi d'Athènes, a laissé dans l'histoire un nom qui est devenu synonyme de dévoûment. Sous son règne, les Doriens envahirent l'Attique après de longues et sanglantes hostilités. Un oracle leur avait promis la victoire à la condition que le roi d'Athènes ne périrait pas. Codrus, par un acte de patriotisme, qui fut en même temps un acte de foi dans la vérité des oracles, se déguisa en paysan, et alla provoquer un soldat dorien, qui le tua. Les Doriens, désespérant alors du succès de l'expédition, se hâtèrent de rentrer dans le Péloponèse. Les Athéniens, par admiration pour Codrus, et prétendant que nul n'était digne de lui succéder, abolirent la royauté et la remplacèrent par l'archontat.

L'acte additionnel ayant été apporté au pied du trône (Assemblée du Champ de Mai en 1815), l'empereur le signa et prononça le discours suivant, écrit avec la force de pensée et de style qui lui était ordinaire.

« Messieurs les électeurs (députés des colléges électoraux), messieurs les députés de l'armée de terre et de mer,
» Empereur, consul, soldat, je tiens tout du peuple. Dans la prospérité, dans l'adversité, sur le champ de bataille, au conseil, sur le trône, dans l'exil, la France a été l'objet unique et constant de mes pensées et de mes actions.
» Comme ce *roi d'Athènes*, je me suis sacrifié pour mon peuple dans l'espoir de voir se réaliser la promesse donnée de conserver à la France son intégrité naturelle, ses honneurs et ses droits... »
   THIERS, *Histoire du Consulat et de l'Empire.*

Qui n'a pas vu la poule, la dinde, la perdrix ou la caille défendre leurs petits, ne peut avoir qu'une médiocre idée de l'héroïsme. Un homme qui, dans le cours de sa carrière de citoyen, déploierait une seule fois la dixième partie du dévoûment que ces pauvres bêtes déploient à toute heure de leur existence pour assurer le salut de leur couvée, aurait des places d'honneur à tous les théâtres durant sa vie, et des statues dans tous les forums après sa mort. Aussi ces mères, dont l'existence n'est qu'une suite d'actes héroïques et de dévoûments sublimes, auraient beaucoup de peine à comprendre notre admiration pour l'Athénien *Codrus* ou le Romain Curtius. « N'est-ce que cela ? » diraient-elles, si on leur cornait aux oreilles, comme à nous, le mérite de ces gens.

Toussenel, *Ornithologie passionnelle.*

COLOMBE (LA) APPORTANT LE RAMEAU D'OLIVIER.

Vers le dixième mois, l'arche de Noé s'était arrêtée sur le mont Ararat, et l'on vit bientôt apparaître le sommet des montagnes. Noé ouvrit la fenêtre de l'arche et lâcha le corbeau, qui ne revint pas. Il lâcha ensuite la colombe, qui revint aussitôt, n'ayant pas trouvé où se reposer. Lâchée de nouveau sept jours après, elle revint vers le soir, *apportant dans son bec un rameau d'olivier vert*. Ce rameau était le gage de la paix que Dieu faisait avec la terre, c'est-à-dire avec les hommes. Le corbeau, suivant les Écritures, est l'image du pécheur endurci, que rien ne peut ramener dans le sein de la religion.

Généreux habitants de Paris, c'est sous votre protection que la Constitution française a été formée. Semblable à la *colombe échappée de l'arche*, cette constitution prend son vol par toute la terre ; déjà elle porte pour *rameau d'olivier* les droits de l'homme. C'est là l'étendard de la nature qui appelle tous les hommes à la liberté.

Bernardin de Saint-Pierre, *Vœux d'un Solitaire.*

Giulia reprit alors sa marche rapide ; et, quelques minutes plus tard, elle frappait à la porte de la maison du quai des Esclavons. Une matrone à longues coiffes noires vint ouvrir : « Soient loués Dieu le Père, et le Fils, et le Saint-Esprit, madame, dit la vieille, vous êtes attendue comme la *colombe de l'arche*. »

Octave Feuillet, *Onesta.*

Sire,

Je viens de traverser deux fois les plus belles provinces de ma patrie : le plaisir d'en respirer l'air a été mêlé d'une vive amertume. Elles ont été pour moi ce que fut pour la *colombe sortie de l'arche* la terre encore couverte des eaux du déluge. Le temps viendra sans doute, je n'en perdrai jamais l'espoir, où la justice fera germer le *rameau d'olivier* qui m'annoncera la cessation des orages.

LINGUET, *Annales* — 1778.

— Voilà la raison qui m'a décidé à me présenter moi-même chez vous; c'est dans un but de conciliation. — Vous nous apportez la *branche d'olivier*, interrompit Broussel avec un ricanement sardonique; en vérité, je ne m'attendais guère à vous voir jouer le rôle de la *colombe* pacificatrice, vous qui me paraissez devoir être beaucoup plus à l'aise dans celui de l'épervier ravisseur.

CHARLES DE BERNARD, *Un beau-père*.

— Ainsi, disait Gaston à Louise presque vaincue, rappelez-vous l'espoir que vous m'avez donné. Je vous attendrai demain, et vous, qui êtes la douce *colombe*, vous n'imiterez pas l'oiseau noir et de mauvais augure qu'on attendit vainement dans l'arche.

CLÉMENT CARAGUEL, *Soirées de Taverny*.

COMBAT DES HORACES ET DES CURIACES.

Sous le règne de Tullus Hostilius, Albe-la-Longue et Rome se disputaient la prééminence. Fatigués d'une guerre sans résultat décisif, les deux peuples confièrent chacun à trois champions le soin de décider de la victoire. Trois frères, les Horaces, combattirent pour les Romains, et trois autres frères, les Curiaces, pour les Albains. Au premier choc, deux Romains tombent morts, et les trois Curiaces sont blessés. Voici comment Corneille décrit la suite de ce combat :

. . . .
Resté seul contre trois, mais en cette aventure
Tous trois étant blessés, et lui seul sans blessure,
Trop faible pour eux tous, trop fort pour chacun d'eux,
Il sait bien se tirer d'un pas si hasardeux,
Il fuit pour mieux combattre, et cette prompte ruse
Divise adroitement trois frères qu'elle abuse.
Chacun le suit d'un pas ou plus ou moins pressé,
Selon qu'il se rencontre ou plus ou moins blessé;
Leur ardeur est égale à poursuivre sa fuite,
Mais leurs coups inégaux séparent leur poursuite.
Horace, les voyant l'un de l'autre écartés,
Se retourne, et déjà les croit demi-domptés;
Il attend le premier, et c'était votre gendre.
L'autre, tout indigné qu'il ait osé l'attendre,
En vain en l'attaquant fait paraître un grand cœur;
Le sang qu'il a perdu ralentit sa vigueur.
Albe à son tour commence à craindre un sort contraire;

> Elle crie au second qu'il secoure son frère ;
> Il se hâte et s'épuise en efforts superflus ;
> Il trouve en le joignant que son frère n'est plus.
> ... Tout hors d'haleine il prend pourtant sa place,
> Et redouble bientôt la victoire d'Horace :
> Son courage sans force est un débile appui ;
> Voulant venger son frère, il tombe auprès de lui.
> L'air résonne des cris qu'au ciel chacun envoie :
> Albe en jette d'angoisse, et les Romains de joie.
> Comme notre héros se voit près d'achever,
> C'est peu pour lui de vaincre, il veut encor braver :
> « J'en viens d'immoler deux aux mânes de mes frères,
> Rome aura le dernier de mes trois adversaires ;
> C'est à ses intérêts que je vais l'immoler, »
> Dit-il, et tout d'un temps on le voit y voler.
> La victoire entre eux deux n'était pas incertaine
> L'Albain, percé de coups, ne se traînait qu'à peine ;
> Et, comme une victime aux marches de l'autel,
> Il semblait présenter sa gorge au coup mortel :
> Aussi le reçoit-il, peu s'en faut, sans défense ;
> Et son trépas de Rome établit la puissance.
>
> Les Horaces, acte IV, scène II.

Que n'ai-je pu dire en 1793 à mes compatriotes étonnés : « Vous laissez périr votre frère innocent ; votre prudence est un suicide. C'est le moment où jamais de le dire : votre ami a été frappé, mais le coup s'adressait à vous comme à lui ; car vous suiviez le même drapeau. La première ligne foudroyée, la seconde est exposée à tout le feu de l'ennemi, et la troisième est vivement menacée. Que chaque soldat se groupe autour de son camarade : il se défend en le défendant. Les *Curiaces* réunis n'eussent pas succombé. »

Cauchois Lemaire, *Opuscules*.

La guerre est divine par l'indéfinissable force qui en détermine les succès. Je ne croirai jamais que cette maxime : « Dieu est toujours pour les gros bataillons, » appartienne réellement au grand homme à qui on l'attribue. Sans doute, comme deux hommes sont plus forts qu'un, cent mille hommes doivent avoir plus de force que cinquante mille. Mais les lois générales de l'univers se combinent de mille manières, et se laissent vaincre jusqu'à un point qu'on ne peut assigner. Trois hommes sont plus forts qu'un seul, certainement ; la proposition générale est incontestable ; mais un homme habile peut profiter de certaines circonstances, et *un seul Horace tuera trois Curiaces*.

Joseph de Maistre, *Soirées de Saint-Pétersbourg*.

Le renard, poursuivi par le milan, avait fui pour que l'oiseau s'attachât à lui, et épuisât ses forces contre le bouclier rembourré de sa croupe. Aussitôt que l'oiseau fatigué eut renoncé à combattre et se fut perché sur le dossier d'une chaise, dans la pose insolente du triomphateur insoucieux, la bête rusée avait tourné la tête, jugé la position et calculé la distance ; puis, s'élançant d'un bond terrible, elle avait saisi le milan endormi, l'avait percé d'outre en outre d'un coup de dent unique. C'était une feinte renouvelée du fameux *combat des Horaces et des Curiaces.*

Toussenel, Mammifères de France.

Une quadruple alliance, n'eût-elle eu d'effet que par un manifeste, aurait suscité des alliés nouveaux à la cause générale, et une seule démarche hardie, en temps opportun, eût été décisive. La politique contraire a laissé briser une à une les armes dont rien n'aurait pu rompre le faisceau. On dirait que les peuples libéraux, par la faute ou la trahison de leurs chefs, ont pris à tâche d'imiter les *Curiaces,* et de tendre, l'un après l'autre, la gorge à un ennemi plus fort que chacun d'eux et plus faible qu'eux tous.

Cauchois-Lemaire, Opuscules.

Retenus dans ce temps-là par une sublime prudence, dont l'avenir goûtera les fruits, ces généreux amants de nos institutions, que nous avons retrouvés depuis si ardemment zélés pour les intérêts du peuple, s'exerçaient de loin à combattre le despotisme. Ils fuyaient devant lui, à l'exemple de *l'aîné des Horaces,* pour profiter de sa fatigue, et se préparaient en silence aux triomphes de la tribune affranchie. Que Dieu les y maintienne !

Charles Nodier, Revue de Paris.

CONNAIS-TOI TOI-MÊME.

Ces mots fameux étaient gravés sur le fronton du temple de Delphes. C'était la maxime favorite de Socrate ; il l'adopta, l'expliqua et la rendit à jamais célèbre. Toute la loi morale réside dans ces deux mots, comme toute la loi religieuse est renfermée dans ces admirables paroles de Jésus-Christ : « Aime ton prochain comme toi-même. » Sénèque le Tragique a développé cette belle maxime en deux vers sentencieux que Nicole a traduits ainsi :

> Qu'un homme est malheureux à l'heure du trépas,
> Lorsqu'ayant oublié le seul point nécessaire,
> Il meurt connu de tous et ne se connaît pas !

« De tout temps sans doute, dit M. Bautain dans sa *Philosophie morale*, l'homme a été porté à s'observer pour se connaître, et, chez les anciens comme chez les modernes, le principe : *Connais-toi toi-même* a été la première condition de la science philosophique. Cependant, c'est seulement dans les derniers siècles, et depuis Bacon et Descartes, que la connaissance de soi-même, au moyen d'une observation méthodique, a été réduite peu à peu en une doctrine positive sous le nom de psychologie expérimentale. »

Voici un autre commentaire de M. Toussenel :

« Le peuple grec, qui n'a dû sa supériorité artistique et intellectuelle sur les autres qu'à sa force en analogie, avait pressenti le rapport des passions de l'homme avec l'ordre des choses créées, quand il avait inscrit au fronton du temple de Delphes la formule : *Connais-toi toi-même* ; c'est-à-dire analyse ton corps et ton âme, et tu tiendras la clef de tous les mystères de la nature. Le secret de l'univers est tout entier, en effet, dans la formule de la sagesse antique. »

Connaître ses intérêts, voilà le mot de la sagesse moderne. Toute la morale est contenue dans l'économie politique, et la meilleure école est la Bourse. C'est au frontispice de ce temple qu'il faut inscrire la fameuse maxime du *connais-toi toi-même*, avec le sens tout économique que lui donnent ces moralistes d'une nouvelle espèce.

Vacherot, *la Démocratie.*

Qui suis-je ? je n'en sais rien. *Connais-toi toi-même*, dit la sagesse des nations ; ce qui est un mot profond. Car, en effet, on connaît son cheval et sa maîtresse, son chien et son ami. Il y a des maris qui vont jusqu'à connaître leurs femmes ; mais quel est celui d'entre nous qui a jamais pris la peine de descendre en lui-même avec le fil d'Ariane pour s'y retrouver ?

Arsène Houssaye, *Voyage à ma fenêtre.*

Nous passons notre chemin, nous allons à nos affaires, à nos devoirs et à nos plaisirs de chaque jour, comme s'il y avait dans le monde une affaire plus importante, un devoir plus impérieux et en même temps un plaisir plus digne d'un homme que de s'inquiéter du plus étrange problème (1) qui se soit offert à l'intelligence humaine, depuis le temps où toute philosophie s'est résumée dans ces deux mots : *Connais-toi toi-même.*

J. JANIN, *Un cœur pour deux amours.*

CONTINENCE DE SCIPION.

Scipion l'Africain, le futur vainqueur d'Annibal, n'avait que vingt-cinq ans lorsqu'il donna au monde le spectacle d'une vertu qui n'était guère dans les mœurs romaines. Après la prise de Carthagène, il trouva un grand nombre d'otages appartenant aux premières familles espagnoles, et que les Carthaginois avaient enfermés dans cette ville. « Quelques soldats, dit Polybe, qui connaissaient bien le faible de leur général, lui amenèrent une jeune fille d'une remarquable beauté, dont, suivant les lois de la guerre, il pouvait faire son esclave. Apprenant qu'elle était fiancée à un jeune prince celtibérien, nommé Allucius, qui en était vivement épris, il fit venir celui-ci et lui dit : « Celle que vous devez » épouser a été parmi nous comme dans la maison de son père et de sa mère. Je » l'ai réservée pour vous faire un présent digne de vous et de moi. La seule recon- » naissance que j'exige, c'est que vous deveniez l'ami du peuple romain » Les parents de la jeune fille, ayant été instruits de cet acte de générosité du vainqueur, se présentèrent devant lui, apportant pour rançon une somme considérable. Scipion l'accepta ; puis, s'adressant à Allucius : « J'ajoute, dit-il, cette somme à la » dot de votre fiancée ; acceptez-la comme un présent de noces. » Le Celtibérien, pénétré de reconnaissance, alla faire des levées dans son pays, et revint quelques jours après rejoindre Scipion avec un corps de quatorze cents cavaliers. »

Sans chercher à affaiblir le mérite d'une continence si rare chez les vainqueurs, il est permis de croire que la politique ne fut point étrangère à cette retenue de Scipion ; mais elle n'en est pas moins remarquable chez un jeune général que son âge devait rendre plus sensible au cri de la passion qu'aux conseils d'une réserve intéressée.

Napoléon Ier, qui n'a jamais connu de véritable passion que celle de la gloire, a jugé ainsi ce qu'on est convenu d'appeler la *continence de Scipion :*

« Il n'y a qu'un moine privé de femme, dont le visage s'enlumine à leur seul nom et qui hennit à leur approche derrière ses barreaux, qui puisse faire un grand mérite à Scipion de n'avoir pas violé celle que le hasard mettait en son pouvoir, quand il en avait tant d'autres à sa disposition ; autant valait qu'un affamé lui tînt aussi grand compte d'avoir passé tranquillement à côté d'une table bien servie sans s'être rué dessus. »

M. de La Flotte est partisan secret, mais de bonne foi, de M. de Bussy, qui s'est fait prôner par ses avocats comme un autre Scipion,

---

(1) L'auteur veut parler des frères Siamois.

même quant à l'article de la continence. Je doute que la *continence de Scipion* de Bussy dans l'Inde devienne jamais un sujet de tableau pour nos peintres. Le hasard m'a procuré des notions très particulières, qui ne me permettent pas de me joindre aux prôneurs de Scipion de Bussy.   GRIMM, *Correspondance.*

Une femme à qui M. de T... faisait la cour se présenta chez lui un soir que les diables bleus troublaient son imagination. Il pleuvait et ils étaient seuls... M. de T... était placé entre sa passion, une passion qui s'exprimait en points d'exclamation sur du papier glacé, et son oncle, le ministre, qui parlait par le *Moniteur* en prose officielle. Il vit d'un côté son bonheur qui pouvait bien amener un peu de scandale, et de l'autre sa destitution ; l'amour eut tort, et il offrit à son adorée son bras et un parapluie pour la ramener chez son mari.

— Voilà une prouesse qui empêchera le fantôme de *Scipion* de dormir ! s'écria M. de Sarty, qui sauta au cou de M. de T..., au milieu des éclats de rire de l'aréopage féminin.

AMÉDÉE ACHARD, *Daphnis et Chloé.*

CORÉ, DATHAN ET ABIRON.

Les Israélites, après leur entrée dans le désert, ne cessaient de murmurer contre Moïse et Aaron, et s'abandonnaient à de fréquentes révoltes. Le Seigneur résolut de venger les violations de sa loi par une punition terrible. Coré, Dathan et Abiron ayant voulu usurper les fonctions du sacerdoce, réservées exclusivement à la famille d'Aaron, la terre s'entr'ouvrit sous leurs pas et les engloutit dans son sein, en présence de tout le peuple, tandis qu'un feu vengeur dévorait deux cent cinquante de leurs complices.

Le prieur des Carmes s'avança ensuite et fit une protestation semblable. Ayant également placé le saint ciboire sur sa tête, il demanda, « tant en son nom qu'au nom de tous ses religieux présents et absents, que les malédictions de *Dathan et d'Abiron* tombassent sur eux, s'ils avaient péché ou commis quelque faute dans cette affaire. »

LOUIS FIGUIER, *Histoire du merveilleux.*

Je suis contraint de remonter jusqu'aux livres des Juges, des Rois et de Moïse, pour découvrir la source des trois quarts de nos folies et de nos crimes. Et, par exemple, qui a inventé le procédé de la fournaise ardente comme spécifique infaillible contre l'hérésie, sinon Moïse, qui *fit s'ouvrir sous les pas des murmurateurs un abîme de feu qui les dévora tous?* Funeste précédent, hélas! dont l'inquisition et le diable s'autorisèrent plus tard pour faire cuire à petit feu tant d'innocentes victimes!   Toussenel, *le Monde des Oiseaux.*

CORIOLAN.

Caius Marcius, général romain, gagna son surnom de Coriolan à la prise de la ville de Corioles, qui fut due à sa valeur. Défenseur ardent du patriciat, il s'attira la haine de la plèbe, qui refusa de le nommer consul. Outré de dépit, il proposa dans le sénat d'imposer au peuple l'abolition du tribunat, comme condition à une distribution de grains envoyés gratuitement par le roi Gélon dans un moment de disette. Les tribuns l'accusèrent devant le peuple, non seulement parce qu'il voulait détruire une magistrature importante, mais encore pour avoir fait autrefois un partage illégal de butin à ses soldats. Il se défendit avec une arrogance insultante; et, malgré l'appui du sénat et de l'ordre entier des patriciens, il fut condamné à l'exil. Réfugié chez les Volsques, qu'il avait tant de fois combattus, il les pousse à la guerre contre les Romains, ravage le Latium et vient camper aux portes de Rome. Le sénat et le peuple épouvantés lui envoient vainement plusieurs députations pour le fléchir. Cet homme farouche se laissa enfin toucher par les prières et les larmes de sa mère Véturie et de sa femme Volumnie, et donna aux Volsques le signal de la retraite.

La docilité des Volsques en cette circonstance a paru singulière à quelques historiens, qui ont taxé tous ces détails de fiction poétique. Niebuhr a donné une critique approfondie de l'histoire ou, comme il le dit, de la légende de ce personnage.

En face de M. de Chateaubriand, M. de Villèle, ayant pour complices les antipathies de Louis XVIII, se montra petit, ingrat, mal élevé, et il l'outragea pour s'en débarrasser irrévocablement.

C'en est fait, *Coriolan* passe chez les Volsques et changera les destinées; si l'injure fut sanglante, la vengeance sera vive; la vieille dynastie, holocauste offert à l'amour-propre blessé, expire sous le genou de celui qu'elle a renié.

          Lerminier, *Revue des Deux Mondes.*

Un honnête homme rougirait, aujourd'hui, de poursuivre contre son pays le redressement de ses injures, de compromettre le saint nom de la patrie dans ses représailles, et de faire litière, sous le toit de l'étranger, de toutes les affections du sol natal. Le rôle de *Coriolan* avait encore de l'éclat, joué par le grand Condé ; il était possible encore il y a six cents ans, il ne l'est plus à notre époque.

CUVILLIER-FLEURY, *Études historiques et littéraires*.

Exaspéré par cette longue série d'avanies qui lui venaient des hommes, et placé dans le cas de légitime défense par cette agression directe, le corbeau accepta résolument la guerre. Dès le lendemain de la dénonciation des hostilités, en effet, le nouveau *Coriolan* se retirait chez les Volsques, c'est-à-dire qu'il abandonnait les villes pour se réfugier dans les forêts et sur la cime des plus âpres montagnes, où il a élevé depuis ses familles plantureuses dans la haine du laboureur. TOUSSENEL, *le Monde des Oiseaux*.

CORNÉLIE.

VOILA MES BIJOUX.

Cornélie, mère des Gracques, était fille de Scipion l'Africain et femme de Sempronius Gracchus, qui s'illustra dans les guerres d'Espagne. Restée veuve avec douze enfants, elle se consacra entièrement à leur éducation, et refusa même, dit-on, la main d'un Ptolémée, roi d'Égypte. De cette nombreuse famille elle ne conserva qu'une fille, qui fut mariée à Scipion Émilien, et deux fils, Tibérius et Caius Gracchus, à jamais fameux par leur génie, leur courage et leur destinée tragique. Femme d'un caractère viril et d'un esprit cultivé, elle les éleva avec le plus grand soin et leur inspira de bonne heure l'amour du bien public, la passion de la gloire et des vastes entreprises, leur demandant parfois si on l'appellerait toujours la fille de Scipion et jamais la mère des Gracques.

On rapporte qu'une dame de la Campanie étalant un jour devant elle ses joyaux et ses ornements précieux, et lui demandant à voir les siens, Cornélie lui présenta ses enfants : « *Voilà*, dit-elle, *mes bijoux et mes ornements.* »

Après la mort de Caius, le dernier de ses fils, cette femme admirable, qui avait successivement vu tomber tous les siens autour d'elle, supporta son malheur avec une constance pleine de grandeur. Elle passa le reste de ses jours dans sa villa de Misène. Les Romains lui élevèrent une statue de son vivant avec cette inscription : *Cornelia, mater Gracchorum*.

Dans un tableau demeuré célèbre, Reynolds, le plus grand peintre qu'ait eu l'Angleterre, s'est inspiré de la réponse de Cornélie, qui est devenue la devise de l'amour maternel. La mère des Gracques, très simplement vêtue, occupe le premier plan, ayant ses trois enfants, ses *bijoux*, entrelacés autour d'elle : l'un à son cou comme un *collier*; le second à son bras comme un *bracelet*, et l'autre à sa taille comme une *ceinture*. Ce morceau est un des chefs-d'œuvre de l'école anglaise.

« Reynolds, dit M. Th. Gautier, possède au plus haut degré le don de la grâce; il sait rendre avec toute leur délicatesse la beauté de la femme et la fraîcheur de l'enfant; et comme il a conscience de cette qualité précieuse, c'est dans ces sortes de sujets que se complaît son pinceau. Il a surtout une admirable aptitude à rendre le charme pur des enfants qui n'ont encore bu que le lait de la vie. »

Il suffira de jeter les yeux sur la photographie qui enrichit ce volume pour être de cet avis.

Quand même Boissonade n'aurait pas laissé de livres, il pourrait, si la postérité comptait avec lui, dire quelles furent les cinquante années de son enseignement, combien de lettrés d'un goût délicat, de professeurs distingués, d'hellénistes éminents, sont sortis de son école, et, content de cette œuvre, répondre comme la matrone romaine : « *Voilà ma parure, voilà ma gloire!* »   NAUDET.

Il est rare qu'une femme trop coquette soit bonne mère, et qu'elle puisse s'approprier la réponse sublime de cette dame romaine qui, pour *parure*, montra ses enfants.   *Galerie de littérature.*

Honneur au rejeton qui deviendra la tige !
Henri, nouveau Joas, sauvé par un prodige,
A l'ombre de l'autel croîtra vainqueur du sort ;
Un jour, de ses vertus notre France embellie,
   A ses sœurs, comme Cornélie,
Dira : « Voilà mon fils, *c'est mon plus beau trésor.* »
   VICTOR HUGO, *Ode sur la Naissance du duc de Bordeaux.*

Trouvez-moi dans toutes vos histoires une illusion plus naïve, plus sublime que celle de cette pauvre mère à qui un instituteur désolé écrit pour l'engager à retirer son fils, *attendu qu'on ne peut rien lui apprendre,* et qui trouve dans cette confidence la preuve sans réplique *que son enfant sait tout.* Je ne pardonne pas à l'histoire d'avoir oublié d'enregistrer dans ses annales le nom de la digne femme, plus digne certainement de passer à la postérité que celui de *Cornélie*, mère des Gracques.

Toussenel, *Ornithologie passionnelle*.

Ah ! si jamais je me retrouve à Civita-Vecchia, que je verrai d'un autre œil cette pauvreté qui paraît tout d'abord dans les États du pape ! Le tableau qu'en garde mon souvenir a je ne sais quoi de digne et de touchant qui m'attendrit, et je ne me scandalise plus que l'Église ait un manteau troué. Mieux que Cornélie, cette mère auguste peut dire, en montrant ses enfants : « *Voilà mes joyaux et mes trésors !* »

Louis Veuillot, *Rome et Lorette*.

COUP DE JARNAC.

Gui Chabot de Jarnac était un jeune courtisan de la cour de François Ier, beau-frère de la duchesse d'Étampes, favorite du vieux roi, qui ressentait pour elle la plus vive passion. Or, la belle duchesse était depuis longtemps l'objet de la haine d'une femme bien puissante auprès du dauphin (Henri II), la célèbre Diane de Poitiers, qui avait juré sa perte.

Le dauphin, instrument docile de cette intrigue, laissa tomber un jour, à propos de la dépense excessive que faisait Jarnac, qui était sans fortune, un mot outrageant qui fut relevé, commenté et répété par toute la cour. Le jeune homme, ne pouvant dévorer cette honte, déclara hautement que celui qui avait semé ce bruit était un calomniateur et un lâche. L'insulte allait droit au prince, car tout le monde savait de qui le propos émanait. Dès ce moment, Jarnac fut considéré comme perdu sans ressource. Henri, grand amateur de lutte et d'escrime, avait autour de lui une nuée de bretteurs et de spadassins renommés. On en choisit un d'une force prodigieuse et d'une adresse sans égale, duelliste consommé, bravache et insolent, redouté de tous et accoutumé à jouer sa vie par intérêt ou par orgueil. Il se nommait François de Vivonne de la Châtaigneraie. Personne ne pouvait lui être opposé, soit dans les luttes, soit dans les joûtes des tournois ; il saisissait un taureau par les cornes et l'arrêtait dans sa course. Tel était le dogue de combat qu'on lâcha sur ce pauvre Jarnac.

Cadet de famille et sans fortune, nourri par le dauphin, la Châtaigneraie lui appartenait corps et âme. Sa vanité s'arrangeait, d'ailleurs, d'une aventure qui passionnait toute la cour. On n'eut même, pour ainsi dire, pas besoin de le lancer. Dès qu'il eut connaissance de l'affaire, il la fit sienne, soutint effrontément que c'était à lui que Jarnac avait fait cette confidence déshonorante, et fit un tel éclat que François Ier dut intervenir et défendit le duel. Mais à peine Henri II était-il monté sur le trône, qu'il rendit un acte, délibéré en conseil, en vertu duquel il était ordonné au sire de Jarnac de répondre au défi de la Châtaigneraie. On espérait que Jarnac se voyant poursuivi à mort par d'aussi puissants ennemis, s'humilierait, se couvrirait d'opprobre pour sauver sa vie, et se livrerait ainsi flétri aux risées de la cour et aux insultes de ses ennemis. Aussi, tout fut préparé pour donner à l'affaire une publicité immense. Le combat, annoncé deux mois à l'avance, devait avoir lieu sur le plateau de Saint-Germain.

Jarnac ne se faisait aucune illusion ; il voyait bien quelle main meurtrière on avait armée contre lui, et il s'était préparé à la mort par de grandes dévotions. Néanmoins, pour ne rien négliger, il avait pris des leçons d'un maître d'escrime italien, renommé pour ses bottes secrètes, et il se conduisit en tout d'après ses conseils.

Enfin le duel eut lieu le 10 juillet 1547. Dès le matin, la foule inondait l'admirable plateau de Saint-Germain ; les lices étaient ouvertes ; le roi, Catherine de Médicis et toute la cour étaient sur les estrades. Un concours immense de spectateurs, marchands, bourgeois, étudiants, tous mécontents de la cour et favorablement disposés pour Jarnac, ne dissimulaient point leurs préférences. La Châtaigneraie se présenta dans un appareil princier, escorté de trois cents gentilshommes portant ses couleurs, blanc et incarnat. Il se croyait tellement assuré de son triomphe, *ne craignant son ennemi non plus que le lion fait le chien*, que la tête lui en tournait, et qu'il allait partout invitant les plus grands seigneurs et les princes du sang au splendide souper qu'il avait ordonné pour le soir, et dont Henri II faisait les frais. Le pauvre Jarnac, condamné et tué d'avance, sentait bien qu'ayant l'homme du roi pour adversaire, une victoire lui coûterait presque aussi cher que la défaite. Cependant, il ne se découragea pas, et ne se montra disposé à faire quoi que ce soit de lâche ou d'indigne. Enfin, vers sept heures du soir, les deux adversaires entrent en lice et marchent l'un contre l'autre. Trente mille cœurs battent à l'unisson, un silence de mort plane sur la foule. Ils s'abordent dans un choc furieux et les coups se succèdent avec rapidité. Le combat durait depuis quelques moments, lorsque Jarnac, par une feinte d'une hardiesse extrême avec un tel adversaire, se découvre entièrement, et lui coupe le jarret du tranchant de son épée. La Châtaigneraie chancelle et tombe... Il expirait le soir même, après avoir arraché, de rage et de dépit, l'appareil qui couvrait sa blessure.

Le peuple de Paris rapporta de cette émouvante journée un mot dont il fit un proverbe, qui lui rappelait une humiliation et une défaite de la royauté : *Le coup de Jarnac !* Depuis on a désigné par ces mots, au physique ou dans tout autre ordre d'idées, un coup décisif et imprévu porté à un adversaire.

La conduite diplomatique d'Octave porta donc ses fruits, et ses prévisions s'accomplirent avec une justesse qui prouvait l'infaillibilité de son calcul. Malgré la finesse de son esprit, Clémence n'évita pas l'espèce de *coup de Jarnac* dont son amant l'avait frappée.

CHARLES DE BERNARD, *Gerfaut*.

— Ainsi, monsieur le marquis, tandis que je sacrifiais au soin de vos intérêts mes goûts, mes instincts, jusqu'à la droiture de mon

— 158 —

caractère, vous, au mépris de la foi jurée, vous tramiez contre moi la plus noire des perfidies, vous complotiez de livrer à notre ennemi la fiancée de mon fils et la place que je défendais ; vous méditiez de porter un *coup de Jarnac* au champion qui combattait pour vous.

Jules Sandeau, *Mademoiselle de la Seiglière.*

—

— D'aventure, est-ce que vous avez des desseins à mon endroit, et auriez-vous monté un *coup de Jarnac* à ma vertu ? Voudriez-vous faire ma conquête ?

Théophile Gautier, *Mademoiselle de Maupin.*

—

— Mais c'est donc une grêle que ces brigands-là ! s'écria le militaire stupéfait ; puis, d'une main il jeta le manteau aux jambes d'un des nouveaux venus, et il sauta sur l'autre en criant de toute la force de ses poumons : « A la garde ! »

Le *coup de Jarnac* échut à M. Limouroux, qui, se prenant les pieds dans les plis du tartan, mesura la terre de toute sa hauteur.

Charles de Bernard, *le Paravent.*

COURBE LA TÊTE, FIER SICAMBRE ; ADORE CE QUE TU AS BRULÉ, BRULE CE QUE TU AS ADORÉ.

Sur le point d'être vaincu à Tolbiac, Clovis, qui était païen, avait imploré le Dieu de sa femme Clotilde, et fait vœu de se convertir s'il était victorieux. Le combat se ranima aussitôt, et Clovis remporta sur les Allemands une victoire complète, qui le laissa seul maître des Gaules. Alors il songea à remplir la promesse qu'il avait faite au Dieu des armées dans les champs de Tolbiac.

Nous empruntons à M. Henri Martin, d'après Grégoire de Tours, le récit et les détails de ce grand événement, qui fut le premier acte important de la nationalité française encore au berceau :

« Clotilde manda secrètement saint Remi, évêque de Reims, en le priant d'insinuer au roi la parole du salut. « Je t'écouterai volontiers, très-saint père, » répondit Clovis. » . . . .

» . . . . L'évêque, transporté d'allégresse, ordonne qu'on prépare la piscine sacrée. On tend, d'un toit à l'autre, dans les rues et sur les parois de l'église, des voiles aux brillantes couleurs ; on orne les murailles de blanches draperies ; on dispose le baptistère ; l'encens fume, les cierges brillent, et le temple tout entier est rempli d'un parfum divin. Le cortège se met en marche, précédé par les crucifix et les saints Évangiles, au chant des hymnes, des cantiques et des litanies, et aux acclamations poussées en l'honneur des saints...

Le vénérable pontife menait le roi par la main, du logis royal au baptistère... « Patron, s'écriait Clovis, émerveillé de tant de splendeur, n'est-ce pas là le » royaume de Dieu que tu m'as promis ? — Non, répliqua l'évêque, ce n'est » pas le royaume de Dieu, mais la route qui y conduit. »

» Le nouveau Constantin descendit dans la cuve où les catéchumènes, à cette époque, se plongeaient encore presque nus ; et fut alors que saint Remi prononça ces paroles célèbres : « *Courbe la tête, fier Sicambre ; adore ce que tu as brûlé,* » *brûle ce que tu as adoré.* » Le roi confessa donc le Dieu tout-puissant dans la Trinité, et fut baptisé au nom du Père, du Fils et du Saint-Esprit, et oint du saint-chrême avec le signe de la croix du Christ. Et plus de trois mille de ses guerriers furent baptisés avec lui, ainsi que ses deux sœurs, qui étaient tombées dans l'hérésie des ariens. »

Ce grand événement arriva le jour de Noël de l'année 496.

M. Michelet, dans son *Précis de l'Histoire de France*, apprécie en ces mots la conversion de Clovis. « Ce fut une grande joie parmi le clergé des Gaules, qui plaça dès lors dans les Francs l'espoir de sa délivrance. Saint Avitus, évêque de Vienne, en Dauphiné, et sujet des Bourguignons ariens, n'hésita pas à lui écrire : « Quand tu combats, c'est à nous qu'est la victoire. » Ce mot fut commenté éloquemment par saint Remi au baptême de Clovis. Ainsi l'Église prenait solennellement possession des Barbares. »

Les paroles de saint Remi ont enrichi notre littérature de deux locutions souvent employées : *Courbe la tête, fier Sicambre*, pour exprimer la soumission à une doctrine acceptée ou à un fait accompli ; *adore ce que tu as brûlé, brûle ce que tu as adoré*, c'est-à-dire renonce à tes opinions, à tes sentiments, pour adopter des idées opposées.

Ménage, qui était un des astres les plus brillants de l'hôtel Rambouillet, venait d'assister, avec son ami Chapelain, à la première représentation des *Précieuses ridicules*, au Petit-Bourbon. Au sortir de la comédie, prenant Chapelain par la main : « Monsieur, lui dit-il, nous approuvions, vous et moi, toutes les sottises qui viennent d'être critiquées si finement et avec tant de bon sens ; mais, croyez-moi, pour me servir des paroles de saint Remi à Clovis, *il nous faudra brûler ce que nous avons adoré, et adorer ce que nous avons brûlé.* »

Qui est-ce qui empêche donc aujourd'hui notre prospérité de se développer et de porter ses fruits ? Permettez-moi de vous le dire, c'est que le propre de notre époque est de nous laisser séduire par des chimères, au lieu de nous attacher à la réalité.

Messieurs, je l'ai dit dans mon *Message* : « Plus les maux de la société sont patents, plus certains esprits sont enclins à se jeter dans le mysticisme des théories. »

Mais, en réalité, de quoi s'agit-il ? Il ne s'agit pas de dire : *Adorez ce que vous avez brûlé, et brûlez ce que vous avez adoré* pendant tant de siècles ; il s'agit de donner à la société plus de calme et plus de stabilité ; et, comme l'a dit un homme que la France estime et que vous aimez tous ici, M. Thiers : « Le véritable génie de notre époque consiste dans le simple bon sens. »

   Louis Bonaparte, *Réponse à un toast du maire de Rouen.*

———

Qui sont-ils enfin ceux qui prétendent détruire ainsi, d'un trait de plume, nos vieilles admirations, les enseignements donnés à notre jeunesse, et jusqu'aux notions du beau et du juste? A quel titre oseraient-ils nous dire, comme le pontife du Très-Haut disait au Sicambre qui s'est assis le premier sur le trône des Gaules : « *Brûle ce que tu as adoré, adore ce que tu as brûlé ?* »

   Le duc de Broglie, *Discours à la Chambre des Pairs.*

———

Cette ode inspire un profond sentiment de tristesse ; Rousseau rétracte ici les éloges pompeux qu'il avait prodigués jadis à quelques-uns de ses patrons, de ses protecteurs ; le poëte, aigri par l'adversité, oublié ou abandonné de ceux qu'il avait crus ses amis, reprend sa louange, et, dans des vers laborieux qui s'élèvent quelquefois jusqu'à l'éloquence, il flétrit ce qu'il avait encensé, il *brûle ce qu'il avait adoré*, il renie les seuls accords pindariques qu'ait eus sa muse.   *Commentaire sur J.-B. Rousseau.*

———

Le pape Pie VII, effrayé par les menaces, caressé par les flatteries, vaincu par des promesses de restitution des légations de Bologne et d'Ancône, était venu sacrer le soldat parvenu de la république et de la philosophie, à la charge, comme Clovis, de *brûler ce qu'il avait adoré, et d'adorer ce qu'il avait brûlé.*

   Chateaubriand, *Histoire de Russie.*

———

Les théories de V. Hugo jetaient quelque trouble et des principes de désordre dans le monde jusqu'alors si uni des jeunes poëtes *romantiques* et religieux. Il était impossible, en effet, à MM. Soumet, Guiraud, Ancelot, dont les œuvres avaient réussi avec les formes de l'ancienne tragédie française légèrement renouvelée, d'accepter un programme si étendu, et de *brûler subitement ce qu'ils avaient adoré.*

   Le Dr Véron, *Mémoires d'un Bourgeois de Paris.*

Les succès de popularité sont très-dangereux, parce qu'ils sont absolus ; la foule loue sans restriction ce qui lui plaît. Un amateur peut lésiner sur le prix d'un tableau ; le public ne marchande jamais les louanges. Il adore premièrement, sauf à faire comme le fier Sicambre, à *brûler ensuite ce qu'il a adoré ;* il épouse sans contrat, quitte à divorcer plus tard.

    EDMOND ABOUT, *Nos artistes au Salon de* 1857.

CRÉSUS.

Crésus, roi de Lydie, soumit la plupart des villes grecques de l'Asie Mineure, et poussa ses conquêtes jusqu'au fleuve Halys. La renommée de sa puissance et de ses richesses, sans cesse renouvelées par les sables aurifères du Pactole, rendit le nom de Crésus proverbial, pour désigner un homme comblé des biens de la fortune. Il demandait un jour à Solon, qui était venu à sa cour, s'il connaissait un homme plus heureux que lui. Le philosophe lui répondit que nul homme ne doit être salué du nom d'heureux avant sa mort. Crésus ne tarda pas à éprouver les effets de cette triste vérité. Un de ses fils fut tué à la chasse, l'autre devint muet ; lui-même, après avoir vu ses États envahis par Cyrus, fut vaincu à la célèbre bataille de Thymbrée et tomba entre les mains du vainqueur, qui ordonna sa mort. Comme on le conduisait au supplice, les paroles de Solon lui revinrent à la mémoire, et il prononça par trois fois, en soupirant, le nom du législateur athénien. Instruit de la cause de cette exclamation, Cyrus, ému de pitié et frappé de cet exemple des vicissitudes humaines, pardonna à Crésus et l'admit au nombre de ses conseillers.

Cette belle légende philosophique de la vie d'un homme qui a été successivement, et d'une manière si frappante, le favori et le jouet de la fortune, est rapportée par Hérodote ; mais Xénophon n'en parle pas.

Le nom de *Crésus* a passé dans la langue, pour désigner un homme opulent, comblé de toutes les faveurs de la fortune.

Je vous dirai que M. Rigault, aujourd'hui le *Crésus* de la ville, était garçon meunier avant la révolution, dont il sortit moins blanc qu'il n'y était entré. Dans le bon temps, il a quelque peu affamé le peuple en spéculant sur les blés, et il n'a pas négligé d'acquérir des biens d'émigrés. EUGÈNE GUINOT, *la Clientèle du Médecin.*

Un poëte inconnu fait un vers ; ce vers devient proverbe. Quelque citateur érudit l'attribue à Voltaire ou à Boileau. Que de pauvres

diables de rimeurs ainsi appauvris, par usurpation, des seuls vers qui faisaient leur richesse, et cela au profit des *Crésus* du Parnasse !
ÉDOUARD FOURNIER, *l'Esprit des autres.*

Je puis me passer de l'*Iliade* et attendre, s'il le faut, l'*Énéide ;* Homère ne peut se passer vingt-quatre heures de mes produits. Qu'il accepte donc le peu que j'ai à lui offrir. Quoi ! direz-vous, telle sera la condition de celui qui chanta les hommes et les dieux !... Ne vous exclamez pas, je vous prie : la propriété fait du poëte un *Crésus* ou un mendiant ; l'égalité seule sait l'honorer et l'applaudir. P.-J. PROUDHON, *Qu'est-ce que la propriété ?*

CURIUS DENTATUS.

Curius Dentatus, l'un des types traditionnels du vieux Romain, est célèbre par ses talents militaires, mais plus encore par son désintéressement et sa frugalité. Il fut trois fois consul et deux fois honoré du triomphe, pour avoir vaincu les Samnites, les Brutiens, les Lucaniens, les Sabins, et enfin Pyrrhus à la bataille de Bénévent. Les Samnites lui ayant envoyé des députés afin d'obtenir des conditions moins dures, ils trouvèrent le rude Quirite à la campagne, dans sa petite maison, assis sur un escabeau, et mangeant, dans une écuelle de bois, des raves et des racines qu'il avait préparées lui-même. Il n'y avait d'admirable dans cette maison que le maître. Après avoir exposé le sujet de leur députation, les envoyés présentèrent à Curius des vases d'or que leur république les avait chargés de lui offrir. Le Romain refusa leurs offres, en disant qu'il aimait mieux commander à ceux qui avaient de l'or que d'en posséder lui-même.

Après un quart d'heure, les cierges se rallument : on se lève, et l'assemblée masculine s'écoule pour faire place à l'assemblée féminine. J'aurais bien voulu assister à la cérémonie ; et je me cachai dans le coin le plus obscur de l'église ; mais je fus découvert par le maudit sacristain ; en vain j'alléguai le besoin d'achever mes oraisons : « Vous reviendrez mercredi, » me répondit-il. Enfin, j'offris de l'argent, qui fut refusé avec une fierté digne d'un *Curius*.
Tablettes romaines.

N'est-ce pas pitié que dans cette ville de boue, de luxure, d'ivrognerie, d'avarice, de débordements ; dans cette Gomorrhe vénale, dans cette pentapole des sept péchés mortels, on trouve des hommes anonymes qui crient à la corruption contre un poëte isolé, pauvre, insoucieux d'or, de places, d'honneurs, de gloire, de tout ce que pourchassent, ventre à terre, ces hommes de calomnie, masqués en *Dentatus* dans notre éternel carnaval?

BARTHÉLEMY, *Ma justification.*

Quoi! Romains du Bas-Empire, Athéniens d'Aspasie, vous vous drapez du laticlave, et votre cothurne vient presser le talon de ma botte! Ah! *Curius* des saturnales, vous venez attaquer sous son chaume l'indigent et solitaire Juvénal; eh bien, Juvénal vous démolira.

BARTHÉLEMY, *Ma justification.*

CURTIUS.

Vers l'an 362 av. J.-C., une secousse de tremblement de terre ouvrit sur la place du Forum un gouffre que rien ne pouvait combler. Les augures déclarèrent qu'il ne se refermerait que quand on y aurait précipité ce qui faisait la force de la cité. Curtius, jeune Romain, jugeant que la force de Rome était dans les armes et dans la valeur, se dévoua aux dieux infernaux, et se précipita à cheval, magnifiquement armé, dans les profondeurs du gouffre que le peuple combla d'offrandes expiatoires, et qui se referma aussitôt.

L'*action héroïque de Curtius*, le *gouffre de Curtius*, sont des expressions demeurées proverbiales, pour caractériser les actes de dévoûment, et en particulier les sacrifices à la patrie, à l'intérêt public. Malheureusement, les occasions de faire cette application sont bien rares de nos jours, comme le dit très bien M. Viennet dans sa fable *le Coq et le Faucon :*

Qu'en un danger commun un homme se dévoue,
On paira sa vertu par un lâche abandon;
Et malheur à lui s'il échoue!
Dans un siècle d'or et de boue,
Les *Curtius* ne sont plus de saison.

Mirabeau a fait allusion au gouffre de Curtius dans ce passage de son magnifique discours sur la *Contribution du Quart :*

« Deux siècles de déprédations et de brigandages ont creusé le gouffre où le royaume est près de s'engloutir. Il faut le combler, ce gouffre effroyable. Eh bien! voici la liste des propriétaires français. Choisissez parmi les plus riches, afin de sacrifier moins de citoyens. Mais choisissez!... Allons, ces deux mille notables possèdent de quoi combler le déficit. Frappez, immolez sans pitié ces tristes victimes; *précipitez-les dans l'abime ; il va se refermer...* Vous reculez d'horreur!... hommes inconséquents! hommes pusillanimes! Eh! ne voyez-vous donc pas qu'en décrétant la banqueroute, ou, ce qui est plus odieux encore, en la rendant inévitable sans la décréter, vous vous souillez d'un acte mille fois plus criminel? »

Les hypothèses de Wolf sur les poésies d'Homère furent appliquées avec beaucoup plus d'éclat encore à l'histoire romaine par Niebuhr, qui avait du scepticisme et de l'enthousiasme dans une mesure égale, presque autant d'imagination que de science, et, par-dessus toute chose, une candeur de prosélytisme, une gravité, un héroïsme d'intelligence tels qu'il est bien difficile à ses adversaires mêmes de prononcer son nom sans vénération. Imaginez un *Curtius* érudit, toujours prêt à se jeter dans les gouffres inconnus.

EDGAR QUINET, *de l'Histoire de la Poésie.*

— —

Incapable de discuter le projet de M. Necker, de s'en assurer le succès ou de mettre rien de mieux à sa place, sentant d'ailleurs que les créanciers de l'État ne se jetteraient pas, comme autant de *Curtius*, dans le gouffre du déficit afin de le combler, l'Assemblée prit brusquement son parti dans un objet de si haute importance.

RIVAROL, *Mémoires sur la Révolution.*

———

Dumouriez répondit au commissaire de la Convention, Bancal, qui lui citait les beaux exemples d'obéissance à la patrie des grands hommes de l'antiquité :

« Les Romains n'ont pas tué Tarquin; ils n'avaient ni clubs des jacobins ni tribunal révolutionnaire. Des tigres veulent ma tête, je ne veux pas la leur donner. Puisque vous me citez les Romains, je vous déclare que je ne serai jamais *Curtius*, et que je ne me jetterai jamais dans le gouffre. »   LAMARTINE, *Girondins.*

———

Un homme en paletot jaune, remarquable par sa maigreur, sa haute taille, ses longs cheveux noirs et par cet air inspiré qui entraîne les masses, s'élance vers le boulevard. « En avant ! » s'écrie-t-il. La colonne se précipite sur les pas de ce chef inconnu dans la direction de la Madeleine. Quel était cet homme? dans quel but s'avançait-il, l'œil enflammé, les bras croisés sur la poitrine, comme un autre *Curtius* marchant vers le gouffre qui doit, en l'engloutissant, sauver les destinées de la patrie? L'histoire ne soulèvera jamais le voile qui couvre ce mystère.

HIPPOLYTE CASTILLE, *Histoire de la Deuxième République.*

DANIEL DANS LA FOSSE AUX LIONS.

Parmi les jeunes Israélites emmenés captifs à Babylone, se distinguait Daniel, issu du sang des rois de Juda. Sa pénétration et son esprit ne tardèrent pas à le mettre en faveur à la cour de Nabuchodonosor, qui lui avait donné un nom chaldéen. Dieu, qui avait de grands desseins sur Daniel, lui accorda, comme autrefois à Salomon, la science et la sagesse. Daniel commença par faire éclater cette dernière en confondant les vieillards calomniateurs de Suzanne; puis ayant expliqué un songe qu'avait eu Nabuchodonosor, il fut comblé des faveurs royales, nommé chef de tous les mages et intendant de Babylone. Il conserva son crédit sous Évilmérodach, successeur de Nabuchodonosor. Une faveur aussi éclatante excita enfin la jalousie des mages, qui engagèrent Évilmérodach à exiger de Daniel les honneurs divins qu'il recevait de ses autres sujets, prévoyant bien que le prophète refuserait d'obéir. Il refusa en effet et fut descendu dans la fosse aux lions. Daniel y demeura pendant sept jours. Au bout de ce temps, le roi, qui l'aimait, s'étant souvenu de son serviteur, vint pour le pleurer au bord de la fosse aux lions. Il l'aperçut sain et sauf, se promenant tranquillement au milieu de ces animaux féroces, comme s'ils eussent été de timides agneaux. Le roi, frappé de ce prodige, rendit hommage au Dieu de Daniel, fit sortir le prophète de la fosse, et ordonna d'y précipiter ses ennemis, qui furent dévorés en un instant.

— Ah! reprit la jeune femme en frappant du pied, ce cher oncle est d'une étourderie!... me laisser seule dans ce château, entre M. de Mareuil et M. Caussade... deux jeunes gens!

— Deux amoureux! répondit la soubrette à demi-voix.

— C'est ce que je voulais dire, ajouta coquettement sa maîtresse; je suis comme *Daniel dans la fosse aux lions;* c'est fort dangereux.

— Pour les lions... ces pauvres agneaux!

AMÉDÉE ACHARD, *les Lilas blancs.*

Je n'oublierai pas M. Martin dans sa forêt vierge, forêt dont les arbres étaient de fer-blanc; forêt close, non par des murs, des haies vives, des sauts-de-loup, mais avec de bons treillages, bien serrés, à petites mailles, par ordonnance du préfet de police, qui a dû s'interposer entre les ours et les spectateurs. Voyez-vous M. Martin, nouveau *Daniel dans la fosse aux lions,* jouant au naturel un rôle de chasseur avec des acteurs naturels, des tigres, des hyènes, des panthères et autres artistes de la même espèce?

BRAZIER, *Histoire des Petits Théâtres.*

La politique étrangère absorbait toute son attention. L'Europe était en feu, Berlin s'agitait. Quel moment pour aller redemander la tête de Charlemagne ! Il ne pouvait penser à sa mission sans se comparer modestement à *Daniel dans la fosse aux lions*.

Jules Sandeau, *Sacs et Parchemins*.

DAVID DANSANT DEVANT L'ARCHE.

David, en paix avec ses voisins et devenu tranquille possesseur de son royaume, résolut de faire transporter à Jérusalem l'arche sainte, qui était restée dans la maison du lévite Abinadab. Elle fut mise sur un chariot tout neuf, traîné par des bœufs. Tout le peuple suivait en faisant résonner les harpes, les lyres, les sistres, les tambours et les cymbales. David, revêtu d'un éphod de lin, dansait devant l'arche de toute sa force au son des trompettes. Sa femme, Michol, fille de Saül, qui l'avait vu danser, et qui ne comprenait pas cette sainte allégresse, s'en moqua en lui reprochant d'avoir paru comme un bouffon devant ses sujets.

— Et si je vous en priais, vous me mèneriez à ce bal? reprit le jeune homme après un instant de silence.
— Pourquoi pas? répondit M. Sabathier ; vous savez que j'ai carte blanche, en dépit des principes exclusifs de la comtesse, et si vous êtes curieux de voir nos députés de la gauche dansant devant le faubourg Saint-Germain, comme *David devant l'arche*, venez me prendre mercredi à neuf heures et demie.

Charles de Bernard, *le Paravent*.

La danse, dans les anciens temps, était une pieuse manifestation de la foi. Le chœur des prêtres sautait saintement autour de l'autel. C'est ainsi que le roi *David dansa jadis devant l'arche d'alliance*. Danser était un acte sacré ; danser, c'était prier avec les jambes.

Henri Heine, *Légendes*.

Ces danses extravagantes mêlées à de pieuses cérémonies, étaient peut-être dans l'origine une imitation des mouvements des astres dansant devant le Créateur. C'était peut-être un effet de cette même inspiration enthousiaste et passionnée qui fit jadis *danser David devant l'arche du Seigneur*.

Lamartine, *Voyage en Orient*.

DAVID JOUANT DE LA HARPE DEVANT SAUL.

L'esprit du Seigneur s'étant retiré de Saül, qui avait désobéi à ses ordres, ce prince tomba dans une noire mélancolie, mêlée d'accès de fureur. Sur l'avis de ses officiers, il consentit à essayer si la musique ne calmerait pas ses transports furieux. On lui recommanda le jeune David comme un habile joueur de harpe. Il le fit venir, et conçut pour lui tant d'affection, qu'il se l'attacha à titre d'écuyer ; et toutes les fois que l'esprit malin agitait Saül, David le calmait par les sons de sa harpe.

On vient de vendre aux enchères publiques, au Havre, pour la bagatelle de quarante francs, le piano sur lequel Boïeldieu a composé son dernier opéra des *Deux Nuits*. Malheureusement pour les vendeurs, l'origine de cette précieuse relique fut découverte trop tard. Aujourd'hui elle appartient à un journaliste du Havre, qui ne l'échangerait pas contre la *harpe dont David se servit pour apaiser les fureurs de Saül*.   Jules Lecomte, *le Monde illustré*.

Quand Laurence s'apercevait des distractions de Maxime, il lui semblait qu'elle avait froid au cœur, car c'est qu'il pensait à Nadèje. Elle se taisait tout à coup, puis elle faisait un effort sur elle-même, et, au bout d'un instant, elle recommençait à lui parler, et, par les mille artifices d'une causerie enjouée, elle ramenait en lui le calme et la paix, comme le jeune *David, quand il jouait de la harpe devant Saül*, chassait le mauvais esprit qui tourmentait son roi.
     Louis Énault, *Nadèje*.

DÉCIUS.

Le dévoûment était chez les Grecs et chez les Romains un acte religieux par lequel, dans une calamité publique ou une guerre malheureuse, on s'offrait en holocauste aux dieux infernaux pour le salut de tous. Les anciens croyaient que ces malheurs étaient envoyés par les divinités malfaisantes des Enfers, et lorsque les prières, les vœux, les victimes ne suffisaient pas pour les apaiser, c'était du sang humain qu'il fallait répandre. Le dévoûment était le plus souvent accompagné de certaines cérémonies propres à frapper fortement les esprits.

Le dévoué, après que le pontife avait prononcé les formules et accompli les cérémonies sacrées nécessaires à l'efficacité du dévoûment, se précipitait au milieu des ennemis pour y trouver la mort, et souvent assurait la victoire aux siens par l'enthousiasme que son sacrifice leur inspirait, et l'épouvante qu'il jetait en même temps parmi les ennemis.

Les exemples les plus fameux de ces sacrifices sont, en Grèce, celui de *Codrus* (voyez ce mot), et chez les Romains, celui de *Curtius* (voyez ce mot) et des trois *Décius*.

L'an 340 av. J.-C., à la sanglante bataille de Véséris contre les Latins, le consul Décius Mus se dévoua aux dieux mânes et se fit tuer par les ennemis pour assurer la victoire aux Romains. Ce genre de sacrifice devint comme héréditaire dans sa famille, et fut renouvelé par son fils à la bataille de Sentinum contre les Gaulois, en 295, et par son petit-fils à celle d'Asculum contre Pyrrhus, en 279.

Le nom de *Décius* est demeuré pour désigner ceux qui se sacrifient au salut de la patrie. Mais comme l'application en est peu fréquente à une époque où l'intérêt personnel l'emporte sur l'intérêt général, il est le plus souvent employé ironiquement et par antiphrase.

On confond presque toujours le nom des *Décius*, qui se précipitèrent au milieu des ennemis, avec celui de *Curtius*, qui se jeta dans un gouffre pour faire cesser une calamité publique. Cette confusion se fait remarquer dans toutes les phrases que nous citons ici comme application (1).

Je hais toutes ces petites passions qui ne montrent qu'une âme abjecte, mais je ne hais pas les grands crimes : premièrement, parce qu'on en fait de beaux tableaux et de grandes tragédies; et puis, c'est que les sublimes actions et les grands crimes portent le même caractère d'énergie. Si un homme n'était pas capable d'incendier une ville, un autre homme ne serait pas capable de se précipiter dans un gouffre pour la sauver. Donc j'admire les Néron et les *Décius*.   DIDEROT, *le Neveu de Rameau.*

Le clergé et la noblesse ne tardèrent pas à s'apercevoir, aussi bien que la royauté, que le gouffre pourrait bien finir par les engloutir tous trois. Mais dans l'espoir qu'un seul sacrifice suffirait, ils se renvoyaient le suicide, chacun le trouvant très-inopportun pour soi et d'un à-propos irrésistible pour ses rivaux. Personne ne voulait être le *Décius*.   LANFREY, *Essai sur la Révolution.*

---

(1) Ce n'est pas, assurément, une leçon d'histoire que nous avons la prétention de donner à des écrivains aussi distingués. Personne ne comprend mieux que nous combien une telle erreur peut échapper aux plumes les plus compétentes, quand il s'agit de faits et de noms historiques qui ont entre eux tant d'analogie.

Quoi qu'on donne, disent ces Mondor, on ne donnera jamais assez. Il se trouvera toujours un moment où votre charité sera trop courte, où vous ne pourrez essuyer les pleurs, fermer les plaies, faire cesser les gémissements de l'humanité; et alors qu'aurez-vous fait? Ah! renoncez à vos sublimes projets, cessez de vous dévouer pour le tiers et le quart. En vous jetant, comme *Décius*, dans le gouffre, vous ne le comblerez pas.

Charles Brifaut, *le Passe-temps d'un reclus.*

DE L'AUDACE, ENCORE DE L'AUDACE, TOUJOURS DE L'AUDACE.

Danton, l'un des personnages les plus fameux de la Révolution, était né pour être un tribun populaire. Grand, fort, une face de bouledogue toute couturée par la petite vérole, l'expression du regard pleine d'audace, une âme en harmonie avec sa stature, avec l'ardeur de ses yeux, son visage terrible, sa voix tonnante : il ne pouvait être que ce qu'il fut, un révolutionnaire enthousiaste, entraînant le peuple, et, par sa parole comme par ses actes, par son élocution toute remplie de figures gigantesques, d'apostrophes enflammées, épouvantant ceux qu'il n'entraînait pas. « Mirabeau se servit de lui, dit un auteur contemporain, comme d'un soufflet de forge pour allumer le peuple. » Après la fuite de Varennes, Danton provoqua hardiment la déchéance du roi, se fit élire substitut du procureur de la commune, prépara la révolution du 10 août, et entra au ministère de la justice.

Cette fameuse journée souleva toute l'Europe contre la France révolutionnaire. Brunswick venait de lancer son insolent manifeste; nos armées avaient éprouvé des revers en Lorraine; Longwy était pris, Verdun assiégé; l'alarme régnait dans Paris. Pour ranimer les courages, Danton résolut de frapper un grand coup. On était au 1er septembre. Le lendemain, 2, tandis que le tocsin sonnait et que le bruit du canon se faisait entendre, il accourut à l'Assemblée législative, et, dans un discours rapide, il fit entendre ces mots terribles aux députés tremblants sur leurs sièges : « C'est en ce moment, Messieurs, que vous pouvez décréter que la capitale a bien mérité de la France entière. Le canon que vous entendez n'est point le canon d'alarme : c'est le pas de charge sur nos ennemis !... Pour les vaincre, pour les atterrer, que faut-il ?... *de l'audace, encore de l'audace, et toujours de l'audace !* »

Quelques heures après, les massacres de Septembre épouvantaient Paris. Si Danton n'organisa point, comme on l'en a accusé, ces affreuses boucheries, il est avéré qu'il ne fit rien pour les prévenir ou pour les réprimer, et peut-être même y vit-il une exécution terrible, mais nécessaire.

Dans cette répétition énergique, passée aujourd'hui en proverbe, Danton avait été devancé par le vieux maréchal de Trivulce. Comme on demandait à celui-ci ce qui était nécessaire pour bien faire la guerre : « Trois choses, répondit-il : de l'argent, encore de l'argent, et toujours de l'argent. »

Démosthène avait déjà dit dans l'antiquité que « trois choses font le grand orateur : la première, l'action ; la deuxième, l'action, et la troisième, l'action. »

Soyons justes pour tout le monde : le Subalpin ne manque pas de certaines remarquables qualités.

Il a l'audace, l'audace, l'audace. Ce fut le vice des laquais ; mais nous sommes démocratisés.

Démocratisés, déchristianisés, notre français s'est démoralisé. Audace sonne comme autrefois courage.

Louis Veuillot, *le Parfum de Rome*.

Je me sens fort des reins ; dans ma poitrine libre
Courent les sèves du printemps.
Mon luth, vierge de honte, avec audace vibre
Aux pleins accords de mes vingt ans.

De l'audace, c'est très-bien, jeune poëte ; mais *encore de l'audace, et toujours de l'audace*, un tel système ne vous réussirait pas mieux qu'il n'a réussi à Danton. Albéric Second, *l'Univers illustré*.

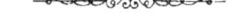

DÉLICES DE CAPOUE.

L'ancienne Capoue, capitale de la Campanie, était une des plus belles villes de l'Italie. Bâtie au milieu de plaines magnifiques, qu'ombrageaient le pin, le platane, le myrte et l'olivier, entourée d'immenses promenades que bordaient les plantes les plus odorantes, les fleurs les plus brillantes et les plus suaves, Capoue offrait le séjour le plus délicieux de toute l'Italie. C'est là qu'Annibal, après la bataille de Cannes, alors qu'il touchait presque au but de son audacieuse entreprise, vint prendre ses quartiers d'hiver à la tête de son armée victorieuse. Les historiens anciens attribuent au séjour que fit Annibal au sein des délices de Capoue, la cause unique du salut de Rome. Son armée s'y serait amollie, et aurait été corrompue par les vins fameux et les jouissances faciles.

Cependant, si l'on considère que le capitaine carthaginois et ses bandes redoutables guerroyèrent encore pendant treize années en Italie, et n'en furent arrachées que par l'habile diversion de Scipion en Afrique, les *délices de Capoue* ne sont guère qu'une amplification de rhéteur. De l'avis des historiens modernes et de nos hommes de guerre les plus célèbres, une armée de vétérans ne se perd pas dans un quartier d'hiver. Ce qui explique mieux l'inutilité des efforts du plus grand capitaine de l'antiquité (1) après la bataille de Cannes, ce fut l'aban-

---

(1) Ce n'est pas seulement notre opinion, c'est celle de Napoléon 1er.

don dans lequel le laissa sa patrie, où dominait une faction envieuse ; de plus, entouré de peuples hostiles et d'alliés incertains, recrutant difficilement son armée composée de mercenaires de toute race, Annibal n'était plus en état de rien tenter de grand et de décisif. Cependant, il ne se maintint pas moins contre les meilleures troupes et les plus habiles généraux de la république, remplissant l'Italie de la terreur de son nom, et remuant le monde par ses négociations pour susciter partout des ennemis aux Romains.

Ces mots, *les délices de Capoue*, sont restés dans toutes les langues modernes, pour désigner une accalmée morale, mêlée de jouissances et de plaisirs, où les ressorts du corps et de l'esprit se détendent et s'amollissent. C'est ainsi que l'apprécie le père Lacordaire dans les lignes suivantes :

« L'histoire de tous les succès est l'histoire d'Annibal à Capoue. On s'oublie, on s'endort, on s'enivre ; le poison lent de la mollesse détend tous les ressorts de l'activité ; et l'être, qui n'est rien que par l'activité, se dissout peu à peu dans l'ignominie d'un lâche sommeil. »

Les combattants de Février, qui appartenaient à la bohême des métiers parisiens, et qui, après la victoire, s'étaient oubliés dans les caves et les cuisines des Tuileries, s'étaient casernés dans ce vaste palais et s'y trouvaient trop bien pour songer à en déloger. Dans les deux premiers jours, ils mirent un peu d'ordre dans les évolutions de l'irrésistible cohue qui parcourait le château. Grâce à eux, les dégâts et les vols furent moindres qu'ils ne l'eussent été. Mais quand la dévastation ne fut plus à craindre, cette singulière garnison s'amollit dans *les délices de cette nouvelle Capoue*.

HIPPOLYTE CASTILLE, *Histoire de la Deuxième République*.

Si je conduisais la clientèle de ma maison d'une manière aussi militaire, aussi conquérante, un espoir m'y animait et me soutenait en cela. Je songeais aux *délices de Capoue* et je voulais m'en passer la fantaisie. Revoir Dijon, et, avec Dijon, la maison de la place Sainte-Bénigne, et, dans cette maison, l'ange qui la remplissait de lumière, telle était mon idée, le mobile qui me rendait si fort contre l'épicerie en révolte, et si supérieur à Alfred, de la maison Papillon. LOUIS REYBAUD, *le Commis voyageur*.

Depuis qu'il s'était attaché à la fortune de Belle-Rose, La Déroute avait pris goût aux aventures. Lorsque, après avoir mené quelque entreprise à bonne fin, il trouvait un asile convenable, il en usait comme *Annibal usa de Capoue;* mais il lui tardait vite de se retrouver aux prises avec les périls. Il ne faut donc point s'étonner si la proposition du capitaine le mit en joie. La Déroute ouvrit les yeux et tendit l'oreille. AMÉDÉE ACHARD, *Belle-Rose.*

Vainqueur et ministre, M. Guizot ne s'amollit pas aux *délices de Capoue;* il vous poursuit dans votre fuite, vous met le pied sur la tête et vous écrase. Vaincu et de l'opposition, il supplée au nombre par la tactique. CORMENIN, *Livre des Orateurs.*

Pour un grand nombre d'artistes, le mariage est une époque d'assoupissement et parfois de léthargie. Pour Colonge au contraire, il devint le signal du réveil. Il n'est pas inutile d'expliquer à quel propos s'accomplit cette métamorphose de l'insouciance en activité, et comment s'alluma la flamme qui mit en cendres *la paresseuse Capoue,* où le talent du jeune peintre était demeuré engourdi jusqu'alors. CHARLES DE BERNARD, *la Chasse aux amants.*

DÉMON FAMILIER DE SOCRATE.

Socrate, que l'oracle de Delphes avait proclamé le plus sage des hommes, se prétendait inspiré par un génie particulier, qu'il nommait son *démon*, et qui lui suggérait toutes ses résolutions, tous les principes de sa philosophie et de sa conduite. Les commentateurs ont écrit des volumes sur le démon familier de Socrate. Les uns ont prétendu que c'était un esprit, un agent surhumain; d'autres ont donné ce nom à un sens moral délicat, à un tact naturel, exquis, rapide dans les aperçus, et cultivé par une longue expérience. Suivant eux, le *démon de Socrate* n'était autre chose que les révélations intérieures et instantanées de sa conscience et de sa raison sur les matières les plus hautes de la philosophie. Consulter son démon familier, c'était, pour Socrate, consulter sa divinité intérieure, son jugement, sa raison, qu'il regardait non seulement comme un don, mais comme une émanation et une portion de la divinité. Enfin, quelques-uns n'y ont vu qu'un artifice au moyen duquel Socrate espérait réaliser une grande réforme politique.

Mais il paraît évident que Socrate l'a pris lui-même pour un guide réel, distinct de son sens intime et organe d'une divinité tutélaire. Son langage, lorsqu'il en parlait, sa véracité, qui ne s'est jamais démentie, le prix dont il a payé cette croyance, puisqu'elle fut un des principaux motifs de sa condamnation, la conviction et la bonne foi de ses disciples, ne permettent guère de doute à cet égard.

L'art est un sacerdoce : il doit l'être aujourd'hui surtout que les autres s'en vont. Le poëte doit se garder pur de toute alliance profane ; il y a simonie, il y a sacrilége à se prostituer ainsi au premier venu, et à compromettre un beau nom dans de semblables marchés. En toutes choses, même littéraires, on doit consulter, avant d'agir, *le démon familier de Socrate*.   *Revue des Deux-Mondes.*

La violence faite à la pensée par l'Église romaine, l'exemple de tant de bûchers, forcèrent Galilée de dissimuler la meilleure partie de lui-même ; il n'a montré que le corps extérieur de sa science. Je voudrais que quelqu'un s'avisât de rechercher dans les confidences échappées çà et là à ce grand homme, dans quelques fragments enfouis et éclatants, quel était le *démon secret* de ce Socrate du monde moderne.   EDGAR QUINET, *l'Ultramontanisme.*

Ce qui plaît toujours quand on rouvre Voltaire et fait qu'on s'intéresse, c'est qu'il met de l'action à tout ; les moindres choses, ou celles même qui chez d'autres feraient l'effet de la raison et de la sagesse, prennent avec lui un air d'entrain et de diablerie. Démon du goût et de l'irritabilité littéraire ; démon de l'inspiration poétique, et même de la correction ; démon de la justice et de la tolérance contre les persécuteurs ; démon de la civilisation, du luxe et de l'industrie, il a en lui la légion démoniaque au complet ; il fait tout enfin par démon, par accès et verve. Il y avait le *démon de Socrate*, il y a le démon de Voltaire.

                    SAINTE-BEUVE, *les Débats.*

DENYS LE TYRAN, NE COUCHANT PAS DEUX NUITS DE SUITE DANS LA MÊME CHAMBRE.

Denys, roi de Sicile, fut chez les anciens le type du tyran. Ombrageux et soupçonneux à l'excès, il passa sa vie entière dans des alarmes et des inquiétudes continuelles. Il portait toujours une cuirasse sous ses vêtements, et faisait visiter avec soin toutes les personnes admises en sa présence, sans excepter ses plus proches parents de ces précautions injurieuses. N'osant confier sa tête à un barbier, il avait accoutumé ses filles à lui brûler la barbe avec des coquilles de noix. Cicéron rapporte que ses frayeurs étaient si grandes, que, lorsqu'il voulait haranguer le peuple, il avait soin de se placer au haut d'une tour. Un certain Marsyas ayant eu l'imprudence de raconter un rêve dans lequel il croyait couper la gorge à Denys, le tyran le fit mourir en disant « qu'il n'y aurait pas rêvé la nuit s'il n'y eût pensé le jour. » Enfin il poussait le soin de sa sûreté personnelle jusqu'à la puérilité. Les historiens rapportent qu'il avait une multitude de chambres à coucher, et qu'il ne passait jamais deux nuits de suite dans la même, de peur d'y être égorgé. Ses enfants mêmes ignoraient celle de ces chambres où il reposait.

Fénelon peint, dans Pygmalion, les mêmes terreurs et la même défiance : « Tout l'agite, l'inquiète, le ronge ; il a peur de son ombre ; il ne dort ni nuit ni jour ; on ne le voit presque jamais ; il est seul, triste, abattu, au fond de son palais : ses amis mêmes n'osent lui parler, de peur de lui paraître suspects. Une garde terrible tient toujours des épées nues et des piques levées autour de sa maison. Trente chambres, qui communiquent les unes aux autres, et dont chacune a une porte de fer avec six gros verroux, sont le lieu où il se renferme ; on ne sait jamais dans laquelle de ces chambres il couche, et on assure qu'il ne couche jamais deux nuits de suite dans la même. Il ne connaît ni les doux plaisirs, ni l'amitié encore plus douce ; si on lui parle de chercher la joie, il sent qu'elle fuit loin de lui, et qu'elle refuse d'entrer dans son cœur. Ses yeux creux sont pleins d'un feu âpre et farouche ; ils sont sans cesse errants de tous côtés ; il prête l'oreille au moindre bruit, et se sent tout ému ; il est pâle, défait, et les noirs soucis sont peints sur son visage toujours ridé. » (*Télémaque*.)

Le sieur Durozoy avait mis son innocence au grand air; ses manuscrits et ses imprimés ont été saisis. Les autres libellistes ont été trouvés chez eux et admonestés. Quoique le sieur abbé Royou ait *plusieurs chambres,* comme feu *Denys le Tyran,* il a été rencontré dans la rue, mais protégé contre la fureur du peuple par ceux mêmes qui venaient lui faire une injonction charitable.

Chronique de Paris, 1790.

John Lewing avait pris à bail quatre châteaux, et *toutes les nuits il changeait de chambre, comme Denys le Tyran,* non pour éviter une apparition, mais pour la rencontrer, en supposant qu'un spectre affectionnât plus particulièrement une chambre qu'une autre.

Méry, *les Nuits de Londres.*

Hier, une quarantaine de gardes nationaux, divisés par petits pelotons, étaient à la recherche de l'*ami Montjoie,* qui, comme *Denys le Tyran,* a cent chambres différentes, et *ne couche jamais deux nuits de suite dans la même.* On a su d'une manière indirecte qu'il devait coucher le soir dans une maison de la rue de l'Arbre-Sec; si réellement il s'y est rendu, il n'aura pu échapper aux poursuites dont il était l'objet. *Chronique de Paris*, 1791.

DE PAR LE ROI, DÉFENSE A DIEU DE FAIRE MIRACLE EN CE LIEU.

Louis XV venait d'imposer au parlement l'enregistrement de la bulle *Unigenitus*, lancée par le pape Clément XI contre les jansénistes. Ceux-ci crièrent à la persécution, et, comme dans tous les temps de disputes religieuses passionnées, des miracles ne tardèrent pas à éclater. « Quand on attend des prodiges, dit M. H. Martin, il en vient toujours. » Plusieurs faits miraculeux commencèrent d'être signalés à l'attention publique; c'étaient, le plus souvent, des guérisons soudaines de maladies invétérées. Sur ces entrefaites, il vint à trépasser au faubourg Saint-Marceau un janséniste exalté, le diacre Pâris, dévot ascétique et à extases, très opposé à la bulle, et qui était mort à trente-sept ans à force de macérations. Il passait pour un saint dans son quartier; les pauvres, les infirmes accouraient en foule faire des *neuvaines* autour de sa tombe dans le cimetière de Saint-Médard, qui devint bientôt le théâtre des scènes les plus extravagantes; des jansénistes des deux sexes, exaltés par les persécutions que leur secte avait subies, s'y rendaient chaque jour et s'y sentaient spontanément saisis de spasmes convulsifs, de délire extatique, et d'une sorte d'épilepsie à laquelle on attribuait la guérison des maladies, la vision intuitive et le don de prophétie. Ces ridicules saturnales, qui semblent appartenir aux sectaires de l'Inde, occupèrent Paris et la France pendant plusieurs années.

« Bientôt, dit M. H. Martin, se répandit le bruit de quelques guérisons miraculeuses : les jansénistes s'attroupèrent. Des frémissements électriques couraient dans ces foules animées d'une même passion; l'agitation redoublait; les femmes s'emportaient en sanglots et en cris; des attaques de nerfs, des spasmes convulsifs s'emparaient des plus exaltées; quelques-unes étaient saisies par l'extase; des malades, des impotents, transportés d'une foi ardente, se faisaient étendre sur le saint tombeau; des malheureux tourmentés de crises nerveuses y retrouvaient un calme inespéré; des paralytiques, des boiteux, au contraire, après de violentes convulsions, se relevaient et marchaient; on prétendit même que des affections d'une tout autre nature, et tout à fait étrangères au système nerveux, des chancres, des ulcères, avaient disparu subitement, ce qui serait absolument inexplicable.

» Les scènes des convulsionnaires — c'est le nom qui leur est resté — devinrent à la fin indécentes et cruelles. Le trait le plus commun chez les femmes, qui jouaient le principal rôle, était une combinaison extrêmement bizarre d'excitations hystériques et de cette insensibilité momentanée que les magnétiseurs réussissent quelquefois à produire sur les somnambules. Dans la violence de leurs spasmes, ces femmes, partagées en *aboyeuses, miauleuses, sauteuses,* suivant les cris ou les mouvements auxquels elles s'abandonnaient, se laissaient piétiner le corps et frapper avec violence, se soumettaient à l'épreuve du feu, à l'embrochement, à mille autres tortures, et prétendaient éprouver de *divines consolations*; quatre ou cinq hommes debout pesaient de tout leur corps sur une jeune fille étendue, ou la frappaient à coups de bûche, sans qu'elle témoignât la moindre souffrance; on en vit se faire crucifier en imitation de la Passion, sans paraître sentir les clous qui leur traversaient les mains et les pieds. »

Un prélat janséniste, le célèbre cardinal de Noailles, tenait gravement registre de ces prétendus miracles. C'en était trop; non pas seulement pour le public, mais pour la portion éclairée du jansénisme. Les théologiens sérieux du parti réclamèrent avec éclat, le parlement informa contre les sectaires, et la réaction ne tarda pas à se produire dans le public. Après avoir cru jusqu'à l'impossible, on nia même le vrai, et tout finit par s'abîmer dans le ridicule.

Le gouvernement fit fermer le cimetière de Saint-Médard par ordonnance royale du 27 janvier 1732.

Tout le monde connaît l'épigramme, passée en proverbe, qu'un plaisant écrivit le lendemain en gros caractères sur la porte du cimetière :

> De par le roi, défense à Dieu
> De faire miracle en ce lieu.

Enfin, les croyants aux miracles commencent à devenir rares sur la terre de France, presque aussi rares que les grands ducs, et vous ne les rencontrez plus guère que dans quelques diocèses arriérés de Franche-Comté, de Dauphiné ou de Bretagne; et la police correctionnelle, perdue par la lecture des écrits de Voltaire, en est venue à interdire aux madones peintes de tourner de l'œil dans leurs cadres, et aux plaies de Jésus de saigner.

> De par le roi, défense à Dieu
> De faire miracle en ce lieu.

TOUSSENEL, *le Monde des Oiseaux*.

On a peine à tenir son sérieux contre la naïveté des improvisateurs du monde des esprits. Quand la police arrêta l'essor des convulsionnaires de Saint-Médard, on afficha sur les murs du cimetière ces deux petits vers bouffons :

> De par le roi, défense à Dieu
> D'opérer miracle en ce lieu.

De par le bon sens, défense de faire parler les tables tournantes et de leur faire composer des vers et de la musique ailleurs que sur les théâtres des prestidigitateurs.

BABINET, *Études et lectures sur les sciences d'observation*.

DERNIERS (LES) ROMAINS.

On appelle ainsi en général les Romains qui, à l'exemple de Caton, conservèrent, dans une société en décadence, les mœurs et la vertu des anciens temps. Mais on a donné plus particulièrement ce nom à Brutus et à Cassius, qui furent l'âme de la conspiration dont César périt victime, et qui, après avoir combattu dans les plaines de Philippes contre les ennemis de la liberté romaine, se donnèrent la mort pour ne point survivre à sa perte.

Philopœmen, qui lutta constamment pour la liberté hellénique, et après la mort duquel la Grèce se vit réduite en province romaine, est aussi appelé *le dernier des Grecs*.

Ces mots s'emploient tantôt sérieusement, tantôt ironiquement, pour désigner tous ceux qui conservent la tradition d'un passé qu'ils sont presque seuls à représenter.

Il s'agit d'une étude historique, l'*Académie royale de peinture et de sculpture*, par M. L. Vitet. M. Vitet est un des *derniers Romains*, un des hommes les plus compétents pour traiter cette grande question de l'art, si massacrée depuis quelque temps, qu'on peut dire qu'elle a eu, elle aussi, ses journées de septembre.

EDMOND TEXIER, *le Siècle*.

Le club patriotique se trouvait donc dissous de fait, et les seuls membres qui fussent restés fidèles à ses principes, peut-être parce qu'on n'avait rien fait pour les en détacher, en étaient réduits à se consoler entre eux.

« Nous sommes les *derniers des Romains* de Châteaugiron, disait d'un ton d'amertume l'ex-greffier, qui, comme on a pu le voir, se piquait d'érudition littéraire. »

CHARLES DE BERNARD, *le Gentilhomme campagnard*.

On s'accorde depuis longtemps à proclamer que la *Consolation philosophique* de Boèce est un beau livre. Ce *dernier des Romains*, comme l'ont appelé quelques critiques, surpasse tellement Martianus Capella, Cassiodore, Isidore de Séville, tous les écrivains de son siècle, et païens et chrétiens, qu'il ne peut leur être comparé sans injure.

LE SIÈCLE.

DEUX AUGURES NE POUVANT SE REGARDER SANS RIRE.

Ce trait, qui a été lancé pour la première fois par Caton, se trouve reproduit par Cicéron au livre II de son traité de la *Divination*.

Les augures formaient à Rome un collège particulier de prêtres, qui étaient entourés d'une grande considération ; ils annonçaient l'avenir et la volonté des dieux après avoir consulté le vol, le chant, l'appétit des oiseaux, les éclairs, la foudre, les entrailles des victimes, etc. ; leur crédit et l'influence qu'ils exerçaient dans l'état étaient fort grands, et l'on ne manquait jamais de les consulter pour savoir si une entreprise réussirait ou non. Quand ils entraient en charge, ils juraient de ne révéler jamais aucun de leurs mystères, et ils avaient sans doute pour cela d'excellentes raisons.

Vers la fin de la république, les augures et les idées superstitieuses que l'on se formait de certains événements fortuits, étaient tombés dans un grand discrédit. Il serait trop long de citer toutes les plaisanteries inspirées par leur science chimérique. Caton rencontre un de ses amis, l'air soucieux et troublé : « Qu'avez-vous ? lui dit-il. Un malheur vous est-il arrivé ? — Oh ! mon ami, je crains tout. Ce matin, en me réveillant, j'ai vu, le dirai-je ? une souris rongeant mon soulier ! — Eh bien, répondit Caton, tranquillisez-vous ; le prodige serait vraiment effrayant, si le soulier avait rongé la souris. »

Annibal conseillait à Antiochus de livrer bataille aux Romains ; le roi lui ayant répondu qu'il ne l'osait, parce que les entrailles des victimes ne lui étaient pas favorables : « Quoi ! lui dit Annibal, aimez-vous mieux vous en rapporter aux entrailles d'un bœuf qu'à l'avis d'un vieux général ? »

On connaît la conduite irrévérencieuse de Claudius Pulcher. Comme il était à la veille de livrer une grande bataille navale aux Carthaginois, on vint lui annoncer que les poulets sacrés refusaient toute nourriture. « Qu'ils boivent, s'ils ne veulent pas manger, » répondit Claudius, en les faisant jeter à la mer. C'était fort bien ; mais, après une telle réponse, il fallait vaincre, et Claudius fut vaincu.

Toutefois, ne rions pas trop des Romains et de leurs augures : combien de gens parmi nous, au dix-neuvième siècle, et au-dessus des classes vulgaires, n'aimeraient pas à voir une salière renversée sur la table, un couteau croisé sur une fourchette, et dîneraient mal ou ne dîneraient pas du tout en compagnie de douze convives !

Le ridicule des augures a inspiré à M. Toussenel ces lignes plaisantes :

« On ne peut guère imaginer pour des oiseaux un sort plus brillant que celui des poulets sacrés de Rome, qui étaient non seulement largement entretenus, logés et nourris aux frais du gouvernement, mais qui avaient en outre à leur service un collège de médecins, appelés *augures*, dont l'unique fonction était de leur tâter le pouls et de les maintenir en gaîté. Si l'institution a péri, ce n'est pas par la faute des poulets, mais bien par celle des augures, qui en étaient venus à ne plus pouvoir se regarder sans rire. »

M. Gérome, dont le savant pinceau aime à s'inspirer des sujets empruntés à l'histoire de la Grèce et de Rome, a exposé au salon de 1861 un tableau de haute charge, représentant deux augures dans la situation indiquée par Cicéron.

Sous la Restauration, la droite et la gauche ne pouvaient, comme les anciens *augures, se regarder sans rire,* lorsque l'une parlait de son amour pour la charte et l'autre de son amour pour le roi.

CORMENIN, *Livre des Orateurs.*

Aujourd'hui, la critique ressemble moins à une magistrature qu'à une société en commandite, où l'amour-propre de chacun sauvegarde les intérêts de tous, et où les vanités littéraires se servent les unes aux autres d'appât et de garantie. Parfois quelques-uns de ces spirituels *augures, qui ne peuvent se regarder sans rire,* ont des moments de redoutable franchise, et laissent échapper de singuliers aveux. Ils révèlent tout à coup à leurs lecteurs le dessous des cartes, les mots d'ordre et les mystères.

ARMAND DE PONTMARTIN, *Causeries.*

Si nous pressions les conséquences des principes que nous avons entendu professer à cette tribune, dans la discussion présente ou celle qui a précédé, nous serions conduit à d'étranges résultats ; et je crois que deux partisans du gouvernement représentatif ne pourraient bientôt, pas plus que les *augures de Rome, se rencontrer sans rire.*

DE BONALD, *Discours.*

Au lieu de lui répondre comme elle l'exigeait, il lui lança un long regard fixe et interrogateur. Sans doute, il s'attendait à trouver sur les traits de Clémence un reflet de ses propres pensées, car son coup d'œil avait la profonde et sardonique pénétration de celui que se jetaient au passage les *augures romains,* si l'on en croit Cicéron.

CHARLES DE BERNARD, *Gerfaut.*

J'ai obtempéré à ce désir de madame Javerval; car, poursuivit-il en s'adressant galamment à madame d'Épernoz, un mari doit être le premier esclave de sa femme.

D'Épernoz serra la main du gros homme avec un sérieux admirable, prit congé de Clémence par un dernier sourire, et partit pour son rendez-vous, après avoir jeté à son confident un de ces regards diaboliques qu'échangeaient au passage les *augures de Rome.*

CHARLES DE BERNARD, *la Peine du talion.*

DIEU EST TROP HAUT ET LA FRANCE EST TROP LOIN.

On a, non sans raison, révoqué en doute l'authenticité du *finis Poloniæ*, cri suprême que Kosciusko aurait poussé dans une dernière déroute. Il n'en est pas ainsi de cette phrase de découragement qui est sortie tant de fois de la bouche des Polonais : « *Dieu est trop haut et la France est trop loin !* » Dieu est trop haut, car si les plaintes de ces héroïques défenseurs de la plus sainte cause avaient pu arriver jusqu'à lui, il aurait empêché le plus grand crime politique que la force brutale ait jamais consommé ; la France est trop loin, car c'est en nous que les Polonais ont placé leur dernière espérance, et ces *Français du Nord* n'ont jamais douté de nos fraternelles sympathies.

Suivant M. le marquis de Custine (*la Russie en 1839*), cette exclamation serait aussi en Russie le cri des uniates, Grecs réunis à l'Église catholique, qu'on accable de persécutions dans les provinces éloignées de l'empire : « *Dieu est si haut ! l'empereur est si loin !* »

Dieu est trop haut et la France est trop loin ! est une exclamation que l'on fait entendre dans les heures de découragement moral où l'on a perdu toute espérance.

O Pologne! non, *le ciel n'est pas trop haut* pour entendre tes plaintes désespérées, et *la France ne serait pas trop loin* pour te secourir. Ce n'est pas le bras de la France qui est loin, ce n'est pas même son cœur; c'est sa politique.

Louis Veuillot, *Waterloo*.

La Chambre des députés s'est maintes fois prononcée pour la nationalité polonaise. Ces marques d'intérêt n'ont pas été tout à fait stériles : elles ont fait connaître à l'Europe ce que pensait la France ; elles ont prouvé à la Pologne qu'elle avait chez nous un appui moral, et c'est grâce aux vœux réitérés de la Chambre des députés, à ces vœux qui ont appelé sans cesse l'attention sur les héroïques Français du Nord, qu'un jour une locution proverbiale touchante peut cesser d'être vraie : *Dieu ne sera pas toujours trop haut et la France trop loin !*   Émile de la Bédollière.

DIOCLÉTIEN A SALONE.

L'empereur Dioclétien avait des qualités éminentes. Né de parents obscurs, son mérite seul le porta aux emplois les plus élevés. Élu empereur, il sut rendre à la pourpre impériale tout son éclat et au pouvoir toute sa force, à cette époque de désorganisation et de décadence où le nom romain commençait à perdre son prestige. Jamais l'empire ne fut plus tranquille au dedans et plus respecté au dehors. Une grande sagesse, une prudence justement mesurée fut constamment la règle de toute sa conduite. Le grand nombre de ses lois qui se trouvent insérées dans le code Justinien prouve l'excellence de son administration. Sous son règne, les lettres furent encouragées par ses bienfaits; de nombreux monuments attestent encore aujourd'hui sa magnificence et son goût pour les arts; et sans la persécution des chrétiens ordonnée par Galère, son collègue et son gendre, et à laquelle, dans sa vieillesse, il n'eut pas le courage de s'opposer, le grand nom de Dioclétien serait parvenu jusqu'à nous avec toute sa gloire. Dégoûté du pouvoir, il abdiqua solennellement l'empire l'an 305, et se retira aussitôt après à Salone, sa patrie, où il se montra aussi grand par sa simplicité dans la vie privée, qu'il l'avait été par son éclat à la tête du gouvernement. Il ne s'occupa plus que de la culture de son jardin, et comme on le sollicitait de ressaisir le pouvoir : « Venez à Salone, répondit-il, vous y verrez si le soin que je prends de mon jardin ne me rend pas plus heureux qu'un empire, et vous apprendrez vous-même à apprécier le bonheur que je goûte en cultivant mes laitues. »

Dioclétien est le premier monarque qui ait su renoncer librement au pouvoir suprême, et peut-être le seul qui ne l'ait pas regretté.

Les *laitues de Dioclétien*, devenues proverbe, nous rappellent ces vers gracieux :

> . . . . Plus d'un sage,
> Dans les soupirs, dans les dégoûts,
> Du bonheur, sur des flots jaloux,
> Poursuivant la trompeuse image,
> S'est écrié dans son naufrage :
> « *Ah! si j'avais planté mes choux!* »

La vanité est si bien ancrée dans le cœur de l'homme, et même de l'homme de lettres, que la mienne cherchait une indemnité dans cette abdication volontaire et cette retraite à la campagne. Je me rappelais complaisamment *Dioclétien plantant des laitues*, Charles-Quint réglant des horloges et gouvernant un couvent; et ces illustres exemples me consolaient.

Armand de Pontmartin, *les Jeudis de madame Charbonneau*.

Charles IV fut appelé à la couronne en 1778 : alors se rencontra Godoï, inconnu que nous avons vu cultiver des melons, après avoir jeté un royaume par la fenêtre. Favori de la reine Marie-Louise, Godoï passa au roi Charles; celui-ci ne sentait pas ce qu'il était, celui-là, ce qu'il avait fait; ils étaient donc naturellement unis. Il y a deux manières de mépriser les empires : par grandeur ou misère;

le soleil éclairait également *Dioclétien à Salone*, Charles IV à Compiègne. CHATEAUBRIAND, *le Congrès de Vérone*.

Aujourd'hui que je l'habite définitivement, retiré sous ma tente, abandonnant à d'autres l'empire de la haute voltige industrielle, littéraire, politique, financière et morale, aujourd'hui que *Dioclétien cultive ses laitues à Salone*, la villa Bilboquet est un séjour fort présentable. DE PÈNE, *Mémoires de Bilboquet*.

DIOGÈNE.

Diogène, célèbre philosophe de l'école cynique, naquit à Sinope, colonie grecque, vers 413 av. J.-C. Il vint fort jeune à Athènes, résolut de se consacrer à la philosophie, et suivit les leçons d'Antisthènes, chef des cyniques. La philosophie d'Antisthènes était une exagération de celle de Socrate; Diogène, renchérissant encore sur son maître, adopta à son exemple la besace et le bâton du mendiant, mais porta beaucoup plus loin le mépris de toutes les convenances sociales, rompit énergiquement avec les mœurs, les croyances, les usages et les lois de son siècle, et traita ses semblables avec un extrême dédain et une mordante ironie. Il accablait de ses railleries spirituelles et intarissables les vicieux, les débauchés, les hommes esclaves de leurs passions et de leurs préjugés, et déclamait contre la décomposition morale, l'oubli des lois de la nature, la passion du luxe et des richesses. Cette doctrine, dont le nom est devenu chez nous synonyme d'impudeur et d'effronterie, était populaire et honorée dans l'antiquité. La sévère morale stoïcienne en était issue, et l'on peut dire que les cyniques furent, en quelque sorte, les ascètes de l'ancienne philosophie. Mais en même temps l'orgueil, cet orgueil que Socrate croyait apercevoir à travers les trous du manteau d'Antisthènes, fut l'écueil de leur vertu, et cette sagesse, dans la personne de Diogène surtout, était entachée d'affectation et de misanthropie.

En effet, Diogène poussa tout à l'extrême, et en cherchant à attaquer violemment les ridicules et les travers des hommes, il tomba lui-même, par un excès contraire, dans une autre espèce de travers et de ridicule. A force de vouloir prêcher la morale par l'exemple et donner de la publicité à toutes ses actions, il mena une vie de rues et de carrefours, et se rapprocha de ces animaux dont on lui appliqua si justement le nom. Il voulut se montrer supérieur aux préjugés, apprendre à ne rougir que du mal, et il oublia les lois de la bienséance et de la pudeur. En un mot, Platon a défini Diogène d'une manière aussi juste que spirituelle en le surnommant *Socrate en délire*. C'est ainsi que, dans notre histoire et presque à notre époque, Rétif de la Bretonne, qui affectait, en les exagérant aussi, le style et les manières de l'auteur du *Contrat Social*, a été surnommé le *Rousseau du ruisseau*.

La vie de Diogène abonde en actions bizarres, originales, en mots spirituels, en traits mordants et incisifs, dont nous allons citer les plus connus :

Le fils d'une courtisane jetait des pierres au milieu de la foule : « Prends garde, lui dit Diogène, tu pourrais atteindre ton père. »

Voyant un jour un tireur d'arc maladroit, il alla s'asseoir sur le but en disant : « De cette manière, au moins, il ne m'atteindra pas. »

On le surprenait souvent tendant la main à une statue, et quand on lui en demandait la raison : « C'est, répondait-il, pour m'accoutumer aux refus. »

Un jour qu'il était près d'entrer dans un bain dont l'eau était fort sale : « Après qu'on s'est baigné ici, dit-il, où va-t-on se laver ? »

Une petite ville avait de grandes portes ; il conseilla aux habitants de les fermer, dans la crainte que leur ville ne prît la fuite.

Comme il passait sur un pont magnifique sous lequel il n'y avait qu'un mince filet d'eau : « Les habitants, dit-il, feraient bien de vendre leur pont pour avoir de l'eau. »

Un homme décrié avait fait mettre cette inscription sur sa maison : Que rien de mauvais ne passe par cette porte. « Et par où donc, dit Diogène, entre le maître ? »

Un jour qu'un Athénien, très négligé dans sa personne, lui faisait admirer la magnificence de ses appartements, Diogène lui cracha tout à coup au visage, disant pour s'excuser que c'était l'endroit le plus sale de toute la maison.

Un jeune vagabond lançait des pierres contre une potence : « Courage, lui dit-il, tu l'attraperas. »

Avec un mélange de cynisme, d'orgueil, de causticité, d'esprit et de raison, on obtient un *Diogène;* mais, s'il manque un seul de ces éléments, le cynique tombe sous le ridicule, et il n'a pas le droit de répondre, comme son patron d'Athènes : « Je ne me sens pas moqué. » *Revue des Deux Mondes.*

Le cynisme est l'idéal renversé, c'est la parodie de la beauté physique et morale, c'est le crime de l'esprit, c'est l'abrutissement de l'imagination ; en un mot, c'est *Diogène* substitué au divin Platon.
LAMARTINE.

Je suis bien loin d'être de l'avis du cynique Geoffroy, de ce *Diogène* de la critique, qui disait que si les productions modernes manquent de force, cela vient de ce que les auteurs ne boivent que de l'eau sucrée. BRILLAT-SAVARIN.

DIOGÈNE BRISANT SON ÉCUELLE EN VOYANT UN ENFANT BOIRE DANS LE CREUX DE SA MAIN.

Diogène, pour se rapprocher le plus possible de la simplicité de la nature, avait restreint son mobilier aux choses indispensables. Il avait accoutumé son corps aux rigueurs des saisons, aux privations de la misère, et son âme au mépris des plaisirs et même des plus ordinaires commodités de la vie. Il marchait pieds-nus en toutes saisons, dormait sous les portiques des temples, enveloppé dans son unique manteau, et portant avec lui dans cette besace que les poètes ont chantée, les figues, les olives et le pain noir qui suffisaient à sa mâle sobriété. Tout le monde connaît cette charmante histoire de l'enfant qu'il aperçut un jour buvant à une fontaine dans le creux de sa main : « Cet enfant m'apprend, s'écria-t-il, que je conserve encore du superflu ; le propre des dieux est de n'avoir besoin de rien : on se rapproche donc d'autant plus d'eux qu'on a moins de besoins. » A ces mots, il brisa l'écuelle dans laquelle il avait accoutumé de boire.

Diogène jetant son écuelle, paysage du Poussin, est une des compositions les plus célèbres de ce maître, et des plus justement admirées. La richesse du paysage, ainsi que la vue de l'enfant agenouillé qui vient de boire dans le creux de sa main, semblent justifier l'action du philosophe, et faire sentir que là où la nature est tout, l'art devient superflu.

La jolie châtelaine avait l'imagination des plus inflammables. Ayant aperçu un jour, dans un champ de bruyères, une jeune paysanne, toute fraîche et ravissante, avec une robe de bure et des cheveux tout ébouriffés, elle abandonna à ses femmes ses robes de satin, ses cachemires et ses rubans, pour s'habiller en bergère. *Diogène ne fit pas mieux le jour qu'il cassa son écuelle.*

Galerie de littérature.

« Le superflu, chose si nécessaire, » a dit le philosophe de Ferney. Aujourd'hui, tout le monde est de cet avis : « Dis-moi ce que tu as, je te dirai ce que tu vaux. » Nos banquiers millionnaires verraient cent fois un petit Savoyard grignoter avec ravissement un morceau de pain, qu'ils n'en jetteraient pas pour cela leurs faisans truffés par la fenêtre, comme *Diogène brisa son écuelle en voyant un enfant boire dans le creux de sa main.*

Revue de Paris.

On ne saurait imaginer, mon cher enfant, le succès qu'obtint cette inconvenance involontaire : je fus perdue pour le reste du jour dans l'opinion de la société ; il fut décidé que j'avais un genre exécrable, et le substitut du procureur du roi me compara à *Diogène, qui buvait dans le creux de sa main.*

Jules Sandeau. *les Revenants.*

DIOGÈNE MARCHANT DEVANT ZÉNON.

Le scepticisme, restreint depuis dans des limites moins déraisonnables par Rabelais, Montaigne, Bayle, etc., était poussé par les anciens jusqu'aux derniers excès de l'exagération et même de l'absurde. Des sophistes en délire en étaient arrivés à mettre en doute l'existence des phénomènes physiques les plus évidents. C'est ainsi que Zénon d'Élée niait la possibilité du mouvement. Un jour qu'il développait cette doctrine ridicule en présence de Diogène, celui-ci, répondant au sophisme par des faits, se leva et se mit à marcher devant le philosophe.

Cette doctrine prêtait trop à la plaisanterie pour que notre grand comique, qui a flagellé tous les ridicules, négligeât de la livrer aux rires du parterre. Dans la comédie du *Mariage forcé*, Sganarelle, ne sachant s'il fera bien ou mal de se marier, consulte le docteur pyrrhonien Marphurius :

« SGANARELLE. Seigneur docteur, j'aurais besoin de votre conseil sur une affaire dont il s'agit, et je suis venu ici pour cela.

MARPHURIUS. Seigneur Sganarelle, changez, s'il vous plaît, cette façon de parler. Notre philosophie ordonne de ne point énoncer de proposition décisive, de parler de tout avec incertitude, de suspendre toujours son jugement ; et, par cette raison, vous ne devez pas dire : « Je suis venu », mais : « Il me semble que je suis venu. »

SGANARELLE. Il me semble ?

MARPHURIUS. Oui.

SGANARELLE. Parbleu ! il faut bien qu'il me semble, puisque cela est.

MARPHURIUS. Ce n'est pas une conséquence, et il peut vous sembler sans que la chose soit véritable.

SGANARELLE. Comment ! il n'est pas vrai que je suis venu ?

MARPHURIUS. Cela est incertain, et nous devons douter de tout.

SGANARELLE. Quoi ! je ne suis pas ici, et vous ne me parlez pas ?

MARPHURIUS. Il m'apparaît que vous êtes là, et il me semble que je vous parle ; mais il n'est pas assuré que cela soit.

SGANARELLE. Eh ! que diable ! vous vous moquez. Me voilà et vous voilà bien nettement, et il n'y a point de *me semble* à tout cela. Laissons ces subtilités, je vous prie, et parlons de mon affaire. Je viens vous dire que j'ai envie de me marier.

MARPHURIUS. Je n'en sais rien.

SGANARELLE. Je vous le dis.

MARPHURIUS. Il se peut faire.

SGANARELLE. La fille que je veux prendre est fort jeune et fort belle.

MARPHURIUS. Il n'est pas impossible.

SGANARELLE. Ferai-je bien ou mal de l'épouser?
MARPHURIUS. L'un ou l'autre.
SGANARELLE (à part). Ah! ah! voici une autre musique. (A Marphurius.) Je vous demande si je ferai bien d'épouser la fille dont je vous parle?
MARPHURIUS. Selon la rencontre.
SGANARELLE. Ferai-je mal?
MARPHURIUS. Par aventure.
SGANARELLE. De grâce, répondez-moi comme il faut.
MARPHURIUS. C'est mon dessein.
SGANARELLE. J'ai une grande inclination pour la fille.
MARPHURIUS. Cela peut être.
SGANARELLE. Le père me l'a accordée.
MARPHURIUS. Il se pourrait.
SGANARELLE. Mais, en l'épousant, je crains d'être...
MARPHURIUS. La chose est faisable.
SGANARELLE. Qu'en pensez-vous?
MARPHURIUS. Il n'y a pas d'impossibilité.
SGANARELLE. Mais que feriez-vous si vous étiez à ma place?
MARPHURIUS. Je ne sais.
SGANARELLE. Que me conseillez-vous de faire?
MARPHURIUS. Ce qu'il vous plaira.
SGANARELLE. J'enrage!
MARPHURIUS. Je m'en lave les mains.
SGANARELLE. Au diable soit le vieux rêveur!
MARPHURIUS. Il en sera ce qu'il pourra.
SGANARELLE (à part). La peste du bourreau! Je te ferai changer de note, chien de philosophe enragé! (Il donne des coups de bâton à Marphurius.)
MARPHURIUS. Ah! ah! ah!
SGANARELLE. Te voilà payé de ton galimatias, et me voilà content.
MARPHURIUS. Comment! m'outrager de la sorte! Avoir l'insolence de battre un philosophe comme moi!
SGANARELLE. Corrigez, s'il vous plaît, cette manière de parler. Il faut douter de toutes choses; et vous ne devez pas dire que je vous ai battu, mais qu'il vous semble que je vous ai battu.
MARPHURIUS. Ah! je m'en vais faire ma plainte au commissaire du quartier des coups que j'ai reçus.
SGANARELLE. Je m'en lave les mains.
MARPHURIUS. J'en ai les marques sur ma personne.
SGANARELLE. Il se peut faire.
MARPHURIUS. C'est toi qui m'as traité ainsi.
SGANARELLE. Il n'y a pas d'impossibilité.
MARPHURIUS. J'aurai un décret contre toi.
SGANARELLE. Je n'en sais rien.
MARPHURIUS. Et tu seras condamné en justice.
SGANARELLE. Il en sera ce qu'il pourra. »

Un philosophe, à qui l'on niait le mouvement, *se mit simple-*

ment à marcher. M. Decroix, entendant répéter de toutes parts : « La poésie est morte, » a voulu faire de la poésie, et il nous donne les *Fleurs d'un jour.*

   Henri d'Audigier, *Revue de l'instruction publique.*

 Tu défends la royauté quand tu es ministre ; à quoi bon attaquer le roi, quand tu n'es plus qu'un député ? Tu crois au mouvement, et *tu marches ;* mais Diogène ne tombait pas en marchant. Lorsque tu deviens un pouvoir, tu laisses les factions à la porte du ministère ; mais tu leur dis d'attendre, et tu redeviens un factieux quand tu tombes.   Louis Lurine, *Voyage dans le passé.*

DISPUTES, DISCUSSIONS BYZANTINES.

 Vers le milieu du quinzième siècle, le vieil empire de Constantin, qui a été flétri du nom de Bas-Empire, touchait au dernier terme de sa décadence. Non seulement il avait perdu tout son prestige, mais chaque partie de ses vastes possessions était peu à peu tombée dans des mains étrangères. « Cet empire, dit Montesquieu, borné aux faubourgs de Constantinople, finit comme le Rhin, qui n'est plus qu'un ruisseau lorsqu'il se perd dans l'Océan. » Tributaire des sultans, qui lui prodiguaient depuis longtemps les humiliations et les insultes, il aurait succombé sans gloire sous l'effort puissant de Mahomet II, si Constantin Dragosès, le dernier successeur de Justinien, n'eût couvert par l'héroïsme de sa défense et de sa mort l'avilissement de ces Romains dégénérés. Il ne s'agissait plus pour eux de vivre libres, mais de savoir si l'on dirait la messe en grec ou en latin ; la vue des étendards du Prophète flottant aux portes de la ville de Constantin les laissait insensibles, mais ils étaient de feu pour soutenir « que le Saint-Esprit procédait du Père par le Fils, au lieu de dire du Père et du Fils. » Telles furent les misérables questions, les subtilités ridicules qui déchirèrent la capitale de l'Orient jusqu'à son dernier jour, tandis que le canon des Turcs battait en brèche ses remparts. Ces vaines discussions théologiques, provoquées quelques années auparavant par le projet de l'empereur Jean Paléologue II d'opérer la réunion des Églises grecque et latine, agitaient encore les esprits au milieu des horreurs du dernier assaut. Pendant qu'un petit nombre de braves se dévouait au salut de l'empire, la foule courait consulter un moine fanatique qu'elle regardait comme un oracle. Semblable à l'antique sibylle, il écrivait ses réponses sur des feuilles qui passaient rapidement de mains en mains : « Misérables, disait-il, vous fuyez la vérité pour suivre l'erreur ! Incrédules Romains ! vous fermez vos portes qu'un décret céleste vous ordonne d'ouvrir ! Au lieu d'attendre les armes divines de l'ange qui doit vous protéger, vous placez votre confiance dans le faible courage des hommes. Vous faites plus : vous acceptez le secours des perfides Latins, vous vous unissez à une Église idolâtre !

» Je vous le déclare, vous perdez votre patrie en perdant votre foi !... »

« Ainsi, dit un historien, une funeste et puérile superstition s'efforçait de désarmer la vaillance et de justifier la lâcheté; la caducité des peuples ressemble à leur enfance, leur faiblesse s'appuie sur des fables et des prestiges. Lorsque la dernière heure de Constantin eut sonné, tel était encore l'acharnement de l'esprit de secte et de parti, qu'au moment de périr, la haine des schismatiques contre les orthodoxes éclatait encore au bord de l'abime qui devait les réunir; ils se maudissaient. L'entrée des terribles soldats de Mahomet II, passant sur le cadavre de Constantin Dragosès, tombé sous les ruines de sa patrie, ne put arrêter ces disputes ridicules, et l'on rapporte que les janissaires, pénétrant dans un couvent, trouvèrent les moines discutant avec chaleur une question de discipline. Le cimeterre turc la termina. »

Telles sont ces misérables disputes flétries dans l'histoire sous le nom de *discussions byzantines*, et auxquelles on fait allusion pour désigner des préoccupations futiles, tandis que des intérêts de premier ordre sont en jeu.

« Toute discussion publique qui tendrait à diminuer directement ou indirectement la confiance qu'on doit avoir dans la constitution, serait un malheur pour l'État... N'imitons pas l'exemple du Bas-Empire qui, pressé de tous les côtés par les barbares, se rendit la risée de la postérité en s'occupant de *discussions abstraites* au moment où le bélier brisait les portes de la ville... Aidez-moi à sauver la patrie. »

NAPOLÉON, *Réponse à l'Adresse de la Chambre des pairs pendant les Cent-Jours.*

Tout se déprave. La situation fausse du pays altère l'intelligence de chaque individu. L'esprit le plus vif, le plus judicieux, se perd dans la *subtilité des Byzantins*.

EDGAR QUINET, *Avertissement au Pays.*

Je crois que nous voyageons ici en compagnie des esprits et des ruines. Je ne sais si tu as remarqué que nos hôtes ont précisément ce son de voix sourd qui convient aux décombres, et ce tour de pensées vides, subtiles, sophistiques, *byzantines*, que l'on attribue généralement aux génies en décadence.

EDGAR QUINET, *Merlin l'Enchanteur.*

DIX-HUIT BRUMAIRE.

« *Faire un dix-huit brumaire.* » Ces mots, en littérature, en politique et même dans les circonstances ordinaires de la vie, signifient faire un coup d'État, une révolution, un changement radical opéré avec violence et promptitude. Voici l'événement célèbre qui a enrichi notre langue de cette expression.

Le général Bonaparte continuait en Égypte le cours glorieux de ses exploits. L'œil fixé sur la France, il s'enquérait avidement de tous les événements qui s'y passaient. Le Directoire, haï et méprisé, était impuissant à comprimer les factions ; nos armées n'éprouvaient que des revers sur le théâtre de leurs anciens exploits, et la France, menacée de l'invasion, n'avait été sauvée, pour un moment, que par la victoire de Zurich. L'occasion était favorable pour une grande ambition soutenue par un vaste génie, et Bonaparte n'était pas homme à la laisser échapper. Il quitte secrètement l'Égypte, débarque à Fréjus à l'improviste, et arrive à Paris, salué sur tout son passage comme le libérateur qu'attendait la France. Dès ce moment, il connut toute la faveur de la fortune qui le ramenait dans sa patrie. Le gouvernement se composait alors du Directoire, comme pouvoir exécutif, et de deux assemblées : le Conseil des Cinq-Cents et le Conseil des Anciens. Peu de jours après son arrivée, le jeune général disait au Directoire, dans une proclamation énergique affichée sur tous les murs de Paris : « Qu'avez-vous fait de cette France que je vous ai laissée si brillante ? Je vous ai laissé la paix, j'ai retrouvé la guerre ; je vous ai laissé des victoires, j'ai trouvé des revers ; je vous ai laissé les millions d'Italie, et j'ai trouvé partout les lois spoliatrices et la misère. Qu'avez-vous fait de cent mille Français que je connaissais, tous mes compagnons de gloire ? Ils sont morts... Cet état de choses ne peut durer ; avant trois ans il nous mènerait au despotisme. » Le Directoire était dissous.

Restaient les deux assemblées législatives, dont le siège venait d'être transféré à Saint-Cloud. Bonaparte, nommé commandant de toutes les forces militaires de Paris, s'y rend à la tête de ses grenadiers, commandés par le général Leclerc. Avant l'ouverture de la séance, le jeune général, qui se promenait dans la cour et les appartements du château, disait, comme le vingtième roi d'une dynastie : « *Je ne veux plus de factions ; il faut que cela finisse, je le veux absolument.* » Il se présente d'abord au Conseil des Anciens, où il se plaint en termes énergiques des calomnies dont on l'abreuve. Il y est vivement applaudi et se rend ensuite au Conseil des Cinq-Cents, dont la séance était très orageuse. Il laisse sur le seuil ses grenadiers, dont les baïonnettes brillaient à travers la porte, et s'avance seul, le chapeau bas. A sa vue, des cris furieux éclatent : « A bas le dictateur !... Retirez-vous... Vous violez le sanctuaire des lois !... » Les députés demandent à Lucien, qui présidait la séance, de mettre son frère hors la loi. Lucien essaye vainement de se faire entendre ; il se dépouille des insignes de la présidence et quitte la salle. « Soldats, dit Bonaparte à ses grenadiers, je vous ai menés à la victoire, puis-je compter sur vous ? — Oui ! oui ! vive Bonaparte ! » Alors le général Leclerc fait avancer les troupes et s'écrie : « Au nom du général Bonaparte, le Corps législatif est dissous. Que les bons citoyens se retirent. Grenadiers, en avant ! » Les cris des députés qui protestent sont couverts par le roulement des tambours ; la salle est évacuée sans effusion de sang. Le Conseil des Anciens, resté seul en séance, défère le pouvoir exécutif à trois consuls provisoires, qui sont : Bonaparte, Sieyès et Roger-Ducos.

Dès ce moment, la république avait cessé d'exister de fait, et un gouvernement fort et régulier succédait à une époque de faiblesse et d'anarchie. C'est ce que M. de Talleyrand exprima dans une réponse aussi spirituelle que flatteuse. Napoléon, empereur, lui disait un jour : « On assure, monsieur, que vous êtes fort riche ? — Oui, sire. — Comment avez-vous donc fait ? Vous étiez loin de l'être sous la république ? — Il est vrai, sire ; mais j'ai acheté le 17 brumaire tous les fonds publics que j'ai trouvés sur la place, et je les ai revendus le 20. »

« L'événement de brumaire, dit Napoléon dans le *Mémorial de Sainte-Hélène*, ne fut que l'affaire d'un tour de main. Il est sûr que jamais plus grande révolution ne causa moins d'embarras, tant elle était désirée ; aussi se trouva-t-elle couverte des applaudissements universels.

» Pour mon propre compte, toute ma part dans le complot d'exécution se borna à réunir à une heure fixée la foule de mes visiteurs, et à marcher à leur tête pour saisir la puissance. Ce fut du seuil de ma porte, du haut de mon perron, et sans qu'ils en eussent été prévenus d'avance, que je les conduisis à cette conquête ; ce fut au milieu de leur brillant cortège, de leur vive allégresse, de leur ardeur unanime, que je me présentai à la barre des Anciens pour les remercier de la dictature dont ils m'investissaient.

» On a discuté métaphysiquement, et l'on discutera longtemps encore si nous ne violâmes pas les lois, si nous ne fûmes pas criminels ; mais ce sont autant d'abstractions bonnes tout au plus pour les livres et les tribunes, et qui doivent disparaître devant l'impérieuse nécessité ; autant vaudrait accuser de dégât le marin qui coupe ses mâts pour ne pas sombrer. Le fait est que la patrie sans nous était perdue, et que nous la sauvâmes. Aussi les auteurs, les grands acteurs de ce mémorable coup d'État, au lieu de dénégations et de justifications, doivent-ils, à l'exemple de ce Romain, se contenter de répondre avec fierté à leurs accusateurs : « Nous protestons que nous avons sauvé notre pays, venez avec » nous en rendre grâces aux dieux ! »

Le dix-huit brumaire est l'événement qui a véritablement donné naissance à la dynastie napoléonienne ; c'était l'opinion de son glorieux fondateur ; un jour qu'un écrivain, voulant faire sa cour au maître de l'Europe, avait dressé l'arbre généalogique de la maison Bonaparte, l'empereur s'écria : « Voilà une généalogie aussi plate que ridicule. Ces recherches sont puériles ; à tous ceux qui demanderont de quel temps date la maison Bonaparte, la réponse est bien facile : elle date du dix-huit brumaire. »

Que dire d'un gouvernement qui provoque ainsi un parti qu'il a grossi par ses rigueurs, au lieu de le calmer ? Un ministre, le plus léger, le plus audacieux de tous, ne parle-t-il pas sans cesse de la nécessité d'en finir avec le gouvernement représentatif ? Et ne disait-il pas un jour à quelqu'un qui lui objectait que les *dix-huit brumaire* ne se font qu'après avoir acquis de la gloire l'épée à la main : « Eh bien, nous pouvons faire nos campagnes d'Égypte et d'Italie sur le pavé de Paris. »

Revue des Deux Mondes.

Avec un dictateur, tout changerait de face : vous n'auriez plus à craindre ni les vains partages, ni les motions inopportunes, ni les longueurs de la filière réglementaire; les affaires seraient expédiées promptement, et les pâtissiers futurs n'auraient plus le droit d'introduire chez vous leurs brioches. En un mot, comme en cent, il n'y a pour sauver l'Académie d'autre ressource qu'un *dix-huit brumaire*.   Louis Peisse, *la Médecine et les Médecins*.

    La jeune république, image de sa mère,
    De son règne à venir nous prônait la chimère;
    Mais les faits ont soudain démenti ses discours
    Son histoire hâtée a retenti deux jours,
    Lasse de promulguer de longues théories;
    Nous l'avons vue en marche avec ses décuries,
    Avec son peuple, avec ses sanglants attributs;
    Un jour a cumulé sa chute et ses débuts;
    Un jour seul de son règne a rempli le sommaire,
    Son quatorze juillet et son *dix-huit brumaire*.
                               Barthélemy, *ma Justification*.

Avant l'entrée de M. Véron au *Constitutionnel*, dans les conseils, la discussion s'y animait parfois au point qu'on y échangeait des coups de chaise. M. de Saint-Albin, le père, chevalier de la Légion d'honneur, y faisait des *dix-huit brumaire* presque périodiques.
                                              Alphonse Karr, *les Guêpes*.

DOULEUR, TU N'ES PAS UN MAL.

L'école stoïcienne, fondée par Zénon, forme une des plus illustres philosophies de l'antiquité. Simple dans son principe et ses déductions, saisissante par son caractère héroïque et paradoxal, elle s'est tellement fait connaître, au moins par les traits les plus saillants de sa morale, que les noms mêmes de *stoïcisme*, *stoïque*, sont entrés dans le langage usuel, comme expression d'une mâle impassibilité. Les stoïciens faisaient consister la vertu et le bonheur dans la possession d'une âme également insensible à la volupté et à la douleur, affranchie de toutes les passions, supérieure à toutes les craintes, à toutes les faiblesses. N'admettant d'autre mal que le vice, d'autre bien que la vertu, et considérant tout le reste comme indifférent, ils niaient que la douleur fût un mal. Zénon, leur illustre chef, fut le premier qui proclama la loi du *devoir*, et qui en posa les fondements avec une abondance de preuves qui avait sa source dans une profonde conviction, indépendamment de toute argumentation dialectique. Les passions ne sont point des éléments nécessaires de notre condition; elles sont des maladies de l'âme: la santé, c'est l'*apathie*, l'absence des passions. — C'est à cause de cette sévérité d'opinions morales, tout au moins chez les premiers stoïciens, qu'on a donné en général le nom de stoïcisme à toute opinion sévère en morale.

Cette doctrine, qui s'alliait si bien avec toutes les vertus mâles et qui tendait à les faire naître, fut en grand crédit chez les Romains, malgré leur peu de penchant pour la philosophie; ils l'adoptèrent avec enthousiasme, car elle s'accordait admirablement avec leur énergie intellectuelle et leur sévérité. On a remarqué, à l'honneur de la secte des stoïciens, que les personnages les plus vertueux de Rome l'avaient adoptée : Brutus, Caton d'Utique, Thraséas, Perse, Sénèque, Tacite, Épictète, Antonin et Marc-Aurèle. La morale est restée la gloire des stoïciens, et, en écartant ce qu'elle renferme de paradoxal et d'outré, elle leur assure le premier rang parmi les précurseurs les plus purs et les plus directs du christianisme.

La devise principale des stoïciens était : « *Souffre et abstiens-toi.* » On rapporte qu'un disciple de Zénon s'écriait au milieu des souffrances les plus aiguës, causées par la goutte : « *Douleur, tu n'es pas un mal.* » Il y avait sans doute de l'ostentation dans ces principes de la doctrine stoïcienne, mais elle n'en a pas moins donné naissance aux vertus les plus héroïques.

— Que me préparez-vous et pourquoi me regardez-vous en pointant vos tablettes? La prison, l'exil, la souffrance, la ruine de ma maison, le sel semé sur mon foyer? Que peut contre moi votre colère et la colère de la nature? J'ai le secret d'Épictète, et à la douleur que vous pouvez m'infliger, je réponds comme lui : « *Tu n'existes pas.* » Je vous attends. Frappez; la blessure rejettera le fer d'elle-même. Il fallait bien qu'il y eût dans la ciguë une divine saveur, pour que le plus grand homme du monde l'ait bue en souriant et en offrant un coq à Esculape.

Eugène Pelletan, *le Monde marche.*

Les divers acteurs de la tragédie se sont mutuellement chargés; Bonaparte seul n'en rejette la faute sur personne; il conserve sa grandeur sous le poids de la malédiction; il ne fléchit pas et reste debout; il s'écrie comme le stoïcien : «*Douleur, je n'avouerai jamais que tu sois un mal!*»

Chateaubriand, *Mémoires d'Outre-Tombe.*

Une balle avait traversé les chairs de l'épaule gauche de Dantès. Il était presque heureux de cette blessure, reçue dans le combat avec les douaniers, car il savait maintenant de quel œil il regardait le danger, et de quel cœur il supportait la souffrance. Il avait regardé le danger en riant, et en recevant le coup, il avait dit comme le philosophe grec : « *Douleur, tu n'es pas un mal.* »

Alex. Dumas, *Monte-Cristo.*

Je ne puis m'empêcher de songer à cette jeune fille devenue célèbre, dans cette grande ville, par son malheur. Elle a dix-huit ans ; il y en a cinq qu'elle est tourmentée par un horrible cancer qui lui ronge la tête. Le mal s'avance comme un incendie qui dévore un palais. Une piété tendre et presque céleste semble la rendre inaccessible ou indifférente à la douleur. Elle ne dit pas comme le fastueux stoïcien : « *O douleur ! tu ne me feras jamais convenir que tu sois un mal ;* » elle fait bien mieux ; elle n'en parle pas.

Joseph de Maistre, *Soirées de Saint-Pétersbourg.*

DUC DE CLARENCE, NOYÉ DANS UN TONNEAU DE MALVOISIE.

Le duc de Clarence, fils de Richard, duc d'York, et frère d'Édouard IV, prit une grande part à la fameuse querelle des maisons d'York (rose blanche) et de Lancastre (rose rouge). D'un caractère présomptueux, emporté, d'une humeur inquiète et remuante, il se voyait appelé par sa naissance aux premiers emplois de la couronne, et souffrait cruellement d'être négligé par le roi et éloigné du gouvernement. Le comte de Warwick, *le faiseur de rois*, auteur de l'élévation de la maison d'York, ayant cru avoir à se plaindre d'Édouard IV, qui semblait vouloir oublier ses services et s'affranchir de ses orgueilleuses prétentions, se déclara le champion de la Rose-Rouge, et leva l'étendard de la révolte contre la maison d'York, après l'avoir portée sur le trône. Connaissant l'irritation secrète que ressentait le duc de Clarence, il eut l'adresse de l'associer à ses projets de vengeance et de se l'attacher en lui donnant sa fille en mariage. Mais bientôt le duc ouvrit les yeux sur l'abîme qu'une alliance si contraire aux intérêts de sa famille creusait sous ses pas, et, ramené aux sentiments de la nature, il promit à son frère de rompre avec le parti des Lancastre au premier moment favorable. En effet, dans une circonstance décisive, la veille de la bataille de Barnet (1471), il abandonna le comte de Warwick, entraîna dans sa défection un corps de douze mille hommes, et procura ainsi la victoire à son frère. Il ne put jamais, néanmoins, recouvrer l'amitié d'Édouard, qui conserva toujours le souvenir de sa trahison. Éloigné des affaires, abreuvé d'outrages, voyant ses meilleurs amis punis de mort sur des prétextes frivoles, il ne sut point se contenir et se livra à des mouvements de colère qui trahirent ses ressentiments. Il n'en fallut pas davantage pour le faire accuser de tramer de nouveaux complots.

Excité d'ailleurs par leur autre frère, le duc de Glocester, qui espérait faire servir ces discordes à son ambition, Édouard se porta lui-même accusateur du malheureux Clarence, que le parlement condamna à perdre la vie. Pour toute faveur, on lui accorda le choix de son supplice, et l'on prétend qu'il demanda à être noyé dans un tonneau de malvoisie (1).

Cyrano de Bergerac, pour qui les choses les plus tragiques avaient un côté plaisant, a comparé Socrate au duc de Clarence, en disant que tous deux « étaient morts de trop boire. »

— A sa santé! répéta Marillac; mais, notaire, continua-t-il en regardant son voisin d'un air mélancolique, si vous voulez boire à la santé de toutes les créatures enchanteresses qui ont doré de leur amour la vie de l'homme qui vous parle, autant vaut faire apporter un *tonneau plein* et vous y jeter vivant comme *Clarence*, car j'ai vécu fort et vite. CHARLES DE BERNARD, *Gerfaut*.

On l'aurait *noyé dans le vin, comme Clarence*, si le médecin n'y avait mis bon ordre. Cet excellent docteur s'effrayait de voir un tempérament si brutal entraîné dans un tel excès.

EDMOND ABOUT, *Trente et Quarante*.

Malgré la faiblesse de sa santé et les prescriptions sévères des médecins, le jeune Gruner continuait à se plonger dans les plaisirs

(1) Dans son livre de l'*Esprit dans l'histoire*, M. Édouard Fournier nie ce genre de mort, et il lui suffit de quatre lignes, comme pour le prononcé d'un arrêt. Nous serons moins affirmatif sur ce point, qui divise encore aujourd'hui les historiens, mais il nous est impossible de passer sous silence le sans-gêne avec lequel M. Fournier nie certaines choses et en affirme d'autres pour le seul besoin de sa cause, et sans que la vérité joue en tout ceci le moindre rôle. Cependant le livre de M. Fournier est un livre de critique historique, où perce une velléité non dissimulée de profonde érudition.

M. Édouard Fournier ne manque, très certainement, ni d'imagination ni d'esprit; mais une lecture attentive de son ouvrage nous a convaincu que les témoignages les plus respectables sont pour lui sans valeur, dès qu'il s'agit de renverser une opinion admise. Alors ses traductions sont fausses, ses citations erronées; comme cet avocat qui forgeait une loi aussitôt qu'il se trouvait embarrassé, M. Fournier allonge, raccourcit, travestit les textes, et l'on croirait que sa critique se plaît à ressusciter en histoire et en littérature le système de Procuste.

A ceux qui verraient dans les lignes qui précèdent un trait à l'œil droit de M. Fournier, nous répondrons pour notre défense que, composant un ouvrage sur les mots historiques, nous rencontrons à chaque pas le spirituel chroniqueur de la *Patrie* qui nous heurte sur notre chemin, en disant : « Ce mot est apocryphe, cette réponse est controuvée, cette phrase est... » En un mot, nous sommes le jardinier qui arrose ses *fleurs* avec amour, et qui, chaque matin, trouve ses plates-bandes fouillées, ravagées par un charmant petit quadrupède de la tribu des talpiens. Nul mieux que le jardinier n'admire sa robe noire, sa fourrure soyeuse, ses formes élégantes, la délicatesse et la grâce de son petit museau pointu; ce qui ne l'empêche pas de crier, dès qu'il voit la terre se soulever : « A moi, ma bêche; voilà l'ennemi ! » Ainsi notre antipathie, si d'antipathie on nous accuse, n'est que dans la situation, et nullement dans notre caractère.

les plus violents, dans des excès sans nom, jusqu'au jour où la mort vint le surprendre au milieu d'une dernière orgie, où il *se noya comme dans un tonneau de malvoisie.*   *Revue de Paris.*

DU PAIN ET DES SPECTACLES.

Quand Rome n'eut plus rien à conquérir, et que l'univers entier fut devenu sa proie, le peuple romain perdit peu à peu le sentiment de la gloire et celui de sa propre dignité. Les dissensions entre Marius et Sylla, la dictature de César, les proscriptions des triumvirs, en le dépouillant de sa liberté, avaient amené insensiblement sa dégradation, et le joug avilissant des Tibère, des Caligula et des Néron, le trouva tout prêt à courber la tête. Ce sénat, que Cinéas avait pris pour une assemblée de rois, devait en venir à délibérer sur la manière dont le maître ferait accommoder un turbot. « Ces Romains qui distribuaient naguère les faisceaux, les légions, tous les honneurs enfin, languissaient alors dans un honteux repos : *Panem et circenses*, tel était l'objet de tous leurs désirs inquiets (1); » c'est-à-dire du blé au forum et des spectacles gratuits, voilà tout ce que demandait cette Rome de la décadence ; quant à la liberté, elle n'y pensait plus.

Le *panem et circenses* des Romains est passé dans la langue espagnole de nos jours : « *Pan y toros*, du pain et les courses de taureaux, » disent les descendants du Cid.

Dans sa tragédie de *Tibère*, M. J. Chénier n'a pas oublié le trait de Juvénal :

SÉJAN.

Les amis de Séjan vous consacrent leur vie.
César se souviendra de leur fidélité?

TIBÈRE.

Ils obtiendront le prix qu'ils auront mérité.

SÉJAN.

Un regard! des faveurs!

TIBÈRE.

Dis ma reconnaissance,
Séjan, tous mes trésors et toute ma puissance.

SÉJAN.

Natta, Balbus, Afer, nos zélés orateurs?

TIBÈRE.

Du crédit, des emplois d'édiles, de questeurs.

SÉJAN.

Les agents plus obscurs d'une émeute docile?

TIBÈRE.

De l'or.

SÉJAN.

Fulcinius?

TIBÈRE.

La préture en Sicile.

(1) Juvénal, *Satire* x.

SÉJAN.

Et les cris importuns de ce peuple odieux?

TIBÈRE.

Du pain, les jeux du cirque, un sacrifice aux dieux...

Si l'on en croit les vers suivants, les Parisiens, plus sobres encore, se contenteraient de la comédie :

Les Romains s'estimaient heureux
Avec *du pain et des théâtres;*
On a vu les Français joyeux
S'en montrer bien plus idolâtres.
N'a-t-on pas vu ce peuple, enfin,
Subsistant comme par miracle...
Pendant le jour mourir de faim,
Et le soir courir au spectacle?

Pendant la sanglante insurrection de 1832, les ouvriers lyonnais avaient adopté une devise autrement noble que le cri du peuple abruti des Césars : « Vivre en travaillant, ou mourir en combattant, » disaient-ils; « du pain ou du plomb ! »

Les spectacles sont la plus grande affaire des habitants de Paris. Il en est qui sacrifient leurs intérêts les plus directs à ce genre d'amusement. Le cri des anciens Romains : « *Des spectacles et du pain,* » est aussi celui des Parisiens.

PIGAULT-LEBRUN, *Mélanges littéraires.*

Le monde de l'âme étant pour ainsi dire exténué chez ces peuples, quiconque promettra le *pain et le cirque* aura toujours bon marché de celui qui parlera de liberté morale.

EDGAR QUINET, *Révolutions d'Italie.*

Quel peuple que celui qui, le jour de son triomphe, ne demande ni *pain* ni *spectacles,* comme autrefois la canaille romaine, mais seulement du travail ! Quelle garantie de moralité, de discipline, de docilité dans les classes laborieuses !

P.-J. PROUDHON, *Idée générale de la Révolution.*

L'homme civilisé lui-même ne dédaigne pas de sacrifier son intelligence à l'oubli dégradant de ses maux. On voit le pauvre, le pauvre des grands peuples, se précipiter, non plus après le *pain* et les *spectacles*, comme au temps de l'empire romain, mais à la porte ignoble où le lucre lui vend, au prix de ses sueurs, un instant de honteuse fascination.

Lacordaire, *Conférences de Toulouse.*

Il faut à un peuple esclave et frivole *du pain et des spectacles;* il faut du pain et des journaux à une nation jalouse de ses droits. La liberté de la presse a fait la Révolution et peut seule la maintenir. Tout ce qui tend à favoriser l'exercice de la pensée et la publicité des événements, mérite donc d'être pris en singulière considération par nos législateurs. *Les Révolutions de Paris.*

ÉCHELLE DE JACOB.

Après avoir obtenu au détriment d'Ésaü la bénédiction d'Isaac, Jacob partit pour se soustraire à la colère de son frère, et étant arrivé, après le coucher du soleil, dans un lieu désert nommé depuis *Béthel*, il s'étendit sur le bord du chemin, plaça une pierre sous sa tête, et s'endormit accablé de fatigue. Pendant son sommeil, il vit en songe une échelle dont le pied était appuyé sur la terre et dont le haut touchait au ciel; et des anges montaient et descendaient le long de cette échelle. Le Seigneur apparut alors à Jacob, et lui renouvela la promesse qu'il avait faite à Abraham et à Isaac : « Ta postérité sera nombreuse comme la poussière de la terre; toutes les nations seront bénies en toi et dans celui qui sortira de toi. » En s'éveillant, Jacob, saisi de frayeur, s'écria : « Que ce lieu est terrible! c'est véritablement la maison de Dieu et la porte du ciel. »

On fait allusion à l'échelle de Jacob dans une foule de circonstances qu'expliqueront suffisamment les phrases suivantes.

Architecture, sculpture, peinture, musique, poésie, tels sont les degrés par lesquels il est donné à l'imagination humaine de tendre jusqu'à l'immortelle beauté. C'est là *l'échelle de Jacob* sur laquelle s'élèvent constamment les rêves de l'esprit de l'homme. D'un côté, elle s'appuie sur la terre; de l'autre, elle touche au ciel.

Edgar Quinet, *Génie des religions.*

Nous renonçons à mesurer cette échelle de maux que parcourt l'humanité; elle prend à l'âge le plus tendre et se prolonge jusqu'à la vieillesse; échelle monstrueuse qui ne s'élève pas vers le ciel, comme *celle de Jacob*, au contraire, mais dont chaque degré est une souffrance, parfois une chute, qui, pour beaucoup, commence par une faute et finit par un crime.

Alphonse Esquiros, *les Vierges folles*.

J'ai à vous déclarer que je rejette absolument votre échelle des âges. Qu'elle soit vraie pour les animaux, elle ne l'est pas pour l'homme. Notre vie est bien au-dessus de ce grossier symbole. S'il y a des degrés dans les âges qui la divisent, ces degrés, comme sur l'*échelle de Jacob*, montent tous vers Dieu. La mort n'est que le point où l'ascension de l'âme commence à se dérober à nos yeux.

Jean Reynaud, *Terre et Ciel*.

J'ai soif de voluptés exorbitantes, car je suis un homme carré par la base; je méprise l'amour en bonnet de coton et j'adore le danger. Le danger, c'est ma vie à moi. Je veux des *échelles de soie longues comme celle de Jacob*, des citadelles à escalader, des baisers corrosifs, tous les soirs, à la barbe des maris et des eunuques noirs.

Charles de Bernard, *Gerfaut*.

Nous avons lu ce roman signé d'un nom nouveau avec la bienveillance obligée pour tout débutant loyal. Hélas! l'auteur ne nous paraît pas avoir le pied solide sur le premier échelon de cette terrible *échelle de Jacob* qui monte de l'obscurité à la gloire, et le long de laquelle on rencontre autant de génies avortés qui dégringolent, que de talents heureux qui grimpent résolument.

Maxime du Camp, *Revue de Paris*.

Le vrai contrat social, celui dont Dieu lui-même est le souverain, ne se résilie pas dans la poussière de ce globe. Au contraire, il se renoue, se recompose et se développe indéfiniment plus haut, de vertu en vertu, de sainteté en sainteté, de grandeur en grandeur, dans une société toujours croissante et toujours multipliante, pour multiplier les adorations par les adorateurs, les forces par les facultés, les vertus par les œuvres dans cette *échelle ascendante par laquelle monta le Jacob symbolique,* et qui rapproche du Dieu de vie ses hiérarchiques créations.

LAMARTINE, *Cours de Littérature.*

ÉCRASONS L'INFAME.

Voltaire, l'un des plus puissants génies des temps modernes, fut élevé par les jésuites au collège de Louis-le-Grand. Tout jeune, il étonnait ses maîtres par la hardiesse et la vivacité de son esprit; à ce point que l'un d'eux, le P. Lejay, lui prédit un jour qu'il serait le *coryphée du déisme en France.* Cette prédiction ne devait que trop se justifier. L'irréligion et le scepticisme forment, dans les limites de cette doctrine philosophique, la base de la plupart de ses ouvrages. Son *Épitre à Uranie,* ou *le Pour et le Contre,* est une dissertation sur la divinité de Jésus-Christ, où le *contre* est certainement plaidé avec plus de force que le *pour.*

Parmi les preuves nombreuses que l'histoire a recueillies de son esprit d'irréligion, on cite surtout ce mot fameux : *Écrasons l'infâme,* qui termine invariablement presque toutes ses lettres aux encyclopédistes et en particulier à d'Alembert. Mais Voltaire entendait-il par ces mots le fond même du christianisme? Cela n'est pas absolument prouvé; il paraît n'avoir désigné ainsi que la superstition, l'intolérance et le fanatisme (1), restes impurs du moyen âge, qui non seulement n'ont rien de religieux, mais encore sont subversifs de toute religion.

Voltaire, en butte à des haines acharnées, a eu dans sa polémique des entraînements et des violences regrettables. Mais son amour pour les opprimés et les malheureux, sa haine vivace et active contre toutes les injustices, sont conformes à l'Évangile et doivent lui mériter l'indulgence des chrétiens pour les attaques qu'il a dirigées contre leur foi. Trop souvent les passions l'ont accusé d'athéisme. Il était, sinon chrétien, du moins déiste, et la prédiction du P. Lejay s'accomplit de tous points. Pendant quelque temps il s'affaissa, il est vrai, dans le scepticisme, mais il revint définitivement au déisme dans ses dernières années. Un illustre défenseur de l'Église a dit, il est vrai, que « le déisme n'est qu'un athéisme déguisé », mais il se plaçait au point de vue *exclusivement* catholique, où la moindre divergence est considérée comme une erreur capitale. Au point de vue *purement* philosophique, nous croyons l'un fort éloigné de l'autre. On trouve dans la vie et dans les écrits de Voltaire une multitude de traits ou de passages empreints de la plus haute inspiration religieuse. Nous ne citerons que cette entrevue solennelle qu'il eut avec Franklin. Le grand citoyen américain présenta son petit-fils à bénir au philosophe octogénaire. Celui-ci, dans un élan sublime, étendant la main au-dessus de l'enfant, prononça ces paroles, que la postérité n'oubliera pas : « Dieu et la liberté! »

Il y a une époque où le Titan de la philosophie semble donner à ce fameux mot d'ordre : *Écrasons l'infâme,* un sens plus déterminé, et envelopper sous ces

---

(1) « Il faudrait que vous *écrasassiez l'infâme*... c'est là le grand point. Vous pensez bien que je ne parle que de la superstition; car, pour la religion, je l'aime et la respecte comme vous. »
VOLTAIRE *à d'Alembert.*

paroles le christianisme tout entier. Mais l'excuse de tels excès, si quelque chose peut en atténuer le blâme, est dans les crimes par lesquels le fanatisme humilié s'efforçait alors de venger sa défaite et de ressaisir l'empire. C'est le moment où le vieil esprit routinier et impitoyable des cours de justice jetait le défi à l'esprit du siècle par une épouvantable série d'atrocités judiciaires. Le 19 février 1762, le pasteur protestant Rochette est pendu par sentence du parlement de Toulouse, pour avoir exercé en Languedoc le ministère évangélique. Trois jeunes gentilshommes protestants, les frères Grenier, sont décapités en même temps sous prétexte de rébellion, pour avoir pris les armes dans un moment où ils craignaient d'être égorgés par les catholiques. Le 9 mars 1762, un autre réformé de Toulouse, Calas, expire sur la roue, comme assassin de son propre fils, qui s'était luimême donné la mort. La même année encore, une jeune fille protestante, enlevée à ses parents et enfermée dans un couvent, s'échappe, et, dans sa fuite, elle périt par accident. Le père, nommé Sirven, accusé du même crime que Calas, s'enfuit à Genève et est condamné par contumace. En 1766, un crucifix placé sur un pont d'Abbeville, ayant été mutilé pendant la nuit, deux jeunes officiers de dix-huit ans, La Barre et d'Étallonde, sont accusés de ce sacrilège. D'Étallonde s'enfuit, La Barre est décapité.

Les tribunaux semblaient frappés de vertige. Personne n'ignore la lutte gigantesque que Voltaire soutint pour arracher ces malheureuses victimes à leurs bourreaux ou pour les réhabiliter. De telles atrocités étaient bien propres à lancer hors de toute mesure un homme de passion et d'entraînement comme Voltaire; c'est en effet à cette époque que son déisme prit un caractère plus décidé, et que ses attaques devinrent plus violentes.

Dans le passage suivant, le P. Lacordaire explique le fameux mot de Voltaire dans son sens le plus défavorable; nous laissons au lecteur à juger en dernier ressort.

« On a pu entendre, il est vrai, au dernier siècle, un écrivain qui avait pris pour devise, en désignant Jésus-Christ : *Écrasez l'infâme !* mais cette parole n'a pu franchir le siècle qui l'avait prononcée; elle s'est arrêtée, tremblante, aux frontières du nôtre, et, depuis, aucune bouche humaine, même parmi celles qui ne sont pas respectées, n'a osé répéter cette parole d'une guerre impie. Elle est demeurée sur la tombe de celui qui l'avait dite le premier, et elle y attend, après le jugement d'une postérité qui est déjà venue, le jugement plus sévère encore de la postérité à venir. » *Conférences de Notre-Dame.*

Notre vieux cri de guerre : *Écrasez l'infâme !* a été remplacé par une meilleure devise. Il ne s'agit plus de détruire violemment la vieille Église, mais bien d'en édifier une nouvelle, et, bien loin de vouloir anéantir la prêtrise, c'est nous-mêmes qui voulons aujourd'hui nous faire prêtres. HENRI HEINE, *Reisebilder.*

C'est la religion qui, dans les noirs complots des ennemis de l'ordre, est aujourd'hui devenue le point de mire de leurs attaques.

Écrasez l'infâme! est leur mot de ralliement secret ; on peut s'en convaincre à leur idolâtrie pour le chef qui le leur donna.
  M. DE BROÉ, *procès du Constitutionnel et du Courrier.*

Voyez comme, selon son génie fatal de tous les temps, la démagogie renverse tous les fondements de l'ordre social ! Au droit, elle a substitué l'insurrection ; le passé de la patrie, elle l'a mené à l'échafaud dans la personne de son roi ; les supériorités, elle les a abattues à coups de hache ; la religion, *elle écrase l'infâme*, suivant le vœu des philosophes, et l'écrase sous les roues de son tombereau homicide.
  SALVANDY, *Vingt mois.*

M. de Montalembert avait retourné le mot de Voltaire, et il s'écriait lui aussi : *Écrasons l'infâme!* En écrasant l'Université, c'était, en effet, l'ennemie mortelle du christianisme, c'était le séminaire de l'incrédulité qu'il prétendait exterminer.
  SAINTE-BEUVE, *Causeries du lundi.*

Le christianisme étant l'objet des préoccupations constantes des philosophes, ils examinaient la nature de sa révélation, les sources de sa tradition, les articles de sa foi ou de sa croyance, tous ses dogmes en détail et l'ensemble général de sa doctrine : l'examinant et le critiquant, ils le trouvaient coupable sur beaucoup de points et se portaient ses accusateurs : l'accusant, ils le condamnaient ; le condamnant, ils ordonnaient que leur sentence fût exécutée ; ils voulaient que tous lui fissent la guerre, la *guerre à l'infâme*, mis hors la loi des nations, indigne d'être toléré nulle part, dans les sociétés civilisées. GATIEN ARNOULD, *de la Philosophie.*

ÉGÉRIE.

Numa Pompilius, législateur et deuxième roi de Rome, naquit à Cures, dans le pays des Sabins. La tradition le représente comme un prince pacifique et rempli de sagesse. Pas une guerre ne troubla son règne, consacré tout entier à la législation et aux institutions religieuses. Il créa ou organisa les flamines, les vestales, les pontifes, bâtit des temples et institua des fêtes.

Comme tous les législateurs de l'antiquité, il usa d'artifice pour assurer le respect de ses institutions, et persuada aux Romains qu'il recevait les inspirations de la nymphe Egérie, visible pour lui seul au fond d'un bois sacré.

On voit encore aujourd'hui, près de Rome, dans un vallon délicieux, les ruines de la fontaine Egérie, entre la voie Latine et la voie Appienne. D'anciens monuments représentent cette nymphe dans un costume analogue à celui des sibylles, la robe flottante, les pieds nus, les cheveux en désordre, et traçant des caractères sur un volume posé sur ses genoux.

Aujourd'hui, le nom d'*Égérie* se donne familièrement surtout à une femme dont on prend les conseils, dont on suit les avis, principalement pour la direction des affaires politiques.

Messieurs, reprit madame Grandperrin, si vous ne trouvez pas qu'il y ait trop de présomption de la part d'une pauvre femme, passablement ignorante, à se mêler à un entretien sérieux, nous reprendrons celui-ci au point où il en était resté.

— Comment donc! madame, s'écria galamment M. de Boisjoly, vous serez notre *Égérie*; à coup sûr nous ne saurions en souhaiter une plus intelligente et plus aimable.

CHARLES DE BERNARD, *le Gentilhomme campagnard*.

Il faut lire Marelly pour se faire une idée de la façon dont une grossière et naïve convoitise peut inspirer un philosophe législateur. Si le ventre ou l'estomac avaient à dicter un code de lois, ils ne chercheraient pas d'autre théorie. C'est l'envie de bien dîner qui paraît seule avoir été l'*Égérie de ce Numa*. L'homme famélique et les importunes préoccupations qui l'aiguillonnent se révèlent depuis la première jusqu'à la dernière ligne.

LANFREY, *Essai sur la Révolution*.

Puisse de votre front ce léger diadème,
Livie, à tout jamais éloigner tout ennui,
Et que le plaisir seul voltige autour de lui!
. . . .
Non que de vos conseils et de votre prudence
Je ne veuille au besoin réclamer l'assistance ;
De la vulgaire loi votre esprit excepté
Nous montre la sagesse auprès de la beauté.
Je le savais ; mon cœur vous en a mieux chérie.
Ma sœur jusqu'à présent fut ma seule *Égérie* :

Sur vos deux bras charmants maintenant appuyé,
J'aurai deux confidents, l'amour et l'amitié.

ALFRED DE MUSSET, le Songe d'Auguste.

La mort de madame Roland est belle sans doute; nous l'admirons comme un beau rôle bien joué; mais cette mort elle-même était un châtiment; l'*Égérie* des Girondins avait ouvert l'abîme, elle y tombait, c'était justice. Nous l'avouons, dût-on nous accuser de cruauté, nous ne pouvons nous intéresser au sort d'un incendiaire qui se brûle.

Mme ÉMILE DE GIRARDIN, Correspondance parisienne.

Le rôle de madame de Maintenon auprès du roi était beaucoup plus un rôle de complaisance que de direction. On est toujours disposé à croire à des influences cachées sur les volontés des hommes qui conduisent le monde. Pour moi, tout en reconnaissant et en respectant la discrète influence que la tendresse peut exercer sur le génie, je n'ai pas grande foi aux *Égéries*, et j'imagine que Numa en faisait à sa tête après ses entretiens au bord de la fontaine.

J.-J. AMPÈRE, Revue des Deux Mondes.

Mlle ***.

Pardon, je me retire...

M. D'ARGOUT.

Ah ! restez, je vous prie :
De mon secret conseil vous êtes l'*Égérie* ;
Madame, à vos beaux yeux d'Argout s'accoutuma
Depuis qu'il est acteur dans l'emploi des Numa.
L'abbé Louis, qui joue un rôle dans ma pièce,
Fort souvent, comme moi, va consulter sa nièce ;
C'est notre usage en cour...

BARTHÉLEMY, les Mystifications.

Isaure était devenue l'arbitre suprême de la conduite sociale et politique de son mari.

Après avoir quelque temps subi à son insu l'influence de sa belle

Égérie, il était impossible qu'à la fin M. Piard n'ouvrît pas les yeux ; il les ouvrit fort grands, en effet, le jour où il vit poindre au-dessus de sa tête l'extrémité d'un joug jusqu'alors imperceptible.

Charles de Bernard, *les Ailes d'Icare*.

EMPÉDOCLE.

Empédocle, célèbre philosophe pythagoricien, né à Agrigente, en Sicile, florissait l'an 450 av. J.-C. Il avait des connaissances très étendues en philosophie, en médecine, en physique, sur la nature et les principes des choses, ce qui le fit souvent considérer par ses contemporains comme versé dans la magie. Sa renommée était éclatante. Ayant ressuscité une femme que l'on croyait morte, il fut regardé dès lors comme un Dieu, et ne se montra plus en public que vêtu de pourpre, les cheveux flottants et la tête couronnée. Il se précipita, dit-on, dans la bouche brûlante de l'Etna, afin que, ne retrouvant aucun vestige de son corps, on le crût remonté dans les cieux. Mais le perfide volcan, après avoir dévoré Empédocle, respecta ses sandales et les revomit intactes pour révéler la supercherie d'un orgueilleux suicide.

« De tous les contes faits sur ce grand philosophe, dit M. de Pongerville, celui-ci est le plus absurde ; il obtint nécessairement le plus de créance. Plusieurs graves historiens l'ont froidement répété, en traitant de fou un sage qui, certainement, n'a pu sacrifier à l'imposture une vie consacrée tout entière à la recherche de la vérité. »

On a donné une autre raison de la disparition d'Empédocle : dans l'ignorance de la cause des volcans, il serait allé en chercher le secret au fond de l'Etna, et il aurait laissé ses sandales sur les bords du cratère, pour que son dévoûment ne restât pas inconnu.

A peu près un siècle et demi plus tard, suivant une tradition évidemment erronée, le plus grand philosophe de l'antiquité, Aristote, se serait précipité dans les flots de l'Euripe, dont il ne comprenait pas le flux et le reflux.

La science a beau me mentir et me devenir amère, je la poursuis d'un amour obstiné. Maître Ab-Hakek m'initia aux langues d'Orient, aux mouvements du ciel, aux progrès des métaux et aux secrets les plus ténébreux de la magie ; le mystère a des ombres et des abîmes qui avaient toujours tenté mon audace, et je me précipitai, avec une joie farouche, dans ce Vésuve de la science, où tant d'*Empédocles* ont disparu sans qu'on entendît même le bruit de leur chute. Alphonse Esquiros, *le Magicien*.

Plusieurs heures s'étaient écoulées dans cette position, et une partie du torrent avec elles. Une espèce de promontoire qui m'avoisinait, de manière que je pouvais y atteindre de la main, venait de se découvrir auprès de moi. Je m'y cramponnai avec toute la vigueur que prête à une grande énergie de muscles et de volonté une résolution dont on fait dépendre le salut de sa vie, et, les doigts profondément fixés dans ses anfractuosités les plus résistantes, je m'y transportai d'un élan, mais en laissant mes souliers incrustés dans le sol bourbeux sur lequel je gisais depuis si longtemps, comme *Empédocle ses pantoufles au bord du cratère*.

CHARLES NADAR, *Souvenirs*.

Que nos illustres y prennent garde. L'amour de la célébrité passe très-visiblement à l'état de manie ; chacun s'empresse d'anticiper sur la postérité, oubliant que celle-ci ne juge que les morts. Quand on est si préoccupé de se faire valoir, on est bien près de faire son apologie, ce qui suppose plus de prévoyance que de confiance en soi, et une certaine crainte des révélations posthumes. C'est l'histoire d'*Empédocle* procédant à son apothéose, et oubliant une sandale au bord du cratère.

Revue de l'Instruction publique.

Si l'auteur publie dans ce mois de novembre 1831 les *Feuilles d'automne*, c'est que le contraste entre la tranquillité de ces vers et l'agitation fébrile des esprits lui a paru curieux à voir au grand jour.

Qu'on lui passe une image un peu ambitieuse : le volcan d'une révolution était ouvert devant ses yeux ; le volcan l'a tenté. Il sait fort bien du reste qu'*Empédocle* n'était pas un grand homme, et qu'il n'est resté de lui que sa chaussure.

VICTOR HUGO, préface des *Feuilles d'automne*.

ENCORE UNE VICTOIRE COMME CELLE-LA, ET NOUS SOMMES PERDUS.

Pyrrhus, neveu d'Olympias, était le prince le plus vaillant, mais le plus aventureux de tous ceux qui prétendirent à l'héritage d'Alexandre. Il passa toute sa vie à gagner et à perdre des couronnes. Il ne pouvait rester tranquille en Épire, « estimant, dit Plutarque, que s'il ne faisait de mal à personne, ou que quelqu'un ne lui en fît, il ne saurait à quoi passer son temps. ». Ainsi, la suite manqua toujours aux desseins de cet enfant gâté de la fortune, qui vécut et mourut moins en roi qu'en aventurier. Sa brillante réputation militaire le fit appeler par les Tarentins, alors en guerre avec les Romains. Son imagination exaltée lui représente déjà l'Italie conquise, puis la Sicile et Carthage, et il part plein de joie pour Tarente, ville de plaisirs, qu'il transforme en un camp, et ses habitants efféminés en soldats. Il gagna d'abord, grâce à ses éléphants, la bataille d'Héraclée, où les Romains perdirent quinze mille hommes et lui treize mille. Il vainquit encore à Asculum, où le succès ne fut pas moins chèrement acheté. C'est après cette sanglante bataille qu'il fit cette spirituelle réponse à ceux qui le félicitaient : « *Encore une pareille victoire, et nous sommes perdus.* »

Pyrrhus ne tarda pas à quitter l'Italie, pour aller chercher d'autres ennemis que les Romains. Il trouva enfin la mort dans les rues d'Argos, tué par une tuile que lui lança une vieille femme du haut d'un toit.

La fin de l'histoire du moyen âge nous offre une réponse à peu près semblable. A la sanglante bataille de Varna, gagnée par les Turcs sur les Hongrois, dix mille chrétiens restèrent sur le champ de bataille ; mais ils vendirent si chèrement leur vie, que le vainqueur, Amurat II, répondit à ceux qui le félicitaient sur son triomphe : « *Deux victoires pareilles détruiraient mon empire.* »

Dans sa *Correspondance littéraire*, Grimm rapporte une application extrêmement plaisante de la phrase célèbre de Pyrrhus :

« Dorat, attribuant à la cabale la froideur avec laquelle on avait accueilli son *Régulus* et sa *Feinte par amour*, joués le même jour, conçut l'idée de se faire soutenir par des admirateurs d'office. Il remplissait la salle aux dépens de sa propre bourse, et il se ruina complètement à ce manége. Ce fait était bien connu, et tout le monde l'en plaisantait. A chaque nouveau demi-triomphe obtenu ainsi, on lui appliquait le mot de Pyrrhus : « *Encore une victoire pareille, et je suis ruiné !* »

Les efforts continuels qu'elle était obligée de faire, la contrainte qu'elle devait s'imposer pour mieux établir son empire sur Léon, la torturaient au delà de toute expression. Henri l'avait surprise dans un de ces moments de fièvre, un soir, à minuit, après le départ de Léon. — Ah ! lui dit-elle, en levant les mains au ciel, on m'a parlé d'un général grec qui s'écriait, après une bataille gagnée : « *Encore une victoire pareille, et je suis perdu !* » Moi je m'écrierais volontiers : Encore une pareille conquête et je meurs d'ennui !... Allons souper.

AMÉDÉE ACHARD, *la Robe de Nessus.*

Reconnaissons que l'honneur de la victoire de l'ordre, à Lyon et partout, appartient à notre civilisation. Mais la grandeur de la brèche atteste la grandeur de nos périls. Les victoires remportées en ces occasions sont de celles dont il faut s'applaudir, en sachant qu'elles ressemblent aux *victoires de Pyrrhus*. Si elles devaient se renouveler, très-probablement l'État et la société y périraient.

Salvandy, *Vingt mois*.

Maintenant, messieurs, si la proposition qui vous est soumise, défectueuse en la forme, est au fond trop peu motivée, sera-t-elle mieux défendue par les convenances politiques ? Ici l'intérêt varie selon les temps et les circonstances. Or, dans quel moment vient-on vous proposer d'ajouter à la pairie la surcharge de deux étrangers (1) ? Dans une année où la pairie a déjà été si démesurément accrue, qu'on peut répéter à cette occasion le *mot de Pyrrhus sur sa victoire*.

Dupin aîné, *Mémoires*.

ENFANT (L') PRODIGUE.

Les publicains s'approchaient de Jésus pour l'entendre ; et les pharisiens et les docteurs de la loi murmuraient, disant : « Cet homme reçoit les pécheurs et mange avec eux. » Alors Jésus prenant la parole, leur dit : « Quel est celui d'entre vous qui, s'il a cent brebis et qu'il en perde une, ne laisse les quatre-vingt-dix-neuf autres dans le désert pour courir après la brebis égarée ? En vérité, je vous le dis : il y aura plus de joie dans le ciel pour un seul pécheur qui fait pénitence, que pour quatre-vingt-dix-neuf justes qui n'auront jamais péché. » Et il raconta la parabole suivante :

« Un père avait deux fils. Le plus jeune lui dit : « Donnez-moi la part qui » me revient dans mon héritage. » Et lorsqu'il l'eut obtenue, il s'en alla en un pays lointain où il dissipa son bien en débauches. Une grande famine survint en ce pays, et le prodigue tomba dans la plus affreuse indigence. Il se vit réduit à garder les pourceaux, et il ne lui était pas même permis de se rassasier du gland qu'on leur donnait. Cette affreuse misère le fit rentrer en lui-même, et il dit « Combien de mercenaires dans la maison de mon père ont du pain en » abondance, tandis que je meurs ici de faim ! » Il résolut donc de retourner chez son père et de lui dire : « Mon père, j'ai péché contre le ciel et contre vous, » je ne suis plus digne d'être appelé votre fils. » Le père, qui l'aperçut de loin, courut à lui, se jeta à son cou et l'embrassa tendrement. Puis il ordonna à ses serviteurs d'apporter à son fils sa plus belle robe, de tuer le veau gras, et de préparer un festin de réjouissance ; « parce que, dit-il, mon fils était mort, et il » est ressuscité ; il était perdu, et il est retrouvé. »

(1) Il s'agissait de la fournée de soixante-seize pairs à introduire d'un seul coup par M. de Villèle, et dont faisaient partie MM. de Hohenlohe et d'Aremberg, tous deux étrangers.

Cette parabole est l'un des plus touchants passages de l'Écriture. Origène pense qu'elle a été faite pour la défense des gentils convertis au christianisme : le fils aîné représente les Juifs, qui n'ont point quitté le temple, et l'enfant prodigue, les païens, qui devaient rentrer dans le sein de l'Église.

Alcibiade revint dans la ville qui l'avait proscrit, ramenant toutes les galères et tous les captifs qu'Athènes avait perdus. Le retour de son *enfant prodigue* fut un beau jour pour tout ce peuple.

J. JANIN, *les Petits Bonheurs*.

— Père Paturot, lui dis-je, je ne vous demande que six mois, et vous aurez de mes nouvelles. Si ça ne tourne pas alors comme vous l'entendez, l'*enfant prodigue* rentrera au logis paternel.

— Et ce jour-là, *nous tuerons le veau gras*, me répondit le brave homme.

LOUIS REYBAUD, *J. Paturot à la recherche d'une position sociale*.

Si tu es un fou, et je le crains, tu ne t'arrêteras pas que toute ta fortune n'y ait passé ; si tu deviens raisonnable, et Dieu le veuille ! tu comprendras bientôt que le bonheur n'est pas dans le déréglement. Dans tous les cas, le *veau gras* sera toujours prêt à être mis à la broche ; et plus tôt reviendra l'*enfant prodigue*, plus il rendra sa mère heureuse.

CHARLES DE BERNARD, *l'Écueil*.

Tous ces objets, cieux étoilés, gothique édifice, eaux jaillissantes, arbres odorants, formaient un harmonieux concert qui semblait fêter le retour de l'*enfant prodigue*, et lui dire avec un accent de tendre reproche : « Ingrat ! pourquoi nous avais-tu quittés ? »

CHARLES DE BERNARD, *les Ailes d'Icare*.

N'est-il pas étrange de voir un pays comme le nôtre, labouré depuis trois ans par les émeutes, venir gaîment, à la veille peut-être d'une nouvelle révolution, disputer à cette grande Angleterre non-seulement la palme des arts, mais le prix même de l'industrie ? Quelle admirable nation ! et comment ne pas l'aimer malgré ses caprices et ses emportements? Ah! la France, c'est bien l'*enfant prodigue*, et le jour où elle reviendra à la sagesse, l'univers entier devra *tuer le veau gras* pour se réjouir.

Alexis de Valon, *l'Exposition de Londres* (1851).

Quelquefois dans ce pays où je m'en vais si tristement, étranger parmi les étrangers, je m'asseois dans ma chambre d'auberge, et, la tête entre mes mains, j'évoque les images du passé, surtout celles de la famille, les plus pures, les plus vraies, les plus ineffaçables. Je me revois tel que j'étais autrefois, arrivant avec un battement de cœur dans la sainte demeure où m'attendaient mon père et ma mère, où tous deux pleuraient de joie en m'embrassant. Je revois la table couverte de bouquets de fleurs, comme pour célébrer le retour de l'*enfant prodigue*. Xavier Marmier, *Gazida*.

ENLÈVEMENT DES SABINES.

Rome fondée, l'État naissant ne s'élevait qu'à trois mille hommes de pied et trois cents cavaliers. Pour augmenter cette population, Romulus ouvrit un asile à tous les aventuriers qui voudraient se ranger sous sa loi. Mais les femmes manquaient au nouveau peuple. Les Romains en demandèrent à leurs voisins, qui refusèrent cette alliance avec mépris. On joignit même le sarcasme au refus, en leur conseillant d'ouvrir aussi un asile aux femmes de mauvaise vie (1).

Résolu d'obtenir par la ruse ce qu'il ne pouvait attendre de la bonne volonté de ses voisins, Romulus sut dissimuler son ressentiment. Il annonça une fête et des jeux publics; les peuples voisins s'y rendirent en foule, et pendant qu'ils étaient occupés du spectacle, les sujets de Romulus se précipitèrent en armes au milieu de l'assemblée et enlevèrent toutes les jeunes filles. Cette audacieuse perfidie criait vengeance : plusieurs petits peuples furent d'abord vaincus. Les Sabins vinrent à leur tour, conduits par leur roi Tatius, et s'emparèrent par trahison de la citadelle de Rome. La bataille s'engagea bientôt; Romulus, voyant plier ses soldats, implora Jupiter *Stator*. Aussitôt on vit accourir les Sabines éperdues, tenant entre les bras leurs jeunes enfants; elles se jetèrent entre leurs pères et leurs époux. Le combat s'arrêta aussitôt, la paix fut conclue, et l'autorité suprême partagée entre Tatius et Romulus.

Cet événement a fourni au Poussin le sujet d'un tableau célèbre, une des richesses de notre musée du Louvre.

Dans l'espèce des perdrix, les mâles étant plus nombreux que

---

(1) Ne dirait-on pas que l'ironie sabine a inspiré le vaudeville :
Il faut des époux assortis
Dans les liens du mariage.

les femelles, il arrive que beaucoup d'entre eux sont condamnés chaque année au célibat forcé et n'acceptent pas avec philosophie la sentence du sort. De là des querelles acharnées, des tentatives d'*enlèvement des Sabines*, des attaques sans fin contre l'honneur et la tranquillité des bien nantis du voisinage.

TOUSSENEL, *Ornithologie passionnelle.*

ÉPÉE DE DAMOCLÈS.

Damoclès, un des courtisans de Denys l'Ancien, se faisait remarquer par l'emphase de ses adulations, et ne cessait de vanter le bonheur de son maître. Le tyran résolut de l'initier aux jouissances de la grandeur, au moyen d'une allégorie spirituelle qui ferait honneur à un calife oriental. Il l'invita à prendre sa place durant un jour; puis il donna des ordres pour que Damoclès fût traité en roi, et qu'on lui servît un repas somptueux. Le courtisan prend place sur un lit d'honneur; son front est ceint du diadème; les mets les plus exquis couvrent la table; Damoclès est entouré d'esclaves attentifs à ses moindres signes; des parfums délicieux fument autour de lui, et la plus suave musique charme son oreille; les courtisans l'adulent; des poètes chantent ses louanges. Il s'enivrait de son bonheur, quand tout à coup, levant les yeux, il aperçut, suspendue au-dessus de sa tête, une épée qui n'était retenue que par un crin de cheval. Pâle et tremblant, il laisse échapper la coupe de ses mains, se lève tout éperdu et conjure Denys de mettre un terme à sa royauté : il avait compris ce que c'est que le bonheur d'un tyran.

De tous les faits historiques qui ont laissé une trace dans la langue, l'*épée de Damoclès* est le plus connu, nous pourrions dire le plus vulgaire. C'est le danger craint ou prévu qui peut frapper un homme au milieu d'une apparente prospérité.

Un écrivain a dit : « La voûte des cieux est pour le criminel comme celle de la salle du festin de Damoclès, d'où pendait une épée sur sa tête. »

Et Alfred de Musset, dans ses *Confessions d'un Enfant du siècle* :

« On raconte que Damoclès voyait une épée sur sa tête; c'est ainsi que les libertins semblent avoir au-dessus d'eux je ne sais quoi qui leur crie sans cesse : « Va, va toujours, je ne tiens qu'à un fil. »

Voltaire, dans un de ces moments d'humeur causés par les boutades de Frédéric, écrivait à un de ses amis :

« J'ai envie de faire pour mon instruction un petit dictionnaire à l'usage des rois. *Mon ami* signifie *mon esclave; mon cher* veut dire *vous m'êtes plus qu'indifférent; soupez avec moi ce soir* signifie *je me moquerai de vous ce soir.* Le dictionnaire pourrait être long. » Puis il ajoutait : « Je suis très souffrant, et, pour comble, je soupe avec le roi : ce sera Damoclès chez Denys. »

L'épée de Damoclès n'a pas moins inspiré la poésie que la prose. Victor Hugo y fait allusion dans ces vers des *Odes et Ballades :*

Ainsi donc aujourd'hui, demain, après encore,
Il faudra voir sans toi naître et mourir l'aurore,

Sans toi, sans ton sourire et ton regard joyeux !
. . . .
Pourtant, il faut encore, à tant d'ennuis en proie,
Dans mes lettres du soir t'envoyer quelque joie,
Dire : « Console-toi, le calme m'est rendu; »
Quand je crains chaque instant qui loin de toi s'écoule,
Et qu'inventant des maux qui t'assiègent en foule,
Chaque heure est sur ma tête un glaive suspendu.

Dans leur poésie si pittoresquement imagée, Barthélemy et Méry ne pouvaient guère oublier un emblème si frappant :

VILLÈLE.

Quel moment pour manger un repas !
. . . .
Quand nous sommes bloqués, quand des soldats bourgeois
Pour nous huer demain éclaircissent leur voix !
N'as-tu pas vu, parmi les guirlandes de fête,
Le fer de Damoclès suspendu sur ta tête,
Ou le doigt précurseur de l'aveugle destin
Tracer des mots hébreux sur les murs du festin ?

PEYRONNET, *riant*.

Mais, mon cher président, quel ordre tyrannique
Vous fait chausser ce soir le cothurne tragique ?

Dans les circonstances exceptionnelles où nous sommes placés, un appel sincère au pays est peut-être le seul moyen d'échapper aux difficultés qui nous pressent et de résoudre enfin cette question romaine qui est suspendue, comme une *épée de Damoclès*, sur notre tranquillité intérieure, sur le repos de l'Europe, sur toutes les transactions.   ÉMILE DE LA BÉDOLLIÈRE, *le Siècle*.

Ah ! les membres du jury ne veulent pas me recevoir, disait Marcel ; je vois distinctement leur idée, ils veulent me faire brûler mes pinceaux. Ils espèrent peut-être, en me refusant ma *Mer Rouge*, que je vais me jeter dedans par la fenêtre du désespoir. Mais ils connaissent bien mal mon cœur humain, s'ils comptent me prendre à cette ruse grossière. Je n'attendrai même plus l'époque du Salon. A compter d'aujourd'hui, mon œuvre devient le *tableau de Damoclès* éternellement suspendu sur leur existence. Maintenant je vais une fois par semaine l'envoyer chez chacun d'eux, à domicile, au sein de leur famille, au plein cœur de leur vie privée.
  HENRI MURGER, *la Vie de Bohême*.

Arétin était marchand de louange ou de calomnie. Sa parole,

c'était l'*épée de Damoclès* suspendue sur tout le monde. C'était un puissant et infâme journaliste qu'on peut regarder comme le créateur du *chantage*. N'a-t-il pas fait chanter François Ier et Charles-Quint, sans compter les mille petits souverains de l'Italie?

Arsène Houssaye, *Voyage à Venise*.

Mon tailleur a pourri mon existence. Je lui dois cinq mille trois cent soixante-sept francs, — à ce qu'il dit. Cet homme a été le tourment de ma vie.

Peu de jours se sont passés sans qu'il soit venu suspendre sur ma tête sa *facture de Damoclès*. Par ses réclamations inconsidérées, il m'a brouillé avec mon père, il a détruit ma considération et mon crédit dans le quartier.

Jules Noriac, *Folioles*.

Le Coucou est l'ogre, le cauchemar de toutes les espèces chanteuses qui nourrissent leurs petits avec des insectes ; c'est l'*épée de Damoclès* constamment suspendue au-dessus de leur nid. C'est un fléau dont l'atteinte, toujours mortelle, semble choisir ses victimes parmi les plus intéressantes familles.

Toussenel, *le Monde des Oiseaux*.

Si vous vous permettez le moindre geste, la moindre parole un peu trop vive ; si vous parlez un peu trop haut, vous entendez cette phrase sibilante et vipérine :

— Ce n'est pas M. Deschars qui se conduirait ainsi ! Prends donc M. Deschars pour modèle.

Enfin l'imbécile M. Deschars apparaît dans votre ménage à tout moment et à tout propos.

Ce mot : « — Vois donc un peu si M. Deschars se permet jamais... » est une *épée de Damoclès*, ou, ce qui est pis, une épingle, et votre amour-propre est la pelote où votre femme la fourre continuellement.

Honoré de Balzac, *Petites Misères de la vie conjugale*.

Je ne peindrai point cette belle vallée si connue, si célébrée, si digne de l'être ; ces roches trop verticales peut-être, dont l'aridité contraste avec la parure des champs du Bigorre; ce pic du Midi suspendu sur leurs tranquilles retraites, comme l'*épée du tyran sur la tête de Damoclès*... Menaçants boulevards qui me font trembler pour l'Élysée qu'ils renferment.

RAMOND, *la Vallée de Campan.*

Si le *cancan* révolte à bon droit la pudeur de nos sergents de ville, c'est sa faute; il a le grand tort de ne pas s'appeler boléro. Aussi ne lui accorde-t-on qu'une tolérance menaçante, et le *verrou de Damoclès*, sans cesse suspendu sur sa tête, refroidit singulièrement ses ébats, ce qui lui ôte tout caractère drolatique, et finira, si messieurs les étudiants n'y prennent garde, par en faire une danse rectiligne et académique.

FÉLIX MORNAND, *la Vie de Paris.*

Redoutant une apoplexie, cette *épée de Damoclès* des vieillards sanguins et replets, il avait exigé que son cocher et son valet de chambre apprissent à saigner, et, par surcroît de précaution, il portait toujours sur lui une petite trousse garnie, entre autres instruments, d'une lancette.

CHARLES DE BERNARD, *un Beau-Père.*

Méritais-je d'être persécuté pour avoir toujours dit, en cent façons différentes, qu'on ne fait jamais de bien à Dieu en faisant du mal aux hommes? Il n'y a que les suffrages, les bontés et les lettres de Votre Altesse Royale qui me soutiennent contre les contradictions que j'ai essuyées dans mon pays. Je regarde ma vie comme la *fête de Damoclès* chez Denys. Les lettres de Votre Altesse Royale et la société de madame la marquise du Châtelet sont mon festin et ma musique.

VOLTAIRE, *au Prince royal — Frédéric II.*

ÉPIMÉNIDE.

Philosophe crétois et contemporain de Solon, Épiménide était un homme versé dans toutes les connaissances de l'antiquité. Appelé par les Athéniens, alors décimés par la peste et livrés à des divisions intestines, il fit cesser le fléau et rétablit la paix. Les Athéniens reconnaissants lui offraient une somme d'argent ; il n'accepta qu'une branche de l'olivier consacré à Minerve. On a raconté sur cet homme célèbre une foule de fables absurdes. Dans sa jeunesse, fuyant la chaleur du jour, il entra dans une caverne, d'où il ne sortit qu'après un sommeil de cinquante-sept ans. Épiménide était sans doute un de ces philosophes savants et méditatifs qui passaient leur vie dans la retraite et dans l'étude des secrets de la nature.

Le *sommeil* et le *réveil* d'Épiménide ont passé en proverbe et sont devenus d'une application fréquente, surtout en politique. C'est ainsi qu'on a comparé à Épiménide les émigrés, qui, à leur rentrée en France, ne tenaient aucun compte des changements accomplis pendant les années de leur exil, et dont on a dit : « *Ils n'ont rien appris et rien oublié.* »

Il n'est peut-être pas un homme qui ne se soit dit au moins une fois dans sa vie : « Si je pouvais renaître dans deux cents ans ! » Celui-ci voudrait revenir sur la terre pour chercher des nouvelles de sa famille, celui-là de sa dynastie. Un politique est envieux de savoir si son parti aura pris le dessus ; un avare, si ses héritiers n'auront pas dissipé la fortune qu'il a amassée ; un simple propriétaire, si les arbres de son jardin auront grandi. Personne n'est indifférent aux destinées futures de ce monde que nous traversons au galop dans l'espace de quelques années pour n'y plus revenir. Que de gens voudraient, nouveaux *Épiménides*, s'endormir dans une caverne, et voir, en rouvrant les yeux, de combien le monde aurait vieilli ! Edmond About, *l'Homme à l'oreille cassée.*

Dans cette assemblée d'*Épiménides* (le Sénat), on voit des gens tels que le duc de La Force se réveiller pour demander si la nation n'est plus, comme autrefois, composée du peuple et de la noblesse. Non, monsieur le duc. Il n'y a plus en France ni gentilhomme ni manant ; pendant que vous dormiez, une révolution s'est accomplie qui a supprimé les castes et proclamé l'égalité de tous devant la loi.
Taxile Delord, *le Siècle.*

M. Michelet ressemble à un *Épiménide* qui se serait endormi à la fin de 1789, au milieu d'une émeute dont il faisait partie, et qui se réveillerait un demi-siècle plus tard, en achevant la calomnie commencée contre le roi, la reine, la royauté, la religion, toutes les institutions sociales, toutes les victimes de la Révolution.

ALFRED NETTEMENT, *Littérature sous le gouvernement de Juillet.*

Pour beaucoup de gens, la Restauration de 1814 fut le *réveil d'Épiménide;* ils avaient dormi vingt-cinq ans.

BOISTE, *Dictionnaire.*

Ce qui se passe en Allemagne mérite de fixer l'attention de la presse française. L'Autriche souffle à pleins poumons sur les cendres de 1813 et espère en faire jaillir des étincelles. Quelques *Épiménides* s'éveillent brandissant leur vaillante épée contre la France ; mais les peuples ne s'émeuvent pas.

LOUIS JOURDAN, *le Siècle.*

Supposez un homme qui se serait endormi en 1800, et qui, se réveillant tout à coup, aurait la fantaisie de regarder à travers la lanterne magique de notre histoire contemporaine. Quel spectacle pour ce nouvel *Épiménide!*

EDMOND TEXIER, *Critiques et récits littéraires.*

ÉPONINE ET SABINUS.

Éponine était femme du Gaulois Sabinus, qui entreprit avec Civilis d'affranchir la Gaule du joug des Romains. Ayant été vaincu, Sabinus se retira dans sa maison, l'incendia et répandit au dehors le bruit de sa mort. Du fond d'un souterrain, il fit savoir à sa femme le secret de son existence. Cette épouse héroïque alla s'enfermer avec lui dans ce tombeau, où pendant neuf années elle sut, par sa tendresse et ses soins, l'indemniser de la perte du jour et de la privation de la liberté. Trahi enfin, Sabinus fut livré à Vespasien, qui l'envoya au supplice, malgré les larmes et le sublime dévoûment d'Éponine. Cette femme, martyre de l'amour conjugal, ne voulut pas survivre à l'époux qu'elle n'avait pu sauver.

« Guerrier, veux-tu l'Empire? dit à Eudore la prêtresse Velléda ; j'armerai secrètement nos guerriers. Je ferai sortir les Druides de leurs forêts. Je marcherai moi-même aux combats, portant à la main une branche de chêne. Et si le sort nous était contraire, il est encore des antres dans les Gaules, où, *nouvelle Éponine*, je pourrais cacher mon époux. »

CHATEAUBRIAND, *les Martyrs*.

ÉROSTRATE.

Le temple de Diane à Éphèse était une des sept merveilles du monde. L'architecture et la sculpture avaient épuisé toutes leurs richesses dans la construction de ce monument, qu'avaient enrichi les trésors des rois et les dons volontaires de toutes les villes de l'Asie. Un Éphésien obscur, Érostrate, voulant, à l'exemple des conquérants, se rendre immortel par une destruction mémorable, incendia cette merveille de la terre, la nuit même de la naissance d'Alexandre, l'an 356 av. J.-C. Les Éphésiens indignés rendirent un décret qui défendait, sous peine de mort, de prononcer le nom de cet insensé : c'était le meilleur moyen de lui assurer l'immortalité.

Les auteurs de la *Biographie universelle*, sans doute pour entrer dans cette conspiration du silence, ont rayé de leurs colonnes le nom d'Érostrate.

Dans un de ses *Dialogues des Morts*, Fontenelle met en scène Érostrate, et les paradoxes spirituels qu'il lui prête nous réconcilient presque avec son héros.

« ÉROSTRATE. Trois cent soixante statues élevées dans Athènes à votre honneur! c'est beaucoup.

. . . .

» DÉMÉTRIUS DE PHALÈRE. Hélas! cette joie ne fut pas de longue durée. La face des affaires changea. Du jour au lendemain, il ne resta pas une seule de mes statues : on les abattit, on les brisa.

» ÉROSTRATE. Voilà un terrible revers! Et quel est celui qui fit cette belle expédition?

» DÉMÉTRIUS. Ce fut Démétrius Poliorcète, fils d'Antigonus.

» ÉROSTRATE. Démétrius Poliorcète! J'aurais bien voulu être en sa place. Il y avait beaucoup de plaisir à abattre un si grand nombre de statues faites pour un même homme.

» DÉMÉTRIUS. Un pareil souhait n'est digne que de celui qui a brûlé le temple d'Éphèse. Vous conservez encore votre ancien caractère.

» ÉROSTRATE. On m'a bien reproché cet embrasement du temple d'Éphèse; toute la Grèce en a fait beaucoup de bruit; mais, en vérité, tout cela est pitoyable; on ne juge guère sainement des choses.

» DÉMÉTRIUS. Je suis d'avis que vous vous plaigniez de l'injustice qu'on vous a faite de détester une si belle action, et de la loi par laquelle les Éphésiens défendirent que l'on prononçât jamais le nom d'Érostrate.

» ÉROSTRATE. Je n'ai pas du moins sujet de me plaindre de l'effet de cette loi; car les Éphésiens furent de bonnes gens, qui ne s'aperçurent pas que défendre de prononcer un nom, c'était l'immortaliser. Mais leur loi même, sur quoi était-elle fondée? J'avais une envie démesurée de faire parler de moi, et je brûlai leur temple; ne devaient-ils pas se tenir bien heureux que mon ambition ne leur coûtât pas davantage? On ne les en pouvait quitter à meilleur marché. Un autre aurait peut-être ruiné toute la ville et tout leur Etat.

» DÉMÉTRIUS. On dirait, à vous entendre, que vous étiez en droit de ne rien épargner pour faire parler de vous, et que l'on doit compter pour des grâces tous les maux que vous n'avez pas faits.

» ÉROSTRATE. Il est facile de vous prouver le droit que j'avais de brûler le temple d'Éphèse. Pourquoi l'avait-on bâti avec tant d'art et de magnificence? Le dessein de l'architecte n'était-il pas de faire vivre son nom?

» DÉMÉTRIUS. Apparemment.

» ÉROSTRATE. Eh bien, ce fut pour faire vivre aussi mon nom que je brûlai ce temple.

» DÉMÉTRIUS. Le beau raisonnement! Vous est-il permis de ruiner pour votre gloire les ouvrages d'un autre?

» ÉROSTRATE. Oui; la vanité, qui avait élevé ce temple par les mains d'un autre, l'a pu ruiner par les miennes : elle a un droit légitime sur tous les ouvrages des hommes; elle les a faits, et elle les peut détruire. . . . . . . Un roi qui, pour honorer les funérailles d'un cheval, ferait raser la ville de Bucéphalie, lui ferait-il une injustice? Je ne le crois pas : car on ne s'avisa de bâtir cette ville que pour assurer la mémoire de Bucéphale, et, par conséquent, elle est affectée à l'honneur des chevaux.

» DÉMÉTRIUS. Selon vous, rien ne serait en sûreté; je ne sais si les hommes mêmes y seraient.

» ÉROSTRATE. La vanité se joue de leurs vies, ainsi que de tout le reste. Un père laisse le plus d'enfants qu'il peut, afin de perpétuer son nom. Un conquérant, pour perpétuer le sien, extermine le plus d'hommes qu'il lui est possible. . . . . La terre ressemble à de grandes tablettes où chacun veut écrire son nom. Quand ces tablettes sont pleines, il faut bien effacer les noms qui y sont déjà écrits, pour y en mettre de nouveaux. Que serait-ce si tous les monuments des anciens subsistaient? Les modernes n'auraient pas où placer les leurs. Pouviez-vous espérer que trois cent soixante statues fussent longtemps sur pied? Ne voyez-vous pas bien que votre gloire tenait trop de place?

» DÉMÉTRIUS. Puisque mes statues étaient une fois élevées dans toute la ville d'Athènes, ne valait-il pas autant les y laisser?

» ÉROSTRATE. Oui; mais avant qu'elles fussent élevées, ne valait-il pas autant ne les point élever? » . . . .

Dans un petit journal spirituel et mordant, Anselme lut un article sur son livre des *Révisions littéraires*, et cet article était rédigé avec cette verve méprisante qui ne laisse pas même à la victime l'espoir de faire du bruit en tombant. — Quel était, disait-on, ce particulier de Draguignan et de Pézenas qui s'attaquait aux plus grands talents, aux plus magnifiques gloires de la France? *Érostrate* de petite ville, il espérait réussir par le scandale, forcer le public de s'occuper de lui en mettant le feu au temple ; mais sa torche n'était pas même une allumette chimique...

ARMAND DE PONTMARTIN, *Pourquoi je reste à la campagne.*

―――

Pour être envié, Lovelace ne reculera devant rien ; le bien lui sera aussi facile que le mal ; il fera, sans héroïsme, les actions les plus sublimes, et, sans bonté, les plus généreuses. Il est aussi capable de doter une fille que de la déshonorer, et il aura des galeries de tableaux comme il *brûlerait le temple d'Éphèse.*

AUGUSTE VACQUERIE, *Profils et Grimaces.*

―――

Aucun homme, si l'on en excepte Napoléon, n'a été jugé avec autant de partialité que Mirabeau. Selon ses enthousiastes, nul autre ne lui est comparable comme orateur et comme homme d'État ; selon ses détracteurs, ce fut un être souillé de tous les vices, un tribun séditieux, un *Érostrate* de l'édifice social, ou bien un lâche transfuge de la cause populaire, qui voulut vendre la liberté au pouvoir. Nous sommes certain de rester dans le vrai, sur le compte de Mirabeau, en disant qu'il n'a jamais mérité

Ni cet excès d'honneur ni cette indignité.

VIEILLARD, *Encyclopédie des gens du monde.*

―――

La vanité peut pousser avec une égale violence, dans le bien ou dans le mal, l'homme qui en est tourmenté. Que de monuments et que de ruines attestent cette vérité ! L'homme qui veut absolument faire parler de lui est tout prêt à *brûler le temple d'Éphèse*, s'il n'a pas les moyens de le bâtir.ARNAULT.

―――

Le succès des articles contre Racine fut si instantané, que, dans l'espace de deux mois, la *Presse* perdit trois mille abonnés ! M. Granier de Cassagnac était célèbre.

Ces articles étaient depuis longtemps oubliés ; mais M. Granier de Cassagnac n'a pas voulu que ces injures contre le prince des poëtes n'arrivassent pas à la postérité. Qu'aurait dit *Érostrate* si l'on n'avait pas su que c'était lui qui avait brûlé le temple d'Éphèse ? Nous avons donc sous les yeux ce grand travail, revu et corrigé.

EDMOND TEXIER, *Critiques et Récits littéraires.*

ÉSAU ET JACOB DANS LE SEIN DE LEUR MÈRE.

Isaac et Rebecca passèrent ensemble vingt années sans avoir d'enfants ; enfin Dieu ayant exaucé la prière d'Isaac, Rebecca mit au monde deux fils jumeaux, Ésaü et Jacob. « Or, les deux enfants s'entrechoquaient dans le sein de leur mère, et celle-ci dit : « S'il me devait ainsi arriver, quel besoin avais-je de » concevoir ? » Et Rebecca implora le Seigneur qui lui répondit : « Deux nations » sont en ton sein, et deux peuples sortiront de tes entrailles ; et l'un de ces » peuples triomphera de l'autre, et l'aîné servira le plus jeune (1). »

Hélas ! il n'est que trop vrai, les mobiles affectueux de la terre appellent le trouble et l'orage ; l'âme se révolte contre le joug qu'elle a recherché ; les inséparables se séparent ; les jumeaux se font la guerre, comme *Esaü et Jacob*, dans le sein même de leur amitié ; Nisus se brouille avec Euryale ; Pylade fatigue Oreste ; Castor et Pollux supplient Jupiter de dépareiller leurs étoiles ; le corps s'ennuie de traîner son ombre ; l'écho se lasse de répéter la voix. J'ai toujours pensé que Paul aurait fini par divorcer avec Virginie, s'il avait vu ses amours passés en proverbe et imprimés à des milliers d'exemplaires.

PAUL DE SAINT-VICTOR, *Feuilletons.*

ÉSAU VENDANT SON DROIT D'AINESSE POUR UN PLAT DE LENTILLES.

Ésaü, le premier-né, était un grand chasseur ; Jacob, au contraire, était un homme simple, vivant dans l'intérieur de la maison, et occupé uniquement des travaux domestiques. La douceur de son caractère le rendait plus agréable à sa mère qu'Ésaü, qui s'était attiré l'affection particulière de son père Isaac. Un jour qu'Ésaü revenait des champs, accablé de fatigue et pressé par la faim, il demanda à Jacob qu'il lui permît de manger d'un plat de lentilles que celui-ci avait préparé. Jacob y consentit, à condition qu'Ésaü lui céderait son droit d'aînesse. Plus tard, Jacob, recourant à la ruse et aidé par sa mère, surprit à Isaac

(1) La Genèse.

mourant et aveugle sa bénédiction, qui le faisait chef de la famille d'où devait sortir le Christ. Ésaü en conçut une violente colère, et Jacob, pour se soustraire à son ressentiment, se retira dans le pays d'Haran, chez Laban, son oncle.

Il est un être multiple, brutal, grossier, féroce, et que l'on ne peut nommer ; il se trouve toujours là où se trouve la misère. C'est pour lui qu'un jour de faim et de froid de pauvres ouvrières vendent parfois, moyennant un peu de pain, leur droit de femmes libres, comme *Ésaü son droit d'aînesse pour un plat de lentilles.*

ALPHONSE ESQUIROS, *les Vierges folles.*

Je n'ai jamais compris comment Ésaü a pu *vendre son droit d'aînesse pour un plat de lentilles ;* mais il est des moments où l'homme le moins sensuel ne croirait pas se rendre ridicule en payant fort cher une bonne tranche de rosbif.

XAVIER MARMIER, *Gazida.*

Quand toutes les chimères du socialisme seraient possibles, qu'aurait-on obtenu ? Une société mise en gage qui vendrait à chaque instant, sous toutes les formes de l'activité humaine, son indépendance, c'est-à-dire l'essor de sa grandeur vers l'infini, *pour le plat de lentilles* et l'assouvissement brutal de la bête.

EUGÈNE FORCADE, *Revue des Deux Mondes.*

— Tu l'entends, Lalouette, tu l'entends ce fils du siècle. Eh bien ! voilà les modernes, ils ont mis l'estomac à la place du cœur. Mon vieux, crois-moi, nous avons trop vécu. Pour assurer à notre pays, toi la liberté, moi la gloire, nous avons souffert mille morts, enduré mille privations ; tout cela en pure perte. Ce sont des guenilles dont la génération actuelle ne veut plus. Nos enfants répudient notre héritage, Lalouette ; ils le vendront peut-être un jour *pour une écuelle de soupe.*

LOUIS REYBAUD, *Romans et Contes.*

Je ne connais pas l'ambroisie ; Linné prétend que c'est l'odeur du réséda. Je ne dis pas de mal de l'ambroisie, et j'aime beaucoup l'odeur du réséda ; mais si l'on voulait faire croire à un homme qu'il est Dieu, et qu'on lui servît, à déjeuner et à dîner, uniquement le parfum du réséda, je suis sûr que, lorsque viendrait l'heure du souper, il croirait faire une excellente affaire s'il trouvait à *vendre*, comme Ésaü, non pas *son droit d'ainesse*, mais sa divinité, *pour un plat de lentilles.*

ALPHONSE KARR, Une poignée de vérités.

ESCLAVE SUIVANT LE CHAR DU TRIOMPHATEUR.

Le triomphe était une des plus grandes solennités de l'ancienne Rome, et la plus brillante récompense qu'elle accordât à ses généraux victorieux. Le triomphateur, revêtu d'une robe de pourpre, ayant une couronne de laurier sur la tête, monté sur un char magnifique attelé de quatre chevaux blancs, était conduit en pompe au Capitole, précédé du sénat, entouré de ses parents et de ses amis, et suivi de toute son armée et d'une foule de citoyens. On portait devant lui les dépouilles des ennemis vaincus, les tableaux, les objets d'art des provinces qu'il avait conquises. En avant de son char marchaient, chargés de chaînes d'or et d'argent, les rois et les chefs ennemis qu'il avait faits prisonniers. A la suite étaient les victimes qu'on devait immoler. Pendant cette solennité, pour rabattre un peu l'orgueil qu'un appareil si éclatant aurait pu inspirer au triomphateur, un esclave, placé derrière lui sur le même char, mêlait une voix discordante aux acclamations de la foule, et faisait entendre des chants moqueurs et des paroles satiriques : « Souviens-toi que tu es homme, criait-il au victorieux ; prends garde de tomber ! *cave ne cadas !* »

Au milieu des enivrements de la gloire ou de la fortune, auxquels la faiblesse humaine s'abandonne si facilement, on trouve trop souvent l'occasion de remplir auprès d'un ami le rôle de l'esclave romain et de lui dire : « Ne t'enorgueillis pas du succès ; la chute suit quelquefois de près le triomphe. »

Si, dans le cours de ma carrière, un de ces *esclaves qui suivent le char du triomphateur* tente de m'arrêter en me criant : « Souviens-toi que tu as été pion, joueur, débauché, » je me retournerai aussitôt, et je m'écrierai : « Cet homme m'insulte parce que je suis du peuple, parce que je sors du peuple, parce que je ne dois qu'à moi-même ma fortune et mon élévation. »

DE PÈNE, Mémoires de Bilboquet.

Qui pourra énumérer les contes absurdes inventés par cet esprit

parisien, qui ne se sent jamais plus joyeux que quand il peut crier à un triomphateur : « *Souviens-toi que tu es homme !* » et qui se pâme d'aise s'il peut attacher un grelot à l'habit de ceux qu'il vénère le plus ?
Sam.

ET MOI AUSSI JE SUIS PEINTRE !

Le Corrége, né à Correggio en 1494, est un des plus grands peintres de l'école italienne. Ses compositions se font remarquer surtout par la grâce ondoyante des contours, la souplesse et l'élégance des formes, la richesse du coloris, la science des lumières et des ombres, l'intelligence parfaite du clair-obscur. Il excellait à représenter des enfants, des femmes, enfin des scènes de grâce et de volupté. Son *Antiope endormie* est d'une richesse éblouissante. La ville de Parme offrit vainement un million à Napoléon pour conserver le *Saint Jérôme*, qui est considéré comme son chef-d'œuvre. On ne connaît guère de maître à ce peintre, et l'on pense qu'il ne dut son talent qu'à lui-même. La révélation de son génie éclata devant un tableau de Raphaël. Transporté d'admiration et comme illuminé, il s'écria : « Et moi aussi je suis peintre ! *Anch' io son' pittore !* »

Et moi aussi, anch' io, j'étais né pour parcourir le monde et pour lire un jour mon nom gravé au-dessous de celui de quelques oiseaux rares dans les galeries vitrées du Muséum d'histoire naturelle ! J'étais né pour gagner le prix de la gazelle mélampyre ou celui du touraco blanc, et non pas des prix de thème.
Toussenel, *Ornithologie passionnelle.*

Je salue le patriarche de Ferney ; je lui souhaite longue vie. J'ai lu sa nouvelle tragédie, qui n'est point mauvaise du tout. Je hasarderais quelques petites remarques d'un ignorant, mais, ne pouvant pas dire comme le Corrége : « *Et moi aussi, je suis peintre !* » je garde le silence, en vous priant de ne point oublier le philosophe de Sans-Souci.
Frédéric II, *à Voltaire.*

A la vue des fortunes rapides, scandaleuses, qui se font de nos jours, un individu se dit : « *Et moi aussi, je veux être banquier !* » Il n'a ni capitaux, ni crédit, ni expérience sérieuse des affaires. Que faut-il pour cela ? Il loue un appartement, il achète à crédit meubles, chaises, bureaux ; grâce à la facilité avec laquelle les marchands livrent leurs marchandises, son installation est bientôt complète.   *L'Univers illustré.*

Comme le Corrége s'était formé lui-même en se traçant une nouvelle route après les Raphaël et les Titien, Massillon, qui s'était aussi ouvert dans la chaire une carrière nouvelle, aurait pu dire, en se comparant aux autres orateurs, ce que disait le Corrége en voyant les tableaux des autres artistes : « *Et moi aussi, je suis peintre !* »   *Éloge de Massillon.*

Plantez toute une année un peintre médiocre devant l'école d'Athènes, un sculpteur de seconde main devant la Vénus de Milo, ils n'en feront pas moins des barbouillages honnis dans tous les musées, et des Galatée qui ne descendront jamais du piédestal. Au contraire, un jeune homme qui n'a vu aucun des chefs-d'œuvre consacrés, s'écriera : « *Et moi aussi, je suis peintre ! et moi aussi, je suis sculpteur !* » parce qu'il aura vu en lui, dans les mirages de son imagination, apparaître les images du beau comme des défis jetés à son esprit, comme des amorces du monde futur, comme des révélations de l'infini.

ARSÈNE HOUSSAYE, *Histoire de l'art français.*

ET MOI, SUIS-JE SUR UN LIT DE ROSES ?

Guatimozin, dernier empereur du Mexique, de la dynastie des Aztèques, succéda à Montézuma, son oncle, à l'époque de la conquête du pays par les Espagnols sous la conduite de Fernand Cortez. La mort de ce jeune prince, à peine âgé de vingt-cinq ans, est une des barbaries les plus révoltantes qui aient souillé l'établissement de la domination espagnole au Mexique. Après une résistance opiniâtre, Guatimozin était tombé entre les mains du vainqueur. Sa jeunesse, son courage et ses malheurs furent impuissants à désarmer l'avide cruauté de Fernand Cortez. Soupçonné d'avoir fait jeter dans le lac de Mexico les trésors de Montézuma, Guatimozin fut mis à la torture, enduit d'une couche d'huile et étendu sur des charbons ardents, ainsi que son premier ministre. Vaincu par la douleur, celui-ci semblait demander à son maître, par un regard suppliant, la permission de révéler le secret qu'exigeait l'avidité des bourreaux. « *Et moi, lui répondit Guatimozin, suis-je sur un lit de roses ?* » Le favori expira. Cortez, honteux de cette horrible scène, fit cesser le martyre de sa victime. Mais, quelques jours après, sur le vague soupçon que ce prince avait formé le projet d'exciter ses anciens sujets à prendre les armes, il le fit pendre à un arbre.

Le nom de Guatimozin est resté cher aux Mexicains, et sa courageuse réponse est devenue proverbiale pour faire entendre à quelqu'un qu'il n'est pas le seul à supporter les ennuis, les fatigues, la responsabilité d'une commune entreprise. Mais l'application, on le comprend, est loin d'offrir le grandiose et le poignant du drame historique.

Comme nous tirions nos cigares de nos poches :

— Messieurs, s'écria d'une voix aigre la dame au musc, dont les émanations nous écœuraient, je vous défends de fumer : l'odeur du tabac me met au supplice.

— *Croyez-vous donc que nous sommes sur des roses?* répondirent les trois Guatimozins du wagon. ALBÉRIC SECOND.

Vous allez peut-être penser que ces vaudevilles qui attiraient la foule faisaient la fortune de ceux qui les composaient?... Point!... Ces pièces, qui avaient valu plus de cent mille écus au théâtre Mauconseil, n'ont point rapporté douze cents francs à chacun de leurs auteurs.

Vous voyez que ce n'était pas le bon temps du vaudeville. Il n'a pas toujours été *sur un lit de roses,* le pauvre enfant !...

BRAZIER, *Histoire des Petits Théâtres.*

M. de Larnac, du Languedoc, vieil ami de Daru, lui écrivit un jour une lettre désespérée. M. de Larnac avait quelque emploi qui ne convenait point à ses goûts et qu'il ne pouvait concilier avec son ambition littéraire; il en souffrait et il l'exprimait vivement, oubliant trop que celui à qui il s'adressait aurait pu simplement lui répondre par le mot de Guatimozin : « *Et moi, donc, suis-je sur des roses?* » SAINTE-BEUVE, *Causeries du lundi.*

ÉTOILE (L') ET LES ROIS MAGES.

Au moment où Jésus venait au monde à Bethléem, dans une étable, des mages de l'Orient aperçurent au ciel une étoile qu'ils n'avaient pas encore vue; ils quittèrent leur pays, et, guidés par ce phare miraculeux, ils arrivèrent à

Bethléem, où venait de naître l'enfant-Dieu. Ils entrèrent à l'endroit au-dessus duquel l'étoile s'était arrêtée, et y virent Marie et son fils ; et, se prosternant devant le nouveau-né, ils l'adorèrent et lui offrirent de l'or, de l'encens et de la myrrhe. — C'est cet événement que l'Église célèbre par la fête de l'Épiphanie ou des *Rois*.

L'étoile qui guida les mages dans leur pieux pèlerinage a enrichi notre langue d'une image poétique fréquemment employée. Alors l'étoile, c'est le plus souvent une voix intérieure, une personne aimée qui nous appelle et nous dirige vers un but glorieux.

M. Pelletan se hâte pour arriver à la naissance du christianisme. Comme un véritable roi mage, il a vu *l'étoile*, et il vient s'agenouiller dans l'étable où est né le Rédempteur du monde.

Paulin Limayrac, *la Presse*.

Le devoir de l'homme est d'aller sans cesse devant lui d'un pas plus ou moins agile, d'une façon plus ou moins régulière, *guidé par son étoile*, vers la tombe, qui est le berceau de l'âme, comme les mages d'Orient vers le berceau du Christ, qui est le tombeau de la matière : il n'a pas le droit de faire un seul pas à reculons. L'espérance lui est permise, mais défendu le *regret*.

Le Figaro, Lettres de Junius.

Au milieu de toutes ces fleurs, de toutes ces beautés, je ne voyais que Mariette et le sillon lumineux qu'elle traçait devant moi pour me guider dans ma route. Aussi je la suivais comme les *mages suivirent la divine étoile*, comme les Hébreux suivirent la nue qui les guidait vers la terre de promission.

Louis Reybaud, *l'Employé.*

ET POURTANT ELLE TOURNE!

Galilée est, sans contredit, la plus grande gloire scientifique de l'Italie. La méthode expérimentale, dont il est le créateur, lui fit bientôt rejeter les absurdités physiques et astronomiques professées de son temps, et soulevèrent contre lui tous ceux qui étaient attachés aux vieilles doctrines. Mais celle de toutes ses hardiesses qui devait être la plus dangereuse pour son repos fut son nouveau système astronomique, par lequel, suivant Copernic et contrairement à Ptolémée, il faisait du soleil le centre immobile de notre système planétaire. On prétendit que cette doctrine était en contradiction formelle avec plusieurs passages de l'Écriture, et il fut dénoncé à l'Inquisition. Il se défendit avec une grande habileté, représentant que les passages de la Bible et des Pères avaient été mal interprétés, et que, d'ailleurs, l'objet des Écritures était le salut des hommes et non l'enseignement de l'astronomie. On se contenta d'abord de lui donner un avertissement, et de déclarer *fausse et hérétique* sa doctrine du mouvement de la terre et de l'immobilité du soleil. Galilée se tut pendant quelque temps ; mais la passion de la science fut à la fin plus forte que la prudence ; il composa, pour son malheur, des *Dialogues* où, par un artifice souvent employé dans les temps de despotisme, il mit aux prises les partisans des systèmes opposés, sans se prononcer pour aucun d'eux. On devine aisément que les partisans de l'immobilité de la terre sont écrasés par les arguments, en effet sans réplique, de leurs adversaires. Galilée fut mandé sur-le-champ à Rome par la Sainte-Inquisition, interrogé, et, suivant quelques-uns, mais sans qu'il y ait aucune preuve, mis à la torture, et enfin condamné à une prison illimitée et à l'abjuration solennelle de ses *erreurs*.

La science a eu ses martyrs comme la foi ; mais Galilée faiblit à la dernière heure, et consentit à humilier son génie devant les préjugés de ses contemporains. Le 22 juin 1633, il prononça son abjuration dans le couvent de Minerve, en présence des cardinaux inquisiteurs. La formule qui lui fut imposée est un des monuments les plus curieux de l'ineptie humaine : « Moi, Galilée, âgé de soixante-dix ans, sur les saints Évangiles que je touche de mes propres mains... j'abjure, je maudis et je déteste l'erreur et l'hérésie du mouvement de la terre, etc. »

On rapporte qu'en se relevant après l'accomplissement de ce sacrifice, Galilée, entraîné par la révolte intérieure de ses convictions, frappa du pied la terre et murmura avec une énergie contenue : « *Et pourtant elle tourne !* E pur si muove ! » Ce fut son unique protestation ; mais elle traversera les siècles comme le cri de la vérité opprimée, et déposera éternellement contre l'ignorance et la persécution.

Je ne voulais pas renoncer à la carrière politique, plus conforme qu'on ne le croit à mes instincts naturels ; mais je mourrai à cet égard incompris. Le préjugé de mon siècle aura été plus fort que moi : il m'a relégué au rang des poëtes. C'est un bel exil, mais ce n'était pas ma place. Que faire ? Se résigner, et dire comme Galilée : « *Et pourtant elle tourne !* » LAMARTINE.

Pour un petit nombre d'hommes sérieux, dans la question des tables tournantes, un effet très-curieux, produit par une force inconnue, avait été mis hors de doute. Aux sceptiques, ou, pour mieux dire, aux incroyants de parti pris, habitués à ne pas examiner les faits qu'ils veulent déclarer impossibles, ils pouvaient

répondre comme autrefois Galilée : « *Et pourtant elles tournent !* »
      Louis Figuier, *Histoire du merveilleux.*

Ni les fourberies impudentes et si bien démasquées de Jacques Aymar, ni les raisons théologiques de Malebranche, ni même le décret par lequel l'Inquisition de Rome avait condamné tous les ouvrages faits ou à faire pour la défense de la baguette divinatoire, ne pouvaient empêcher une foule de gens éclairés et probes, entre autres des ecclésiastiques de tout rang, de déclarer ce qu'ils voyaient, c'est-à-dire d'affirmer le fait du mouvement de la baguette, que plusieurs personnes expérimentaient par elles-mêmes avec un plein succès, et de s'écrier dès lors comme Galilée : « *Et pourtant elle tourne !* »
    Louis Figuier, *Histoire du merveilleux.*

FABRICIUS.

Romain des anciens jours, Fabricius est célèbre par la simplicité de ses mœurs, sa probité et son désintéressement. Pendant la guerre que Rome eut à soutenir contre les Samnites, ceux-ci offrirent de riches présents à Fabricius pour l'engager à leur faire obtenir une paix favorable. Les ambassadeurs trouvèrent Fabricius, comme autrefois Curius, dans sa modeste chaumière, soupant près de son foyer avec quelques herbes et quelques racines servies sur des plats de bois ; ils comprirent alors qu'un tel homme était inaccessible à la corruption. Pyrrhus ayant cherché à l'attirer à sa cour, Fabricius lui répondit : « Si vous me croyez un homme de bien, pourquoi essayer de me corrompre ? Si je suis un malhonnête homme, pourquoi désirer de m'avoir près de vous ? »

C'est dans la bouche de Fabricius que J.-J. Rousseau a placé la magnifique prosopopée qui forme la page la plus éloquente de son *Mémoire* sur la fameuse question proposée par l'Académie de Dijon : « O Fabricius ! qu'eût dit votre grande âme, si, pour votre malheur, rappelé à la vie, vous eussiez vu la face pompeuse de cette Rome sauvée par votre bras ?... »

Le nom de Fabricius est passé en proverbe pour désigner un citoyen pauvre, intègre et désintéressé.

Si les carlistes ont tout perdu en Juillet, les républicains n'y ont guère gagné. Ils n'ont pas eu leur république, leur président à cent mille écus, un gouvernement à bon marché qui eût détruit l'industrie et le commerce, car nos mœurs n'admettent plus la simplicité des anciennes mœurs républicaines ; il nous faut autre chose pour vivifier notre commerce, notre industrie. Au temps où *Fabricius* mangeait ses légumes dans une écuelle de bois, il n'y avait pas de manufactures de porcelaine.   Dupin aîné, *Mémoires*.

Je montrerai Pichegru, fier et doux, imposant et simple, juste et indulgent, habile et loyal, le plus brave des soldats et le plus modeste des citoyens, bienveillant, humain, généreux pour tous, sévère pour lui-même, et réunissant en lui la probité d'Aristide, le *désintéressement de Fabricius*, la modération de Scipion, le stoïcisme inflexible de Caton d'Utique, à une époque où la France presque entière se serait trouvée trop heureuse de se jeter dans les bras protecteurs d'un Marius ou d'un Octave.

Charles Nodier, *Souvenirs*.

FAITES DES PERRUQUES, MAITRE ANDRÉ, FAITES DES PERRUQUES.

Vers l'an 1760, un perruquier, nommé André, s'avisa de faire une tragédie en cinq actes et en vers, ayant pour titre : *le Tremblement de terre de Lisbonne*. Il envoya sa pièce à Voltaire, qu'il appelait *mon cher confrère* dans le chef-d'œuvre épistolaire suivant :

A l'illustre et célèbre poëte monsieur de Voltaire.

« Mon cher confrère,

» C'est un écolier novice dans l'art de la poésie qui s'hasarde à vous dédier son premier ouvrage, vous ayant toujours reconnu pour un de nos célèbres, par les pompeux ouvrages que vous avez mis et que vous mettez journellement au jour. Je me trouverai heureux si vous voulez bien jeter un clin d'œil sur ce petit ouvrage, en me favorisant du moindre de vos souvenirs. Je croirais manquer à mon devoir, si je n'avouais que je vous reconnais pour mon maître. Si de votre support vous daignez me favoriser, je me promets que, franc de toute crainte, je publierai sans cesse vos louanges, et je rendrai témoignage en tous lieux combien je vous suis redevable de l'avoir agréé.

» Monsieur et cher confrère, votre très-humble et affectionné serviteur,

» André. »

Le grand poëte s'amusa beaucoup de cette singulière et bouffonne confraternité. Il répondit à *son cher confrère* une lettre de quatre pages ne renfermant que ces mots, cent fois répétés : « Maître André, faites des perruques; maître André, faites des perruques; maître André, faites des perruques; faites des perruques, des perruques, des perruques, toujours des perruques et rien que des perruques. »

Cette spirituelle réponse fit dire à maître André que M. de Voltaire vieillissait, car il commençait à se répéter.

Cette anecdocte a été mise ainsi en vers :

> Jeannot Toupet, pauvre d'esprit,
> Atteint de la métromanie,
> Quitte le peigne, écrit, écrit,
> Accouche d'une tragédie,
> Court chez Voltaire, a la folie
> D'oser le prendre pour censeur.
> Mais le vieillard, d'un air moqueur,
> A Jeannot découvre sa nuque :
> « Allez, dit-il, monsieur l'auteur,
> Allez me faire une perruque. »

Voici un échantillon de la poésie de maître André :

> Mon plus grand désir et... ma plus grande ambition
> N'est que de partager avec vous ce bondon.
> Suzette, vitement, prête-moi un couteau,
> On t'en rendra un qui... sera beaucoup plus beau.

Tout le reste est de la même force.

Le chef-d'œuvre de maître André avait fait beaucoup de bruit, car, en 1805, plus de quarante ans après, un directeur facétieux ayant fait jouer *le Tremblement de terre de Lisbonne* sur un petit théâtre des boulevards, la pièce obtint un immense succès de bouffonnerie, et eut quatre-vingts représentations, qui furent toutes très suivies.

Maître André avait lu sans doute les vers suivants quand il se crut poète :

> Les poètes, les perruquiers
> Ont entre eux quelque ressemblance :
> Et vraiment, dans ces deux métiers
> Je vois bien peu de différence :
> Pour réussir à chacun d'eux,
> Certe il ne faut pas être bête...
> Compter des vers ou des cheveux,
> C'est toujours un travail de tête.

Cette phrase : *Faites des perruques*, est devenue une des locutions les plus pittoresques de notre langue. C'est une traduction spirituelle et comique du *ne sutor ultra crepidam* des Latins.

Louis XIV, le grand roi, est le premier qui ait bien compris la majesté de la perruque. Voltaire a donné un grand exemple au monde en disant à l'un de ses confrères en littérature : « *Faites des perruques! faites des perruques!* » N'en fait pas qui veut : il faut vingt-cinq ans pour faire un perruquier ; on fait un coiffeur passable en six mois.   *Journal amusant.*

Jasmin, le poëte perruquier, ayant envoyé à M. Ch. Nodier un exemplaire de ses poésies (*las Papillotos*), celui-ci lui répondit : « C'est un honnête métier que de faire des perruques, et une distraction frivole que de faire des vers. Cependant, monsieur, je vous dirai : *Faites des vers, faites des vers,* puisque votre merveilleuse organisation vous a donné ce talent et imposé cette destinée; et Dieu me garde que vous n'en fassiez plus, moi qui m'engagerais volontiers à ne plus lire que les vôtres !... »

Cuvillier-Fleury, *les Débuts.*

Que d'honnêtes cordonniers, tailleurs, maçons ou perruquiers, ont abandonné leur état pour se livrer à la fabrication de la musique, s'imaginant que l'on alignait les notes avec autant de facilité que les points d'une couture ou les moellons d'un mur! Voltaire leur aurait dit : « *Faites des perruques,* et iterum, *des perruques.* »

Castil-Blaze.

FANTOME DE BRUTUS.

Après la mort de César, ses meurtriers, obligés de fuir devant la colère du peuple soulevé par Antoine, se retirèrent en Macédoine. Les triumvirs s'avancèrent contre eux avec des forces considérables. Quelques jours avant la bataille qui devait décider du sort de la République, une nuit que Brutus veillait dans sa tente, livré à de sombres réflexions, il lui sembla tout à coup qu'il entendait entrer quelqu'un. S'étant retourné, il aperçut un fantôme horrible dressé devant lui : « Homme ou dieu, qui es-tu? lui dit Brutus. — Je suis ton mauvais génie, lui répondit le fantôme; tu me reverras bientôt à Philippes. » Cette prédiction ne devait pas tarder à s'accomplir. Peu de jours après, en effet, la nuit qui précéda la bataille de Philippes, et comme Brutus veillait seul dans sa tente, suivant son habitude, tandis que toute l'armée était plongée dans le sommeil, le même fantôme se présenta devant lui une seconde fois, le regarda d'un air sinistre, et se retira sans prononcer une seule parole. Le lendemain, la liberté romaine expirait dans les plaines de Philippes, et Brutus se donnait la mort en jetant ce cri de découragement bien connu : « Vertu, tu n'es qu'un nom! »

Vous vous rappelez cette nuit du second des Brutus. Au milieu des désastres de sa patrie, un soir, il songeait à tout ce qui préoccupe les hommes sérieux, lorsqu'ils portent dans leur pensée le poids d'un empire qui s'écroule. A ce moment, sa porte s'ouvrit; *une espèce d'ombre lui apparut;* il se leva et lui dit : « Qui es-tu? » Et l'ombre lui répondit : « Je suis ton mauvais génie, et tu me reverras à Philippes. » Pour nous, messieurs, c'est le contraire. Des ombres nous apparaissent et nous disent : « Je suis ton bon génie ; tu me reverras à l'heure finale. »

Lacordaire, *Conférences de Notre-Dame.*

Que n'ai-je pu percer la muraille qui me séparait de Pichegru dans sa dernière prison ! On m'ôterait difficilement de l'esprit que le souvenir du général Eisenberg ne lui soit pas revenu dans ce moment-là, comme *l'esprit familier de Brutus* dans sa tente des champs de Philippes, pour lui remettre en mémoire que son heure était sonnée et qu'il fallait partir.

Charles Nodier, *Souvenirs.*

— Eh bien ! vous !
— Ah ! c'est autre chose, répondit Monte-Cristo, on me rapportera, moi.
— Allons donc ! s'écria Maximilien hors de lui.
— C'est comme je vous l'annonce ; M. de Morcerf me tuera dans ce duel.
Morel regarda le comte en homme qui ne comprend plus.
— Que vous est-il donc arrivé depuis hier soir, comte ?
— Ce qui est arrivé à Brutus la veille de la bataille de Philippes : *j'ai vu un fantôme.*
— Et ce fantôme ?
— Ce fantôme, Morel, m'a dit que j'avais assez vécu.

Alex. Dumas, *Monte-Cristo.*

FEMME DE LOTH CHANGÉE EN STATUE DE SEL.

Dieu ayant résolu de perdre Sodome et Gomorrhe, dont les crimes étaient montés à leur comble, envoya deux anges vers Loth pour l'engager, lui, sa femme et ses deux filles, à abandonner ce pays maudit afin d'éviter le feu de la colère céleste. Les messagers divins emmenèrent Loth et sa famille, en leur défendant de regarder derrière eux. Au même instant une pluie de soufre et de feu fondit sur les villes criminelles et les anéantit. Dans sa fuite, la femme de Loth, cédant à une curiosité fatale, se retourna, et fut changée aussitôt en une statue de sel.

La désobéissance de la femme de Loth et le châtiment qui en fut la suite, sont devenus un texte de plaisanteries que rend inépuisables la curiosité féminine.

Un traitant enrichi dans la gabelle étant embarrassé dans le choix de ses armoiries, un plaisant lui dit : « Faites-y figurer la femme de Loth. »

C'est trop fort ! je n'aurais jamais cru que tant d'impudence tombât d'une plume taillée à Paris; cet anachronisme de vertu pudique, cette fanfaronnade d'incorruptibilité me *change en statue de sel*.   BARTHÉLEMY, *ma Justification*.

Cependant, le pape Innocent III refusa son approbation à l'expédition contre Constantinople. La servitude des chrétiens de la Palestine, leurs longues et profondes misères, touchaient plus son cœur que les malheurs d'Isaac l'Ange et de son fils. Il reprochait aux croisés de *regarder en arrière comme la femme de Loth*.
   POUJOULAT, *Histoire de Constantinople*.

Près de cette montagne, le cône que vous voyez, c'est le marabout qui avait marié le frère et la sœur, d'après la légende. Reconnaissez plus loin le chameau qui amena les criminels époux; et, enfin, toute cette multitude de cônes debout dans une froide immobilité, c'est la foule de ceux qui osèrent assister à ce mariage maudit du ciel. La fable arabe est, comme on voit, une sorte de souvenir confus de la miraculeuse histoire de la *femme de Loth,* souvenir applicable à des noces incestueuses.   POUJOULAT, *Études africaines*.

Le silence durait depuis quelques instants dans le salon de madame d'Épenoy. La maîtresse du logis jouait du piano sur sa tabatière, et regardait à la dérobée la demoiselle ultrà-majeure, qui, les yeux baissés, se tenait sur son fauteuil, raide et immobile comme la *femme de Loth* après sa métamorphose.
   CHARLES DE BERNARD, *l'Écueil*.

FESTIN DE BALTHAZAR.

Cyrus, roi des Perses, assiégeait Babylone à la tête d'une armée formidable ; Balthazar, confiant dans la force de ses murailles, se riait des vains efforts de son ennemi, et oubliait dans les festins les ennuis d'un long siège. Une nuit qu'il célébrait une orgie avec les grands de sa cour et toutes ses femmes, il se fit apporter, par une forfanterie d'impiété, les vases sacrés que Nabuchodonosor avait autrefois enlevés au temple de Jérusalem. Cette profanation était à peine commise, que l'impie monarque vit avec épouvante une main qui traçait sur la muraille, en traits de flamme, des caractères mystérieux, que ni Balthazar ni aucun personnage de la cour ne purent lire. Le prophète Daniel ayant été appelé : « C'est Dieu, dit-il au roi, qui a envoyé cette main, et voici ce qui est écrit : *Mané, Thécel, Pharès.* — *Mané*, Dieu a compté les jours de ton règne, et il en a marqué la fin; *Thécel*, tu as été mis dans la balance, et tu as été trouvé trop léger; *Pharès*, ton royaume sera partagé. » La même nuit, en effet, Cyrus, ayant réussi à détourner le cours de l'Euphrate, pénétra dans Babylone par le lit du fleuve desséché; Balthazar fut tué, et la Babylonie réunie à l'empire des Perses.

Par allusion à ce festin célèbre, on appelle *festin de Balthazar* toute orgie bruyante, ou, par une hyperbole familière, tout repas copieux et prolongé.

Tout allait pour le mieux, lorsqu'une voix bien connue de madame X... se fit entendre derrière la porte du cabinet particulier où soupaient nos quatre convives. Cette voix, tremblante de colère, était celle de son mari, et fut pour elle comme le *Mané, Thécel, Pharès* du festin de Balthazar.

Félix Mornand, *la Vie de Paris.*

Dantès lançait parfois des blasphèmes qui faisaient reculer d'horreur le geôlier; il brisait son corps contre les murs de sa prison; il s'en prenait avec fureur à tout ce qui l'entourait, et surtout à lui-même. Alors, cette lettre dénonciatrice qu'il avait vue, que lui avait montrée Villefort, qu'il avait touchée, lui revenait à l'esprit; chaque ligne flamboyait sur la muraille de son cachot comme le *Mané, Thécel, Pharès* de Balthazar. Alex. Dumas, *Monte-Cristo.*

Déjà néanmoins les fleurs avaient été froissées, les yeux s'hébétaient et l'ivresse gagnait, selon l'expression de Rabelais, jusqu'aux sandales. En ce moment de silence, une porte s'ouvrit, et, comme au *festin de Balthazar*, Dieu se fit reconnaître; il apparut sous les traits d'un vieux domestique en cheveux blancs, à la démarche tremblante, qui mit un crêpe à cette folie en disant ces sombres paroles, d'une voix creuse : « Monsieur, votre père se meurt. »

Honoré de Balzac, *l'Élixir de longue vie.*

Un morceau de poisson salé, une poignée de piment ou d'olives amères, une tranche de gâteau de sésame et de miel, composent, pour la somme de trois sous, un *festin de Balthazar*.

EDMOND ABOUT, *la Grèce contemporaine*.

. . . . . Quand la lave voisine
S'apprête à secouer Agrigente et Messine,
. . . .
Tel bouillonnait Paris : les travaux et les jeux
S'arrêtent tout à coup sur un sol orageux ;
Un peuple entier, sorti des foyers domestiques,
Ondule en murmurant sur les places publiques ;
Et partout, sur les *murs* du splendide bazar,
De prophétiques mots menacent *Balthazar*.
Un cri tonne : à ce cri, les fleurs de lis brisées
Tombent en provoquant de sinistres risées.

BARTHÉLEMY ET MÉRY, *l'Insurrection*.

Qu'est-ce que tout cela, sinon la réforme elle-même, s'agitant, se montrant, s'annonçant sous les formes de l'art? Mais on ne la reconnaît pas. L'Église elle-même s'amuse de ces signes; assise à son *banquet de Balthazar*, elle ne s'inquiète pas de ce qui s'écrit sur la muraille.

EDGAR QUINET, *le Christianisme et la Révolution française*.

Pendant toute la durée de la société grecque et romaine, des populations celtiques s'étaient insinuées en silence dans l'Europe, au nord des Pyrénées et des Alpes. Là, elles croissaient librement avec les herbes des forêts sacrées; par intervalles, elles sortaient de ce silence; elles apparaissaient au milieu de la pompe de la civilisation païenne, comme la main mystérieuse dans le *banquet de Balthazar*. Un jour, elles accoururent pour étouffer Rome dans son berceau.

EDGAR QUINET, *Génie des Religions*.

FILLE DE JEPHTÉ.

Jephté, fils d'une courtisane de Galaad, ayant été exclu par ses frères de l'héritage paternel, s'était retiré dans le pays de Tob, où il devint chef d'une troupe de vagabonds. Le peuple d'Israël, pressé par les Ammonites, l'appela à son secours; Jephté se mit à la tête des tribus, et fit vœu, avant de combattre, d'immoler au Seigneur, s'il était vainqueur, la première personne qui sortirait de sa maison pour venir à sa rencontre. Les Ammonites furent défaits, et le héros d'Israël ne tarda pas à se repentir de sa promesse téméraire. A son retour, sa fille unique marchait la première, au son des instruments, à la tête de ses compagnes. A cette vue, Jephté, accablé de douleur et de désespoir, déchire ses vêtements et annonce en pleurant le vœu que sa bouche a prononcé. La jeune fille, résignée, ne demanda que la grâce de se retirer pendant deux mois avec ses compagnes sur les monts de Galaad, pour y pleurer sa virginité et l'opprobre de ne pouvoir être ni épouse ni mère. Les deux mois écoulés, elle vint se jeter dans les bras de son père, qui l'offrit en sacrifice, ou, selon quelques auteurs, la consacra au tabernacle.

Fénelon a imité ce passage de la Bible, et en a tiré un des plus touchants épisodes de son *Télémaque*.

Idoménée, après la ruine de Troie, faisait voile pour revenir en Crète. Assailli par une tempête, il promet à Neptune, s'il lui permet de revoir sa patrie, d'immoler la première personne qui se présentera à ses yeux. La fureur des vents s'apaise, et la victime est son propre fils, qui accourt sur le rivage pour l'embrasser. « ..... En ce moment, Idoménée, tout hors de lui et déchiré par les furies infernales, surprend tous ceux qui l'observaient de près; il enfonce son épée dans le cœur de cet enfant; il la retire toute fumante et pleine de sang pour la plonger dans ses propres entrailles; il est encore une fois retenu par ceux qui l'environnent. L'enfant tombe dans son sang; ses yeux se couvrent des ombres de la mort; il les entr'ouvre à la lumière; mais à peine l'a-t-il trouvée, qu'il ne peut plus la supporter (1). Tel un beau lis au milieu des champs, coupé dans sa racine par le tranchant de la charrue, languit et ne se soutient plus; il n'a point encore perdu cette vive blancheur et cet éclat qui charment les yeux, mais la terre ne le nourrit plus et sa vie est éteinte : ainsi le fils d'Idoménée, comme une jeune et tendre fleur, est cruellement moissonné dès son premier âge. »

> Jamais, jamais pour moi les orgues magistrales
> N'ébranleront l'écho des vieilles cathédrales;
> Les parfums de l'encens ne monteront aux cieux;
> Jamais la cloche sainte, aux tintements joyeux,
> N'enverra dans le vent ses carillons de fête.
> Et c'est pourquoi, Seigneur, j'irai, courbant la tête,
> Vierge veuve, pleurant sur mon adversité,
> Comme pleura jadis la *fille de Jephté!*
>
> AMÉDÉE ROLLAND, *le Parvenu*.

FILS (LE) DE CRÉSUS.

La puissance de l'amour filial ne s'est jamais manifestée d'une manière plus éclatante que dans l'épisode suivant. Après la bataille de Thymbre, Cyrus mar-

---

(1) Quæsivit cœlo lucem, ingemuitque reperta.

cha contre Sardes, capitale de la Lydie, dont il s'empara après un siège de quatorze jours. Dans le sac qui suivit la prise de cette ville, un soldat avait déjà l'épée levée sur la tête de Crésus, qu'il allait immoler à sa fureur, lorsque le fils de ce prince, qui avait perdu l'usage de la parole depuis de longues années, transporté de tendresse et d'effroi, s'écria, par un effort surhumain qui rompit tout à coup le lien de sa langue : « *Soldat, ne tue pas Crésus !* »

On fait allusion à ce miracle de l'amour filial dans les situations violentes où l'impétuosité d'un sentiment enfante des choses extraordinaires et presque surnaturelles.

Jamais, dit Vergniaud à Duchâtel, vos lèvres nobles et pures ne s'étaient ouvertes avec un pareil nombre de syllabes ! La terreur, qui délie quelquefois la langue des muets, produirait-elle sur vous le même effet que sur l'*enfant de Crésus* ?

Charles Nodier, *les Girondins*.

« Qu'il se justifie, s'il l'ose ! » s'écria Malouet.

La violence de ma situation était telle, que, si j'avais été muet, je crois que j'aurais en ce moment retrouvé une langue, comme le *fils de Crésus* à la prise de Sardes. « Oui, je l'ose ! » m'écriai-je avec force, et incertain si Malouet ne voulait pas se montrer un ennemi généreux et m'offrir un combat égal.

Camille Desmoulins, *Histoire de la Presse, par Hatin*.

FLÈCHE DU PARTHE.

Les Parthes, célèbres surtout par la défaite et la mort de Crassus, habitaient de vastes plaines entourées de montagnes, entre l'Euphrate, l'Oxus et la mer Caspienne. Cette nation guerrière dédaignait l'agriculture, le commerce et la navigation. Ils étaient renommés comme cavaliers et vivaient toujours à cheval. Jamais ils n'étaient plus redoutables que lorsque, simulant une fuite, ils décochaient par-dessus l'épaule leurs flèches à l'ennemi qui les poursuivait : aussi leur retraite était-elle plus meurtrière qu'une attaque. Cette fuite, qu'ils effectuaient toujours après leur première décharge, était une ruse de guerre qui a donné lieu au proverbe : « *Fuir en Parthe*, » c'est-à-dire en portant à son ennemi de cruelles atteintes; décocher une *flèche de Parthe*, c'est-à-dire lancer en se retirant un trait, un mot qui va droit au cœur.

Dans sa tragédie de *Rodogune*, Corneille a fait usage de cette métaphore :

SÉLEUCUS.
Elle nous fuit, mon frère, après cette rigueur.
ANTIOCHUS.
Elle fuit, mais *en Parthe*, en nous perçant le cœur.

Un écrivain spirituel a dit : « Le Temps jette des rides, comme le *Parthe lançait des traits, en fuyant.* »

En descendant l'escalier, Moréal s'aperçut que la marquise s'appuyait sur son bras peut-être un peu plus que cela n'était indispensable ; et lorsqu'elle fut assise dans le coupé, il reçut un dernier regard qu'un poëte classique n'eût pas manqué de comparer aux flèches que décochaient les *Parthes en fuyant.*
Charles de Bernard, *Un homme sérieux.*

A sa confiance dans le Seigneur, Fontaine joignait, comme Cromwell l'exigeait de ses soldats, quelques précautions temporelles. Il était excellent cavalier ; il montait un barbe, fin coureur, et dès son enfance il s'était exercé à abattre un blanc en tirant au galop ; enfin il connaissait tous les bois, tous les sentiers de la province. « Je savais bien, dit-il, que pas un seul des dragons ne pourrait m'atteindre à la course, et j'étais décidé, s'ils me poursuivaient, à *fuir en Parthe.* J'aurais attendu que le mieux monté eût dépassé ses camarades pour me retourner et lui casser la tête ; puis, piquant des deux, j'aurais rechargé pour en faire de même à un autre. »
Mérimée, *Mélanges historiques.*

Elle est très-vive et très-mordante d'un bout à l'autre, cette plaidoirie de M. Ernest Cartier. — Et le trait final donc, le *trait du Parthe !* « Est-il bien politique à madame ***, dit l'avocat, de chercher à avoir auprès d'elle son fils aîné ? Elle se donne vingt-cinq ans, et quand on verra à ses côtés un grand garçon de onze ans et demi, n'en conclura-t-on pas bien vite qu'elle n'est pas aussi jeune qu'elle voudrait le faire croire ? »
Petit-Jean, *le Monde illustré.*

Cela fait, Ferdousi (1) résolut de quitter sans retard la cour du sultan, et il partit secrètement un bâton à la main, en habit de derviche. Il était âgé d'environ soixante-dix ans. En partant, il laissa aux mains d'un ami un papier scellé, recommandant qu'on

---

(1) Poète persan.

le remit au sultan vingt jours après son départ. Quand le sultan ouvrit ce papier à son adresse, il y trouva une satire sanglante. C'était la vengeance du poëte, la *flèche du Parthe* qu'il lui lançait en fuyant. SAINTE-BEUVE, *Causeries du lundi*.

Nadèje était d'une réserve extrême ; c'est à peine si elle prenait garde à Maxime, mais elle allait et venait d'un groupe à l'autre, aimable, charmante et pleine de coquetterie. Quant à Maxime, il regardait d'un air assez attentif, tout en songeant à autre chose, une théière d'un système nouveau que Nadèje avait fait venir de Saint-Pétersbourg.

« Oh ! dit-elle au jeune homme, c'est une machine compliquée, et on ne la comprend pas du premier coup.

— C'est donc comme le cœur des femmes du Nord, dit M. de Marigny en s'éloignant d'eux. »

Nadèje ne releva point cette petite méchanceté, lancée en fuyant, comme le *trait des Parthes*. LOUIS ÉNAULT, *Nadèje*.

FOI DU CHARBONNIER.

On entend par ces mots une foi simple et naïve, qui croit sans examen. On donne pour origine à cette locution le conte suivant. Le diable déguisé en ermite, d'autres disent en docteur de Sorbonne, entra un jour dans la cabane d'un charbonnier, et lui dit pour le tenter : « Que crois-tu ? — Je crois ce que croit la sainte Église. — Et que croit la sainte Église ? — Elle croit ce que je crois. » Notre homme se renferma dans ces réponses sans vouloir en sortir, et l'esprit malin, voyant échouer toutes ses ruses, fut obligé de renoncer à son projet. Un auteur ajoute que c'était sans doute quelque jeune diable, qui n'était pas des plus fins ; autrement il aurait fort embarrassé le charbonnier en lui posant ainsi la question : « Que croyez-vous, toi et la sainte Église ? »

C'est une chose plaisante de voir des écrivains, d'ailleurs distingués, se battre pour des abstractions ou pour des logogriphes ; ce qu'il y a de plus étonnant, c'est de voir le public prendre part à des disputes qu'il n'entend pas. On parlait jadis de la *foi du charbonnier*, je crains bien qu'on ne puisse parler aujourd'hui de la *philosophie du charbonnier* PORTALIS.

Le peuple de nos jours est loin d'être blasphémateur et sacrilége, mais il est profondément indévot. L'adoration est sortie de ses habitudes. Séparant la religion de la justice, il est convaincu que celle-ci suffit à l'homme, que la première est de surérogation, et il a inventé un mot pour traduire cette pensée de haute indifférence, la *foi du charbonnier*.

P.-J. PROUDHON, *de la Justice dans la Révolution et dans l'Église.*

Mes principes religieux sont ceux de ma nourrice, morte chrétienne et catholique, sans aucun soupçon d'hérésie. La foi du centenier, la *foi du charbonnier*, sont passées en proverbe. Je suis soldat et bûcheron, c'est comme charbonnier. Si quelqu'un me chicane sur mon orthodoxie, j'en appelle au futur concile.

P.-L. COURIER, *Pamphlets politiques.*

FOI QUI TRANSPORTE LES MONTAGNES.

Un homme s'approcha de Jésus, se prosterna devant lui et lui dit : « Seigneur, ayez pitié de mon fils, car il est lunatique et il souffre cruellement ; souvent il tombe dans le feu et souvent dans l'eau.

» Et je l'ai présenté à vos disciples, et ils n'ont pu le guérir. »

Or, Jésus, répondant, dit : « Génération incrédule et perverse, jusqu'à quand serai-je avec vous? jusqu'à quand vous supporterai-je? Amenez-le-moi ici. »

Et Jésus l'ayant menacé, le démon sortit de lui ; et l'enfant fut guéri à l'heure même.

Alors les disciples s'approchèrent de Jésus, et lui dirent tout bas : « Pourquoi n'avons-nous pu le chasser? »

Jésus leur dit : « A cause de votre incrédulité ; car, en vérité, je vous le dis, si vous aviez de la foi comme un grain de senevé, vous diriez à cette montagne : Passe d'ici là, et elle passerait, et rien ne vous serait impossible. » (Saint Mathieu, chap. 17.)

Ce mot profond de Jésus-Christ ne doit évidemment s'entendre qu'au figuré ; la foi la plus absolue, la plus enthousiaste, n'ébranlerait point un grain de sable, parce qu'aucun rapport sympathique ne peut s'établir entre la matière brute et la volonté. Mais Jésus-Christ a voulu dire que, dans l'ordre moral et intellectuel, c'est la foi qui produit les grandes choses, qui opère les prodiges. Le triomphe du christianisme n'est-il pas la preuve la plus éclatante de cette vérité? N'a-t-on pas vu, et ne voit-on pas encore tous les jours des êtres faibles ou ignorants, dépourvus de toutes ressources, livrés à eux seuls, mais soutenus par une conviction ardente, par une patience et une volonté qu'aucun obstacle ne peut briser, arriver à un but dont la seule pensée aurait fait frémir les hommes les plus forts et les plus intelligents? C'est à la lueur de cette foi que Christophe Colomb apercevait les rivages inconnus d'un nouveau monde; et c'est elle encore qui a fait pousser à Galilée ce cri sublime : « *Et pourtant elle tourne!* »

Ces détails pourront paraître à quelques personnes puérils et minutieux; mais lorsqu'on verra les projets de cette jeune fille réussir au delà de ses espérances et de toute probabilité, malgré les obstacles sans nombre qu'elle avait à supporter, on se convaincra qu'aucun motif humain n'aurait suffi pour la conduire au but qu'elle se proposait, et qu'il fallait pour une telle œuvre cette *foi qui transporte les montagnes*.

XAVIER DE MAISTRE, *la Jeune Sibérienne*.

— Voyons, sais-tu, Maximilien, de quoi le comte de Monte-Cristo est capable? Sais-tu qu'il commande à bien des puissances terrestres? Sais-tu qu'il a assez de foi en Dieu pour obtenir des miracles de celui qui a dit : *Avec la foi l'homme peut soulever une montagne?*
Eh bien! ce miracle que j'espère, attends-le.

ALEX. DUMAS, *Monte-Cristo*.

FOLIE SIMULÉE DE BRUTUS.

Marcus Junius Brutus, fondateur de la république romaine, était neveu de Tarquin le Superbe, qui fit assassiner son père et ses frères, afin de s'emparer de leurs biens. Il n'épargna Brutus que parce que celui-ci contrefit l'insensé pour endormir la défiance du tyran, qui crut dès lors n'avoir rien à redouter d'un idiot; et le surnom de *Brutus* (brute) montre combien on était loin de craindre un homme qui était devenu le jouet de la cour romaine. Sous cette feinte stupidité, il cachait néanmoins le dessein profond d'affranchir Rome de la tyrannie. Il voyait le peuple et le sénat également mécontents, et il profita de cette disposition des esprits avec une rare habileté. Deux fils de Tarquin, envoyés à Delphes afin de consulter l'oracle, l'emmenèrent avec eux pour s'en amuser. Ils firent au dieu des présents magnifiques; Brutus offrit un bâton creux rempli d'or, ingénieux emblème de son caractère et de sa conduite. Les jeunes princes demandèrent à l'oracle lequel d'entre eux aurait un jour le pouvoir à Rome; la pythie ayant répondu : « Celui qui le premier embrassera sa mère, » ils s'épuisèrent en stratagèmes, à leur retour en Italie, pour se devancer mutuellement. Brutus, mieux avisé, se laissa tomber, et comme la terre est appelée la mère commune de tous les hommes, il passa pour avoir rempli le premier la condition imposée par l'oracle. Bientôt la mort tragique de Lucrèce lui fournit l'occasion de mettre ses desseins à découvert. C'est lui qui commença la révolution et qui l'acheva ; c'est lui qui, arrachant du sein de la victime le poignard fumant, s'écria : « Je jure sur ce sang, de poursuivre par le fer et par la flamme, Tarquin et toute sa famille! » Puis il fit prêter le même serment à tous les assistants, leur traça les mesures à prendre pour une prompte vengeance, ordonna de fermer les portes de Rome (toute la famille royale était alors à la campagne ou sous les murs d'Ardée), convoqua le peuple, et là, en présence du cadavre sanglant de Lucrèce, que ses amis avaient porté solennellement à travers la ville, il fit décréter que Tarquin et les siens seraient à jamais exilés de Rome. Telle fut l'origine de la république, que Brutus, grand citoyen, mais père barbare, devait sceller du sang même de ses enfants.

Des allusions, qui se rencontrent plus ou moins fréquemment dans le langage, sont empruntées à trois circonstances de la vie de cet homme célèbre : sa folie simulée, sa chute au retour de Delphes, et la mort de ses fils, dont il fut l'accusateur et le juge.

Guillaume de Nassau conspirait pour l'affranchissement de sa patrie en provoquant l'arbitraire. Catholique en Espagne, luthérien ou calviniste selon les circonstances, il exagérait les mesures prises par Marguerite d'Autriche ou par le cardinal de Granvelle. Il obéissait le premier, demandant à tous la même obéissance. *Brutus intelligent*, il savait avec un art si profond *dissimuler ses desseins*, que le peuple l'avait surnommé le Taciturne.

CRÉTINEAU-JOLY, *les Jésuites*.

Ne frissonnez-vous pas quelquefois quand ces figures serviles frétillent autour de vous avec une bassesse presque ironique, et qu'il vous vient tout d'un coup à l'esprit que c'est peut-être une ruse ; que ce malheureux qui se démène d'un air si niaisement absolutiste ou si bestialement obéissant, est peut-être un *Brutus qui dissimule ?*   HENRI HEINE, *la France*

La nuit vint : à dix heures du soir on aborda ; la tartane était la première au rendez-vous ; elle venait de toucher l'île de Monte-Cristo.

Dantès, malgré son empire ordinaire sur lui-même, ne put se contenir : il sauta le premier sur le rivage ; s'il l'eût osé, comme *Brutus, il eût baisé la terre.*   ALEX. DUMAS, *Monte-Cristo*.

Marat s'était fait cynique pour pénétrer plus bas dans les masses.

Il avait inventé la langue des forcenés. Comme le premier *Brutus*, *il contrefaisait le fou,* mais ce n'était pas pour sauver sa patrie, c'était pour la pousser à tous les vertiges et pour la tyranniser par sa propre démence.   Lamartine, *les Girondins.*

— Oui, j'étais républicain, s'écriait Oscar, avant, pendant, après, toujours; républicain de tempérament, républicain de naissance, tout ce qu'il y a de plus républicain.
— Tu te cachais donc bien, alors !
— C'est le propre des convictions profondes, mon cher; elles échappent à l'œil nu. Consulte l'histoire.
— Toi si gai, si insouciant, avais-tu seulement une opinion? Les fous en ont-ils?
— *Folie de Brutus,* Paturot. Stratagème des grandes passions de l'âme !
    Louis Reybaud, *J. Paturot à la recherche de la meilleure des républiques.*

La ville se livrait alors à des commentaires inouïs sur la personne de Louis Napoléon. Comme si la Providence ne le désignait pas assez clairement à un rôle concluant, ses stupides ennemis de tous les partis, et de toutes les factions parmi les partis, prenaient soin de lui aplanir la route, d'écarter le péril de sa personne, en lui faisant, comme jadis le premier *Brutus,* une cuirasse de sottise et d'imbécillité.
    Hippolyte Castille, *Histoire de la seconde République française.*

FOURCHES CAUDINES.

Rome avait vaincu la plupart des nations voisines; mais dès qu'elle voulut étendre sa domination dans la partie méridionale de l'Italie elle rencontra les Samnites, peuple aux mœurs rudes et belliqueuses. C'étaient, de part et d'autre, les mêmes armes, la même discipline, la même habitude des combats. D'un côté, l'ambition et la valeur romaines; de l'autre, le patriotisme et l'infatigable énergie des Samnites allaient donner à cette lutte un caractère d'acharnement incroyable. Voici l'épisode le plus célèbre de cette guerre, qui devait se terminer par la conquête du Samnium. Les hostilités venaient de commencer; les Samnites étaient campés près de Caudium, au milieu des montagnes. Pontius Herennius, leur général, résolut d'attirer, par un faux avis, l'armée romaine dans un défilé d'où il lui serait impossible de s'échapper. Aussitôt dix soldats samnites, déguisés en bergers, s'approchent des avant-postes ennemis et répandent le bruit que les Samnites assiègent Lucérie, ville alliée des Romains. Les consuls s'empressent de voler à sa défense, en choisissant la route la plus dangereuse, mais la plus courte ; défilé profond, étroit et couvert de forêts. C'était ce qu'avait prévu le général des Samnites. A peine les Romains se sont-ils engagés dans ce chemin périlleux, qu'ils aperçoivent les hauteurs couvertes d'ennemis. Il fallait mourir ou se rendre, car les issues étaient fermées. Le père de Pontius Herennius, vieillard rempli d'expérience, conseillait à son fils de renvoyer tous les Romains sans rançon pour s'en faire des amis, ou de les exterminer jusqu'au dernier pour porter un coup mortel à la république. Le général samnite, n'écoutant que son désir d'humilier l'orgueil romain, les obligea à se rendre à discrétion, et fit passer toute l'armée sous un joug formé de deux *fourches* piquées en terre et surmontées d'une troisième. Tous les soldats, les consuls en tête, passèrent en frémissant sous cet instrument d'opprobre, après avoir déposé leurs armes. Le sénat refusa de ratifier des engagements imposés dans des conditions si humiliantes ; il fallut combattre de nouveau, et de sanglantes défaites punirent les Samnites de leur imprudente confiance dans la foi romaine.

Depuis, l'expression *Passer sous les fourches caudines* est entrée dans la langue, pour caractériser toute concession onéreuse ou humiliante arrachée aux vaincus.

M. Fouché essaya de présenter à Napoléon un plan qu'il disait des plus habiles, et qui consistait à offrir aux souverains coalisés son abdication éventuelle, à la condition de la paix immédiate ; puis, s'ils rejetaient cette offre, à prendre la nation pour juge de leur mauvaise foi, et à l'appeler tout entière aux armes...

Napoléon n'eut pas de peine à montrer soit au duc d'Otrante, soit à d'autres, combien ces idées étaient chimériques. Ce que l'Europe voulait en demandant qu'on lui sacrifiât Napoléon, c'était de se faire remettre l'épée de la France, et cette épée obtenue, de nous faire *passer sous les fourches caudines*.

THIERS, *Histoire du Consulat et de l'Empire*.

La critique de M. Planche a des injustices systématiques et des faiblesses calculées ; et près des *fourches caudines* sous lesquelles elle fait passer les plus hautes renommées, elle a des autels domestiques qu'elle dédie aux dieux lares de la camaraderie.

ALFRED NETTEMENT, *Littérature sous le gouvernement de Juillet*.

Au haut de l'escalier était l'abbé Fortier, le bras tendu, montrant l'escalier du bout de son martinet.

Il fallait *passer sous les fourches caudines;* Ange Pitou se fit aussi petit et aussi humble qu'il se put faire, ce qui n'empêcha point qu'il ne reçût au passage une dernière sanglée de l'instrument auquel l'abbé Fortier avait dû ses meilleurs élèves.

ALEX. DUMAS, *Ange Pitou.*

Mais de tous les pouvoirs bientôt dépositaire,
Rome enfin sortira des ombres du mystère;
Elle a promis le monde à ses fils conquérants.
Déjà leur secte impure envahit tous les rangs;
On dit qu'on a vu même, oubliant leur audace,
De vieux soldats *passer sous les fourches* d'Ignace.
De la liste civile intendants absolus,
Les royales faveurs sont pour leurs seuls élus.

BARTHÉLEMY ET MÉRY, *les Jésuites.*

Qu'importe, dira-t-on, que M. tel ou tel fasse ou ne fasse pas connaître son opinion? Ce qu'il importe! mais le pays ne sera vraiment libre que si la presse est libre. Si vous faites passer celle-ci *sous les fourches caudines*, son opinion s'abaissera et l'opinion du pays s'abaissera en même temps.

JULES FAVRE, *Discours à la Chambre.*

Au quinzième siècle, les chansons de soldat prirent un caractère égrillard qu'elles n'avaient pas auparavant. Jusqu'à la révolution française, qui vit éclore les plus beaux de nos chants guerriers, le genre de vers égrillards et frondeurs devint de plus en plus à la mode. Le vaudeville remplaça la *chanson de gestes*, et vainqueurs et vaincus passèrent sous les *fourches caudines* de chansons à double tranchant. Quoi de plus gai, dit la Harpe, que ce couplet contre Villeroi :

Villeroi,
Villeroi
A fort bien servi le roi...
Guillaume... Guillaume...

OSCAR COMETTANT, *le Siècle.*

FRAPPE, MAIS ÉCOUTE.

Thémistocle lutta toute sa vie pour donner à sa patrie l'empire de la mer. Déjà célèbre comme orateur et comme général, lors de l'invasion de Xerxès en Grèce, il fit embrasser à ses concitoyens la résolution généreuse d'abandonner Athènes, qu'on ne pouvait espérer de défendre contre l'immense armée des Asiatiques, et de se réfugier sur la flotte, afin de se joindre en masse aux alliés pour livrer sur mer le grand combat de l'indépendance hellénique. Pour entraîner les Athéniens indécis, il fit parler les dieux; sous son inspiration, la pythie déclara que les Athéniens ne trouveraient leur salut que dans des *murailles de bois*, c'est-à-dire, suivant son interprétation, sur les galères. A Salamine, il commandait la flotte athénienne; le Spartiate Eurybiade était généralissime de toutes les forces confédérées. Les Grecs voulaient abandonner le détroit pour se rapprocher de l'isthme de Corinthe, où étaient réunies les troupes de terre. Thémistocle, jugeant que le combat serait plus avantageux dans cette passe étroite où la flotte immense des Perses ne pourrait se déployer librement, s'opposa vivement à ce départ. Dans le conseil des chefs grecs, il manifesta son opposition avec une si énergique persévérance, que tous s'élevèrent contre lui, et qu'Eurybiade, emporté par la colère, leva son bâton de commandement, son *scytale*, comme pour l'en frapper. Calme au milieu des clameurs et maître de lui-même, Thémistocle arrêta l'impérieux Spartiate par ce mot fameux : « *Frappe, mais écoute!* » qui est devenu d'une fréquente application.

Dans un repas auquel assistait le poète Chapelle, un seigneur, après avoir débité quelques nouvelles, vint à parler des poètes qui avaient la hardiesse de faire des chansons contre quelques personnes de condition, et dit en même temps : « Si je les connaissais, je leur donnerais volontiers vingt coups de canne. » Chapelle, fatigué de ce discours, et, d'ailleurs, impatienté contre ce seigneur qui était son voisin et qui le serait trop à table, se lève en présentant le dos, et lui dit : « *Frappe, mais va-t'en.* » Cette réponse eut tout le succès de celle de Thémistocle ; le seigneur devint aussi obséquieux qu'il avait été arrogant, et Chapelle put dès lors manger à son aise.

Mendier n'est pas honte à la cour; c'est toute la vie d'un courtisan. Actif, infatigable, le courtisan ne s'endort jamais; il veille la nuit et le jour, guette le temps de demander, comme vous celui de semer, et mieux. Aucun refus, aucun mauvais succès ne lui fait perdre courage. Si nous mettions dans nos travaux la moitié de cette constance, nos greniers chaque année rompraient. Il n'est affront, dédain, outrage qui puisse le rebuter. Éconduit, il insiste; repoussé, il tient bon; qu'on le chasse, il revient; qu'on le batte, il se couche à terre : *Frappe, mais écoute... et donne.*

P.-L. Courier, *Pamphlets politiques.*

Le comte prit une rose du bouquet et la passa sur une goutte de sang qui rougissait son doigt, égratigné par une épine.

— Coup pour coup, reprit-il en baisant la main qui l'avait frappé.

Cydalise retira vivement sa main.

— Vos coups sont plus dangereux que les miens, dit-elle.

— Alors je vous dirai comme un Athénien fameux : *Frappe, mais écoute.*

— Je veux frapper et ne pas écouter. AMÉDÉE ACHARD.

Nous ferons volontiers à de moins avancés le sacrifice de notre initiative, pourvu que par leurs mains la révolution s'accomplisse. Nous dirons à Robespierre, comme Thémistocle à Eurybiade : *Frappe, satellite du gouvernement; frappe, sycophante de la révolution; frappe, bâtard de Loyola, Tartufe de l'Être suprême; frappe, mais écoute.* P.-J. PROUDHON, *Idée générale de la révolution.*

FRÈRE, IL FAUT MOURIR.

Les austérités de la vie monastique sont passées en proverbe, mais c'est surtout à la Trappe qu'elles sont pratiquées avec toute la rigueur des premiers siècles du christianisme. Les Trappistes observent le silence le plus absolu, partagent leur temps entre la prière et le travail manuel, se nourrissent de pain grossier et de légumes cuits à l'eau, et ne sont vêtus que d'une robe de bure. Ils doivent avoir toujours devant les yeux l'image de la mort. C'est pour se rappeler cette grande vérité que chaque jour ils se rendent à la fosse ouverte qui doit être leur dernier asile. « Le silence, dit un des hommes les plus éloquents de notre siècle, marche à leur côté, ou s'ils parlent, quand ils se rencontrent, c'est pour s'adresser ces mots lugubres : *« Frère, il faut mourir... »*

En haine des sots blasonnés, Chamfort s'était jeté en pleine révolution; en haine de la révolution, il avait creusé lui-même sa fosse, comme si le dernier cri de l'humanité fût celui-ci : *Frère, il faut mourir !* Il avait étudié l'humanité à tous les degrés de l'échelle. Il en était arrivé à cet aphorisme, que l'honnête homme est une variété de l'espèce humaine, ainsi que l'homme d'esprit.

ARSÈNE HOUSSAYE, *Galerie du dix-huitième siècle.*

Tout cela c'était le rôle, c'était le masque, c'était le mensonge. Au fond, chacun de nous savait ce qui se passait dans l'âme de l'autre. Eh bien! il est temps d'en finir; ce rôle me fatigue, ce masque me pèse, ce mensonge m'irrite; j'aime mieux m'ensevelir vivant dans ce monastère où je ne serai plus contraint de tromper personne, et où l'on me dira chaque matin : *Frère, il faut mourir!*
Armand de Pontmartin, *Contes et Nouvelles.*

Là on s'est fait de la louange une servitude, un vasselage de tous les instants; c'est, dans la petite église ultra-romantique, la prière du matin et du soir; c'est la dîme que toute lecture, confidence d'un projet, révélation d'un hémistiche auquel on travaille, a droit de lever sur les contribuables. Entre tout adepte rencontré par un autre adepte, il s'échange à toute heure un regard qui veut dire : *Frère, il faut nous louer.*
Henri de Latouche, *Revue de Paris.*

FRONDE (LA) DE DAVID.

Sous le règne de Saül, la guerre s'était allumée entre les Israélites et les Philistins, et les deux armées se trouvaient en présence. Depuis quarante jours, un géant d'une grandeur extraordinaire, coiffé d'un casque d'airain, revêtu d'une cuirasse à écailles, et armé d'une lance d'un poids énorme, sortait le matin et le soir du camp des Philistins, et venait défier en termes insultants les plus braves de l'armée ennemie : il se nommait Goliath. Les Hébreux, saisis de frayeur, frissonnaient à la seule idée de se mesurer avec ce terrible ennemi. Sur ces entrefaites, un jeune berger, nommé David, vint au camp israélite pour apporter des vivres à ses frères. Ayant entendu la provocation de Goliath, il alla trouver Saül et lui déclara qu'il était tout prêt à se mesurer avec le géant : « Tu ne saurais résister à ce Philistin, lui dit Saül, parce que tu es encore adolescent, et que celui-ci est un homme nourri à la guerre depuis sa jeunesse. — Plus d'une fois, reprit David, j'ai tué un lion ou un ours qui venait attaquer le troupeau de mon père; j'en ferai autant de cet incirconcis, qui ose maudire l'armée du Dieu vivant. — Va donc, lui dit Saül, et que le Seigneur soit avec toi. » Alors le roi le revêtit de ses propres armes, lui mit un casque d'airain sur la tête et une lourde épée à la main; mais David, qui n'était pas accoutumé à une pareille armure, s'en dépouilla aussitôt, choisit dans le torrent cinq pierres polies, et se présenta au combat avec une fronde et un simple bâton qu'il avait toujours à la main. Goliath le voyant s'avancer dans cet état lui dit avec dédain : « Suis-je un chien pour que tu viennes à moi avec un bâton? » Puis, ayant maudit David en jurant par ses dieux et en poussant d'horribles blasphèmes, il ajouta : « Viens, et je donnerai ta chair à manger aux oiseaux du ciel et aux bêtes de la terre. — Tu viens à moi, lui répondit David, avec la lance, l'épée et le bouclier; mais moi, je viens au nom du Seigneur des armées, qui va te livrer entre mes mains ; je te tuerai, je te couperai la tête, et je donnerai aujourd'hui les corps morts des Philistins aux bêtes de la terre et aux oiseaux du ciel, afin que toutes les nations sachent qu'il y a un Dieu dans Israël. »

En parlant ainsi, il prit une pierre dans sa panetière, la lança avec sa fronde, et en frappa au front le Philistin, qui tomba le visage contre terre. Alors David, tirant l'épée de son ennemi, lui en coupa la tête. Les Philistins s'enfuirent épouvantés, et les Israélites les poursuivirent avec un grand carnage.

—⊛—

— La plus belle partie de mon œuvre est celle où, plein d'un noble zèle, je représente le christianisme entrant en lice avec le paganisme, et, semblable à un nouveau *David*, renversant cet autre *Goliath*.
          HENRI HEINE, *l'Allemagne*.

———

Le sarcasme sera toujours l'arme la meilleure dans de semblables discussions : le rire voltairien, leste et adroit de sa nature, triomphe sans peine de la scolastique, tout armée de lourds syllogismes, comme *David avec sa simple fronde terrasse le géant Goliath*.
    ALPHONSE ESQUIROS, *Histoire des Montagnards*.

———

Beaucoup d'hommes de notre pays aiment à entendre médire de qui les gouverne; les sympathies se rangent du côté de l'assaillant, qui se présente seul et nu pour lutter contre le colosse. Il y a là un peu de l'effet que produit le récit du combat de *David contre Goliath*... M. de Cormenin profita largement de cette disposition. Qui eût fouillé dans la panetière du célèbre pamphlétaire, eût trouvé la fronde et les cailloux.
    ALFRED NETTEMENT, *Littérature sous le gouvernement de Juillet*.

———

Aujourd'hui (en 1829), continua Jollivet, l'avenir d'un jeune homme pauvre est dans le journalisme; c'est ce que ne comprennent pas assez mes tristes amis. Ils ne se doutent pas que la dernière conspiration est morte avec le carbonarisme, et que la publicité est la fronde avec laquelle le *David populaire frappera à la tête le Goliath monarchique*. EDMOND TEXIER, *Amour et finance*.

Je continuai à me battre comme je devais. Dieu vint en aide au bon droit, et fit encore une fois triompher *David de Goliath*. L'air sacré de la patrie double les forces de l'homme qui combat pour elle. Les bergers de l'Espagne abattirent ces géants qui avaient foulé l'Europe sous leurs pieds. L'aigle impériale fut obligée d'ouvrir les serres et de lâcher sa proie. La liberté avait vaincu la gloire.

Félicien Mallefille, *Monsieur Corbeau.*

Cette tâche de combattre M. Proudhon, aujourd'hui abandonnée comme inutile, mais toujours malaisée, car elle exige des notions qui ne sont pas communes et la science de l'escrime, une toute jeune femme a osé la reprendre, et on ne peut se défendre d'un curieux intérêt devant la vaillance de cette main féminine, qui s'arme de la *fronde du jeune et beau David pour lancer sa pierre au Goliath de la dialectique.* Louis Ratisbonne, *les Debats.*

GÉDÉON.

Les Israélites gémissaient depuis sept années sous le joug des Madianites. Dieu leur suscita pour libérateur Gédéon, homme simple, que l'envoyé céleste trouva dans sa grange battant et vannant son grain. Celui-ci, après avoir vu sa mission confirmée par deux miracles, fut rempli d'une sainte confiance, et marcha contre les Madianites à la tête d'une nombreuse armée ; mais le Seigneur, voulant prouver aux Israélites qu'ils ne devaient attendre la victoire que de la puissance de son bras, ordonna à Gédéon de renvoyer les timides : vingt-deux mille s'en retournèrent. Le Seigneur, trouvant encore l'armée de Gédéon trop nombreuse, lui ordonna de choisir, parmi les dix mille qui restaient, ceux qui, pour se désaltérer, prendraient de l'eau du fleuve dans le creux de leur main sans mettre le genou en terre. Il s'en trouva seulement trois cents. Il lui commanda alors de diviser cette petite troupe en trois bandes, de donner à chaque soldat une trompette dans une main, dans l'autre un vase vide avec une lampe allumée, de frapper ces vases l'un contre l'autre et de sonner de la trompette en criant tous ensemble : « *L'épée du Seigneur et de Gédéon !* » L'éclat des trompettes, la lueur des lampes et les cris des Israélites répandirent une si grande terreur dans le camp des Madianites, que, se croyant assaillis de tous côtés par des forces considérables, ils tournèrent leurs armes les uns contre les autres et s'entr'égorgèrent.

C'est presque toujours sur le ton de la plaisanterie la plus familière que l'on fait allusion aux soldats de Gédéon et aux trois cents vases de terre, auxquels le Français, *né malin*, donne le nom moins harmonieux, mais plus expressif de *cruches.*

Une demi-heure après, un second coup de cloche nous avertit que toute la prison était rendue à sa liberté intérieure ; c'était en même temps le signal de la distribution des vivres. Chacun prit une sébile de terre et une cruche, ce qui nous faisait un peu ressembler à l'armée de *Gédéon*.

Gérard de Nerval, Mes prisons.

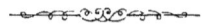

FRAYSSINOUS.
Les boucliers des forts pendent à sa ceinture ;
Il (1) est la tour d'airain dont parle l'Écriture.
Au sénat plébéien quand il entre inspiré,
De nos trois cents soutiens (2) noblement entouré,
Triomphant par la force ou dressant des embûches,
Je crois voir *Gédéon*...

VILLÈLE.
Avec ses trois cents cruches.

Silence, le voici.

Barthélemy et Méry, Une soirée chez M. de Peyronnet.

GLADIATEUR TOMBANT AVEC GRACE.

Lorsque le gladiateur (Voyez : *Ceux qui vont mourir te saluent*) se sentait mortellement frappé, dans les sanglants combats du cirque, et que son adresse lui était devenue inutile, il cherchait encore à s'attirer les applaudissements de la multitude, pour laquelle son agonie était un spectacle, par une chute qu'il s'étudiait à rendre savante, et *il tombait sur l'arène avec grâce*.

Cette phrase se dit, au moral, de ceux qui, en politique, en amour, etc., se sauvent de l'humiliation d'un échec par la bonne grâce, feinte ou réelle, qu'ils mettent à l'accepter.

Un soir, un jeudi, au lieu de nous apporter pour notre souper le morceau de pain et le verre d'eau ordinaires, on nous donna du veau, de la salade et un verre d'abondance. « Que se passe-t-il donc ? » me demandai-je. J'appelai Stéphen, et je le questionnai ; il avait le même souper que moi.

— C'est le repas libre, m'écriai-je ; demain ils vont nous livrer aux bêtes.

(1) M. de Peyronnet.
(2) Les députés ministériels.

— *Nous tomberons avec grâce*, dit Stéphen.
— En criant : « Liberté ! » repris-je avec enthousiasme.
— Et victimes de la tyrannie, ajouta Stéphen.
Maxime du Camp, *le Livre posthume*.

Boccace a véritablement amolli et corrompu l'Italie dans un temps où elle pouvait encore choisir entre une liberté orageuse et un esclavage voluptueux ; au lieu qu'au temps d'Arioste il ne lui restait qu'à *mourir avec grâce*, comme le gladiateur dans le cirque. La suprême science du sourire dans l'agonie lui est enseignée par l'auteur du *Roland furieux*.
Edgar Quinet, *Révolutions d'Italie*.

Quand les partis sont aux prises, l'orateur aime mieux frapper fort que juste ; et lorsqu'une tête est l'enjeu d'un discours, on ne s'amuse pas à polir une phrase, et l'on ne s'étudie point à *tomber avec grâce*, comme le gladiateur du cirque, sous le fer de ses ennemis.
Cormenin, *le Livre des Orateurs*.

Il arrive un âge où l'habitude du malheur et la connaissance des hommes donnent l'apparence du stoïcisme. . . . .

La question n'est pas de guérir ses plaies, mais de les cacher au monde. Tu es dans le cirque, gladiateur, et César te regarde. Salue avant de mourir, et tâche de *tomber gracieusement*.
Félicien Mallefille, *le Collier*.

GRUES (LES) D'IBYCUS.

Ibycus, poète lyrique grec, né à Rhégium, florissait vers l'an 450 av. J.-C. On raconte qu'il fut assassiné par des voleurs, et qu'avant de mourir il prit à témoin contre ses meurtriers une troupe de grues qui passaient au-dessus de sa tête. Quelques jours après, les brigands assistant, à Corinthe, à des jeux publics, l'un d'eux s'écria, en voyant passer une troupe de grues : « *Voilà les témoins d'Ibycus.* » Ce propos éveilla les soupçons ; on arrêta les assassins, qui se troublèrent et finirent par avouer leur crime.

Les grues d'Ibycus sont devenues proverbiales, pour caractériser les témoignages imprévus qui parfois viennent miraculeusement en aide à la justice.

Schiller a orné ce simple récit des admirables couleurs de son génie poétique; nous citons tout entier ce morceau, où l'on croit entendre parfois la muse de Sophocle lui-même :

« Les peuples de la Grèce vont se réunir sur la terre de Corinthe pour le combat des chars et le combat du chant. Ibycus, l'ami des dieux, vient de se mettre en route. Apollon lui a donné l'harmonie des vers; il part de Rhégium avec un bâton de voyage, sentant déjà vibrer dans le cœur la voix qui l'inspire.

» Déjà ses regards contemplent l'Acrocorinthe sur la montagne, et il s'avance avec joie à travers les mystérieuses forêts de Poséidon. Nul être humain n'apparaît; il ne voit que des grues qui s'en vont chercher la chaleur des contrées méridionales et l'accompagnent sur son chemin.

« Salut à vous, dit-il, oiseaux chéris, qui avez traversé la mer en même
» temps que moi; ma destinée ressemble à la vôtre : nous venons de loin, et
» nous allons chercher une retraite hospitalière. Soyons fidèles à l'hôte qui pré-
» serve de l'injure l'étranger. »

» Puis il continue sa marche. Il arrive au milieu de la forêt; tout à coup des meurtriers s'avancent et l'arrêtent. Il veut combattre; mais bientôt sa main retombe fatiguée, car elle est plus habituée à tendre la corde légère de la lyre que celle de l'arc vigoureux.

» Il appelle à son secours les hommes et les dieux : ses cris sont inutiles. Aussi loin que sa voix peut s'étendre, il n'existe pas un être humain. « Hélas!
» s'écrie-t-il, il faut donc que je meure ici de la main de deux misérables, sur
» le sol étranger où personne ne me pleurera, où personne ne viendra me
» venger. »

» A ces mots, il tombe couvert de blessures. Au même moment, les grues passent; il entend leurs cris aigus et ne peut plus les voir; mais il leur dit : « Si nulle autre voix ne s'élève pour venger ma mort, la vôtre, du moins, accu-
» sera mes meurtriers. » Il dit, et meurt.

» On retrouva un cadavre dans la forêt; et, quoiqu'il fût défiguré, celui qui devait recevoir Ibycus à Corinthe reconnut ses traits chéris. « Est-ce donc ainsi,
» dit-il, que je devais te retrouver, moi qui espérais te voir porter glorieuse-
» ment la couronne de laurier ? »

» Tous les étrangers réunis à la fête de Poséidon déplorent la perte d'Ibycus; la Grèce entière en est émue, et le peuple se rassemble au Prytanée, demandant avec colère à venger la mort du poète, à satisfaire ses mânes par le sang de ses meurtriers.

» Mais comment reconnaître les traces du crime au milieu de cette foule attirée par l'éclat de la fête ? Ibycus a-t-il été frappé par des voleurs ? est-il victime d'un lâche attentat ? Hélios seul peut le dire, Hélios qui connaît le secret des choses.

» Peut-être, tandis que la vengeance le cherche, peut-être le meurtrier s'en va-t-il d'un pas hardi à travers l'assemblée des Grecs, jouissant des fruits de son crime. Peut-être insulte-t-il aux Dieux jusque sur le seuil de leur temple; peut-être se mêle-t-il à la foule qui se dirige maintenant vers le théâtre.

» Les bancs sont serrés les uns contre les autres ; les colonnes de l'édifice chancellent presque sous ce lourd fardeau. Les peuples de la Grèce accourent, et la vague rumeur de cette foule ressemble au mugissement de la mer. Tout le monde se presse dans le vaste circuit et sur les gradins de l'amphithéâtre, qui s'élève audacieusement dans les airs.

» Qui pourrait compter tous ces peuples? Qui pourrait dire les noms de tous ceux qui ont trouvé ici l'hospitalité? Il en est venu de la ville de Thèbes, des bords de l'Aulide, de la Phocée, de Sparte, des côtes éloignées de l'Asie et des îles. Et tous ces spectateurs écoutent la mélodie lugubre du chœur qui, selon l'antique usage, sort du fond du théâtre avec une contenance grave et sévère, s'avance à pas mesurés et fait le tour de la scène. Aucune femme de ce monde ne ressemble à celles de ce chœur; jamais la maison d'un mortel ne montra une figure pareille; leur taille est comme celle des géants.

» Un manteau noir tombe sur leurs flancs, et dans leurs mains décharnées elles portent des flambeaux qui jettent une lueur sombre; au lieu de cheveux, on voit se balancer sur leurs têtes des serpents et des couleuvres enflés par le venin.

» Ce chœur épouvantable s'avance et entonne l'hymne fatal qui pénètre dans l'âme et enlace dans ses propres liens la pensée du coupable. Les paroles de ce chant lamentable retentissent et agitent ceux qui les écoutent, et nulle lyre ne les accompagne.

« Heureux, disent-elles, heureux celui qui n'a point senti le crime détruire
» la naïve innocence de son âme! celui-là, nous ne le poursuivrons pas; il peut
» continuer librement sa route. Mais malheur, malheur à celui qui a commis
» le meurtre! nous nous attacherons à ses pas, nous, filles terribles de la nuit!
» Qu'il ne croie pas nous échapper! nous avons des ailes; nous lui jetterons
» un lien au pied et il tombera par terre. Aucun repentir ne nous fléchit; nous
» poursuivons sans relâche le coupable, nous le poursuivons jusque dans l'em-
» pire des ombres, et là nous ne l'abandonnons pas encore. »

» En chantant ainsi, les Euménides dansent leur ronde funèbre. Un silence de mort pèse sur toute l'assemblée, comme si la divinité était là présente ; et le chœur, poursuivant sa marche, s'en retourne à pas lents et mesurés dans le fond du théâtre.

» Tout à coup on entend sur les gradins les plus élevés une voix qui s'écrie : « Regarde, regarde, Timothée, les grues d'Ibycus. » Au même instant on vit comme un nuage passer sur l'azur du ciel, et une troupe de grues poursuivre son vol.

» Ibycus! ce nom ravive les regrets de tous les spectateurs, et ces paroles volent de bouche en bouche : « Ibycus, que la main d'un meurtrier égorgea et
» que nous avons pleuré! Qui parle de lui? Quel rapport y a-t-il entre lui et
» ces oiseaux? »

» Et les questions redoublent; un pressentiment rapide passe dans tous les esprits : « Faites attention, s'écrie la foule, à la puissance des Euménides. Le
» poète religieux sera vengé; l'assassin vient de se trahir lui-même. Saisissez
» celui qui a parlé d'Ibycus, et qu'il soit jugé. »

» Celui qui avait prononcé ces paroles imprudentes aurait voulu les retenir; mais il était trop tard ; ses lèvres pâles, son visage effrayé, révèlent son crime. On l'arrache de son siège, on le traîne devant le juge. La scène est transformée en tribunal, et l'éclair de la vengeance frappe le meurtrier. »

Ce fait, presque providentiel, de coupables se trahissant eux-mêmes dans des circonstances si singulières, n'est pas unique dans l'histoire ; en voici un second, rapporté par Plutarque :

« Bessus le Péonien avait tué son père, et son crime fut longtemps caché. Un jour qu'il allait souper chez un de ses hôtes avec quelques amis, il entend crier des petits d'hirondelle ; et, avec une pique qu'il tenait à la main, il abat le nid et écrase les petits oiseaux. On s'étonne, comme de raison, d'une action si brutale, et on lui en demande le motif. « Quoi ! répond-il, vous ne voyez » pas que ce sont de faux témoins ? Vous ne les entendez pas crier à mes » oreilles que j'ai tué mon père ? » On alla sur-le-champ rendre compte du fait au roi, qui le fit arrêter ; il fut bientôt convaincu et supplicié. »

Au moyen âge, le proverbe des *grues d'Ibycus* avait son analogue dans notre langue. On disait : « *Les corbeaux découvrent le crime — Corvi delictum produnt* » — par allusion à une pieuse légende qui nous apprend que saint Meinrad, ermite d'Einsiedelin, au neuvième siècle, ayant été assassiné, deux corbeaux, qu'il avait apprivoisés, poursuivirent ses meurtriers jusqu'à Zurich, avec des cris accusateurs qui amenèrent la découverte et la punition du crime.

Ne craignez rien pour votre secret, si vous en avez un, dit Vergniaud ; ne craignez rien, mon cher Duchâtel, il sera en sûreté dans quelques heures. Je ne vois pas ici une seule bouche qui puisse oser le violer demain. Le plus communicatif de nous tous, Mainvielle lui-même, avec son abandonnement fougueux et irréfléchi, vous promet comme moi de devenir tantôt, sur ce qui vous concerne et sur une multitude d'autres choses, aussi taciturne que Valazé. Vous n'aurez pas même pour témoins les *grues du poëte Ibycus*.

CHARLES NODIER, *les Girondins*.

Le criminel n'est jamais sûr de l'impunité, et ne peut jouir en paix des fruits d'une mauvaise action : alors même qu'il arriverait à étouffer au fond de sa conscience le cri du remords, il lui resterait toujours la crainte des révélations imprévues et fortuites, les *grues d'Ibycus*. C'est ainsi que les anciens ont dit : « Les crimes secrets ont les dieux pour témoins. » *Revue des Deux Mondes*.

GUELFES ET GIBELINS

On donne les noms de *guelfes* et de *gibelins* à deux grandes factions qui divisèrent l'Italie à partir du treizième siècle. D'après la définition commune, les guelfes étaient les partisans de la suprématie du pape, et les gibelins les partisans de l'empire, c'est-à-dire de l'indépendance, de l'unité italienne, sous la suzeraineté des empereurs d'Allemagne. Au reste, peu de questions historiques sont entourées d'autant d'obscurité que la rivalité des guelfes et des gibelins. Les chroniqueurs contemporains, bien moins explicites que les historiens plus récents, se perdent eux-mêmes au milieu de cette guerre sans issue ; ils la présentent naïvement comme un fait normal, comme le résultat d'un dualisme permanent, et ne semblent pas en connaître ni même en rechercher sérieusement l'origine. Ils rattachent l'existence des deux partis guelfe et gibelin, tantôt à la lutte légendaire de deux frères ennemis, soutenus l'un par le pape, l'autre par l'empereur ; tantôt à deux fées descendues du ciel ; tantôt à deux démons surgis du fond de la terre. L'origine de ces discordes, perdue dans la confusion des guerres municipales, sur cette terre classique des factions, paraît donc aussi obscure que leurs péripéties ont été anarchiques, désordonnées, incompréhensibles. Les historiens italiens modernes représentent la guerre des deux partis comme une évolution naturelle des révolutions italiennes, comme une continuation de la rivalité entre les municipes et les châteaux, entre la plèbe commerçante et industrieuse, et l'aristocratie, héritière des conquérants barbares. L'obscurité, la contradiction sont telles dans cette lutte, qu'il arriva souvent que la papauté et l'empire étaient en parfaite intelligence, pendant que les luttes entre guelfes et gibelins ensanglantaient les cités. Bien plus, on voit des papes gibelins : Nicolas IV, Martin III, Jules II, Léon X, etc., tandis qu'on rencontre des empereurs guelfes : Rodolphe de Habsbourg, Charles IV, Robert, etc. Mais la seule chose qui ressort clairement de ces longues dissensions, c'est que les deux partis avaient transformé l'Italie en deux nations distinctes, se déchirant dans des combats sans merci, sans issue, sans solution et sans victoire définitive.

Les mots *guelfes* et *gibelins* ont passé en proverbe pour caractériser la fureur insensée des haines italiennes, et, par extension, deux familles, deux factions, deux partis ennemis.

La guerre intestine dont l'arrondissement de Saint-Sylvain était menacé couvait depuis longtemps dans les esprits, comme la foudre dans les flancs des nues. On se sentait à la veille de l'un de ces événements qui changent le sort des empires, de l'une de ces convulsions qui ébranlent un pays jusque dans ses fondements. Célestin Vauxbelles, le député, était en face des plus grandes difficultés ; pourrait-il, jusqu'au dernier moment, tenir ralliés dans sa main deux partis envieux l'un de l'autre ? comment ne pas échouer dans cette guerre de *guelfes* et de *gibelins* dont Saint-Sylvain allait être le théâtre ?   Louis Reybaud, *le Coq du clocher.*

GYGÈS ET LA FEMME DE CANDAULE.

Candaule, roi de Lydie, avait une femme d'une merveilleuse beauté. Encore plus vain qu'épris de ses charmes, il parla de son bonheur à Gygès, son ministre et son favori, et voulut qu'il en pût juger par lui-même. Un jour que la reine était au bain, Gygès, conduit par son maître dans un lieu secret, put satisfaire son indiscrète curiosité. Mais quelques précautions qu'on eût prises, la reine aperçut Gygès. Elle dissimula son ressentiment, jurant de se venger de l'outrage qu'elle avait reçu. Le lendemain, elle manda Gygès auprès d'elle, et ne lui laissa que le choix entre sa prompte mort et le meurtre du roi. Candaule fut assassiné, et Gygès devint l'heureux possesseur de sa femme et de sa couronne.

Les indiscrétions de la vanité n'ont pas toujours des conséquences aussi tragiques, et ce n'est guère que par un contraste plaisant que l'on assimile les maris jaloux à l'imprudent roi de Lydie.

Pauvre orgueil que celui de Lovelace! Cet homme a besoin d'être admiré; sa beauté, sa jeunesse et son bonheur n'existent pour lui que s'ils existent pour les autres. Il dépend de l'effet qu'il produit, et sa satisfaction est de satisfaire son public. Il n'a pas l'orgueil solitaire et jaloux qui se suffit à soi-même, et qui ne trouve pas même les hommes dignes d'être ses sujets. Il est orgueilleux comme le roi *Candaule* est amoureux, et il faut que *Gygès voie sa fortune toute nue.*   Auguste Vacquerie, *Profils et Grimaces.*

HARANGUES DE DÉMOSTHÈNE, QUI SENTENT L'HUILE.

Démosthène, le plus grand des orateurs de l'antiquité, ne paraissait point destiné par la nature à illustrer la tribune. Il avait la prononciation embarrassée, la respiration courte, et manquait de ces qualités extérieures qui contribuent si puissamment au succès de la parole. La première fois qu'il osa affronter la tribune aux harangues, il fut hué par ces Athéniens qui ne pouvaient supporter même une intonation fausse. C'est alors qu'il entreprit contre lui-même un violent et opiniâtre combat pour former sa voix, fortifier sa poitrine, corriger ses gestes, et acquérir ce grand art de l'action qu'il estimait le premier de tous, sans doute à cause des efforts qu'il lui avait coûtés. Pour corriger les vices de sa prononciation, il déclamait de longs morceaux, la bouche pleine de petits cailloux; il allait sur les bords de la mer et opposait sa déclamation au mugissement des flots, pour s'accoutumer aux orages des assemblées populaires, qui n'en sont trop souvent qu'une terrible mais fidèle image. D'autres fois, il se plaçait sous la pointe d'une épée nue pour corriger certains mouvements déréglés de son corps. Tout le monde connaît ce souterrain dans lequel il demeurait enfermé des mois entiers, la tête à demi rasée pour s'interdire l'envie de quitter sa retraite, et là, copiant Thucydide jusqu'à huit fois de suite, s'exerçant à tout exprimer en orateur, préparant des morceaux pour toute occasion, sans cesse déclamant, méditant, écrivant. Les envieux, qui prétendaient voir dans ce travail opiniâtre l'absence ou la médiocrité du talent, accusaient ses harangues de *sentir l'huile;* mais il répondait avec raison à ses ennemis, que sa lampe et la leur n'éclairaient pas les mêmes travaux.

Sentir l'huile est une expression qui a passé en proverbe pour désigner un travail où l'on remarque plus d'efforts que de talent.

Rabelais n'a pas laissé échapper cette locution expressive :

« Aussi est-ce la juste heure d'escripre ces haultes matières et sciences profundes. Comme bien faire sçavoit Homère, quoiqu'un malautru ait dict que ses carmes (vers, poésies) sentoient plus le vin que l'huile. Aultant en dict un tirelupin de mes livres; mais bren pour lui. L'odeur du vin, ô combien plus est friand, riant, priant, plus celeste et délicieux que l'huile ! Et prendrai aultant à gloire qu'on die de moi que plus en vin aie despendu qu'en huile, que fit Démosthène, quand de lui on disoit que plus en huile qu'en vin despendoit. »

Mais cette circonstance de la vie laborieuse du grand orateur n'est pas la seule à laquelle on fasse allusion. On rappelle souvent aussi son étude opiniâtre de Thucydide, ses efforts pour dominer le bruit des vagues de la mer, la pointe destinée à remédier à un mouvement d'épaule, et surtout les petits cailloux qui devaient corriger une prononciation vicieuse.

Le style de Boileau, surtout dans l'*Art poétique*, m'a toujours paru manquer des qualités que j'admire le plus chez les écrivains et les poëtes du dix-septième siècle ; et, au premier rang, je place le naturel. Son vers est pénible, il *sent* le travail, l'effort, *l'huile.*

ARMAND DE PONTMARTIN, *Causeries.*

Le travail pourtant, cette lenteur de l'*huile,* se trahit souvent dans les œuvres de Chénier. Il faisait difficilement les bons vers. On lui vit recommencer jusqu'à neuf fois la première page de l'*Épître à Voltaire.* CHARLES LABITTE, *Marie-Joseph Chénier.*

Au milieu de la décadence de la Grèce, Athènes qui, dans les jours de sa puissance, avait honoré la philosophie et les lettres, leur dut, à son tour, de conserver plus longtemps quelques restes de son ancienne splendeur. On n'y balançait plus, à la tribune, les destins de la Grèce et de l'Asie ; mais c'est dans ses écoles que les Romains apprirent à connaître les secrets de l'éloquence ; et c'est au pied de la *lampe de Démosthène* que se forma le premier de leurs orateurs. CONDORCET, *Esquisse des Progrès de l'Esprit humain.*

M. Walckenaer, qui avait succédé à M. Daunou en 1840 comme secrétaire perpétuel de l'Académie des Inscriptions, était peu disert en public et dans l'improvisation. Son débit, quand il n'était pas préparé, faisait trop assister ses auditeurs aux tâtonnements de son esprit. « Notre secrétaire perpétuel, c'est Démosthène avant les *cailloux,* » remarquait un académicien. « Dites pendant les *cailloux,* » ajoutait un autre. Sainte-Beuve, *Causeries du lundi.*

HÉBREUX (LES JEUNES) DANS LA FOURNAISE ARDENTE.

Pendant la captivité de Babylone, Nabuchodonosor, enflé de sa puissance, fit élever une statue d'or, et tous reçurent l'ordre de se prosterner devant l'idole nouvelle. Trois jeunes Hébreux, Ananias, Mizaël et Azarias, refusèrent de fléchir le genou. Alors le roi, transporté de fureur, les fit jeter dans une fournaise dont la chaleur, sept fois plus ardente que d'ordinaire, dévora immédiatement les soldats qui exécutèrent ses ordres. Alors on vit les trois jeunes Hébreux marcher au milieu des flammes en chantant un cantique d'actions de grâces : l'ange du Seigneur était avec eux. Le roi, frappé d'admiration, proclama lui-même la puissance du vrai Dieu, et combla les trois Hébreux de ses faveurs.

— On n'a pas assez également départi le tribut de nos larmes ! s'écria M. de Chateaubriand ; on a oublié ce roi enfant, ce jeune roi martyr (Louis XVII) qui a chanté les louanges du Seigneur dans la *fournaise ardente;* dont le règne si court dans l'histoire a été si long par la douleur.

Achille de Vaulabelle, *Histoire des Deux Restaurations.*

En vain j'essayai de ranimer mon malheureux compagnon, mes efforts furent inutiles. Je m'assis à quelque distance, tenant mon cheval en main, et n'espérant plus que dans Celui qui changea les feux de la *fournaise d'Azarias* en un vent frais et une douce rosée. Un acacia qui croissait dans ce lieu me servit d'abri. Derrière ce frêle rempart, j'attendis la fin de la tempête.

Chateaubriand, *les Martyrs.*

Cette voix, d'une étendue inouïe et d'une passion sublime, donnaît à la poésie rude et inculte de ces psaumes une magie et une expression que les puritains les plus exaltés trouvaient rarement dans leurs chants, et qu'ils étaient forcés d'orner de toutes les ressources de leur imagination.

Pour Fulton, cette voix était celle de l'ange qui consolait les *trois Hébreux dans la fournaise.*

Alex. Dumas, *les Trois Mousquetaires.*

HÉRACLITE ET DÉMOCRITE.

DÉMOCRITE RIANT SANS CESSE, ET HÉRACLITE PLEURANT TOUJOURS.

Héraclite, philosophe grec, né à Éphèse vers 450 av. l'ère chrétienne, est représenté par les historiens comme un homme d'un caractère sombre et orgueilleux, d'une humeur chagrine, déplorant sans cesse les faiblesses humaines et la manière dont marchait le monde. Dans sa bizarre misanthropie, il fuyait la compagnie des hommes, et affectait d'aller jouer aux osselets devant le temple de Diane avec les petits enfants de la ville. Il finit par se retirer dans la solitude des montagnes, se nourrissant d'herbes sauvages et vivant dans de continuels gémissements. Suivant lui, tout passe, rien ne subsiste ; les choses de ce monde coulent comme un fleuve, et nous ne nous baignons jamais dans les mêmes eaux. C'est dans cette doctrine de l'*écoulement perpétuel* des choses, base de toute sa philosophie, qu'il faut chercher l'explication de cette tristesse sombre et amère qui paraît si peu en harmonie avec le génie grec. « Dans l'éternel mouvement des choses de la vie, nous ne faisons à chaque instant que *vivre notre mort* et *mourir notre vie.* » Voilà pourquoi, selon le mot resté proverbial, *Héraclite pleurait toujours.*

Toute cette philosophie était une conséquence naturelle de son fatalisme et de ses idées panthéistes.

Mais ce qu'il y a de singulier, c'est que cette doctrine d'un univers purement mécanique ait conduit un autre philosophe à une bizarrerie tout opposée ; nous voulons parler de *Démocrite,* qui *riait sans cesse.*

Démocrite, célèbre philosophe grec, né à Abdère vers 460, eut, dit-on, pour premiers précepteurs, des mages perses qui étaient demeurés chez son père à la suite de l'invasion de Xerxès. Après de longs voyages dans tout l'Orient et en Égypte, il rentra dans sa patrie, où il continua à cultiver les nombreuses connaissances qu'il avait acquises en histoire naturelle, en anatomie, en médecine, en physique, en géométrie et en morale. On rapporte que ses concitoyens, le voyant continuellement absorbé dans la méditation et l'étude, le crurent atteint de folie et firent venir Hippocrate de Cos. Le grand médecin trouva le philosophe armé du scalpel, et cherchant à découvrir dans les organes des animaux le principe de vie et d'intelligence. Hippocrate se retira rempli d'admiration, et jugea qu'il n'y avait de fous à Abdère que ceux qui l'avaient appelé.

>   . . . . . Hippocrate arriva dans le temps
> Que celui qu'on disait n'avoir raison ni sens
>   Cherchait, dans l'homme et dans la bête,
> Quel siège a la raison, soit le cœur, soit la tête
> Sous un ombrage épais, assis près d'un ruisseau,
>   Les labyrinthes d'un cerveau
> L'occupaient. Il avait à ses pieds maint volume,
> Et ne vit presque pas son ami s'avancer,
>   Attaché selon sa coutume.
> Leur compliment fut court, ainsi qu'on peut penser :
> Le sage est ménager du temps et des paroles.
> Ayant donc mis à part les entretiens frivoles,
> Et beaucoup raisonné sur l'homme et sur l'esprit,
>   Ils tombèrent sur la morale.
>   Il n'est pas besoin que j'étale
>   Tout ce que l'un et l'autre dit.
>   La Fontaine, *Démocrite et les Abdéritains.*

Le vaste savoir de Démocrite a fait croire à ses concitoyens qu'il possédait des connaissances surnaturelles, et a donné lieu à une foule d'anecdotes plus ou moins authentiques : il devinait la couleur et l'état d'une chèvre à la seule inspection du lait ; et, un jour, ayant salué du nom de fille la nièce de son hôte, il la salua le lendemain du nom de femme. Sa science immense, qui n'aboutissait qu'à un triste panthéisme, lui faisait regarder en pitié les erreurs et les préjugés de son siècle, et la tournure satirique de son esprit le portait à rire des faiblesses humaines ; il ne voyait dans les passions que ce qu'elles ont de ridicule, de vain et de puéril.

Cette différence avec Héraclite, qui gémissait de tout ce qui n'excitait que les sarcasmes et les plaisanteries de Démocrite, a fait que l'on a mis constamment ces deux philosophes en opposition, et qu'ils servent aujourd'hui à peindre les mêmes différences d'humeur et de caractère.

Les noms d'Héraclite et de Démocrite sont restés dans la langue, et l'on y fait allusion quand on veut exprimer d'une manière frappante un antagonisme d'idées, de caractères, soit que ces sentiments se manifestent chez le même individu souvent en contraste avec lui-même, soit qu'ils existent entre deux esprits de vues, d'opinions, d'humeur différentes.

En second lieu, Rabelais n'est pas bienfaisant ; il se joue de nos misères et n'y propose jamais de remède. Ce rire éternel de *Démocrite* est insensé. Rabelais ne s'attache pas aux vérités qu'il rencontre, comme s'il n'en sentait pas le prix, et qu'elles fussent plutôt l'effet du hasard qui les a jetées sous sa plume que le fruit de ses réflexions. On regrette qu'il n'ait jamais, soit la volonté, soit la force de suivre une idée sérieuse.

Nisard, *Histoire de la littérature française.*

Telle est la tâche de l'homme qui se voue au théâtre. Soit qu'il

moralise en riant, soit qu'il pleure en moralisant, *Démocrite* ou *Héraclite*, il n'a pas un autre devoir; malheur à lui s'il s'en écarte ! On ne peut corriger les hommes qu'en les faisant voir tels qu'ils sont.
Beaumarchais, *Préface du Mariage de Figaro.*

« *Triste Héraclite*, disait Voltaire à Rousseau, vos larmes ont coûté un peu cher à l'humanité. » Et Rousseau répondait à Voltaire : « *Gai Démocrite*, vos rires ont été payés avec des larmes et du sang. » Ainsi, les deux génies de notre chaos en détournaient la face et reniaient leur œuvre ; les deux créateurs de nos ruines reculaient à leur aspect.
Alfred Nettement, *Ruines morales et intellectuelles.*

Chose frappante ! tous ces contrastes se rencontrent dans les poëtes eux-mêmes, pris comme hommes. A force de méditer sur l'existence, d'en faire éclater la poignante ironie, de jeter à flots le sarcasme et la raillerie sur nos infirmités, ces hommes qui nous font tant rire deviennent profondément tristes. Ces *Démocrites* sont aussi des *Héraclites*. Beaumarchais était morose, Molière était sombre, Shakespeare mélancolique (1).
V. Hugo, *Préface de Cromwell.*

HERCULANUM ET POMPÉI.

L'an 79 de notre ère, une terrible éruption du Vésuve, qui coûta la vie à Pline l'Ancien, engloutit sous des monceaux de lave et de cendre, Herculanum et Pompéi, deux des villes les plus florissantes de la Campanie. Herculanum resta ensevelie sous ce linceul pendant 1644 ans. Les siècles, en se succédant, effacèrent le souvenir de l'épouvantable catastrophe ; la barbarie survint, de nouvelles générations parurent, et le sol calciné qui recouvrait Herculanum vit un jour s'élever à sa surface une cité nouvelle, Portici, sans que ses habitants se doutassent qu'au-dessous d'eux gisait le cadavre d'une ville antique, autrefois l'asile du luxe, des beaux-arts, des lettres et des plaisirs. En 1723, des ouvriers

---

1) Voici une petite anecdote qui vient à l'appui de cette opinion. Le célèbre Arlequin de la *Comédie italienne*, dont l'esprit, l'inépuisable gaîté et les lazzis firent les délices de tout Paris sous Louis XIV, tombait dans une tristesse profonde dès qu'il n'était plus sur la scène. Il s'en alla consulter le fameux médecin Dumoulin, qui, ne le connaissant pas, lui conseilla pour toute recette, d'aller voir de temps en temps l'Arlequin de la Comédie italienne. « S'il en est ainsi, se dit tristement le pauvre comédien en se retirant, je suis un homme perdu. » Il devait, en effet, succomber à cette noire mélancolie.

creusant un puits à Portici, mirent à découvert des statues de bronze. Ce fut une étrange révélation.

Depuis cette époque, on n'a pas cessé de fouiller ce sol historique et de déblayer cette ville souterraine. On y a retrouvé des rues magnifiques, alignées au cordeau, des édifices ornés intérieurement de colonnes, de peintures à fresque, d'inscriptions en bronze, etc. Aujourd'hui, quoique dix-huit cents ans se soient écoulés depuis la disparition de la cité, il semble qu'elle ait été abandonnée de la veille, tant les objets sont, pour la plupart, dans un parfait état de conservation ; on a trouvé de la farine pétrie en pâte, des vases de terre cuite remplis de graisse, de blé, de lentilles ; des portraits grossièrement dessinés sur les murs d'un corps de garde, et jusqu'aux épingles et aux vases de verre renfermant le rouge dont les dames d'Herculanum se servaient pour leur toilette. A chaque instant il semble que l'on doive voir apparaître quelqu'un des hôtes antiques de cette malheureuse cité ; mais on n'y a jusqu'ici découvert que quelques squelettes. Cette circonstance indique que la masse des habitants a pu échapper par la fuite au fléau.

A Pompéi, les fouilles n'ont été suivies avec ordre que depuis 1799. Les remparts de la ville, ayant environ six kilomètres de circonférence, ont été déblayés. On a également mis à découvert des temples, des maisons, des places publiques, et un amphithéâtre immense. Aujourd'hui, on se promène sur les trottoirs des rues, sur les places publiques, on visite les temples, on entre dans les boutiques. Toutefois, l'illusion serait encore plus complète, si les meubles, les vases, les statues, restaient à leurs places au lieu d'être dispersés dans les musées.

De cette mine féconde sont sortis les trésors les plus précieux pour l'histoire des arts et l'archéologie, des peintures à fresque, des statues, des monuments précieux ; c'est la civilisation romaine révélant ses secrets et livrant toutes ses richesses.

A voir M. Guizot qui palpait les vieux âges, à l'entendre expliquer les phénomènes de ces civilisations dont il retrouvait la trace, à la façon de ces chars dont la roue est encore brûlante sur les dalles silencieuses d'*Herculanum* et de *Pompéi*, on se demandait quel était cet homme.   J. JANIN, *les Petits Bonheurs.*

Au milieu de ce torrent qui emporte dans Paris les vieilles mœurs, les vieux usages, les vieux logis, il semble que le quartier des Lombards soit demeuré debout et presque intact, grâce à je ne sais quelle mystérieuse pétrification. C'est une façon de *Pompéi* ou d'*Herculanum*, sortie de ses cendres et rendue à la fois à la lumière et à l'existence pour l'édification des contemporains.

ALEXANDRE DE LAVERGNE, *la Recherche de l'Inconnu.*

HÉRO ET LÉANDRE.

Héro, jeune prêtresse de Vénus, demeurait à Sestos, ville située sur les bords de l'Hellespont, du côté de l'Europe; vis-à-vis, sur la rive asiatique, était Abydos, où demeurait le jeune Léandre. Celui-ci ayant vu la belle prêtresse dans une fête de Vénus, en devint amoureux, s'en fit aimer, et passait chaque nuit, à la nage, l'Hellespont, qui n'a pas moins de huit cent soixante-quinze pas de largeur en cet endroit. Pour guider son amant au milieu des flots, Héro tenait toutes les nuits un flambeau allumé au haut d'une tour. Mais la mer devint orageuse, sept jours se passèrent, et Léandre, brûlant de revoir sa maîtresse, n'hésita pas à se jeter dans les flots en fureur. Ses forces le trahirent, et les vagues vomirent son corps sur le rivage de Sestos. Héro, ne pouvant survivre à son amant, se précipita dans la mer.

Ce drame de l'amour a inspiré les anciens et les modernes; des médailles représentent Léandre, précédé d'un Cupidon qui vole au-dessus de sa tête, un flambeau à la main, pour le guider dans sa périlleuse traversée. Cette médaille a été reproduite dans un tableau, pour lequel Voltaire fit les quatre vers suivants, imités de l'*Anthologie* :

> Léandre conduit par l'Amour,
> En nageant disait à l'orage :
> « Laissez-moi gagner le rivage,
> Ne me noyez qu'à mon retour. »

Un ancien proverbe, cité par M. Quitard : *Que la nuit me prenne là où sont mes amours*, est l'expression poétique d'un vœu tendre et délicat, qui rappelle celui de Léandre.

Lorsque lord Byron, dans sa course aventureuse à travers l'Europe, arriva sur les bords de l'Hellespont, son imagination s'enflamma au souvenir de cette touchante et poétique élégie, et, pour en vérifier lui-même l'authenticité, il osa tenter la traversée. Il atteignit la rive opposée; mais, entraîné par le courant, il aborda à trois milles au-dessous du point qu'il voulait atteindre. Ajoutons qu'une barque le suivait, prête à le recueillir, dans cette tentative aventureuse.

Le tableau que représente notre photographie est du peintre Delorme, qui s'est inspiré du quatrain suivant de Marot :

> Lors le mena dedans son cabinet,
> Et quand son corps eut essuyé bien net
> D'huile rosat bien odorant l'oingnit,
> Et de la mer la senteur esteingnit.

Patrick se promène sous les arbres qui couronnent la villa bien avant l'heure de l'invitation; il porte un costume élégant, au suprême gout de la fashion; c'est dans la ville de Tolède qu'il s'est fait habiller mondainement de pied en cap; plus heureux que *Léandre*, qui ne trouvait pas de tailleurs quand il arrivait au pied de la tour d'*Héro*.

MÉRY, *Maria*.

La *luciole,* de même qu'*Héro,* n'allume son fanal et ne prend tant de soin de le mettre en évidence, que parce que c'est lui qui la désigne à une foule de petits *Léandres* vagabonds, auxquels la nature a accordé des ailes.

ALPHONSE KARR, *Voyage autour de mon Jardin.*

Embarqué dans une intrigue amoureuse à Stanchio, et poursuivi par les parents furieux de la belle insulaire dont il avait su gagner les bonnes grâces, il se précipita dans la mer, en se dirigeant vers le rivage de Calymna, qui est vis-à-vis de Stanchio. Jamais l'amoureux *Léandre,* ce nageur si renommé, n'alla, pour se rapprocher de sa maîtresse, si loin ni si vite que Barba Yorghi pour s'éloigner de la sienne. *Revue de Paris.*

HIPPOCRATE DIT OUI, MAIS GALIEN DIT NON.

Hippocrate et Galien sont les deux représentants les plus illustres de la médecine chez les anciens : celui-là chez les Grecs, celui-ci chez les Romains. Galien nourrissait une profonde vénération pour le génie du père de la médecine, et l'un des plus grands services qu'il ait rendus à la science est d'avoir, au moyen d'une saine critique, porté le flambeau sur les ouvrages de celui qu'il appelait son maître. Hippocrate et Galien ont cela de commun que, doués l'un et l'autre d'un vaste génie, ils ont pénétré fort avant dans les secrets de la nature, et que tous deux ont montré une égale ardeur dans la recherche de la vérité, non par l'appât des richesses, mais pour l'amour seul de l'humanité. Cette phrase proverbiale : *Hippocrate dit oui, et Galien dit non,* n'a donc pas son origine dans l'antagonisme de ces deux grands hommes et de leurs systèmes; mais comme la médecine est le champ plantureux de la contradiction, qu'un médecin répond *tant mieux* quand son confrère a dit *tant pis,* que celui-ci ordonne les saignées quand celui-là les proscrit, que l'un place le siège de toutes les maladies dans les nerfs et l'autre dans les humeurs, que l'un, enfin, écrit sur son drapeau *contraria contrariis...* et l'autre *similia similibus...,* on comprend que c'est à la médecine que la contradiction devait emprunter sa devise, et que les deux colonnes de cette science devaient en fournir l'expression.

Je voudrais que la loi s'expliquât positivement sur cette question :

« Est-il permis au chasseur de traverser les terres d'autrui avec un fusil sur l'épaule? »

Hippocrate dit oui, mais Galien dit non.

Mille fois la chose fut jugée de deux manières différentes.

ELZÉAR BLAZE, *le Chasseur au chien courant.*

Un savant philosophe a dit élégamment :
« Dans tout ce que tu fais hâte-toi lentement. »
J'ai depuis peu de temps pourtant fait bien des choses,
Pour savoir si le mal (1) dont nous cherchons les causes
Réside dans la basse ou haute région :
Hippocrate dit oui, mais Galien dit non;
Et, pour mettre d'accord ces deux messieurs ensemble,
Je n'ai pas pour venir trop tardé, ce me semble.

REGNARD, *les Folies amoureuses*

HIPPOCRATE REFUSANT LES PRÉSENTS D'ARTAXERCE.

Hippocrate, le plus illustre médecin de l'antiquité, naquit dans l'île de Cos vers l'an 460 av. J.-C. Il appartenait à la famille des Asclépiades, qui exerçait la médecine de temps immémorial. Son immense renommée, l'éclat de son enseignement, son école florissante, ses voyages, son autorité presque divine, la beauté morale de son caractère, son génie scientifique et philosophique, les réformes qu'il a opérées dans la médecine, sont des faits attestés et par l'histoire et par ceux de ses écrits dont l'autorité est admise. Médecin philosophe, il fonda la vraie méthode par l'alliance de la science pratique et de la philosophie spéculative; la médecine était un *art*, il tenta d'en faire une *science;* il voulut l'établir au-dessus de l'expérience incertaine et vulgaire, au-dessus de l'hypothèse, et la fonder dans une indépendance complète de la métaphysique, loin de ses variations et de ses erreurs.

Sa grande renommée s'était répandue jusqu'en Asie; on assure qu'appelé à la cour d'Artaxerce, roi de Perse, pour s'opposer aux ravages d'une épidémie qui décimait les armées de ce prince, Hippocrate repoussa les offres magnifiques par lesquelles on voulait le séduire, et qu'il répondit au satrape chargé de cette mission que l'honneur lui défendait d'accepter les présents des Perses et de secourir les ennemis de sa patrie.

Cette anecdote, vraie ou fausse — car de savants critiques en contestent l'authenticité — a fourni à notre grand peintre Girodet le sujet d'un magnifique tableau, et à M. Louis Peisse les réflexions suivantes, auxquelles nous nous associons pleinement :

« Hippocrate refusa de soigner les soldats perses, sous prétexte qu'ils étaient

(1) La prétendue folie d'un des personnages.

les ennemis de sa patrie. On a beaucoup admiré ce trait. Girodet en a fait un tableau qui décore la salle des Actes de la Faculté de médecine de Paris. On en voit une estampe dans le cabinet de presque tous les médecins. Ce qu'on admire sans doute, c'est le désintéressement du médecin, rejetant les riches présents du grand roi. Mais le refus des soins et surtout le motif de ce refus, noble et digne pour les Grecs, ne le saurait être pour nous. Le médecin a aujourd'hui d'autres maximes de conduite, une autre notion du devoir professionnel. Sur un champ de bataille, il ne regarde pas à l'uniforme; dans la guerre civile, au drapeau du blessé; il panse avec le même soin le Russe et le Français, le Blanc et le Bleu. Ce n'est même peut-être que dans la médecine que l'idée et le sentiment d'humanité ont décidément prévalu sur les distinctions hostiles de race, de nationalité, de naissance, de rang. C'est là que l'homme parle directement et exclusivement à l'homme. On a souvent comparé la médecine au sacerdoce; par ce côté, l'identité est complète. »

« Tiens, camarade, voilà une boîte de cigares achetés à ton intention; goûte-les tout de suite, tu m'en diras des nouvelles : c'est du pur Havane. »

L'ex-brigadier aux gardes ferma les yeux, détourna la tête, et, avec un geste semblable à celui d'*Hippocrate refusant les présents d'Artaxerce :*

« Merci, camarade, répondit-il d'une voix sourde, j'ai fumé ce matin : c'est assez pour aujourd'hui. »

Alexandre de Lavergne, *le Cadet de famille.*

Pourquoi ne dites-vous pas au grand médecin, qui gagne des millions en vous vendant la santé : « Mon ami, c'est assez de la gloire de nous sauver la vie; *refuse, comme Hippocrate, les présents* de ta clientèle; » et au grand avocat : « Tu m'as sauvé l'honneur : que ta richesse soit ton éloquence, que ta récompense soit la célébrité ? » Hippolyte Rigault, *Conversations littéraires.*

En voyant toutes ces pauvres richesses étalées devant elles, les trois femmes faillirent devenir folles de joie. Mimi était prise d'une quinte d'hilarité et sautait comme une chèvre, en faisant voltiger une petite écharpe de barége; Musette s'était jetée au cou de Marcel, ayant dans chaque main une petite bottine verte qu'elle frappait l'une contre l'autre comme des cymbales; Phémie regardait Schaunard en sanglotant; elle ne savait que dire :

« Ah! mon Alexandre! mon Alexandre! »

« Il n'y a point de danger qu'elle *refuse les présents d'Artaxerce,* » murmurait le philosophe Colline.
Henri Murger, *la Vie de Bohême.*

Je tiens de narrateurs dignes de foi que des voyageurs reconnaissants ont offert des sommes fabuleuses à quelques-uns de ces coursiers du pôle (les chiens de l'extrême nord), sans pouvoir les déterminer à quitter leur patrie. Vainement a-t-on essayé de les séduire par la peinture des délices des autres climats; fidèles à leur mission de charité, les nobles bêtes ont toujours *refusé les présents d'Artaxerce.* Toussenel, *Mammifères de France.*

HONNI SOIT QUI MAL Y PENSE.

Devise de l'ordre de la Jarretière, institué en Angleterre vers l'an 1340 par le roi Édouard III. Dans un bal de la cour, que ce prince donnait en l'honneur de la comtesse de Salisbury, sa favorite, celle-ci laissa tomber en dansant sa jarretière, qui était de couleur bleue. Le roi s'empressa de la relever, et exposa ainsi la belle comtesse aux sourires malins et aux méchants propos de l'assistance. « Messieurs, s'écria Édouard III, *honni soit qui mal y pense!* Ceux qui rient en ce moment seront un jour très honorés d'en porter une semblable, car ce ruban sera mis en un tel honneur, que les railleurs eux-mêmes le rechercheront avec empressement. » Le lendemain, il instituait l'ordre de la Jarretière.

C'est un des ordres les plus célèbres de l'Europe. Le principal insigne consiste en une jarretière de velours bleu qui s'attache au-dessous du genou gauche avec une boucle d'or, et sur laquelle on lit : *Honni soit qui mal y pense.* La reine la porte au bras. Il n'y a que les princes souverains ou des Anglais de la plus haute naissance qui puissent en être membres. Le nombre des premiers est illimité, mais les autres ne peuvent être que vingt-six, non compris le roi (ou la reine), et les princes du sang.

Cette devise fameuse est devenue proverbiale, et s'emploie pour faire entendre que l'on brave l'opinion dans une circonstance sujette à maligne interprétation, d'apparence équivoque.

Lord Bridgewater — ne serait-ce pas plutôt M. de Bièvre? — qui était aussi amoureux de ses chevaux que de sa décoration de l'ordre de la Jarretière, avait fait écrire sur la porte de son écurie : *Honni soit qui mal y* panse!

Madame de La Fayette ne donna-t-elle que son cœur à l'auteur des *Maximes?* Pour moi, j'en trouve la preuve dans le caractère de madame de La Fayette, dans la *Princesse de Clèves*. Comment penser qu'une femme jusqu'alors de conduite exemplaire, et qui devait peindre avec tant de vérité la lutte triomphante de la vertu aux prises avec la passion, eût cédé tout à coup avec scandale? Mais alors la *Princesse de Clèves*, cette peinture si vraie, si personnelle de sentiments épurés et d'un sacrifice héroïque, aurait été la satire de l'auteur et comme l'aiguillon d'un remords toujours éveillé par le contraste. Je n'hésite donc pas, et je le dis hautement : « *Honni soit qui mal y pense.* »   GERUZEZ, *Essais d'histoire littéraire.*

J'aime les rainettes à la voix d'argent, ces clochettes du troupeau souterrain; j'aime les lézards, ces curieux aux fenêtres qui sortent la tête de toutes les fentes; j'ai des relations et des sentiments partout. *Honni soit qui mal y pense.* Je suis comme le vicaire de Goldsmith, j'aime à aimer.   LAMARTINE.

Et cette jarretière rose et bleue qui avait brillé tout à coup sur le tapis comme un serpent épanoui au soleil? Et ces mille accidents, adorables hasards du bal, butin charmant de la jeunesse, espérances non trompeuses que jette çà et là la jeune femme pour la personne aimée? Quelle est, dites-moi, la jeune femme au bal qui ne soit pas quelque peu et pour quelqu'un la jeune duchesse de Salisbury? Mais *honni soit qui mal y pense;* seulement, il est permis d'y penser.   J. JANIN, *un Cœur pour deux amours.*

Parmi les habitués des coulisses de l'Opéra, les uns sont les amis de toutes ces dames, les embrassant toutes en pères de famille ou en frères; de là des groupes pittoresques et assez osés; là un monsieur tient par la taille deux figurantes, une sous chaque bras; plus loin, un autre en a une sur chaque genou. *Honni soit qui mal y pense.*   Le Dr VÉRON, *Mémoires d'un Bourgeois de Paris.*

Ce n'est qu'au théâtre Saint-James qu'on tient à ces décorations et à ces costumes qu'on a conservés des vieux chiffons du moyen âge; c'est là que flottent les rubans d'ordres, que les étoiles étin-

cellent, que bruissent les culottes de soie et les longues queues de satin ; là que retentissent les éperons d'or et les locutions d'un français suranné ; là que le chevalier se gonfle et que la noble demoiselle se pavane. Mais qu'importe à un Anglais libre la comédie de la cour de Saint-James? Cela ne le gêne en rien, après tout, et personne ne lui défend de jouer aussi cette même comédie chez lui, d'y faire agenouiller devant lui ses domestiques, de s'amuser avec la jarretière de sa cuisinière..... *Honni soit qui mal y pense*
         HENRI HEINE, *Reisebilder*.

HOTEL DE RAMBOUILLET.

A l'époque où les journaux, les sociétés savantes et les assemblées politiques ne donnaient aucun essor à l'expression de l'opinion publique, tandis que le travail qui se faisait partout dans les esprits réclamait la satisfaction de ce besoin devenu si impérieux aujourd'hui, les sociétés privées, les salons littéraires, tinrent lieu de ces institutions, et devinrent des centres plus ou moins célèbres où convergèrent les illustrations de tout genre. C'est ainsi qu'au dix-septième et au dix-huitième siècle se formèrent les réunions des duchesses de Montansier et d'Orléans, de madame de Maintenon, la petite cour de la duchesse du Maine, les cercles littéraires de mesdames du Deffant, de Tencin et Geoffrin, fréquentés par les hommes politiques, les philosophes, les savants et les écrivains les plus distingués. Mais le plus célèbre de ces *bureaux d'esprit* est le fameux hôtel de Rambouillet.

Dans son *Histoire de la société polie en France*, M. Rœderer fait remonter l'ouverture du salon de la marquise de Rambouillet à l'année 1600, sous le règne de Henri IV. L'esprit de cette société, à son origine, fut politique et moral. Le marquis de Rambouillet était hostile à Sully; sa maison devint un centre d'opposition modérée, où l'on combattit indirectement les barbarismes et les orgies de la cour par la pureté du langage et des mœurs. Les beaux-esprits et les femmes les plus distinguées briguèrent l'honneur d'être admis à ces réunions, dont les circonstances extérieures favorisèrent l'accroissement. Grâce à l'indifférence littéraire de Louis XIII et des divers ministres qui se succédèrent jusqu'à Richelieu, l'hôtel de Rambouillet eut bientôt le patronage exclusif et la direction des lettres, et exerça une influence qui fut longtemps sans rivale.

« L'hôtel de Rambouillet, dit M. Geruzez, continua le travail de Malherbe sur la langue française : celui-ci avait donné à notre idiome la force et la noblesse ; ses continuateurs l'assouplirent, l'affinèrent, et ajoutèrent aux qualités qu'il avait déjà la finesse et la délicatesse. Il faut encore rapporter à ce cercle ingénieux l'art de converser, qui fut une des principales gloires de la France, et d'où découlèrent la politesse, l'urbanité et le savoir-vivre, dont le nom même n'existait pas avant cette époque. »

Là se tressa cette fameuse guirlande poétique en l'honneur de la belle Julie, fille de la marquise de Rambouillet ; là se rencontraient chaque jour Sarasin,

Cotin, l'abbé de Pure, La Calprenède, Godeau, Ménage, Chapelain ; et si la plupart ont passé sous les fourches caudines de Boileau, ils n'en ont pas moins enrichi le vocabulaire d'un grand nombre de locutions que l'usage a consacrées : « *Cheveux d'un blond hardi,* » pour ne pas dire *roux; « n'avoir que le masque de la vertu; revêtir ses pensées d'expressions nobles; être sobre dans ses discours; tenir bureau d'esprit; danser proprement;* » le mot énergique *s'encanailler*, etc.

Cependant, malgré l'excellence de ses intentions, l'hôtel Rambouillet ne put échapper à la loi qui domine les coteries littéraires. Ces réunions exclusives se font toujours des idées et un langage à part; de sorte que ceux qui les fréquentent sont des initiés, et les étrangers des profanes. Ce besoin de se distinguer engendre nécessairement la manière et l'affectation ; et l'hôtel Rambouillet pouvait d'autant moins s'y soustraire, que, dans l'indifférence de la cour et l'ignorance du peuple, aucun contact extérieur, aucun avertissement du dehors ne pouvait le réprimer dans ses écarts. Alors vinrent les discussions futiles, l'importance des petites choses, le sérieux des bagatelles : ce fut la fortune des billets galants, des rondeaux, des madrigaux, des énigmes, des acrostiches ; l'on se forma en camps ennemis à l'occasion de deux sonnets, et Voiture et Benserade tinrent le monde littéraire en suspens entre *Job* et *Uranie*. Les pédants, les Trissotins, les Vadius et les Caritidès se faufilèrent dans le cercle et l'infestèrent de leur science fausse et guindée ; on se pâma d'aise aux élucubrations gothiques de quelques savants en *us*, on s'embrassa *pour l'amour du grec;* afin d'éviter l'emploi des termes vulgaires, on eut recours à des métaphores outrées et à des périphrases inintelligibles : le *miroir* devint le *conseiller des Grâces*; on *n'approcha plus les fauteuils*, on *voitura les commodités de la conversation*; le prosaïque *bonnet de nuit* disparut sous les ornements d'une pompeuse périphrase ;

J'en passe, et des meilleurs.

Les femmes qui fréquentaient l'hôtel de Rambouillet prirent le nom de *précieuses :* c'était un titre d'honneur, et comme un diplôme de bel-esprit et de pureté morale ; mais lorsque la pédanterie et l'affectation eurent commencé à éveiller contre elles la malignité des satiriques, les précieuses ne tardèrent pas à tomber du piédestal qu'elles s'étaient dressé ; on accola à leur nom l'épithète de *ridicules;* puis vint Molière, l'ennemi né de tous les travers, dont l'implacable ironie frappa de mort l'hôtel de Rambouillet en le livrant en pâture à la risée publique dans les *Précieuses ridicules* et dans les *Femmes savantes*. Et cependant la haute raison de Molière ne s'attaquait point indistinctement à toutes les personnes qui avaient fait partie de l'hôtel de Rambouillet ; il n'entendait pas jouer les véritables *précieuses*, mais les *ridicules* qui les imitent mal. Quoi qu'il en soit, l'hôtel de Rambouillet a été enveloppé dans le ridicule que le grand comique destinait seulement à des parodistes sans esprit et sans goût; et le nom dont s'honoraient les Longueville, les La Fayette, les Sévigné et les Deshoulières, n'est plus aujourd'hui qu'un sobriquet injurieux.

Nous passons sans transition du style *Rambouillet* ou de la périphrase byronienne au vocabulaire à peine mitigé des dames de la Halle. Et, tiens, pas plus tard qu'hier, cette femme dont tu as admiré souvent le naturel choix de langage, elle appelait ma voiture un berlingot !   OCTAVE FEUILLET, *la Crise*.

La caravane de mademoiselle Contat était des plus distinguées, tant par les belles manières et la naissance que par les grâces de l'esprit et les ressources de la fortune. La grande comédienne avait sa cour et son *hôtel Rambouillet*. Rien n'était plus coquet et plus amusant que ses petits soupers.
ROGER DE BEAUVOIR, *Confidences de mademoiselle Mars*.

IDOLE DE JAGGRENAT.

Jaggrenat, place forte sur le golfe du Bengale, est le plus célèbre des établissements religieux de l'Inde. Le terrain consacré s'étend à environ neuf lieues autour du temple principal. La grande pagode est située au centre de neuf avenues d'arbres toujours verts. Chacune de ces avenues est bordée d'une espèce particulière : des palmiers, des cocotiers, des mangliers, des lataniers, des arbres sandal, etc., et se dirige vers la capitale d'un des empires soumis au culte de Vichnou : Ceylan, Golconde, l'Arabie, la Perse, le Thibet, la Chine, etc. On afflue à la grande pagode de tous les points de l'Asie, et l'on n'évalue pas à moins d'un million le nombre des pèlerins qui se rendent aux deux grandes fêtes annuelles de Jaggrenat. Dans ces solennités, les brames promènent avec pompe l'énorme char qui porte la statue du dieu, et il n'est pas rare alors de voir une foule de fanatiques se faire écraser sous les roues, convaincus que ce pieux suicide assurera leur salut dans l'autre monde.

« Le docteur anglais, dit Bernardin de Saint-Pierre dans la *Chaumière indienne*, s'avança jusqu'à la porte de la pagode, au fond de laquelle il aperçut, à la clarté de plusieurs lampes d'or et d'argent, la statue de Jaggrenat, la septième incarnation de Brahma, en forme de pyramide, privé de ses pieds et de ses mains, qu'il avait perdus en voulant porter le monde pour le sauver. A ses pieds étaient prosternés, la face contre terre, des pénitents, dont les uns promettaient à haute voix de se faire accrocher, le jour de sa fête, à son char par les épaules ; et les autres, de se faire écraser sous ses roues. »

L'idole de Jaggrenat a laissé dans le langage ordinaire deux applications distinctes, quoique corrélatives : ou c'est l'idole elle-même, l'idée, l'institution, l'utopie, la chimère à laquelle on se dévoue aveuglément ; ou ce sont ses victimes, les partisans fanatiques d'une opinion, d'une passion, d'une idole à laquelle ils sacrifient leur vie et leur fortune.

On a calculé que, sur une longueur de quatre cents lieues, la population blanche, sur les frontières des États-Unis, s'avance comme un flot tenace et continu, à raison de six lieues par année. On dit que ce progrès de la civilisation est un beau spectacle. Ce serait, en effet, un beau spectacle, si dans sa marche elle n'apparaissait, comme l'*idole de Jaggrenat*, souillée du sang des victimes qu'elle écrase sous les roues de son char.

XAVIER MARMIER, *Gazida*.

    La liberté! Son char a trouvé son ornière;
    On va la voir courir sous sa neuve bannière;
    Ceux qui nous l'ont poussée ont des bras vigoureux;
    Qu'importe qu'en son vol elle passe sur eux!
    C'est l'*idole du Gange* : elle donne une extase,
    Une mort sans douleur au passant qu'elle écrase;
    La liberté se sert du sang de ses amis
    Pour cimenter les dons qu'elle nous a promis.

BARTHÉLEMY, *Douze Journées de la Révolution*.

    La vue de la pauvre enfant étendue par terre glaça sa colère et pétrifia ses membres. Il la contempla d'un regard de spectre. Tout à coup il se précipita vers la maison en jetant des cris rauques, parmi lesquels on distinguait ces paroles de désespoir : « J'ai tué ma fille! J'ai tué ma fille! » Bonnefoi avait considéré cette épouvantable scène de l'œil de bronze d'une *idole de Jaggrenat* assistant aux sacrifices humains.

AMÉDÉE GOUET, *Être et paraître*.

    Le troisième amour, le plus répandu, c'est l'amour-caprice ou l'amour-vanité; c'est l'amour de don Juan, c'est le mensonge, c'est la fatuité, c'est le libertinage, c'est tout ce qu'on veut, sauf la passion. Cet amour se pique même d'une insensibilité triomphante, et place fièrement sa grandeur dans une indifférence voluptueuse. Il promène partout la flamme, sans se laisser toucher de la moindre étincelle. Il se compare modestement à l'*idole de Jaggrenat*, souriant à ses adorateurs qui se font avec délices broyer sous les roues de son char.

HIPPOLYTE RIGAULT, *Conversations littéraires*.

IL AVAIT ÉTÉ A LA PEINE, C'ÉTAIT BIEN RAISON QU'IL FUT A L'HONNEUR.

Lorsque Jeanne d'Arc se précipitait sur les ennemis, elle tenait toujours d'une main son épée, et de l'autre son étendard. Après avoir forcé les Anglais à lever le siège d'Orléans, et les avoir battus partout où elle les avait rencontrés, elle conduisit Charles VII à Reims pour le faire sacrer roi de France. La cérémonie eut lieu le 17 juillet 1429. Jeanne y assista, placée à peu de distance du roi et du maître-autel, tenant à la main sa bannière victorieuse. Après la cérémonie, elle considérait sa mission comme terminée, et ne consentit à poursuivre le cours de ses exploits qu'à la sollicitation du roi et des principaux de l'armée. Cette détermination devait lui être fatale. Prise par les Bourguignons au siège de Compiègne, elle fut livrée aux Anglais, qui la firent juger, condamner et brûler vive à Rouen. Tous les détails de ce fameux procès donnent de l'héroïne la plus haute idée. On admire surtout l'à-propos, la justesse et l'habileté de ses réponses.

— Savez-vous être en état de grâce? lui demanda-t-on.
— Si je n'y suis, Dieu m'y mette! et si j'y suis, Dieu m'y maintienne!
— Vous cherchiez à faire croire aux soldats que votre étendard portait bonheur.
— Je disais aux Français : Entrez hardiment dans les rangs des Anglais, et j'y entrais moi-même (1).
— Pourquoi cet étendard, plutôt que les autres, fut-il porté en l'église de Reims?
— *Il avait été à la peine, c'était bien raison qu'il fût à l'honneur.*

Toutes ces réponses de la Pucelle sont admirables, et cette dernière surtout méritait de passer dans la langue.

Enfin le 7 décembre 1853, jour anniversaire de l'exécution de l'arrêt du 6 décembre 1815, après trente-huit ans d'incessantes réclamations, la statue du maréchal Ney fut solennellement inaugurée sous le règne de Napoléon III. Les fils du maréchal, en leur nom et au nom de leur mère, vinrent me prier d'y assister avec eux, d'être encore dans cette circonstance leur organe et le défenseur de la mémoire de leur père, comme je l'avais été de sa personne, et de flétrir encore une fois l'arrêt dont le monument élevé à leur père devait être la réparation. J'accédai à leur désir, « et *comme j'avais été à la peine, c'était bien raison que je fusse à l'honneur.* »

DUPIN, *Mémoires.*

---

(1) Les Français, démoralisés par une longue suite de défaites, ne tenaient pied nulle part, et se débandaient à la vue d'un simple guidon anglais flottant à l'horizon. Ressusciter dans le cœur du soldat français cette confiance en lui-même qui le rend invincible, cette *furia francese* qui stupéfiait Menschikoff sur les sommets inaccessibles de l'Alma; telle fut la grande mission de l'héroïne, le secret des triomphes miraculeux d'Orléans, de Patay et de Reims.

IL EST TROP TARD.

Ce mot date de la révolution de juillet 1830 ; et voici dans quelle circonstance il fut prononcé. Un dernier orage avait renversé pour toujours le trône de la branche aînée des Bourbons; on était au vendredi 30 juillet, le peuple était entièrement maître de Paris, et une commission, que présidait Lafayette, siégeait à l'Hôtel de Ville. Charles X, à Saint-Cloud, en proie au funeste aveuglement qui lui avait fait jouer sa couronne, conservait encore des illusions, et espérait que quelques concessions le ramèneraient sur le trône. M. de Sussy, porteur de dépêches qui révoquaient les fatales ordonnances du 25, se présente à l'Hôtel-de-Ville, et remet ces nouvelles ordonnances à Lafayette. Celui-ci lui fit alors cette réponse fameuse : « *Il est trop tard!* » Quelques jours après, le duc d'Orléans, chef de la branche cadette, montait sur le trône. Mais, étrange retour des choses d'ici-bas, à dix-huit ans de là et dans des circonstances à peu près analogues, la même réponse était faite à Louis-Philippe. Lui aussi devait entendre M. de Lamartine répondre à ses concessions tardives : *Il est trop tard!*

Voltaire était dans la loge de la maréchale de Villars, assis entre elle et sa belle-fille, la duchesse de Villars. Le parterre enthousiaste se tourna vers lui pour l'acclamer. Tous les spectateurs auraient voulu l'embrasser. « Eh bien, dit un enthousiaste, que madame la duchesse de Villars l'embrasse pour tout le monde. » La maréchale de Villars — celle-là que Voltaire avait adorée — se leva pour embrasser le poëte. « Non, non! la plus jeune! » s'écria-t-on de toutes parts. Voltaire aurait pu lui dire, à cette amoureuse rebelle : *Il est trop tard!*

Arsène Houssaye, le Roi Voltaire.

IL FAUT DÉTRUIRE CARTHAGE.

Les deux traits principaux de la vie de Caton furent son mépris pour la philosophie grecque et surtout sa haine pour Carthage. Après la bataille de Zama, Carthage se vit en butte aux usurpations de Massinissa, l'ami et l'obligé des Romains, qui lui enleva une province et soixante-dix villes ou châteaux forts. Les Carthaginois essayèrent d'obtenir justice du sénat romain, qui fermait les yeux sur les empiétements du Numide. En conséquence, l'an 172 avant J.-C., ils députèrent une ambassade à Rome. Le sénat envoya des commissaires en Afrique; Caton était du nombre. Celui-ci visita Carthage, parcourut son territoire, examina tout d'un œil scrutateur et ombrageux. Au lieu de la trouver dans l'état d'affaiblissement et d'humiliation où les Romains la supposaient, il la vit peuplée d'une jeunesse florissante, regorgeant de richesses, pourvue d'un amas d'armes considérable, munie de provisions de guerre, pleine de confiance en ses ressources, et nourrissant pour le rétablissement de sa fortune de légitimes espérances.

Caton retourna promptement à Rome, et dénonça aux sénateurs cet état prospère de Carthage comme un crime. En achevant son discours, il laissa tomber une figue de Libye, qu'il tenait cachée dans les plis de sa toge. Tous les sénateurs en admirèrent la beauté et surtout la fraîcheur. « La terre qui l'a produite, leur dit Caton, n'est qu'à trois journées de Rome. » Depuis ce jour, quelque matière qu'il traitât à la tribune, il terminait invariablement par ces mots : *Et de plus, il faut détruire Carthage, delenda Carthago*. Cette phrase cruelle devint la péroraison obligée de tous ses discours.

Ces paroles s'emploient pour faire allusion à une idée fixe dont on poursuit avec acharnement la réalisation, et à laquelle on revient toujours.

Un vieux Romain répétait toujours : *Il faut détruire Carthage*. Formons un vœu plus humain ; répétons sans cesse : *il faut détruire l'ignorance ;* il faut donner à tous les Français l'instruction première, qui est une dette publique.

ANDRIEUX, *Livre des Cent-et-un.*

Le premier devoir des ministres du roi était de demander au congrès de Vienne l'éloignement de Bonaparte. Comme Caton, dans le sénat de Rome, lorsqu'il répétait sans cesse : *Il faut détruire Carthage*, les ministres de France devaient mettre à part tout intérêt jusqu'à ce que Napoléon ne fût plus en regard de la France et de l'Italie.

MADAME DE STAEL, *Considérations sur la Révolution française.*

Mes compliments, je vous prie, à frère Helvétius et à tout frère initié. Il faut que les frères réunis écrasent les coquins ; j'en viens toujours là : *Carthage doit être détruite !*

VOLTAIRE, *Lettre à Saurin.*

Le monde ancien a applaudi à la chute de Carthage, la souveraine des mers ! Quels crimes odieux avait donc commis Carthage, pour que le sénat de Rome la vouât à la destruction ? « Rompu quelques

traités; porté en Italie le fléau de la guerre. » Mais quels traités l'aristocratie anglaise n'a-t-elle pas rompus? quelle foi n'a-t-elle pas violée? en quels lieux si lointains du globe n'a-t-elle pas porté le fléau de la guerre? L'aristocratie anglaise n'a-t-elle pas assez provoqué la vengeance des peuples, pour que la longanimité de ceux-ci soit à bout, pour qu'un tribunal de souverains s'assemble et prononce contre la coupable la sentence formidable : *Carthage doit être détruite!*
Toussenel, *les Juifs.*

IL N'EST PAS DONNÉ A TOUT LE MONDE D'ALLER A CORINTHE.

Au temps des Laïs et des Phryné, Corinthe était la ville des plaisirs coûteux; « on y achetait cher un repentir, » suivant la pittoresque expression de Démosthène, et beaucoup devaient y renoncer moins par sagesse que par pauvreté. De là ce proverbe : *Il n'est pas donné à tout le monde d'aller à Corinthe.*

Cette phrase a pris avec le temps un sens beaucoup plus général, et sert à exprimer qu'il n'est pas donné à telle personne de faire ce que fait telle autre, c'est-à-dire que l'un échoue où l'autre a réussi, parce que tous les hommes n'ont pas les mêmes aptitudes, la même intelligence, la même fortune, ce qui est une vérité presque banale.

Où l'un réussit, l'autre se perd, répliquait M. Loiselay d'un ton dogmatique. En toutes choses le succès est l'exception; d'ailleurs, ajoutait-il avec une certaine fatuité, *il n'est pas donné à tout le monde d'aller à Corinthe.*
Charles de Bernard, *les Ailes d'Icare.*

Le nouvel *Itinéraire de l'Orient* par Jouanne ne pouvait venir plus à propos. Comme dit le poëte, *il n'est pas donné à tous d'aller à.. Jérusalem ou à Damas;* mais chacun peut, dans ce volume, étudier à l'avance le théâtre des grands événements qui semblent se préparer en Orient.
Revue de l'Instruction publique.

Si jamais de ma vie j'avais fait une tragédie comme celle que vous m'envoyez, je serais content et très content : *mais il n'est pas permis à tout le monde d'aller à Athènes.*
Frédéric II, *à Voltaire.*

Entre les édifices royaux du seizième siècle, les deux œuvres capitales, sans être séparées de Paris par une distance très considérable, ne sauraient cependant servir de but au promeneur parisien dans ses excursions dominicales.

Tous ne peuvent aller à Corinthe! Il n'est pas donné à tous de contempler Fontainebleau, le triomphe de Primatice, ni surtout Chambord. HENRI MARTIN, *une Visite à Saint-Germain.*

Une audace sans frein dans les compositions littéraires étant plus communément le lot de la présomption que celui du génie, dès qu'on renverse les barrières, on peut juger de la soudaineté de l'irruption. Riches et pauvres, *tout le monde* alors *veut aller à Corinthe*, et Laïs n'est plus qu'une prostituée du dernier étage.

KÉRATRY, *Livre des Cent-et-un.*

Paris est pour les régiments dont se compose l'armée une véritable terre de promission, un Éden anticipé. Mais la faveur décide souvent du séjour des troupes dans la capitale. On connaît des régiments qui, en moins de dix ans, ont occupé quatre ou cinq fois la capitale, et d'autres qui, dans le même espace de temps, ne l'ont pas approchée de plus de cent lieues : *le pouvoir ne permet pas à tout le monde d'aller à Corinthe.*

MONTIGNY, *Livre des Cent-et-un.*

IL N'OSERAIT.

La volonté ferme et persévérante de se substituer à la dynastie des Valois paraît avoir été la pensée dominante des princes de la maison de Guise, de ces grandes physionomies historiques qui dominèrent, par leur énergie et leur habileté, les guerres religieuses de la monarchie au seizième siècle. Sous Henri III, le duc Henri de Guise, chef de la Ligue, grandissait chaque jour en popularité : « *La France était folle de cet homme-là, car c'est trop peu dire amoureuse.* » Le peuple n'appelait plus le duc de Guise que le nouveau Gédéon, le nouveau Macchabée. La duchesse de Montpensier, sœur des Guise, se plaisait à montrer à sa ceinture les ciseaux d'or qui devaient tondre Henri de Valois, et disait partout qu'on allait l'enfermer dans un cloître, comme Chilpéric, le dernier des Mérovingiens. Guise n'avait plus qu'à se présenter à Paris pour en être le maître ; le roi le lui défend. Il brave le roi, et arrive aux cris de : « Vive Guise! » au milieu d'un enthousiasme indicible. C'est alors que Henri III, effrayé de cette puissance redoutable qui en veut à son pouvoir, et peut-être à sa vie, prend la résolution subite et désespérée de faire assassiner son mortel ennemi. Le 22 décembre 1588, le duc de Guise, en se mettant à table, trouva sous sa serviette un billet où on l'avertissait que le roi machinait sa mort : « Donnez-vous de garde, *on veut vous jouer un mauvais tour.* » Il lut le billet et le jeta avec dédain sous la table, après avoir écrit au bas : « *Il n'oserait.* » Le lendemain matin, il fut appelé à la chambre du conseil chez le roi.

« Au moment où le duc allait soulever la portière de tapisserie du cabinet, un des Quarante-Cinq (1) lui saisit le bras droit et lui porta un coup de poignard dans la poitrine ; un second le frappa par derrière, et trois ou quatre autres lui sautèrent au corps et aux jambes et l'empêchèrent de tirer son épée. Il était si puissant, disent les relations, que, tout criblé de coups, étouffé par le sang de ses blessures, il entraîna ceux qui le tenaient, d'un bout de la chambre à l'autre, et, se débarrassant de leurs mains par un suprême effort, il s'avança, les bras tendus et les poings fermés, vers le chef des meurtriers. Celui-ci le repoussa du fourreau de son épée ; il alla tomber, expirant, au pied du lit du roi...

» On dit que Henri III, quand il fut bien assuré que Guise ne se relèverait pas, sortit de son cabinet, l'épée au poing, en s'écriant : « Nous ne sommes plus » deux ! Je suis roi maintenant ! » et lança un coup de pied à ce corps pantelant. » (Henri Martin.)

On ajoute qu'après l'avoir contemplé, Henri III dit tout haut : « Mon Dieu ! qu'il est grand ! Il paraît encore plus grand mort que vivant. »

Ces mots : *Il n'oserait,* marquent plus de courage et de confiance en soi-même que de sage prévision, car on les prête également à César, averti en se rendant au sénat ; ainsi qu'à Danton, auquel on disait : « *Méfie-toi, le tyran t'attaquera bientôt.* » Et tous les trois ont été victimes de leur mépris du danger.

Il aura la croix, gardez-vous d'en douter. Votre Grandperrin, à ce que je vois, est un de ces êtres commodes dont un gouvernement est toujours sûr, pour peu qu'il accorde la plus mince pâture à leur amour-propre. Châteaugiron, M. Bobilier a raison ; tu es joué.

— *Ils n'oseraient !* s'écria le marquis en rougissant de dépit.

— C'est tout osé...

CHARLES DE BERNARD, *le Gentilhomme campagnard.*

— Ce n'est pas vrai ! ce n'est pas possible ! il n'aurait pas osé ! dit M. Durousseau, qui s'obstinait à douter encore.

— *Ils n'oseraient !* c'est le mot de César, et, une heure après, on

(1) Gentilshommes qui formaient en quelque sorte la garde de Henri III.

l'assassinait! s'écria Edgard, qui espérait flatter son oncle par ce rapprochement historique.

Armand de Pontmartin, le Fond de la Coupe.

IL N'Y A PAS DE GRAND HOMME POUR SON VALET DE CHAMBRE.

Selon mademoiselle Aïssé (<i>Lettres</i>, édition Collin, page 260), cette phrase aurait été prononcée pour la première fois par madame Cornuel, femme d'esprit, du temps de Henri IV, et dont les bons mots sont souvent cités par madame de Sévigné. Ce n'est sans doute qu'une réminiscence de cette phrase de Montaigne : « Peu d'hommes ont esté admirez par leurs domestiques. » Quel est, en effet, l'homme de génie qui reste toujours égal à lui-même quand il n'est plus sur la scène? Le monde est un spectacle où chacun joue un rôle apprêté tant qu'il est devant le public, mais où l'on dépouille tout éclat d'emprunt dès qu'on rentre dans les coulisses. Ici, l'homme remplace le héros, et combien pourraient dire comme le grand Condé, que l'on fatiguait de titres pompeux et d'éloges hyperboliques : « Allez le demander à mon valet de chambre. »

La correspondance du maréchal de Saint-Arnaud, si elle fait estimer le talent de l'écrivain, n'ajoutera rien à la réputation de l'homme de guerre. Mais peut-être verra-t-on plus clair aujourd'hui, après la lecture de ses confidences épistolaires, dans les mobiles personnels de son ambition et de son ardeur. Une correspondance de famille ressemble beaucoup à ce déshabillé dans lequel on a dit que les grands hommes ne devraient se montrer qu'à leurs valets de chambre.

Cuvillier-Fleury, Études.

IL N'Y A PLUS DE PYRÉNÉES.

L'Espagne, qui, sous Charles-Quint, menaçait l'Europe d'une domination universelle, ne tarda pas à subir une décadence rapide. Sous Philippe II et sous Philippe III, elle avait perdu les Pays-Bas; sous Philippe IV, le Portugal, le Roussillon et l'Artois; sous Charles II, la Flandre et la Franche-Comté. L'histoire offre peu d'exemples d'une décadence aussi précipitée. Charles-Quint avait été grand général et grand roi; Philippe II n'avait été que roi; Philippe III et Philippe IV n'avaient pas même été rois; Charles II ne fut pas même homme. Ce vieillard de trente-neuf ans, influencé par tout le monde, faisait et défaisait son testament. Le roi de France et l'empereur d'Allemagne, tous deux issus de princesses espagnoles, se disputaient d'avance ses dépouilles. Le pauvre roi voyait tout cela vivant; il en était indigné; mais, voulant avant tout garantir l'unité de la monarchie d'Espagne, il s'arrêta au prince le plus capable de maintenir cette unité et choisit un petit-fils de Louis XIV. Il mourut le 1ᵉʳ novembre 1700, laissant la couronne à Philippe, duc d'Anjou, second fils du dauphin, qui fut proclamé roi sous le nom de Philippe V. « Soyez bon Espagnol, lui dit Louis XIV en forme d'adieu, c'est présentement votre premier devoir; mais souvenez-vous que vous êtes Français, pour maintenir l'union entre les deux nations. » Il lui remit ensuite ses instructions, et lui dit, en l'embrassant, ce mot célèbre, qui explique et justifie sa politique : « Il n'y a plus de Pyrénées. »

Dans ses *Pensées*, J. Joubert a commenté ainsi le mot de Louis XIV :

« Cette phrase : « Il n'y a plus de Pyrénées, » manque de justesse. Ce n'est pas là ce qui a rendu l'Espagne et la France amies; c'est plutôt la conquête de la Franche-Comté, qui, n'ayant plus laissé entre ces deux nations aucun sujet de discorde, a fait rentrer l'Espagne dans les limites naturelles où nous n'avions rien à lui envier. L'Espagne et la France sont donc et doivent rester unies, précisément parce qu'*il y a des Pyrénées.* »

Le mot de Louis XIV a enrichi la langue d'une locution pittoresque, qui sert à faire comprendre qu'une fusion s'est opérée entre des familles, des peuples, des nationalités, des institutions, des idiomes, et que les barrières qui les séparaient ont cessé d'exister.

Je veux aujourd'hui vous conduire aux bains d'Amélie, l'une des sources les moins connues, mais non les moins salubres de ce gigantesque rempart qu'éleva la main volcanique de la nature entre la Péninsule et la France, et que n'a point encore abattu, que je sache, *le mot altier de Louis XIV.*

Félix Mornand, *la Vie des Eaux.*

Dès son point de départ dans la vie, Voltaire est l'homme universel; c'est l'homme nature, c'est l'homme raison, c'est l'homme poésie, c'est l'homme humanité. Il est armé de l'esprit français, mais il parlera à toutes les nations. Pour lui, *il n'y a plus de Pyrénées;* le Rhin n'a pas deux rives ennemies, les Alpes ne sont pas des barrières, l'Océan ne divise pas le monde.

Arsène Houssaye, *le Roi Voltaire.*

Sans la haute protection de Napoléon III pour un Anglais, M. Brett, l'Angleterre, qui communique maintenant au continent par des fils électriques sous-marins aboutissant en France, en Belgique et en Hollande, serait encore, pour ses correspondances privées et politiques, à la merci des hasards météorologiques. Dans peu, non seulement *il n'y aura plus de Pyrénées*, mais plus d'Alpes, plus de Caucase, plus d'Atlantique, plus de Pacifique.

BABINET, *Études et lectures sur les Sciences d'observation.*

En s'alliant avec l'Angleterre, le roi d'Italie amène une *armada* britannique sur toutes ses côtes, dans tous ses ports, et fait, au premier signe, de l'Italie maritime entière, un avant-poste de l'Angleterre au midi de la France et de l'Autriche. Il n'y a plus de Méditerranée pour nous! Cela est plus vrai et plus certain que le mot: *Il n'y a plus de Pyrénées!*

LAMARTINE, *Cours de littérature.*

A force de vouloir tout ignorer, don Raymondo en arrivait souvent à ne pas même savoir parler; il ne parlait plus ni en espagnol ni en français; il empruntait à ces deux langues des phrases qu'il mêlait de son mieux, pour son usage particulier; *il n'y avait plus de Pyrénées* dans son langage, où les deux peuples disparaissaient quelquefois dans une confusion presque barbare.

LOUIS LURINE, *Voyage dans le passé.*

Une députation des Espagnols présents à Paris venait d'exprimer au gouvernement provisoire toutes ses sympathies, M. de Lamartine lui répondit :

« Il y a bien longtemps qu'on a dit : *Il n'y a plus de Pyrénées*, et votre démarche sympathique prouve bien que cette vérité reste inscrite dans le cœur des Espagnols, comme elle vit toujours dans le cœur des Français. » *Extrait du Moniteur* (1848).

ILOTES QUE L'ON FORÇAIT A S'ENIVRER POUR L'ÉDUCATION DES JEUNES SPARTIATES.

Lorsque Sparte tomba au pouvoir des Héraclides et des Doriens, plusieurs villes, entre autres Hélos, opposèrent aux envahisseurs une résistance opiniâtre. Ils en furent cruellement punis; Hélos, prise d'assaut, fut détruite de fond en comble, et tous les habitants, réduits en servitude, furent distribués aux vainqueurs, qui les employèrent aux plus vils ministères. Dès lors le nom d'Hilote, ou Ilote, devint le synonyme d'esclave. A Sparte, les Ilotes étaient au nombre de plus de cent mille. Ils cultivaient la terre, gardaient les troupeaux ou servaient dans la maison. Dans leur état individuel, rien de plus méprisable ni de plus méprisé que les Ilotes; on les forçait à porter un bonnet de peau de chien et à se revêtir de la dépouille des bêtes; tous les ans on leur infligeait un certain nombre de coups sans qu'ils eussent commis aucune faute, uniquement pour leur rappeler qu'ils étaient esclaves. Jamais le mépris de l'humanité ne s'était manifesté d'une manière aussi insultante et aussi cruelle. Pour inspirer aux jeunes Spartiates l'horreur de l'ivrognerie, on forçait ces malheureux à s'enivrer, et on donnait en spectacle leur hideuse dégradation.

Dans l'œuvre nouvelle de M. Victor Hugo il y a, comme dans tout ce qu'écrit ce grand poëte, beaucoup à effacer, une réduction sévère à faire.

Le temps n'est plus de ces théories que nous avons entendues éclater, comme des tempêtes, aux premiers jours de notre jeunesse. La raison calme et la sérénité du bon sens ont désormais prévalu; quelques rebelles encore luttent, enfants perdus ou cerveaux détraqués, contre l'évidence des faits et la sagesse du bon goût; leur ivresse littéraire même n'est pas inutile. *Ilotes pris de vin*, ils servent d'exemple et d'épouvantail aux jeunes Spartiates qu'ils forment à la tempérance.

Eugène Talbot, *Revue de l'Instruction publique.*

Je me rappelle qu'étant adolescent, et me trouvant avec des camarades plus âgés que moi et dont je craignais la moquerie, je me suis enivré une fois en leur compagnie, pour faire le jeune homme et n'avoir pas l'air d'un enfant. Ça été la première et la dernière fois. Dieu sait ce que j'ai souffert dans le corps et dans l'âme : je ne me suis jamais senti si misérable ni si abruti. Il m'est resté un tel dégoût de ce genre d'excès, que je n'ai jamais été tenté d'y revenir. La leçon des *Ilotes ivres de Sparte* m'a été donnée en moi-même et par moi-même.

L'abbé Bautain, *la Belle Saison.*

Si vous avez une demoiselle qui ait une tendance à faire du bel esprit, mettez-la quelques jours en contact avec un petit bas-bleu, et je vous réponds qu'elle sera guérie pour toujours de cette manie. Vous aurez fait comme ces Lacédémoniens qui montraient un *esclave ivre* à leurs enfants pour les prémunir contre la funeste passion du vin.   Boitard, *Guide de la Bonne Compagnie.*

Ah! si, comme le demande M. l'archevêque de Toulouse, nous renouons la chaîne du passé, que ce soit pour y chercher des leçons de concorde, de tolérance et de fraternité. La contemplation des excès d'autrefois peut produire sur nous l'impression salutaire qu'éveillait dans le cœur des hommes libres la vue de l'*ivresse des esclaves;* mais hâtons-nous d'en détourner la face.
    Émile de la Bédollière.

Son caractère l'éloignait des amusements insipides et des plaisirs brutaux où s'adonnaient, sans choix ni scrupule, la plupart de ses amis. Trop sage selon eux, il les trouvait grossiers, et se gardait de leurs vices en les étudiant; comme les jeunes Spartiates, il s'animait à la sobriété par la vue de l'*ivresse des Ilotes.*
    Charles de Bernard, *Un Beau-Père.*

ILS CHANTENT, ILS PAYERONT.

Mazarin gouverna la France après Richelieu, dans des moments de troubles et de guerre civile; c'était le renard succédant au lion. Il eut une politique tout à fait opposée à celle de son terrible prédécesseur; ses moyens favoris étaient la ruse, la finesse, la patience. Il se plaisait à répéter : *Il tempo é un galant' uomo* (le temps est un galant homme). Aucun ministre n'a été aussi chansonné que Mazarin; mais, insensible aux pamphlets que l'on dirigeait journellement contre lui, l'astucieux Italien disait pour toute réponse : « *Laissons parler et faisons.* » A chaque nouvel impôt il pleuvait des satires sur *le Mazarin*. Celui-ci, rassuré sur une opposition qui ne s'exhalait qu'en couplets satiriques, répondait alors avec insouciance : « *Qu'ils cantent la canzonetta, ils pagàront.* »

Chamfort n'a-t-il pas eu raison de dire que le gouvernement de France était une *monarchie absolue tempérée par des chansons?* Ce qu'il y a de sûr, c'est que nous sommes le seul peuple qui ait jamais su la bien tourner et la faire à propos.

Ces pamphlets, appelés *Mazarinades*, mot qui est resté dans la langue, sont en si grand nombre, qu'on a pu en faire un recueil de plus de trente volumes. L'accent italien de Mazarin était un texte plus fécond que la misère du peuple; on se moquait du ministre plus encore qu'on ne le maudissait, sans compter que bon nombre de pamphlétaires se moquaient à peu près indistinctement de tout le monde.

Il y a de tout dans les *Mazarinades :* de la grossièreté, du cynisme, de la bigoterie, de l'impiété, de l'esprit, de la verve, parfois même du bon sens. Le parti de la cour ne demeurait pas sans réponse; les pamphlets *Mazarin* sont à peine un contre vingt, mais on doit convenir qu'ils ne sont pas si inférieurs en esprit et en raison qu'en nombre. Les principaux frondeurs étaient Scarron, Guy-Patin, Sarasin, Patru, Jean Loret, le cardinal de Retz et une foule d'autres.

Voici quelques-unes des plus spirituelles *Mazarinades :*

> On dit que le feu cardinal (1)
> Voulut montrer à cet empire
> Que s'il avait fait bien du mal,
> Un autre pouvait faire pire;
> Et qu'il choisit à cette fin
> Pour son successeur Mazarin.
>
> (*Collection Maurepas*)

Un partisan de Mazarin avait dit à propos de l'Hôtel-de-Ville, où s'assemblaient les chefs de la Fronde :

> Cette cabale est malhabile
> D'avoir choisi l'Hôtel de Ville
> Pour conférer de ses exploits.
> Leur esprit, qui toujours s'élève,
> Ne devait pas avoir fait choix
> D'un lieu si proche de la Grève.

Un frondeur répondit :

> Si Conty, Beaufort, Longueville,
> Ont fait choix de l'Hôtel de Ville,
> N'ont-ils pas fait bien prudemment?
> Dedans la Grève sans descendre,
> Ils pourront voir commodément
> Le Mazarin qu'on y doit pendre.

Dans le *Caresme de Mazarin*, ou la suite des *Triolets*, on trouve le *portrait moral* de Mazarin ainsi esquissé :

> Maudit, maraut, malicieux,
> Sot, superbe, symoniaque,
> Avare, asnier, ambitieux;
> Maudit, maraut, malicieux;
> Pendart, pelé, pernicieux,
> Plus dangereux qu'un maniaque;
> Maudit, maraut, malicieux,
> Sot, superbe, symoniaque.
> Tygre, testu, tyran et traistre,
> Fourbe, faquin, fantasque, fat,
> Infâme, impertinent, ingrat,
> Ribaut, rodomont, renégat,
> Meschant enfin par toute lettre!
> Infâme, impertinent, ingrat,
> Tygre, testu, tyran et traistre.

Enfin Loret, dans sa *Gazette* du samedi, 11 février 1651, annonce ainsi le départ de Mazarin :

> Le cardinal, lundy, la nuit,
> Fit sa retraite à petit bruit;

(1) Richelieu.

Il sortit par l'huis de derrière.
. . . .
Le lendemain, en toute place,
Bourgeois, métiers et populace,
Montraient, par des ris redoublez,
L'aize dont ils étaient comblés;
Car en moins de rien la nouvelle
Fut à Paris universelle,
Et l'on remarqua maint courtaut,
Qui tournait le visage en haut,
Croyant qu'après cette sortie,
L'alouète toute rotie,
Sans rien faire et sortir d'illec,
Luy tomberait dedans le bec.

Terminons par ce refrain, que tout le monde connaît :

Un vent de Fronde
A soufflé ce matin;
Je crois qu'il gronde
Contre le Mazarin.

L'empereur Julien, qui avait commandé dans les Gaules, assure que les Parisiens étaient indisciplinables, ce qui date de loin, comme nous voyons; mais qu'il les avait apprivoisés à l'aide de la musique. On pourrait croire que le cardinal Mazarin connaissait son secret, lui qui disait : « *Ils chantent, ils payeront.* »

CHARLES BRIFAUT, *Passe-Temps d'un reclus.*

— N'êtes-vous pas le chef de la communauté? cria l'étudiant.
— Peste! voilà une réflexion qui fermerait la bouche à ton père, quand il prétend que tu perds ton temps à l'École de droit.
— *Riez*, reprit Prosper, cela vous est permis, puisque *vous payerez*.
— Mazarin a dit quelque chose d'à peu près semblable, fit observer Moréal, qui jusqu'alors avait pris peu de part à la conversation.

CHARLES DE BERNARD, *un Homme sérieux.*

Nul n'avait une gaîté plus sereine, une plus douce philosophie. Au milieu de ses plus grandes peines, il chantait ses vieilles chansons, et, l'entendant chanter ainsi, les grands se frottaient les mains, disant : « *Jacques Bonhomme chante, donc il payera.* »

LOUIS JOURDAN, *le Siècle.*

Si, dans la crise où nous sommes, on se contentait de persifler ou de chansonner le pouvoir, on finirait par justifier le vieux reproche qu'on a fait à la nation, de légèreté et d'insouciance patriotique. D'ailleurs, cette apparence de gaîté ajouterait encore à la sécurité et à la hardiesse de nos ministres; ils continueraient à s'appliquer le vieux bon mot de Mazarin. Le moment est venu, au contraire, de leur inspirer des craintes et de leur faire dire : « *Ils ne chantent pas, donc ils ne payeront plus.* »

Barthélemy, *Satire* (préface de 1830.)

ILS N'ONT RIEN APPRIS, RIEN OUBLIÉ.

Pendant les vingt-cinq années qui séparent 1789 de la Restauration, les idées, les mœurs, les institutions, s'étaient profondément modifiées en France; les derniers vestiges de la féodalité avaient disparu dans la tourmente révolutionnaire, et le règne de la légalité avait succédé aux privilèges de l'ancien régime. Les émigrés, rentrant en France à la suite de Louis XVIII, se refusaient à comprendre une transformation si complète, et revenaient avec toutes les illusions que des traditions séculaires avaient perpétuées au sein de la noblesse. Aussi les a-t-on comparés à des Épiménides qui avaient dormi pendant un quart de siècle.

En novembre 1816, notre Béranger chansonnait ce sommeil, ou plutôt ce réveil, dans le *Marquis de Carabas* :

Voyez ce vieux marquis
Nous traiter en peuple conquis;
Son coursier décharné
De loin chez nous l'a ramené.
Vers son vieux castel,
Ce noble mortel,
Marche en brandissant
Un sabre innocent.
Chapeau bas! chapeau bas!
Gloire au marquis de Carabas!

. . . .
. . . .

Vivons donc en repos.
Mais l'on m'ose parler d'impôts!
A l'État, pour son bien,
Un gentilhomme ne doit rien.
Grâce à mes créneaux,
A mes arsenaux,
Je puis au préfet
Dire un peu son fait.
Chapeau bas! chapeau bas!
Gloire au marquis de Carabas!

Prêtres que nous vengeons,
Levez la dime, et partageons,
Et toi, peuple animal,
Porte encor le bât féodal.
　　Seuls nous chasserons,
　　Et tous vos tendrons
　　　Subiront l'honneur
　　　Du droit du seigneur.
　　Chapeau bas! chapeau bas!
Gloire au marquis de Carabas!

　　Curé, fais ton devoir,
Remplis pour moi ton encensoir.
　　Vous, pages et varlets,
Guerre aux vilains, et rossez-les!
　　　Que de mes aïeux
　　　Ces droits glorieux
　　　　Passent tout entiers
　　　　A mes héritiers.
　　Chapeau bas! chapeau bas!
Gloire au marquis de Carabas!

Mais le mot qui caractérise le mieux cette négation des changements accomplis est celui-ci : *Ils n'ont rien appris, rien oublié.* Cette phrase se retrouve presque textuellement dans une lettre du chevalier de Panat à Mallet du Pan, à la date de janvier 1796 : « Vous nous parlez souvent de la folie de Vérone. Hélas! mon cher ami, cette folie est générale et incurable. Combien vous vous trompez en croyant qu'il y a un peu de raison dans la cour du frère (1) ! Nous voyons tout cela de près et nous gémissons ; personne n'est corrigé : *Personne n'a su ni rien oublier, ni rien apprendre!* »

Toutefois ce mot attendait en quelque sorte sa consécration, la forme simple et piquante qui devait le rendre proverbial ; et c'est à M. de Talleyrand, au spirituel diplomate, qu'on attribue généralement cette phrase originale et caractéristique, telle qu'elle est appliquée aujourd'hui.

L'anecdote suivante, rapportée par Lafayette dans ses *Mémoires*, prouve que l'empereur Alexandre jugeait les Bourbons de la Restauration comme le chevalier de Panat et M. de Talleyrand.

« A une soirée chez madame de Stael, dit-il, l'empereur Alexandre m'emmena dans une embrasure, baissant la voix et prêtant l'oreille pour m'entendre, parce qu'il est un peu sourd. Il se plaignit d'abord de ce que ses bonnes intentions pour notre liberté avaient si mal tourné ; de ce qu'il n'avait trouvé en France ni patriotisme ni appui ; de ce que les Bourbons n'avaient que des préjugés d'ancien régime ; et comme je me bornais à répondre que le malheur devait les avoir en partie corrigés : « Corrigés! me dit-il ; ils sont *incorrigés* et *incorrigibles!* Il n'y » en a qu'un, le duc d'Orléans, qui ait des idées libérales ; mais, pour les autres, » n'en espérez jamais rien. »

Les La Rochelandier ne me pardonneront jamais d'avoir, en me ralliant au trône de Juillet, pacifié la Vendée et ruiné dans l'Ouest

(1) Le chevalier de Panat était alors à Londres, près du comte de Provence.

les dernières espérances de la légitimité aux abois. Ils représentent en Bretagne cette noblesse incorrigible qui *n'a rien appris ni rien oublié.*   JULES SANDEAU, *Sacs et Parchemins.*

Nous aussi nous sommes asservis à des préjugés séculaires; *nous avons beaucoup à apprendre, beaucoup à oublier surtout.* A moins d'être aussi bêtes que les barbares, il faudrait nous défaire de cette infatuation qui nous porte à croire que nous leur sommes supérieurs en tout. La guerre que viennent de nous faire les Européens est d'un grand enseignement.
   AUGUSTE VILLEMOT, *Lettre de Péko à Ka-Kao.*

Les coureurs de places ne sont remarquables que par leur air grotesquement suranné et par leur ton ridiculement prétentieux; ils se présentent en vainqueurs, quoiqu'ils n'aient rien vaincu; ils trouvent du danger dans tout ce qui sort du cercle étroit de leurs petites idées, parce qu'*ils n'ont rien appris ni rien oublié.*
   Galerie de littérature.

— Eh! ventre-saint-gris! s'écria-t-il en se levant et en marchant à grands pas dans la chambre, voilà assez longtemps qu'on nous représente aux yeux du pays comme une caste incorrigible, repoussant de son sein tout ce qui n'est pas elle, infatuée de ses titres, *n'ayant rien appris ni rien oublié,* remplie de morgue et d'insolence, ennemie de l'égalité.
   JULES SANDEAU, *Mademoiselle de la Seiglière.*

IL Y A DES JUGES A BERLIN.

Le grand Frédéric, roi de Prusse, voulait faire agrandir son parc de Sans-Souci; mais

> Sur le coteau riant, par le prince choisi,
> S'élevait le moulin du meunier Sans-Souci.
> Le vendeur de farine avait pour habitude
> D'y vivre au jour le jour, exempt d'inquiétude;

Et, de quelque côté que vint souffler le vent,
Il y tournait son aile et s'endormait content.
. . . .
On avait fait des plans, fort beaux sur le papier,
Où le chétif enclos se perdait tout entier.
Il fallait, sans cela, renoncer à la vue,
Rétrécir la façade et masquer l'avenue.
Des bâtiments royaux l'ordinaire intendant
Fit venir le meunier, et d'un ton important :
« Il nous faut ton moulin ; que veux-tu qu'on t'en donne ?
— Rien du tout ; car j'entends ne le vendre à personne.
Il vous faut est fort bon ; mon moulin est à moi,
Tout aussi bien au moins que la Prusse est au roi.
— Allons, ton dernier mot, bonhomme, et prends-y garde.
— Faut-il vous parler clair ? — Oui. — C'est que je le garde.
Voilà mon dernier mot. » Ce refus effronté,
Avec un grand scandale, au prince est rapporté.
Il mande auprès de lui le meunier indocile,
Presse, flatte, promet ; ce fut peine inutile ;
Sans-Souci s'obstinait : « Entendez la raison,
Sire, je ne peux pas vous vendre ma maison :
Mon grand-père y mourut ; mon fils y vient de naître ;
C'est mon Potsdam à moi ; je suis têtu peut-être ;
Ne l'êtes-vous jamais ? Tenez, mille ducats,
Au bout de vos discours, ne me tenteraient pas.
Il faut vous en passer, je l'ai dit, j'y persiste. »
Les rois mal aisément souffrent qu'on leur résiste.
Frédéric, un moment par l'humeur emporté :
« Parbleu ! de ton moulin c'est bien être entêté !
Je suis bon de vouloir t'engager à le vendre !
Sais-tu que, sans payer, je pourrais bien le prendre ?
Je suis le maître ! — Vous ? de prendre mon moulin ?
Oui, si nous n'avions pas des juges à Berlin. »
Le monarque, à ce mot, revient de son caprice.
Charmé que sous son règne on crût à la justice,
Il rit, et se tournant vers quelques courtisans :
« Ma foi, messieurs, je crois qu'il faut changer nos plans.
Voisin, garde ton bien ; j'aime fort ta réplique. »

Qu'aurait-on fait de mieux dans une république ?
Le plus sûr est pourtant de ne pas s'y fier ;
Ce même Frédéric, juste envers un meunier,
Se permit maintes fois telle autre fantaisie ;
Témoin ce certain jour qu'il prit la Silésie,
Qu'à peine sur le trône, avide de lauriers,
Épris du beau renom qui séduit les guerriers,
Il mit l'Europe en feu. Ce sont là jeux de prince :
On respecte un moulin, on vole une province.

Ces mots, *il y a des juges à Berlin*, qu'Andrieux n'a fait que citer dans le charmant récit que nous venons de rapporter, puisqu'ils sont historiques, ont formé depuis une locution proverbiale, que l'on emploie dans toutes les circonstances analogues, c'est-à-dire lorsque la force prétend l'emporter sur le droit.

Voici, à propos du moulin de Sans-Souci, une petite anecdote que toutes les feuilles allemandes ont répétée il y a quelques années.

Le fameux moulin est encore aujourd'hui la propriété de l'arrière-petit-fils de l'obstiné meunier. Mais, dans la même famille, les hommes se suivent et ne se ressemblent pas.

Le temps, qui change tout, change aussi nos humeurs.

Donc, le descendant de Sans-Souci, pressé d'argent, fit savoir au descendant de Frédéric II qu'il était disposé à lui céder son moulin. Le prince lui répondit par cette lettre spirituelle :

« Mon cher *voisin*,

» Votre moulin n'est ni à vous, ni à moi : il appartient à l'histoire ; il nous est donc impossible, à vous de le vendre, à moi de l'acheter. Mais, comme on doit s'aider entre voisins, voici un bon de 10,000 florins, que vous pouvez toucher sur le Trésor. »

— Des réparations !... oui, certes, mais c'est à vos frais, monsieur, qu'elles se feront. Ce sont ces pots de fleurs qui ont attaqué mes zincs, et mes zincs attaqués, l'eau a pénétré...
— Vous raillez, sans doute.
— Vous plaisantez, je pense. Et mes parquets !... dans quel état !
— Que dirai-je de mes fauteuils, dont ce bain de pieds...
— Vous le prenez sur ce ton ; eh bien ! outre les réparations, il me faudra une indemnité.
— Vraiment !... je sollicite alors des dommages-intérêts..
— *Il y a des juges à Berlin*, monsieur ; nous plaiderons !
— Et des avocats à Paris ; nous plaiderons, monsieur.

PIERRE VÉRON, *le Monde illustré.*

« De l'argent ! criait la vieille Catherine. Mais nous ne vous en devons pas ! Avez-vous des titres ? Montrez-nous un peu notre signature ! Où en serait-on, juste Dieu ! s'il fallait donner de l'argent à tous les aventuriers qui se présentent ? Et d'abord, de quel droit vous êtes-vous introduit dans notre domicile, si vous n'êtes pas une ombre ? Ah ! vous êtes un homme comme les autres ! Ah ! vous n'êtes pas un esprit ! Eh bien ! monsieur, *il y a des juges à Berlin ;* il y en a même dans les provinces, et nous verrons bien si vous touchez à notre argent. »

EDMOND ABOUT, *l'Homme à l'oreille cassée.*

Il faut qu'on sache à Alger, comme partout ailleurs, qu'*il y a des juges à Paris*, des juges pour faire respecter le droit violé, la liberté de conscience atteinte, l'existence des familles compromise.

LOUIS JOURDAN.

Heureux le citoyen qui trouve dans le sein de la magistrature un refuge assuré contre l'injustice des agents du prince ! Heureux celui qui, fatigué par de longs refus, peut s'écrier enfin, comme le propriétaire du moulin de Sans-Souci : « Eh bien ! nous verrons, *il y a des juges à Paris.* » Dupin aîné, *Mémoires.*

INCENDIE DE ROME PAR NÉRON.

La vie de Néron ne fut qu'un tissu de crimes et de folies. Comme il voyait dans Rome dégénérée autant d'esclaves que de sujets, il n'obéit sur la fin de son règne qu'aux déréglements de son esprit insensé. Alliant le ridicule à la cruauté, il se croyait, comme il le dit en mourant, un grand artiste (1), et il se donnait en spectacle sur les théâtres, où il fallait l'applaudir sous peine de mort. Le chant était sa passion favorite, et l'empereur histrion disputait avec ardeur contre les musiciens. Ayant entendu un jour un de ses familiers se servir de cette exclamation, proverbiale à Rome : « Que le monde brûle quand je serai mort (2) ! » Néron répliqua : « Et moi je dis, qu'il brûle et que je le voie ! » Ce fut alors qu'après un festin extravagant il fit mettre le feu aux quatre coins de Rome, pour se donner en spectacle la *sublime horreur* de l'embrasement de Troie (3). On raconte que, monté sur une tour, à la lueur des flammes et au milieu des cris de désespoir des fugitifs, il chantait, en s'accompagnant de la lyre, un poëme qu'il avait composé sur le dernier désastre d'Ilion. L'embrasement dura neuf jours ; les plus beaux monuments et dix quartiers de la ville furent réduits en cendres.

Il ne manquait plus à ce forfait que de le rejeter sur des innocents : Néron en accusa les chrétiens, et, sous ce prétexte, excita contre eux une persécution, la première et l'une des plus violentes dont l'histoire fasse mention.

Un incendie nocturne dans les montagnes est une des plus magnifiques choses que l'on puisse voir. Quand une lieue de terrain est en feu, quand chaque arbre qui brûle nuance la couleur de la flamme selon son essence, la varie selon sa forme ; quand les pierres calcinées se détachent et roulent, brisant tout sur leur route ; quand le vent mugit comme la tempête ; oh ! alors, voilà qui est splendide ! *Néron s'entendait en plaisirs, quand il brûla Rome.*

Alex. Dumas, *Impressions de voyages.*

(1) « Quel artiste le monde va perdre ! »
(2) Proverbe latin qui rappelle une des pages les plus tristes de notre histoire : « Après moi, le déluge ! »
(3) « Sublime horreur de la canonnade. » Mot de P.-J. Proudhon en parlant des journées de Juin.

Un incendie avec ses vastes flammes variées, avec ses zones d'arcs-en-ciel, avec ses pyramides de feu et ses milliers d'étincelles qui se heurtent et pétillent dans les airs, est un spectacle plein de poésie et de magnificence! Si j'étais roi, *je ne ferais pas brûler une ville, comme Néron*, mais j'aimerais à voir se consumer devant moi une forêt vierge, aux arbres gigantesques, reflétée par l'immense miroir de l'Océan.   Louise Collet, *Folles et Saintes*.

Me fallait-il descendre de ma dignité de calomnié pour prendre le rôle d'absous? Et, quand les insurgés de Juin étaient traités de brigands et d'incendiaires, ne pouvais-je endurer qu'on me prît pour *le Néron de la bande*?
P.-J. Proudhon, *Confessions d'un révolutionnaire*.

Les secondes amours de Desportes sont, comme les premières, fort mal récompensées, et finissent par une absence. Cette Hippolyte, qui le voit d'un œil sec brûler sans espoir, c'est *Néron contemplant froidement l'incendie de Rome*. Lui-même se qualifie d'« aigle des amoureux. » Pourquoi? Parce que, comme l'aigle, qui regarde fixement le soleil, il a pu regarder fixement les yeux d'Hippolyte.
Nisard, *Histoire de la littérature française*.

INGRATE PATRIE, TU N'AURAS PAS MES OS.

Scipion, accusé de concussion dans la guerre contre Antiochus, avait répondu : « Montons au Capitole (1)!... » Mais ce mouvement oratoire n'était pas une justification et ne pouvait se renouveler, d'autant plus que les immenses richesses du héros de Zama étaient contre lui une accusation permanente. Il fut de nouveau obligé de se défendre. On ne connaît pas au juste les détails et les conclusions de ce débat; on croit que le premier Africain, irrité de ce qu'il appelait l'ingratitude de ses concitoyens, s'exila lui-même dans sa terre de Literne en Campanie, où il mourut en 183 av. J.-C., après avoir ordonné de graver sur sa tombe ces mots amers et injustes : « Ingrate patrie, tu n'auras pas mes os. »

Chateaubriand (2) a écrit sur Scipion quelques lignes qu'on lira avec intérêt.

(1) Voyez *Montons au Capitole en rendre grâces aux dieux*.
(2) Les *Martyrs*, livre V.

Eudore raconte à ses hôtes l'histoire de sa vie et de sa liaison avec Jérôme et Augustin :

« Un jour, dit-il, errant aux environs de Baies, nous nous trouvâmes auprès de Literne. Le tombeau de Scipion l'Africain frappa tout à coup nos regards : nous approchâmes avec respect. Le monument s'élève au bord de la mer. Une tempête a renversé la statue qui le couronnait. On lit encore cette inscription sur la table du sarcophage :

INGRATE PATRIE, TU N'AURAS PAS MES OS!

« Nos yeux s'humectèrent de larmes au souvenir de la vertu et de l'exil du vainqueur d'Annibal. La grossièreté même du sépulcre, si frappante auprès des superbes mausolées de tant d'hommes inconnus qui couvrent l'Italie, servait à redoubler notre attendrissement. Nous n'osâmes pas nous reposer sur le tombeau même, mais nous nous assîmes à sa base, gardant un religieux silence, comme si nous eussions été au pied de l'autel. »

Les trois amis conversaient ensemble, lorsqu'un étranger vint prendre place auprès d'eux et leur parla ainsi :

« Je suis le solitaire du Vésuve, dont vous pouvez avoir entendu parler, puisque je suis l'unique habitant du sommet de cette montagne. Je viens quelquefois visiter le tombeau de l'Africain. Lorsque ce grand homme, retiré à Literne, se consolait par la vertu de l'injustice de sa patrie, des pirates descendirent sur ce rivage ; ils attaquèrent la maison de l'illustre exilé, sans savoir quel en était le possesseur. Déjà ils avaient escaladé les murs, quand des esclaves accourus au bruit se mirent en devoir de défendre leur maître. « Comment, s'écrient-ils, vous osez violer la maison de Scipion ! » A ce nom, les pirates, saisis de respect, jetèrent leurs armes ; et, demandant pour toute grâce qu'il leur fût permis de contempler le vainqueur d'Annibal, ils se retirèrent pleins d'admiration après l'avoir vu. »

Refusé à la Comédie-Française!... sifflé au théâtre Beaumarchais!... Et voir réussir des rapsodies comme le *Demi-Monde*, *Dalilah* et les *Effrontés !* Décidément, l'art s'en va, le goût s'en va, la société s'en va, les mœurs s'en vont, les rois s'en sont allés, les dieux s'en iront; c'est pourquoi je m'en vais aussi. *Ingrat Paris, tu n'auras pas ma copie!* Me voici revenu à C..., ma ville natale.

ARMAND DE PONTMARTIN, *les Jeudis de madame Charbonneau.*

Après tout, Dante ne fut qu'un rêveur sublime, qui provoquait ses compatriotes à la guerre civile. Florence le bannit et fit plus, suivant Byron, car elle le condamna à être brûlé..... Comme Scipion, *il a refusé sa cendre au pays qui l'outragea*, et aujourd'hui nous voyons sa statue sur un sépulcre vide.

JULES LECOMTE, *le Poignard de cristal.*

JACOB CHEZ LABAN.

Jacob, obligé par Ésaü de fuir la maison paternelle, fut accueilli avec joie par son oncle Laban. Celui-ci avait deux filles : l'aînée, qui s'appelait Lia, et Rachel, qui était grande et belle. Laban promit à Jacob la main de Rachel, s'il voulait le servir pendant sept années. Ce temps écoulé, Laban manqua à sa parole, et fit, par surprise, épouser Lia à Jacob, sous prétexte qu'elle était l'aînée; il ne lui accorda Rachel qu'à la condition qu'il le servirait encore pendant sept années.

Cette longue attente de Jacob pour obtenir celle qu'il aimait est rappelée dans des circonstances analogues, pour caractériser un désir ardent soutenu par la constance, la fidélité et le dévoûment.

Quelquefois Roger disait à sa fiancée : « Je ne méritais pas d'entendre si vite l'aveu qui me transporte; j'aurais dû gagner par quatorze ans de fidèles services le bonheur de vous appartenir, comme *Jacob gagna celui d'être à Rachel.* »

Xavier Marmier, les Ames en peine.

Me voilà à la campagne, George. Je viens, comme autrefois Jacob, garder pendant quatorze ans les troupeaux de mon beau-père, afin de conquérir Rachel.

Octave Feuillet, Alix.

Amoureux des lettres, mais amoureux à l'antique, Raynouard résolut, pour se mettre en état de les cultiver un jour avec indépendance, de retourner dans son pays pour y être avocat et homme d'affaires. *Jacob servit sept ans, suivis de sept autres années, afin d'obtenir Rachel*, la femme selon son cœur. Raynouard se sentait pour les lettres un de ces amours de patriarche, de ces amours vivaces et robustes, et qui résistent au temps : il alla donc plaider et donner des consultations pendant sept ans à Draguignan; puis, après une interruption forcée, il y retournera cinq ou six autres années encore.

Sainte-Beuve, Causeries du lundi.

JACOB LUTTANT AVEC L'ANGE.

Jacob quitta la maison de Laban, avec sa famille et ses troupeaux, pour retourner au pays de Chanaan. Ayant appris qu'Ésaü, toujours irrité contre lui, venait à sa rencontre à la tête de quatre cents hommes, il se fit devancer par des serviteurs chargés de lui offrir des présents pour l'apaiser. Ce fut alors que, resté seul, il soutint pendant toute la nuit une lutte mystérieuse avec un ange qui, n'ayant pu le terrasser, termina le combat en le touchant à la cuisse, ce qui le rendit boiteux. Et l'ange lui dit en le quittant : « Tu t'appelleras désormais *Israël*, c'est-à-dire *fort contre Dieu*. Si donc tu as été fort contre Dieu même, combien le seras-tu davantage contre les hommes! » Au lever du soleil, Jacob aperçut Ésaü qui s'avançait. Il alla au devant de lui, et se prosterna sept fois. Ésaü, de son côté, courut vers son frère et l'embrassa en pleurant.

Ce combat de Jacob avec l'esprit céleste sert à exprimer, dans l'ordre moral, une lutte opiniâtre où le courage et la constance finissent par triompher de tous les obstacles. La poésie surtout se plaît à comparer à Jacob luttant contre l'ange les esprits supérieurs aux prises avec les difficultés qu'ils rencontrent dans l'accomplissement de leur mission. C'est ainsi que, dans ses *Méditations*, Lamartine a peint Bonaparte luttant pour faire succéder en France un gouvernement fort et régulier à dix années de révolution :

> Tu combattis l'erreur sans regarder le nombre;
> Pareil au fier *Jacob*, *tu luttas contre une ombre*;
> Le fantôme croula sous le poids d'un mortel;
> Et de tous ces grands noms profanateur sublime,
> Tu jouas avec eux, comme la main du crime
> Avec les vases de l'autel.

Rien qu'à voir cette figure pâle, ardente et fatiguée à la fois, on devinait un de ces martyrs de l'art ou de la science, qui, dans la lutte acharnée où les pousse une glorieuse ambition, fléchissent quelquefois sous le Dieu qu'ils osent étreindre, comme chancela *Jacob entre les bras de l'ange*, mais se redressent avec une énergie nouvelle et recommencent le combat jusqu'à ce que la gloire ou la mort le vienne terminer.

CHARLES DE BERNARD, *la Chasse aux amants*.

Ce rêve, ennemi de mon repos, cet ange sans pitié, ce démon souriant, ai-je besoin de vous le nommer, madame? c'était l'image de Marthe.

Après m'être longtemps débattu contre ma vision, comme autrefois *Jacob*, je me sentis terrassé tout à coup, ainsi que l'avait été le patriarche ; seulement, au lieu de me tordre le jarret, la main de mon surnaturel antagoniste me prit au cœur, et, à la fin de la lutte, je me trouvai, non pas boiteux, mais amoureux.

Charles de Bernard, *le Nœud gordien.*

M. Michelet, poursuivant, après trois siècles, cette guerre contre le moyen âge qu'il croit retrouver encore menaçant, commença un jour une de ses leçons au Collége de France en ces mots : « Dieu est comme une mère qui aime que son enfant soit fort et fier, et qu'il lui résiste ; aussi ses favoris sont ces natures robustes, indomptables, qui *luttent avec lui comme Jacob*, le plus fort et le plus rusé des **pasteurs**. Voltaire et Rabelais sont ses élus préférés. »

Sainte-Beuve, *Causeries du lundi.*

> Nous sommes en des temps où, flottante, indécise,
> L'humanité vieillie en deux camps se divise.
> Les uns, sans écouter sa parole de feu,
> *Luttant comme Jacob contre l'esprit de Dieu,*
> Ne voient dans l'univers et son brillant problème
> Qu'un grand tout éternel qui se suffit lui-même,
> Œuvre sans ouvrier, poëme sans auteur,
> Dont il faut chasser Dieu comme un spectre menteur.

Alexandre Soumet, *à l'Archevêque de Paris.*

Les amis de l'abbé Delille s'attendaient qu'il aurait rapporté du commerce de Virgile cette logique lumineuse qui enchaîne les pensées, les beautés, les épisodes au sujet. Ils conviennent entre eux que, pour s'être si longtemps mesuré avec le poëte romain, il n'a fait, au lieu de s'agrandir, que se disloquer les membres, et qu'il est sorti *boiteux, comme Jacob, de sa lutte avec Dieu.*

Rivarol, *Lettres.*

La postérité, que ne préoccuperont point de petits détails de caractère et de vie privée, et qui n'exigera probablement pas, comme l'honorable et éloquent M. Vitet, qu'un poëte soit avant tout un excellent père de famille, la postérité placera Alfred de Musset, non au pied de la colline sacrée, au milieu des roses et des myrtes, mais sur les plus hauts sommets du Parnasse, à côté de ceux qui, comme *Jacob, ont lutté contre l'ange et l'ont terrassé.*

EDMOND TEXIER, *le Siècle.*

Puisque cette heureuse crise a remis ta main dans ma main, mon cœur dans ton cœur, rentrons ensemble dans le vrai de la destinée, non pas avec la sombre ardeur d'un bonheur qui s'écroule, mais avec la sérénité radieuse d'un bonheur qui se renouvelle. Nous n'abandonnerons pas tout à fait notre cher *Bout-du-Monde.* Nous y reviendrons de temps à autre, à ce nid charmant, à cette retraite bénie. Dans l'intervalle, tu travailleras à saisir cet idéal contre lequel tu *luttes comme Jacob contre l'ange,* et qui est la vocation et le tourment, le péril et l'attrait des hommes tels que toi.

ARMAND DE PONTMARTIN, *le Fond de la Coupe.*

JACQUERIE.

On donne le nom de *Jacquerie* au soulèvement des paysans contre la noblesse, qui éclata le 21 mai 1358, jour de la Fête-Dieu. Suivant Froissart, chroniqueur de cour, ces *chiens enragés* (les paysans) se soulevèrent, au nombre de cent mille, dans le Beauvoisis, l'Amiennois, le Vermandois et les lieux environnants, dévastant les châteaux, massacrant les nobles, commettant les crimes les plus épouvantables, jusqu'à faire rôtir un chevalier et à contraindre sa famille à prendre sa part de cet horrible repas. Mais ces allégations sont empreintes d'une grande exagération, et l'histoire juge plus sainement aujourd'hui le terrible soulèvement des *Jacques.* La longue oppression des seigneurs avait depuis longtemps comblé la mesure. Après la déroute de Poitiers, un grand nombre d'entre eux avaient été faits prisonniers; *Jacques Bonhomme* (terme de mépris sous lequel le noble désignait le paysan), déjà épuisé par les exactions permanentes, par les guerres et par les Anglais, dut se saigner de nouveau pour payer leur rançon; la prison, le fouet, les tortures, arrachèrent à l'éternelle victime son dernier morceau de pain noir. En outre, l'incurie de la noblesse devant l'invasion anglaise acheva d'exaspérer le peuple des campagnes. Ainsi, d'un côté le désespoir des paysans, de l'autre leur haine de l'étranger et des nobles, telles sont les causes principales de la formidable révolte que l'histoire a désignée sous le nom de *Jacquerie.*

Ce mot, un peu détourné de son véritable sens historique, sert à caractériser toute révolte où les exécutions sanglantes et arbitraires jouent le principal rôle, et, par extension, toute tentative d'affranchissement dans le domaine de l'industrie, des arts, etc., par des moyens prompts et violents.

Terminons par ces lignes expressives de M. Michelet :

« Alors commence une furieuse guerre. Elle commence entre deux rois, elle finit entre deux peuples. C'est la forte et petite Angleterre qui vient secouer rudement la France endormie. Le sommeil est profond après ce long enfantement du moyen âge. Pour arriver jusqu'au peuple, il faut que l'Anglais passe à travers la noblesse. Celle-ci, battue à Crécy, prise et rançonnée à Poitiers, s'enferme dans ses châteaux; l'Anglais ne peut l'en tirer; les plus outrageuses provocations suffisent à peine. Cinq ou six fois elle refuse la bataille avec des armées doubles et triples. Alors l'Anglais s'en prend à l'homme du peuple, au paysan; il lui coupe arbres, vignes, l'affame, le bat, lui brûle sa maison, lui tue son porc, lui prend sa femme, donne aux chevaux la moisson en herbe... Il en fait tant, que le *bonhomme Jacques* se réveille, ouvre les yeux, se tâte, et remue les bras. Furieux de misère et n'ayant rien à perdre, il se rue contre son seigneur, qui l'a si mal défendu; il lui casse ses sabots sur la tête : cela s'appelle la *Jacquerie*. Jacques a senti sa force. Les étrangers revenant, il sent de plus son droit; il s'avise que son Dieu est du parti français. Alors les femmes mêmes s'en mêlent; elles jettent leurs quenouilles, et mènent les hommes à l'ennemi. Cette fois, Jacques s'appelle *Jeanne* : c'est *Jeanne la Pucelle.* »

Ce qui effraye le plus dans les partis, ce n'est pas ce qu'ils disent, c'est ce qu'ils négligent ou refusent de dire. L'inconnu, voilà ce qui épouvante surtout les âmes faibles. Le parti démocratique sera-t-il accusé de pousser à une *Jacquerie* industrielle, quand il aura scientifiquement développé les moyens de tirer l'industrie du désordre effroyable où elle s'égare ?

Louis Blanc, *Organisation du travail.*

Boccace abaisse les imaginations, dégrade les traditions de la poésie chevaleresque, et les ramène aux proportions du conte populaire. Sans le vouloir, il est véritablement révolutionnaire, puisqu'il abolit la féodalité dans les imaginations et dans la poésie. Sur les blasons orgueilleux, il écrit des contes roturiers; il établit une égalité de ridicule entre les gloires de tous les ordres. Cette innocente *Jacquerie* met fin à la littérature féodale, et commence le règne de la littérature bourgeoise et populaire.

Edgar Quinet, *Révolutions d'Italie.*

J'AI FAILLI ATTENDRE.

Louis XIV mettait rigoureusement en pratique ce mot si connu d'un de ses successeurs : « L'exactitude est la politesse des rois. » Rarement, en effet, ce prince manqua d'être exact aux rendez-vous qu'il assignait; mais, s'il était exact, il exigeait qu'on fût empressé. Ses voitures, un jour, n'étant arrivées qu'à l'heure précise où il les avait demandées : « *J'ai failli attendre !* » dit-il en regardant sa montre.

M. Édouard Fournier révoque en doute l'authenticité de ce mot orgueilleux, en se basant sur le caractère de Louis XIV. « L'impatience et la vivacité, dit-il, ne vont guère avec l'idée qu'on se fait de ce monarque. » Ce prince, en effet, savait conserver un grand empire sur lui-même dans toutes les circonstances; mais nous ne voyons dans cette exclamation ni impatience ni vivacité; elle peint la hauteur, l'orgueil d'un des plus fiers monarques dont parle l'histoire.

On connaît l'humiliation qu'il imposa à Gênes *la Superbe* après le bombardement de Duquesne; il ne se conduisit pas avec moins de hauteur vis-à-vis du pape lui-même. Le nonce de Sa Sainteté lui ayant représenté que déjà plusieurs souverains avaient renoncé à certaines franchises dont jouissaient à Rome les ambassadeurs étrangers, le monarque répondit : « Je ne me suis jamais réglé sur l'exemple d'autrui, et c'est à moi de servir d'exemple. » Sur la fin de son règne, et alors que l'adversité avait dû abattre son orgueil, il fit cette fière réponse aux représentations que lui adressait l'ambassadeur d'Angleterre sur des travaux entrepris à Mardick en vue de suppléer au port de Dunkerque : « Monsieur l'ambassadeur, j'ai toujours été le maître chez moi, quelquefois chez les autres : qu'on ne m'en fasse pas souvenir. » Chateaubriand a peint énergiquement ce côté du caractère du grand roi : « Ce prince écrasa les libertés publiques, viola les priviléges des provinces et des cités, et posa toujours sa volonté pour règle. Il ne lui vint pas même en pensée que la liberté, la propriété, la vie de ses sujets, ne fussent pas à lui. Dans les idées du temps, ou plutôt dans les idées formées par Louis XIV, cela ne choquait point. Mais ce que l'on ne sentait point alors, les générations suivantes le sentirent; l'impression du despotisme resta, et quand Louis XIV eut cessé de vivre, on en voulut à ce roi d'avoir usurpé à son profit la dignité de la nation. »

Quand un roi a été peint et s'est peint lui-même de cette manière, ce n'est pas dans son caractère qu'il faut, à l'exemple de M. Fournier, chercher la négation d'un mot orgueilleux et hautain.

Corneille semble s'être inspiré de ce mot de Louis XIV dans sa tragédie d'*Attila*, quand il fait dire au terrible barbare :

> Où sont donc mes deux rois ? Allez, et qu'on leur die
> Qu'Attila les attend et qu'Attila s'ennuie.

Madame de Montrevel allait répondre; mais en ce moment la porte s'ouvrit, et un homme paraissant :

— Le premier consul attend madame de Montrevel, dit-il.

— Allez, allez, dit Joséphine, le temps est si précieux pour Bonaparte, qu'il est presque aussi impatient que Louis XIV, qui n'avait rien à faire. *Il n'aime pas à attendre.*

Alex. Dumas, *les Compagnons de Jéhu.*

———

— Ce serait la première fois qu'il manquerait à un rendez-vous.
— A ma connaissance, ce serait au moins la seconde.
— Avec moi, pourtant, il est fort exact; il sait que *je n'aime pas à attendre.*
— En cela, tout député de la gauche que vous êtes, vous ressemblez à Louis XIV.

Charles de Bernard, *un Homme sérieux.*

———

Le linge de ce phénix des maris est soigné comme celui du confesseur d'une dévote à péchés véniels. Ses chaussettes sont sans trous. A table, tous ses goûts, ses caprices même sont étudiés, consultés : il engraisse! Il a de l'encre dans son écritoire, et l'éponge en est toujours humide. Il ne peut rien dire, pas même comme Louis XIV : « *J'ai failli attendre!* » Enfin, il est à tout propos qualifié d'*un amour d'homme.*

Honoré de Balzac, *Petites Misères de la vie conjugale.*

———

Bertuccio baissa la tête devant le regard impérieux du maître, et il demeura immobile et sans réponse.
— Ah çà! mais que vous arrive-t-il? Vous allez donc me faire sonner une seconde fois pour la voiture? dit Monte-Cristo du ton que Louis XIV mit à prononcer le fameux : « *J'ai failli attendre!* »
Bertuccio ne fit qu'un bond du salon à l'antichambre, et cria d'une voix rauque :
— Les chevaux de Son Excellence!

Alex. Dumas, *Monte-Cristo.*

———

Il y eut donc un instant de lutte très-critique entre ces deux femmes : aucune des deux ne voulait céder à l'autre le moindre avantage; aucune des deux ne voulait tendre la main la première, celle-ci pour donner, celle-là pour recevoir. Elles étaient là toutes les deux : l'une tendant la main avec l'arrogance du mendiant à escopette dans *Gil Blas;* l'autre regardant la quêteuse face à face, d'égale à égale, d'un regard irrité et qui disait comme le regard du grand roi : « *Je crois que j'ai attendu !* »

J. Janin, *le Chemin de traverse.*

J'AIME PLATON, MAIS J'AIME ENCORE PLUS LA VÉRITÉ.

Platon et Aristote sont les deux plus illustres représentants de la philosophie ancienne. Le premier, disciple de Socrate, était dans tout l'éclat de sa renommée, quand Aristote vint à Athènes pour suivre ses leçons. L'élève ne tarda pas à devenir aussi célèbre que le maître; mais deux esprits de cette supériorité, et en même temps si différents, faits pour régner l'un et l'autre dans le domaine de la pensée, devaient bientôt se séparer. Aussi Aristote, sans être, comme on l'a dit, l'ennemi de son maître, n'adoptait-il pas toutes les conséquences de sa doctrine; toutefois, lorsqu'il se trouvait en contradiction avec lui, il savait exprimer son opinion avec la sage mesure d'un philosophe et non l'amertume d'un rival. « *J'aime Platon,* disait-il, *mais j'aime encore plus la vérité; amicus Plato, sed magis amica veritas.* »

Cet hommage rendu à la vérité, quand on la croit en désaccord avec les doctrines d'un génie même transcendant, est passé en proverbe.

Mes observations sont de deux espèces : les unes ont pour objet le fond ; les autres, la forme ; et il n'entre dans mes objections aucune sorte de partialité ; mais j'ai des doutes et je cherche à les éclaircir : *Aristote est mon ami, mais la vérité l'est plus encore.*

Fréron, *Année littéraire.*

J'AI PERDU MA JOURNÉE.

L'empereur Titus, que l'histoire a surnommé *les Délices du genre humain,* s'écriait, quand il avait passé un seul jour sans trouver l'occasion de faire du bien : « Mes amis, j'ai perdu ma journée. »

Dans son *Épître au roi,* Boileau a traduit en beaux vers cette généreuse pensée :

> Tel fut cet empereur sous qui Rome adorée
> Vit renaître les jours de Saturne et de Rhée;
> Qui rendit de son joug l'univers amoureux;
> Qu'on n'alla jamais voir sans revenir heureux;
> Qui soupirait le soir, si sa main fortunée
> N'avait par ses bienfaits signalé la journée.

Louis XIV fut charmé de ce passage et se le fit relire jusqu'à trois fois.

Marsollier a aussi versifié l'exclamation de Titus, mais dans un sens bien différent :

> On blâme dans la jeune Hortense
> Ses goûts légers, son inconstance :
> C'est se montrer bien rigoureux !
> Elle a pris Titus pour modèle,
> Et tout comme lui cette belle
> Veut tous les jours faire un heureux.

— Ce n'est pas, dit le docteur, que je me sente envie de manger ; mais il me faut mon potage. C'est une si vieille habitude que, quand je passe un seul jour sans en prendre, je dis : *J'ai perdu ma journée.*   BRILLAT-SAVARIN, *Physiologie du goût.*

Le peu d'argent qu'il gagnait, Colline le dépensait en achats de bouquins. Ce qu'il faisait de tous ces livres, si nombreux que la vie d'un homme n'aurait pas suffi pour les lire, personne ne le savait, et il le savait moins que personne. Mais ce tic avait pris chez lui les proportions d'une passion ; et lorsqu'il rentrait le soir sans rapporter un nouveau bouquin, il refaisait pour son usage le mot de Titus, et disait : « *J'ai perdu ma journée.* »

HENRI MURGER, *Scènes de la Vie de Bohème.*

Providence des veuves inconsolables et des filles sur le retour, lorsqu'elle n'a pas arrangé une entrevue, présidé à l'achat d'une corbeille ou discuté les préliminaires d'un contrat, il lui semble, comme à Titus, qu'*elle a perdu sa journée.*

CHARLES DE BERNARD, *l'Écueil.*

Mademoiselle de Corandeuil se leva, récapitulant que, dans la matinée, elle avait trouvé moyen de sermonner assez vertement trois personnes, et que, par conséquent, elle ne pouvait pas dire comme Titus : « *J'ai perdu ma journée.* » Ce fut donc avec un contentement d'elle-même égal à la majesté de sa démarche, qu'elle sortit du salon escortée de son carlin.

CHARLES DE BERNARD, *Gerfaut.*

Après la bénédiction nuptiale, on nous fit entrer dans la sacristie. J'embrassai la jolie madame Bernard sur le duvet de pêche de ses deux joues, et je pensai, comme Titus, que *je n'avais pas perdu ma journée*.   EDMOND ABOUT, *les Parents de Bernard*.

Le plaisant de profession a toujours une collection de *pointes* toutes faites, qu'il a pêchées un peu partout, dans le *Charivari*, dans le *Tintamarre*, dans le *Figaro*, à l'estaminet, parfois dans les almanachs. Il a grand soin de faire naître dans la causerie l'occasion d'*improviser* les mots ainsi préparés d'avance; et, quand il n'en a pas écoulé un nombre déterminé, il est bien malheureux; comme Titus, *il a perdu sa journée*.
       VICTOR FOURNEL, *le Plaisant de profession*.

Aimer, aimer, c'est être utile à soi ;
Se faire aimer, c'est être utile aux autres.

Ce distique d'une de ses chansons peut servir de devise à la vie de Béranger. On pense peut-être que c'est lorsqu'il n'a pas fait une chanson que Béranger dit : « *J'ai perdu ma journée*. » Eh! non, c'est quand il n'a pas été utile à quelqu'un.
       PAULIN LIMAYRAC, *la Presse*.

J'AI TROUVÉ !

Cette exclamation que l'on fait entendre quand, après de longues recherches, l'esprit, soudainement inspiré, arrive à la découverte qu'il poursuivait, a été proférée pour la première fois par Archimède dans les circonstances suivantes. Hiéron, roi de Syracuse, soupçonnait un orfèvre, qui lui avait fabriqué une couronne en or, d'avoir falsifié le métal en y mêlant une certaine quantité d'argent. Il consulta Archimède, son parent, sur les moyens de découvrir la fraude dont il croyait avoir à se plaindre. L'illustre mathématicien réfléchissait profondément à la solution possible de ce problème, quand, un jour qu'il était au bain, il s'aperçut que ses membres, plongés dans l'eau, perdaient considérablement de leur poids; que, par exemple, il pouvait soulever une de ses jambes avec une extrême facilité. Son génie entrevit aussitôt les éléments de ce grand principe d'hydrostatique, qu'il détermina ensuite rigoureusement : que tout corps plongé dans l'eau perd de son poids le poids du volume d'eau qu'il déplace. Cette découverte lui donnait la solution du problème. Dans l'enthousiasme que lui causa cette révélation, il sortit du bain et s'élança dans la rue en criant : « *J'ai trouvé !*

j'ai trouvé! Euréka! Euréka! » En effet, il avait trouvé le moyen de déterminer la pesanteur spécifique de tous les corps, en prenant l'eau pour unité. Il se procura donc deux masses d'or et d'argent, chacune d'un poids égal à la couronne : il les plongea successivement dans un vase rempli d'eau, en observant avec soin la quantité de liquide déplacé par l'immersion de chacune d'elles. Il soumit à la même épreuve la couronne elle-même, et trouva ainsi un moyen certain d'apprécier la quantité d'or et d'argent dont elle était composée.

Dans ses *Études et Lectures et sur sciences d'observation*, M. Babinet dit, à propos de cette belle découverte :

« Il nous serait bien facile maintenant, comme Archimède, de trouver, sans l'entamer, la quantité d'or et d'argent contenue dans la couronne du roi Hiéron fabriquée par l'infidèle ouvrier Démétrius; mais trouver le moyen de reconnaître la fraude sans endommager un travail exquis, voilà ce qu'Archimède seul pouvait imaginer, ce qui lui faisait crier *Euréka!* je l'ai trouvé! En un mot et par une seule image, il est infiniment plus aisé d'allumer mille flambeaux à un premier flambeau allumé déjà, que de donner la flamme à ce premier flambeau lui-même. »

La poésie latine a eu, comme la science, son Archimède; tout le monde connaît Santeuil, ce poète si original que La Bruyère nommait un *enfant à cheveux gris*. Une nuit qu'il était dans son lit, agité par le délire de l'inspiration poétique, il se leva tout à coup, ouvrit la porte de sa cellule, et courut en chemise dans le dortoir du couvent (1), criant à haute voix : « *Je l'ai trouvé! je l'ai trouvé!* » Les religieux s'éveillent en sursaut, et Santeuil de crier en gesticulant : « J'ai trouvé le plus beau vers que Dieu ait jamais fait! » C'était le *Stupete, gentes...*

A l'époque où Cuvier et Geoffroy Saint-Hilaire illustraient le Muséum, la manie des collections s'abattit, comme une épidémie, sur les fonctionnaires de cet établissement. Un d'eux, curieux de se singulariser, chercha longtemps quel rassemblement il pourrait former, auquel personne avant lui n'eût songé. Enfin il poussa le cri d'Archimède, l'*euréka* de tous les chercheurs heureux. Il avait imaginé de colliger les excréments des animaux confiés à sa garde. Il n'a pas fait école.

Victor Meunier, *le Siècle.*

La misère est rêveuse, la solitude créatrice. La pensée de mon grand travail sur les étymologies me poursuivait dans les bois, dans les ravins, dans les fondrières. Quand le sommeil invincible, surtout à cet âge, m'avait surpris dans un sillon voilé d'épis ou sous quelques broussailles, il m'est arrivé cent fois de me réveiller comme Archimède, sur la solution d'un problème lexicologique, en criant :

(1) De Saint-Victor, à Paris.

Je l'ai trouvée ! et de courir les pieds nus dans la campagne avec une folle joie.

Charles Nodier, *Préface de l'Examen des Dictionnaires.*

Quiconque porte la vérité en lui a mis le pied sur le péristyle de l'éternité. Il repose en Dieu désormais, tout bien de la terre pâlit à son regard devant ce bien souverain. Tant que ce bien souverain lui reste, il défie la destinée, il possède son âme en paix au sein même de l'indigence. Demandez plutôt à Newton ce que pèse n'importe quelle couronne d'empereur à côté de la découverte de l'attraction. Quand ce cri : *J'ai trouvé !* put sortir enfin de sa poitrine dilatée par l'émotion, il tomba évanoui et foudroyé par l'extase.

Eugène Pelletan, *Le Monde marche.*

Certain aventurier d'une ville d'Afrique, à la recherche d'une idée, comme tant d'autres, se lève un jour tout radieux, et se frappant le front : « *J'ai trouvé ! j'ai trouvé !* » s'écrie-t-il comme Archimède. Il brosse son habit râpé, cire ses bottes à soupape, met du linge blanc et s'en va trouver le gouverneur.

P.-J. Proudhon, *Manuel du spéculateur à la Bourse.*

Le duc de Rohan, qui connaissait M. de Lamennais, lui récita quelques strophes d'une ode de moi sur l'enthousiasme. M. de Lamennais, qui était au lit, se leva sur son séant en s'écriant : « *J'ai trouvé !* Nous avons trouvé un poëte ! » Il désira me connaître.

Lamartine.

J'AVAIS POURTANT QUELQUE CHOSE LA.

André Chénier avait accueilli la Révolution avec transport, et l'avait saluée par quelques chants qui respirent l'enthousiasme de la liberté. Mais, épouvanté des excès de la Terreur, il ne tarda pas à exhaler en vers énergiques son horreur pour l'anarchie. Bientôt arrêté comme suspect, il fut envoyé à la prison de Saint-Lazare. Là, à la veille de voir sa lyre se briser, son talent poétique sembla grandir encore, et c'est sans doute en faisant un triste retour sur lui-même qu'il composa la magnifique élégie de la *Jeune Captive :*

> L'épi naissant mûrit, de la faux respecté ;
> Sans crainte du pressoir, le pampre, tout l'été,

> Boit les doux présents de l'aurore ;
> Et moi comme lui belle, et jeune comme lui,
> Quoi que l'heure présente ait de trouble et d'ennui,
> Je ne veux point mourir encore.

Son ami et son compagnon de captivité, le jeune Trudaine, avait dessiné sur le mur de leur cachot un arbre fruitier, d'où pendait une branche rompue sur laquelle se lisaient ces mots : *J'aurais porté des fruits.*

Le cœur se serre en lisant ces vers, interrompus par la mort, qu'André Chénier traçait au crayon au moment où son nom retentit pour le fatal départ :

> Comme un dernier rayon, comme un dernier zéphyre
> Anime la fin d'un beau jour,
> Au pied de l'échafaud j'essaye encor ma lyre !
> Peut-être est-ce bientôt mon tour !...
> Peut-être avant que l'heure, en cercle promenée,
> Ait posé sur l'émail brillant,
> Dans les soixante pas où sa route est bornée,
> Son pied sonore et vigilant,
> Le sommeil du tombeau pressera ma paupière.
> Avant que de ses deux moitiés
> Ce vers que je commence ait atteint la dernière,
> Peut-être, en ces murs effrayés,
> Le messager de mort, noir recruteur des ombres,
> Escorté d'infâmes soldats,
> Remplira de mon nom ces longs corridors sombres...
> . . . .
> . . . .

Il fallut alors monter sur l'ignoble charrette. L'attendrissement de Chénier fut profond, en retrouvant à ce rendez-vous funéraire son ami Roucher, l'auteur du poème des *Mois*. Tous deux allèrent au supplice en s'entretenant de poésie, en récitant la première scène d'*Andromaque*, entre Oreste et Pylade, commençant par ces vers, qui renfermaient pour eux une si poignante ironie :

> Oui, puisque je retrouve un ami si fidèle,
> Ma fortune va prendre une face nouvelle ;
> Et déjà son courroux semble s'être adouci,
> Depuis qu'elle a pris soin de nous rejoindre ici.

Tout à coup André Chénier s'arrête, et, se frappant le front : « Hélas ! s'écria-t-il, je n'ai rien fait pour la postérité ; et *pourtant j'avais quelque chose là.* » André Chénier avait à peine trente-deux ans.

Dans ses *Harmonies poétiques* (Ode au peuple en 1830), M. de Lamartine a rappelé éloquemment le dernier cri de l'infortunée victime :

> Souviens-toi du jeune poëte,
> Chénier, dont sous tes pas le sang est encor chaud ;
> Dont l'histoire en pleurant répète
> Le salut triste à l'échafaud !
> Il rêvait, comme toi, sur une terre libre,
> Du pouvoir et des lois le sublime équilibre ;
> Dans ses bourreaux il avait foi !
> Qu'importe ? il faut mourir, et mourir sans mémoire !
> Eh bien ! mourons, dit-il ; vous tuez de la gloire ;
> J'en avais pour vous et pour moi !

M. Louis Müller, un de nos peintres les plus distingués, a exposé au salon de 1850 un tableau saisissant, l'*Appel des victimes de la Terreur,* où l'on voit groupés les portraits historiques de tout ce que la Révolution a immolé de plus illustre. Au premier plan figure André Chénier ; sa tête est appuyée sur une main, de l'autre il tient des tablettes ; et, complètement absorbé par sa pensée poétique, il semble indifférent à la scène déchirante qui se passe autour de lui.

Ce tableau est aujourd'hui au musée du Luxembourg.

—⊷⊶⊷—

Le plus curieux, sans contredit, le plus varié, le plus intéressant des types populaires, c'est la race de ces grands comédiens que le vulgaire nomme des charlatans. Malheur à qui n'a jamais tressailli au mugissement joyeux de leur orchestre, quand il convoque autour d'eux le ban et l'arrière-ban des badauds ; à qui n'a pas contemplé avec vénération le grand homme debout sur son trône et dominant la foule, majestueux et serein ; à qui ne s'est pas rangé, lui-même palpitant d'émotion comme un enfant, dans le cercle muet et docile ; à qui ne s'est pas dit, en entendant cette voix souvent enrouée, mais toujours convaincue : *Il y a quelque chose là !*

VICTOR FOURNEL, *Ce qu'on voit dans les rues de Paris.*

———

Hélas ! un mois d'hiver suffit, le plus souvent, pour les flétrir à tout jamais, ces chefs-d'œuvre d'un jour !

Sans compter les jeunes poètes qui meurent avant d'avoir produit tout ce qu'ils pouvaient produire, en se disant à la façon d'André Chénier : « *J'avais pourtant quelque chose là !* » à chaque pas je rencontre de ces victimes de la tragédie et du roman, dont le nom fut célèbre un instant, et dont personne, excepté moi peut-être, ne sait plus le nom aujourd'hui. J. JANIN, *Littérature dramatique.*

———

— Quel autre mot que celui de végétation pourrait convenir à la vie que je mène ici depuis dix-huit mois ? Oui, je descends de jour en jour à l'état de végétal, si même je n'y suis pas déjà parvenu... *Et cependant il y avait quelque chose là !*

Et le substitut se frappa le front, comme fit André Chénier marchant à l'échafaud. CHARLES DE BERNARD, *les Ailes d'Icare.*

———

— Votre voix, qui m'a fait entendre les mots de gloire et de renommée, vibre sans cesse à mon oreille, et malgré moi j'en écoute les accents magiques. Il s'élève alors dans mon âme je ne sais quel orgueilleux orage. Ce matin, le croiriez-vous? je me suis surpris me frappant le front et disant comme Chénier : *Il y a quelque chose là!* Quelle folie, n'est-ce pas?

CHARLES DE BERNARD, *Un homme sérieux.*

———

— Je n'en doute pas, dit madame de Pontailly avec une douce gravité, j'en atteste un instinct qui ne m'a jamais trompée : *Il y a quelque chose là!*

La marquise se pencha lentement vers le vicomte, et, du bout d'un doigt blanc et satiné, elle lui effleura le front.

CHARLES DE BERNARD, *Un homme sérieux.*

———

Les premiers écrivains de la France sont descendus dans l'arène; chaque page de journal est devenue un livre, sujette, comme un livre, à critique, à grammaire, à censure, à l'esprit et à la grâce, de sorte qu'il en faut à tout prix pour n'être pas confondu avec la foule. Quelle vie littéraire résisterait à une profusion dont on ne vous sait gré que pendant une heure? Et pour tout résultat d'une vie ainsi perdue, d'un avenir perdu, pas de nom, pas de gloire! On meurt après dix ans comme André Chénier, en portant la main à son front: *J'avais pourtant quelque chose là!* J. JANIN, *Revue de Paris.*

———

JE M'APPELLE LÉGION.

Jésus parcourait avec ses disciples le pays des Géraséniens, lorsqu'un homme possédé du démon vint à lui. Jésus dit alors : « Esprit impur, sors de cet homme ; » puis il lui demanda : « Quel est ton nom? — Je m'appelle *Légion*, parce que nous sommes plusieurs; » et il le suppliait de ne point le chasser. Or, il y avait là un grand troupeau de pourceaux qui paissaient le long de la montagne. Jésus commanda aux esprits impurs, qui abandonnèrent le démoniaque, et entrèrent dans le corps des pourceaux. Aussitôt tout le troupeau, qui était de près de deux mille, se précipita dans la mer, où tous furent engloutis.

———

Il y a deux êtres différents dans le grand homme : l'un, celui qui meurt, est borné, incomplet, sujet à faillir; l'autre, celui qui survit, est tout impersonnel; il représente un siècle ou une vérité; il se nomme *Légion*. LANFREY, *l'Église et les Philosophes.*

Dans la biographie de Béranger, on trouve non pas seulement un homme, mais une époque; car Béranger, comme Voltaire, fut de ceux qui, à leur heure, se nomment *Légion*.
Revue de l'Instruction publique.

La Toscane, Parme et Modène n'ont pour prétendants que des ducs ou des duchesses, de simples laïques, ce n'est rien! Mais les Romagnes ont pour prétendants le pape et les cardinaux, c'est beaucoup! On vient aisément à bout des premiers; on a difficilement raison des seconds. Ceux-là s'appellent François ou Robert : ceux-ci s'appellent *Légion*. LOUIS JOURDAN, *le Siècle.*

J'ai lu l'article de M. Paulin Pâris, ou plutôt la diatribe à laquelle il a mis sa signature; car on dit que les matériaux lui ont été fournis par plusieurs mains, et que cette pièce devrait être signée *Légion*.
GÉNIN, *Récréations philologiques.*

Être ennemi de la Restauration et lui nuire, voilà le seul titre d'admission qu'exigeait le recueil de la *Minerve*. Du reste, depuis l'élégie sur les régicides jusqu'à l'églogue sur les soldats laboureurs, depuis le pamphlet révolutionnaire jusqu'à la dissertation constitutionnelle, tout trouvait place dans cette espèce de Babel de l'opposition. Comme le démon dont il est parlé dans l'Évangile, la *Minerve* aurait pu dire : « Je m'appelle *Légion*. »
ALFRED NETTEMENT, *Littérature sous la Restauration.*

JE N'AI QU'A FRAPPER DU PIED LA TERRE POUR EN FAIRE SORTIR DES LÉGIONS.

Ce mot présomptueux, et qui marque en soi-même une confiance démesurée, a été prononcé par Pompée, au moment où on lui conseillait de prendre des mesures contre César, qui se préparait à passer le Rubicon. En effet, si jamais il a été permis à un homme d'avoir cette aveugle confiance dans sa fortune, c'est à celui qui a été surnommé le Grand, l'heureux Pompée. Partout, dans la Cisalpine, en Sicile, en Asie, en Afrique, il acquit une immense réputation militaire en détruisant les restes d'un parti déjà vaincu. Une chose vraiment digne de remarque, c'est le bonheur constant qui favorisa toutes ses opérations, sans qu'il y ait eu parfois la moindre part. Après la mort de Sylla, il n'eut qu'à se présenter pour anéantir ce qui restait du parti de Marius. Au moment d'être vaincu peut-être par Sertorius, ce grand capitaine est assassiné par son lieutenant Perpenna, dont Pompée triomphe ensuite facilement. A son retour d'Espagne, il rencontre en Lucanie quelques milliers d'esclaves échappés au glaive de Crassus; il les extermine sans peine, et Rome lui attribue tout l'honneur d'avoir terminé la terrible guerre des gladiateurs. On lui donne par reconnaissace le commandement de la guerre contre les pirates, avec un pouvoir extraordinaire et des forces considérables; en quelques mois il termine cette facile expédition et purge la Méditerranée. Les Romains, dont il est devenu l'idole, lui continuent ses pouvoirs illimités pour l'achèvement de la guerre contre Mithridate, presque écrasé déjà par Lucullus. D'autres conquêtes non moins faciles mettent le comble à sa renommée.

Mais il devait rencontrer dans César un rival plus redoutable, et ce long enchainement de prospérités allait enfin se briser. Néanmoins, sa confiance en lui-même ne l'abandonna pas au moment du danger. Quand César marcha sur Rome à la tête de ses légions victorieuses, Pompée n'avait fait, de ce côté des Alpes, nul préparatif, n'avait pris nulle mesure de défense; et comme on lui demandait avec quelle armée il arrêterait son ennemi s'il passait les monts : « *En quelque endroit de l'Italie que je frappe du pied*, répondit-il, *il en sortira des légions.* » Cette confiance dans une popularité évanouie devait être cruellement déçue par l'événement; à peine le vainqueur des Gaules avait-il franchi le Rubicon, que Pompée, désespérant de la défense de Rome, s'enfuyait à Brindes avec les sénateurs, les magistrats et un grand nombre de citoyens.

Monseigneur le duc d'Orléans invita Boileau à dîner; c'était un jour maigre et l'on n'avait servi que du gras. On s'aperçut qu'il ne touchait qu'à son pain. « Il faut bien, lui dit le prince, que vous mangiez gras comme les autres; on a oublié le maigre. — *Vous n'avez qu'à frapper du pied*, monseigneur, lui répondit le poëte, et les poissons sortiront de terre. » *Galerie littéraire.*

Il (1) passa en France, obtint du premier consul la promesse de seconder l'effort des Irlandais, et quand la guerre éclata entre la France et l'Angleterre, il revint en Irlande et donna le signal de l'insurrection. Il avait espéré qu'en criant : « Liberté ! » et en *frappant*

(1) Robert Emmet, jeune Irlandais qui conspira en 1803 pour affranchir sa patrie du joug de l'Angleterre, et qui périt sur l'échafaud.

du pied la terre, il en sortirait des légions. Cinquante hommes, ce fut toute l'armée du jeune libérateur !

Hippolyte Rigault, *Conversations littéraires.*

— Mon bon Victor, dit Blondeau d'une voix douce, si tu voulais seulement ajouter un millier d'écus à l'argent qu'a déjà fait pousser de terre cette pauvre Théodosie, dès demain je pourrais être libre !

— Te moques-tu de moi ? répondit Deslandes en se levant par un mouvement brusque ; si madame n'a qu'à *frapper du pied* pour que l'argent sorte de terre, je ne suis pas doué du même privilége.

Charles de Bernard, *les Ailes d'Icare.*

Que ne m'est-il donné de te suivre dans ces déserts que l'industrie espagnole a transformés en villes florissantes ! Tio Blas, que ton peuple me semble grand ! Insatiable de richesses, il a *frappé cette terre du pied,* et il en est sorti des monceaux d'or !

Roger de Beauvoir, *le Chevalier de Saint-Georges.*

Dès 1833, à la première apparition de son livre sur la *Démocratie en Amérique,* M. de Tocqueville annonça que la liberté courait en France et en Europe des périls imminents. Ce siècle ne le crut pas. Il marchait plein de confiance en lui-même, sûr de son triomphe, dédaignant les conseils autant que les prophéties, convaincu comme Pompée, l'avant-veille de Pharsale, qu'il n'aurait qu'à *frapper du pied* pour donner à Rome, au sénat, à la république, d'invincibles légions.

Lacordaire, *Discours de réception à l'Académie.*

J'EN APPELLE A PHILIPPE A JEUN

Plutarque, Élien, Sénèque et plusieurs autres auteurs ont recueilli sur Philippe, roi de Macédoine, des paroles et des actions qui peignent son caractère, et font connaître son esprit, ses vertus et ses vices. Un esclave était chargé de lui dire chaque matin, à son réveil : « *Philippe, souviens-toi que tu es mortel.* » Ses courtisans lui conseillaient de bannir un homme qui disait du mal de lui : « *Bon, bon,* répondit-il, *pour qu'il aille en médire partout.* » On l'excitait à chasser de sa cour un philosophe qui avait la hardiesse de lui adresser des reproches :

« *Prenons garde*, répondit-il, *si nous ne lui en avons point donné sujet.* » Quand il apprenait qu'un de ses ennemis était dans la gêne, il lui faisait porter des secours, et disait à ce sujet ce mot, qui annonce au moins une politique habile : « *Il est au pouvoir des rois de se faire aimer ou haïr.* » Après la bataille de Chéronée, Philippe, dans l'enivrement de la victoire, insultait aux prisonniers. L'orateur Démades, l'un d'eux, dit alors hardiment au prince : « Tu joues le rôle de Thersite, quand tu pourrais être un Agamemnon. » Cet avis généreux valut la liberté à Démades et un traitement plus doux aux autres prisonniers.

Une pauvre femme le pressait de lui rendre justice, et comme il la renvoyait de jour en jour : « Cessez donc d'être roi, » lui dit-elle avec émotion. Ce mot naïf, mais profond, ramena soudain Philippe à son premier devoir. A une audience publique, comme il se tenait dans une position peu convenable, un esclave l'en avertit : « Qu'on mette cet homme en liberté, dit Philippe, j'ignorais qu'il fût de mes amis »

Un autre jour, une femme vint lui demander justice au sortir d'un long festin, et fut condamnée : « *J'en appelle*, s'écria-t-elle vivement. — Et à qui ? répondit le roi ; — *A Philippe à jeun*, » répliqua-t-elle ; et Philippe examinant de nouveau l'affaire reconnut l'injustice de son jugement et la répara aussitôt.

Cette dernière anecdote est restée célèbre, et il y est fait souvent allusion. Mais on varie sur la dernière partie de la réplique, et au lieu de dire *à Philippe à jeun*, on dit quelquefois *à Philippe mieux informé*. On dit encore, mais par erreur, *à César mieux informé*.

Même dans la sphère de la loi civile, le commandement ne peut jamais être absolu ni l'obéissance entièrement passive. On doit commencer par obéir à l'autorité constituée ; mais il y a toujours le droit de réclamer auprès d'une autorité supérieure. Dans toute société humaine, il doit y avoir un recours, un appel quelconque, fût-ce *de Philippe à Philippe mieux informé* ou *à jeun*.

BAUTAIN, *la Religion et la Liberté.*

Jean Huss, élu recteur par le suffrage des recteurs bohêmes, imprime à ses prédications une direction plus hardie : il attaque la légitimité des possessions du clergé et la primauté du pape. Le pontife Alexandre V ordonne à l'archevêque Sbinko de réprimer ces doctrines dangereuses. Le prélat interdit la prédication à Jean Huss, qui, bravant cette défense, *en appelle du pape mal informé au pape mieux informé*, et continue à prêcher.

Dictionnaire de la Conversation.

— Finissons, dit Legouvé, qu'il ne soit plus question de duel entre vous ; donnez-vous la main, et allons souper ensemble.

— Vous avez raison, reprit Vigée, dont le grand air avait rafraîchi la tête assez incandescente de sa nature, et que, de plus, échauffaient ce soir-là quelques verres de vin de Champagne ; il serait ridicule de se battre pour un pareil sujet ; mais il serait ridicule aussi de souper ensemble.

— Quand on n'a ni faim ni soif, répliquai-je. Eh bien, *j'en appelle à Philippe à jeun !* Demain, à déjeuner !

ARNAULT, *Souvenirs d'un Sexagénaire.*

JE NE ME SENS POINT BLESSÉ.

Cette belle parole est digne de celui qui, le premier, devait faire monter la religion chrétienne sur le trône des Césars ; mais malheureusement elle ne paraît pas avoir toujours été la devise de son règne, et la mémoire de Constantin sera éternellement souillée par le meurtre de son fils Crispus, qui, nouveau Germanicus, était l'espoir du peuple romain. A cette époque, Constantin flottait entre le catholicisme et les sectateurs d'Arius. Ces derniers, furieux de ce que l'empereur n'embrassait pas leurs opinions, brisèrent ses statues. Ses courtisans lui conseillaient la vengeance « Alors, dit saint Chrysostome, l'empereur, en se tâtant la tête et les joues : « *Pour moi*, dit-il avec un doux sourire, *je ne sens aucune blessure*, ni au front, ni au visage, et tout me paraît sain et entier. »

D'ailleurs, les femmes sont très bonnes ; elles excusent presque toujours les pierres que la colère d'un amant jette à leur statue, et disent volontiers, avec l'indulgent sourire de l'empereur romain : *Je ne suis pas blessée !*

CHARLES DE BERNARD, *Gerfaut.*

JE PORTE TOUT AVEC MOI.

Le philosophe Bias, un des sept sages de la Grèce, était de Priène et florissait vers le milieu du sixième siècle avant J.-C. Il refusa toujours d'employer ses talents à faire triompher l'injustice, et bientôt sa réputation fut si bien établie, que l'on disait communément *une cause de l'orateur de Priène*, pour désigner une excellente cause. Il avait coutume de dire : « Il faut vivre avec ses ennemis comme si l'on devait plus tard les avoir pour amis. » Se trouvant un jour sur un vaisseau avec des impies, il les entendit implorer le ciel au milieu d'une tempête : « Taisez-vous, leur dit-il, de peur que les dieux ne sachent que vous êtes ici. »

Priène, sa patrie, ayant été assiégée par les généraux de Cyrus, tous les habitants s'enfuirent, emportant ce qu'ils avaient de plus précieux. On s'étonnait de l'insouciance du philosophe, qui ne faisait aucun préparatif de départ. « *Je porte tout avec moi,* » répondit-il ; donnant ainsi à entendre qu'il n'était point attaché aux biens périssables, et qu'il regardait comme ses biens les plus précieux sa sagesse et le trésor de sa pensée.

Mademoiselle Fanny Bias, danseuse de l'Opéra, partant pour un voyage, n'emportait avec elle qu'un assez mince bagage. Un de ses amis lui en témoigna sa surprise : « Ne voyez-vous pas, lui dit la jolie danseuse, en faisant remarquer sa taille et sa figure, que, comme le philosophe Bias, un de mes illustres aïeux, *je porte tout avec moi ?* »

On a déjà trouvé du fer dans le sang de l'homme. Voici du sucre et nécessairement de l'alcool. Bias avait prévu l'homme tel que la science l'a dévoilé de nos jours, l'homme qui *porte tout avec lui.*

ALPHONSE KARR, *Sous les Orangers*.

Il s'est arrêté ; il est assis sur le haut de la colline. Voilà déjà longtemps qu'il marche, et il lui reste encore bien du chemin à parcourir. C'est un pauvre saltimbanque qui va de ville en ville faire des tours de cartes et de gobelets, et il n'a pas le moyen d'acheter un cheval. Heureusement, son bagage n'est pas lourd et peut tenir facilement sur son dos, comme celui du *philosophe Bias.*

VICTOR FOURNEL, *le Rêve d'un malheureux*.

Au premier étage, il y avait des femmes qui sortaient à la hâte, oubliant de fermer leur chambre, peut-être parce qu'elles *portaient toute leur fortune avec elles,* ces femmes en falbalas et en vieux souliers.

J. JANIN, *le Chemin de traverse*.

On ne trouva rien sur le suicidé (Gérard de Nerval) qu'un passeport et deux de ces reçus d'une administration parisienne bien connue, et qui n'établissent pas l'aisance. C'était d'ailleurs l'habitude du malheureux défunt, on le savait trop, et pour cause, de n'avoir sur lui jamais aucun bijou et toujours fort peu d'argent, à peine la subsistance d'un ou deux jours, bien que, comme le philosophe, *il portât tout avec lui.*

FÉLIX MORNAND, *la Vie de Paris*.

Rien ne refroidit plus le mouvement oratoire que de consulter ces malheureuses notes. Rien n'est plus contraire au prestige de l'éloquence. Elles rabattent à terre l'orateur et l'auditoire.

Tâchez donc, quand vous devez parler, de *porter tout avec vous-même*, comme le philosophe Bias ; et après vous être préparé consciencieusement, laissez-vous entraîner par le courant des idées, par le flot de la parole.

BAUTAIN, *l'Art de parler en public*.

J'admettrais dans mon prytanée les grands poëtes qui auraient eu plus de génie que de prévoyance, les grands artistes qui auraient mieux aimé la gloire que l'argent, les grands ministres sortis pauvres des affaires, les grands philosophes qui *porteraient*, comme Bias, *leur fortune avec eux*, et les grands magistrats, que les vicissitudes des temps laisseraient sans fortune et sans tache.

HIPPOLYTE RIGAULT, *Conversations littéraires*.

JE PRENDS MON BIEN PARTOUT OU JE LE TROUVE.

Les comédies de Molière sont et resteront le plus grand monument de la littérature française, l'éternel honneur du siècle et du pays qui les ont vues naître. Personne n'est descendu plus avant que Molière dans le cœur humain. Il n'y a point de vice, de travers, de ridicule auxquels il n'ait au moins touché, sur lesquels il n'ait laissé l'empreinte de sa main puissante : « Il a peint la bourgeoisie et la noblesse, les marchands, les notaires, les médecins, les provinciaux, les pédants, les fâcheux, les fanfarons, les intrigants, les fripons, les servantes, les valets et les maîtres ; il a mis en scène, avec un égal succès, les ridicules du faux savoir, les dangers de l'innocence livrée à elle-même, la naïveté rustique, l'obstination dévote, l'autorité paternelle, le respect filial, l'avarice, la prodigalité, la faiblesse, l'hypocrisie, l'irréligion, le libertinage, la misanthropie, la jalousie sous toutes ses formes, le mariage avec tous ses écueils ; il a montré toutes les nuances, toutes les variétés de l'amour, à tous les âges, à tous les degrés, dans toutes les conditions ; il a frappé les marquis indignes, dénoncé, avec une connaissance trop réelle du sujet, les unions mal assorties, gourmandé la maussade vieillesse, pardonné beaucoup à la jeunesse riante, et fait passer dans un coin du tableau le pauvre, souvent oublié ; (1) » enfin, il semble avoir confisqué par anticipation l'originalité de ses successeurs.

Telle n'était pas l'opinion de tous ses contemporains, et l'on comprend en effet qu'une pareille supériorité ait éveillé l'envie. On a tenté d'amoindrir sa

(1) Dézobry.

gloire en recherchant les sources où il avait puisé, en faisant voir qu'il s'était approprié tantôt une idée, tantôt un caractère, tantôt une scène, tantôt une pièce tout entière. Il a imité Plaute dans l'*Amphitryon* et dans l'*Avare*; *Don Garcie* et la *Princesse d'Élide* sont empruntés au théâtre espagnol; les *Adelphes* de Térence lui ont fourni l'idée de l'*École des maris*; le *Mariage forcé* est tiré de Rabelais; c'est dans un de nos vieux fabliaux qu'il a trouvé le *Médecin malgré lui*; il doit le fond de deux scènes au *Pédant joué* de Cyrano de Bergerac, un trait de *Tartufe* à Scarron; en un mot, il aurait tout imité et n'aurait rien créé. Eh, qu'importe! Si l'on en excepte les deux comiques latins, toutes ces richesses étaient enfouies, méconnues, méprisées, sans valeur. Reprocherait-on à un alchimiste d'avoir ramassé dans la rue un morceau de plomb pour le changer en or? Molière, comme Virgile, a su tirer des perles du fumier de ses devanciers. Ce qu'il a pris à tout le monde, personne ne le reprendra sur lui, et si, comme on l'a dit, il est permis en littérature de voler un auteur à la condition de le tuer (1), Molière, dans ses prétendus emprunts, n'est justiciable d'aucune loi.

C'était un observateur profond, sans cesse aux aguets, toujours à la piste de la vérité dans ses ardentes recherches; il ne dédaignait pas d'aller s'asseoir au théâtre de Polichinelle, et de s'arrêter devant les tréteaux de Tabarin; c'est de là qu'il rapporta un jour cette scène du *sac*, où Boileau ne reconnaissait plus l'auteur du *Misanthrope*. Il furetait les livres italiens et espagnols, romans, recueils de bons mots, facéties, etc., puis quand il avait trouvé un trait heureux, une idée neuve, une situation comique, un caractère ridicule, il s'emparait de ces richesses, les façonnait, les pétrissait, les frappait à l'empreinte indélébile de son originalité et de son génie, et répondait à ses envieux et à ses détracteurs par cette phrase restée proverbiale : *Je prends mon bien partout où je le trouve.*

Saint-Évremond, cet esprit si fin, si juste, et en même temps si sobre dans l'expression, peint complètement Molière en quelques mots : « Il a pris les anciens pour modèles, inimitable à ceux qu'il a imités, s'ils vivaient encore. »

Au reste, tous les grands écrivains en sont là; ce n'est pas l'invention de la fable qui fait le poëte, c'est le mouvement et la vie qu'on y met. C'est ainsi que La Fontaine répondait à ceux qui lui reprochaient ses emprunts :

> Mon imitation n'est point un esclavage.

C'est ainsi encore que Boileau a dit avec plus de vérité que de modestie, qu'il avait su

> ... Même en imitant, toujours original,
> Rassembler en lui Perse, Horace et Juvénal.

Il ne faut pas croire à tous les contes débités sur l'honnête écrivain-juré de l'Université de Paris au quatorzième siècle, sur sa grande

---

(1) « Les envieux se scandalisaient des emprunts de Molière. On ne pousse pas plus de cris quand on a pris le voleur la main dans le sac. Ils croyaient lui ôter tout ce qu'ils restituaient aux originaux; ils n'ont fait qu'ajouter à ses titres de propriété. Un auteur dérobe le bien d'autrui quand il n'égale pas ce qu'il emprunte : c'est la vieille image du geai paré des plumes du paon. Il reprend son bien, comme disait Molière, quand ce qu'il invente égale ou surpasse ce qu'il emprunte. »   NISARD, *Histoire de la littérature française.*

science en alchimie, sur son pouvoir de convertir en or les plus vils métaux, enfin sur les immenses richesses dont la tour Saint-Jacques est, aux yeux du peuple parisien, le monument symbolique et légendaire. Mais le poëte, qui *prend son bien où il le trouve*, et qui n'est pas tenu au texte précis et positif de la biographie et de l'histoire, doit naturellement se laisser séduire par la figure originale de cet alchimiste courbé sur ses fourneaux, interrogeant ses alambics, scrutant l'arcane du grand œuvre.

Eugène Talbot, *Revue de l'Instruction publique.*

Ces sortes d'œuvres, qui ont toutes les apparences de l'originalité, et qui ne sont rien moins que des œuvres originales, elles ont de nos jours exercé un assez grand empire sur les esprits inertes, stériles, sans conscience et sans probité, qui ne demandent pas mieux, comme ils disent, que de chercher les perles dans le fumier d'Ennius, ou « de *reprendre leur bien partout où ils le trouvent.* »

J. Janin, *Littérature dramatique.*

Voilà ce qui s'appelle écrire la tragédie en grand politique.

En effet, sur un geste de la reine, toute la cour est introduite à l'instant même, et puisque c'est le vœu de son peuple, la reine va se choisir un époux. Ce moment est solennel, et Voltaire, qui *prenait son bien* même là où il ne devait pas le rencontrer, l'a imité, ou plutôt l'a copié, sans y rien changer, dans *Sémiramis*.

J. Janin, *Littérature dramatique.*

N'y a-t-il pas quelque imitation de l'étranger qui soit utile et de bon aloi? Oui, à la condition que nous y prenions notre bien propre, la vérité du cœur humain, où il peut y avoir des découvreurs et des premiers occupants de toutes les nations. Dans ce cas, c'est le mot de Molière dans la bouche de tout un peuple : « *Je prends mon bien où je le trouve.* » Là est la bonne imitation ; l'autre n'est qu'un commerce de dupe, où un pays échange ses qualités contre les défauts d'un autre, et donne son or contre du billon.

Nisard, *Histoire de la Littérature française.*

JÉRÉMIE (LAMENTATIONS DE).

Jérémie, l'un des quatre grands prophètes, vivait à Jérusalem à l'époque où cette malheureuse cité, constamment menacée par les rois d'Assyrie, avait perdu toute son ancienne gloire. Le prophète, au milieu d'une population indifférente et corrompue, ne cessait de leur reprocher leurs crimes et de leur prédire des malheurs prochains et inévitables. Son éloquence est forte, énergique ; ses images sont vives, sensibles et frappantes. Les accents de ce Tyrtée biblique s'élèvent au sublime après la captivité du roi Sédécias et la destruction de la cité sainte. Assis sur les ruines de Jérusalem, il exhale ces lamentations qui sont une des pages les plus admirables de l'Écriture, et que l'Église psalmodie sur un mode si triste aux jours de la semaine sainte :

« Comment, s'écriait-il, est-elle maintenant si solitaire, cette ville autrefois si pleine de peuple ? Comment est-elle comme veuve, celle qui était la maîtresse des nations ? Comment la reine des provinces a-t-elle été soumise au tribut ?

» Elle pleure durant toutes ses nuits, et ses joues sont trempées de larmes ; parmi tous ceux qui furent ses amis, elle ne trouve pas un consolateur ; tous l'ont abandonnée et sont devenus ses ennemis.

» Les chemins qui conduisent à Sion sont dans le deuil, parce qu'il n'y a plus personne qui vienne à ses solennités ; toutes ses portes sont abattues, ses prêtres poussent des gémissements, ses vierges sont dans la douleur, et elle est plongée dans l'amertume.

» Tout l'éclat de Sion s'est évanoui, ses princes sont devenus comme des béliers qui ne trouvent plus de pâturages, et l'ennemi les a chassés devant lui comme un vil troupeau.

» O peuple, dit-elle, voyez s'il y a une douleur semblable à la mienne, depuis que le Seigneur m'a affligée au jour terrible de sa colère.

» Il a envoyé d'en haut un feu pour me consumer. Il a frappé tous mes défenseurs ; mes vierges et mes jeunes hommes ont été emmenés en captivité. C'est pourquoi je suis dans la désolation, et mes yeux répandent des ruisseaux de larmes.

» Le Seigneur a détruit toutes les demeures de Jacob et les remparts de la fille de Juda. Il a renversé les palais d'Israël. Il a démoli son propre Tabernacle, et rejeté son Temple et son autel. Les prêtres et les prophètes ont été égorgés dans le sanctuaire.

» A ces tristes spectacles, je me suis écrié : A qui te comparerai-je, ô ville de Jérusalem ? Où trouverai-je un désastre pareil au tien ? le déluge de tes maux t'a inondée comme une mer.

» Tous ceux qui passaient par le chemin ont battu des mains en te voyant. Ils t'ont sifflée, ô ville de Jérusalem, et ils ont dit : Est-ce là cette ville d'une beauté si parfaite, et qui était la joie de toute la terre ?

» Comment l'or s'est-il obscurci ? Comment les pierres du sanctuaire ont-elles été dispersées au coin des rues ? Comment les enfants de Sion, ces hommes d'un si grand prix, ont-ils été traités ainsi que des vases de terre, ouvrage des mains du potier ?

» Notre héritage est passé à des mains étrangères. Nous sommes devenus comme des orphelins ; nos mères sont semblables à des veuves.

» La joie de notre cœur est éteinte ; nos concerts sont changés en lamentations.

» La couronne est tombée de notre tête ; malheur à nous ! parce que nous avons péché.

» Seigneur, ayez pitié de notre misère, et que Sion ne porte pas à jamais la peine de son iniquité. »

On chercherait vainement dans les littératures profanes un sublime aussi déchirant que ces lamentations.

Les accents éloquents de Jérémie n'ont pu échapper à ces interprétations où l'ironie se mêle au plaisant, et le mot *jérémiades* sert à désigner les plaintes froides et même ridicules que l'on fait entendre à propos de choses qui n'ont qu'une importance secondaire.

Une traduction en vers des *Lamentations* de Jérémie, par Lefranc de Pompignan, fut pour Voltaire l'occasion d'une de ses plus mordantes épigrammes :

> Savez-vous pourquoi Jérémie
> A tant pleuré pendant sa vie?
> C'est qu'en prophète il prévoyait
> Qu'un jour Lefranc le traduirait.

Fantômes de tragédies, spectres de drames, ombres de pièces qui ne furent jamais jouées, qui dira vos douleurs? Trouverez-vous un *Jérémie* pour raconter vos lamentations et pleurer sur vos malheurs éternels?

Amédée Achard, *une Nécropole dramatique.*

Découragement, poursuivit le marquis en lisant les titres des différentes pièces du recueil à mesure qu'il le feuilletait; *Heures d'amertume*, hum ! *Désenchantement*, hum ! hum ! *Jours de tristesse*, quels diables de titres ! cela me paraît devoir être amusant comme les *Lamentations de Jérémie.*

Les Pleurs de l'âme; morbleu ! parlez-moi des pleurs de la vigne.

Charles de Bernard, *un Homme sérieux.*

Non, les préoccupations industrielles n'ont pas le caractère exclusif qu'on leur attribue ; non, l'amour des richesses matérielles n'est pas une spécialité de notre siècle, et les conséquences de l'esprit du jour ne sont pas aussi désolantes pour le présent, aussi désespérées pour l'avenir que nos *Jérémies* s'évertuent à les imaginer ou à les dépeindre.

Gatien Arnoult.

JE SUIS CITOYEN ROMAIN.

On donne le nom de citoyen à l'habitant d'une cité, au membre actif d'une société libre, à tout individu qui participe au pouvoir souverain par son suffrage. A Athènes, le citoyen était celui dont le père et la mère l'avaient été eux-mêmes; l'enfant d'un Athénien et d'une étrangère suivait la condition de la mère. Nul homme né dans la servitude ne pouvait devenir citoyen. A Sparte, l'étranger n'en acquérait le titre dans aucun cas. A Rome, les patriciens composaient seuls la cité primitive. C'est à cause de cela que les plébéiens étaient exclus d'une foule de prérogatives, qu'ils ne faisaient point partie des assemblées publiques, qu'ils ne jouissaient point des droits que conférait le titre de citoyen, tels que ceux de l'organisation de la famille, de la puissance paternelle, etc. Mais ils devinrent citoyens dès qu'ils firent partie des assemblées souveraines par l'organisation des comices en centuries. Sur la fin de l'empire, le titre de citoyen était encore d'un prix inestimable : c'était une sorte de palladium de la liberté et de la dignité individuelles, et les attaques dirigées contre un citoyen romain étaient ressenties par le peuple tout entier, extrêmement jaloux des prérogatives attachées à ce titre. Celui qui en jouissait ne pouvait être jugé que par le peuple. Dans les provinces, ces mots : *Civis sum Romanus*, je suis citoyen romain, arrêtaient les proconsuls et les propréteurs, magistrats dont le pouvoir était si absolu.

Dans l'éloquente accusation que Cicéron fulmina contre Verrès, le type de l'avidité et de la cruauté chez les proconsuls romains, ce qui indigna surtout le peuple, ce fut le récit que fit le grand orateur du supplice de Gavius, citoyen romain, torturé et mis en croix par ordre du proconsul de Sicile. « Juges, un citoyen romain était battu de verges au milieu du Forum de Messine ; aucun gémissement n'échappa de sa bouche, et, parmi tant de douleurs et de coups redoublés, on entendait seulement cette parole : « JE SUIS CITOYEN ROMAIN ! » Il croyait par ce seul mot écarter tous les tourments et désarmer ses bourreaux ; mais non. Pendant qu'il réclamait sans cesse ce titre saint et auguste, une croix, oui, une croix, était préparée pour cet infortuné !..... Oser attacher sur une croix un homme qui se disait citoyen romain !..... Mais vous-même, Verrès, si vous vous trouviez chez les Perses ou aux extrémités de l'Inde, près d'être conduit au supplice, quel cri feriez-vous entendre, si ce n'est : « Je suis citoyen romain ! » Eh bien ! chez des peuples à qui vous seriez inconnu, chez des barbares, chez des hommes relégués aux bornes du monde, le nom de Rome, ce nom glorieux et sacré chez toutes les nations, vous sauverait la vie ; et cet inconnu, quel qu'il fût, que vous traîniez à la mort, s'est dit citoyen romain ; et ce titre qu'il invoquait n'a pu lui obtenir d'un préteur, sinon la vie, du moins le délai de sa mort ! »

Quand saint Paul fut arrêté à Jérusalem, à cause de la nouvelle doctrine qu'il prêchait, les Juifs poussèrent contre lui des clameurs menaçantes ; un tribun le fit conduire dans la forteresse, et commanda qu'il fût tourmenté et flagellé.

« Mais, quand on l'eut lié, saint Paul dit à un centurion qui était présent :
« Vous est-il permis de flageller un homme qui est citoyen romain et qui n'a
» point été condamné ? »

» Le centurion, entendant cela, s'approcha du tribun et lui dit : « Qu'allez-
» vous faire ? cet homme-là est citoyen romain. »

» Aussitôt, le tribun vint à Paul et lui fit cette demande : « Êtes-vous citoyen
» romain ? » Paul lui dit : « Je le suis. »

» Et le tribun lui répondit : « J'ai acheté ce droit-là fort cher. — Et moi, répliqua Paul, je l'ai par ma naissance. »

» Aussitôt, ceux qui devaient lui donner la question se retirèrent; et le tribun craignit quand il eut appris qu'il était citoyen romain, parce qu'il l'avait fait lier. »

Mais les meilleures choses ont leurs abus, *corruptio optimi pessima*; et après l'avènement de 89, on abusa étrangement du titre de *citoyen*; ce qui fit dire à l'un des poètes les plus spirituels de ce temps :

> . . . . . . Je hais la servitude,
> Mais je sais compatir à la vieille habitude :
> De la déraciner s'il n'est point de moyens,
> Appelons-nous *messieurs* et soyons *citoyens*.

Les Écritures saintes, voilà le livre par excellence : c'est la substance dont se nourrit le clerc, le talisman qu'il met sur sa poitrine quand il a commis quelqu'un de ces grands crimes pour lequel la justice humaine le livrerait au bourreau. « *Je suis citoyen romain !* » tel était le cri de tout malheureux qui n'avait pas pour juge un Verrès. « J'ai la tonsure ! » et le glaive levé par le bras séculier n'osait toucher une tête sacrée.   *Revue de l'Instruction publique.*

Il ne suffit pas d'être éclairé et bon, si l'on n'a pas l'idée de quelqu'un qui est au-dessus de l'homme, qui lui a imposé ses devoirs et a les yeux sur lui. Celui qui a cette idée est difficile pour lui-même en se comparant à une telle perfection. Il a de plus ce privilége précieux dans le tumulte des affaires humaines, de ne pouvoir jamais s'estimer vaincu, ni désespérer du bien qu'il a voulu faire. Comme jadis le citoyen d'une grande nation s'écriait sur la croix : « *Je suis citoyen romain !* » il a la consolation de dire, dans la défaite et dans la mort : « Je suis ouvrier de Dieu ! »

Revue de l'Instruction publique.

JETER LE MOUCHOIR.

Chez les Turcs et chez les Persans, quand un jeune homme a fait choix d'une fiancée, il lui envoie un anneau, une pièce de monnaie et un mouchoir brodé.

C'est sans doute par une application de cet usage que le sultan, dans le harem, jette un mouchoir à celle de ses femmes qu'il veut honorer de ses faveurs.

Dans le langage ordinaire et surtout familier, *jeter le mouchoir* est synonyme de choisir à son gré, parmi plusieurs femmes, celle que l'on préfère.

Le maréchal de Villeroi, ayant été envoyé à Lyon en 1717 pour apaiser une sédition, ce ne furent pendant son séjour que réjouissances et fêtes continuelles. Une grande dame de Paris, ayant appris que les Lyonnaises s'empressaient fort de plaire au maréchal, écrivit à l'une d'elles : « Mandez-moi donc à qui M. le maréchal a *jeté le mouchoir*. » La vieille madame de Bréault, qui habitait Lyon et qui avait été autrefois des amies de Villeroi, vit cette lettre, et dit à celle qui la lui montrait : « Écrivez à votre amie qu'il y a longtemps que le maréchal ne se mouche plus. »

Comprenez-vous un sultan sans harem, un sultan épousant légitimement une femme et déchirant ce fabuleux *mouchoir*, déclaration muette jetée à ces yeux qui étincellent, à ce sein qui bat, à ces lèvres roses qui vont donner tout ce qu'elles promettent!... Eh bien! le sacrifice est accompli, le mouchoir n'est plus qu'un souvenir de la légende orientale. Adieu, galant mouchoir!

Edmond Texier, *le Siècle*.

La polygamie règne chez les outardes. Les mâles se constituent en harem à l'instar des coqs d'Inde et des coqs de bruyère, et *jettent* successivement *le mouchoir* à chacune de leurs odalisques, qui se retirent dans la solitude aussitôt qu'elles sont fécondées. Les mâles, énervés par l'excès des plaisirs, ne tardent pas à suivre leur exemple, et s'en vont de leur côté demander à quelque Thébaïde bien éloignée du monde un refuge contre les orages de la vie.

Toussenel, *Ornithologie passionnelle*.

Pour l'homme de génie comme pour Dieu, tout existe dans un présent éternel.

Pendant que le roi Louis XV *jetait* aux sultanes de son sérail *le mouchoir* brodé aux armes de la France, le roi Voltaire veillait, armé de la raison, pour le règne de la justice.

Arsène Houssaye, *le Roi Voltaire*.

La marquise de Pompadour était sans cesse aux expédients pour dominer le roi, dont elle voulait régler à sa volonté toutes les actions. Il lui fallait sans cesse écarter des petits soupers du prince toutes les femmes de qualité qui briguaient effrontément l'honneur du *mouchoir*. Malheur à celles qui avaient fait quelque impression sur le vieux monarque! *Mémoires inédits de Grimm.*

JE VOUDRAIS NE PAS SAVOIR ÉCRIRE.

Néron, élevé par Sénèque et Burrhus, deux des plus sages Romains de ce siècle, fut loin d'annoncer dans sa jeunesse les penchants sanguinaires qui en ont fait le type de la cruauté. Il parut vouloir consoler les Romains du règne de Tibère; ses premiers actes, empreints d'une grande douceur, prouvent qu'à ses instincts de cruauté il sut allier une profonde hypocrisie, et que l'éducation est complètement impuissante à étouffer, dans certains caractères du moins, le germe des passions affreuses qu'ils apportent en naissant. Dès le second jour de son règne, il alla au sénat; et, dans un discours que Sénèque lui avait composé, il annonça que son projet était de prendre Auguste pour modèle. En effet, les commencements de son règne ressemblèrent à la fin du règne de celui qu'il se proposait d'imiter. Il se montra juste, libéral, affable, poli, complaisant, accessible à la pitié. La modestie relevait encore ces qualités. Le sénat l'ayant loué sur la sagesse de son gouvernement, il répondit : « Attendez, pour me louer, que je l'aie mérité. » Un jour qu'on lui présentait à signer la sentence qui condamnait à mort un criminel : « *Je voudrais*, dit-il, *ne pas savoir écrire.* »

Racine n'a eu garde d'oublier cette circonstance dans sa tragédie de *Britannicus*, où il peint Néron en traits si fidèles et si énergiques.

Burrhus, qui voit déjà se révéler les instincts cruels du tyran, et qui craint pour la vie de Britannicus, tient ce magnifique langage à son maître :

> C'est à vous à choisir, vous êtes encor maître.
> Vertueux jusqu'ici, vous pouvez toujours l'être
> Le chemin est tracé, rien ne vous retient plus;
> Vous n'avez qu'à marcher de vertus en vertus.
> Mais, si de vos flatteurs vous suivez la maxime,
> Il vous faudra, seigneur, courir de crime en crime,
> Soutenir vos rigueurs par d'autres cruautés,
> Et laver dans le sang vos bras ensanglantés.
> . . . .
> Vous allumez un feu qui ne pourra s'éteindre.
> Craint de tout l'univers, il vous faudra tout craindre,
> Toujours punir, toujours trembler dans vos projets,
> Et pour vos ennemis compter tous vos sujets.
> Ah! de vos premiers ans l'heureuse expérience
> Vous fait-elle, seigneur, haïr votre innocence?
> Songez-vous au bonheur qui les a signalés?
> Dans quel repos, ô ciel! les avez-vous coulés!
> Quel plaisir de penser et de dire en vous-même :
> « Partout, en ce moment, on me bénit, on m'aime;
> On ne voit point le peuple à mon nom s'alarmer;

Le ciel dans tous leurs pleurs ne m'entend point nommer :
Leur sombre inimitié ne fuit point mon visage ;
Je vois voler partout les cœurs à mon passage. »
Tels étaient vos plaisirs. Quel changement, ô dieux !
Le sang le plus abject vous était précieux :
Un jour, il m'en souvient, le sénat équitable
Vous pressait de souscrire à la mort d'un coupable ;
Vous résistiez, seigneur, à leur sévérité ;
Votre cœur s'accusait de trop de cruauté ;
Et plaignant les malheurs attachés à l'empire,
« Je voudrais, disiez-vous, ne savoir pas écrire. »

Le vœu de Néron nous rappelle la petite anecdote suivante : Un paysan passait devant un homme qui avait été mis au pilori. Il demanda ce que disait l'écriteau attaché au-dessus de la tête du patient : « Il y a, répondit quelqu'un, que cet homme est un faussaire. — Et qu'est-ce qu'un faussaire ? — C'est un homme qui a contrefait la signature d'un autre. — Eh bien, mon pauvre diable, s'écriat-il en approchant du coupable, voilà ce que c'est que d'avoir appris à écrire ! »

Chez les civilisés, on voit souvent de jeunes commis-marchands, très délicats au jeu avant le mariage, tricher au domino incontinent après. Je sais un riche négociant de Paris, autrefois démocrate, qui se plaignait à moi un jour de gagner trop d'argent sur le travail des pauvres ouvriers tisserands. C'était Néron, *désespéré de savoir écrire.* Le même fit poursuivre avec acharnement un de ses amis pour une dette misérable. Quand on lui fit reproche de ce procédé odieux : « Que voulez-vous, répondit-il, j'ai à nourrir une femme, deux enfants et deux chevaux ! » Toussenel, *Mammifères de France.*

JE VOUDRAIS QUE LE PEUPLE ROMAIN N'EUT QU'UNE TÊTE...

Les folies sanguinaires de Caligula lui ont mérité d'être compté parmi les monstres qui déshonorèrent la pourpre impériale. Il en était venu à multiplier les supplices, uniquement pour se donner le spectacle de la souffrance et du sang répandu. « *Je voudrais*, disait-il, *que le peuple romain n'eût qu'une tête, pour l'abattre d'un seul coup.* » Un jour, éclatant de rire devant les consuls : « Je songeais, leur dit-il, que d'un mot je puis vous faire égorger. » Il voulait, dans sa folie, anéantir les ouvrages de Virgile et d'Homère. Sa démence alla jusqu'à se croire dieu : il s'institua un culte, se bâtit des temples et se fit adorer.

Réduire toutes les religions à *une tête pour la couper*, c'est un procédé trop facile. Quand même vous auriez de ce monde effacé la dernière trace des religions historiques, du dogme daté, resterait le dogme éternel. La providence maternelle de Nature, adorée en des milliers de religions mortes ou vivantes, de passé ou d'avenir, auxquelles vous ne pensez pas, subsiste immuable. Et quand un dernier cataclysme briserait notre petit globe, elle n'en durerait pas moins, indestructible comme le monde, dont elle est le charme et la vie. MICHELET, *la Femme.*

Embrasse-moi, mon pauvre garçon, reprit Marillac les larmes aux yeux ; ce n'est pas viril ce que je fais là, mais c'est plus fort que moi... Oh ! les femmes ! je les adore assurément, mais, en ce moment, je suis comme Néron (1), *je voudrais qu'elles n'eussent qu'une tête...* C'est pour ces poupées-là que nous nous faisons tuer. CHARLES DE BERNARD, *Gerfaut.*

Le Châtelet est gangrené dans tous ses membres ; les magistrats sont vendus aux ministres, et leur vendraient la nation entière, si la chose était possible, eux qui, comme Caligula, *voudraient que le peuple français n'eût qu'une seule tête, pour l'abattre d'un seul coup.* FRÉRON fils, *Histoire de la Presse, par Hatin.*

Les choses vont mal à Milan et partout. Toutes les têtes de l'hydre se réveillent à la fois. Hercule et Caligula avaient raison. Je voudrais la force d'Hercule, qui, en abattant la bête de Lerne, réalisa le *vœu de l'empereur romain*. La Révolution est aussi vivace que ce serpent de la fable ; une seule tête est aussi dangereuse que toutes. LAURENT PICHAT, *la Sibylle.*

JOB.

Il y avait au pays de Hus, en Idumée, un homme qui s'appelait *Job*, simple et droit, craignant Dieu et fuyant le mal. Il avait sept fils et trois filles ; il possédait sept mille brebis, trois mille chameaux, cinq cents paires de bœufs et cinq

---

(1) L'erreur du spirituel écrivain qui a enrichi ce volume de tant de charmantes phrases, s'explique naturellement : on ne prête qu'aux riches.

cents ânesses ; il avait de plus de nombreux domestiques ; aussi était-il grand et illustre parmi les Orientaux.

« Alors, dit-il lui-même, Dieu était mon protecteur, sa lumière étincelait au-dessus de ma tête, et ses rayons me guidaient dans les ténèbres. Alors il siégeait avec moi sous la tente du conseil, et mes serviteurs se tenaient debout à mes côtés.

» Quand je sortais, au matin, on me dressait sur la place un siège élevé ; et, à mon approche, les jeunes hommes se retiraient, les vieillards se levaient, et les chefs cessaient leurs discours.

» Ceux qui m'écoutaient célébraient mon bonheur ; ceux qui me voyaient me rendaient témoignage ; car je sauvais le pauvre de la main du fort, et je protégeais l'orphelin sans appui.

» Le mourant et la veuve me bénissaient, parce que j'avais choisi la justice pour ma parure ; parce que je brisais la tête de l'impie et lui arrachais sa proie des dents.

» J'étais l'œil de l'aveugle et le pied du boiteux ; j'étais le père des faibles.

» Et je me disais : Je vieillirai comme le tronc du palmier, et je vivrai de longs jours. Mes racines ont touché la source féconde, et la rosée du ciel descend sur mes rameaux.

» Ma gloire grandira encore et mon arc se fortifiera dans ma main. Et tous m'écoutaient en silence, tous attendaient mes conseils. Comme la terre desséchée reçoit la pluie du ciel, ainsi ils recevaient mes paroles.

» Parmi eux, je siégeais comme leur prince, j'étais comme un roi puissant, comme un consolateur au milieu des affligés. »

Or, le Seigneur se glorifiait de la vertu de son serviteur Job. Satan lui dit : « Est-ce sans intérêt que Job craint Dieu ? Vous avez béni ses troupeaux, et tout ce qu'il possède s'est multiplié sur la terre ; mais étendez votre main, touchez ce qui est à lui, et vous verrez s'il ne vous maudira pas en face. » Satan obtint donc du Seigneur la permission de soumettre Job aux plus rudes épreuves et de lui faire tout souffrir, à l'exception de la mort.

D'abord, une tribu d'Arabes lui enlève ses bœufs et ses ânesses ; le feu du ciel dévore ses troupeaux ; des cavaliers lui prennent ses trois mille chameaux, enfin, un vent furieux, soufflant du désert, renverse la maison où tous ses enfants étaient rassemblés, et les ensevelit sous les ruines. Job apprend tous ces malheurs coup sur coup, et ce seul cri s'échappe de sa poitrine : « Nu je suis sorti du sein de la terre, nu j'y retournerai. *Dieu m'avait tout donné, Dieu m'a tout ôté ; que son saint nom soit béni !* »

Mais l'épreuve s'étend bientôt jusqu'à Job lui-même. Le malheureux se voit couvert d'une plaie hideuse, qui se répand depuis la tête jusqu'à la plante des pieds. *Assis sur un fumier,* il enlève avec les tessons d'un vase de terre l'humeur fétide qui coule de ses ulcères. Sa femme elle-même vient invectiver contre sa résignation et sa simplicité : « Nous tenons tout de Dieu, lui répond le saint homme ; si nous avons reçu de lui les biens, pourquoi n'en recevrions-nous pas aussi les maux ? » Trois de ses amis, instruits de ses infortunes, accourent se ranger autour de lui pour lui offrir leurs consolations ; mais à l'aspect des maux dont ils le voient frappé, ils restent muets durant sept jours et sept nuits ; enfin ils entreprennent de lui prouver que les adversités ne tombent que sur les méchants ; ils lui adressent des reproches sanglants et le chargent d'humiliations.

Job prend Dieu à témoin de son innocence, et proteste qu'il est injustement opprimé. Sa réponse est un modèle d'éloquence mâle et soutenue. On y trouve des pensées d'une incroyable profondeur touchant l'existence du mal physique et du mal moral, sous l'empire d'un Dieu puissant et bon. Enfin, l'Éternel, satisfait de la résignation de son serviteur, le guérit de ses maux et lui rend au double les biens qu'il a perdus, et le patriarche vit heureux cent quarante années encore après la terrible épreuve où sa foi n'a pas succombé.

Le livre de Job est rempli pour nous d'obscurités, et se prête à une foule d'hypothèses. A quelle époque ce livre a-t-il été écrit? qui en est l'auteur? L'existence même de Job est-elle une réalité, ou n'est-ce qu'un simple mythe? Si Job a existé, où et dans quel temps vivait-il? Le début du livre le place dans la terre de Hus; mais où était située cette terre de Hus? Ce sont là autant de questions sur lesquelles les interprètes les plus érudits s'avouent très peu renseignés. Ce livre a causé de grands tourments à saint Jérôme, comme on en peut juger par la préface de sa traduction; il déclare qu'il n'a entrepris ce travail que pour mieux en faire ressortir les obscurités, les omissions et les altérations; il avoue que le sens du livre est énigmatique et fugitif, et il le compare très ingénieusement à une anguille qui vous échappe des mains d'autant plus vite que vous la serrez davantage.

Tel qu'il est, cependant, le livre de *Job* est un des plus beaux morceaux de la littérature hébraïque. « Ce poëme, dit Lamennais (*Esquisse d'une philosophie*, livre IX, chap. II), présente un caractère à part. L'immense question du bien et du mal, dans ses rapports avec la justice de Dieu et l'état terrestre de l'homme, y est traitée selon la large manière des premiers temps, où l'image poétique, l'expression pittoresque, la parole qui émeut, remplaçaient les procédés logiques du discours, sans que la pensée principale ressortît moins claire et moins vive. Cette pensée principale, dans Job, est que Dieu ici-bas distribue les biens et les maux suivant des décrets toujours justes et des desseins providentiels auxquels nous devons croire fortement, bien que nous ne les puissions ni connaître ni comprendre. Il est à remarquer qu'on ne trouve dans ce livre aucune allusion à la chute originelle de l'homme, dont le péché se serait transmis par la génération à ses descendants, et qu'aucune des idées de l'auteur n'a de relation à ce fait, qui lui aurait fourni une solution directe du problème qui le préoccupait. Jamais, du reste, il ne s'éleva des entrailles humaines une plus sombre lamentation; jamais la misère radicale de notre condition présente, lorsqu'on la compare aux divines aspirations de notre être, n'éclata en plaintes plus douloureuses et plus amères, en cris plus déchirants. Ce sont les désespoirs d'un désir infini, que calme et transforme enfin dans la paix d'une tranquille attente, une foi également infinie. »

Dans ses *Contemplations*, M. Victor Hugo a consacré les vers suivants au fumier de Job :

> Oui, tous les chiens de l'ombre autour de vous grondants,
> Le blâme ingrat, la haine aux fureurs coutumière;
> Oui, tomber dans la nuit quand c'est pour la lumière,
> Faire horreur, n'être plus qu'un ulcère, indigner
> L'homme heureux, et qu'on raille en vous voyant saigner,
> Et qu'on marche sur vous, qu'on vous crache au visage,
> Quand c'est pour la vertu, pour le vrai, pour le sage,
> Pour le bien, pour l'honneur, il n'est rien de plus doux.

> Quelle splendeur qu'un juste abandonné de tous,
> N'ayant plus qu'un haillon dans le mal qui le mine,
> Et jetant aux dédains, au deuil, à la vermine,
> A sa plaie, aux douleurs, de tranquilles défis!
> Même quand Prométhée est là, Job, tu suffis
> Pour faire le fumier plus haut que le Caucase.

Le fumier de Job, sa résignation, les railleries de sa femme, les invectives de ses amis, ont passé dans la langue, et donnent lieu à de fréquentes allusions.

Parmi les plus grandes afflictions qui ont accablé Job, mademoiselle Scudéry, oubliant qu'on ne doit jamais tirer sur ses troupes, a déduit cette conséquence dont les Écritures n'avaient fait que poser les prémisses

> Contre Job autrefois le démon révolté,
> Lui ravit ses enfants, ses biens et sa santé;
> Mais, pour mieux l'éprouver et déchirer son âme,
> Savez-vous ce qu'il fit? Il lui laissa sa femme.

Hélas! madame la baronne, répondit tristement le vieillard, Dieu et les hommes me l'ont fait payer bien cher, cette prospérité qu'on m'envie! Dieu m'a pris ma femme et mon enfant; les hommes m'ont chargé d'outrages. Le vieux *Job* était moins malheureux *sur son fumier* que je ne le suis au sein de la richesse.

JULES SANDEAU, *Mademoiselle de la Seiglière.*

Chaque fois qu'un nouveau venu se présentait, c'était un redoublement d'accusations; tous les griefs, toutes les rancunes se faisaient jour. Comme autrefois *les amis de Job terrassé sur son fumier*, ceux de Jacques ne lui épargnaient aucun reproche. Il avait tous les défauts, sans la compensation d'aucune qualité.

AMÉDÉE ACHARD, *Petites Misères d'un millionnaire.*

Le visage d'Amélie avait une expression telle, que, du premier coup d'œil, il comprit qu'un événement grave s'était passé. Amélie lui apprit alors que son mari venait de partir pour l'Italie avec Irène, son odieuse rivale. Henri lui demanda ce qu'elle se proposait de faire : « *Dieu me l'avait donné, Dieu me l'a ôté,* dit-elle; j'attendrai. » Mais, en achevant ces mots, le cœur d'Amélie se brisa, et elle fondit en larmes.

AMÉDÉE ACHARD, *la Robe de Nessus.*

Mon cher prophète, je suis le bonhomme *Job,* mais j'ai eu des amis qui sont venus me consoler *sur mon fumier*, et qui valent mieux que les amis de cet Arabe. Il est très peu de gens de ces temps-là, et même de ces temps-ci, qu'on puisse comparer à M. d'Alembert et à M. de Condorcet ; ils m'ont fait oublier tous mes maux.

VOLTAIRE, *Lettre à Grimm.*

Pauvre Espagne ! avec les plaies qui te couvrent, tu es le véritable *Job* de la civilisation moderne, assis à la porte de l'Europe. Tu as eu des troupeaux nombreux, des richesses, de la gloire dans les deux mondes, et tu vis maintenant de l'aumône des passants ! Personne n'est tombé si bas que toi. Mais tu peux encore te relever plus haut que personne, si tu comprends seulement pourquoi cette lèpre t'a été infligée.

EDGAR QUINET, *mes Vacances en Espagne.*

JONAS DANS LE VENTRE DE LA BALEINE.

Dieu dit à Jonas, l'un des douze petits prophètes : « Lève-toi et va dans Ninive la Grande ; fais-lui entendre mes menaces, car le cri de ses iniquités est monté jusqu'à moi. » Jonas, effrayé des périls de cette mission, essaya de s'y soustraire par la fuite et se rendit à Joppé. Ayant trouvé un vaisseau phénicien qui faisait voile vers Tharsis, il s'y embarqua ; mais le Seigneur envoya sur la mer un vent furieux qui mit le navire dans le plus grand danger. Les matelots tirèrent au sort pour savoir celui qui appelait sur leurs têtes la colère du ciel. Le sort tomba sur Jonas. A peine l'eut-on jeté à la mer, que la tempête s'apaisa. Un monstre marin, dit l'Écriture, suivait le vaisseau et engloutit le prophète. Cependant Dieu lui conserva la vie, et au bout de trois jours le poisson vomit Jonas sur le rivage. Alors il partit pour la capitale de l'Assyrie, et remplit la mission dont Dieu l'avait chargé.

Jonas, enfermé pendant trois jours dans le ventre d'une baleine, est considéré comme la figure de Jésus-Christ enfermé dans le tombeau, et qui en sort glorieusement le troisième jour.

En 1773, un fameux escamoteur, nommé Jonas, attirait tout Paris à ses représentations. M. de la Condamine fit sur lui ce quatrain :

> Quand Jonas se précipita
> Pour calmer la mer irritée,
> La baleine l'escamota ;
> Celui-ci l'eût escamotée.

Voilà ce que je dirai à mes frères le Turc, le Chinois et l'Indien; mais que dirai-je à mon frère le Juif? Lui donnerai-je à souper? Oui, pourvu que, pendant le repas, l'âne de Balaam n'ait pas l'impertinence de braire, qu'Ézéchiel ne mêle pas son déjeuner à notre souper, qu'*un poisson ne vienne pas avaler un convive.*

Eugène Pelletan, les Rois philosophes.

Le vieillard nous raconta l'histoire de tous ces peuples engloutis comme nous et forcés d'habiter le ventre de cette baleine monstrueuse; puis il implora notre secours contre ces hommes farouches, méchants et inhospitaliers. Nous consentons, la guerre est déclarée... Et alors commence une série de combats diaboliques et d'épisodes guerriers qui s'accomplissent dans ces régions inconnues des géographes, et ne finissent qu'au moment où tous ces *Jonas* parviennent à sortir, eux et leur vaisseau, des entrailles de la baleine.
L'Ami de la maison.

A peine la grille des Arènes fut-elle ouverte, que la foule s'engouffra dans le monument avec une rapidité incroyable. C'était à croire que, si vastes que fussent les Arènes, elles ne pourraient contenir tous ces spectateurs. Poussés par dix mille personnes amassées derrière nous, nous nous sentions invinciblement attirés vers la gueule béante de ce monstre, qui nous engloutit à notre tour. Mais à peine étions-nous avalés par lui, que, comme *Jonas*, nous nous trouvâmes parfaitement à l'aise dans le ventre de notre baleine.
Alex. Dumas, Impressions de voyages.

JOSUÉ ARRÊTANT LE SOLEIL.

Adonisédec, roi de Jérusalem, effrayé des progrès des Israélites, se ligua avec quatre rois amorrhéens pour s'opposer à Josué. Mais les princes alliés furent taillés en pièces. Suivant l'Écriture, un effroyable orage, qui lançait d'énormes grêlons, tua un grand nombre de fuyards. Pour achever la victoire, Josué fit prolonger le jour : « *Soleil*, s'écria-t-il, *arrête-toi sur Gabaon!* lune, n'avance point sur la vallée d'Aïalon! » Et, le soleil s'étant arrêté, Josué put compléter sa victoire.

Cette parole de l'Écriture, en contradiction avec la science astronomique, a servi de texte à d'âpres disputes entre les savants et les théologiens. Mais aujourd'hui le mouvement diurne de la terre ne froisse plus les esprits les plus orthodoxes, et, au lieu de susciter des controverses passionnées comme au temps de Galilée, il ne donne plus matière qu'à de spirituelles reparties.

— Un moine italien soutenait dans une société l'immobilité du soleil au centre de notre système planétaire. Quelqu'un lui objectant que Josué avait arrêté le soleil, et qu'on n'arrête pas ce qui est immobile : « C'est justement depuis ce jour, répondit le moine, que le soleil a cessé de tourner autour de la terre. »

— A l'époque de la guerre entre la France, l'Angleterre et la Hollande, l'ambassadeur de France, dans un dîner diplomatique, faisant allusion à la devise orgueilleuse de Louis XIV (nec *pluribus impar*), porta un toast au soleil levant ; l'ambassadeur de la reine Anne but à la lune et aux étoiles ; on se demandait en quels termes l'ambassadeur hollandais allait porter la santé de son maître. Il se leva, et dit en présentant son verre : « *A Josué, qui arrêta le soleil, la lune et les étoiles!* » C'était une allusion spirituelle à la Hollande, qui disputait alors à l'Angleterre l'empire des mers, et dont le patriotisme, en brisant les digues, avait fait reculer les armées du grand roi.

C'est en vain que l'on voudrait pétrifier la mobile physionomie de notre idiome sous une forme donnée ; c'est en vain que nos *Josué* littéraires crient à la langue de s'arrêter ; les langues ni le soleil ne s'arrêtent plus. Le jour où elles se *fixent,* c'est qu'elles meurent. Voilà pourquoi le français de certaine école contemporaine est une langue morte. V. Hugo, *Préface de Cromwell.*

L'avant-garde de l'armée française n'arriva qu'à six heures du soir : sans de fâcheuses hésitations, elle fût arrivée à trois heures. L'Empereur en parut fort contrarié ; il dit en montrant le soleil : « Que ne donnerais-je pas pour avoir aujourd'hui le pouvoir de *Josué,* et retarder sa marche de deux heures ! »

Mémorial de Sainte-Hélène.

Donc, tous les convives étaient si heureux, qu'ils en vinrent à s'écrier qu'il fallait que la fête recommençât, et qu'on devait renouveler les bougies du bal, et dire à ces soleils qui brûlent : « Arrêtez-vous ! » comme fit autrefois *Josué* pour une victoire non moins certaine, mais pour de moins doux combats.

J. Janin, *un Cœur pour deux amours.*

Je vous remercie, monsieur, de la figure que vous avez bien voulu m'envoyer de la machine dont vous vous servez pour fixer l'image du soleil. J'en ferai faire une sur votre dessin, et je serai délivré d'un grand embarras, car moi, qui suis fort maladroit, j'ai toutes les peines du monde, dans ma chambre obscure, avec mes miroirs. A mesure que le soleil avance, les couleurs s'en vont, et ressemblent aux affaires de ce monde, qui ne sont pas un moment de suite dans la même situation. J'appelle votre machine un *sta sol*. Depuis *Josué*, personne, avant vous, n'avait arrêté le soleil.

Voltaire, *lettre à Gravesande*.

Si, au lieu de prêter l'oreille aux rêveries des hommes à systèmes, les classes laborieuses ne prennent conseil que de leur équité et de leur bon sens naturel, elles pourront multiplier et étendre sans peine les essais déjà réalisés dans les associations volontaires. Cela ne fait point de bruit, cela ne fait point d'éclat, et n'a pas besoin, pour s'accomplir, d'un *Josué* qui arrête le cours de la société; mais aussi sont-ce là des voies qui ne conduisent pas à la cour d'assises ni à Charenton.

Rossi, *Cours d'économie politique*.

JUDAS.

Deux jours avant la Pâque, Jésus dit à ses disciples : « Le jour est venu où le Fils de l'Homme va être livré pour être crucifié. » En ce même temps, les princes des prêtres et les anciens du peuple, assemblés chez Caïphe, se consultaient sur les moyens de s'emparer de Jésus et de le faire mourir. Mais ils craignaient d'exciter quelque émotion populaire. C'est alors que Judas, l'un des douze apôtres, se rendit auprès d'eux, et convint de leur livrer son maître moyennant trente pièces d'argent. Vers le soir, Jésus se mit à table avec ses disciples et leur annonça que l'un d'eux le trahirait. « Est-ce moi, Seigneur ? » lui demanda Judas ; et, après la réponse du Sauveur, il quitta la table et s'en alla, excité par le mauvais esprit. Ensuite Jésus sortit de la ville, suivi de ses disciples, et se rendit à la montagne des Oliviers, dans un lieu nommé Gethsémani. Bientôt après on vit arriver Judas, accompagné d'une troupe de soldats auxquels il avait dit : « Saisissez celui que je baiserai ; c'est lui que vous cherchez. » Et s'approchant de Jésus, il le baisa et lui dit : « Maître, je vous salue. » Jésus lui reprocha son crime avec douceur : « Judas, vous livrez le Fils de l'Homme par un baiser ! » Puis il s'avança au-devant des soldats, qui se jetèrent sur lui et le lièrent.

Le nom de *Judas* est resté comme la personnification du traître, de l'homme profondément hypocrite. Appeler quelqu'un *Judas*, c'est lui faire la plus sanglante de toutes les injures. On comprend donc qu'un tel rapprochement soit repoussé avec indignation ; mais il est encore mieux de s'en défendre avec esprit, comme dans la petite anecdote suivante : Quelqu'un, qui était roux, entrait dans un salon où se trouvait un jésuite, qui dit à mi-voix à la personne placée à côté de lui : « Cet homme est roux comme Judas. » Ce trait d'érudition intempestive lui coûta cher. Le nouvel arrivé, qui l'avait entendu, lui répliqua aussitôt : « Monsieur, il n'est pas certain que Judas était roux, il est seulement prouvé qu'il était de la compagnie de Jésus. »

A la vue de certaines fortunes scandaleuses sur tous les points du globe, ne dirait-on pas que ce sont les *trente deniers de Judas* qui ont fructifié à travers les siècles. Madame SWETCHINE.

Comme Urbain Grandier se préparait à parler au peuple, l'un des moines s'approcha pour l'exorciser une dernière fois, et lui jeta sur le visage une telle quantité d'eau bénite, qu'il en fut accablé. A peine remis, le condamné s'apprêtait une seconde fois à parler, quand un autre exorciste vint l'embrasser pour étouffer ses paroles.

« Voilà un *baiser de Judas*, » dit le malheureux, comprenant son intention. LOUIS FIGUIER, *Histoire du Merveilleux*.

Rassurez-vous, bientôt on vous fera justice ;
Il faudra bien un jour rappeler nos soldats.
Ce baiser qui des rois consacre l'armistice
N'est entre eux aujourd'hui qu'un *baiser de Judas*.
Vous vengerez un jour la liberté flétrie,
Et quand vous reviendrez de l'Adige ou du Rhin,
Vous aurez droit que la patrie
Vous dresse, à votre tour, un monument d'airain.

BARTHÉLEMY, *Némésis*.

Dans la vallée de Roncevaux, à la même place où jadis le neveu de Charlemagne rendit l'âme, Atta Troll tomba ; il tomba victime d'une embûche, tout comme Roland, qui avait été trahi par Ganelon de Mayence, ce *Judas* de la chevalerie chrétienne.

HENRI HEINE, *Légendes*.

Mais voici le vrai infâme, près de qui les autres semblent innocents ; voici le monstre plus redoutable que le fou, pire que le païen et le renégat.

C'est le prêtre ennemi de l'Église, c'est *Judas* encore couvert de la robe des Apôtres, la bouche encore pleine du mystère divin.

Il existe, je l'ai vu, je l'ai entendu. De la synagogue au prétoire, il promène l'impudence de sa trahison : « *A trente deniers* le juste !

» Qui me donne trente deniers, et je livrerai le vicaire de Jésus-Christ ; je prêterai mon nom et ma robe de prêtre pour tromper l'ignorance des fidèles. »

Louis Veuillot, *le Parfum de Rome.*

JUDAS MACCHABÉE.

Le dernier éclat dont ait brillé la nation juive est dû aux Macchabées, famille asmonéenne, et principalement à Judas, l'un des cinq fils de Matathias. « Il se revêtit, dit l'Écriture, de la cuirasse comme un géant ; il devint semblable à un lion qui rugit en voyant sa proie ; il poursuivit les méchants de tous côtés, chassa les impies, devint la terreur de ses ennemis, et rendit son nom célèbre jusqu'aux extrémités du monde. » A la tête d'une poignée de soldats, il battit successivement cinq généraux d'Antiochus, roi de Syrie ; mais, dans une dernière bataille, il fut écrasé par le nombre, et, frappé d'un coup mortel, « il tomba enseveli dans son triomphe. Le deuil fut grand dans Israël ; toute la nation pleura le héros, et longtemps après on entendait retentir ce cri dans Jérusalem : « Com-
» ment est mort cet homme puissant qui sauvait Israël ! »

Tout le monde connaît l'admirable exorde de l'oraison funèbre de Turenne, où Fléchier compare le héros français au dernier défenseur de la nationalité juive. Voici le début de ce chef-d'œuvre oratoire :

« Cet homme qui défendait les villes de Juda, qui domptait l'orgueil des enfants d'Ammon et d'Ésaü, qui revenait chargé des dépouilles de Samarie, après avoir brûlé sur leurs propres autels les dieux des nations étrangères ; cet homme que Dieu avait mis autour d'Israël comme un mur d'airain où se brisèrent tant de fois toutes les forces de l'Asie, et qui, après avoir défait de nombreuses armées, déconcerté les plus fiers et les plus habiles généraux des rois de Syrie, venait tous les ans, comme le moindre des Israélites, réparer avec ses mains triomphantes les ruines du sanctuaire, et ne voulait d'autre récompense des services qu'il rendait à sa patrie que l'honneur de l'avoir servie ; ce vaillant homme, poussant enfin, avec un courage invincible, les ennemis qu'il avait réduits à une fuite honteuse, reçut le coup mortel, et demeura comme enseveli dans son triomphe. Au premier bruit de ce funeste accident, toutes les villes de Judée furent émues, des ruisseaux de larmes coulèrent des yeux de tous leurs habitants. Ils furent quelque temps saisis, muets, immobiles. Un effort de douleur rompant enfin ce long et morne silence, d'une voix entrecoupée de sanglots que formaient dans leurs cœurs la tristesse, la pitié, la crainte, ils s'écrièrent : « Comment est » mort cet homme puissant qui sauvait le peuple d'Israël ! » A ces cris, Jérusalem redoubla ses pleurs, les voûtes du temple s'ébranlèrent, le Jourdain se troubla, et tous ses rivages retentirent du son de ces lugubres paroles : « Comment est » mort cet homme puissant qui sauvait le peuple d'Israël ! »

Le géant de la révolution, le prince de la tribune moderne, Mirabeau, enseveli comme *Judas Macchabée* au milieu de son triomphe, obtint ce qu'aucun homme, roi, prince ou sujet, n'avait obtenu chez nous avant lui, le regret de vingt-cinq millions d'hommes réunis dans une même pensée.

Tissot, *le Livre des Cent-et-un*.

JUDITH.

Holopherne, général du roi d'Assyrie, avait mis le siège devant Béthulie. Toutes les autres villes, frappées de terreur, s'étaient rendues sans résistance, et la ville assiégée, réduite à la dernière extrémité, avait promis de capituler dans cinq jours. Alors vivait à Béthulie, dans la solitude, une veuve jeune, riche et belle, nommée Judith. Elle résolut de délivrer son pays. Revêtue de ses habits de fête et de ses plus beaux ornements, elle sort de la ville et se fait conduire auprès du général assyrien. Holopherne, ébloui de sa beauté, donna l'ordre qu'on la laissât agir en toute liberté dans le camp, et la retint à souper avec lui dans sa tente. Bientôt, appesanti par les fumées du vin, il s'endormit profondément. Tous les serviteurs se retirèrent. Alors Judith, saisissant le glaive suspendu au chevet du lit, en frappa Holopherne de deux coups et lui trancha la tête. Elle la mit dans un sac, et, traversant le camp des Assyriens, elle rentra à Béthulie, que son action courageuse venait de sauver.

La fin tragique d'Holopherne a souvent inspiré les arts et la poésie. C'est le sujet d'une tragédie de l'abbé Boyer, qui serait oubliée depuis longtemps sans la mordante épigramme de Racine :

> A sa *Judith*, Boyer, par aventure,
> Était assis près d'un riche caissier;
> Bien aise était; car le bon financier
> S'attendrissait et pleurait sans mesure.
> « Bon gré vous sais, lui dit le vieux rimeur,
> Le beau vous touche, et ne seriez d'humeur
> A vous saisir pour une baliverne. »
> Lors le richard, en larmoyant lui dit :
> « Je pleure, hélas ! pour ce pauvre Holopherne
> Si méchamment mis à mort par Judith. »

— Dieu n'a donc pas encore abandonné la France ! dit Julie. Il lui reste des cœurs purs, résolus et magnanimes, dignes du temps des saintes héroïnes Jahel et *Judith !* Et c'est une femme, une simple femme, entendez-vous ? qui a porté ce coup glorieux. Oh ! que j'aimerais à voir cette jeune fille et à presser ses mains sanglantes !

— Hélas, interrompis-je, que dites-vous ? L'heure qui va sonner, Charlotte Corday ne l'entendra plus. Elle a cessé de vivre.

Charles Nodier, *Charlotte Corday.*

La duchesse du Maine, comme toutes les femmes irritées, se laissait aller à la légèreté de certains propos, cruels seulement dans l'expression. La pauvre princesse, qui s'évanouissait à la vue d'un peu de sang, voulait, comme *Judith,* couper la tête de sa propre main à un nouvel *Holopherne,* ou lui planter le clou sanglant de Jahel ; c'était propos de femme colère, dont le régent aimait à rire.

Capefigue, *Philippe d'Orléans.*

— Alors, continua milady, alors je réunis toutes mes forces ; je me rappelai que le moment de la vengeance ou plutôt de la justice avait sonné ; je me regardai comme une autre *Judith,* destinée à sauver le peuple de Dieu ; je me ramassai sur moi-même, mon couteau à la main, et quand je le vis près de moi, étendant les bras pour chercher sa victime, alors, avec le dernier cri de la douleur et du désespoir, je le frappai au milieu de la poitrine.

Alex. Dumas, *les Trois Mousquetaires.*

JUGEMENT DE SALOMON.

Dieu apparut en songe à Salomon et lui dit : « Demande-moi ce que tu voudras, et je te le donnerai. » Salomon demanda la sagesse. Dieu la lui accorda, en y ajoutant la richesse, la gloire et la puissance. Le jeune roi ne devait pas tarder à donner une preuve éclatante de cette sagesse, dans un jugement resté célèbre. Deux femmes se présentèrent devant son trône en réclamant sa justice. Elles habitaient le même appartement et avaient chacune un enfant nouveau-né ; l'un étant mort au milieu de la nuit, sa mère le mit à la place de l'autre enfant, qu'elle prit pendant que sa compagne dormait. Le matin, l'autre mère ayant aperçu à côté d'elle un cadavre, reconnut bientôt que ce n'était pas celui de son fils. De là une contestation entre ces deux femmes. Il était difficile de décider dans un pareil différend. Salomon se fit apporter une épée, et commanda à l'un de ses gardes de couper en deux l'enfant vivant et d'en donner la moitié à chacune. La fausse mère approuva cet arrêt; mais la véritable, sentant ses entrailles émues de tendresse, s'écria tout en larmes : « Donnez à celle-ci, je vous en supplie, l'enfant vivant, et ne le tuez pas. » Alors Salomon, suffisamment éclairé par ce cri de la nature, prononça sa sentence : « Voici, dit-il, la véritable mère; qu'on lui rende son fils ! »

Et tout Israël admira la sagesse de Dieu qui parlait par sa bouche.

Devant un danger général, toute ambition personnelle doit disparaître ; en cela le patriotisme se reconnaît comme on reconnut la maternité dans un *jugement célèbre.*

. Vous vous souvenez de ces deux femmes réclamant le même enfant ; à quel signe reconnut-on les entrailles de la véritable mère ? au renoncement à ses droits que lui arrache le péril d'une tête chérie. Que les partis qui aiment la France n'oublient pas cette sublime leçon.

LOUIS-NAPOLÉON BONAPARTE, *Discours de Lyon*, 15 août 1850.

— Maintenant, madame la comtesse, à nous deux ! lui dit Thadéus en riant à faire frémir. C'est encore la querelle des deux mères, n'est-ce pas ?... Un autre *jugement de Salomon ?* Où est-il, Salomon ? qu'il nous juge !... Êtes-vous donc déjà blasée sur le reste, belle dame ? C'est de l'amour maternel qu'il vous faut à présent ! Le caprice vous en prend trop tôt vraiment !... Bonne mère ! son enfant était volé depuis trois mois, elle n'en savait rien.

MICHEL MASSON, *Thadéus.*

En fonctionnaire bien appris, le préfet était debout sur son perron, prêt à faire à son successeur les honneurs de la résidence administrative. La chaise de poste s'arrêta, et il en descendit un homme d'un âge mûr, enveloppé d'une écharpe aux trois couleurs. Presque aussitôt arriva une seconde voiture, et il en descendit un deuxième personnage aux trois couleurs, long et maigre, comme l'autre était gros et court. Les deux écharpes se rencontrèrent sur le perron et le gravirent à la fois, celle-ci par la droite, celle-là par la gauche. Le préfet s'arrêta étonné ; des deux parts on lui tendait un pli revêtu d'un sceau qui lui était familier. Auquel croire? auquel remettre ses pouvoirs? il ne pouvait les couper en deux; depuis *Salomon*, jamais homme ne s'était trouvé dans une position aussi délicate.

LOUIS REYBAUD, *J. Paturot à la recherche de la meilleure des républiques.*

JUGEMENT DES ROIS D'ÉGYPTE APRÈS LEUR MORT.

Dans l'origine, le gouvernement en Égypte était purement théocratique ; quand la monarchie fut établie, la caste sacerdotale conserva encore une grande autorité sur le souverain lui-même. Chaque matin il devait se rendre au temple et recevoir les conseils des pontifes, qui lui enseignaient les maximes de morale et les faits historiques propres à lui inspirer toutes les vertus royales. Dès qu'il avait cessé d'exister, son corps était exposé sur les bords d'un lac qui séparait la terre des vivants du dernier séjour des morts; alors un héraut ordonnait au cadavre de faire connaître l'usage qu'il avait fait de la vie; ensuite chaque particulier pouvait faire entendre à un tribunal composé de quarante juges les raisons qu'il avait eues de se plaindre du roi pendant sa vie. Si le monarque était condamné, sa mémoire demeurait flétrie, et ses restes étaient privés de sépulture.

C'est au poëte de marcher, c'est au philosophe de décider s'il a touché le but. C'est le poëte qui livre la bataille, c'est le philosophe qui enregistre la victoire ou la défaite ; à chacun sa tâche : au guerrier, si grand qu'il soit, l'historien sévère ne manque pas ; car le poëte, comme l'*ombre des rois de Memphis*, doit subir une dernière épreuve avant de monter au rang des dieux.

GUSTAVE PLANCHE, *Revue des Deux Mondes.*

JUSQUES A QUAND, CATILINA, ABUSERAS-TU DE NOTRE PATIENCE?

Au moment où les armées de la république recueillaient en Asie, avec Pompée, des trophées brillants, Rome fut exposée tout à coup à un danger terrible. L'ascendant des chevaliers était devenu insupportable, et, tandis qu'ils étalaient à Rome leurs fortunes scandaleuses, toute une population ruinée par l'usure errait dans l'Italie, n'attendant qu'un chef pour se soulever. Le moment était favorable pour tenter quelque audacieuse entreprise ; Catilina en profita. C'était un homme d'une trempe supérieure, mais profondément corrompu. Il était devenu le centre de tous les débauchés ruinés, de tous les jeunes patriciens perdus de dettes et de vices, enfin de tous ceux qui espéraient rétablir leur fortune sur les ruines de la cité. Catilina parvint à faire de cette tourbe un parti, une sorte d'armée prête à toutes les violences et à tous les attentats. Écarté du consulat, il résolut, au moyen d'une conspiration, d'égorger les consuls, une partie des sénateurs, et de s'emparer du pouvoir. Rien n'avait encore transpiré du complot tout prêt à éclater, et c'en était fait de Rome si une femme, Fulvie, n'eût tout découvert à Cicéron. Celui-ci fit alors lancer le fameux décret : « *Caveant consules...* » que l'on rendait dans les jours de crise et de danger. La terreur était dans Rome. Catilina, croyant se sauver à force d'audace, osa se présenter au milieu du sénat. C'est alors que Cicéron l'accabla de toutes les foudres de son éloquence, et le démasqua dans sa première *Catilinaire*, qui commence par cette fameuse apostrophe : « *Jusques à quand, Catilina, abuseras-tu de notre patience !... Quousque tandem... !* »

Le *jusques à quand* de l'orateur romain n'a pas échappé à l'usage plaisant qu'on fait en général de ces mots qui rappellent des circonstances solennelles. C'est dans ces contrastes que se plaît à briller l'esprit français. Crébillon travaillait depuis trente ans à son *Catilina*, dont il avait lu des fragments à quelques amis, et dont on parlait dans le monde littéraire comme d'une merveille dramatique. Le public, qui depuis si longtemps entendait parler de cette pièce et ne la voyait jamais, quoiqu'on la lui promît toujours, s'écriait quelquefois avec Cicéron : « *Jusques à quand, Catilina, abuseras-tu de notre patience ?* »

La réunion, au premier coup d'œil, était semblable aux réceptions de tous les grands jours : quelques hommes qui viennent à l'Académie uniquement pour voir les dames, qui, de leur côté, viennent chez nous uniquement pour être vues; des étrangers, des princes, des évêques, des cordons bleus, des toisons d'or, des croix de Saint-Louis, et le monde à la mode, heureux et fier de répondre : « Eh! oui, je viens de l'Académie ! » Il faut compter aussi, parmi les fidèles, les quinze ou vingt aspirants à l'Académie, autant de mouches bourdonnantes qui semblent dire aux académiciens vivants ce que disait Cicéron à Catilina : « *Jusques à quand, enfin, abuserez-vous de notre patience ?* »

J. Janin, *Fontenelle et la marquise de Lambert.*

Le grand et unique objet vers lequel Bailly dirigeait ses vues fut la faveur populaire... Mais le masque épais de son aristocratie n'a pas tenu longtemps contre le coup d'œil profond et pénétrant de quelques citoyens observateurs... Moderne *Catilina, jusques à quand abuseras-tu de notre patience ?* Te flatterais-tu donc encore de surprendre la loyauté française ! Je te le prédis, plus tu crois ton triomphe assuré, plus ta chute est prochaine et terrible !...

    Fréron fils, *Histoire de la presse*, par Hatin.

LABARUM.

Le labarum était une sorte de bannière que l'on portait à la guerre devant les empereurs romains. Cette enseigne était formée d'une longue pique, traversée à une certaine hauteur par un bâton d'où pendait une banderolle de pourpre richement brodée d'or et ornée de pierreries. Elle était surmontée de l'aigle romaine.

Après sa victoire sur Maxence, Constantin le Grand remplaça l'aigle par la croix, et y fit broder le monogramme du Christ avec ces mots : *Tu seras victorieux par ce signe*; *in hoc signo vinces*.

La légende raconte qu'au moment où Constantin allait marcher contre Maxence, une *croix de feu* parut dans le ciel, entourée de cette inscription : *In hoc signo vinces*. Ce serait à partir de ce moment que Constantin aurait placé ce signe mystérieux sur son étendard. Le labarum était considéré comme le palladium de l'empire; la garde en était confiée, dans les batailles, à cinquante soldats d'élite qui, par suite d'idées superstitieuses, passaient pour invulnérables.

Dans son livre de l'*Ornithologie passionnelle*, M. Toussenel, l'un de nos écrivains les plus spirituellement fantaisistes, donne de l'apparition du *labarum* une raison qui n'est rien moins que miraculeuse. Nous la livrons, toutefois sans garantie, aux partisans du rationalisme :

« Le flamant vole les jambes pendantes et le cou tendu, et comme ses ailes sont beaucoup trop courtes pour son corps, il fait de loin à l'observateur l'effet d'une croix de feu qui s'emporte dans les airs. J'ai toujours été tenté d'attribuer à l'espièglerie d'un individu de cette espèce l'apparition du fameux *labarum*, qui versa un si grand courage dans le cœur des soldats du pieux Constantin combattant le tyran Maxence, et qui décida le triomphe des chrétiens sur les infidèles. »

M. de Lamennais a élevé la voix de nouveau; il a parlé au nom de Dieu et de la liberté. Qui se douterait que ce signe de ralliement ne paraîtra pas aussi haut dans le ciel que le *labarum* de Constantin ? Hélas! hélas! la grande voix n'a pas été entendue, le drapeau élevé dans le ciel n'a pas été salué sur la terre; M. de Lamennais n'a pas été *vainqueur par ce signe*. Désavoué par un clergé qui a peur, il part demain pour Rome, laissant son journal suspendu.

    J. Janin, *l'Abbé Chatel et son Église*.

Ce déluge de sang doit-il noyer la France?
Non, voilà l'arc-en-ciel, le signe d'espérance
Qui nous promet encore un splendide avenir;
Loin d'être submergés, nous allons rajeunir.
Voyez sur l'horizon l'astre saint qu'on implore!
Le voilà! regardez le drapeau tricolore;
Place à lui dans les airs! Que l'on suive des yeux
Le nouveau *labarum* qui monte vers les cieux.

BARTHÉLEMY, *Douze Journées de la Révolution.*

Le ciel, pour consoler l'Italie orpheline,
Place les trois couleurs sur l'ardente colline;
Et le peuple romain, debout sur le forum,
Contemple dans la nuit ce nouveau *labarum.*

BARTHÉLEMY, *Némésis.*

LAÏS.

Laïs, l'une des plus fameuses courtisanes dont l'histoire fasse mention, naquit en Sicile vers l'an 420 av. J.-C. Elle n'avait que sept ans quand elle fut emmenée captive par les Athéniens, lors de la prise de Syracuse par Nicias. Transportée à Corinthe, elle y augmenta au bout de quelques années le nombre des femmes qui se consacraient à Vénus. Sa beauté extraordinaire et son esprit attirèrent bientôt de toutes parts un grand nombre d'étrangers, et le haut prix qu'elle mettait à ses faveurs fit dire proverbialement, qu'*il n'était pas permis à tout le monde d'aller à Corinthe.* Après sa mort, les frivoles débauchés de cette ville lui élevèrent un monument magnifique.

On la confond souvent avec une autre Laïs, postérieure de cinquante ans, fille d'une courtisane corinthienne et, dit-on, du célèbre Alcibiade. C'est à cette dernière qu'il faut attribuer l'anecdote si connue des dix mille drachmes, — environ dix mille francs, — qu'elle demandait à Démosthène pour une seule nuit; à quoi le grand orateur répondit : « Je n'achète pas si cher un repentir. »

Ce nom sert à désigner aujourd'hui une femme galante, une courtisane élégante, spirituelle, et sachant garder encore certaines apparences.

— Personne n'est tout à fait exempt de vanité, dit M. le comte de Ségur; celui qui n'en est pas teint en est pour le moins arrosé. La vanité pourrait dire des plus sages d'entre nous ce que la courtisane *Laïs* disait des philosophes de son temps : « Je connais leurs beaux livres, leur sapience; mais ce que je sais, c'est que, malgré leur philosophie, ces gens-là frappent aussi souvent à ma porte qu'aucun autre. »

Le nom de *Laïs* se retrouve fréquemment sous la plume des grands écrivains, et surtout des poëtes. Qu'y a-t-il de plus gracieux que le quatrain suivant de Voltaire, imité de l'Anthologie grecque :

LAÏS REMETTANT SON MIROIR DANS LE TEMPLE DE VÉNUS.

> Je le donne à Vénus, puisqu'elle est toujours belle;
> Il redouble trop mes ennuis.
> Je ne saurais me voir dans ce miroir fidèle
> Ni telle que j'étais, ni telle que je suis.
> VOLTAIRE.

Enfin, M. Legouvé lui-même, ce chantre si chaste des vertus de la femme, n'a pu résister au plaisir de faire entrer ce joli nom dans ses vers :

LE DÉSESPOIR D'UNE FEMME DÉLAISSÉE.

> Une *Laïs* perdit l'amant le plus fidèle.
> On la disait en pleurs; un ami court chez elle :
> Il la trouve riant en face d'un miroir.
> « Vous me surprenez fort, dit-il à la donzelle,
> Je vous croyais au désespoir.
> — Ah! lui répond soudain la belle,
> C'est hier qu'il fallait me voir! »

On demandait à Arlequin quelle était la mort qu'il préférait, il répondit :

> Sur la brèche d'un château fort
> Un brave finit sa carrière;
> Un avare meurt sur son or;
> D'ennui l'homme de goût souvent meurt au parterre;
> Maint étourdi trouve la mort
> Auprès d'une *Laïs* coupable :
> Moi, je crois qu'il vaut mieux encor
> Mourir à table.

Rome, où la famille était si forte dans les premiers siècles, ne tomba qu'avec la famille; quand la courtisane, là comme en Grèce, éclipsa la matrone, ou que la matrone se fit courtisane, et que Rome, au lieu de Lucrèces n'eut plus que des *Laïs*.

DURUY, *Histoire grecque*.

Je n'entrerai point dans le détail des mœurs enfantées par de tels exemples; je ne peindrai pas le luxe effronté de ces *Laïs* appelées femmes entretenues, qui tenaient école de scandale et de corruption dans Paris; j'omettrai l'abâtardissement des races et la ruine des fils de famille dans le commerce de ces impures idoles.

TISSOT, *les Convois*.

> Mais je vous dirai, moi, sans alléguer la fable,
> Que si sous Adam même, et loin avant Noé,

> Le vice audacieux, des hommes avoué,
> A la triste innocence en tous lieux fit la guerre,
> Il demeura pourtant de l'honneur sur la terre ;
> Qu'aux temps les plus féconds en Phrynés, en Laïs,
> Plus d'une Pénélope honora son pays.
>
> BOILEAU, *Satire* X.

Il y a dix ans, le Caire avait des bayadères publiques, comme l'Inde, et des courtisanes comme l'antiquité. Les ulémas se plaignirent, et ce fut longtemps sans succès. Enfin l'on exila toutes ces femmes à Esné, dans la Haute-Égypte. Aujourd'hui cette ville de l'ancienne Thébaïde est pour les étrangers qui remontent le Nil une sorte de Capoue. Il y a des *Laïs* et des Aspasies qui mènent une grande existence, et qui se sont enrichies particulièrement aux dépens de l'Angleterre.

GÉRARD DE NERVAL, *Scènes de la Vie orientale.*

LAISSEZ FAIRE, LAISSEZ PASSER.

Cette phrase, dont on a tant usé et abusé, paraît avoir été originellement une sorte d'axiome économiste. On l'attribue à Quesnay, médecin, chirurgien, agronome, qui vivait sous Louis XV, et qui est regardé comme le chef de l'école des économistes en France. Parmi les réformes qu'il proposait, on cite surtout l'abolition des corvées, la libre circulation des grains, la suppression des douanes, en un mot, le *laissez faire, laissez passer*. Il repoussait énergiquement tous les impôts indirects, et n'admettait qu'un impôt unique, l'impôt foncier.

La maxime de Quesnay fut reprise par Adam Smith, le plus célèbre des économistes anglais. L'opinion de ce dernier, en effet, est qu'il ne peut exister de travail productif sans échange. Suivant lui, l'intervention des gouvernements produit un effet tout contraire à celui qu'ils se proposent ; ils doivent éviter de se mêler des affaires de leurs sujets, se borner à les protéger, en laissant à la concurrence une libre carrière, au commerce intérieur et extérieur une liberté complète, sans l'entraver par un système de douanes, de prohibitions, et même de primes, qu'il considère comme de l'argent fort mal employé.

Dans l'application, la maxime *Laissez faire, laissez passer*, a perdu presque entièrement son sens primitif. Dans ces derniers temps, elle a servi surtout à qualifier, en politique, tout système qui borne son action à un rôle passif, ennemi de toute intervention, en un mot, qui nie la solidarité entre les peuples. Ces quatre mots, qui semblent avoir été pendant dix-huit ans la devise du gouvernement de Juillet, ont été souvent une arme redoutable entre les mains de l'opposition.

Cette maxime d'Hegel : « S'accommoder de ce monde tel qu'il

— 344 —

est, et pourtant lui être supérieur, » n'est-ce pas ce que l'on a appelé en France la *grande morale*, facile et coulante, par opposition à la petite morale, scrupuleuse et sévère; ce que l'Église a condamné sous le nom de *quiétisme;* ce que la Révolution a flétri dans le *laissez faire, laissez passer ?*

P.-J. Proudhon, *De la Justice dans la Révolution et dans l'Église.*

L'avocat de M. Turgot s'élevait contre la prétention de soumettre au moindre règlement la liberté du commerce et de l'industrie; il répétait avec emphase l'axiome des économistes : *Laissez faire, laissez passer.* « Le peuple souffre, disait-il; on le reconnaît et l'on ne veut pas en voir la cause. »

Mme Augustin Thierry, *Revue des Deux Mondes.*

Quelques économistes, dont la science se résume dans la formule assurément fort commode : *Laissez faire, laissez passer,* auraient voulu une liberté entière d'importation, au risque de ruiner les agriculteurs; et une égale liberté d'exportation, au risque d'affamer leur propre pays.

Dupin aîné, *Mémoires.*

LAISSEZ PASSER LA JUSTICE DU ROI.

Pendant la minorité de Charles VI, les factions rivales divisaient et déchiraient la France; la misère du peuple, les déprédations et la tyrannie des grands, les tentatives faites pour établir des taxes nouvelles, provoquèrent des insurrections de toutes parts. Les *Maillotins* à Paris, les *Tuchins* dans le Languedoc et les *Chaperons blancs* de Flandre se soulevaient contre la noblesse. On hésitait à sévir à Paris contre les rebelles, et l'on avait fait publier qu'un sursis était accordé aux coupables. Mais en même temps, ordre était donné secrètement au prévôt de faire jeter chaque nuit à la rivière un certain nombre de révoltés cousus dans des sacs, sur lesquels on avait mis cette inscription : « *Laissez passer la justice du roi.* »

Cette justice expéditive fut à la mode pendant quelque temps, même après la majorité de Charles VI. On rapporte que ce prince, allant un jour à Vincennes pour rendre visite à la reine Isabeau, qui y demeurait et menait joyeuse vie, rencontra dans le faubourg Saint-Antoine un seigneur gascon qui revenait de Vincennes et qui le salua ironiquement. Le lendemain, les Parisiens purent voir, flottant sur les eaux de la Seine, un sac de cuir avec ces mots : *Laissez passer la justice du roi.* C'était le cadavre du trop galant Gascon.

LE PROCUREUR DU ROI, *avec dignité*. Ne vous opposez pas, madame, à l'arrestation de ce misérable ; apprenez qu'il a vécu du meurtre et du vol depuis l'âge de dix-huit ans, et maintenant *laissez passer la justice du roi.*   EDMOND ABOUT, *l'Assassin.*

Le moyen le plus ordinaire et le plus expéditif pour faire recevoir un prisonnier à la Bastille était la lettre de cachet. Le tome II de la collection en renferme de nombreux spécimens. Les unes sont remplies, les autres en blanc. C'était une sorte de monnaie courante, dont, avec un peu de faveur, on pouvait faire provision ; un billet de banque grâce auquel on pouvait payer une dette en envoyant le créancier importun à la Bastille ou à Vincennes. MM. de La Vrillière et de Launay n'en demandaient pas davantage. Ils se contentaient de vérifier la signature du souverain et de dire : « *Laissez passer la justice du roi.* »   *Revue des Deux Mondes.*

— Quel est ce mystère? répondit Camille Desmoulins à Fabre d'Églantine, à travers la cloison qui séparait leurs cachots... Parle, et parle vite, il est déjà tard ; encore quelques heures peut-être, et une voix souveraine criera derrière nous : « *Laissez passer la justice du peuple.* »   LOUIS LURINE, *Pierrot.*

Ces cinq jours passés, le malade put enfin demander à voir madame de Nagu. Une demi-heure après, un homme, à la livrée bien connue, montait à cheval et gagnait Rouen au grand galop, les poches pleines d'argent ; et ceux qui le voyaient courir disaient, chapeau bas sur la route : « *Laissez passer la bienfaisance du château de La Mailleraie.* »   AUGUSTE LUCHET, *le Nom de famille.*

LAISSEZ VENIR A MOI LES PETITS ENFANTS.

Un jour que l'on présentait à Jésus-Christ des petits enfants afin qu'il leur imposât les mains, ses disciples les repoussaient avec de rudes paroles : « Laissez venir à moi les petits enfants, dit Jésus-Christ, car le royaume des cieux est à ceux qui leur ressemblent. »

— Confiez-nous vos enfants ! Ne sommes-nous pas les successeurs de Celui qui a dit : « *Laissez les petits venir à moi ?* » Eh bien, nous avons des établissements pour tous les prix.

Louis Jourdan, *le Siècle.*

Relever ou soutenir une société détruite ou qui tombe, n'est-ce pas la plus grande chose que puisse entreprendre la créature ? C'est le but que s'était proposé Gerson, et il se bornait à répondre avec humilité à ceux qui le censuraient : «Ma dignité de chancelier, qu'est-elle auprès de la grandeur de Dieu? Et cependant il a dit : « *Laissez les petits venir à moi.* » Puis il se livrait avec d'autant plus de ferveur à la sainte mission qu'il s'était donnée.

Ernest Fouinet, *l'Ile des Cinq.*

Aux représentations gratuites, le spectacle n'est plus sur la scène, il est là où se trouve placé le spectateur.

— *Laissez venir à moi les petits !* s'écrient sur toutes les affiches les opéras, les drames, les comédies; et les portes des théâtres s'ouvrent toutes grandes, pour laisser entrer ceux qui, n'ayant que le temps pour toute richesse, ont consenti à passer cinq ou six heures à faire la queue.

Jules Lecomte, *Chroniques parisiennes.*

LA LETTRE TUE, MAIS L'ESPRIT VIVIFIE.

Dans sa seconde épître aux Corinthiens (*chap.* III, *versets* 3 *et* 6), saint Paul s'exprime ainsi : « Vous faites voir que vous êtes la lettre de Jésus-Christ, écrite par notre ministère, non avec l'encre, mais avec l'esprit du Dieu vivant; non sur des tables de pierre, mais sur des tables de chair, qui sont vos cœurs.

. . . .

» C'est Dieu qui nous a rendus capables d'être les ministres de la nouvelle alliance, non dans la lettre, mais dans l'esprit; car *la lettre tue, mais l'esprit vivifie.* »

Cet axiome théologique, qui est d'une si fréquente application, signifie qu'il ne faut pas, dans l'interprétation d'une loi, d'un précepte, s'attacher servilement au sens littéral, mais chercher à saisir la pensée raisonnable, l'intention véritable cachée sous les expressions.

Les Turcs distinguent, comme les chrétiens, le sens positif et le sens allégorique, car ils disent proverbialement que le Coran a tantôt une face de bête et tantôt une face d'homme, pour signifier la lettre et l'esprit.

La phrase de l'apôtre se dit quelquefois, par analogie, de la distinction à établir entre le sens propre et le sens métaphorique des mots.

A la première page de son chef-d'œuvre, le charmant auteur de *Gil Blas* nous en offre un exemple qui ne sera pas déplacé ici : « Deux écoliers allaient ensemble de Penafiel à Salamanque. Se sentant altérés, ils s'arrêtèrent au bord d'une fontaine qu'ils rencontrèrent sur leur chemin. Là, tandis qu'ils se délassaient après s'être désaltérés, ils aperçurent par hasard auprès d'eux, sur une pierre à fleur de terre, quelques mots déjà un peu effacés par le temps et par le pied des troupeaux qu'on venait abreuver à cette fontaine. Ils jetèrent de l'eau sur la pierre pour la laver, et ils y lurent ces paroles : « Ici est enfermée l'âme du licencié Pierre » Garcias. » Le plus jeune des écoliers, qui était vif et étourdi, n'eut pas plus tôt achevé de lire cette inscription, qu'il dit en riant de toute sa force : « Rien n'est » plus plaisant ; ici est enfermée l'âme… une âme enfermée !.. Je voudrais savoir » quel original a pu faire une épitaphe si ridicule. » En achevant ces mots, il se leva pour s'en aller. Son compagnon, plus judicieux, dit en lui-même : « Il y a » là-dessous quelque mystère ; je veux demeurer ici pour l'éclaircir. » Il laissa donc partir l'autre, et, sans perdre de temps, se mit à creuser avec son couteau tout autour de la pierre. Il fit si bien qu'il l'enleva. Il trouva dessous une bourse de cuir qui contenait deux cents ducats, avec ces paroles : « Sois mon héritier, » toi qui as eu assez d'esprit pour démêler le sens de l'inscription, et fais un » meilleur usage que moi de mon argent. »

» L'écolier, ravi de cette découverte, remit la pierre comme elle était auparavant, et reprit le chemin de Salamanque avec l'âme du licencié.

» Qui que tu sois, ami lecteur, tu vas ressembler à l'un ou à l'autre de ces deux écoliers. Si tu lis mes aventures sans prendre garde aux instructions morales qu'elles renferment, tu ne tireras aucun fruit de cet ouvrage ; mais si tu le lis avec attention, tu y trouveras, suivant le précepte d'Horace, l'utile mêlé avec l'agréable. »

On ne pouvait pas commenter plus clairement la phrase de saint Paul.

Nommé adjudant à l'École polytechnique, Rostan voulut y mettre en pratique son principe d'obéissance passive. Les considérations les plus puissantes étaient sans force contre l'inflexibilité des ordres dont l'exécution lui était confiée. Si quelqu'un s'était avisé de lui dire qu'il est des cas où un agent secondaire peut modifier les instructions qu'il a reçues, il aurait haussé les épaules et ri de pitié ; il aurait ri du célèbre axiome : *La lettre tue et l'esprit vivifie.*

LIADIÈRES, *Livre des Cent-et-un.*

Vous avez voulu connaître les dames de Pékin, eh bien ! les voilà… Vous voyez bien qu'elles sont à mille lieues des nôtres !… Et, comme il faut pourtant que je vous finisse l'histoire du pauvre mandarin, vous aurez soin, dans ce qui va suivre, de continuer à vous croire transporté aux antipodes, ou bien lisant une des pages de la rêveuse Schéherazade. Vous ne vous attacherez qu'au but moral de ce léger épisode; car, vous le savez, *la lettre tue et l'esprit vivifie.*

Lord W<small>IGMORE</small>.

Je ne félicite pas le parti qui vient de se servir des *Lettres d'une Contemporaine.* N'est-ce pas saint Paul qui a dit : « *La lettre tue?* » il a bien ajouté, il est vrai : « *l'esprit vivifie;* » mais c'est qu'il y a dans cette affaire *plus de lettres que d'esprit.*

A<small>LPHONSE</small> K<small>ARR</small>, *les Guêpes.*

LANGUES D'ÉSOPE.

Ésope, esclave du philosophe Xantus, reçut un jour de son maître, qui avait invité plusieurs de ses amis à dîner, l'ordre d'acheter au marché ce qu'il y aurait de meilleur, et rien autre chose. « Je t'apprendrai, dit en lui-même le Phrygien, à spécifier ce que tu souhaites, sans t'en remettre à la discrétion d'un esclave. » Il n'acheta donc que des langues, qu'il fit accommoder à toutes les sauces : l'entrée, le second service, l'entremets, tout ne fut que langues. Les conviés louèrent d'abord le choix d'Ésope ; à la fin ils s'en dégoûtèrent : « Ne t'avais-je pas ordonné, dit Xantus, d'acheter ce qu'il y aurait de meilleur? — Hé! qu'y a-t-il de meilleur que la langue? répondit Ésope. C'est le lien de la vie civile, la clef des sciences, l'organe de la vérité et de la raison ; par elle, on bâtit les villes et on les police ; on instruit, on persuade, on règne dans les assemblées ; on s'acquitte du premier de tous les devoirs, qui est de louer les dieux. — Eh bien, reprit Xantus, qui prétendait l'attraper, achète-moi demain ce qu'il y a de pire : ces mêmes personnes viendront chez moi, et je veux diversifier. »

Le lendemain, Ésope ne fit encore servir que des langues, disant que la langue est la pire chose qui soit au monde : « C'est la mère de tous les débats, la nourrice de tous les procès, la source des divisions et des guerres. Si elle est l'organe de la vérité, c'est aussi celui de l'erreur, et, qui pis est, de la calomnie. Par elle, on détruit les villes ; si d'un côté elle loue les dieux, de l'autre elle est l'organe du blasphème et de l'impiété. »

Les langues d'Ésope sont restées célèbres pour désigner ce qui, pouvant être envisagé sous deux aspects opposés, donne prise également à la louange ou à la critique.

On peut dire des impôts ce qu'*Ésope disait de la langue :* il n'y a rien de si excellent ou de si détestable ; c'est l'emploi qui en décide.

P<small>IERRE</small> L<small>EROUX</small>, *de la Ploutocratie.*

— Le cœur d'une femme, répliqua le chevalier, le cœur d'une femme ! tenez, cela ressemble à un petit oiseau qui vole de branche en branche, de fleur en fleur... qui chante sur le gazon, qui gazouille sur la haie... dont les pleurs sont des ris, dont les ris sont des pleurs... Ma foi, messieurs, le cœur d'une femme, c'est la pire ou la meilleure des choses ; c'est le *plat du bossu*.

Revue des Deux Mondes.

LANTERNE DE DIOGÈNE.

A l'époque où vivait Diogène, les Athéniens semblaient avoir perdu la mémoire de Marathon et de Salamine ; c'étaient déjà les Athéniens de la décadence, et tandis que Démosthène cherchait en vain à réveiller ces héroïques souvenirs par les mâles accents de son éloquence, le Cynique stigmatisait à sa manière leur lâcheté et leur corruption. Un jour, il fut rencontré en plein midi dans les rues d'Athènes, tenant en main une lanterne allumée ; et, comme on lui demandait la raison de cette bizarrerie, il répondit : « *Je cherche un homme.* »

Un écrivain pessimiste de nos jours a encore renchéri sur la misanthropie de Diogène : « Le Cynique cherchait un homme, voilà deux mille ans passés ; croit-on qu'il se mît en quête aujourd'hui que l'espèce est mieux connue ? »

M. de Beauchêne, qui a écrit les *Mémoires* de l'infortuné Louis XVII, prête au royal enfant cette charmante et touchante application du mot de Diogène : « Le dauphin ayant reçu en cadeau une lanterne en filigrane d'un fort joli travail, il l'alluma furtivement, et se rappelant sa récente leçon d'histoire, il feignit de chercher quelque objet qu'il avait à cœur de trouver. Après bien des détours, il arrive enfin à l'abbé Davaux, son précepteur, et dit en lui prenant la main : « Je » suis plus heureux que Diogène : *j'ai trouvé un homme* et un bon ami. »

Lorsque Dorat distribua les rôles de sa tragédie de *Pierre le Grand*, il adressa les vers suivants à mademoiselle Sainval, célèbre actrice du Théâtre-Français, en lui envoyant celui d'Amétis :

Diogène avec sa lanterne,
Cherchait un homme et ne le trouvait pas.
Plus d'un Diogène moderne
Eut même sort en pareil cas ;
La chose est, dit-on, bien prouvée.
Moi je suis plus heureux. Las des talents trompeurs,
De l'ampoule tragique avec soin conservée,
Ma lanterne à la main, me moquant des railleurs,
Je cherchais une âme éprouvée.
Tendre, sensible, ouverte aux doux charmes des pleurs ;
C'est une rareté chez messieurs nos acteurs,
Et dans Sainval je l'ai trouvée.

Dans le couplet suivant, Béranger a fait de la lanterne de Diogène le fanal de l'amour, sans doute un soir qu'il attendait Lisette :

Lanterne en main, dans l'Athènes moderne,
Chercher un homme est un dessein fort beau ;

Mais quand le soir voit briller ma lanterne,
C'est qu'aux amours elle sert de flambeau.

—⁂—

Autant et peut-être plus qu'ailleurs, on trouve à Pétersbourg des êtres distingués et attachants; aussi je n'allumerai pas ma *lanterne, comme Diogène*, pour les chercher : j'en ai tant rencontré dans ma vie! Mais cette lanterne me servirait très utilement pour éviter cette foule de personnes communes qui se trouvent sur notre passage. Mme SWETCHINE.

———

J'ai rencontré des chiffonniers qui se drapaient dans leurs guenilles, comme Diogène dans son manteau troué. Un autre point de ressemblance avec Diogène, c'est que, comme le célèbre cynique, le chiffonnier porte une *lanterne*, non toutefois pour *chercher un homme,* — il se soucie bien d'une pareille misère, — mais pour chercher le morceau de pain et le litre de chaque jour dans le coin des bornes.   VICTOR FOURNEL, *Ce qu'on voit dans les rues de Paris.*

———

Voltaire restera seul grand parmi les grands hommes de son siècle, parce qu'il s'est plus humilié que les autres devant la nature, parce qu'il n'a pas voulu, comme ses contemporains, refaire l'œuvre de Dieu. Devant cette humilité du philosophe, on est tenté de prendre en pitié *la lanterne sourde de tous les Diogènes qui cherchent Dieu dans l'homme;* mais quand on voit Voltaire porter d'une main si ferme et lever si haut le flambeau de la raison, on s'approche de lui avec respect et on reconnaît que c'est le feu du ciel qui brûle dans sa main.   ARSÈNE HOUSSAYE, *le Roi Voltaire.*

———

Un état! un état! Qui est-ce qui a réellement un état en ce moment-ci en France? Vous mettriez un bec de gaz dans *la lanterne de Diogène,* que vous n'arriveriez point à trouver ce merle blanc.
Le Figaro.

———

La générale a reconnu avec surprise que Manuel n'avait jamais songé à sa fille. La première fois qu'elle le fit sonder par la chanoinesse de Certeux, il répondit en haussant les épaules : « J'y penserai dans quelques années, quand j'aurai besoin d'une nourrice! » Après cette découverte, la mère et la fille ont parcouru le monde entier, *lanterne en main, à la recherche d'un homme;* elles n'ont pas encore trouvé. EDMOND ABOUT, *Tolla.*

Un homme d'esprit est perdu s'il ne joint pas à l'esprit l'énergie de caractère. Quand on a *la lanterne de Diogène*, il faut avoir son bâton. CHAMFORT.

M. Ch. Grün est venu à Paris en vrai missionnaire de l'école hégélienne, pour y étudier les progrès de nos socialistes et contrôler leurs doctrines. Ne trouvez-vous pas que ce voyage est intéressant? Malgré la répulsion que l'athéisme inspire, je me sens naître quelque sympathie pour ce socialiste enthousiaste, pour ce réformateur de la terre et du ciel, qui s'en vient, *armé de sa lanterne, cherchant un homme* intelligent parmi ses confrères parisiens. J'aime cette franchise, j'estime cette impartialité courageuse qui lui fait signaler si hardiment toute la pauvreté de son parti.
SAINT-RENÉ TAILLANDIER, *l'Athéisme allemand.*

LA PAROLE A ÉTÉ DONNÉE A L'HOMME POUR DÉGUISER SA PENSÉE.

L'expression de cette triste vérité, que la bouche est rarement d'accord avec le cœur, est certainement aussi vieille que la langue; on a donc tort d'en faire exclusivement *honneur* à Talleyrand. Un ancien proverbe dit : « La langue est le témoin le plus faux du cœur. » Campistron a rendu la même idée dans sa tragédie de *Pompéia :*

> Le cœur sent rarement ce que la bouche exprime.

Toutefois, il n'y avait encore rien d'assez frappant dans ces diverses formes pour qu'elles restassent consacrées. L'idée de dissimuler la *pensée* au moyen de la *parole*, qui en est l'instrument, était trop originale et trop piquante pour ne pas faire fortune. Mais qui a dit : « La parole a été donnée à l'homme pour déguiser sa pensée? » C'est d'abord Voltaire, dans le conte du *Chapon et la Poularde.* Le chapon dit : « Les hommes ne font des lois que pour les violer, et ce qu'il y a de pis, c'est qu'ils les violent en conscience. Il ne se servent de la pensée que pour autoriser leurs injustices, *et n'emploient les paroles que pour déguiser leurs pensées.* » Plus tard, Harel, cet esprit si fertile en bons mots, disait en toutes lettres dans le *Nain jaune :* « La parole a été donnée à l'homme pour déguiser sa pensée. » Mais il attribuait ce bel aphorisme au prince de Talleyrand. Celui-ci n'était pas homme à répudier un mot si conforme à la nature de son génie, lui qui avait déjà donné ce conseil à un secrétaire d'ambassade : « Défiez-vous du premier mouvement, c'est le *bon*; » il accepta donc volontiers la paternité de la phrase devenue si célèbre, et, quelques jours après, il répondait à un jeune auditeur qui croyait se recommander auprès du rusé diplomate en lui parlant de sa sincérité et de sa franchise : « Vous êtes jeune, monsieur; apprenez que *la parole a été donnée à l'homme pour dissimuler sa pensée.* »

Ainsi Voltaire a été le précurseur de cette phrase fameuse; Harel en fut le père et Talleyrand le parrain. C'est ici le cas de s'écrier : *Habent sua fata libelli*, les mots, comme les livres, ont leurs destinées.

M. Babinet, brodant sur le mot, a exprimé spirituellement une vérité qui ne sera contestée de personne, pas même des médecins et des avocats : « On peut dire avec certitude que la signature d'un homme est faite pour empêcher de connaître son nom. »

Le brave homme avait passé sa vie à louvoyer, à tergiverser, tranchons le mot, à mentir. Il ne voyait rien au-dessus de la ruse, et mettait tous ses efforts à utiliser la fameuse maxime de son chef de file : « *La parole a été donnée à l'homme pour cacher sa pensée.* »

Paul Féval, *Alizia Pauli.*

— Non, dit-il en serrant la lettre, ne la brûlons pas... qui sait? elle peut devenir matière à procès... Dois-je répondre? ajouta-t-il en se grattant le front, signe qui lui était habituel quand il voulait appeler une décision. Au fait, ajouta-t-il, *l'écriture a été donnée à l'homme pour déguiser sa pensée*, et nous ne sommes pas au temps où l'on pouvait faire pendre un homme avec deux lignes de sa main.

Henri Murger, *Madame Olympe.*

— J'appelle un chat un chat, interrompit d'un ton bref l'élève en droit.

— Mon cher Prosper, dit Dornier doucement, vous oubliez que *la parole a été donnée à l'homme pour déguiser sa pensée.*

— Qui a dit cela? ce vieux serpent de Talleyrand; belle autorité!

Charles de Bernard, *un Homme sérieux.*

L'ARGENT N'A PAS D'ODEUR.

Lorsque Vespasien succéda à Vitellius, les finances de l'empire étaient dans un tel état de désordre, que tous les moyens parurent bons au nouvel empereur pour remplir le trésor public, horriblement dilapidé par Néron et ses successeurs. D'ailleurs, Vespasien apportait dans ses affaires personnelles une si grande économie, qu'on l'accusa d'avarice, et que les Alexandrins l'avaient surnommé *Six oboles*. Il avait contracté dès son jeune âge les habitudes d'une vie simple et frugale, et dans les jours de réception, il ne se servait pas d'autre coupe que d'une petite tasse qu'il tenait de son aïeule maternelle. Parmi les impôts dus à son administration, il y en avait un sur les urines, et c'est même du nom de ce prince qu'on a appelé *vespasiennes* les urinoirs publics établis dans les grandes villes. Titus lui ayant rapporté que les Romains s'égayaient au sujet de l'argent qui provenait d'une telle source, ce prince lui donna à sentir une pièce de monnaie en disant : « *L'argent n'a pas d'odeur.* »

Est-ce que l'on gagne la richesse par le travail? Allons donc! Par l'usure, comme le patron, à la bonne heure! Car j'en ai acquis la preuve; cet homme estimé, salué, fêté, envié, a commencé par réaliser de nombreux bénéfices qui... — La jolie raison! *L'argent n'a pas d'odeur...*   PIERRE VÉRON, *le Monde illustré.*

— L'avarice que tu reproches à Falconet arrondit chaque jour la dot de sa fille; est-ce à toi de t'en plaindre?
— Je ne puis vous exprimer combien me semble peu honorable une fortune sortie d'une pareille source.
— Fadaises! *l'or ne sent jamais mauvais*, disait l'empereur romain.
    CHARLES DE BERNARD, *un Beau-Père.*

En feuilletant Avicenne, j'ai bien trouvé autre chose, ma foi! Si j'osais, je vous le dirais; mais bah! la science doit avoir ses privilèges. Si des mots doivent être inodores, ce sont ceux de son vocabulaire. L'*or* perçu par Vespasien, grâce à un certain impôt, *l'était bien!* J'oserai donc, et je vous dirai que le très-fameux *clysoir* a été décrit par Avicenne, neuf siècles environ avant d'avoir été inventé en France.   ÉDOUARD FOURNIER, *le Vieux-Neuf.*

A Paris! dans nul pays *l'axiome de Vespasien* n'est mieux compris; là, les écus tachés de sang ou de boue ne trahissent rien et représentent tout. Pourvu que la société sache le chiffre de votre fortune, personne ne demande à voir vos parchemins.
    HONORÉ DE BALZAC, *Maximes et Pensées.*

La voracité du porc est insatiable comme la cupidité de l'avare. Il ne craint pas de se vautrer dans la fange; il s'engraisse des plus immondes substances; tout fait ventre pour lui. De même de l'avare, du juif, qui n'a pas honte de se vautrer dans la bassesse et dans l'usure pour augmenter son trésor, et qui ne trouve pas de spéculation infime dès qu'il y a du profit à y faire, qui dit que *l'argent n'a pas d'odeur,* comme disait l'empereur Vespasien à propos d'un impôt.   TOUSSENEL, *Mammifères de France.*

Aux termes de la loi, la ville de Paris *doit* une sépulture quinquennale à tout inhumé, riche ou pauvre. Ce court délai forme pourtant la base de concessions dites *temporaires*, à raison desquelles on exige des familles une rétribution assez élevée et abusive. La ville n'en est pas à dépendre de ce profit illégitime. Le fût-elle, il faudrait encore y renoncer et se hâter. Il y a de l'argent qu'il n'est pas bon de toucher. Le *mot de Vespasien*, le grand fermier des boues et des immondices de Rome, n'était ni juste ni honnête. Cet avide César n'eût cependant jamais osé frapper d'un octroi frauduleux l'entrée du dernier asile.   FÉLIX MORNAND, *la Vie de Paris.*

LA TOUR-D'AUVERGNE, PREMIER GRENADIER DE FRANCE.

La Tour-d'Auvergne, né en 1743, appartenait à la célèbre maison de Bouillon. Il entra à vingt-cinq ans comme sous-lieutenant dans une compagnie de mousquetaires; mais c'est sous la république que ce soldat, taillé sur le patron des héros antiques, devait illustrer son nom. Après une action d'éclat, dans la guerre de l'indépendance américaine, il refusa une pension qu'on voulait lui décerner. En 1789, il embrassa avec enthousiasme la cause de la révolution française, et commanda à l'armée des Pyrénées une avant-garde de 8,000 grenadiers, qui ne tarda pas à s'immortaliser sous le nom de *colonne infernale.* Après la paix de Bâle, et alors âgé de plus de 50 ans, il rentra dans la vie civile pour s'y livrer à des études archéologiques.

Au milieu de ses travaux, il apprend que la réquisition va enlever le fils unique d'un de ses vieux amis; il le remplace sous les drapeaux et court à l'armée du Rhin, commandée par Masséna. Le premier consul lui décerne un sabre d'honneur avec le titre de *premier grenadier de France.* Sa modestie repoussait énergiquement cet honneur qu'il n'avait point sollicité : « Parmi nous autres soldats, disait-il, il n'y a ni premier, ni dernier; je veux combattre, non comme le premier, mais comme le plus ancien grenadier de la république. » Peu de jours après, le 27 juin 1800, il tomba percé d'une balle au cœur, au combat de Neubourg. Ce fut un jour de deuil solennel pour toute l'armée. La Tour-d'Auvergne fut enseveli dans des branches de laurier et de chêne, et un grenadier lui tourna la face contre l'ennemi.

Tous les soldats consacrèrent leur solde d'un jour à payer l'urne d'or dans laquelle fut enfermé son cœur. Cette urne était portée en tête de sa compagnie, et, à chaque appel de son nom, qui était resté sur les contrôles, un grenadier répondait : « *Mort au champ d'honneur.* »

L'avancement du maréchal Brune ne fut l'ouvrage ni de l'intrigue ni de la faveur ; il n'a dû sa fortune qu'à lui-même, et ce fut toujours sur le champ de bataille que ses chefs l'avancèrent en grade. Confondu dans les rangs des grenadiers, il leur donna l'exemple de la discipline et de la bravoure, et il mérita d'être surnommé par eux, comme un autre La Tour-d'Auvergne, *le premier grenadier français*.
Dupin aîné, Mémoires.

— La foule ne vous connaît guère, mon vieux camarade ; les éloges vous répugneraient, entachés d'une ombre de charlatanisme. Vous donnez et ne demandez jamais. Soldat qui évitez les grades, combattant empressé au péril et si paresseux au butin, vous êtes, en épaulettes de laine, au premier rang du bataillon de la presse, *La Tour-d'Auvergne resté grenadier*.
Henri Delatouche, Épître à M. Bert.

LAURE ET PÉTRARQUE.

Les noms de Pétrarque et de Laure sont aussi inséparables dans l'histoire et la poésie que ceux de Dante et de Béatrix. La famille de Pétrarque, qui appartenait au parti gibelin, banni de Florence, vint se réfugier à Avignon, où résidait alors la cour pontificale. Un jour, le 6 avril 1327, Pétrarque, âgé de vingt-trois ans, aperçut à l'église la belle Laure de Noves, dont la vue fit sur le cœur du jeune poète une impression qui ne devait jamais s'effacer. Cette passion remplit toute sa vie, et, quoique sans espoir, car Laure était mariée depuis deux ans et vertueuse, il ne cessa jamais de brûler de l'amour le plus ardent, et il fit du nom de Laure l'âme de toutes ses poésies. Il composa à sa louange trois cent dix-huit sonnets et quatre-vingt-huit *canzone*, auxquels elle doit sa célébrité. Il y peint la violence des désirs qu'il éprouvait près d'elle et loin d'elle ; ses vains efforts pour la séduire, ceux qu'il fit inutilement pour combattre, pour étouffer un amour sans espoir. Il y atteste aussi qu'il ne put jamais obtenir la moindre faveur de cette femme vertueuse, et il rend un hommage éclatant à sa sagesse.

On ne peut douter néanmoins que Laure ne fût flattée, en secret, des hommages du jeune poète; mais l'amour de ses devoirs, le soin de sa réputation, triomphèrent toujours de sa vanité. Polie, aimable avec lui, lorsqu'elle ne voyait rien dans ses empressements qui dût l'alarmer, elle le traitait avec sévérité toutes les fois qu'il essayait de lui déclarer sa passion. Elle l'évitait avec un soin extrême; et quand elle ne pouvait le fuir, un voile officieux venait au secours de sa pudeur. Chanter dans ses vers l'objet dont il était charmé, s'efforcer de lui plaire; suivre Laure dans les promenades publiques et dans les assemblées; se plaindre de ses rigueurs; chercher à combattre, à oublier une passion malheureuse, par les conseils qu'il demandait à l'amitié, par les distractions que ui procurait le commerce des muses, par de fréquents voyages en France, en Allemagne, en Italie, et surtout à Vaucluse; telle fut à peu près, pendant vingt et un ans, la vie de Pétrarque. Contenir dans les bornes du respect un amant qu'entraînait un tempérament de feu; le ramener par un mot, un geste, un regard, lorsque, livré au désespoir, il semblait près de se rebuter, de s'éloigner pour toujours; ce fut par cette continuelle alternative de rigueurs et de marques d'intérêt si bien exprimées dans les vers de Pétrarque, ce fut par ce petit manège de coquetterie, que, sans faire la moindre brèche à son honneur, Laure sut retenir dans ses fers, pendant ce long intervalle, l'homme le plus ardent et le plus impétueux.

Le portrait de Laure est tracé partout dans les vers de son amant, et à l'abri des outrages du temps. Elle avait les yeux brillants et tendres; sa bouche, bien dessinée, n'offrait que des perles et des roses; son visage était plutôt rond qu'ovale; elle avait les sourcils noirs, les cheveux blonds, la peau d'une blancheur éblouissante, le teint animé des plus agréables couleurs, la taille fine, souple et légère; les épaules, le cou, les mains, les doigts, les pieds admirables; sa démarche était noble et majestueuse, son air céleste, ses regards pleins de douceur, de gaîté, de candeur; la grâce la plus séduisante régnait dans toute sa personne; rien de si expressif que sa physionomie, de si angélique, de si enchanteur que le son de sa voix.

On a fait sur Laure cet acrostiche, qui mérite d'être distingué parmi les poésies en général assez fades de ce genre:

Le ciel qui la sauva de son propre penchant,
A la beauté du corps unit celle de l'âme;
Un seul de ses regards, par un pouvoir touchant,
Rendait à la vertu le cœur de son amant.
Elle embellit l'amour en épurant sa flamme.

Un homme, voyant au spectacle une belle personne, demande à son voisin comment elle s'appelle. On lui dit qu'elle se nomme *Laure*: « Ah! dit-il, je voudrais bien être son *Plutarque!* »

Ce chevalier de l'amour platonique n'était pas fort en biographie.

C'est par un raffinement de délicatesse, en même temps que par une recherche quintessenciée du beau et de l'honnête, que les anciens en vinrent à mépriser l'amour conjugal, et, avec lui, tout rapport physique avec la femme. *Pétrarque, l'amant idéal de Laure,* fit-il toute sa vie autre chose? Et les femmes de son siècle n'auraient-elles pas eu lieu de se plaindre de lui, autant que les femmes de Thrace crurent avoir à se plaindre d'Orphée?

P.-J. PROUDHON, *de la Justice dans la Révolution et dans l'Église.*

A la fin du dîner, mademoiselle *Laure* ayant appris que Rodolphe était poëte, lui donna clairement à entendre qu'elle n'était pas éloignée de l'accepter pour son *Pétrarque.*

HENRI MURGER, *Scènes de la vie de Bohême.*

Un monde qui poursuit une espérance qu'il sait ne pouvoir atteindre ni embrasser sur terre, c'est l'âme du moyen âge; c'est aussi le génie de Pétrarque.

L'Italie, en particulier, était amoureuse d'une *Laure* qu'elle désespérait de posséder jamais; je veux dire la vérité dans les institutions humaines, l'union des cœurs, le mariage des factions, la fraternité, la joie, la félicité, ou seulement la paix, toutes choses ajournées par delà la mort.

EDGAR QUINET, *Révolutions d'Italie.*

LAVER SON LINGE SALE EN FAMILLE.

Cette locution, employée pour la première fois par Voltaire, et adressée sous forme de conseil aux Encyclopédistes, a reçu une nouvelle consécration en passant par la bouche de Napoléon Ier, qui s'en est servi dans une circonstance demeurée célèbre Le Corps législatif, dont la voix avait été si longtemps comprimée, venait de donner au gouvernement de l'empereur les premiers signes d'opposition, avec le tort impardonnable de choisir pour cette manifestation de ses sentiments le moment où la France allait être envahie. Napoléon convoqua les députés le 1er janvier 1814, et là, dans un discours familier jusqu'à la vulgarité, mais expressif, fier, original, quelquefois vrai, plus souvent imprudent, comme l'est la colère chez un homme supérieur, et où l'on regrette de ne pas assez retrouver la dignité qui appartient au génie, il leur dit qu'il les avait appelés pour faire le bien et qu'ils avaient fait le mal, que deux batailles perdues en Champagne ne seraient pas aussi nuisibles que ce qui venait de se passer parmi eux. Puis les apostrophant avec véhémence :

« Que voulez-vous ? leur dit-il... Vous emparer du pouvoir ? mais qu'en feriez-vous ? Qui de vous pourrait l'exercer ? Avez-vous oublié la Constituante, la Législative, la Convention ? Seriez-vous plus heureux qu'elles ? N'iriez-vous pas tous finir à l'échafaud comme les Guadet, les Vergniaud, les Danton ? Et d'ailleurs, que faut-il à la France en ce moment ? Ce n'est pas une assemblée, ce ne sont pas des orateurs, c'est un général. Y en a-t-il parmi vous ? Je cherche vos titres et je ne les trouve pas. Le trône lui-même n'est qu'un assemblage de quatre morceaux de bois doré recouvert de velours. Le trône, c'est un homme, et cet homme, c'est moi, avec ma volonté, mon caractère et ma renommée ! C'est moi qui puis sauver la France, et ce n'est pas vous. Vous vous plaignez d'abus commis dans l'administration : dans ce que vous dites il y a un peu de vrai et beaucoup de faux. M. Raynouard a prétendu que le maréchal Masséna avait pris la maison d'un particulier pour y établir son état-major (à Marseille); M. Raynouard en a menti. Le maréchal a occupé temporairement une maison vacante, et en a indemnisé le propriétaire. On ne traite pas ainsi un maréchal chargé d'ans et de gloire. Si vous aviez des plaintes à élever, il fallait attendre une autre occasion, que je vous aurais offerte moi-même; et là, avec quelques-uns de mes conseillers d'État, peut-être avec moi-même, vous auriez discuté vos griefs, et j'y aurais pourvu dans ce qu'ils auraient eu de fondé. Mais l'explication aurait eu lieu entre nous, car *c'est en famille*, ce n'est pas en public, *qu'on lave son linge sale*. Loin de là, vous avez voulu me jeter de la boue au visage. Je suis, sachez-le, un homme qu'on tue, mais qu'on n'outrage pas... »

Lâché par la main royale, Dufresny (1) tomba dans la misère de son poids naturel : il s'y coucha, en bohémien qu'il était, y fit son lit et dormit tranquille. L'insouciance est la grâce d'état des dissipateurs. Ce fut alors qu'il fit le mariage dont ses contemporains ont tant ri. Il épousa sa blanchisseuse, pour acquitter sa note et *laver* désormais *son linge en famille*.

Paul de Saint-Victor, *la Presse*.

— Cela vaut neuf cent quatre-vingt-neuf francs soixante-quinze centimes, mon neveu, dit Grandet en ouvrant la porte. Mais, pour vous éviter la peine de vendre cela, je vous en compterai l'argent.

— Je n'osais vous le proposer, répondit Charles; mais il me répugnait de brocanter mes bijoux dans la ville que vous habitez. Il faut

---

(1) On sait que Dufresny était arrière-petit-fils de cette *belle Jardinière* d'Anet, qui sut inspirer de l'amour à Henri IV. Louis XIV fut souvent magnifique à l'égard du poëte famélique, son royal cousin.

laver son linge sale en famille, disait Napoléon; je vous remercie donc de votre complaisance.

HONORÉ DE BALZAC, *Eugénie Grandet*.

— Maintenant expliquons-nous, reprit M. de Loiselay lorsqu'ils furent assis tous deux. Bonaparte disait qu'*il faut laver son linge sale en famille;* en cela, comme en bien d'autres choses, il avait raison. C'est conformément à cette maxime que j'ai voulu avant tout vous tirer de ce salon, où chacun se moque de vous en ce moment. CHARLES DE BERNARD, *les Ailes d'Icare*.

Si vous vous permettez de petites infamies, que ce soit entre quatre murs; dès lors vous ne serez plus coupable de faire tache sur les décorations de ce grand théâtre appelé le monde. Napoléon appelle cela : « *Laver son linge sale en famille.* »

HONORÉ DE BALZAC, *Scènes de la Vie de province*.

LAZARE ET LE MAUVAIS RICHE.

Jésus dit à ses disciples : « Il y avait un homme riche qui s'habillait de pourpre et de lin, et qui faisait tous les jours des festins magnifiques ; et, près de sa porte, était étendu Lazare, tout couvert de plaies et d'ulcères. Or, Lazare aurait bien voulu se rassasier des miettes qui tombaient de la table du riche, mais personne ne les lui donnait; seulement les chiens venaient et léchaient ses ulcères. Lazare mourut, et les anges portèrent son âme dans le sein d'Abraham; le riche mourut aussi, et il eut l'enfer pour sépulture. Levant les yeux au milieu de ses tourments, il vit de loin Abraham, et Lazare dans son sein, et il s'écria : « Père Abraham, ayez pitié de moi et envoyez Lazare, afin qu'il trempe son « doigt dans l'eau pour me rafraîchir la langue, car je souffre cruellement. » Mais Abraham lui répondit qu'ayant été dans les délices pendant que Lazare souffrait, il était juste qu'il fût dans les tourments pendant que celui-ci était dans la joie.

Le contraste que présente cette touchante parabole, de la félicité du malheureux qui a été méprisé sur la terre et des souffrances éternelles de celui qui, comblé des biens de ce monde, n'a point soulagé les maux de son semblable, caractérise admirablement l'esprit de l'Évangile. Toute une révolution morale est là. Il y a bien autre chose que l'égalité des hommes, puisque l'affligé trouve son salut dans ses propres afflictions; il y a l'adorable charité, qui élève l'homme au-dessus de lui-même, en lui faisant voir l'image de Dieu dans son prochain.

Un cicéronien de la Renaissance disait, dans son exclusive admiration d'érudit, que l'antiquité est pour nous autres modernes ce qu'étaient pour *Lazare* les débris de la table du riche. Certes, nous n'en sommes plus là ; mais pourtant on éprouve je ne sais quelle douce satisfaction à recueillir précieusement ces miettes éparses, et c'est un charme pour les plus délicats d'en goûter la saveur.

CHARLES LABITTE, *Varron et ses Ménippées.*

Quelle ruche, ou plutôt quelle fourmilière en travail que cette vaillante race des industriels de la rue ! Ils pullulent tellement à Paris, qu'ils semblent germer dans la boue du macadam. Parmi ces *Lazares* de l'industrie, qui viennent s'asseoir comme ils peuvent à la table, ou plutôt sous la table parisienne, pour s'y disputer les miettes qui en tombent, il y a toute une légion de parasites étrangers, lesquels, au rebours des hirondelles, s'en viennent pour la plupart avec les neiges et s'en retournent avec les roses.

VICTOR FOURNEL, *Ce qu'on voit dans les rues de Paris.*

LE CORPS D'UN ENNEMI MORT SENT TOUJOURS BON.

Ce mot atroce, qu'ont répété depuis d'autres tyrans, fut prononcé par Vitellius après la bataille de Bédriac, qui le rendit maître de l'empire. Le 25 mai de l'an 69, — la bataille avait été livrée le 14 avril précédent — Vitellius visitait les champs de Bédriac avec ses principaux officiers ; ceux-ci ne pouvaient supporter l'odeur infecte qu'exhalaient les cadavres, restés sans sépulture ; c'est alors que le monstre se révéla tout entier par cette phrase restée tristement célèbre : « *Le corps d'un ennemi mort sent toujours bon.* »

Suivant Brantôme et les historiens les plus dignes de foi, après que les restes mutilés de Coligny eurent été suspendus par la populace aux piliers patibulaires de Montfaucon, Charles IX s'y rendit avec toute la cour, pour jouir de cet horrible spectacle. Comme les courtisans se détournaient à cause de la mauvaise odeur, Charles IX s'écria que « l'odeur d'un ennemi mort était très bonne. » Dans ses notes de la *Henriade*, Voltaire charge aussi la mémoire de Charles IX de cet affreux propos. Par une licence permise au romancier, Walter Scott, sacrifiant la vérité historique au besoin de peindre par un dernier trait le caractère vindicatif de Louis XI, lui prête le même mot dans *Quentin Durward* :

« Mon bon jeune homme, vous apprendrez qu'il n'y a pas de parfum qui vaille l'odeur d'un traître mort. »

Je crois que la liberté est magnanime : elle n'insulte point jusqu'au pied de l'échafaud, et après l'exécution, au coupable condamné, car la mort éteint le crime... Tibère (1) et Charles IX allaient bien voir *le corps d'un ennemi mort*, mais au moins ils ne faisaient pas trophée de son cadavre; ils ne faisaient point le lendemain les plaisanteries dégoûtantes d'un magistrat du peuple, d'Hébert : « *Enfin, j'ai vu le rasoir national séparer la tête pelée de Custine de son dos rond.* »   CAMILLE DESMOULINS, *le Pour et le Contre*.

    Dites-nous, aujourd'hui, si ce peuple arrogant
    Qui se précipitait de Coblentz ou de Gand,
    Sur tous nos grands chemins se frayant des issues,
    Sanguinaires vengeurs des injures reçues,
    N'eût pas, après avoir triomphé dans Valmy,
    Changé le deux septembre en Saint-Barthélemy?
. . . .
    Conquis par l'étranger, tout Paris aux abois,
    Eût vu d'autres Maillard, d'autres Collot-d'Herbois,
    Bourreaux fleurdelisés qui, tels qu'au moyen âge,
    Auraient sous le soleil promené le carnage,
    Et sur le Carrousel, au monarque Bourbon
    Porté ces corps pourris *qui sentent toujours bon*.
        BARTHÉLEMY, *Douze Journées de la Révolution*.

LE MAITRE L'A DIT.

Pythagore, l'un des plus grands et peut-être même le plus grand philosophe de l'antiquité, n'aspirait à rien moins qu'à constituer dans le monde entier une sorte de religion. Sa doctrine tendait politiquement à établir une aristocratie forte et puissante, à la revêtir d'un caractère sacerdotal qui la rendît semblable aux théocraties de l'Orient, à faire des lumières scientifiques le partage d'un petit nombre d'initiés, et à donner à ceux-ci le gouvernement du monde en leur attribuant l'infaillibilité. Ces idées grandes et hardies inspirèrent une sorte de terreur aux Grecs d'Italie, et provoquèrent le désastre éclatant qui frappa subitement les pythagoriciens.

On comprend l'empire qu'un philosophe de cette puissance dut acquérir sur l'esprit de ses élèves, de ses disciples; aussi, parmi eux, ces mots : « *Le maître l'a dit* » équivalaient à une formule magique qui coupait court à toutes les disputes.

Le sceptre de Pythagore, mystérieusement brisé, passa plus tard entre les mains

---

(1) Le jeune et brillant conventionnel, quoique frais émoulu du collège, commet ici un *lapsus calami*.

d'Aristote, et ces mêmes mots : « Le maître l'a dit, » expression énergique de la vénération profonde qu'inspirait ce puissant génie, devinrent au moyen âge, alors que la doctrine d'Aristote régnait sans rivale, la formule sacramentelle des scolastiques.

Cette phrase, qui sert à exprimer le respect que l'on professe pour une autorité, était en quelque sorte la devise de La Fontaine, dont on connaît la vénération pour les anciens. Veut-il montrer qu'on ne saurait trop égayer une narration : « Il ne s'agit pas ici d'en apporter une raison ; c'est assez que Quintilien l'ait dit. » C'est avec la même docilité qu'il s'exprime dans la fable *le Singe et le Dauphin* :

Pline le dit, il faut le croire.

L'homme ne dira plus : « *Le maître l'a dit.* » L'homme est émancipé de l'homme. L'homme dira : « La vérité dit, la science dit. »
PIERRE LEROUX, *Discours aux politiques.*

Le Christ a dit : « Que celui qui n'écoute pas l'Église soit pour vous comme un païen et un publicain. » Par ces paroles, l'auteur de l'Évangile a posé le principe d'autorité en matière d'opinions ; il a condamné le libre examen, la discussion publique, universelle, réciproque ; il a pris pour règle *Le maître l'a dit*, et condamné d'avance la Révolution.
P.-J. PROUDHON, *de la Justice dans la Révolution et dans l'Église.*

LÉONIDAS AUX THERMOPYLES.

Les Thermopyles sont un célèbre défilé de la Thessalie, de six à sept kilomètres de longueur, et qui, en certains endroits, n'a guère plus de huit mètres de largeur. Il passait déjà dans l'antiquité pour l'un des points stratégiques les plus importants, parce qu'il formait la principale entrée de Thessalie en Grèce.

Xerxès envahissait la Grèce à la tête de plus de deux millions d'hommes. Pendant que les Hellènes achevaient les préparatifs d'une lutte désespérée, Léonidas, à la tête de trois cents Spartiates, fut envoyé aux Thermopyles pour retarder la marche de l'ennemi et y mourir. Avant de partir, certains qu'ils étaient voués à la mort, ils célébrèrent des jeux funèbres auxquels assistaient tous leurs parents.

Xerxès, ne pouvant s'imaginer que cette poignée d'hommes eût la prétention de lui disputer le passage, attendit quelques jours ; puis il écrivit à Léonidas une lettre qui ne contenait que ces mots : « *Rends les armes.* » Le fier Spartiate écrivit au-dessous : « *Viens les prendre.* »

Un Trachinien, voulant donner à Léonidas une haute idée de l'armée de Xerxès, lui dit que le nombre de leurs traits suffirait pour obscurcir le soleil : « Tant mieux, répondit un Spartiate, nous combattrons à l'ombre. »

On combattit, et plusieurs attaques des Perses avaient déjà été repoussées, lorsqu'un berger du mont Œta indiqua à Xerxès un sentier par lequel il pouvait tourner les Grecs. Léonidas, comprenant que la résistance n'était plus possible, renvoya les troupes auxiliaires qui étaient venues le joindre, déclarant que, quant à lui et à ses trois cents compagnons, il ne leur était pas permis de quitter un poste que Sparte leur avait confié. Alors il se disposa à la plus hardie des entreprises. « Ce n'est point ici, dit-il à ses compagnons, que nous devons combattre; il faut marcher à la tente de Xerxès, l'immoler ou périr au milieu de son camp. » Ses soldats ne répondirent que par un cri de joie. Il leur fait prendre un repas frugal, en ajoutant : « *Ce soir nous souperons chez Pluton.* »

Toutes ces paroles laissaient une impression profonde dans les esprits.

« Au milieu de la nuit, les Grecs, Léonidas à leur tête, sortent du défilé, avancent à pas redoublés dans la plaine, renversent les postes avancés et pénètrent dans la tente de Xerxès, qui avait déjà pris la fuite; ils se répandent ensuite dans le camp, et se rassasient de carnage. Les plus courageux des Perses, ne pouvant entendre la voix de leurs généraux, ne sachant où porter leurs pas, où diriger leurs coups, se jettent au hasard dans la mêlée et périssent par les mains les uns des autres; mais les premiers rayons du soleil ayant offert à leurs yeux le petit nombre des vainqueurs, ils se rallient aussitôt et attaquent les Grecs de toutes parts. Léonidas tombe sous une grêle de traits. L'honneur d'enlever son corps engage un combat terrible entre ses compagnons et les troupes les plus aguerries de l'armée persane. Deux frères de Xerxès, quantité de Perses, plusieurs Spartiates, y perdirent la vie. A la fin, les Grecs, épuisés et affaiblis, expirèrent tous sur le corps de leur général.

» Ombres généreuses, votre mémoire subsistera plus longtemps que l'empire des Perses auxquels vous avez résisté, et, jusqu'à la fin des siècles, votre exemple produira dans les cœurs qui chérissent leur patrie le recueillement ou l'enthousiasme de l'admiration !

» Le dévoûment de Léonidas et de ses compagnons produisit plus d'effet que la victoire la plus brillante. Il apprit aux Grecs le secret de leur force, aux Perses celui de leur faiblesse. L'ambition de la gloire, l'amour de la patrie, toutes les vertus furent portées au plus haut degré, et les âmes à une élévation jusqu'alors inconnue. C'est là le temps des grandes choses, et ce n'est pas celui qu'il faut choisir pour donner des fers à des peuples libres (1). »

Dans la suite, on grava sur le rocher des Thermopyles cette inscription restée fameuse : « Passant, va dire à Sparte que nous sommes morts ici pour obéir à ses lois! »

Cet héroïque épisode des guerres médiques a fourni à la langue trois locutions usitées fréquemment :

1° Léonidas aux Thermopyles;
2° Rends les armes — Viens les prendre
3° Nous souperons ce soir chez Pluton.

(1) Barthélemy, *Voyage d'Anacharsis.*

Les siècles chrétiens n'ont pas refusé leur admiration aux trois cents Spartiates des Thermopyles. Pourtant, ils avaient plus près d'eux d'autres Thermopyles, des Thermopyles baignées d'un sang plus pur et plus abondant. Comme la Grèce, le christianisme avait eu ses Barbares à vaincre, et les obscurs défilés des catacombes étaient les *Thermopyles* où ses fidèles l'avaient sauvé par leur mort. Assurément, ils eussent pu graver aussi sur le roc une inscription digne de leur martyre.

LACORDAIRE, *Conférences de Toulouse.*

La veille même du jour où commença la stagnation de *l'Europe littéraire,* Victor Bohain donna dans les salles de la rédaction du journal un bal splendide, où il dansa avec ses trois cents actionnaires, aussi courageusement que jadis, à la veille du jour de la bataille des Thermopyles, *Léonidas se réjouit avec ses trois cents Spartiates.*

HENRI HEINE, *l'Allemagne.*

Sous l'ère du despotisme, vous avez été envahis deux fois; deux fois les Cosaques se sont chauffés avec votre bois de Boulogne; s'ils ne sont plus là, c'est que deux fois vous avez payé votre rançon. Nous, sous notre forte République, le sol est resté vierge de souillure. Les Prussiens ont trouvé leurs *Thermopyles* dans les défilés de l'Argonne.

BARTHÉLEMY, *Douze Journées de la Révolution* (Préface).

Le duc de Brunswick et le vieux Mollendorf, son rival, se réunissent à quelques lieues du champ de bataille d'Iéna pour forcer le passage défendu par le corps isolé de Davoust. Davoust ne combat pas en lieutenant de Napoléon, mais en lieutenant de *Léonidas aux Thermopyles.* Il résiste à cent mille hommes avec vingt mille, pour donner à Napoléon le temps d'accourir à une seconde victoire. Cette victoire emporte tout.

LAMARTINE, *Cours de littérature.*

Vous êtes, m'écriai-je au docteur Corvisart, et du ton inspiré d'un prédicateur puritain, vous êtes le dernier reste de cette grande corporation de gourmands qui jadis couvrait toute la France. Hélas ! les membres en sont anéantis ou dispersés : plus de fermiers-généraux, d'abbés, de chevaliers, de moines blancs ; tout le corps dégustateur réside en vous seul. Soutenez avec fermeté un si grand poids, dussiez-vous essuyer le sort des *trois cents Spartiates au pas des Thermopyles,* dût le passant aller dire que vous êtes tombé au poste que vous aviez à défendre.

Brillat-Savarin, *Physiologie du Goût.*

———

Un tel traité n'était autre chose aux yeux de l'empereur qu'une capitulation déshonorante. Il écrivit à son plénipotentiaire : « Pourquoi les alliés ne demandent-ils pas que nous leur remettions nos fusils et nos canons ? *Venez les prendre !* serait la seule réponse à faire à de telles propositions de paix. »

Mémorial de Sainte-Hélène.

———

Le sacrifice de la patrie par les citoyens ne se consent pas. Que le destin l'ait condamnée, à la bonne heure ! nous subirons l'arrêt du destin. Mais c'est au bénéficiaire à exécuter, à ses risques et périls, la volonté des dieux. *Rends tes armes,* dit Xerxès à Léonidas. *Viens les prendre,* répond le Spartiate.

P.-J. Proudhon, *de la Paix et de la Guerre.*

———

Tout d'un coup la vieille porte s'illumina comme par enchantement, et six beaux laquais armés de torches inondèrent les deux carrosses de leurs clartés.

« Bravo ! s'écria de-Vannes en montrant à Genlis cette radieuse livrée du financier, *nous souperons ce soir chez Plutus.* »

Roger de Beauvoir, *le Chevalier de Saint-Georges.*

LE PREMIER PRÉSIDENT NE VEUT PAS QU'ON LE JOUE.

La représentation du *Tartufe,* cette inimitable comédie où Molière offre la peinture la plus achevée du faux dévot, essuya les plus grandes traverses.

Dans cet admirable ouvrage, Molière met en scène un hypocrite qui, dans la plus profonde misère, vient à bout, par un extérieur de piété, de séduire un homme honnête, bon et crédule, au point que celui-ci loge et nourrit chez lui le prétendu dévot, lui offre sa fille en mariage, et lui fait, par un acte légal, donation entière de sa fortune. Quelle est la récompense? Le dévot commence par vouloir corrompre la femme de son bienfaiteur, mais, n'en pouvant venir à bout, il se sert de l'acte de donation pour le chasser juridiquement de chez lui, et pour faire conduire en prison celui qui l'a comblé de ses bienfaits.

C'est de ce fonds, qui ne peut inspirer que du dégoût et presque de l'horreur, que Molière a su tirer cette raillerie salutaire, ce rire vengeur qui poursuit les faux dévots et tous les hypocrites en général.

Les trois premiers actes de ce chef-d'œuvre avaient été représentés à Versailles devant le roi, le 12 mai 1664. Ce n'était pas la première fois que Louis XIV, qui sentait le prix des ouvrages de Molière, avait voulu les voir avant qu'ils fussent achevés; il se montra fort content de ce commencement, et par conséquent la cour fit de même. Le *Tartufe* fut joué le 29 novembre de la même année, au Raincy, devant le grand Condé. Dès lors, les envieux se réveillèrent, les dévots commencèrent à faire du bruit; les faux zélés (l'espèce d'hommes la plus dangereuse) crièrent contre Molière, et séduisirent même quelques gens de bien. Molière, voyant tant d'ennemis qui allaient attaquer sa personne encore plus que sa pièce (1), voulut laisser ces premières fureurs se calmer : il fut un an sans donner le *Tartufe* ; il le lisait seulement dans quelques maisons choisies, où la superstition ne dominait pas. Enfin, ayant opposé la protection et le zèle de ses amis aux cabales effrontées de ses ennemis, il obtint du roi une permission verbale de jouer la pièce (2). La première représentation eut donc lieu à Paris, le 5 août 1667. Le lendemain, on allait la rejouer ; l'assemblée était la plus nombreuse qu'on eût jamais vue ; il y avait des dames de la première distinction aux deuxièmes loges ; les acteurs étaient sur le point de commencer, lorsqu'il arriva un ordre du premier président Lamoignon, portant défense de jouer la pièce. C'est à cette occasion qu'on prétend que Molière dit à l'assemblée : « Messieurs, nous allions vous donner le *Tartufe*, mais *monsieur le premier président ne veut pas qu'on le joue.* »

(1) Voici un spécimen des haines forcenées que Molière inspirait. Pierre Roullès, curé de Saint-Barthélemy en l'Isle, dans un panégyrique de Louis XIV, intitulé : *Le roi glorieux au monde, ou Louis XIV le plus glorieux de tous les rois du monde*, s'exprimait ainsi sur l'auteur du *Tartufe* :

« Un homme, ou plutôt un démon vêtu de chair et habillé en homme, et le plus signalé impie et libertin qui fut jamais dans les siècles passés, avait eu assez d'impiété et d'abomination pour faire sortir de son esprit diabolique une pièce toute prête d'être rendue publique en la faisant monter sur le théâtre, à la dérision de toute l'Église, et au mépris du caractère le plus sacré et de la fonction la plus divine, et au mépris de ce qu'il y a de plus saint dans l'Église, à l'intention d'en rendre l'usage ridicule, contemptible, odieux. Il méritait, par cet attentat sacrilège et impie, un dernier supplice exemplaire et public, et le feu même, avant-coureur de celui de l'enfer, pour expier un crime si grief de lèze-majesté divine, qui va à ruiner la religion catholique, en blâmant et jouant sa plus religieuse et sainte pratique, qui est la conduite et la direction des âmes et des familles par de sages guides et conducteurs pieux. »

(2) En accueillant les préventions dont le *Tartufe* était l'objet, et en y cédant, Louis XIV ne s'en était jamais dissimulé tout à fait l'injustice. Sortant un jour, avec le prince de Condé, de la représentation d'une farce impie et obscène, intitulée *Scaramouche ermite* : « Je voudrais bien savoir, dit-il au prince, pourquoi les gens qui se scandalisent si fort de la pièce de Molière, ne disent mot de celle de *Scaramouche* ? — C'est que, répondit le prince, la comédie de *Scaramouche* joue le ciel et la religion, dont ces messieurs-là se soucient fort peu, tandis que celle de Molière les joue eux-mêmes, ce dont ils se soucient beaucoup. »

Cette phrase est susceptible de deux interprétations bien différentes. Quelle est celle que Molière a entendu lui donner? A-t-il voulu lancer un trait mordant contre le premier président en s'abritant derrière une équivoque? Mais le premier président était alors M. de Lamoignon, que l'histoire a surnommé le *vertueux Lamoignon*. Si l'on se trouvait en présence d'un autre personnage, le doute ne serait pas permis. Quoi qu'il en soit, la phrase de Molière est restée, mais avec une interprétation presque toujours satirique.

« Dans la bouche de Molière, dit F. Génin, ce mot est aussi faux qu'il est accrédité. Sous un roi comme Louis XIV, une plaisanterie si déplacée, un si grossier outrage lancé publiquement par un comédien contre un magistrat, contre l'illustre Lamoignon, ne fût certainement pas resté impuni Molière, aimé de Louis XIV, était d'ailleurs l'homme de France le plus incapable de blesser à ce point les convenances, sans parler des égards qu'il devait à Boileau, honoré de l'intimité de M. de Lamoignon. Ce conte, beaucoup plus vieux que Molière, a été ramassé dans les *Anas* espagnols, qui attribuent ce mot à Lope ou à Caldéron, au sujet d'une comédie de l'*Alcade* : « *L'alcade ne veut pas qu'on le joue.* » Quelqu'un a trouvé spirituel de transporter cette facétie à Molière, et l'invention a fait fortune. La biographie des grands hommes est remplie de ces impertinences : c'est le devoir de la critique de les signaler et d'en obtenir justice. »

Sans vouloir nous déclarer dans une question aussi controversée, et où, de part et d'autre, les preuves se réduisent à de simples hypothèses, nous ferons remarquer à M. Génin, dont l'opinion est certainement d'un grand poids, que le comédien dont il s'agit s'appelle Molière, et que Louis XIV, qui était un appréciateur éclairé du mérite, aurait hésité entre le grand écrivain et le premier président. Molière avait enfanté son chef-d'œuvre; il attendait depuis une année; le grand jour arrive enfin : M. de Lamoignon oppose son *veto*. Le trait s'échappe des lèvres frémissantes de l'auteur indigné... Tout cela est possible. Le mieux serait donc de ne pas se montrer trop absolu dans ces sortes de débats, où l'on peut soutenir avec des chances égales le pour et le contre.

Un jour qu'on devait jouer *le Bon Père*, pour la fête du prince, comme celui-ci, par dévotion, s'y opposait, Florian s'avança sous le masque d'Arlequin, et dit avec regret à la compagnie, en parodiant en bonne part le mot de Molière : « Nous espérions vous donner aujourd'hui la comédie du *Bon Père*, mais M. le duc de Penthièvre ne veut pas qu'on le joue. »

Sainte-Beuve, *Causeries du lundi.*

Après cela, peut-être ne serait-il pas impossible que, à l'insu du ministre d'État, le sénateur chargé de l'administration du département n'eût pas cru devoir autoriser la représentation du chef-d'œuvre de Molière; peut-être est-ce *M. de Bonald qui s'oppose à ce qu'on le joue.*

Émile de La Bédollière, *le Siècle.*

LE ROI EST MORT, VIVE LE ROI!

Ce vieux cri de la monarchie signifiait que la royauté ne meurt jamais en France. A peine le roi avait-il rendu le dernier soupir, qu'un héraut apparaissait au balcon du palais, et criait trois fois devant le peuple assemblé : « *Le roi est mort, vive le roi!* » Mais c'était surtout à la cérémonie funèbre, et lorsque le monarque défunt allait prendre sa place dans les caveaux de Saint-Denis, que ces mots, prononcés au milieu des pompes de la religion, retentissaient d'une manière vraiment solennelle. On les entendit pour la dernière fois en France à la mort de Louis XVIII; voici comment M. de Vaulabelle rend compte de cette imposante cérémonie :

« Sept jours après le décès, le 23 septembre, le cercueil royal fut transporté du château des Tuileries à l'église Saint-Denis, au bruit d'une salve de cent un coups de canon, et demeura exposé dans cette basilique, au milieu d'une chapelle ardente, jusqu'au 24 octobre, jour fixé pour les funérailles. C'était la première fois, depuis la mort de Louis XV (10 mai 1774), qu'une cérémonie de cette nature était offerte à la curiosité publique. L'affluence fut énorme. Des colonnes gothiques funèbres, couvertes d'écussons et d'armoiries, décoraient le portail de l'église. L'intérieur, entièrement tendu de noir jusqu'aux voussures, était éclairé par plusieurs milliers de cierges et de bougies dont la lumière effaçait l'éclat du jour. Un catafalque, imitant les mausolées élevés à François Ier et à Henri II par les architectes du seizième siècle, occupait le centre de la nef. Les cordons du poêle royal étaient tenus par quatre grands dignitaires, représentant la magistrature, l'armée, la chambre des pairs et la chambre des députés. La messe dite et l'oraison funèbre prononcée, on procéda aux derniers actes de la sépulture selon le vieux cérémonial de la monarchie. Douze gardes du corps enlevèrent le cercueil et le descendirent dans le caveau. Le roi d'armes, se dépouillant alors de sa cotte d'armes et de sa toque, les jeta sur le cercueil ainsi que son caducée, puis, reculant de trois pas, il s'écria : « Hérauts d'armes » de France, venez remplir vos charges! » Ces officiers s'approchèrent de l'ouverture du caveau et y jetèrent à leur tour leurs caducées, leurs cottes d'armes et leurs toques. Le roi d'armes reprit la parole : « Monsieur le duc de Reggio, » major général de la garde royale, s'écria-t-il, apportez le drapeau de cette » garde! Monsieur le duc de Mortemart, monsieur le duc de Luxembourg, » monsieur le duc de Grammont, monsieur le duc de Mouchy, monsieur le duc » d'Havré, apportez l'étendard de la compagnie dont vous avez la charge! »

» Le drapeau et les cinq étendards, apportés par les personnages dont le roi d'armes venait d'appeler successivement les noms, furent descendus dans le caveau par les hérauts d'armes, ainsi que les *honneurs* du défunt (la couronne, le sceptre et la main de justice), le pennon, les éperons, l'écu, la cotte d'armes, le heaume et les gantelets, que le cérémonial, par une tradition des obsèques royales d'un autre âge, supposait avoir été portés ou revêtus par ce souverain, le moins guerrier des rois. Par une autre raillerie de ces prescriptions empruntées aux coutumes antiques, le grand chambellan, obéissant à l'appel du roi d'armes, approcha du caveau la bannière de France; le dignitaire auquel sa fonction la confiait, vieillard chétif, boiteux, couvert de satin, de broderies d'or, de dentelles et de décorations en brillants, était un homme dont le nom se trouvait mêlé aux hontes les plus récentes de notre histoire, et qui, deux fois, avait pactisé avec l'ennemi; la main qui tenait cette noble bannière et qui l'inclina vers le cercueil du vieux roi, était la main flétrie de M. de Talleyrand!... Ce dernier hommage accompli, le duc d'Uzès, faisant les fonctions de grand-maître de la maison royale, baissa son bâton de commandement, en plaça le bout dans l'ouverture du caveau, et s'écria : « *Le roi est mort! — Le roi est mort!* » répéta par trois fois le roi d'armes, qui, après le troisième cri, ajouta : « *Prions tous Dieu pour le repos de son âme!* » Le plus profond silence s'établit; le clergé, tous les assistants, s'inclinèrent et firent une courte prière mentale. Le duc d'Uzès, relevant bientôt son bâton, pousse alors le cri de *Vive le roi!* Le roi d'armes répète encore ce cri trois fois, et ajoute : « *Vive le roi Charles, dixième du nom, par la grâce de Dieu, roi de France et de Navarre! Criez tous : Vive le roi!* » Ce cri sort aussitôt de mille bouches; les trompettes sonnent, les tambours battent, tous les instruments des nombreuses musiques militaires réunies dans l'église éclatent, pendant qu'au dehors du pieux édifice des salves d'artillerie et de mousqueterie annoncent à la population que toute douleur doit cesser pour faire place à l'allégresse, et que, si Louis XVIII vient de disparaître, son frère Charles X est roi. »

A la nouvelle de l'exécution de Louis XVI, le prince de Condé, qui commandait les émigrés au delà du Rhin, fit entendre le cri de la vieille monarchie : « *Le roi est mort, vive le roi!* » Et le jeune dauphin, âgé de huit ans et encore prisonnier au Temple, fut proclamé roi par l'armée, sous le nom de Louis XVII.

— Les bals masqués ne chôment pas et les promenades aux flambeaux non plus.

— Les flambeaux servent de chandeliers!... Bravo! s'écrie Paul-Émile ravi.

— Et puis, sachez bien qu'à Versailles l'amour est un principe comme la royauté : *L'amour est mort, vive l'amour!*

— Parbleu! s'écrie M. de Fourquevaux, je veux boire à sa santé! AMÉDÉE ACHARD, *la Chasse royale.*

L'océan politique était calme à la surface, mais deux points noirs s'étaient déjà formés dans un coin du ciel. Pour les penseurs, ces augures de l'histoire, il y avait là deux nuages qui renfermaient la foudre et la tempête. L'un de ces nuages contenait la philosophie du dix-huitième siècle, l'autre contenait la Révolution française. Ne reconnaissez-vous pas la figure de Voltaire dans leurs silhouettes fantastiques?

Le roi est mort, vive le roi! Mais où est le roi?

Je l'ai déjà dit, le roi est à la Bastille; il s'appelle François-Marie Arouet. ARSÈNE HOUSSAYE, *le Roi Voltaire.*

Ce que je regrette le plus aujourd'hui dans le mélodrame, c'est l'absence du *niais* obligé. Les niais du mélodrame étaient, quoi qu'on en dise, une délicieuse création. Je ne sais pourquoi on les a chassés du boulevard; quand on en voudra, on pourra les retrouver : les niais ne meurent jamais en France! *Les niais sont morts, vivent les niais!* Jamais la race des niais ne se perdra!... Ils changent de tréteaux, voilà tout ! BRAZIER, *Livre des Cent-et-un.*

Polichinelle est invulnérable; et l'invulnérabilité des héros de l'Arioste est moins prouvée que celle de Polichinelle. Je doute que son talon soit resté caché dans la main de sa mère quand elle le plongea dans le Styx. Ce qu'il y a de certain, c'est que Polichinelle, roué de coups par les sbires, assassiné par les *bravi*, pendu par le bourreau et emporté par le diable, reparaît infailliblement un quart-d'heure après, dans sa cage dramatique, aussi frisque, aussi vert et aussi galant que jamais, ne rêvant qu'amourettes clandestines et qu'espiègleries grivoises. *Polichinelle est mort, vive Polichinelle!* C'est ce phénomène qui a donné l'idée de la légitimité. Montesquieu l'aurait dit s'il l'avait su. On ne peut pas tout savoir.

CHARLES NODIER, *Livre des Cent-et-un.*

L'incendie du théâtre de la *Gaîté* fut un coup terrible pour les anciens administrateurs, et surtout pour Bernard-Léon. C'était vraiment pitié de voir cet honnête homme et ce bon comédien, qui nous avait tant fait rire au Gymnase et au Vaudeville, pleurant à son tour sur les ruines de la Gaîté!... Mais chacun lui vint en aide; Bernard-Léon reçut des marques d'estime et d'amitié de toutes les administrations théâtrales. Revenu du coup qui l'avait frappé, il se releva plus fort qu'auparavant; et, comme la gaîté ne meurt jamais en France, Bernard-Léon s'écria : « *La Gaîté est morte, vive la Gaîté!* »
BRAZIER, *Histoire des petits Théâtres.*

LE ROI RÈGNE ET NE GOUVERNE PAS.

Régner se prend quelquefois par opposition à *gouverner*, et alors il a une application qu'il est fort difficile de déterminer, mais qui doit exprimer, ou peu s'en faut, l'état positif du rouage le plus beau, le plus éclatant, le plus essentiel même, si l'on veut, d'une machine, tandis que *gouverner* exprime l'action du moteur de cette machine. C'est le vague de la signification de ce mot qui a donné lieu aux interminables discussions entre deux partis politiques, dont l'un admet pour maxime : *Le roi règne et ne gouverne pas*, et l'autre, la maxime opposée : *Le roi règne et gouverne*.

Le *National* venait d'être fondé le 1er janvier 1830. Cette opposition eut toute l'importance d'un événement politique. Par sa hardiesse, sa force et l'éclat de sa polémique, cette feuille ne tarda pas à avoir une grande influence sur l'opinion. Quelques jours après sa fondation, M. Thiers, dans une série d'articles, mit le premier en avant et développa avec un rare bonheur la fameuse maxime : *Le roi règne et ne gouverne pas*. Cette thèse, aussi neuve qu'imprévue, causa une profonde impression, car elle caractérisait admirablement le gouvernement constitutionnel. Dans cette forme politique, et surtout après les événements de 1830, le roi était chargé de l'exercice du pouvoir exécutif, et, comme il ne pouvait ni ne devait l'exercer en personne, il confiait ce soin à des ministres qui assumaient sur eux la responsabilité des actes, dont les plus importants étaient revêtus, il est vrai, de la signature du monarque, mais toujours avec le contre-seing de l'un d'eux ; le roi régnait et ne gouvernait pas.

Dans le livre de M. Ferrari, *la raison d'État règne, mais ne gouverne pas*. Il la nomme de temps en temps pour mémoire ; mais une fois la première secousse donnée, il n'en a plus vraiment besoin, puisque les événements marchent tout seuls, naissant les uns des autres, et que le mouvement se pousse d'un bout à l'autre de l'univers, comme le flot pousse le flot.

EUGÈNE VÉRON, *Revue de l'Instruction publique*

M. Duvergier de Hauranne ne se sentait pas d'aise de tirer à vingt-cinq mille exemplaires, au moyen du *Constitutionnel*, ses ordres du jour, ses rancunes et ses haines. Quant à moi, sans ambition personnelle, je n'étais, à vrai dire, que le banquier des principes du centre gauche, que le bailleur de fonds de cet axiome si célèbre : *Le roi règne et ne gouverne pas*.

Le Dr VÉRON, *Mémoires d'un Bourgeois de Paris*.

Ainsi que Napoléon, le journal fit ses premières armes dans des temps de troubles, et sut, comme lui, par d'éclatantes victoires contre les ennemis du dehors et de l'intérieur, conquérir les sympathies publiques, qui, comme lui aussi, ont fini par le porter au rang suprême.

Le journal est le successeur unique du grand Empereur ; *le journal règne et gouverne;* l'État, c'est lui. *Revue de Paris.*

LES LAURIERS DE MILTIADE M'EMPÊCHENT DE DORMIR.

Thémistocle, cet Athénien fameux, qui devait exercer une influence si décisive sur les destinées de sa patrie et fonder la grandeur d'Athènes en lui ouvrant la mer, montra de bonne heure une ambition ardente et un amour excessif de la célébrité. Il combattit courageusement à Marathon, où sa jeunesse ne lui permit d'ailleurs que de jouer un rôle secondaire. On sait que Miltiade, qui commandait les Athéniens, eut toute la gloire de cette journée. Depuis ce moment, Thémistocle, agité, pensif, accablé de tristesse, fuyait les plaisirs de son âge, les assemblées et les exercices de la palestre. A ses amis, qui l'interrogeaient sur les causes de cette sombre mélancolie, il répondit que *les trophées de Miltiade l'empêchaient de dormir.*

J'appartenais aux affaires et aux gens d'affaires, et je cherchais quelque moyen de culbuter mes rivaux. Devenir le plus puissant des capitalistes, tel était mon rêve ; les millions de Rothschild pesaient autant sur mon âme que *les lauriers de Miltiade* sur l'âme du héros Thémistocle. Louis VEUILLOT, *Petite Philosophie.*

L'histoire dit que *Thémistocle ne pouvait dormir des lauriers de Miltiade.* Il y a du Thémistocle dans le chardonneret, qui ne peut non plus fermer l'œil si quelqu'un de ses compagnons de volière sommeille perché plus haut que lui. C'est un travers d'esprit peut-être, mais l'ambitieux ne saurait se résigner à être confondu dans la foule. TOUSSENEL, *le Monde des Oiseaux.*

Voici un échantillon du style de ceux qui nous accusent de manquer de modération. On lit dans l'*Alsacien :* « Le *Siècle* publie un de ces *ignobles* articles dont il a le privilége. Après la lecture de cet *odieux mélange d'audace, d'hypocrisie et de lâches calomnies*, on en est à se demander ce qui provoque *le plus de dégoût.....* » On comprend que l'*Univers* se soit hâté d'insérer dans ses colonnes ces déclamations dignes de lui : Les *lauriers* de l'Alsacien *l'empêcheraient de dormir.* ÉMILE DE LA BÉDOLLIÈRE, *le Siècle.*

L'ambition mercantile, pour être obscure, n'en est pas moins violente ; et si *les trophées de Miltiade troublaient le sommeil de Thémistocle,* on peut dire aussi que les ventes d'un boutiquier troublent le sommeil du boutiquier voisin.

   Charles Fourier, *Théorie des quatre mouvements.*

« On prétend, disait quelqu'un à M. d'Ennery, que *les lauriers de M. Camille Doucet vous empêchent de dormir ?* — A la première de la *Considération,* repartit le célèbre dramaturge, j'étais placé auprès de Siraudin ; demandez-lui si je n'ai pas dormi pendant les quatre actes. »   *Le Figaro.*

On ne sait pas le nombre de gens que *les lauriers supposés de la Chronique empêchent de dormir,* sans parler de la quantité de femmes titrées et charmantes qui rêvent, elles aussi, de pouvoir quelque jour signer *Henri Desroches* (1) au bas du feuilleton d'un grave journal.   H. de Villemessant, *le Figaro.*

Les nations sages favorisent le sentiment de l'émulation, qui n'est pas étranger à leur grandeur ; elles savent que les plus faibles dans le monde, et les moins honorées dans l'histoire, ne sont point celles où un grand nombre d'hommes ont connu le *sommeil agité de Thémistocle.*

   Prévost Paradol, *du Rôle de la famille dans l'éducation.*

L'ÉTAT, C'EST MOI.

Le lendemain de la mort du cardinal Mazarin, Louis XIV, alors âgé de vingt-deux ans, fit appeler les ministres que le cardinal lui avait laissés : Pierre Séguier, Michel Letellier, de Lionne et Fouquet, et leur déclara qu'il serait lui-même à l'avenir son premier ministre. Le même soir, l'archevêque de Rouen vint le trouver et lui dit : « Votre Majesté m'avait ordonné de m'adresser au cardinal pour toutes les affaires ; le voilà mort, à qui dois-je m'adresser à l'ave-

---

(1) Ce pseudonyme, qu'on lit au bas des charmantes causeries hebdomadaires du *Constitutionnel,* cache madame la vicomtesse de Saint-Mars, qui signe *Comtesse Dash* tous les romans sortis de sa plume élégante et facile.

Dash était primitivement le nom d'une petite chienne, que le spirituel écrivain a eu la fantaisie de rendre célèbre. Nous tenons ce détail, peu connu, du savant M. Quérard.

nir ? — A moi, monsieur l'archevêque. » Le règne de Louis le Grand était commencé.

Ces préliminaires peignent déjà le caractère de Louis XIV, et rendent très probable l'authenticité de ce mot fameux : « L'État, c'est moi ! », qu'il fit entendre lorsqu'il entra botté et éperonné dans le parlement. Comme le premier président lui représentait que la résistance opposée à ses édits puisait sa source dans les intérêts de l'État : « L'État, c'est moi ! » aurait répondu le jeune monarque.

Plusieurs critiques, entre autres MM. Chéruel et Édouard Fournier, ont révoqué en doute l'authenticité de ce mot, en se basant sur le caractère de Louis XIV, « dont la jeunesse et même les amours eurent quelque chose de poli et de solennel. » C'est précisément en nous basant sur le caractère de ce prince, la personnification de la royauté et du gouvernement absolu, que nous croyons à la vérité de cette réponse orgueilleuse, qui, du reste, n'était, à cette époque, que la simple énonciation d'un fait. Nous en avons pour garants la plupart des historiens, et Louis XIV lui-même. Dans les *Instructions* à son fils, on lit : « Nous sommes la tête d'un corps dont les sujets sont les membres... La France est une monarchie ; le roi y représente la nation entière, et chaque particulier ne représente qu'un seul individu envers le roi. Par conséquent, toute puissance, toute autorité réside dans les mains du roi, et il ne peut y en avoir d'autre dans le royaume que celle qu'il établit. » Du reste, ce langage n'était que l'expression de la pensée publique, consacrée par les États de 1614. Le grand Bossuet développe les mêmes principes : « Le prince, en tant que prince, n'est pas regardé comme un personnage particulier ; c'est un personnage public : *Tout l'État est en lui* ; la volonté de tout le peuple est renfermée dans la sienne. »

Donc, nous le répétons, Louis XIV, en prononçant le mot fameux, « *l'État, c'est moi,* » n'a fait que répondre au sentiment de communauté qui existait entre l'intérêt du pays et celui de la royauté. « Dans le roi, en effet, dit le duc de Noailles (1), se résumait l'État tout entier ; c'était la conséquence et aussi l'écueil du système, car il n'était pas sans danger pour le souverain de faire une même chose de son propre bonheur et de celui de l'État, exposé comme il l'était à prendre la voix de ses passions pour celle de ses devoirs. Telle était la pensée publique elle-même. Non seulement le roi possédait toute l'autorité, mais il était le patriotisme visible de la patrie, et le patriotisme revêtait un caractère personnel, et par là même plus passionné, dans le dévoûment à sa personne. Crier : « *Vive le roi !* » c'était crier : « *Vive la France !* » C'est à ce cri qu'on marchait au combat, qu'on mourait sur le champ de bataille, qu'on remportait les victoires ; et l'on a vu des vaisseaux, au moment de s'abîmer dans les mers, laisser échapper un immense cri de *Vive le roi !* comme un dernier adieu à la patrie, le signe du dernier courage, le dernier cri du sang français. »

J'épurais une révolution en dépit des factions déçues ; j'avais bien réuni en faisceaux tout le bien épars qu'on devait en conser-

(1) *Histoire de Mme de Maintenon.*

ver; mais j'étais obligé de les couvrir de mes bras nerveux pour les sauver des attaques de tous; et c'est dans cette attitude que je répète encore que véritablement la chose publique, *l'État, c'était moi!...*
Napoléon Ier.

L'égoïsme renchérit sur le grand roi, qui disait : « *L'Etat, c'est moi;* » car il dit : « *Le monde, c'est moi.* »
Petit-Senn, *Bluettes et Boutades.*

> Oh! c'est la voix du peuple! il quitte ses sillons!
> Il plante dans le parc ses premiers pavillons;
> Il sent qu'il est venu son jour des représailles;
> Pour mieux se faire entendre, il a choisi Versailles;
> En face du balcon, piédestal du grand roi,
> Le *fouet en main*, il dit aussi : « *L'État, c'est moi!* »
Barthélemy, *Douze Journées de la Révolution.*

Il y a un jour dans l'année où le gagne-pain, le journalier, le manœuvre, l'homme qui traîne des fardeaux, l'homme qui casse des pierres au bord des routes, juge le sénat, prend dans sa main, durcie par le travail, les ministres, les représentants, le président de la République, et dit : « *La puissance, c'est moi!* »
V. Hugo, *Discours sur la Loi du suffrage restreint.*

On voit que les trois ordres subsistaient là comme ailleurs. Mais la supérieure s'était fait la large part dans ce gouvernement, et l'on peut dire que tout s'absorbait en elle. Elle aussi avait dit à sa manière, en prenant possession : « *L'État, c'est moi.* » La supérieure, disait un des articles des *Constitutions,* est l'âme de la maison et le chef de tous les membres qui la composent.
Sainte-Beuve, *Causeries du lundi.*

Les philosophes, quelques philosophes du moins, ont imaginé que si l'homme, après sa naissance et dans ses premiers mouvements, n'éprouvait pas de résistance dans le contact des choses d'alentour, il arriverait à ne pas se distinguer d'avec le monde extérieur, à croire que ce monde fait partie de lui-même et de son corps, à mesure qu'il s'y étendrait de son geste et de son pas. Il arriverait à se persuader que tout n'est qu'une dépendance et une extension de son être personnel, et il arriverait à dire : « *L'univers, c'est moi !* »   J. Janin, *la Religieuse de Toulouse.*

Lorsqu'au milieu du moyen âge la multitude confuse et anonyme du servage passa de la glèbe à la petite industrie du métier à la main, du métier à domicile, la liberté poussa son premier cri en Europe et sonna son premier tocsin. Ce fut l'heure des corporations, l'heure des communes, l'heure des républiques de tisserands et de forgerons de Gand, de Liége, d'Amiens, de Florence. Le beffroi montait à côté du donjon. Le Tiers État venait de naître. Il devait continuellement grandir jusqu'au jour où il pourrait dire : « *La nation, c'est moi,* » et agir en conséquence.

Eugène Pelletan, *le Monde marche.*

LÈVE-TOI ET MARCHE.

Jésus, étant monté sur une barque, repassa le lac de Génésareth et vint dans la ville qu'il avait choisie pour demeure.

A peine y fut-il, qu'on lui amena un paralytique étendu sur son lit.

Jésus dit au paralytique : « Mon fils, ayez confiance; vos péchés vous seront remis. »

Aussitôt quelques-uns des docteurs de la loi dirent en eux-mêmes : « Cet homme blasphème ! »

Mais Jésus leur dit : « Pourquoi ces mauvaises pensées s'élèvent-elles dans vos cœurs?

» Lequel est le plus aisé de dire à ce paralytique : « **Vos péchés vous sont re-**
» **mis,** » ou de lui dire : « *Levez-vous et marchez ?* »

» Or, afin que vous sachiez que le Fils de l'Homme a sur la terre le pouvoir de remettre les péchés : *Levez-vous et marchez,* dit-il, et allez-vous-en dans votre maison. »

Et sur-le-champ le paralytique se leva et s'en alla. (*Évangile selon saint Mathieu, ch. IX.*)

Il arrivera au roi ce qui arriva à César : il viendra, il verra, il vaincra. La seule différence (et malheureusement elle n'est pas mince), c'est qu'il fera tout cela en beaucoup de temps; à cela il n'y a pas de remède. Depuis Celui qui disait : « *Lève-toi et marche,* » on ne guérit plus subitement des maux vieux de vingt-cinq ans.

Joseph de Maistre.

Peu importe à madame Dorval que ce soit Frédérick-Lemaître qu'on applaudisse; peu importe à Frédérick-Lemaître que ce soit madame Dorval qui soit trouvée admirable ; il ne s'agit pas d'être applaudi chacun de son côté, il s'agit de produire l'effet attendu; il s'agit de donner la vie à tout un drame; il s'agit de réaliser toutes les passions et tous les rêves du parterre attentif; il s'agit que tout à l'heure quelque chose... un drame, un mélodrame, était là inerte, immobile, muet, à demi mort, et qu'à nous deux nous allons dire à ce cadavre étendu là : « *Lève-toi et marche !* » Ceci fait, vous nous applaudirez, si vous voulez.

J. Janin, *Littérature dramatique.*

LÉVIATHAN.

Léviathan est un monstre de l'Écriture, sur la nature duquel les auteurs sacrés ne sont pas d'accord. Voici la description qu'on en trouve au chapitre XL du livre de Job. Dieu dit au patriarche :

« Pourras-tu tirer Léviathan hors de l'eau avec l'hameçon, ou le prendre par la langue en jetant la ligne?

» Passeras-tu un jonc dans ses narines, et lui perceras-tu la mâchoire avec une épine?

» Te joueras-tu de lui comme d'un passereau, et le lieras-tu, afin qu'il serve de jouet à tes servantes?

» Les pêcheurs associés feront-ils festin à cause de sa prise, et le partageront-ils entre les marchands?

» Mets les mains sur lui, si tu l'oses, et tu ne penseras pas une seconde fois à l'attaquer.

» On se trompe quand on espère le prendre, et on est renversé à sa seule vue. »

Le mot *Léviathan* a passé dans la langue, où il sert à désigner quelque chose de colossal, de monstrueux. C'est le nom que les Anglais ont donné dans ces derniers temps au navire le plus gigantesque qui ait été construit jusqu'à ce jour.

Par les chemins de fer qui sillonnent le sol, par les *Léviathans* qu'on voit bondir sur l'Océan, on aura bientôt touché barre aux quatre coins du monde, et l'univers, devenu trop petit, sera aussi connu que le boulevard des Italiens.

EDMOND TEXIER, *les Choses du temps présent*.

Ce n'est pas qu'il n'y eût, par moments, bien de l'ambition et un gros orgueil au fond de ce doux Ballanche; il se croyait par éclairs un révélateur et un précurseur de je ne sais quel dogme futur qui serait plus vrai que tous ceux du passé; mais le plus souvent le *Léviathan* dormait au fond du lac, comme son doux maître.

SAINTE-BEUVE, *Causeries du lundi*.

Salut! qui que tu sois, toi dont la blanche voile
De ce large horizon arrive en palpitant!
Heureux, quand tu reviens, si ton errante étoile
T'a fait aimer la rive! heureux si l'on t'attend!

D'où viens-tu, beau navire? à quel lointain rivage,
Léviathan superbe, as-tu lavé tes flancs?

ALFRED DE MUSSET, *Retour*.

La Révolution vous plut toute petite;
Vous emboîtiez le pas derrière Talleyrand;
Le monstre vous sembla d'abord fort transparent,
Et vous l'aviez tenu sur les fonts de baptême;
Joyeux, vous aviez dit au nouveau-né : « Je t'aime! »
Ligue ou Fronde, remède ou déficit, protêt,
Vous ne saviez pas trop au fond ce que c'était
Mais vous battiez des mains gaîment, quand Lafayette
Fit à *Léviathan* sa première layette.
Plus tard, la peur vous prit quand surgit le flambeau.

V. HUGO, *Contemplations*.

LEVIER D'ARCHIMÈDE.

On nomme levier un corps long, inflexible, fixe dans un point de son étendue, et destiné à soulever des fardeaux. Le corps sur lequel le levier a son point fixe s'appelle *point d'appui;* le poids à soulever s'appelle *résistance*, et la force qui agit se nomme *puissance*. Quand le point d'appui est placé au milieu du levier, la puissance et la résistance sont égales, c'est-à-dire que pour soulever un fardeau de cent kilogrammes, il faut une force égale à ce poids. Mais au fur et à mesure que le point d'appui se rapproche de la résistance, la force que l'on a à déployer diminue. De là, il est facile de comprendre qu'une force égale, par exemple, à quelques grammes, pourrait soulever un vaisseau entier, en donnant une longueur suffisante au bras du levier qui sépare le point d'appui de la force agissante.

Il est certain que le levier était connu avant Archimède; mais c'est le génie de ce grand homme qui en détermina les propriétés et les proportions exactes. On comprend qu'Archimède ayant poussé jusqu'à l'infini l'étude théorique de la puissance du levier, il ait osé s'écrier : « *Qu'on me donne un point d'appui, et je soulèverai la terre.* » Il y a là une évidente hyperbole de langage, mais cette hyperbole satisfait la raison, car elle repose sur un principe mathématique.

Au reste, Archimède ne s'en tint pas à la théorie, et il prouva à Marcellus qu'entre ses mains le levier devenait une arme terrible.

Archimède disait : « *Donnez-moi un point d'appui, je soulèverai le monde.* » Ce que le géomètre de Syracuse cherchait dans l'ordre physique, un simple religieux du moyen âge l'a trouvé dans l'ordre moral. Saint Bernard a soulevé le monde chrétien sans autre point d'appui que la foi catholique, sans autres leviers que l'éloquence et la vertu.   GERUZEZ, *Essais d'histoire littéraire.*

Votre indignation, mon cher philosophe, est des plus plaisantes. J'aime à vous voir rire au nez des polichinelles, à qui vous donnez tant de nasardes. Courage, Archimède; le ridicule est le point fixe avec lequel vous enlèverez tous ces maroufles, et les ferez disparaître.   VOLTAIRE, *Lettre à d'Alembert.*

J'avoue que l'ambition de faire fortune était la seule dont je n'eusse pu triompher dans aucun cas. J'avais l'amour de l'or, je voulais en avoir beaucoup, parce que, à mon avis, la fortune est ce *point d'appui* que cherchait Archimède, et avec lequel on peut *soulever le monde.*   ALEX. DUMAS fils, *Trois Hommes forts.*

Forgeron, laisse sur l'enclume
Le fer vengeur inachevé :
L'arme du siècle, c'est la plume,
Levier qu'Archimède a rêvé !
   HÉGÉSIPPE MOREAU, *le Myosotis.*

Pierre l'Ermite, Calvin et Robespierre, chacun à trois cents ans de distance, trois Picards, ont été, politiquement parlant, des *leviers d'Archimède*. C'était, à chaque époque, une pensée qui rencontrait son point d'appui dans les intérêts et chez les hommes.

Honoré de Balzac, *Maximes et pensées*.

Quoi ! vous avez la raison pour levier, une nation entière pour *point d'appui*, et vous n'avez pas encore *soulevé le monde !*

Danton.

Vous avez besoin de machines pour agir sur la nature, vous employez les phénomènes pour produire les phénomènes ; mais quand on agit par la substance et sur la substance, quelle ne doit pas être la grandeur des effets ? Et pourquoi ne transporterait-on pas les montagnes comme la paille ? Archimède ne demandait qu'un *levier et un point d'appui pour soulever le monde ;* mais, de son temps, le levier et le point d'appui n'étaient point connus ; ils le sont maintenant : le levier, c'est la foi ; le point d'appui, c'est la poitrine du Seigneur Jésus. Lacordaire, *Conférences de Notre-Dame*.

On est en garde contre M. Proudhon. On n'a plus peur qu'il soulève le monde pour le renverser. Le *point d'appui* que demandait Archimède lui manque essentiellement. Il ne s'appuie ni sur la conscience, ni sur le sentiment, ni sur le sens commun, ni sur l'observation du cœur humain, ni sur la tradition, ni sur l'histoire, ni sur rien ; il n'a que son levier : le raisonnement,

Et le raisonnement en bannit la raison.

Louis Ratisbonne, *Idées proudhonniennes*

L'EXACTITUDE EST LA POLITESSE DES ROIS.

Mot attribué à Louis XVIII. C'est depuis, sans doute, qu'on a appelé l'exactitude une vertu royale.

Boileau, qui connaissait le prix de l'exactitude disait : « Ne vous faites jamais attendre ; celui qui attend songe à vos défauts. »

C'était sur la limite d'Auteuil et de Boulainvilliers; depuis quelques instants, je ne pensais qu'à mon rendez-vous de Colombin. Je me disais : Colombin m'attend, ne soyons pas en retard. Un rendez-vous, c'est sacré. *L'exactitude est la politesse des rois;* ils n'en ont pas d'autre.

    Charles Monselet, *la Franc-Maçonnerie des femmes.*

Gustave Laboissière avait montré cette *exactitude* qui, dit-on, *est la politesse des rois*, et que les amants observent toujours scrupuleusement à un premier rendez-vous; à minuit moins cinq minutes il était sous la porte du potager, à minuit précis il arrivait devant la chambre d'Adolphine.

    Charles de Bernard, *le Gendre.*

Qu'est-ce que l'exactitude? n'est-ce pas une vertu du dernier degré? Ne connaissons-nous pas tous des hommes sans portée qui sont parfaitement exacts? Et pourtant l'exactitude est tellement nécessaire dans ceux qui commandent, qu'on a dit d'elle, avec autant de justesse que de grâce, qu'*elle est la politesse des rois.*

    Lacordaire, *Conférences de Notre-Dame.*

J'admirais ce pauvre archevêque, qui paraissait mourant au milieu de sa gloire; cet empereur (Nicolas Ier) à la taille majestueuse, au visage noble, qui s'abaissait devant le pouvoir religieux; et plus loin, les deux jeunes époux, la famille, la foule, enfin toute la cour qui remplissait et animait la chapelle; il y avait là le sujet d'un tableau.

Avant la cérémonie, je crus que l'archevêque allait tomber en défaillance; la cour l'avait fait attendre longtemps, au mépris du mot de Louis XVIII : *L'exactitude est la politesse des rois.*

    Le marquis de Custine, *la Russie en 1839.*

L'HOMME ABSURDE EST CELUI QUI NE CHANGE JAMAIS.

On n'a pas encore oublié l'immense retentissement qu'obtinrent les satires de M. Barthélemy; jamais tant de verve, d'ironie, de poétique indignation, n'avait poursuivi en France les gouvernants et les ministres, n'avait frappé de traits plus acérés tous ceux qui doivent des comptes à l'opinion publique. Ce succès, il faut bien le dire, tenait autant à la disposition des esprits qu'au mérite de l'œuvre elle-même; un poète était bien sûr de trouver de l'écho en France, lorsqu'il faisait passer par les verges de la satire les hommes qui l'avaient trahie et ceux qui la tenaient alors sous l'oppression. Pendant quelque temps encore, sous Louis-Philippe, M. Barthélemy resta fidèle au rôle de Juvénal qu'il s'était attribué; puis tout à coup, sans transition, brusquement, il passa avec armes et bagages dans le camp de ceux qu'il avait toujours combattus. Adorant ce qu'elle avait brûlé, sa muse quitta le ton de la satire pour entonner une palinodie dithyrambique; et, comme pour rendre ce scandale plus éclatant, M. Barthélemy arbora son nouveau drapeau en 1832, à propos de l'état de siège, que venait de flétrir un arrêt de la Cour de cassation elle-même. L'étonnement fut grand; l'opinion publique se montra sévère envers le poète, et il faut bien reconnaître qu'elle en avait le droit, après avoir accueilli ses premières productions avec tant d'enthousiasme. Mais quelle était la cause secrète d'un revirement si soudain ? C'est M. Barthélemy qui répond lui-même :

> Comme un coup de tam-tam, un bruit inattendu,
> En signalant mon nom, a dit : *Il est vendu!*

Différents bruits publiaient qu'il avait vendu en effet son génie à la police pour une somme que l'on faisait varier de 22,000 à 157,000 fr. La colère du poète s'allume; avec une hauteur et un ton de mépris qui ne peuvent convenir qu'à une innocence incontestée, il répond à ses accusateurs en les appelant Curius de saturnales.

Nous ne venons certes pas faire à M. Barthélemy un procès rétrospectif; l'opinion a rendu son verdict depuis longtemps; mais nous ne pouvons nous empêcher de déclarer, après avoir lu et relu sa prétendue *Justification* (1), que l'homme qui étaye sa défense sur d'aussi tristes maximes, doit être dans une situation désespérée.

« Fade calomnie ! » s'écrie-t-il. Fade calomnie, en effet : qu'un homme se vende en ce siècle où tout craque de corruption, est-ce donc là chose bien neuve et bien piquante? Le moyen, d'ailleurs, de croire que Juvénal se soit vendu ! Sachez, dit-il,

> Sachez que mes vers seuls, satire, ode ou poëme,
> Me font les revenus du ministre lui-même.

Dans sa préface, M. Barthélemy nous a dit : « Ah ! Curius de saturnales, vous venez attaquer sous son chaume l'*indigent* et solitaire Juvénal... » Toutefois, ce n'est là qu'une contradiction sans importance. Mais voici qui est plus grave : abordant hardiment le fond de la question, M. Barthélemy veut nous prouver que

---

(1) Brochure en vers qu'il fit paraître pour répondre à ses accusateurs.

le changement est presque une loi de la nature, la marque d'un esprit supérieur, à peu près comme on dit que l'ingratitude est l'indépendance du cœur ;

> Quoi ! dans ce tourbillon qui dévore les âges,
> Disloquant nos vertus, nos mœurs et nos usages;
> Dans cet immense crible où roulent ballottés
> Nos chartes, nos états, nos lois, nos libertés,
> Un être à cerveau faible, à caduque poitrine,
> Un atome orgueilleux ferait une doctrine,
> Et la fixant du doigt à l'éternel compas,
> Verrait changer le monde et ne changerait pas!
> Non, le doute et l'erreur sont dans toute pensée;
> Nous sommes tous, sans but et sans route tracée,
> Des aveugles assis sur le bord du chemin ;
> Le crime d'aujourd'hui sera vertu demain.
> J'ai pitié de celui qui, fier de son système,
> Me dit : « Depuis trente ans, ma doctrine est la même;
> Je suis ce que je fus, j'aime ce que j'aimais. »
> *L'homme absurde est celui qui ne change jamais ;*
> Le coupable est celui qui varie à toute heure,
> Et trahit, en changeant, sa voix intérieure.

Nous le répétons, voilà de tristes maximes :

> Le crime d'aujourd'hui sera vertu demain.

Vous vous trompez, monsieur Barthélemy; l'arrêt qui rangera parmi les hommes vertueux les assassins comme Jean sans Terre, Richard III, Charles IX, Henri III; les traîtres comme le connétable de Bourbon, Fouché, Talleyrand et Bourmont, cet arrêt, la postérité ne l'a pas encore rendu; et nous ne sommes plus au lendemain de leurs crimes ; cependant l'histoire tient toujours ces hommes cloués à son implacable pilori, et toute la gloire de Napoléon n'a pu encore effacer la tache qu'a étendue sur sa mémoire la mort du dernier des Condés. Eh quoi ! parce qu'il aura plu à un écrivain de renier impudemment ses principes, la fidélité et le dévoûment tomberont d'un seul coup de leur piédestal ; et tant de personnages, illustres précisément parce qu'ils n'ont *jamais changé*, ne seront que des *hommes absurdes !*

> L'homme absurde est celui qui ne change jamais.

Oh ! quelle morale commode ! Il ne s'agit plus de dire comme le poète latin :

> *Justum ac tenacem propositi virum...*

L'homme juste d'Horace, que nous avons admiré de si bonne foi, n'est plus qu'un sot aux yeux de M. Barthélemy, un *homme absurde* qui fait pitié à M. Barthélemy. Grâces donc soient rendues à la *Justification* de l'auteur de la *Némésis*; son nouveau code de morale est destiné à tirer d'inquiétude bien des gens, qui avaient eu jusqu'ici la faiblesse de se préoccuper du nom qu'on donnerait à l'apostasie de leurs principes. Désormais ils pourront renier leurs amis et leurs opinions au gré de leur intérêt ou de leurs caprices, et s'ils s'obstinent, dans quelques circonstances, à se croire liés par la loyanté, la délicatesse ou tout autre sentiment, personne n'aura le droit d'en rendre responsable M. Barthélemy.

Cependant, comme on est tenté d'abuser des meilleures choses, le poète prend soin de poser certaines limites aux changements effrénés qu'on pourrait se permettre en vertu de sa maxime :

> Le coupable est celui qui varie à toute heure.

Tous les ans, tous les mois, toutes les semaines même, rien de plus légitime; mais à toute heure! en vérité, M. Barthélemy ne saurait se prêter à une semblable tolérance, on deviendrait criminel à ses yeux.

Après avoir écrit ces lignes, avons-nous besoin de déclarer que nous sommes loin de préconiser une raideur de principes que rien ne pourrait faire fléchir? L'âge, des appréciations plus complètes, les circonstances, la position même, peuvent légitimement opérer de profondes modifications dans nos opinions. C'est à nos lecteurs à juger si le vers de M. Barthélemy exprime cette pensée, et si, en effet,

> L'homme absurde est celui qui ne change jamais (1).

Quand tout se transforme autour de nous, quand les luttes changent d'objet ou de caractère, quand les intérêts des partis se déplacent, quand les principes opposés, mais également nécessaires, de l'ordre et de la liberté, sont tour à tour compromis, l'immutabilité est impossible, et c'est le cas de dire :

> L'homme absurde est celui qui ne change jamais.

VAPEREAU, *l'Année littéraire.*

Il existe une disposition secrète à refuser au prêtre cette liberté de conscience qu'on réclame et qu'on proclame pour tout le monde. Permis au laïque de reviser et de changer ses premières croyances; mais on veut que le prêtre, bon gré mal gré, reste prêtre. Et tandis qu'on admet souvent avec une scandaleuse facilité que

> L'homme absurde est celui qui ne change jamais,

on ressent une défiance involontaire contre le prêtre dont le temps, la réflexion et l'expérience ont détruit ou transformé la foi.

Revue de l'Instruction publique.

---

(1) C'est avec regret et à notre corps défendant, que nous avons écrit cette page contre un homme qui vit aujourd'hui dans la retraite; nous prions nos lecteurs de ne voir là qu'une nécessité du titre et du plan de notre livre. Dans cette battue aux mots historiques, ce n'est pas nous qui sommes allé au-devant du déplorable alexandrin de M. Barthélemy, c'est lui-même qui est venu se placer en face de notre plume. Nous devons au contraire de la reconnaissance au poète spirituel et incisif qui a enrichi la plupart de ces pages d'un vers énergique, d'une strophe élégamment rythmée; mais, en histoire, les ménagements seraient de la faiblesse, et les oublis, de la complicité; et il s'est fait tant de bruit autour du vers de M. Barthélemy, qu'il est aujourd'hui historique.

On doit se rappeler un vers bien frappé de M. Barthélemy :

L'homme absurde est celui qui ne change jamais,

et une thèse célèbre que l'abbé de Lamennais a soutenue après lui, sur le même sujet, en présentant le changement comme une condition nécessaire du progrès. — Ce vers et cette thèse, dont il est impossible de ne pas reconnaître la vérité, toutes les fois qu'on ne les invoque pas pour introduire des innovations irrationnelles ou pour justifier de honteuses palinodies, ne sont, sous d'autres expressions, que ce proverbe chinois : *Il faut être bien sage ou bien borné pour ne rien changer à ses pensées.*

QUITARD, *Études sur le langage proverbial.*

LIVRE D'OR.

Le Livre d'or était, dans plusieurs villes d'Italie, un registre officiel où se trouvaient inscrits en *lettres d'or* les noms des plus illustres familles. Il y en avait à Gênes, à Milan, à Bologne, à Florence; mais le plus célèbre était le Livre d'or de Venise, créé à la suite de la révolution aristocratique de 1297, et qui devint dès lors dans cette république la source unique du patriciat et du pouvoir. C'est le doge Gradenigo qui le fonda, pour assurer aux familles nobles le droit exclusif d'élection et d'éligibilité à toutes les magistratures.

Le Livre d'or divisait la noblesse vénitienne en quatre catégories. La première comprenait ceux dont la noblesse était antérieure à l'institution des doges; la deuxième se composait des noms des magistrats qui étaient en fonctions à l'époque de l'établissement du Livre d'or, et de tous les citoyens qui avaient exercé des charges publiques pendant les quatre années précédentes; la troisième renfermait ceux qui, à l'époque de la guerre contre les Turcs, avaient acheté la noblesse à prix d'argent; dans la quatrième enfin, on rangeait les membres étrangers à qui la république accordait le titre de noble. On y comptait la plupart des maisons papales et princières d'Italie, plusieurs familles françaises, telles que les Richelieu, les La Rochefoucauld et, en première ligne, les Bourbons.

En 1796, le sénat vénitien ayant appris que Masséna marchait sur Vérone, se hâta d'enjoindre à *Monsieur*, depuis Louis XVIII, de sortir du territoire de la république. Ce prince habitait Vérone. Il demanda que le Livre d'or lui fût apporté pour rayer le nom de sa famille.

Ce livre fameux fut détruit, ainsi que celui de Gênes, dans les guerres d'Italie en 1797. Il n'en existe plus que des copies.

Lorsque la noblesse est rayée du *livre d'or* de la nation, l'habit traduit au regard ce nivellement des classes. Il est uniforme pour le noble et pour le bourgeois. L'aristocratie a encore la prétention mal éteinte de ressusciter une partie de ses priviléges. Je la défie de ressusciter les paillettes, les culottes, les breloques, les perruques du siècle dernier.   Eugène Pelletan.

Dans les républiques antiques, la souveraineté appartenait au petit nombre; ce qu'on nommait le peuple, la démocratie, n'était qu'un corps de privilégiés, et le registre des citoyens était le *livre d'or* d'une véritable noblesse.

Louis Combes, *la Grèce ancienne.*

L'ORDRE RÈGNE A VARSOVIE.

La révolution de 1830 ébranla toute l'Europe; mais le contre-coup s'en fit ressentir principalement dans la malheureuse Pologne, dont elle ranimait les espérances. Le 29 novembre 1830, une insurrection terrible éclata à Varsovie, l'affranchissant pour quelques mois du joug de fer de la Russie; mais le 8 septembre de l'année suivante, après une résistance désespérée et un siège sanglant, Varsovie était forcée de capituler.

Pendant toute la durée de cette lutte inégale, cette ancienne et fidèle alliée, qui avait marché tant de fois sous nos drapeaux et mêlé son sang à celui de nos soldats sur les champs de bataille, cette héroïque Pologne avait ses regards tournés vers la France, dont elle attendait sa délivrance. Mais le gouvernement de Juillet, qui préludait déjà à cette politique pusillanime qui devait le discréditer si profondément dans l'opinion publique, était opposé à l'intervention. Vainement la garde nationale, le peuple de Paris, une grande partie de la presse et tous les députés de l'opposition réclamaient un concours prompt et décisif; le ministère restait sourd à toutes les instances, ou n'y répondait que par des atermoiements qui faisaient présager une catastrophe. « Aussi, dit M. Louis Blanc, accueillait-on avec empressement tous les écrits provocateurs répandus à profusion. » La douleur était devenue révolte, et l'on récitait partout avec enthousiasme ce dithyrambe de la *Némésis :*

Noble cœur! Varsovie! elle est morte pour nous,
Morte un fusil en main, sans fléchir les genoux,
Morte en nous maudissant à son heure dernière,
Morte en baignant de pleurs l'aigle de sa bannière,
Sans avoir entendu notre cri de pitié,
Sans un mot de la France, un adieu d'amitié!
Cachons-nous, cachons-nous; nous sommes des infâmes;
Que tardons-nous? Prenons la quenouille des femmes;
Jetons bas nos fusils, nos guerriers oripeaux,
Nos plumets citadins, nos ceintures de peau.
Le courage à nos cœurs ne vient que par saccades;
Ne parlons plus de gloire et de nos barricades;
Que le teint de la honte embrase notre front.
Vous voulez voir venir les Russes... Ils viendront!

De vives interpellations furent adressées au ministère, qui avait froidement laissé se consommer cet attentat sur une généreuse nation. M. Sébastiani, ministre des affaires étrangères, acheva de rendre odieux le gouvernement par une expression qui était une cruelle ironie. Dans la séance du 16 septembre, huit jours après la capitulation de Varsovie, M. Sébastiani, rendant compte à la Chambre de cet événement, eut le malheur de s'exprimer ainsi : « *L'ordre règne à Varsovie !* »

Oui, sans doute, l'ordre régnait, comme le silence règne à minuit parmi les tombeaux, dans la nécropole du Père-Lachaise.

Cette phrase est restée tristement célèbre, car elle accusait la cruelle indifférence du ministère de cette époque pour un peuple magnanime, qui invoquait vainement la protection de la France.

Il y a, juste à ce moment, trente ans que le général Sébastiani prononçait, dans la Chambre des députés, ces paroles si tristement attachées à sa mémoire : « *L'ordre règne à Varsovie;* » ce qui voulait dire que le knout avait eu raison des droits de la Pologne, et que le despotisme russe avait triomphé de l'héroïsme des Polonais. Mais la paix qui régnait à Varsovie n'était pas celle des tombeaux; la Pologne n'était pas morte.   PEYRAT, *la Presse.*

La société se trouve-t-elle en meilleure voie le lendemain de ces *sauve-qui-peut* de l'industrie où nous voyons des ateliers qui se ferment, des capitaux qui se cachent ou sont anéantis, des faillites qui enfantent des faillites, des fortunes qui se renversent les unes sur les autres, et la pâle multitude des prolétaires sans travail qui cherche son pain entre l'insurrection et l'aumône? L'équilibre se rétablit à la longue?... Hélas! ne comprenez-vous pas que vous transportez dans l'histoire de l'industrie ce mot fameux qu'il faudrait laisser aux annales de la politique : « *L'ordre règne à Varsovie?* »   LOUIS BLANC, *l'Organisation du travail.*

LOUIS XIV ENTRANT BOTTÉ ET ÉPERONNÉ AU PARLEMENT.

Le parlement, en France, se signala toujours par une grande indépendance d'opinions. Dans le principe, ses attributions se bornaient à enregistrer les lois et les édits du souverain; mais peu à peu il s'arrogea le droit de les discuter, de les modifier, et même d'en suspendre ou d'en refuser l'exécution. Louis XIV, à peine âgé de dix-sept ans, devait, dans une circonstance solennelle, briser pour toujours ces résistances. Ce prince se trouvait à Vincennes avec toute la cour et partait pour la chasse. Mazarin lui apprend que le parlement refuse d'enregistrer quelques édits bursaux nécessaires à l'entretien des troupes. Aussitôt le jeune monarque fait monter à cheval plusieurs compagnies de ses gardes, et se rend au parlement en habit de chasse : justaucorps rouge, chapeau gris, grosses bottes, et, disent même quelques-uns, un fouet à la main. Là, ses regards, ses traits, son geste, prennent le caractère imposant d'un maître qui veut être obéi : « Messieurs, dit-il de cette voix ferme qui révèle une volonté énergique, on sait les malheurs qu'ont produits vos assemblées et vos délibérations ; j'ordonne qu'on cesse celles qui sont commencées sur mes édits, que je vous défends de discuter à l'avenir. »

A ces mots, le roi sortit et s'en retourna au bois de Vincennes, sans qu'aucun de la compagnie eût osé répondre une seule parole.

Voltaire voulut faire imprimer la *Henriade*, mais les prêtres lui reprochant d'avoir embelli et ranimé les erreurs du semi-pélagianisme, se mirent en campagne pour que le privilége d'imprimer lui fût refusé. Afin de déjouer ces cabales, Voltaire dédia son poëme au roi, mais le roi ne voulut point de la dédicace. Dès ce jour la guerre fut déclarée. « Le roi, c'est moi ! » s'écria Voltaire. Et *il entra tout botté et tout éperonné, cravache à la main, dans le parlement de l'opinion publique.* ARSÈNE HOUSSAYE, *le Roi Voltaire.*

Si par hasard un voisin, un ami, venait interrompre une pareille scène, le maître du logis s'écriait, en montrant sa petite meute qui aboyait autour du visiteur : « Je vous présente le régime représentatif ; vous allez voir ce que l'on en pourrait faire avec *le fouet de Louis XIV !* » Et Fonfrède chassait, en riant, à coups de fouet, le parlement de son chenil.

LOUIS LURINE, *Voyage dans le passé.*

Dans un salon, vous verrez quinze femmes sur vingt personnes ; si une voix timide s'élève pour demander où sont les jeunes gens, un vieillard répond qu'il n'y a plus de jeunes gens, et tout le monde suppose qu'ils sont au club, à moins qu'ils ne soient ailleurs. C'est un endroit où la jeunesse va beaucoup depuis quelque temps. On entre là *botté comme Louis XIV ;* on a une redingote et même un paletot si l'on veut ; on est à son aise, on est chez soi ; et puis, pas un sou d'esprit à dépenser. Quelle économie !

EDMOND TEXIER, *le Siècle.*

LOUVE DE ROMULUS.

Procas, roi d'Albe-la-Longue, et de la race d'Énée, avait deux fils, Numitor et Amulius. Le premier, comme étant l'aîné, devait hériter du royaume ; mais Amulius s'en empara, tua le fils de Numitor, plaça sa fille Sylvia parmi les vestales, et ne laissa à son frère qu'une partie des domaines, héritage de leur père. Or, un jour que Sylvia était allée puiser, à la source du bois sacré, l'eau nécessaire au temple, Mars lui apparut et promit à la vierge effrayée de divins enfants. Devenue mère, Sylvia fut condamnée à mort selon la rigueur des lois du culte de Vesta, et ses deux fils jumeaux furent exposés sur le Tibre. Le fleuve était alors débordé ; le berceau fut doucement porté par les eaux jusqu'au mont Palatin, où il s'arrêta au pied d'un figuier sauvage. Mars n'abandonnait pas les deux enfants. Une louve, attirée par leurs cris, les nourrit de son lait. Plus tard, un épervier leur apporta des aliments plus forts, tandis que des oiseaux consacrés aux augures planaient au-dessus de leur berceau pour en écarter les insectes. Frappé de ces prodiges, Faustulus, berger des troupeaux du roi, prit les deux enfants et les donna à sa femme Acca Laurentia, qui les appela Romulus et Rémus.

Des légendes de cette nature se retrouvent à l'origine de la plupart des peuples : Sémiramis a été élevée par des colombes, et, si l'on en croit Hérodote, le grand Cyrus aurait été nourri par une chienne, presque dans les mêmes circonstances que Romulus et Rémus.

La littérature s'est emparée de la louve de Romulus, et l'on y fait souvent allusion :
« Ce furent des oies qui sauvèrent le Capitole, disait d'un ton rauque une oie au milieu d'un étang : qu'on nous dispute l'intrépidité. — Ce fut une louve qui allaita Romulus, disait d'un ton doucereux un loup assis sur le bord de l'eau : qu'on nous accuse d'être cruels. »   HAGEDORN.

Ces émigrations sont celles qui, au quatrième et au cinquième siècle, ont renouvelé le monde. Après avoir quitté le Don, elles rentrent dans la vallée du Volga ; loin de l'antre de *la louve de Rome*, elles vont se réfugier dans les îles de la Scandinavie, et épier derrière les glaces le moment d'agonie de la civilisation antique. Véritable épée de Damoclès suspendue sur le front de la société païenne, tout annonce une race d'hommes qui, n'ayant point encore mesuré leurs forces, n'en connaissent pas les limites.

EDGAR QUINET, *Génie des religions.*

Je porte le meilleur respect à la prépondérance des Anglais dans les choses matérielles ; ils ont beaucoup de cette énergie brutale avec laquelle les Romains tenaient jadis le monde sous leur joug, mais ils réunissent en eux, avec la rapacité des *loups de Rome*, l'astuce des serpents de Carthage.   Henri Heine, *Lutèce*.

LUCULLUS SOUPE CHEZ LUCULLUS.

Lucullus, célèbre général romain, vainqueur de Mithridate et de Tigrane, est encore plus connu par son luxe que par ses victoires. Revenu à Rome et rentré dans la vie privée, il surpassa en magnificence les plus opulents satrapes de l'Asie. Personne n'a jamais porté aussi loin que cet illustre Romain le goût de la dépense. Il avait fait construire près de Naples, sur le rivage de la mer, une magnifique habitation, entourée de jardins qu'on regardait comme de véritables merveilles. Des montagnes avaient été percées à jour pour en faciliter l'accès, et les eaux de la mer arrivaient dans de vastes étangs, où l'on conservait les poissons les plus estimés. Mais c'est surtout à table que se déployait la somptuosité de Lucullus. Il avait plusieurs salons à chacun desquels il avait donné le nom d'une divinité, et ce nom était, pour son maître d'hôtel, le signal de la dépense qu'il voulait faire. Pompée et Cicéron étant venus un jour à l'improviste lui demander à souper, sous la condition d'être traités sans cérémonie, Lucullus se contenta de dire à ses gens qu'on souperait dans la salle d'Apollon. Le repas fut magnifique; et Pompée lui en ayant témoigné sa surprise, Lucullus avoua que les soupers servis dans cette salle lui coûtaient 50,000 drachmes (environ 45,000 francs).

Un jour qu'il était seul, on lui servit un repas modeste; il en fit de vifs reproches à son intendant : « Je ne croyais pas, dit celui-ci, que n'ayant invité personne, vous voulussiez un repas somptueux. — Ne savais-tu pas, répondit l'orgueilleux Romain, que Lucullus soupait ce soir chez Lucullus ! »

Ces dîners fins en prison faisaient grand bruit, et Ouvrard me raconta qu'un jour Séguin, celui-là même qui l'avait fait incarcérer, lui demanda la faveur d'être de ses convives. Le dîner fut des plus gais et des plus magnifiques : « Seulement, dit Ouvrard, *Lucullus est forcé de dîner tous les jours chez Lucullus.* »

Le Dr Véron, *Mémoires d'un bourgeois de Paris*.

Si M. Taine s'en va toujours seul, quel est donc cet interlocuteur nommé Paul, qui finit par devenir son compagnon inséparable? M. Paul n'est autre que l'*alter ego* de M. Taine; « *dimidium mei,* » pourrait l'appeler celui-ci. M. Taine, de son prénom, s'appelle Hippolyte; sans doute, enfant, par abréviation, on l'appelait *Pol*. De

là peut-être le nom qu'il a trouvé naturellement pour cet autre lui-même. M. Taine, d'ailleurs, a autant d'égards pour M. Paul que *Lucullus* en avait pour *Lucullus*.
Revue de l'Instruction publique.

Après ces déductions, après celle des sommes que coûtaient à Mirabeau, depuis deux ans, l'entretien de sa maison et son *faste de Lucullus*, et ses repas de quinze mille livres donnés à sa section, des personnes bien instruites élèvent la somme qui reste à son légataire à plus d'un million.
Camille Desmoulins, *Révolutions de France.*

MACHIAVEL.

Ce grand publiciste a laissé dans l'histoire de la morale politique un nom tristement célèbre. C'est surtout dans son livre du *Prince* que sont exposées les doctrines de cette politique qu'on a nommée *machiavélique*, et qui est la négation de toute morale. Le mensonge, la fraude, la trahison, le parjure, la cruauté, les actions les plus perverses, sont indiquées comme des moyens légitimes de succès.

Beaucoup ont pensé que Machiavel avait eu pour but de composer, à l'usage des rois, le manuel de la tyrannie ; d'autres ont cru, au contraire, que le *Prince* était une satire sanglante contre les tyrans, à peine voilée par l'apparente adhésion de l'auteur à leur abominable politique. Mais la critique moderne a montré que ces deux opinions sont également excessives. Suivant elle, Machiavel était un ardent patriote, qui gémit dans tous ses ouvrages sur la décadence de l'Italie, et qui voulait la replacer au rang des nations, fût-ce même en constituant un puissant despotisme, assez fort pour écraser ou dominer toutes les tyrannies locales, et chasser les armées étrangères. Qu'un prince se lève, Laurent de Médicis ou tout autre, et il se montre disposé à l'appuyer ; il lui permettra même d'employer tous les moyens que la morale réprouve, pourvu qu'il se dévoue corps et âme à l'œuvre capitale : *Faire l'unité italienne et chasser l'étranger.*

Telles sont les principales opinions que la critique historique a émises jusqu'ici pour expliquer le mobile secret qui a poussé Machiavel à écrire ce livre fameux. Mais une lettre, découverte récemment dans une bibliothèque de Rome, viendrait jeter un grand jour sur cette question restée obscure jusqu'ici, et présenterait le grand écrivain sous un nouvel aspect qui n'est rien moins qu'honorable. Si ce document est authentique, Machiavel n'aurait encensé la tyrannie ni par conviction ni par patriotisme, mais par lâcheté, et il ne resterait plus à voir en lui qu'un homme sans courage et sans dignité personnelle, en un mot, que le plus vil des courtisans. Il aurait écrit cette lettre alors qu'il était exilé de Florence. Elle est adressée à un de ses amis, François Vettori. « Machiavel s'y montre froissé par l'indigence, rougissant de l'emploi de ses loisirs et des ignobles sociétés dans lesquelles il cherche un oubli momentané de ses malheurs. Il y paraît dévoré de regrets et d'ambition, mais d'une ambition subalterne. On voit que, pour sortir de l'indigence et jouer encore quelque rôle dans sa patrie, il se résigne à devenir le flatteur de ces mêmes Médicis contre la domination desquels il s'est élevé pendant toute sa vie publique. Nulle élévation d'âme ne respire dans cette lettre de l'illustre exilé. Il est indifférent à tout, excepté à l'espoir de recouvrer sa fortune. C'est un Italien perverti, et qui se charge de l'emploi de pervertir les princes pour leur plaire. Il hésite à publier son nouveau livre : on voit qu'il en rougit et qu'il en a quelque remords ; mais il déclare à son ami que l'indigence l'y contraint. Jamais on ne put mieux dire : *malesuada fames*. A qui veut-il le dédier? au second Laurent de Médicis, peu digne de celui qui illustra ce nom par sa sagesse, son humanité, sa magnificence, et surtout par son ardent amour pour les lettres. C'est donc un tyran qu'il veut former pour sa patrie, car quel exemple lui propose-t-il? celui de César Borgia, si justement détesté pour ses crimes. Conçoit-on une manière plus infâme de rentrer en crédit (1) ? »

Tout *Machiavel* posthume est désormais obligé d'invoquer la morale, tout en voulant la violer et en la violant en effet.

EUGÈNE PELLETAN.

Le malheur de notre siècle aujourd'hui est que, pour acquérir la réputation d'habile homme, il faut être *Machiavel*.

PASQUIER.

— Mieux que cela encore, messieurs, continue ce *Machiavel* en casaque d'Arlequin; mieux que cela! Si, après m'avoir acheté, n'importe quand, un de mes crayons, vous trouvez, pour une raison quelconque, qu'il ne vous convient pas, vous me le rapporterez ici, en présence de tout ce monde, et je vous remettrai votre argent.

VICTOR FOURNEL, *Ce qu'on voit dans les rues de Paris.*

MADELEINE.

Madeleine, femme célèbre de l'Évangile, était une courtisane d'une grande beauté. Ayant entendu parler Jésus, elle fut touchée tout à coup, et le repentir entra dans son cœur. Un jour que Jésus-Christ était à table chez Simon le Pharisien, la belle pécheresse se présenta tout éplorée dans la salle du festin, et se pré-

(1) Charles Lacretelle.

cipita aux pieds du Sauveur, les arrosant de ses larmes, les baisant, les inondant de parfums et les essuyant avec ses cheveux. Le Pharisien se scandalisait de ce que Jésus se laissait toucher par cette femme, connue dans toute la ville pour une pécheresse. C'est dans cette circonstance que Jésus montra toute la miséricorde qui débordait de son cœur, en disant à ceux qui l'environnaient : « *Il lui sera beaucoup pardonné parce qu'elle a beaucoup aimé.* »

Cette réponse s'applique aujourd'hui, mais presque toujours ironiquement, aux femmes connues par la facilité de leurs mœurs, qu'elles se soient ou non repenties; et on a coutume, en même temps, de les désigner sous le nom de *Madeleines*.

Quelques instants avant de mourir (en 1808), Sophie Arnould, la spirituelle actrice, dit au curé de Saint-Germain-l'Auxerrois, qui lui administrait l'extrême-onction : « Monsieur le curé, je suis comme *Madeleine*, *beaucoup de péchés me seront remis, car j'ai beaucoup aimé.* »

Notre photographie représente Madeleine pénitente dans le désert, dite *la Liseuse* du Corrége. C'est un des tableaux les plus gracieux de ce peintre, qui était lui-même la personnification de la délicatesse et de la grâce. Le Corrége vécut et mourut pauvre. Sa *Madeleine*, qui ne lui fut payée que quelques écus, a été acquise plus tard par Auguste III au prix de six mille louis d'or. Ce chef-d'œuvre est une sorte de miniature, qui n'a pas plus de dix-huit pouces de large.

A Montpellier, dans cette ville intelligente, polie, savante, qui a été le berceau d'une partie de ma famille et où je compte encore des parents et des amis, il s'est trouvé un homme, — heureusement, ô ma belle France! c'est un Anglais, — pour écrire ceci : « M. de Pontmartin, *à qui il sera beaucoup pardonné, parce qu'il a beaucoup détesté...* »

ARMAND DE PONTMARTIN, *les Jeudis de Mme Charbonneau* (Préface).

> Ah! vous pensez vraiment que l'âpre destinée
> Vous a plus que toute autre aux larmes condamnée?
> Et, pour quelque oripeau qui brille sous mon toit,
> Vous criez : « Au bonheur! » en me montrant du doigt?
> Dieu n'a pas mis des pleurs qu'aux yeux des *Madeleines*;
> J'ai le cœur vide, hélas! si j'ai les mains trop pleines.
>
> LOUIS BOUILHET, *Hélène Peyron*.

En racontant son voyage à Constantinople, M. Gautier a eu l'adresse incomparable de ne pas dire un mot de la *question d'Orient*, ni de la querelle des Lieux-Saints, ni de la mer Noire, si ce n'est, je crois, pour s'y promener. Je ne connais guère que M. Théophile Gautier qui sache faire des tours de cette hardiesse; mais *il lui sera beaucoup pardonné, parce qu'il a beaucoup raconté.*

CUVILLIER FLEURY, *Voyages et Voyageurs modernes.*

Mais, mademoiselle, si vous êtes jeune, si vous êtes belle, si vous avez une famille, si vous sentez au cœur un nard céleste à répandre, comme fit *Madeleine aux pieds de Jésus,* laissez-vous apprécier par un homme digne de vous, et devenez ce que doit être toute bonne jeune fille : une excellente femme, une vertueuse mère de famille. HONORÉ DE BALZAC, *Modeste Mignon.*

Si j'avais regardé à mes pieds, peut-être y aurais-je vu quelque belle *Madeleine* avec son urne de parfums et sa chevelure éplorée. J'allais, levant les bras au ciel, désireux de cueillir les étoiles qui me fuyaient, et dédaignant de ramasser la petite pâquerette qui m'ouvrait son cœur d'or dans la rosée et le gazon.

THÉOPHILE GAUTIER, *Mademoiselle de Maupin.*

MAISON DE SOCRATE.

Socrate faisait bâtir une maison. Comme on lui représentait qu'elle était trop petite : « Plût aux dieux, répondit le philosophe, qu'elle fût pleine de vrais amis ! »

Cette belle parole a été mise en vers par notre La Fontaine :

> Socrate un jour faisant bâtir,
> Chacun censurait son ouvrage :
> L'un trouvait les dedans, pour ne lui point mentir,
> Indignes d'un tel personnage;
> L'autre blâmait la face, et tous étaient d'avis
> Que les appartements en étaient trop petits.
> Quelle maison pour lui ! l'on y tournait à peine.
> « Plût au ciel que de vrais amis,
> Telle qu'elle est, dit-il, elle pût être pleine ! »
>
> Le bon Socrate avait raison
> De trouver pour ceux-là trop grande sa maison.
> Chacun se dit ami ; mais fou qui s'y repose :
> Rien n'est plus commun que ce nom,
> Rien n'est plus rare que la chose.

Ce trait de la vie de Socrate nous remet en mémoire une réponse remarquable du chancelier Nicolas Bacon, père du fameux François Bacon. La reine

Élisabeth étant allée le visiter à Redgrave, lui dit que sa maison était trop petite pour lui : « Non, madame, répondit le chancelier ; c'est Votre Majesté qui m'a fait trop grand pour ma maison. »

Cette délicieuse demeure de mademoiselle Rachel fut reconstruite par M. Ch. Duval, et il en résulta une petite merveille de richesse et de goût. Sans être absolument la *maison de Socrate*, ce ravissant hôtel est de peu d'étendue. Quatre fenêtres de façade, et c'est tout.

Félix Mornand, *la Vie de Paris*.

On raconte que récemment encore, lorsque ce triste Opéra-Comique, ayant été forcé de fuir son désert de la rue Ventadour, faisait restaurer pour son usage la salle des *Nouveautés*, plusieurs des anciens sociétaires censuraient les réparations, et que tous étaient d'avis que la salle était trop petite ; mais le bon Opéra-Comique s'écria douloureusement : « *Plût à Dieu que telle qu'elle est, elle pût être pleine de vrais amateurs !* »

Revue des Deux Mondes.

Sa maison de campagne ressemblait un peu à la *maison de Socrate*; mais enfin c'était une maison, et n'eût-on pu y tenir qu'une seule personne en deux fois, c'est pour un poëte un luxe tout à fait asiatique et digne de Sardanapale.

Théophile Gautier, *les Grotesques*.

MALHEUR AUX VAINCUS !

Après la sanglante bataille de l'Allia, dont l'anniversaire fut mis par les Romains au nombre des jours néfastes, la terreur s'était répandue dans Rome, et tous les habitants avaient pris la fuite, excepté quatre-vingts vieillards, qui attendirent courageusement la mort sur leurs chaises curules, et la jeunesse, qui se réfugia dans le Capitole. Après avoir saccagé et brûlé Rome, les Gaulois mirent le siège devant la forteresse. Ayant échoué dans un assaut (Voyez *Oies du Capitole*), ils établirent un blocus rigoureux. Les défenseurs de la forteresse, assiégés depuis sept mois et livrés à toutes les horreurs de la famine, demandent enfin à capituler. Brennus, le chef des Gaulois, consent à lever le siège moyennant mille livres pesant d'or. Le tribun Sulpicius apporte la somme au jour marqué. Pendant qu'on pèse l'or, une contestation s'élève, et les Romains reprochent aux vainqueurs de faire usage de faux poids. C'est alors que Brennus jetant sa lourde épée dans la balance, prononça le mot célèbre, devenu proverbial : « *Malheur aux vaincus !* — *Væ victis !* »

Si l'on peut reprocher à un de nos ancêtres d'avoir voulu, par ce mot impitoyable, assujettir le droit à la force brutale, c'est aussi un Français victorieux qui, après une de ces luttes gigantesques qui ont fait de l'Empire un poëme plus grand que l'*Iliade*, se découvrit respectueusement devant un convoi de blessés autrichiens, en prononçant ces belles et chevaleresques paroles : « *Honneur au courage malheureux !* »

Ce dernier épisode a fourni à M. Debret le sujet d'un magnifique tableau.

Tel est Augustin Thierry dans l'*Histoire de la conquête de l'Angleterre par les Normands*, et dans un livre qui nous touche plus au cœur, parce qu'il est comme le poëme des commencements de notre France, *les Récits des temps mérovingiens*.

La critique a signalé, dans le premier de ces ouvrages, un genre d'injustice, d'ailleurs si rare, qu'il y a du mérite à en encourir le reproche, la partialité pour les vaincus. Elle a dit très-spirituellement de l'historien, trop Saxon contre les Normands, qu'il avait retourné le mot de Brennus, et dit : « *Malheur aux vainqueurs !* »

NISARD, *Histoire de la Littérature française*.

Non, dit le magistrat, je n'oublierai pas que je suis le tuteur de la société et l'organe de la loi. L'histoire a cité comme un crime insolent le *fer de Brennus mis dans une balance :* laisserai-je un sourire de femme faire fléchir la balance de la justice de tout son poids ?

ALPHONSE KARR, *les Femmes*.

Lorsque Jésus vint sur la terre, toutes les religions étaient mortes, et tous les peuples étaient mourants. Point d'union morale entre les peuples; la terre devenue un marché d'esclaves; les nations livrées au fer des soldats; les droits des sociétés violés; un peuple privilégié et tous les autres barbares; les vainqueurs disant toujours : « *Malheur aux vaincus !* »   AIMÉ MARTIN.

Deux nations puissantes se disputent la possession du monde; pour écraser la liberté des autres pays, elles balancent le trident et la foudre. Chaque contrée doit pour elles peser de l'or, et, comme Brennus dans les temps anciens, la France *met son épée de fer dans la balance de la justice.*

SCHILLER, *le Commencement du dix-neuvième siècle.*

Sous le régime des castes, il n'y a pas de peuple; ou bien le peuple est une chose qui s'appelle indifféremment l'ilote, l'esclave, le serf, le manant, l'Irlandais. C'est une race vaincue qui doit son travail et son sang à la race victorieuse, jusqu'à la consommation des siècles. Pourquoi s'est-elle laissé vaincre? *Malheur aux vaincus!* ainsi disaient les barbares Gaulois qui prirent Rome, et plus tard les barbares du Rhin, les Francs qui asservirent les Gaulois.

TOUSSENEL, *les Juifs.*

Que de femmes succombent au besoin, à la misère, à l'occasion! Leur chute a tous les caractères d'une défaite. Le malheur est venu à elles, suivant le langage de la Bible, comme un homme armé. Ces infortunées n'ont trouvé ni en elles-mêmes, ni dans les ressources d'une éducation quelconque, les moyens de le repousser avec avantage. Or, notre société ressemble fort à ce maître farouche et dur qui n'a qu'une maxime : *Malheur aux vaincus!*

ESQUIROS, *les Vierges folles.*

On a souvent reproché au général Bonaparte deux actions (1), l'empoisonnement de quelques pestiférés abandonnés lors de la retraite de Syrie, et le massacre des prisonniers faits à Jaffa... Ces deux actes sont bien simples... La guerre n'est pas un jeu d'enfants, et *malheur aux vaincus!* L'incendie du Palatinat sous Louis XIV est bien autre chose, et cependant s'il était utile au but qu'on se proposait, il était légitime.

Mémoires du duc de Raguse.

---

(1) Le fait dont parle Marmont est faux. Les pestiférés n'ont pas été empoisonnés. Ils étaient sept; six sont morts avant l'abandon du poste où ils avaient été placés; le septième, laissé dans l'hospice, fut pris par les Anglais. C'est donc bien gratuitement que le duc de Raguse, qui ne rend de service à personne, s'avise d'en rendre un au général Bonaparte. En plaidant sa thèse cruelle, il n'efface pas un tort qui n'existait point, et il s'en donne un qui restera sur sa mémoire. DURUY, *Revue de l'Instruction publique.*

MALHEUREUSE FRANCE! MALHEUREUX ROI!

Le gouvernement de Charles X donnait chaque jour des preuves de plus en plus évidentes de ses tendances réactionnaires. La nomination du ministère Polignac fut un véritable défi jeté à l'opinion publique. « Jamais, dit M. de Vaulabelle, l'apparition d'un nouveau ministère ne souleva une émotion plus profonde, une inquiétude plus générale, une irritation plus vive. Les plus implacables adversaires de la maison de Bourbon, s'imposant la tâche de précipiter sa chute en lui infligeant des ministres impopulaires, n'auraient pu choisir, en effet, des noms plus détestés. Ces noms, attachés aux souvenirs les plus tristes, les plus désastreux de nos quarante dernières années, résumaient toutes les douleurs, toutes les hontes de ce passé, l'émigration et ses complots, Waterloo et ses trahisons, la réaction de 1815 et ses fureurs. Le *Journal des Débats*, organe des royalistes du centre droit et défenseur de l'administration de M. de Martignac, était le journal le plus modéré de l'opinion constitutionnelle. Le 10 août, après avoir fait connaître les noms des nouveaux ministres, il publiait les réflexions suivantes :

« Ainsi le voilà encore une fois brisé, ce lien d'amour et de confiance qui unis-
» sait le peuple au monarque! Voilà encore une fois la cour avec ses vieilles
» rancunes, l'émigration avec ses préjugés, le sacerdoce avec sa haine de la
» liberté, qui viennent se jeter entre la France et son roi. Ce qu'elle a conquis
» par quarante ans de travaux et de malheurs, on le lui ôte; ce qu'elle repousse
» de toute la puissance de sa volonté, de toute l'énergie de ses vœux, on le lui
» impose violemment.

» Ce qui faisait surtout la gloire de ce règne, ce qui avait rallié autour du
» trône les cœurs de tous les Français, c'était la modération dans l'exercice du
» pouvoir ; la modération ! aujourd'hui elle devient impossible. Ceux qui gouver-
» nent maintenant voudraient être modérés qu'ils ne le pourraient pas. Les haines
» que leurs noms éveillent dans tous les esprits sont trop profondes pour n'être
» pas rendues. Redoutés de la France, ils lui deviendront redoutables. Peut-être,
» dans les premiers jours, voudront-ils bégayer les mots de charte et de liberté :
» leur maladresse à dire ces mots les trahira ; on n'y verra que le langage de la
» peur ou de l'hypocrisie.

» Que feront-ils cependant? iront-ils chercher un appui dans la force des
» baïonnettes ? Les baïonnettes aujourd'hui sont intelligentes ; elles connaissent
» et respectent la loi. Vont-ils déchirer cette Charte qui fait la puissance du suc-
» cesseur de Louis XVIII? Qu'ils y pensent bien ! la Charte a maintenant une
» autorité contre laquelle viendraient se briser tous les efforts du despotisme.
» Le peuple paye un milliard à la loi ; il ne payerait pas deux millions aux ordon-
» nances d'un ministre. Avec les taxes illégales, naîtrait un Hampden pour les
» briser. Hampden ! faut-il encore que nous rappelions ce nom de trouble et de
» guerre (1) ! *Malheureuse France ! malheureux roi !* »

---

(1) John Hampden, patriote anglais, cousin germain de Cromwell, fit partie de la chambre des communes et refusa, en 1636, de payer la *taxe des vaisseaux*, établie arbitrairement par Charles I⁰. Le procès qui lui fut intenté à la suite de ce refus eut un grand retentissement, et, malgré la condamnation de Hampden, porta un coup mortel à la couronne, dont les actes venaient d'être ainsi discutés devant toute l'Angleterre.

» Ces derniers mots, cri de douleur et d'alarme, étaient comme le glas de la Restauration. Cet article fut saisi. L'auteur, Étienne Béquet, se dénonça lui-même aux tribunaux. M. Bertin, rédacteur en chef des *Débats*, en revendiqua la responsabilité comme un privilège. Traduit en police correctionnelle, sous la prévention « d'offense envers le roi et d'attaque contre la dignité royale, » il fut condamné, le 26 août, à six mois de prison et cinq cents francs d'amende, minimum de la peine. Il appela de cette sentence ; le ministère public en appela de son côté *a minima*. Quelques jours après, la cour déchargeait Bertin des condamnations prononcées contre lui et le renvoyait de la plainte. »

Cette maison de banque, si solidement établie jusque-là, menaçait ruine et craquait de toutes parts. La fille suivait les traces de la mère, les deux fils s'abandonnaient à un luxe effréné ; le père, à bout de courage, voyant déjà le précipice ouvert sous ses pas, se sentait envahi par un découragement profond, et à la vue de cette famille jadis si heureuse et de cette maison si florissante, on aurait pu s'écrier : *Malheureux roi ! malheureuse France !*

Revue des Deux Mondes.

MANCHETTES DE BUFFON.

Buffon, le plus grand naturaliste et l'un des plus grands écrivains qu'ait eus la France, a dit dans son discours de réception à l'Académie : « Le style, c'est l'homme même. » Cet aphorisme s'applique merveilleusement à cet homme célèbre. En effet, son caractère, ses habitudes, son physique même, ressemblaient à son style. Ses manières étaient brillantes, ses goûts fastueux, sa mise magnifique, son port noble, sa démarche fière. Rien n'égale la beauté de ses images, l'ampleur de ses périodes, l'harmonie et la pompe de ses expressions. Il justifie admirablement cette inscription mise au bas d'une statue qu'on lui érigea de son vivant : *Majestati naturæ par ingenium*, — son génie égale la majesté de la nature.

Ces brillantes qualités paraissent quelquefois se rapprocher de l'enflure et de l'exagération ; aussi la critique en a-t-elle fait souvent un reproche à l'écrivain. C'est à Buffon que Voltaire faisait allusion dans ce vers :

Dans un style ampoulé, parlez-nous de physique.

Une autre fois, comme on parlait devant lui de l'*Histoire naturelle* de M. de Buffon : « Pas si *naturelle*, » répondit-il finement. D'Alembert, qui partageait à l'égard du grand naturaliste le peu de sympathie de Voltaire, disait un jour à Rivarol : « Ne me parlez pas de votre Buffon, de ce comte de *Tuffière* (1), qui,

---

(1) Nom du principal personnage de la comédie *le Glorieux*, de Destouches.

au lieu de nommer simplement *le cheval*, dit : « *La plus noble conquête que l'homme ait jamais faite est celle de ce fier et fougueux animal*, etc. — Oui, reprit malignement Rivarol, c'est comme ce sot de J.-B. Rousseau, qui s'avise de dire :

> Des bords sacrés où naît l'Aurore
> Aux bords enflammés du couchant...

au lieu de dire : *de l'est à l'ouest.* »

Buffon vivait retiré dans son château de Montbard en véritable grand seigneur. Ce fut dans cette retraite délicieuse, au milieu de ses vastes jardins, qu'il élabora ses plus brillantes pages, empreintes d'une imagination si sublime. Il y récitait à haute voix ses périodes pour juger de leur harmonie, et pour leur donner l'élégance du tour ou l'énergie dont elles sont animées. Il ne travaillait que dans une mise magnifique, en jabot et *en manchettes brodées*, après s'être fait soigneusement peigner et poudrer. On eût dit qu'il voulait se présenter en cérémonie à la postérité ; l'éclat de ses vêtements le tenait dans une sorte de contention d'esprit qui imprimait plus de noblesse à son style et plus de pompe à ses périodes. Cette influence singulière du costume s'est rencontrée, dit-on, aussi dans Rubens, ce grand coloriste, qui s'habillait richement pour peindre avec un brillant éclat ses plus beaux tableaux.

Les *manchettes de Buffon* sont restées proverbiales pour caractériser l'affectation du style, des manières ou de la personne. Ainsi on dirait familièrement d'un style un peu trop académique : *L'auteur a mis des manchettes.*

Je pense fermement que le premier devoir d'un écrivain est de se présenter devant son souverain, sinon avec la perruque à canons et *les manchettes de dentelle de M. de Buffon*, du moins dans une tenue de visite et dans la plus fraîche toilette de son talent. Mais je crois aussi que cette vénération ne doit point aller jusqu'à l'abdication de la pensée.

Edmond Texier, *Critiques et Récits littéraires.*

> Là (1), depuis que Buffon, à l'histoire immortelle,
> Étalait gravement *son jabot de dentelle*,
> Un peuple, sous ses lois, eut un calme éternel ;
> Là, le gouvernement fut toujours paternel ;
> Grâce à des lois d'amour, le pesant quadrupède
> Vit encor sous Cuvier, comme sous Lacépède...

Barthélemy et Méry, *le Jardin des Plantes.*

(1) Au Jardin des Plantes.

MANTEAU D'ANTISTHÈNE.

Antisthène, philosophe grec, fondateur de l'école cynique, vivait à Athènes vers 424 av. J.-C. Il fut disciple de Socrate, dont il développa la doctrine morale en l'exagérant. Il faisait consister le souverain bien dans la vertu, et plaçait la vertu dans le mépris des richesses, des grandeurs et de la volupté. L'homme libre, celui qui se rapproche le plus des dieux, est celui qui a su vaincre ses passions et jusqu'à ses besoins, qui vit de privations, et supporte avec indifférence tous les revers de la fortune.

Suivant la tradition socratique, Antisthène proscrivait les sciences métaphysiques et ne s'attachait qu'à la morale. Il fut, dit-on, le premier qui prit la besace et le bâton du mendiant, comme symbole de sa philosophie.

Ce mépris des convenances sociales et des choses extérieures n'était peut-être pas exempt d'affectation, et l'on connaît l'apostrophe de Socrate : « *O Antisthène, j'aperçois ton orgueil à travers les trous de ton manteau !* »

Le plus fameux des disciples d'Antisthène fut Diogène, auquel on applique souvent, par erreur, ces paroles de Socrate.

Que des moralistes à la Sénèque, gorgés d'honneurs et d'or, nous parlent de vertu, de conscience, d'intérêts spirituels et moraux, et nous laissent couverts de haillons et mourants de faim ; il y a longtemps que leur hypocrisie est démasquée et leur rhétorique percée comme le *manteau d'Antisthène*.

P.-J. Proudhon, *Création de l'Ordre*.

D'abord je fis, de mon air mince,
Rire un régiment de valets ;
Puis relégué dans l'antichambre,
Tout mouillé des pleurs de décembre,
J'attendis, près du feu cloué ;
Et comme un sage du Pirée,
Opposant, de tous bafoué,
Au sot orgueil de la livrée,
La fierté du *manteau troué !*

V. Hugo, *les Vous et les Tu*.

Rappelons-nous ces lettres et ces préfaces où le plus incommensurable orgueil se pavanait sous le masque d'une feinte humilité. Triste comédie qui n'amuse personne et qui se joue encore aujourd'hui à tous les échelons de la littérature et des arts! O Antisthène! c'est toujours *l'orgueil qui perce à travers les trous de ton manteau!*

EDMOND TEXIER, *les Choses du temps présent.*

MANTEAU DE JOSEPH.

Les marchands ismaélites auxquels Joseph avait été livré par ses frères l'emmenèrent en Égypte et le vendirent à Putiphar, un des principaux officiers du roi. La femme de Putiphar, animée d'une passion criminelle pour le jeune Israélite, qui était beau de visage, essaya d'ébranler sa vertu, et, pour le faire consentir à ses désirs, elle le saisit un jour par son manteau et voulut l'attirer près d'elle. Pour échapper à ses instances, Joseph lui abandonna son manteau et prit la fuite. Dans la colère et la honte de se voir ainsi méprisée, cette femme dit à son mari : « L'esclave hébreu a voulu me faire outrage; mais à mes cris il s'est enfui, laissant son manteau entre mes mains. » Putiphar, irrité, fit jeter Joseph dans un cachot.

On comprend, sans qu'il soit besoin que nous l'expliquions, dans quel ordre d'idées il est fait allusion au manteau de Joseph et à la femme de Putiphar.

— Comment! madame, dit plaisamment Hubert, vous êtes confiée à ma garde par un ami qui m'est cher, et je ne lui dirais pas, à son retour, qu'il est trahi, que vous lui êtes infidèle, qu'un autre que lui possède, en secret, vos louanges, vos sourires, vos hommages! Non, Madame, n'espérez pas me fermer la bouche, je parlerai.

— Vous parlerez! Vous direz peut-être, monsieur *Joseph*, que *vous avez laissé votre manteau dans les mains de madame Putiphar!*

J. JANIN, *les Gaîtés Champêtres.*

Hubert parcourut du regard une page ou deux : — Le père Berruyer, dit-il, ne s'est pas inquiété de madame Putiphar; il est probable que c'était quelque femme blonde, hargneuse, fardée, et sur le retour. Oh! si elle avait été tournée comme telle fille de ma connaissance, le *petit Joseph* se perdait... et sauvait *son manteau.*

J. JANIN, *les Gaîtés champêtres.*

La jeune femme défit l'agrafe du manteau, glissa comme une anguille entre les mains qui voulaient le retenir, et tournant autour d'une voiture, ouvrit une porte derrière laquelle se trouvait une rue peu fréquentée, où elle s'élança. Le manteau vide à la main, et aussi déconcerté que le fut en pareil cas l'agaçante *Putiphar*, le gendarme se livrait à une série d'invectives contre les voleurs qui ne veulent pas se laisser arrêter, lorsqu'un second personnage tomba devant lui du haut de la fenêtre, suivi presque aussitôt d'un troisième.

CHARLES DE BERNARD, *le Paravent*.

A sa dernière représentation de *Phèdre*, mademoiselle Rachel a tourné la tête à deux étrangers qui n'était pas venus en France pour cela. Ils ne pouvaient maîtriser leur enthousiasme pour le génie et la beauté de la tragédienne; ils ne comprenaient pas qu'Hippolyte, comme un autre *Joseph*, laissât son manteau aux mains de cette *Phèdre* qui était tout le poëme de la passion.

ARSÈNE HOUSSAYE, *l'Amour comme il est*.

MANTEAU D'ÉLIE.

Élie et son disciple Élisée vivaient au temps des rois Achab et Josaphat. Ces deux prophètes, venaient annoncer au nom du Seigneur des sécheresses et des famines de trois années, faisant égorger les prophètes de Baal, appelant la colère de Dieu sur de jeunes enfants, sacrant et menaçant tour à tour les rois, passant enfin sur la terre comme deux fléaux, ont été, entre les adversaires et les défenseurs des livres saints, l'objet des plus vives discussions. Les premiers, parmi lesquels il faut citer surtout les critiques allemands, s'appuyant de saint Chrysostome et de Jésus-Christ lui-même, ont blâmé ces vengeances terribles, exercées au nom du Tout-Puissant; les autres en ont expliqué la nécessité, les deux prophètes vivant à une époque où le sentiment religieux avait disparu chez les Juifs, étouffé par les erreurs et les pratiques de la superstition.

Élie, né à Thesbé, dans le pays de Galaad, alla trouver l'impie Achab, et lui annonça de la part du Seigneur qu'il ne tomberait dans Israël ni rosée ni pluie pendant plusieurs années; puis il se retira sur le bord d'un torrent, où des corbeaux lui apportaient soir et matin sa nourriture. Étant allé à Sarepta pendant la famine, il multiplia miraculeusement la farine et l'huile d'une pauvre veuve qui l'avait accueilli, et ressuscita son fils qui venait de mourir. Il se coucha sur lui, posa son corps sur son petit corps, sa bouche sur sa bouche, ses yeux sur ses yeux, ses mains sur ses mains, et rappela l'enfant à la vie. Comme il se dirigeait vers Damas, par l'ordre de Dieu, il rencontra Élisée qui conduisait lui-même sa charrue; il jeta sur ses épaules son manteau de prophète et lui ordonna de le suivre, car il savait que la mort allait le frapper et que sa mission touchait à son terme. Accompagné d'Élisée, il arriva un jour sur les bords du Jourdain ; là, prenant son manteau, il en frappa les eaux, qui se divisèrent pour lui livrer passage. Un peu plus loin, tandis qu'ils marchaient et conversaient ensemble, un char et des chevaux de feu les séparèrent tout à coup, et enlevèrent Élie au ciel, dans un tourbillon de flammes. Élisée recueillit le manteau de son maître, et hérita de son esprit prophétique.

Les applications que l'on tire des circonstances de la vie d'Élie et d'Élisée se rapportent à la nourriture miraculeuse d'Élie par des corbeaux, à la résurrection du fils de la veuve de Sarepta, à l'enlèvement du prophète au ciel dans un char de feu, et surtout au manteau laissé à son disciple Élisée, pour opérer les mêmes prodiges que lui.

Cette dernière application est la plus fréquente, et s'entend de celui qui, en politique, dans la littérature, dans les sciences et dans les arts, semble avoir hérité des goûts, de l'esprit et même du génie d'un homme supérieur.

Dans un inexprimable et pitoyable orgueil, nos contemporains se sont jugés trop forts pour suivre la religion de leurs ancêtres. Emportés sur les ailes de la science, comme *Élie sur son char de feu*, ils ont vu les plus lointains horizons, et l'immense étendue n'a plus eu de mystères pour eux.

POUJOULAT, *État des doctrines en Judée et en Orient au temps de Jésus-Christ.*

O père Duchesne! on m'assure, et tu ne pourras le nier, car il y a des témoins, qu'en 1790 et 1791 tu dénigrais, tu poursuivais Marat; et maintenant qu'il est mort, tu prétends qu'il t'a *laissé son manteau*. Tu t'es fait tout à coup son *disciple Élisée* et son légataire universel.

CAMILLE DESMOULINS, *le Vieux Cordelier.*

Mirabeau, en mourant, voulut, pour ainsi dire, se perpétuer au sein de l'Assemblée dans la personne de son disciple, et le consacrer, par sa mémoire répandue sur lui comme le *manteau d'Élie*, à l'attention et au respect de l'Europe. Ce fut M. de Talleyrand que Mirabeau chargea de lire, après sa mort, son discours posthume à l'Assemblée : c'était le désigner pour son successeur.

LAMARTINE, *Cours de littérature.*

Bernardin de Saint-Pierre avait connu Jean-Jacques; c'était

comme une espèce d'*Élisée qui avait reçu le manteau de son maître;* il avait, comme lui, cet amour des champs, cette imagination descriptive et passionnée qui colore avec tant d'éclat le spectacle même de la nature.

Villemain, *Littérature au dix-huitième siècle.*

Ces géants du charlatanisme finissaient par disparaître mystérieusement enlevés comme le prophète Élie; mais ces grands hommes n'ont pas eu d'*Élisée auquel ils aient laissé leur manteau*, et en tout cas M. Barnum n'en a pas hérité. Sa science se réduit à peu de chose; il ne connaît pas de secrets magiques, et il est tellement dépourvu d'imagination, qu'il n'aurait pas même inventé les tables tournantes. *Revue des Deux Mondes.*

L'amant d'Elvire va décidément un peu bien loin dans ses *Confidences;* si cela continue, nous allons connaître tous les secrets de sa famille et tous les mystères qui dormaient ensevelis dans son cœur. J'ai de la peine à comprendre, je l'avoue, qu'un écrivain fasse parader sur les tréteaux d'un feuilleton les amoureux fantômes de sa jeunesse. J'admets le poëte idéalisant sa passion dans des strophes extatiques. Le *manteau d'Élie* enveloppe l'objet adoré en l'élevant dans le ciel. D'ailleurs, quelque transparent qu'il soit, le nuage poétique dérobe toujours la femme aimée aux regards du vulgaire. Au contraire, la prose la déshabille, tout l'idéal disparaît, l'ange fait place à la créature.

Edmond Texier, *Critiques et Récits littéraires.*

MARCHANDE D'HERBES D'ATHÈNES ET THÉOPHRASTE.

On appelle *atticisme* une certaine finesse ou délicatesse de langage, une pureté de goût dans les expressions, une grâce dans la prononciation, particulières aux Athéniens. Suivant Moréri, *atticisme* se dit d'un genre de raillerie agréable, d'une politesse fine et galante, qui était en usage parmi les Athéniens. La Bruyère comprend par *atticisme* l'à propos dans les pensées, la convenance dans les expressions, joints à une certaine fleur d'esprit, à un certain talent de plaire, qui semblent surtout l'apanage des habitants d'Athènes.

Ce caractère échappe à l'analyse; il ne consiste exclusivement ni dans la prononciation, ni dans un goût fin et exquis, ni dans le choix des expressions, ni dans la délicatesse du langage, ni dans une accentuation particulière, mais bien plutôt dans la réunion de toutes ces qualités. L'atticisme ne s'enseignait point dans les écoles; mais tout Athénien en apportait avec lui le germe en naissant, le suçait avec le lait, le respirait dans l'air, dans le parfum des fleurs, dans toutes les émanations qui s'échappaient autour de lui. On comprend dès lors combien l'assimilation d'une chose si insaisissable était difficile pour un étranger. Théophraste, le célèbre auteur des *Caractères*, en fit l'épreuve dans une circonstance vulgaire, mais qui est restée historique.

Né dans l'île de Lesbos, où il avait fait ses premières études, il vint fort jeune à Athènes, et fit dans la philosophie et l'éloquence des progrès si rapides, qu'il succéda à Aristote comme chef de l'école péripatéticienne. Son élocution était si choisie, si douce et si persuasive, qu'elle le fit surnommer *Théophraste*, c'est-à-dire *qui parle comme un Dieu*. Or, un jour que notre philosophe s'était arrêté sur une place de la ville pour acheter quelques provisions auprès d'une marchande d'herbes, celle-ci reconnut à son accent, ou plutôt à je ne sais quoi qu'il est impossible d'exprimer, qu'il était étranger; et Cicéron rapporte que ce grand personnage, cet homme qui s'exprimait *divinement*, fut étonné de voir qu'ayant vieilli dans Athènes, possédant si parfaitement le langage attique, et en ayant acquis l'accent par une habitude de tant d'années, il n'était pas parvenu à se donner ce que le simple peuple avait naturellement et sans aucun effort.

L'atticisme des Athéniens prenait chez les Romains le nom d'*urbanité* (de *urbs*, ville, Rome).

Paris, cet immense foyer de la littérature et des arts, est au reste de la France ce qu'Athènes était à la Grèce, ce que Rome était à l'Italie. Et cependant aucun mot n'exprime chez nous ce privilège attaché à un langage particulier à la capitale; soit parce que la langue française n'a pas cette finesse d'expressions, ce rhythme, cette prosodie particulière aux deux langues anciennes, soit plutôt parce que la grande facilité de communications qui règne chez nous a introduit le cosmopolitisme dans le langage comme dans les mœurs.

Cette opinion était celle de certain Gascon, qui l'établissait de la manière la plus péremptoire en disant : « Je défie *lou* plus malin de deviner à mon *assent* que j'ai bu les eaux de la Garonne. »

Voilà Camille qui commence à se révéler avec ses goûts de saturnales, sa république de *Cocagne* comme il la rêve, cette république qu'il a presque inaugurée, le 12 juillet, en plein Palais-Royal, et qui dans son imagination s'en ressentira toujours. Il ne s'agit, selon lui, pour que Paris ressemble tout-à-fait à Athènes et que les forts du Port-au-Blé soient aussi polis que les *vendeuses d'herbes du Pirée*, il ne s'agit que de supprimer toute police et de laisser les colporteurs crier les journaux en plein vent.

SAINTE-BEUVE, *Causeries du lundi*.

Ce n'est pas la beauté de diction, moins encore l'abondance ou l'éclat qui manquent à quelques ouvrages adressés au peuple, c'est un certain accent de l'âme auquel seul il est sensible. Pareil à cette *marchande dont parle Théophraste*, il reconnaît l'étranger à ce je ne sais quoi d'indéfinissable qui est absent, et dont rien ne supplée pour lui la touchante éloquence.

Daniel Stern, *Esquisses morales et politiques.*

Combien Béranger n'a-t-il pas perdu de plaisirs secrets et d'inspirations, s'il n'a pu lire en leur langue Lucrèce, Virgile, Horace et Homère! Effacez le vers :

J'ai sur l'Hymette éveillé les abeilles,

effacez quelques traits encore, dérobés on ne sait comment à ce parler qu'il ignorait, presque tout son appareil grec et romain, dans ses chansons, ressemble fort à ce qu'on voit dans les peintures de David. Il y a le goût, il y a la vie; mais il y manque je ne sais quel accent du pays grec ou du pays latin. *La vendeuse d'herbes du marché d'Athènes* lui aurait dit : « Tu es un Gaulois venu avec Brennus. »

Revue de l'Instruction publique.

MARIUS A MINTURNES.

Marius est un des hommes qui ont le plus marqué dans l'histoire romaine. Sorti des rangs du peuple, il fut en rivalité continuelle avec le patricien Sylla, en sorte que la lutte entre ces deux hommes célèbres ne fut autre chose, à Rome, que l'antagonisme entre la démocratie et l'aristocratie.

Marius venait d'être nommé consul pour la sixième fois. A cette nouvelle, Sylla, que le Sénat avait appelé au commandement de l'armée d'Asie, et qui était déjà en marche, rentre précipitamment à Rome à la tête de ses soldats. Ce fut le signal de la guerre civile qui bientôt mit Rome à feu et à sang, et prépara l'anéantissement de la liberté romaine. Le premier acte de Sylla fut de lancer un décret de proscription contre son rival. Marius se hâta de prendre la fuite. C'est alors que commença pour ce grand homme, déjà vieux et infirme, mais toujours dévoré d'ambition, cette série d'infortunes qui sont restées si célèbres dans l'histoire.

Il n'échappa à la mort qu'à travers les plus grands périls et les plus étranges aventures. Arrivé sur le rivage de la mer, près de la ville de Minturnes, dans la Campanie, il aperçut des cavaliers qui le poursuivaient. Il se jeta dans les flots, et, soutenu par deux esclaves, il parvint à gagner à la nage une barque qui passait à peu de distance. Mais les mariniers ayant reconnu celui qu'ils venaient de sauver, et ne voulant pas conserver au milieu d'eux un pareil hôte, ni avoir à se reprocher la mort du sauveur de l'Italie, ramenèrent l'illustre fugitif au rivage, dès que les cavaliers de Sylla se furent éloignés. Marius, tremblant d'être arrêté par les émissaires de son ennemi, qui le cherchaient de tous côtés, se jeta au milieu des marais de Minturnes, où il resta quelque temps enseveli jusqu'au cou dans la fange et les roseaux.

Avec le christianisme, l'homme a conquis dans l'histoire l'importance individuelle que les biographies païennes lui refusaient. Avec la liberté sa douleur est devenue plus auguste et sa joie plus sainte : Napoléon à Sainte-Hélène est plus grand que *Marius à Minturnes* ; la fortune féerique du général d'Italie nous frappe plus vivement que les aventures militaires du tribun. *Revue des Deux Mondes.*

Mais quand Arsène n'eut plus d'amants, qu'elle se trouva délaissée, qu'elle sentit tout le poids de la misère et de la honte, alors son amour pour Max s'épura en quelque sorte, parce que c'était le seul souvenir qui ne réveillât chez elle ni regrets ni remords. Il la relevait même à ses propres yeux, et plus elle se sentait avilie, plus elle grandissait Max dans son imagination.

— J'ai été sa maîtresse, il m'a aimée, se disait-elle avec une sorte d'orgueil lorsqu'elle était saisie de dégoût en réfléchissant sur sa vie de courtisane.

Dans les *marais de Minturnes, Marius* raffermissait son courage en se disant : « J'ai vaincu les Cimbres! »

La fille entretenue n'avait pour résister à la honte et au désespoir que ce souvenir : « Max m'a aimée! » MÉRIMÉE, *Nouvelles.*

MARIUS ET L'ESCLAVE CIMBRE.

Poursuivi par les sbires de Sylla, Marius ne tarda pas à être découvert dans les marais de Minturnes, et celui qui naguère avait été proclamé le sauveur de Rome, fut amené à Minturnes nu, souillé de boue, la corde au cou et comme le dernier des criminels. On le confia à la garde d'une femme nommée Faunia, qu'il avait autrefois condamnée à une amende pour adultère, et qui était fortement irritée contre lui. Cette femme se sentit émue de pitié en voyant dans cet état d'abjection le vainqueur des Cimbres, et, loin de le maltraiter, elle lui offrit quelque nourriture et le laissa seul dans sa chambre pour reposer. Les magistrats de Minturnes, après une longue délibération, résolurent de faire périr Marius. Mais aucun des citoyens ne voulut se charger de cette terrible exécution ; enfin il se présenta un soldat cimbre qui entra l'épée à la main dans la chambre où Marius reposait. Comme ce réduit recevait peu de jour et qu'il était fort obscur, le soldat, à ce qu'on assure, crut voir des traits de flamme s'élancer des yeux de Marius, et de ce lieu ténébreux, il entendit une voix terrible lui dire : « *Oserais-tu bien tuer Caius Marius !* » Le barbare, épouvanté, prit la fuite et jeta son épée, en criant : « Je ne puis tuer Caius Marius. »

Casimir Delavigne a heureusement rendu ce trait historique dans les deux vers suivants :

> De Marius aux fers la sombre majesté
> Désarmait d'un regard le Cimbre épouvanté.

L'étonnement d'abord, ensuite la compassion et le repentir gagnèrent bientôt toute la ville ; les magistrats renoncèrent à faire périr l'illustre Romain, et lui fournirent les moyens de s'embarquer pour l'Afrique.

Le cri du Cimbre a passé de siècle en siècle, et est resté dans notre langue pour exprimer le respect et presque l'épouvante qu'inspire à ses ennemis eux-mêmes une grande fortune tombée. Il faut être le plus lâche des animaux pour mépriser la force déchue et insulter à *l'antique prouesse* du lion.

Bonaparte s'avança sur le jeune homme en fixant sur lui son regard de flamme.

« Je ne suis pas venu ici pour vous assassiner, dit froidement le jeune homme ; plus tard si je crois votre mort indispensable au triomphe de ma cause, je ferai de mon mieux, et si je vous manque, ce n'est point parce que vous serez *Marius et moi le Cimbre*. »

ALEX. DUMAS, *les Compagnons de Jéhu.*

Les grands crimes sont presque toujours précédés d'autres crimes ; il est rare qu'un homme débute par un assassinat ; il serait frappé de terreur comme *le Cimbre, qui, tenant le poignard sur Marius*, recula d'épouvante, et prit la fuite à l'aspect de sa victime.

Galerie de littérature.

Nicolas Ier est tellement dans son rôle, que le trône est pour lui ce qu'est la scène pour un grand acteur. Son attitude devant la garde rebelle était si imposante, dit-on, que l'un des conjurés s'est approché de lui quatre fois pour le tuer pendant qu'il haranguait sa troupe, et quatre fois le courage a manqué à ce misérable, comme au *Cimbre de Marius.*

Le marquis DE CUSTINE, *la Russie en* 1839.

MARIUS SUR LES RUINES DE CARTHAGE.

Marius, délivré des prisons de Minturnes, fit voile pour l'Afrique. Le vaisseau qui le portait, privé d'eau, voulut s'arrêter en Sicile; mais une troupe armée assaillit l'équipage, tua plusieurs hommes, et Marius lui-même ne s'échappa qu'avec peine. Quelques jours après, il débarqua en Afrique, aux lieux mêmes où s'élevait jadis la puissante ville de Carthage. A peine y était-il descendu que Sextilius, préteur de Libye, homme dévoué à Sylla, lui fit signifier l'ordre de quitter cette province; et comme le messager demandait une réponse : « *Va dire à ton maître*, répondit l'illustre banni, *que tu as vu Marius, errant et fugitif, assis sur les ruines de Carthage!* »

La présence de ce grand proscrit sur les ruines encore fumantes de l'ancienne et puissante rivale de Rome est un des plus frappants exemples des vicissitudes humaines; et la manière simple et énergique dont ce rapprochement est exprimé en fait une des plus sublimes leçons que l'histoire ait eu à enregistrer.

Tout le monde connaît le vers dans lequel Delille a mis en présence ces deux infortunes :

Et ces deux grands débris se consolaient entre eux.

Nous le suivîmes. Il fallait, pour déboucher dans la rue, traverser des décombres contre lesquels Robert Macaire finit par trébucher.

— Bilboquet, balbutia-t-il d'une voix enrouée, va dire à la Bourse *que tu as vu Robert Macaire assis sur les ruines de Paul Niquet.*

DE PÈNE, *Mémoires de Bilboquet.*

Une immense et antique table de chêne était entièrement couverte de papiers, de parchemins, de livres et d'ustensiles de différents métaux qu'il serait impossible de décrire, et qui n'avaient guère d'autre mérite que la rouille qui en annonçait l'antiquité. Au milieu de ces débris des temps passés, et avec une gravité comparable à celle de *Marius assis sur les ruines de Carthage*, était un gros chat noir, qui, à des yeux superstitieux, aurait pu passer pour le génie du lieu, le démon tutélaire de l'appartement.

WALTER SCOTT, *l'Antiquaire.*

— 411 —

Le père Goriot et l'étudiant trouvèrent madame Vauquer seule au coin de son poêle entre Sylvie et Christophe. La vieille hôtesse était là comme *Marius sur les ruines de Carthage*. Elle attendait les deux seuls pensionnaires qui lui restaient, en se désolant avec Sylvie.
Honoré de Balzac, *le Père Goriot*.

Le reste du voyage de Marat ne fut qu'une suite d'adversités dont il prit assez gaîment son parti, et dont il envoya le récit en ces termes à mademoiselle Fleury : « Ne sachant à qui m'adresser à Amiens pour avoir un asile, je gagnai la prairie près des bords de la Somme : je m'assis derrière un monceau de pierres, et là, comme *Marius sur les ruines de Carthage,* je me mis à rêver tristement. »
Alphonse Esquiros, *Charlotte Corday*.

— Quoi ! s'écria le Japonais avec une indignation indiscrète, des capucins dans tous les monuments de l'ancienne Rome ! Des capucins au Capitole, au Panthéon ; un capucin dans le temple des Muses, près de la fontaine Égérie. Ils peuvent parodier le mot de Marius, et nous crier : « *Dites, ô étrangers ! que vous avez vu des capucins assis sur les ruines de la ville des Césars.* »
Tablettes romaines.

Cependant, malgré les plaintes de quelques-uns de ses docteurs, l'Église ne repoussa pas la philosophie. Plus grande que ce proconsul qui avait peur de *l'ombre de Marius assise sur les ruines de Carthage,* elle ne chassa pas des ruines du monde les débris humiliés de la sagesse humaine ; elle respecta la raison de l'homme dans ses revers, et lui tendit au fond de l'abîme une main digne d'un éternel amour.
Lacordaire, *Conférences de Notre-Dame*.

MASSACRE DES INNOCENTS.

Hérode est l'un des princes les plus cruels qui aient souillé le trône. Son premier crime fut la mort de ses deux fils qu'il fit étrangler, sur quelques vagues soupçons qu'on lui avait inspirés. A la nouvelle de cette barbare exécution, Auguste dit « *qu'il aimerait mieux être le pourceau que le fils d'Hérode.* »

Ce prince, si ombrageux et si jaloux de son autorité, devait attacher à son nom le souvenir d'un forfait encore plus horrible. Un bruit répandu dans toute la Judée annonçait que le moment marqué par les prophètes pour la naissance du Christ était arrivé. Des mages d'Orient, auxquels Dieu avait révélé la venue de son fils, s'en vinrent à Jérusalem pour adorer le nouveau roi des Juifs. A cette nouvelle, Hérode se troubla et toute la ville avec lui. Il assembla les princes des prêtres, les docteurs de la loi, et apprit d'eux que c'était à Bethléem que le Messie devait naître. Alors il fit appeler secrètement les mages, et leur recommanda de l'instruire du lieu où ils auraient trouvé l'enfant, afin que lui-même pût aller aussi l'adorer. Les mages partirent et offrirent à la crèche l'or, l'encens et la myrrhe. Mais, avertis en songe, ils retournèrent dans leur pays par un autre chemin. Cependant, Hérode ne les voyant point revenir entra dans une grande colère, et donna l'ordre de tuer à Bethléem tous les enfants mâles de deux ans et au-dessous. C'est ce massacre que l'histoire désigne sous le nom de *massacre des Innocents*.

Les allusions que l'on fait à ce triste événement ne se produisent jamais que sous une forme plaisante.

— Sous le règne de Louis XV, les fermiers généraux se livrèrent à de telles dilapidations, qu'une commission fut instituée pour vérifier leur gestion et leur faire rendre gorge. Des sommes considérables rentrèrent ainsi dans le trésor de l'État.

Quelqu'un s'apitoyait sur leur sort en disant que c'était un véritable *massacre*: « Avouez, lui répondit-on, que ce n'est pas le *massacre des Innocents.* »

— Un joueur d'échecs, passionné pour ce jeu, venait de perdre une première partie; il était en train de prendre sa revanche, et jouissait d'avance de son triomphe et de la déconvenue de son adversaire, à la vue d'un *échec et mat* qu'il lui préparait, lorsqu'un enfant gâté vint tomber en travers de l'échiquier, avec lequel il roula sur le tapis. Dans sa colère, notre joueur maudissait en termes énergiques tous les enfants. « Avez-vous bien le courage, lui dit d'un ton moqueur la mère de l'étourdi, d'en vouloir à ces pauvres petits innocents? — Parbleu, madame! répondit le joueur avec brusquerie, des innocents comme cela me réconcilieraient avec Hérode. »

Un exempt avait enlevé un enfant, dans le seul but de faire payer bien cher sa rançon aux malheureux parents. La mère du petit prisonnier fait retentir le quartier de ses gémissements; d'autres mères se joignent à elle : l'alarme devient générale. Bientôt ce ne fut plus un, deux, plusieurs enfants enlevés par les agents de la police, mais des milliers; on allait jusqu'à dire que, nouvel *Hérode*, Louis XV allait renouveler le *massacre des Innocents*.

Mémoires inédits de Grimm.

La loi a beau défendre de dénicher les petits oiseaux; chaque printemps on entend les cris désolés des merles, des grives et des pinsons. Jusques à quand durera ce *massacre des Innocents?*
Revue de Paris.

Le faisan doré est un partisan effréné de l'absolutisme masculin; logicien terrible, il pousse volontiers son principe à ses dernières conséquences et n'hésite jamais à faire sauter le crâne à ses épouses pour la moindre velléité d'opposition à ses fougueux caprices. Et même le faisan doré, plus féroce que le juif *Hérode*, qui se bornait à faire massacrer la progéniture d'autrui, sévit contre son propre sang, et semble prendre plaisir à se faire le bourreau de tous les *innocents* de sa race. TOUSSENEL, *le Monde des Oiseaux.*

MAZEPPA.

Mazeppa, gentilhomme polonais, était page du roi Casimir. Une aventure galante, qui devait amener sa mort, fut, au contraire, la cause de son élévation. Un mari jaloux le fit attacher tout nu sur un cheval sauvage, et l'abandonna à la course désordonnée de cet animal. Le cheval, qui était né dans les déserts de l'Ukraine, y transporta Mazeppa, qui fut recueilli, exténué de fatigue et de faim, par quelques paysans dont les soins le rappelèrent à la vie. La reconnaissance le fixa parmi ses libérateurs, dont il partagea la vie inquiète et belliqueuse. Plus tard, il devint hetman, c'est-à-dire chef des cosaques de l'Ukraine.

Sur ces entrefaites éclata la guerre d'Alger. La ville fut prise. Je pensais aux moyens de quitter Mourad pour rejoindre les Français victorieux. Mais le vieux Turc, soupçonnant mon projet, me fit garrotter et bâillonner pendant une nuit, et m'entraîna dans sa fuite lié sur un chameau comme *Mazeppa* sur un cheval indompté. Nous traversâmes le désert, descendîmes la mer Rouge, et abordâmes sur la côte de Coromandel.
MOLÉRI et AMÉDÉE GOUET, *un Été heureux.*

Dans leurs âpres imaginations, je les ai souvent entendus dire que la France, liée à sa révolution, ressemble à *Mazeppa* emporté loin de toutes les routes frayées par le cheval que sa main ne peut régir. Plus d'un vautour le suit et convoite d'avance sa dépouille... Cela est vrai, peut-être; seulement il fallait ajouter qu'au moment où tout semble perdu, c'est alors qu'il se relève au bruit des acclamations de ceux qui l'ont fait roi.

EDGAR QUINET, Révolutions d'Italie.

MÉCÈNE.

Romain célèbre par la faveur dont il jouit sous Auguste. C'est peut-être à ses conseils que ce prince dut la gloire et surtout la popularité de son règne. Un jour que Mécène, passant sur le forum, voyait l'empereur juger des criminels avec un air de colère, il lui jeta ses tablettes, sur lesquelles il avait tracé ces mots : *Surge, carnifex*, lève-toi, bourreau !

Mais ce qui a transmis le nom de Mécène à la postérité plus sûrement que la faveur d'Auguste, c'est la protection généreuse que ce grand ministre accorda aux sciences, et les égards qu'il eut pour les gens de lettres. Virgile lui dédia ses *Géorgiques*, et Horace ses *Odes*. Il conserva au premier, dans les fureurs des guerres civiles, l'héritage de ses pères; et obtint le pardon de l'autre, qui avait combattu contre Auguste à la bataille de Philippes.

Mécène était un protecteur aussi généreux, aussi bienveillant qu'éclairé; il vivait avec les gens de lettres dans la plus douce familiarité, peu semblable en cela à ces Mécènes ridicules des règnes de Louis XIV et de Louis XV, dont la familiarité était plus souvent une humiliation qu'une faveur; mais quelquefois aussi l'esprit d'à-propos venait remettre les choses à leur place. Un grand seigneur avait invité un jour Piron à dîner, et comme un autre convive, qui ne connaissait pas l'auteur de la *Métromanie*, hésitait à passer devant lui : « Passez, marquis, dit dédaigneusement l'amphitryon; monsieur est un poëte. — Eh bien, répliqua Piron, puisque les qualités sont reconnues, je passe le premier. »

Mécène était aussi un fervent sectateur d'Épicure, et en cela le digne ami d'Horace. Il aimait les plaisirs, et savait être voluptueusement indolent quand les affaires le lui permettaient. C'est sous cet aspect qu'on le peint quelquefois et qu'il s'est représenté lui-même. On a de lui une épigramme, fort censurée par Sénèque, mais dont La Fontaine a fait la moralité d'une de ses fables :

> Mécénas fut un galant homme.
> Il a dit quelque part : Qu'on me rende impotent,
> Cul-de-jatte, goutteux, manchot, pourvu qu'en somme
> Je vive, c'est assez; je suis plus que content.

Aussitôt qu'on apprit dans le bas Poitou qu'Horace était de retour au pays, toutes les Sévignés d'alentour s'empressèrent de l'accabler d'invitations; tous les *Mécènes* des villes voisines voulurent visiter leur Horace ; tout ce que la contrée avait d'élégant, de savant de lettré, accourut en char à bancs, en patache, en carriole, à pied, à cheval, en litière, pour échanger quelques paroles avec le grand écrivain. JULES SANDEAU, *les Revenants.*

Nos opérations, que prônent les journaux,
Aux capitaux dormant ouvrent d'heureux canaux ;
Nous recevons alors des cartes fort polies ;
Nous sommes visités par des femmes jolies ;
Et la demande pleut sur papier blasonné,
Gros, rustique, mignon, parfumé, satiné.
La prime a transformé Turcaret en *Mécène ;*
La prime ! devant elle il n'est point d'inhumaine ;
La prime, tenant lieu d'antique parchemin,
Nous ouvre à deux battants le faubourg Saint-Germain.
PONSARD, *la Bourse.*

Il y a plusieurs variétés de *Mécènes.* Il y a à Evreux un couple d'époux qui a adopté la profession et qui veut passer pour une de ces variétés.

Ils achètent à vil prix, à des artistes pauvres, des œuvres que malheureusement ils sont obligés, faute de connaissances et de goût, de *choisir* au hasard. C'est être bienfaisant et *Mécène* à la façon du Mont-de-Piété. ALPHONSE KARR, *les Guêpes.*

Le découragement était entré dans son âme. La détresse de ses finances ajoutait les embarras de la vie matérielle à ces souffrances de l'amour-propre. Incroyable négligence de ces glorieux protecteurs des lettres qui ne savent pas aller au-devant de la misère du génie, oublieux *Mécènes* auxquels il faut que Boileau réveille la mémoire, pour qu'une tardive aumône vienne atteindre sur son lit de mort celui que Napoléon aurait fait prince, et dont la mémoire est l'orgueil de la France. GERUZEZ, *Notice sur Pierre Corneille.*

MESSALINE.

Par ses débordement, sa dissolution, ses mœurs infâmes, Messaline, femme de l'empereur Claude, a acquis la célébrité la plus monstrueuse, et a mérité de passer pour le type de la lubricité. La stupide indolence de son époux laissait une entière latitude à ses désordres. Elle choisissait de préférence les complices de ses débauches dans les rangs des prétoriens, des histrions, et même dans les plus viles classes du peuple, et forçait des dames romaines de son choix à s'associer à ses voluptés grossières. « Souvent, dit Juvénal, lorsque Claude commençait à se livrer au sommeil, elle sortait du lit impérial au milieu de la nuit; enveloppée dans un voile et suivie d'une seule confidente, elle allait se mêler, dans des lieux infâmes, aux dernières courtisanes de la ville; c'est là que, sous un nom déguisé, Messaline, toute nue, la gorge relevée par un réseau d'or, dévouait à la brutalité publique les flancs qui avaient porté Britannicus. Le matin, plus fatiguée qu'assouvie :

Lassata viris, necdum satiata recessit,

elle rentrait dans la couche nuptiale les yeux éteints, et rapportant sur l'oreiller impérial l'odeur fétide des antres abjects qu'elle venait de quitter. Enfin, mettant le comble à son audace, elle osa épouser solennellement, aux yeux de Rome entière, et pendant un voyage de Claude à Ostie, le jeune Silius, dont la beauté avait provoqué l'ardeur cynique de l'impératrice. L'affranchi Narcisse fut le seul qui eut la hardiesse d'avertir l'empereur; il arracha à sa faiblesse un ordre de mort, et fit tuer Messaline sans lui laisser le temps de voir Claude.

Point de seigneur qui n'eût sa petite maison. De grandes dames se montraient sans scrupule dans ces orgies avec des filles; ces *Messalines* de salon rivalisaient avec les courtisanes d'impudence et d'impudicité, et méritaient peut-être plus qu'elles le nom d'*impures* que l'on donnait alors à toutes les Phrynés subalternes.

Mémoires inédits de Grimm.

A cette indigne accusation d'Hébert, Marie-Antoinette se retourne avec dignité vers le peuple : « *J'interpelle les mères ici présentes et leur conscience, de déclarer s'il en est une qui n'ait pas à frémir de pareilles horreurs !* »

Robespierre, frappé de cette réponse comme d'un coup d'électricité, murmure avec colère : « Cet imbécile d'Hébert! ce n'est pas assez qu'elle soit réellement une *Messaline*, il faut qu'il en fasse encore une Agrippine, et qu'il lui fournisse à son dernier moment ce triomphe d'intérêt public! »

VILATE, *Causes secrètes de la Révolution du 9 thermidor.*

Rome, disent les historiens du temps, était une caverne de voleurs, un sanctuaire d'iniquité; et Pontanus a consacré les déportements de Lucrèce Borgia et de son père par cette épitaphe :

> *Hoc tumulo dormit Lucretia nomine, sed re*
> *Thaïs; Alexandri filia, nupta, nurus* (1).

Cette *Messaline* faisait ouvertement les honneurs du palais pontifical; elle y rassemblait tout ce que Rome renfermait de femmes impudiques, donnait audience aux cardinaux, maniait toutes les affaires, ouvrait la correspondance de son père, expédiait les brefs, et poussait l'effronterie jusqu'à paraître dans la basilique de Saint-Pierre avec ses compagnes de débauche aux grandes solennités de l'Église.   *Dictionnaire de la Conversation.*

METTRE LA LUMIÈRE SOUS LE BOISSEAU.

Jésus-Christ vient de raconter au peuple assemblé la parabole du Semeur : la semence est tombée tantôt le long du chemin, tantôt sur les pierres, tantôt au milieu des ronces, et enfin dans une bonne terre. Cette dernière partie est la seule qui lève et rapporte du fruit. Et le Sauveur ajoutait : « La semence, c'est la parole divine; les grains tombés dans la bonne terre, et qui rapportent cent pour un, représentent ceux qui, ayant écouté la parole avec un cœur bon et parfait, la conservent et la font fructifier par la patience.

» *Allume-t-on la lampe pour la mettre sous le boisseau?* N'est-ce pas pour la placer sur le chandelier? Car il n'y a rien de caché qui ne doive être découvert, ni rien de secret qui ne doive paraître publiquement. »

Ces paroles signifient qu'il ne faut point cacher la science ni la vérité, et vouloir les réserver pour soi seul; qu'il faut, au contraire, contribuer de toutes ses forces à répandre les lumières de l'intelligence.

Le prudent Fontenelle, ennemi des digestions laborieuses, et qui vécut un siècle parce qu'il savait écouter *sans s'émouvoir* les discours des sots, professait à l'égard de la diffusion des lumières des principes peu conformes à ceux de l'Évangile : « Si j'avais, disait-il, la main pleine de *vérités*, je me garderais bien de l'ouvrir. »

C'était parler en véritable disciple des anciens, qui avaient placé la Vérité au fond d'un puits.

J'ai dédié à Théodore Burette un de mes livres, et dans ces pages honorées de son nom, je lui disais : « De nous deux, tu as été le plus

---

(1) « Ici-gît celle qui s'appela Lucrèce, mais qui fut véritablement une Thaïs; fille, femme, belle-fille d'Alexandre. »

sage, car tu as été le plus modeste. Le grand jour t'a fait peur, et tu as pris pour ta règle une belle devise : « Cache ta vie. » *Tu as mis sous le boisseau* l'esprit, le talent, la verve, et ces dons précieux qui donnent la renommée à coup sûr. »

J. Janin, Littérature dramatique.

Ne cachez point votre lumière sous le boisseau, car votre génie est un flambeau qui doit éclairer le monde. Mon partage a été celui d'une faible chandelle qui suffit à peine pour m'éclairer, et dont la pâle lueur disparaît à l'éclat de vos rayons.

Frédéric II, à Voltaire.

Il était grand jour quand Louison se réveilla, reposée, triomphante et fraîche comme la belle déesse de la jeunesse. Elle put voir, attachées aux murailles, ces beautés du grand siècle qui semblaient encore lui sourire. En se voyant souveraine dans ce palais des fées, et bercée par les reines d'autrefois, elle se demanda si elle était bien elle-même cette Louison dont l'existence avait été jusqu'alors si humble et si obscure. Vraiment elle reconnut, non pas sans un peu de honte, qu'elle avait joué longtemps le triste rôle du *flambeau sous le boisseau*.   J. Janin, *les Gaités champêtres.*

Ministres de l'Évangile, vous avez besoin d'être libres pour répandre la vraie parole du Christ, pour découvrir *la lumière si longtemps cachée sous le boisseau*, pour dégager la haute moralité de l'Évangile des impurs sophismes et des interprétations frauduleuses dont l'enveloppent, aujourd'hui encore, les faux docteurs de la loi. Vous avez besoin d'être libres pour dire que le règne annoncé par Jésus fut celui de l'égalité fraternelle ; pour rappeler quelles furent les doctrines et quelle fut la vie des premiers chrétiens.

Louis Blanc, le Nouveau-Monde.

MOÏSE.

1° MOÏSE SAUVÉ DES EAUX.

Moïse, la plus grande figure de l'Ancien-Testament, guerrier, homme d'État, historien, poète, moraliste et législateur des Hébreux, fils d'Amram et de Jocabed, de la tribu de Lévi, vivait environ 1700 ans avant J.-C.

Après la mort de Joseph, les Hébreux se multiplièrent rapidement en Égypte, et, avec le temps, ils remplirent tout le pays. Ce prodigieux accroissement excita la jalousie et les craintes des Égyptiens, qui les employaient aux travaux publics les plus pénibles. Mais, sous l'oppression, les Hébreux continuant à se multiplier, le Pharaon ordonna que tous les enfants mâles qui naîtraient parmi ce peuple fussent jetés dans le Nil. Pendant trois mois, Jocabed parvint à soustraire son fils à toutes les recherches; mais désespérant de le cacher plus longtemps, elle tressa une corbeille de jonc, qu'elle enduisit de bitume, et, y ayant mis l'enfant, elle l'exposa sur les eaux du Nil. La fille du Pharaon, étant venue se baigner dans le fleuve, eut pitié de cet enfant et résolut de le sauver. Elle l'adopta, lui donna le nom de Moïse, qui signifie *Sauvé des eaux*, et le fit instruire dans toute la science des Égyptiens.

Le beau sujet de *Moïse sauvé des eaux* ayant été mis au concours par l'Académie des Jeux Floraux de Toulouse, Victor Hugo, à peine âgé de vingt ans, remporta le prix avec une ode de la plus riche poésie, dont nous extrayons ces deux strophes :

> . . . .
> « Sauvons-le... C'est peut-être un enfant d'Israël.
> Mon père les proscrit : mon père est bien cruel
>   De proscrire ainsi l'innocence!
> Faible enfant! ses malheurs ont ému mon amour;
> Je veux être sa mère : il me devra le jour,
>   S'il ne me doit pas la naissance.
>
> . . . .
> Sous les traits d'un enfant délaissé sur les flots,
> C'est l'élu du Sinaï, c'est le roi des fléaux,
>   Qu'une vierge sauve de l'onde.
> Mortels, vous dont l'orgueil méconnaît l'Éternel,
> Fléchissez : un berceau va sauver Israël,
>   Un berceau doit sauver le monde! »

Moïse exposé sur les eaux du Nil a fourni au Poussin le sujet d'un paysage historique, composé de dix figures principales, où se font admirer la richesse du coloris et la puissance de la composition.

Trahie par quelques mouvements, la personne chargée d'abandonner l'enfant avait su se dérober aux recherches. La nuit venue, elle s'était rapprochée de la Seine, et là sa main avait fléchi; peut-être était-ce celle d'une mère. Au lieu de noyer l'enfant, elle l'avait livré, comme un autre *Moïse, au cours du fleuve* qui bientôt devait le submerger dans son berceau d'osier.

Louis Reybaud, *la Vie moderne*.

Après l'hiver de 1435, la glace commençant à fondre, on s'aperçut que la terre se gerçait profondément dans plusieurs endroits, et surtout vers la partie de la ville de Zug la plus voisine du rivage. Vers le soir, deux rues entières se détachèrent et glissèrent rapidement dans le lac. Soixante personnes disparurent avec les maisons. De ce nombre était le premier magistrat et toute sa famille, à l'exception d'un enfant qu'on retrouva le lendemain, *flottant comme Moïse, dans son berceau.*

Alex. Dumas, *Impressions de voyage*.

2° BUISSON D'HOREB.

Moïse grandit et vécut jusqu'à quarante ans à la cour du Pharaon. Initié aux mystères de la caste sacerdotale, qui avait le monopole des lumières, il pénétra profondément dans l'étude de la religion, des sciences naturelles et de la politique. Mais il visitait souvent ses frères, que leurs maîtres impitoyables continuaient à tyranniser. Ayant aperçu un jour, dans la campagne, un Égyptien qui maltraitait un Israélite, il céda à un mouvement de colère et le tua. Craignant la vengeance du roi, il s'enfuit au désert, où il épousa Séphora, fille de Jéthro, prêtre de Madian.

Un jour qu'il gardait les troupeaux de son beau-père près du mont Horeb, il vit un buisson qui brûlait sans se consumer. Comme il s'approchait pour considérer cette merveille, il entendit sortir du buisson une voix qui disait : « N'approche pas d'ici, et ôte tes souliers de tes pieds ; la terre où tu marches est sacrée. Je suis le Dieu de tes pères. J'ai vu l'affliction de mon peuple en Égypte, et ses cris sont parvenus jusqu'à moi. Je le tirerai de l'oppression et le conduirai dans une terre où coulent le lait et le miel. C'est toi que je charge d'aller trouver le Pharaon et de faire sortir de l'Égypte les enfants d'Israël. — Et s'il me demande le nom de celui qui m'envoie, que lui répondrai-je ? » dit Moïse à Dieu. Le Seigneur lui répondit : « Je suis celui qui suis. » Et deux miracles ayant confirmé à Moïse la divinité de sa mission, il se rendit auprès du Pharaon.

Le visage de Calvin était nuancé de pourpre comme un ciel à l'orage. Son vaste front brillait, ses yeux flamboyaient, il ne se ressemblait plus. Il s'abandonna à cette espèce de mouvement épileptique, plein de rage, qui lui était familier ; mais saisi par le silence de ses deux auditeurs, et remarquant Chaudieu qui dit à de Bèze : « *Le buisson d'Horeb!* » le pasteur s'assit, se tut, et se voila le visage de ses deux mains aux articulations nouées et qui palpitaient malgré leur épaisseur.   HONORÉ DE BALZAC, *Catherine de Médicis.*

J'ai vu des gens qui, en approchant le grand baron de Rothschild, tressaillaient comme s'ils touchaient une pile de Volta. Déjà, devant la porte de son cabinet, beaucoup sont saisis d'un frisson de vénération, tel que Moïse le sentit jadis sur la *montagne d'Horeb*, en s'apercevant que son pied reposait sur un sol sacré.
HENRI HEINE, *Lutèce.*

3° LES DIX PLAIES D'ÉGYPTE.

Moïse, accompagné de son frère Aaron, se présenta devant le Pharaon, qui refusa de reconnaître les ordres de Dieu. Alors Moïse et Aaron frappèrent successivement le pays de dix fléaux, appelés *plaies d'Égypte*.

1° Eaux changées en sang;
2° Grenouilles couvrant toute l'Égypte;
3° Petits insectes dévorants;
4° Grosses mouches insupportables;
5° Peste;
6° Ulcères sur les hommes et les animaux;
7° Orages mêlés de grêle et de tonnerre;
8° Nuées de sauterelles;
9° Ténèbres épaisses;
10° Mort de tous les premiers-nés.

Le cœur endurci du roi ne céda qu'à cette dernière plaie, la plus effroyable de toutes; et les Hébreux partirent de Ramessès au nombre de six cent mille hommes, sans compter les enfants.

Quand on parle des plaies d'Égypte dans le langage figuré, c'est presque toujours à la huitième, aux sauterelles, qu'on fait allusion.

Un de ces jeunes dissipateurs, qui sont à eux-mêmes leurs propres sauterelles, en ce qu'ils mangent leur bien en herbe, disait que si Moïse avait frappé l'Égypte d'une onzième plaie, il l'aurait certainement couverte d'usuriers.

Je voyageais un jour avec deux dames que je conduisais à Melun. Nous étions partis de grand matin, et nous arrivâmes à Mongeron avec un appétit qui menaçait de tout détruire.

Menaces vaines, l'auberge où nous descendimes, quoique d'une assez bonne apparence, était dépourvue de provisions. Trois dili-

gences et deux chaises de poste avaient passé, et véritables *plaies d'Égypte, comme les sauterelles, elles avaient tout dévoré.*
Brillat-Savarin, *Physiologie du goût.*

Le *lemming*, à qui je conserve son nom anglais, ressemble à notre campagnol. C'est un petit rongeur, une sorte de rat sans queue, tantôt roux, tantôt noir; les lemmings vont de compagnie, dévorant tout sur leur route; où ils ont passé, il n'y a plus rien; on retrouve leur trace comme celle des *sauterelles de l'Égypte :* ils la marquent par des dévastations. C'est une des plaies de la Norwége.
Louis Énault, *Norwége.*

— Vous aurez votre part de périls : tous ne sont point passés. En attendant, on nous promet, à nous, le titre de République parthénopéenne, et déjà vos fournisseurs, vos commissaires, vos munitionnaires fondent sur cette pauvre république naissante, comme autant de plaies, et comme jadis les *sauterelles sur l'Égypte.*
Henri de Latouche, *Fragoletta.*

4° PASSAGE DE LA MER ROUGE.

Conduits par Moïse, les Hébreux campèrent sur les bords de la mer Rouge. Cependant le Pharaon s'étant repenti d'avoir laissé partir ses esclaves, se mit à leur poursuite avec une multitude de chariots de guerre et de cavaliers. Alors Moïse étendit sa verge sur la mer, qui se divisa, et le peuple juif put en traverser les abîmes à pied sec, ayant à droite et à gauche les eaux qui s'élevaient comme une muraille. Les Égyptiens les poursuivirent et entrèrent après eux; mais Moïse ayant étendu de nouveau sa verge, les eaux se rejoignirent, engloutissant le Pharaon avec toute son armée.

Pendant l'expédition d'Égypte, dans un moment de loisir et d'inspection du pays, le général en chef, profitant de la marée basse, traversa la mer Rouge à pied sec et gagna la rive opposée. Au retour, il fut surpris par la nuit, et s'égara au milieu de la marée montante; il courut le plus grand danger, et faillit périr précisément de la même manière que le Pharaon. Quand Napoléon racontait cette particularité à Sainte-Hélène, il ajoutait gaîment : « Cette mort n'eût pas manqué de fournir à tous les prédicateurs de la chrétienté un texte magnifique contre moi. »

Les Russes passeraient-ils le Pruth, ne le passeraient-ils pas? Tel était le problème à résoudre. Le Pruth ! quelle popularité on a faite à ce fleuve ! que de fois la coulisse l'a passé et repassé ! Pour trouver des eaux plus célèbres, il faudrait remonter jusqu'au Rubicon ou à la *mer Rouge*, et encore personne n'eût imaginé d'engager des millions sur la marche de l'armée de César ou le *passage de celle des Pharaons*.   Louis Reybaud, *Mœurs et Portraits*.

Après avoir marché toute la nuit, l'infortuné roi Charles Ier arriva sur la côte ; il ne vit qu'une mer déserte. Celui qui commande à l'abîme, et qui le mit à sec pour laisser passer son peuple, n'avait pas même permis qu'une barque de pêcheur se présentât pour ouvrir un chemin sur les flots au monarque fugitif.

   Chateaubriand, *Mélanges politiques et littéraires.*

L'assemblée n'était pas accoutumée à souffrir les révoltes, les incidents et les interruptions. Aussi, à cette dernière, fit-elle entendre un long murmure. Déjà la cohorte des prétoriens s'ébranlait et manœuvrait de manière à supprimer du même coup l'interruption et l'interrupteur, lorsqu'un regard compatissant, descendu de l'estrade, s'arrêta sur lui.

— C'est un ouvrier, dit le pontife de la communauté ; qu'on l'amène, j'accepte le débat.

A ces mots du président, la foule, tout à l'heure menaçante, s'écarta comme *la mer Rouge devant les Hébreux*, et le dissident put arriver sain et sauf devant le prétoire.

   Louis Reybaud, *J. Paturot à la recherche de la meilleure des républiques.*

5° COLONNE DE FEU OU DE FUMÉE CONDUISANT LES HÉBREUX DANS LE DÉSERT.

Après le passage de la mer Rouge, Moïse conduisit les Hébreux à travers le désert à la recherche de la Terre promise. Dieu, qui réservait de rudes épreuves au peuple qu'il s'était choisi, ne l'abandonna pas au milieu de ces immenses solitudes. Il marcha devant eux, le jour dans une colonne de fumée, la nuit dans une colonne de feu. Cette colonne, qui couvrait toujours le tabernacle, s'arrêtait pour le campement, et s'ébranlait pour le départ ; alors les trompettes sacrées retentissaient, et tout le peuple se mettait en marche. Ces preuves visibles de la protection divine devaient disparaître après la mort de Moïse, lorsque les Hébreux auraient pénétré dans la terre de Chanaan.

Dans les événements d'ici-bas, la colonne qui menait Israël à la Terre promise est ce flambeau intérieur qui dirige l'homme à travers le désert de la vie, sur une route semée d'écueils, pour le faire arriver à un but difficile à atteindre.

On y fait aussi allusion en parlant des peuples qui, d'étapes en étapes, s'avancent graduellement vers la terre promise de la liberté :

> Songe au passé, songe à l'aurore
> De ce jour orageux levé sur nos berceaux;
> Son ombre te rougit encore
> Du reflet pourpré des ruisseaux!
> Il t'a fallu dix ans de fortune et de gloire
> Pour effacer l'horreur de deux pages d'histoire.
> Songe à l'Europe qui te suit,
> Et qui, dans le sentier que ton pied fort lui creuse.
> Voit marcher, *tantôt sombre et tantôt lumineuse*,
> *Ta colonne qui la conduit!*
> LAMARTINE, *Harmonies poétiques* (Au peuple en 1830).

Non, rien de ce qui était essentiel à la marche de l'humanité n'est perdu, Dieu merci ! *La colonne de feu* marche devant les peuples et les guide.   LOUIS JOURDAN.

Les institutions des peuples sont filles du temps; et le temps achève à peine, au milieu de nous, l'ouvrage de la destruction : voilà qu'il va commencer à fonder. Au sein du désert que nous traversons péniblement, nous perdons quelquefois de vue le *côté lumineux de cette nuée miraculeuse* qui est notre guide; mais enfin nous voyons toujours la nuée, et de temps en temps des rayons de lumière en sortent pour nous éclairer.

BALLANCHE, *Institutions sociales.*

Lorsque l'Église s'est ainsi retirée de la conduite des affaires, le peuple espagnol ne s'est pas pour cela abandonné. Il avait suivi aveuglément dans le désert *la colonne de feu*, tant qu'elle avait brillé : ce flambeau s'éteignant, que lui restait-il à faire? Une seule chose et vraiment héroïque : ce fut d'embrasser sur-le-champ la pensée, le symbole, l'avenir du peuple ennemi, du peuple français, avec lequel il venait de mêler son sang.

EDGAR QUINET, *l'Ultramontanisme.*

Honneur à ceux qui pensent tôt, mais bien ! à ces hommes pré-

coces, intelligences lumineuses qui marchent en avant de la société, comme *la colonne de feu qui guidait Israël vers la Terre promise!*
LOUIS DESNOYERS, *Livre des Cent-et-un.*

Parmi les esprits qui se préoccupent de cette régénération à venir, il en est de plus calmes et de plus patients, qui, satisfaits de voir le monde marcher, sous le doigt de Dieu, dans des voies de métamorphoses graduelles, se résignent à une initiation lente et ne cherchent pas à devancer les temps. Pourvu que *la colonne lumineuse* éclaire toujours la nuit de leur désert, peu leur importe que la grande caravane arrive plus tôt ou plus tard à la Terre promise. Mais il en est d'autres plus ardents qui ne subissent pas avec le même sang-froid les dures conditions du voyage.
LOUIS REYBAUD, *Études sur les Réformateurs modernes.*

6° MANNE DU DÉSERT.

Les Hébreux arrivèrent bientôt dans le désert de Sin, et comme leurs provisions étaient épuisées, ils murmuraient contre Moïse en disant : « Nous avez-vous amenés en ce lieu pour nous y faire mourir de faim ? » Moïse leur répondit de la part du Seigneur : « Vous mangerez ce soir de la chair, et, au matin, vous serez rassasiés de pain. » En effet, vers le soir, une quantité innombrable de cailles vint s'abattre sur le camp, et le lendemain matin, une rosée nourrissante couvrait toute la plaine. C'était une sorte de poussière blanche, qui avait le goût de la plus fine farine mêlée avec du miel. Cette nourriture s'appelait *manne.* Les Hébreux devaient en recueillir chaque matin, et avant le lever du soleil, ce qu'il leur en fallait pour la journée, excepté la veille du sabbat, où ils devaient en recueillir aussi pour le lendemain. Quelques-uns en ayant gardé le premier jour pour le suivant, ce qu'ils avaient réservé se trouva tout corrompu.

Or, les enfants d'Israël se nourrirent de cette rosée céleste pendant les quarante années qu'ils passèrent dans le désert, jusqu'à leur entrée dans la Terre promise.

On comprend que le mot *manne*, dans l'application, ne peut s'employer que dans un sens métaphorique : La vérité est une *manne* divine dont on doit nourrir l'esprit et le cœur.

Le culte des grandes choses s'en va, celui des jouissances sensuelles le remplace ; nous ne demandons plus au Dieu invisible la *manne céleste;* nous nous sommes fait un autre Dieu que nul prophète ne peut nous enlever ; nous nous prosternons devant le veau d'or.
XAVIER MARMIER, *les Ames en peine.*

A cette époque, je reçus un grand nombre de lettres où l'on ne faisait l'honneur de me proposer des questions à résoudre; je n'ai pas eu le temps de répondre à toutes. Aujourd'hui je tire de cette correspondance les questions qui me paraissent les plus dignes d'intérêt, car ces problèmes ne ressemblent pas à la *manne du désert*, qu'il fallait consommer entre deux soleils sous peine de la trouver corrompue le lendemain.   GÉNIN, *Récréations philologiques.*

Nous sommes semblables aux Israélites dans le désert. A peine échappés, comme eux, à la maison de servitude, nous vivons sous la tente comme eux, et, comme eux encore, nous sommes nourris en quelque sorte de la *manne du ciel;* car le temps n'est pas venu d'avoir des moissons nouvelles. Nos murmures ont éclaté aussi : nous avons redemandé un instant les dieux de l'Égypte, le pain des esclaves; nous avons été punis aussitôt, en voyant briser sous nos yeux les tables de la loi qui venait de nous être donnée au milieu des foudres et des éclairs. Mais la seconde réconciliation s'est opérée, et nous continuons notre marche vers la nouvelle terre sociale.
BALLANCHE, *Institutions sociales.*

7° VERGE DE MOÏSE; ROCHER D'HOREB.

Les Hébreux allèrent camper à Raphidim, où, ne trouvant point d'eau, ils murmurèrent contre Moïse. Celui-ci les mena vers le rocher d'Horeb, et prenant en main la verge sacrée qui avait déjà opéré tant de prodiges en Égypte, il en frappa le rocher, d'où jaillit au même instant une source abondante.

Les allusions au rocher d'Horeb sont fréquentes, principalement en poésie. En voici quelques exemples :

> Voilà de quels dédains leurs âmes satisfaites
> Accueilleraient, ami, Dieu même et ses prophètes!
> . . . .
> Mais qu'importe? accomplis ta mission sacrée.
> Chante, juge, bénis; ta bouche est inspirée!
> Le Seigneur en passant t'a touché de sa main
> Et pareil au *rocher qu'avait frappé Moïse,*
>   Pour la foule au désert assise,
> La poésie en flots s'échappe de ton sein.
> V. HUGO, *Odes et ballades.* (A Lamartine.)

> Ah! frappe-toi le cœur, c'est là qu'est le génie;
> C'est là qu'est la pitié, la souffrance et l'amour;
> C'est là qu'est le *rocher du désert* de la vie,
>   D'où les flots d'harmonie,
> Quand *Moïse* viendra, jailliront quelque jour.
> ALFRED DE MUSSET, *Premières poésies.*

> La nature elle-même écoute notre voix ;
> Aux besoins renaissants elle assouplit ses lois,
> Et, comme au souverain de ses vastes domaines,
> Du globe transformé soumet les phénomènes.
> Sur les monts sablonneux du soleil torturés,
> Dans les déserts brûlants et de soif altérés.
> La science a porté la *verge de Moïse*,
> Et l'eau, là-bas, là-bas, sur les plateaux assise,
> Par les chemins nouveaux à ses torrents ouverts
> Remonte à sa hauteur et jaillit dans les airs.
>
> J. LESGUILLON.

La douleur est ainsi pour tous : elle resserre notre cœur et le fait silencieux. La joie, au contraire, y ravive la source des tendres épanchements, que la douleur y tarit ; c'est la baguette du prophète frappant le *rocher d'Horeb*.

JULES SANDEAU, *Madame de Sommerville*.

M. Wolff, le travailleur austère et impassible dans son cabinet, devenait, à table, un charmant convive, et, au salon, un brillant causeur. Il avait surtout ce mérite si rare, de faire jaillir l'esprit ou les connaissances de ses interlocuteurs comme la *verge de Moïse* tirait l'eau du rocher, comme la chaîne électrique produit au loin l'étincelle.

J.-T. DE SAINT-GERMAIN, *Pour une Épingle*.

— Ce tonneau ne renferme que de la mauvaise bière de Louvain toute gâtée, me dit l'aubergiste, qui me suivait. « Ah ! c'est de la mauvaise bière ? dis-je ; eh bien, je vais vous en débarrasser. » Je tire mon épée, j'en frappe le tonneau, et, voyez le prodige, il en sort du vin. — Il est certain, dit Hector, que la *baguette de Moïse* n'eût pas mieux fait.

AMÉDÉE ACHARD, *la Chasse royale*.

N'êtes-vous pas émerveillés de l'inépuisable fécondité de ce conteur ? Depuis vingt ans bientôt, Jules Janin jette à pleines mains, tous les lundis, les roses et les pierres précieuses, et plus il se dépouille, plus il est riche. De sa plume les pages s'envolent comme les feuilles des arbres secouées par un vent d'orage. Il n'a qu'à frapper son front comme *Moïse frappait le rocher*, et une fontaine jaillit.

EDMOND TEXIER, *Critiques et Récits littéraires*.

Les *Doïnas* sont des poésies valaques qui ont un caractère marqué de nationalité. C'est la collection des chants qui ont jailli du cœur du peuple sous une forte impression, comme l'eau vive du roc sous la *verge de Moïse*. XAVIER MARMIER, *Danube et Caucase.*

8° MOÏSE PRIANT PENDANT LE COMBAT.

En quittant Raphidim, les Hébreux furent attaqués par les Amalécites, peuple nomade de ces déserts. Moïse dit à Josué, fils de Nun : « Choisis des guerriers et combats. » Et lui-même, accompagné d'Aaron et de Hur, monta sur une colline, sa baguette sainte à la main. Tant qu'il priait le Seigneur, les bras élevés vers le ciel, Israël était victorieux ; dès qu'il les abaissait, Amalec avait l'avantage. Aussi, pour assurer la victoire aux Hébreux, Aaron et Hur soutinrent les mains de Moïse jusqu'au coucher du soleil, et les Amalécites vaincus s'enfuirent, après un horrible carnage.

Ce concours, en apparence passif de Moïse, pendant que Josué combat avec la lance et le bouclier, est celui de toute personne qui forme des vœux ardents pour la réussite d'une entreprise à laquelle elle ne peut prendre une part active.

Le père... s'étant réclamé de son ancien élève, le suivit à l'armée d'Italie, où il se montra plus propre à calculer la courbe des projectiles qu'à en braver les effets. A Montenotte, à Millésimo, à Dégo, il fit voir la poltronnerie d'un enfant : il ne passait pas le temps du combat à *prier*, *à la façon de Moïse*, mais bien à pleurer.

Mémorial de Sainte-Hélène.

Dans le tumulte des armées, Turenne s'entretenait des douces et secrètes espérances de sa solitude. D'une main il foudroyait les Amalécites, et il levait déjà l'autre pour attirer sur lui les bénédictions célestes. Ce Josué, dans le combat, faisait déjà la fonction de *Moïse sur la montagne*, et, sous les armes d'un guerrier, portait le cœur et la volonté d'un pénitent.

FLÉCHIER, *Oraison funèbre de Turenne.*

— Tout ce qu'il m'est possible, c'est de vous assister de mes prières. Elles ne vous manqueront pas ; elles seront ferventes. Chaque matin, chaque soir, comme un autre *Moïse*, *je tiendrai mes bras levés vers le Très-Haut*, pendant que vous combattrez contre le génie du mal, et Dieu éclairera votre route.

KÉRATRY, *une Fin de siècle*.

9° LE SINAÏ.

Trois mois après la sortie d'Égypte, les Hébreux arrivèrent auprès de la montagne de Sinaï, où ils dressèrent leurs tentes. Le Seigneur appela Moïse seul auprès de lui et lui dit : « Sanctifie ce peuple aujourd'hui et demain, car dans trois jours je descendrai sur la montagne devant tout Israël. » Le troisième jour étant arrivé, sur le matin on commença à entendre des tonnerres et à voir briller des éclairs; une nuée épaisse, mêlée de feux et de fumée, couvrit la montagne, la trompette céleste sonna avec grand bruit, et tout le peuple fut saisi de frayeur. C'est au milieu de cet appareil imposant, et tandis que le peuple se tenait à une certaine distance dans un religieux effroi, que Dieu promulgua aux Israélites cette loi fameuse que les Écritures nomment *Décalogue*.

Les Hébreux épouvantés prièrent Moïse de monter sur le Sinaï. Moïse rassura le peuple et pénétra dans la nue où était le Seigneur. Il reçut lui-même de la bouche divine les autres commandements touchant les cérémonies du culte, les châtiments pour les divers délits, la charité envers l'esclave et l'étranger, l'année sabbatique, qui, tous les sept ans, effaçait les dettes; le jubilé, qui, tous les cinquante ans, rendait la liberté à l'esclave, et la propriété aliénée à son premier possesseur. Moïse alors, descendant de la montagne sainte, rapporta aux Hébreux, sur deux tables de pierre, cette législation universelle qui devait régler à la fois tous les rapports politiques, civils, moraux et religieux; cette législation, qui, à la différence de toutes les autres, apparaît tout à coup dans son majestueux ensemble pour ne subir jamais aucun changement. Ainsi les Israélites devenaient le peuple du Seigneur, et Dieu était leur seul souverain; de lui seul émanait directement toutes leurs lois, ce qui a fait dire à un auteur : « Les autres peuples firent des dieux de leurs rois, les Juifs firent un roi de leur Dieu. »

La poésie fait souvent allusion aux tonnerres du Sinaï :

> Mil huit cent onze! — O temps où des peuples sans nombre
> Attendant, prosternés sous un nuage sombre,
>   Que le ciel eût dit oui!
> Sentaient trembler sous eux les États centenaires,
> Et regardaient le Louvre entouré de tonnerres,
>   Comme au *mont Sinaï!*

V. HUGO, *Naissance du roi de Rome*.

Je ne connaissais de M. de Bonald rien que son nom et l'auréole de législateur philosophe et chrétien dont ce nom était alors justement entouré. Je me figurai voir en lui un Moïse moderne puisant dans les rayons d'un autre *Sinaï* la lumière divine dont il inondait les lois humaines.

LAMARTINE, *Raphaël*.

Le drame nous apparut, et dans quelles circonstances! Lui qui ne s'était encore glissé jusqu'à nous qu'en contrebande, à travers des décharges de huées, et que nous n'avions jamais accueilli sans un remords secret, il s'étalait hardiment sur le théâtre, maître et tyran du public et aspirant le vent des applaudissements. Une foule immense et une immense actrice le baptisaient de leur génie et de leur enthousiasme. C'était comme un *Sinaï* dont l'actrice était l'éclair et la foule le tonnerre.

Auguste Vacquerie, *Profils et Grimaces.*

La Montagne était comme le *mont Sinaï*, terrible et foudroyante, avec des éclairs aux flancs, un peuple prosterné à ses pieds et Dieu au sommet. Alphonse Esquiros, *Charlotte Corday.*

La constitution sortit des flancs orageux de la Montagne, comme autrefois les tables de pierre des nuages, des éclairs et des tonnerres qui entouraient le *mont Sinaï :* la nouvelle loi portait également des traces du doigt de Dieu ; car, dans les temps modernes, Dieu se cache sous les progrès de la raison, de la justice et de la liberté. Alphonse Esquiros, *Charlotte Corday.*

Dévorés du zèle de la vérité, quelques-uns de ces hommes qui ont conservé intacte la foi de leurs pères, cherchent à la propager au milieu de nous, comme si elle était réellement éteinte. Les peuples chrétiens sont traités par eux à l'égal des peuples idolâtres. Alors, le voile qui cache à tous les yeux le Saint des Saints est un voile de deuil, et dans sa sévère et vertueuse indignation, le prêtre des anciens jours est tout prêt à briser les tables qu'il rapporte du *Sinaï.* Ballanche, *le Vieillard et le Jeune homme.*

10° LE VEAU D'OR.

Avant de revenir au milieu des Hébreux, Moïse était demeuré quarante jours sur la montagne. Cependant le peuple, ne le voyant point redescendre, se leva contre Aaron, et encore plein des souvenirs de l'idolâtrie d'Égypte, il lui dit : « Fais-nous des dieux qui marchent devant nous, car, pour ce qui est de Moïse, nous ne savons ce qu'il est devenu. » Aaron céda à leurs clameurs, et ayant reçu les pendants d'oreilles de leurs femmes et de leurs filles, il les fondit et en forma un veau d'or, autour duquel tout le peuple sacrifiait et dansait. Quand Moïse, descendant de la montagne, les tables de la loi à la main, vit cette profanation, il fut transporté d'une sainte colère, brisa les tables, renversa le veau d'or et le réduisit en poudre. Puis se mettant à la tête de la tribu de Lévi, il fit égorger vingt-trois mille des prévaricateurs. Alors, remontant sur le Sinaï, il resta encore quarante jours et quarante nuits, et en rapporta de nouvelles tables, après avoir vu le Seigneur face à face.

Le souvenir du veau d'or est resté dans toutes les langues, mais l'usage a donné à cette expression un sens tout métaphorique ; aujourd'hui les adorateurs du veau d'or ne sont plus ceux qui se prosternent devant une idole, mais ceux qui encensent la fortune et semblent la considérer comme la seule divinité de ce monde. Dans le vaudeville, dans la comédie, un financier est souvent désigné sous le nom de M. *Vaudoré*.

Un jour, dans une compagnie, on parlait de la métempsycose. « Effectivement, dit un pauvre d'esprit qui croyait faire une excellente plaisanterie, je me souviens d'avoir été le veau d'or. — Vous n'en avez perdu que la dorure, lui repartit une dame assez plaisamment. »

Le veau d'or revient assez fréquemment sous la plume des Aristarques politiques :

> Vous que la liberté consacra pour son culte,
> Qui depuis, façonnant votre cœur à l'insulte,
> Lévites oublieux des miracles récents,
> Sur l'*autel du veau d'or* avez brûlé l'encens ;
> Si le peuple, aujourd'hui reniant ses idoles,
> Sur vos coupables fronts brise les auréoles,
> Devant le tribunal de ce juge irrité
> Si vous paraissez tous, vous l'avez mérité !
>
> Barthélemy.

Cependant il se rencontrera des âmes fières, des hommes qui refuseront de découvrir leur front devant le *veau d'or :* ceux-là voudront entrer en compte avec les favoris de la fortune. — Comment êtes-vous si riches et sommes-nous si pauvres ?

P.-J. Proudhon, Idées révolutionnaires.

Qu'on ait accusé à ce point de vue la science du bien-être (l'économie politique) d'aboutir à un matérialisme sans grandeur, à une autre adoration du *veau d'or*, c'est ce qui se conçoit et s'explique. Mais pour la bien juger, pour la saisir complétement, il fallait sortir de ces perspectives étroites. Toute science relative à l'homme est double comme lui : elle ne peut pas intéresser la chair qu'elle n'intéresse aussi l'esprit.

Louis Reybaud, *Études sur les Réformateurs modernes.*

Ce qui est caractéristique dans cet épisode de Law, ce qui autorise l'historien et le moraliste à y chercher le point de départ de leurs parallèles, à le mettre en regard de nos propres misères, c'est qu'il a été pour la classe qui dominait alors, ce que serait, si elle n'y prenait pas garde, pour celle qui domine aujourd'hui, cette idolâtrie du *veau d'or*, constatée par tant de signes funestes et substituée aux généreuses croyances.

Armand de Pontmartin, *Causeries.*

Telle est la singulière fatalité de tous les personnages de madame Sand, artistes par l'imagination, romanesques par le cœur, chimériques par l'esprit, qu'ils tournent tous, plus ou moins vite, avec plus ou moins de calcul, au culte de la vie matérielle, au désenchantement des chères illusions et à l'adoration du *veau d'or*.

Cuvillier-Fleury, *Études historiques et littéraires.*

Avoir de l'or est si visiblement le seul mérite reconnu des Anglais, que les pauvres se méprisent eux-mêmes et acceptent humblement l'arrogance et les dédains des classes aisées ou riches. Les Anglais, qui parlent tant des idoles des papistes, devraient bien ne pas oublier que le *veau d'or* est l'idole la plus infâme et qui exige le plus de sacrifices.

Théophile Gautier, *Zigzags.*

11° MOÏSE MOURANT EN VUE DE LA TERRE PROMISE.

Les Hébreux avaient erré pendant quarante ans dans le désert et étaient arrivés à Cadès, sur les confins de la Terre promise. Comme le peuple manquait d'eau, Moïse, par l'ordre de Dieu, opéra le même prodige qu'à Horeb. Mais il frappa deux fois le rocher, comme s'il eût douté de la parole du Seigneur. Alors Dieu lui dit : « Parce que tu as manqué de confiance en moi, tu n'entreras pas dans la Terre promise. » Cette parole ne tarda pas à s'accomplir. Moïse, se sentant près de mourir, gravit le mont Nébo, du haut duquel il put contempler avec ravissement le pays de Chanaan; alors ses yeux se fermèrent, et personne n'a jamais pu connaître le lieu de sa sépulture.

Rien n'est plus frappant, plus dramatique, que cette situation d'un homme qui contemple de loin, avec douleur et avec ravissement, le but qui a été l'objet des aspirations de toute sa vie, et qu'il ne lui est pas donné d'atteindre; Moïse résume ici l'histoire de l'humanité tout entière, de chaque homme, qui descend dans la tombe, laissant derrière lui une œuvre inachevée; aussi n'est-il aucun épisode de la Bible qui se prête à de plus nombreuses applications, que ce souvenir de Moïse expirant sur le sommet du Nébo, et embrassant la Terre promise d'un dernier regard.

Voltaire faisait beaucoup plus de cas de la *Poétique* de Marmontel que des poésies composées par le même écrivain : « Cet auteur, disait-il, est comme Moïse, qui conduisait les autres à la Terre promise, quoiqu'il ne lui fût pas permis d'y entrer. »

Dans ses *Feuilles d'Automne*, Victor Hugo préfère l'espérance, qui entretient l'illusion, à la possession elle-même, qui souvent la détruit, et Moïse mourant sur le Nébo lui semble plus heureux qu'au milieu de la terre de Chanaan :

> Restons où nous voyons. Pourquoi vouloir descendre,
> Et toucher ce qu'on rêve, et marcher dans la cendre?
> Que ferons-nous après? Où descendre? où courir?
> Plus de but à chercher! plus d'espoir qui séduise!
> De la terre donnée à la terre promise,
> Nul retour; et Moïse a bien fait de mourir.

Le malheur et le châtiment de ceux qui ont poursuivi dans les mauvais sentiers un faux idéal, c'est de ne pouvoir rentrer dans le chemin véritable, même lorsqu'ils l'aperçoivent. Leur cœur s'est nourri si longtemps de brûlantes chimères qu'il ne trouve plus de saveur à la vérité. C'est un fruit trop sain pour leurs lèvres desséchées. *Ils meurent, comme le vieux Moïse, en vue de cette terre merveilleuse* qu'ils ont cherchée follement dans les déserts.

OCTAVE FEUILLET, *la Clef d'or*.

Pour d'autres vous auriez été une récompense, mais Dieu est juste, pour moi vous êtes un châtiment; ma punition est de toucher aux félicités exquises que vous gardez en vous et de ne pouvoir les saisir. Je me sens incapable de vous, et voilà que, comme *Moïse, je vais mourir en apercevant la terre de Chanaan*.

MAXIME DU CAMP, *le Livre posthume*.

Saint Louis aborde en Afrique, persuadé que cette conquête lui facilitera celle des lieux saints, de cette terre dont la délivrance avait toujours fait le pieux objet de tous ses désirs; mais il meurt, comme *Moïse, avant d'avoir pu passer le Jourdain;* il salue de loin, comme lui, cette terre heureuse promise à sa postérité, se consolant à l'exemple de Moïse, dans l'espérance que ses successeurs établiraient enfin un jour le peuple de Dieu dans son héritage, et **en** chasseraient les ennemis du Seigneur.

MASSILLON, *Panégyrique de saint Louis.*

Le prince Czartoryski, un exilé, un vieillard presque centenaire, meurt loin de la Pologne. « Dieu, dit-on, aurait dû être plus juste que ses ennemis en lui faisant revoir sa patrie. — Dieu, répondrons-nous, a agi avec lui comme avec *Moïse;* il ne lui a montré la *Terre promise que de loin,* à travers l'espace. Mais Moïse mort, les Hébreux n'en sont pas moins entrés dans la terre sainte. La Pologne aussi se rouvrira pour les Polonais. » LÉON PLÉE.

MON SIÉGE EST FAIT.

L'abbé de Vertot, l'auteur estimé des *Révolutions romaines,* des *Révolutions de Suède* et des *Révolutions de Portugal,* avait embrassé la vie religieuse malgré l'opposition de sa famille. Il fut successivement capucin sous le nom de frère Zacharie, chanoine régulier de Prémontré, mathurin, membre de l'ordre de Cluny; puis, fatigué de la vie du cloître, il prit l'habit ecclésiastique. Ces divers changements furent appelés dans le monde les *Révolutions de l'abbé de Vertot,* par une allusion plaisante aux titres de la plupart de ses ouvrages.

Le style de Vertot est pittoresque et animé; il sait donner à l'histoire une forme vive et saisissante; mais il est plus écrivain qu'historien. L'histoire était pour lui, avant tout, une œuvre littéraire; le scrupuleux détail des événements lui importait moins que leur effet dramatique; en un mot, il appliqua à l'histoire le précepte général de Quintilien : *Scribitur ad narrandum, non ad probandum,* il écrivit pour intéresser, et non pour instruire. C'était aussi quelquefois l'opinion de Voltaire, qui répondit un jour au reproche qu'on lui faisait d'avoir falsifié un fait historique : « *Oui, sans doute; mais avouez que c'est beaucoup mieux comme cela* (1). »

---

(1) Voici, à propos de l'histoire arrangée en roman, un mot inédit que l'auteur de cet ouvrage a entendu lui-même dans la grande salle de la bibliothèque de la rue Richelieu. Un jeune homme présentait un bulletin au conservateur : « Monsieur, répondit celui-ci, la bibliothèque ne donne pas de romans. — Eh! mais, répliqua le demandeur, vous venez de donner devant moi les *Girondins* de Lamartine. »

Cette tendance à substituer le roman à l'histoire était érigée en système chez l'abbé de Vertot. Ayant été chargé de composer l'histoire de l'ordre de Malte, il écrivit à un chevalier pour lui demander des renseignements précis sur le fameux siège de Rhodes. Les renseignements s'étant fait attendre, Vertot n'en continua pas moins son travail, qui était fini lorsque les documents arrivèrent. La conscience de l'écrivain ne se trouva nullement gênée par les divergences qui pouvaient exister entre son récit et la vérité, et il répondit à son correspondant : « J'en suis fâché, mais *mon siège est fait*. »

Ce mot est passé en proverbe pour faire entendre qu'on persiste dans une idée, dans une résolution, malgré des renseignements, des conseils tardifs, dont on ne peut plus ou dont on ne veut pas profiter.

Ce voyage est le premier que j'aie jamais fait, et j'en ai rapporté cette conviction, à savoir, que les auteurs de relations n'ont pas seulement mis le bout du pied dans les pays qu'ils décrivent; ou que, s'ils y ont été, ils avaient, comme l'abbé de Vertot, *leur siège fait d'avance.* THÉOPHILE GAUTIER, *Zigzags.*

« Si j'avais été assez heureux, écrit Voltaire, pour recevoir vos instructions plus tôt, j'aurais corrigé l'édition in-4° qu'on vient d'achever. Il n'est plus temps et je n'ai que des remords. »

Que signifient ces paroles? Évidemment de nouvelles instructions de M. de Schomberg ont convaincu Voltaire de l'inexactitude de son premier récit; mais il n'est plus temps de le corriger, l'édition a paru, *le siège est fait.* DE BIÉVILLE.

Une réhabilitation historique est presque impossible. Lorsque les causes perdues sont de nouveau plaidées, le premier jugement prononcé est toujours confirmé, et les avocats les plus habiles en sont constamment pour leurs plaidoiries. Insouciante ou paresseuse, l'Opinion ne veut pas changer; elle dit comme Vertot : « *Mon siège est fait.* » FÉE, *Voyage autour de ma bibliothèque.*

En 1817, M. Victor Hugo concourut pour le prix proposé par l'Académie. Si l'on en croyait M. Sainte-Beuve, le poëte aurait dû se contenter de l'accessit, à cause de deux vers dans lesquels il s'accusait de n'avoir que quinze ans. L'Académie, frappée de la gravité et de la beauté de la pièce, ne put, dit-on, prendre cette indication que comme une plaisanterie irrévérencieuse, et fit descendre le poëte au second rang. Ce fut en vain que Victor Hugo courut, son acte de naissance à la main, chez M. Raynouard, alors secrétaire perpétuel de l'Académie française; *le siège de celui-ci était fait,* et il ne voulut pas recommencer le travail.

ALFRED NETTEMENT, *Littérature sous la Restauration.*

MONTAGNE DE MAHOMET.

Mahomet se désignait lui-même comme le réformateur et le restaurateur de la religion pure révélée par Dieu à Abraham, mais défigurée par les juifs et les chrétiens. Il reconnaissait tous les personnages bibliques, depuis Adam jusqu'à Jésus-Christ, comme des prophètes, comme des envoyés; mais il exigeait que ses adhérents le considérassent comme le dernier des prophètes, et qu'ils vissent dans sa mission le sceau des prophéties. De nombreux passages de l'Alcoran prouvent qu'il ne s'attribuait point le don de faire des miracles, bien que des chapitres entiers soient consacrés au récit de ses prétendues révélations. Toutefois, voici un trait de sa vie qui montre que ce n'était ni la bonne volonté ni la foi qui lui manquaient; mais cette foi, c'est ici le cas de le dire, n'allait pas jusqu'à transporter les montagnes. Ayant assemblé un jour un grand concours de peuple, il se plaça en face d'une montagne. Il veut la faire avancer vers lui, il l'appelle, mais elle reste immobile. « Eh bien, montagne, s'écria-t-il alors, puisque tu ne veux pas venir à Mahomet, Mahomet ira à toi. » Tout le peuple le suivit, et le ton majestueux et inspiré dont il prononça ces paroles fit une telle impression sur ces esprits prévenus et crédules, qu'il lui tint lieu de prodige.

A la façon dont M. Levrault avait insisté pour qu'il restât à la Trélade, le vicomte avait compris qu'il touchait au moment décisif. En effet, le grand industriel s'était promis, en se levant, que la journée ne s'achèverait pas sans couronner ses espérances. Il avait résolu, pour précipiter le dénoûment, d'en agir avec le vicomte comme *Mahomet avec la montagne;* en d'autres termes, il se disposait à lui jeter adroitement sa fille et ses écus à la tête.

JULES SANDEAU, *Sacs et Parchemins.*

La comtesse se présenta d'un si grand air et avec une aisance si parfaite, son maintien était si noble, son front si calme, son regard si imposant, que M. Falconet s'inclina involontairement devant elle, beaucoup plus bas qu'il n'avait l'intention de le faire.

— *Puisque la montagne ne veut pas venir à moi, je viens à la montagne,* lui dit la comtesse avec un gracieux sourire.

Charles de Bernard, un Beau-Père.

Tout souverain proscrit, tout grand criminel égaré, toute célébrité qui craint de fondre au grand soleil peut aller frapper à la porte du musée de madame Tussand ; elle pratique l'hospitalité sur une grande échelle.

Au reste, quand *la montagne ne vient pas à madame Tussand, madame Tussand* n'est pas plus fière que Mahomet, elle *va à la montagne.* Son musée est non-seulement le musée des hommes, mais encore celui des choses. Alex. Dumas, *Causeries.*

Prosper ne croyait pas que jamais il eût besoin d'introduction dans ce monde où il arrivait avec tous les instincts honnêtes, avec la seule volonté d'être un honnête homme et d'être utile. Il ne se figurait pas qu'il aurait jamais besoin de se jeter aux pieds de cette société qu'il ne connaissait pas, pour lui faire accepter son intelligence, son activité, sa probité et ses vingt ans. Mais enfin, après avoir bien tristement attendu que *la montagne vînt à lui,* il fit comme Mahomet, il résolut d'*aller à la montagne.*

J. Janin, le Chemin de traverse.

MONTER AU CAPITOLE.

Dans l'ancienne Rome, les généraux vainqueurs montaient en triomphe au Capitole, au milieu des acclamations de tout le peuple, et y offraient des sacrifices aux dieux ; puis tout le peuple les reconduisait à leur demeure avec des flambeaux et en poussant des cris de joie. Au moyen âge, et pendant le grand siècle littéraire de l'Italie, on ressuscita en faveur de la poésie les anciens triomphes du Capitole. Le jour de Pâques, 8 avril 1341, Pétrarque monta au Capitole au milieu des principaux citoyens, précédé de douze jeunes gens choisis dans les familles les plus illustres, qui déclamaient ses vers. Il reçut la couronne de laurier et récita un sonnet sur les héros de l'ancienne Rome.

Le Tasse reçut aussi les honneurs du couronnement ; son entrée même à Rome eut déjà l'aspect d'un triomphe. Le peuple, les nobles, les prélats, les cardinaux, les neveux du pape, se portèrent à sa rencontre, et le conduisirent au Vatican au milieu des plus vives acclamations. Le pape, en l'apercevant, lui dit avec une grâce particulière : « Venez honorer cette couronne, qui a honoré tous ceux qui l'ont portée avant vous. » Les apprêts de la cérémonie se poursuivaient avec la plus grande rapidité, et le Tasse allait enfin recevoir le dédommagement d'une vie si remplie d'amertume et de douleur ; mais, par une dernière dérision du sort, il mourut la veille même du jour où il devait monter au Capitole, et le laurier poétique n'ombragea que le front de son cadavre, qu'on avait revêtu de la toge romaine.

Tout le monde connaît la magnifique description que madame de Stael a donnée du couronnement de Corinne. Le brillant écrivain a fait revivre dans son roman célèbre la Corinne thébaine, la rivale heureuse de Pindare, plusieurs fois couronnée aux jeux olympiques.

Tous les ans, l'*Univers* donne une fête à ses lecteurs. Elle consiste à leur offrir en sacrifice un professeur de l'Université. L'*Univers* prend un discours français ou latin prononcé à l'une de nos distributions de prix ; il prouve doctement que l'auteur ne sait ni le latin ni le français, et il conclut avec le plus grand aplomb que l'Université ne connaît ni les langues vivantes ni les langues mortes ; après quoi il *monte au Capitole*, aux grands applaudissements de ses abonnés.   HIPPOLYTE RIGAULT, *lettre à M. Aubineau.*

Le *Derby* est couru, c'est *Souvenir* qui l'a gagné. La grande écurie est battue et pas contente ; toutes les écuries du Nord sont également battues et aussi peu contentes : c'est un cheval de la circonscription de l'Ouest, un provincial, qui empoche les 60,000 fr. réservés au vainqueur : c'est *Souvenir qui monte au Capitole*, et son propriétaire, M. Robin, gagne, dit-on, 300,000 fr. de paris.

Le Figaro.

VERGNIAUD. L'échafaud, Ducos, c'est le *Capitole* des temps mauvais. Ce bonheur était au-dessus de toutes mes ambitions.

DUCOS. En ce cas, réjouis-toi, couronne-toi de fleurs et baigne-toi dans les parfums. Les compagnons de Léonidas en firent autant avant de passer du champ de bataille à leur vie immortelle.

CHARLES NODIER, *les Girondins.*

Au dessert, le vin et la discussion, les liqueurs et le tabac, avaient

exalté ces jeunes cerveaux. Toutes les modesties s'évanouirent, toutes les vanités prirent leurs ébats; on parla d'amour et de gloire; les tribuns régnaient au Forum; les poëtes *montaient au Capitole.*
Jules Sandeau, *les Revenants.*

MONTONS AU CAPITOLE RENDRE GRACES AUX DIEUX.

Scipion, ayant mis fin à la seconde guerre punique, reçut le glorieux surnom d'*Africain*, et rentra à Rome en triomphe. Nommé successivement censeur, consul et prince du sénat, il ne tarda pas à mécontenter les Romains par ses hauteurs aristocratiques, par son imitation des mœurs grecques, par ses prétentions à se placer au-dessus des lois et à dominer les patriciens eux-mêmes. De tous les ennemis qu'il s'attira, Caton, l'homme des vieilles mœurs romaines, fut le plus âpre et le plus inflexible. Sans cesse il le poursuivait de ses accusations, et cherchait à réprimer en lui l'insolence et la tyrannie qui semblaient être à Rome l'apanage des grandes familles. Après la guerre d'Antiochus, où les Scipions avaient joué un rôle plus que suspect, Caton suscita contre eux le tribun Pétilius, qui les accusa de s'être laissé corrompre, et d'avoir réglé les conditions de la paix de leur autorité privée. Le vainqueur de Zama, au lieu de se justifier, monta à la tribune; puis, ayant fait une orgueilleuse apologie de sa vie et de ses exploits, il ajouta : « *Romains, c'est à pareil jour que j'ai vaincu en Afrique Annibal et Carthage. Allons au Capitole pour rendre grâces aux dieux, et leur demander de vous donner toujours des chefs qui me ressemblent.* » Et tous, électrisés par ces paroles, le suivirent au Capitole, jusqu'au greffier du tribunal.

« Il triompha en ce jour, dit Michelet, non plus d'Annibal et de Syphax, mais de la majesté de la république et de la sainteté des lois. »

Ce n'était là, en effet, qu'un mouvement oratoire, mais nullement une réponse. Voici l'appréciation de M. Toussenel :

« Vainement la cour des comptes de Rome accuse-t-elle de péculat Scipion dit l'Africain. L'illustre guerrier, qui a empli ses poches et ses galeries de l'argent et des statues des principales cités de l'Asie, ne descend pas même à se justifier. Sa réponse unique à l'accusation est qu'à semblable jour il a vaincu Annibal.

« *Montons au Capitole*, ajoute-t-il, *et rendons grâces aux dieux!* »

» J'ai eu un professeur de rhétorique qui n'avait pas de paroles assez admiratives pour ce trait d'insolence et de morgue aristocratique. Étonnez-vous, après cela, que les enfants se perdent avec l'éducation qu'on leur donne! »

En conscience, quel homme de bon sens eût pu lui conseiller d'autre harangue que celle de Scipion : « Voici mes registres; je les apporte, mais c'est pour les déchirer. En ce même jour, je signai, il y a un an, la paix générale et le mariage du roi, qui ont rendu le repos à l'Europe; *allons en renouveler la mémoire aux pieds des autels.* » PÉLISSON, *Défense de Fouquet.*

Vous soutîntes dans vos bras, dites-vous, la France qui penchait sur le bord de l'abîme, et vous êtes tout prêts, comme d'autres Scipion, à *monter au Capitole*, le front ceint de palmes civiques, *pour rendre grâces aux dieux* de ce que vous avez sauvé la patrie. Mais qui donc la menaçait? qui donc pouvait alors faire trembler cette héroïque France, toute frémissante encore d'indignation, tout orgueilleuse de sa force et de sa grandeur, et pleine maîtresse de sa destinée?

CORMENIN, *Réponse à MM. Kératry et Devaux.*

Le coadjuteur était occupé devant le parlement à brouiller tout dans son intérêt et à sacrifier l'État à l'ambition d'être cardinal. On s'attendait qu'il allait faire son apologie, et elle pouvait être embarrassante; mais il se leva avec confiance, et, du ton le plus imposant : « *Dans les temps les plus orageux de la république, je n'ai jamais abandonné la patrie; dans ses prospérités, je ne lui ai rien demandé pour moi, et, dans ses moments les plus désespérés, je n'ai rien redouté.* » Ces paroles furent prononcées avec le même ton de hauteur que Scipion disait : « *Montons au Capitole!* »

LA HARPE, *Cours de littérature.*

MOT DE CAMBRONNE.

LA GARDE MEURT ET NE SE REND PAS!

A la funeste journée de Waterloo, Cambronne commandait une des divisions de la vieille garde. Cette division fut anéantie presque tout entière. On raconte que, entouré de toutes parts par des masses ennemies et sommé de se rendre, il répondit par ces mots héroïques : « *La garde meurt et ne se rend pas!* »

Cette phrase, en quelque sorte testamentaire de la vieille garde, fut rapportée quelques jours après l'événement par un journal de Paris, l'*Indépendant*, qui devait s'appeler successivement l'*Écho du Soir*, le *Courrier*, le *Journal du Commerce*, et enfin le *Constitutionnel*. Reproduite immédiatement par le *Journal Général*, le *Journal de Paris* et le *Journal des Débats*, qui venait d'abandonner définitivement son titre de *Journal de l'Empire*, elle retentit dans toute la France, et fut attribuée au commandant de l'héroïque bataillon, à Cambronne. Eh bien, cette cause, jugée au lendemain de Waterloo, est encore pendante aujourd'hui, *adhuc sub judice lis est;* mais, avant d'entrer nous-même dans la discussion, nous allons laisser la parole à un historien et à un littérateur éminents.

Voici le dernier épisode de la bataille de Waterloo, raconté par M. Thiers dans son vingtième volume de l'*Histoire du Consulat et de l'Empire :*

« L'histoire n'a que quelques désespoirs sublimes à raconter, et elle doit les retracer pour l'éternel honneur des martyrs de notre gloire, pour la punition de ceux qui prodiguent sans raison le sang des hommes !

» Les débris des bataillons de la garde, poussés pêle-mêle dans le vallon, se battent toujours sans vouloir se rendre. A ce moment, on entend ce mot qui traversera les siècles, proféré, selon les uns, par le général Cambronne, selon les autres, par le colonel Michel : *La garde meurt et ne se rend pas !*

» Cambronne, blessé presque mortellement, reste étendu sur le terrain, ne voulant pas que ses soldats quittent leurs rangs pour l'emporter. Le 2e bataillon du 3e de grenadiers, demeuré dans le vallon, réduit de 500 à 300 hommes, ayant sous ses pieds ses propres camarades, devant lui des centaines de cavaliers abattus, refuse de mettre bas les armes et s'obstine à combattre. Serrant toujours les rangs à mesure qu'ils s'éclaircissent, il attend une dernière attaque, et, assailli sur ses quatre faces à la fois, fait une décharge terrible qui renverse des centaines de cavaliers. Furieux, l'ennemi amène de l'artillerie, et tire à outrance sur les quatre angles du carré. Les angles de cette forteresse vivante abattus, le carré se resserre, ne présentant plus qu'une forme irrégulière, mais persistante. Il dédouble ses rangs pour occuper plus d'espace et protéger ainsi les blessés qui ont cherché asile dans son sein. Chargé encore une fois, il demeure debout, abattant par son feu de nouveaux ennemis. Trop peu nombreux pour rester en carré, il profite d'un répit afin de prendre une forme nouvelle, et se réduit alors à un triangle tourné vers l'ennemi, de manière à sauver en rétrogradant tout ce qui s'est réfugié derrière ses baïonnettes. Il est bientôt assailli de nouveau. — *Ne nous rendons pas !* s'écrient ces braves gens, qui ne sont plus que cent cinquante. — Tous alors, après avoir tiré une dernière fois, se précipitent sur la cavalerie acharnée à les poursuivre, et avec leurs baïonnettes tuent des hommes et des chevaux, jusqu'à ce qu'enfin ils succombent dans ce sublime et dernier effort. Dévoûment admirable, et que rien ne surpasse dans l'histoire des siècles ! »

Ainsi l'historien de l'empire enregistre la sublime réponse; mais il hésite entre le général Cambronne et le colonel Michel.

D'après Victor Hugo, la réponse de Cambronne serait beaucoup plus soldatesque, mais d'une énergie bien autrement terrible, si l'on se reporte à la circonstance; elle ne consisterait que dans un seul mot, le plus trivial de toute la langue, et qu'il n'appartient qu'au génie d'oser écrire en toutes lettres. Voici la page que nous empruntons aux *Misérables :*

LE DERNIER CARRÉ.

« Quelques carrés de la garde, immobiles dans le ruissellement de la déroute comme des rochers dans de l'eau qui coule, tinrent jusqu'à la nuit. La nuit venant, la mort aussi, ils attendirent cette ombre double, et, inébranlables, s'en laissèrent envelopper. Chaque régiment, isolé des autres et n'ayant plus de lien avec l'armée rompue de toutes parts, mourait pour son compte. Ils avaient pris position, pour faire cette dernière action, les uns sur les hauteurs de Rossomme, les autres dans la plaine de Mont-Saint-Jean. Là, abandonnés, vaincus, terribles, ces carrés sombres agonisaient formidablement. Ulm, Wagram, Iéna, Friedland, mouraient en eux.

» Au crépuscule, vers neuf heures du soir, au bas du plateau de Mont-Saint-Jean, il en restait un. Dans ce vallon funeste, au pied de cette pente gravie par les cuirassiers, inondée maintenant par les masses anglaises, sous les feux convergents de l'artillerie ennemie victorieuse, sous une effroyable densité de projectiles, ce carré luttait. Il était commandé par un officier obscur nommé Cambronne. A chaque décharge, le carré diminuait et ripostait. Il répliquait à la mitraille par la fusillade, rétrécissant continuellement ses quatre murs. De loin les fuyards, s'arrêtant par moment, essoufflés, écoutaient dans les ténèbres ce sombre tonnerre décroissant.

» Quand cette légion ne fut plus qu'une poignée, quand leur drapeau ne fut plus qu'une loque, quand leurs fusils épuisés de balles ne furent plus que des bâtons, quand le tas des cadavres fut plus grand que le groupe vivant, il y eut parmi les vainqueurs une sorte de terreur sacrée autour de ces mourants sublimes, et l'artillerie anglaise, reprenant haleine, fit silence. Ce fut une espèce de répit. Les combattants avaient autour d'eux, comme un fourmillement de spectres, des silhouettes d'hommes à cheval, le profil noir des canons, le ciel blanc aperçu à travers les roues et les affûts; la colossale tête de mort que les héros entrevoient toujours dans la fumée au fond de la bataille, s'avançait sur eux et les regardait. Ils purent entendre dans l'ombre crépusculaire qu'on chargeait les pièces; les mèches allumées, pareilles à des yeux de tigre dans la nuit, firent un cercle autour de leurs têtes; tous les boute-feu des batteries anglaises s'approchèrent des canons, et alors ému, tenant la minute suprême suspendue au-dessus de ces hommes, un général anglais, Colville selon les uns, Maitland, selon les autres, leur cria : « Braves Français, » rendez-vous! » Cambronne répondit : « M....! »

. . . .

» Le lecteur français voulant être respecté, le plus beau mot peut-être qu'un Français ait jamais dit ne peut lui être répété. Défense de déposer du sublime dans l'histoire.

» A nos risques et périls, nous enfreignons cette défense.

. . . .

» Au mot de Cambronne, la voix anglaise répondit : « Feu ! » Les batteries flamboyèrent, la colline trembla; de toutes ces bouches d'airain sortit un dernier vomissement de mitraille épouvantable; une vaste fumée, vaguement blanchie du lever de la lune, roula, et quand la fumée se dissipa, il n'y avait plus rien. Ce reste formidable était anéanti, la garde était morte. »

Ici, la question commence à s'obscurcir. Victor Hugo, par une raison qui sent son romantisme d'une lieue, nie le mot, et le remplace par cinq lettres que nos lecteurs ont devinées.

Quelques jours après l'apparition des *Misérables*, M. Cuvillier-Fleury, l'élégant et spirituel rédacteur des *Débats*, s'élevait contre la crudité de l'expression et demandait une enquête.

Les éléments de l'enquête ne se firent pas attendre : un journal de Lille, l'*Esprit public*, venait de révéler qu'un des derniers débris du bataillon de Cambronne, Antoine Deleau, vivait obscurément dans une petite commune du département du Nord. Ce vieux brave fut mandé à la préfecture de Lille, et, à quelques jours de là, le *Moniteur* publiait le procès-verbal suivant :

PRÉFECTURE DU NORD.

Nous, préfet du Nord, etc.;

Une publication récente du journal hebdomadaire l'*Esprit public*, insérée dans plusieurs journaux, relatant que le sieur Deleau (Antoine-Joseph), adjoint au maire de la commune de Vicq, canton de Condé, arrondissement de Valenciennes, département du Nord, ancien soldat de la garde impériale, avait conservé notion certaine du fait mémorable auquel il a pris part à la bataille de Waterloo et des paroles attribuées à Cambronne, et S. Exc. M. le ministre de l'intérieur nous ayant chargé, par lettre du 27 juin courant, d'approfondir la question, nous avons fait appeler ledit sieur Deleau, né à Vicq le 2 avril 1792, et aujourd'hui encore adjoint au maire de ladite commune de Vicq.

Ses souvenirs militaires ont paru être, en effet, de la plus grande précision et empreints d'autant de calme que de bonne foi.

Nous avons prié le sieur Deleau de venir avec nous dans le cabinet de S. Exc. M. le maréchal de Mac-Mahon, duc de Magenta, à son quartier général à Lille, où étaient M. le général de division Maissiat, commandant la 3e division militaire, et M. le colonel d'état-major Borel, premier aide de camp de S. Exc. le maréchal.

Le sieur Deleau s'est exprimé en ces termes :

« J'étais à Waterloo dans le carré de la garde, au premier rang, en raison de ma grande taille ; j'appartenais à la jeune garde, n'ayant encore que vingt-trois ans ; mais on sait que la jeune garde avait été appelée à combler alors les cadres de la vieille. L'artillerie anglaise nous foudroyait, et nous répondions à chaque décharge par une fusillade de moins en moins nourrie.

» Entre deux décharges, le général anglais nous cria : « Grenadiers, rendez-vous ! » — Le général Cambronne répondit (je l'ai parfaitement entendu, ainsi que tous mes camarades) :

« *La garde meurt et ne se rend pas !* » — « Feu ! » dit immédiatement le général anglais.

» Nous serrâmes le carré et nous ripostâmes avec nos fusils. — « Grenadiers, rendez-vous ; vous serez traités comme les premiers soldats du monde ! » reprit d'une voix affectée le général anglais. « *La garde meurt et ne se rend pas !* » répondit encore Cambronne, et sur toute la ligne les officiers et les soldats répétèrent avec lui : « *La garde meurt et ne se rend pas !* » Je me souviens parfaitement de l'avoir dit comme les autres.

» Nous essuyâmes une nouvelle décharge et nous y répondîmes par la nôtre. « Rendez-vous, » grenadiers, rendez-vous ! crièrent en masse les Anglais qui nous enveloppaient de tous côtés. Cambronne répondit à cette dernière sommation par un geste de colère accompagné de paroles que je n'entendis plus, atteint en ce moment d'un boulet qui m'enleva mon bonnet à poil et me renversa sur un tas de cadavres.

» Je déclare donc avoir entendu prononcer par le général Cambronne, à deux reprises : « *La* « *garde meurt et ne se rend pas !* » et ne lui avoir pas entendu dire autre chose. »

Cette précision circonstanciée de souvenirs au sujet d'un fait historique de haute importance, et le caractère honorable du témoin, nous ont déterminé, en conséquence, à rédiger le présent procès-verbal, que ledit sieur Deleau a signé avec nous.

A Lille, le trente juin mil huit cent soixante-deux.

ANTOINE DELEAU,
Grenadier de la vieille garde (2e rég.).

Le maréchal de France, commandant le 2e corps d'armée,
Maréchal DE MAC-MAHON, duc DE MAGENTA.

Le préfet du Nord,
VALLON.

Le général de division, commandant
la 3e division militaire,
AD. MAISSIAT.

Le colonel d'état-major,
aide de camp,
BOREL.

En présence d'une déclaration aussi solennelle, il semble qu'on n'ait plus qu'à s'incliner. Toutefois, il reste à entendre un dernier témoignage, le plus important de tous.

Voici en quels termes M. le comte Michel, fils du général Michel, tué à côté de Cambronne dans le dernier carré de Waterloo, écrivait le lendemain au rédacteur en chef de l'*Esprit public* :

A Monsieur le rédacteur en chef de l'*Esprit public*.

« Angoulême, 1er juillet 1862.

» Monsieur,

« Je lis dans un des derniers numéros de l'*Esprit public*, dans un article signé Charles Deulin, qu'un nommé Antoine Deleau, ancien grenadier de la vieille garde, aurait déclaré avoir entendu le général Cambronne, entouré d'ennemis, s'écrier : « *La garde meurt et ne se rend pas!* »

» Je suis trop fier de la gloire de mon père pour laisser passer sans y répondre une pareille affirmation, et pour ne pas hautement revendiquer pour le général comte Michel l'honneur d'avoir prononcé ces sublimes paroles (et non d'autres) sur le champ de bataille de Waterloo.

» Je viens donc, monsieur le rédacteur en chef, faire appel à votre loyale impartialité, et vous prier de vouloir bien insérer dans un des plus prochains numéros de votre journal les trois déclarations suivantes que j'oppose à celle de M. Deleau.

» Je prends ces témoignages parmi beaucoup d'autres, produits officiellement dans une requête que mon frère, lieutenant-colonel Michel, et moi, avons adressée en 1845 au conseil d'État, lors de l'inauguration de la statue du général Cambronne, à Nantes.

» La première de ces déclarations émane de M. Magnant, lieutenant-colonel à Vernon (Eure), et se trouve dans une lettre adressée à M. le général baron Harlet :

« Mon général, au reçu de votre lettre, je m'empresse de vous mettre à même de répondre de
» suite à madame la comtesse Michel; vous pouvez assurer à cette dame qu'étant en garnison à
» Lille (en 1821), où commandait alors le général Cambronne, je le complimentai sur les sublimes
» paroles qu'on disait qu'il avait prononcées sur le champ de bataille de Waterloo; il affirma
» ne les avoir jamais prononcées ni entendues; que sûrement elles avaient été dites par un autre
» de ses camarades; qu'il voudrait le connaître pour lui faire rendre l'honneur qu'elles devaient
» lui mériter. »

» La deuxième déclaration est une lettre de M. le maire de la ville de Nantes à M. le préfet de la Loire-Inférieure :

« Le général, dont chacun connaît la simplicité antique et l'extrême modestie, s'est toujours
» défendu personnellement d'avoir prononcé ces paroles, disant à la vérité *que c'était le cri de
» l'armée tout entière ;* mais sans que jamais, dans ses épanchements les plus intimes, il ait pro-
» féré le nom du général Michel ou de tout autre. »

» La troisième déclaration, enfin, est du général Bertrand, qui ne lui a pas donné la forme d'une lettre, mais l'a consignée sur une pierre détachée du tombeau de l'empereur, à Sainte-Hélène.

» Le général y a écrit :

« A la comtesse Michel, veuve du général Michel tué à Waterloo, où il répondit aux sommations de l'ennemi par ces paroles sublimes : « *La garde meurt et ne se rend pas!* »

» Signé, BERTRAND. »

» Veuillez agréer, monsieur le rédacteur, etc.,
» Comte MICHEL,
» *Préfet de la Charente.* »

Cette protestation de la famille du général Michel n'était pas la première. Cambronne étant mort le 28 janvier 1842, Nantes, sa ville natale, fut autorisée, par une ordonnance du 5 décembre suivant, à élever à l'illustre général une statue au bas de laquelle fut gravée la fameuse réponse : « *La garde meurt et ne se rend pas!* » Aussitôt M. le comte Michel, capitaine au 45me de ligne, et M. le baron Michel, auditeur au conseil d'État, tous deux fils du lieutenant général tué à Waterloo, adressèrent au roi une requête demandant la suppression des paroles qu'ils considéraient comme une propriété de famille. Le ministre de l'intérieur, consulté à ce sujet, émit l'avis qu'il n'y avait pas lieu d'annuler l'ordonnance, par le motif qu'aucune de ses dispositions n'autorisait la ville de Nantes à graver sur le monument les paroles revendiquées en faveur du général Michel; et le conseil d'État, *sans s'expliquer sur le fond du débat*, décida que l'ordonnance, n'ayant point été délibérée en conseil, ne pouvait pas être annulée sur le recours de MM. Michel.

Cette réponse n'était qu'une fin de non-recevoir; le gouvernement se déclarait incompétent, et se plaçait en dehors du débat, qui restait enfermé tout entier entre la famille Michel et la ville de Nantes.

Mais ce qui est incontestable, et ce qui achève de faire disparaître les derniers doutes, c'est que Cambronne lui-même, cet homme simple et franc, qui voulut toujours se soustraire aux questions le concernant, désavoua la phrase académique dans de nombreuses circonstances. Selon lui, son refus avait été accompagné d'un mot énergique, que sa rude franchise rend plus vraisemblable. Il avait une prédilection marquée pour les cinq lettres. Lors de son retour d'Angleterre, où il avait été emmené prisonnier après Waterloo, on le priait souvent de répéter sur le même ton le fameux mot. « Il hésitait, dit M. Éd. Fournier (1), jusqu'à ce que les dames fussent sorties, puis il le lâchait avec la plus héroïque énergie, et alors tous les cœurs de battre, toutes les narines de frémir. Une fois, cependant, pressé par une dame charmante de lui dire le fameux mot, Cambronne tâcha de s'exécuter : « Ma foi, madame, je ne sais pas au juste ce que
» j'ai dit à l'officier anglais qui me criait de me rendre; mais ce qui est certain,
» c'est qu'il comprenait le français, car il m'a répondu : « Mange! »

Cette dernière anecdote ne manque pas de sel, et nous comprenons qu'elle tranche la question aux yeux de ceux qui veulent de *l'esprit dans l'histoire*. Pour ceux qui cherchent avant tout la vérité, et qui écrivent *pour prouver*, *non pour raconter*, de simples anecdotes ne suffisent pas. Nous nous sommes donc livré à de nouvelles recherches, et voici un dernier fait qui témoigne singulièrement en faveur du général Michel. Que faut-il, en effet, pour juger en dernier ressort? C'est le témoignage, mais le témoignage *authentique*, de Cambronne lui-même. Eh bien, nous croyons avoir trouvé cette preuve décisive, ou plutôt, c'est un de nos lecteurs qui la découvrira au moyen du fil d'Ariane que nous allons lui donner. En 1835, la ville de Nantes organisa un banquet patriotique, à la présidence duquel elle appela son grand citoyen, qui, depuis 1822, vivait dans un des faubourgs, au milieu de la plus profonde retraite. « Là, dit M. Levot (2), aujourd'hui archiviste de la marine à Brest, Cambronne désavoua formellement les célèbres paroles qu'on lui attribuait. »

Il s'agit maintenant de mettre la main sur un journal de Nantes, année 1835, où figure certainement le compte rendu du banquet. Il est plus que probable que la circonstance en question y est relatée. La Bibliothèque impériale ne renferme que des collections incomplètes, et ce n'est qu'à Nantes même que le nœud gordien peut être tranché . . . .

Mais le procès-verbal? nous dira-t-on.

Voici notre réponse :

Tout le monde sait à quoi s'en tenir sur l'authenticité des prouesses personnelles narrées depuis quarante ans par nos vieux grognards : c'est un laurier qu'ils ont planté, qu'ils ont vu naître, qu'ils ont arrosé, rafraîchi, — Dieu seul sait combien de fois! — de leurs mains victorieuses; il a poussé dans leur mémoire de si profondes racines, que Polyphème lui-même serait impuissant à l'en arracher. C'est le roman habillé en histoire, *de bonne foi*.

(1) *De l'Esprit dans l'histoire*.
(2) *Biographie bretonne*.

Ainsi, nous ne nous inscrivons nullement en faux contre le procès-verbal du 30 juin dernier, et le brave grenadier Deleau a bien entendu, *de ses propres oreilles*, sortir de la bouche de Cambronne la phrase cicéronienne qui a pour père le général Michel, tué à Waterloo.

Casimir Delavigne a richement enchâssé l'héroïque réponse dans ses *Messéniennes* :

> Parmi des tourbillons de flamme et de fumée,
> O douleur! quel spectacle à mes yeux vient s'offrir!
> Le bataillon sacré, seul devant une armée,
>   S'arrête pour mourir.
>
> C'est en vain que, surpris d'une vertu si rare,
> Les vainqueurs dans leurs mains retiennent le trépas;
> Fier de le conquérir, il court, il s'en empare :
> *La garde*, avait-il dit, *meurt et ne se rend pas!*
>
> On dit qu'en les voyant couchés sur la poussière,
> D'un respect douloureux frappé par tant d'exploits,
> L'ennemi, l'œil fixé sur leur face guerrière,
> Les regarda sans peur pour la première fois.

On dénature, on parodie les plus belles choses : *Corruptio optimi pessima*. Le cri suprême de Waterloo a donc eu le sort du poème de Virgile; et Scarron s'appelle ici Balzac et Alexandre Dumas :

> L'Angleterre voulait avoir un hippopotame femelle. Elle s'était adressée à Abbas-Pacha, qui, n'ayant rien à refuser à l'Angleterre, avait placé quatre pêcheurs sur les bords du Nil blanc, pour lui pêcher le premier hippopotame qu'une mère mettrait bas sur un des nombreux îlots du fleuve. Quant à prendre vivant un hippopotame adulte, il n'y faut pas penser : *Les hippopotames meurent et ne se rendent pas.* ALEX. DUMAS, *Causeries.*

> Le patron a inventé le châle-Sélim, *un châle impossible à vendre*, et que nous vendons toujours. Nous gardons dans une boîte de bois de cèdre très simple, mais doublée de satin, un châle de cinq à six cents francs, un des châles envoyés par Sélim à l'empereur Napoléon. Ce châle, c'est notre garde impériale; on le fait avancer en désespoir de cause : *Il se rend, et ne meurt pas.* HONORÉ DE BALZAC, *Gaudissart II.*

On admire le courage du simple soldat en présence de l'ennemi ou de l'émeute. Il n'a ni l'espoir des conquêtes ni celui de la gloire. Son souvenir ne vivra que dans le cœur d'une mère, dont l'image se présente à lui peut-être en ce moment; et cependant, lui aussi, *il meurt et ne se rend pas.* D'où vient cela? C'est qu'il a entendu une voix, et que cette voix domine le bruit du canon, les mugissements de l'émeute, et le cri plus puissant encore de la nature : c'est la voix du devoir.   *Revue de l'Instruction publique.*

S'il avait pour moi l'attachement que je croyais, il aurait déjà pris son parti ; mais ces anciens militaires sont d'un entêtement... Vous verrez qu'il aimera mieux se laisser torturer en détail que de se soumettre. Il servait dans la garde impériale ; et, vous le savez, *la garde meurt et ne se rend pas !*

CHARLES DE BERNARD, *le Vieillard amoureux.*

M. le marquis déploya dans cette circonstance plus de courage encore peut-être qu'il n'en avait montré à la guerre dans sa première jeunesse. « Vous pouvez me tuer, mais vous ne parviendrez pas à m'avilir ! » répondit-il avec le sang-froid le plus dédaigneux, chaque fois que ses vassaux, ivres de vin et altérés de sang, renouvelèrent leur demande et leurs menaces.

— *La garde meurt et ne se rend pas,* dit le vicomte d'un ton léger.
— Tous les braves sont frères, reprit gravement le vieux magistrat. CHARLES DE BERNARD, *le Gentilhomme campagnard.*

MULET CHARGÉ D'OR, DE PHILIPPE.

Philippe, roi de Macédoine et père d'Alexandre le Grand, est un des plus habiles politiques qui aient régné. Il s'avançait par tous les moyens possibles vers le double but qu'un génie ambitieux lui avait révélé comme le terme de ses efforts : l'unification de la Grèce sous son autorité, et la conquête de l'empire des Perses. Toute sa vie il y marcha par la force ou par la ruse, par le fer ou par l'or, directement ou par des voies détournées ; enfin son grand art était d'unir la force à la dissimulation. On a pu dire de lui, qu'élevé par Épaminondas, grand philosophe, grand capitaine et grand homme d'État, Philippe avait appris sous ce maître illustre l'art de la guerre et l'art de gouverner, mais qu'il n'avait su acquérir ni sa justice, ni sa grandeur d'âme, ni son désintéressement. L'un des premiers actes de son règne avait été de s'emparer de Crénides, près de laquelle il avait trouvé des mines d'or qui lui rapportaient chaque année plus de 1,000 talents (environ six millions) ; c'est avec cet argent qu'il corrompit la Grèce.

L'oracle de Delphes lui avait dit : « *Sers-toi d'armes d'argent, et rien ne te résistera.* » Il fut toute sa vie fidèle à ce conseil, et il avait coutume de dire qu'il ne connaissait pas de forteresse imprenable, quand *un mulet chargé d'or pouvait y monter.*

Le mulet de Philippe, ce mot d'une forme si pittoresque et si originale, revient souvent sous la plume des écrivains, quand ils veulent exprimer avec énergie la puissance irrésistible de l'or.

Je suis convaincu que les animosités, l'amour-propre et l'intempérance de langue ont plus nui à la République que le *mulet du roi Philippe.*   CAMILLE DESMOULINS, *le Vieux Cordelier.*

Au jardin des Tuileries, nous regardions jouer le télégraphe, espérant ou craignant la nouvelle qui traversait l'air sur notre tête. *O mulet chargé de l'or de Philippe!* comme vous nous manquiez pour entrer dans les forteresses de Ferdinand ! Eussions-nous eu cinquante millions à nous, nous en aurions disposé, afin d'écarter ce qui pouvait nous faire obstacle.
                    CHATEAUBRIAND, *Guerre d'Espagne.*

L'une des compagnes de ce monsieur était madame son épouse, grande et ample femme, rouge figure d'une lieue carrée, avec des fossettes dans les joues, qui avaient l'air de crachoirs pour les amours; double menton pendant, à chair longue, qui semblait une mauvaise continuation de la figure; son énorme sein, couvert de roides dentelles et de festons déchiquetés comme des demi-lunes et des bastions, ressemblait à une forteresse qui, sans doute, comme ces autres forteresses dont parle Philippe de Macédoine, ne résisterait guère à un *âne chargé d'or.*
                         HENRI HEINE, *Reisebilder.*

NABUCHODONOSOR CHANGÉ EN BÊTE.

L'orgueil avait enflé le cœur de Nabuchodonosor, vainqueur d'un grand nombre de peuples. Contemplant un jour la splendeur de Babylone, qu'il avait ornée de monuments magnifiques, il se disait : « N'est-ce pas là cette superbe capitale que j'ai bâtie dans la grandeur de ma puissance et dans l'éclat de ma gloire? » Quelque temps après, le Seigneur lui envoya un songe par lequel il lui annonçait qu'il serait chassé de la compagnie des hommes, et qu'il deviendrait semblable aux bêtes. En effet, un an après, une étrange démence troubla sa raison, au point de lui persuader qu'il était transformé en bœuf sauvage, et de lui faire paître l'herbe des champs. Il demeura sept années en cet état, « laissant croître ses cheveux comme les plumes d'un aigle, et ses ongles comme les griffes des oiseaux. » Mais après ce temps il éleva les yeux au ciel, et le sens et l'esprit lui furent rendus.

... C'était un libelle infâme. «Mais que faire à cela? disait l'empereur. S'il entrait aujourd'hui dans la tête de quelqu'un d'imprimer qu'il m'est venu du poil, et que je *marche à quatre pattes*, il est des gens qui le croiraient, et diraient que c'est Dieu qui m'a puni comme *Nabuchodonosor*. Et que pourrais-je faire? Il n'y a aucun remède à cela. » *Mémorial de Sainte-Hélène.*

Il faudrait avoir été, comme *Nabuchodonosor,* quelque peu *bête sauvage* et enfermé dans une cage du Jardin des Plantes, sans autre proie que la viande de boucherie apportée par le gardien, ou négociant retiré sans commis à tracasser, pour savoir avec quelle impatience le frère et la sœur attendirent leur cousine Lorrain. Aussi, trois jours après que la lettre fut partie, le frère et la sœur se demandaient-ils déjà quand leur cousine arriverait.

Honoré de Balzac, *Pierrette.*

Quand mon estomac fut un peu satisfait, je remarquai dans la salle où je me trouvais un monsieur et deux dames qui se préparaient à partir. Ce monsieur était habillé complétement en vert, et portait même des lunettes vertes, qui jetaient sur son nez, d'un rouge cuivré, un reflet de vert-de-gris. Il avait tout à fait l'air du roi *Nabuchodonosor* dans ses dernières années, où, selon la tradition, tel qu'un animal des bois, il ne mangeait plus que de la salade.

Henri Heine, *Reisebilder*.

NAUFRAGE DE LA MÉDUSE.

Les traités de 1815 venaient de nous rendre nos établissements **du Sénégal**. Le gouvernement organisa une expédition de quatre bâtiments pour conduire dans la colonie le gouverneur, les autres employés et un certain nombre de passagers. Cette petite flotte partit de la rade de l'île d'Aix le 17 juin 1816, sous les ordres de M. Duroy de Chaumareys, capitaine de frégate, ancien émigré, qui, lieutenant de vaisseau et âgé de quinze ans en 1791, avait alors abandonné le service et était par conséquent sans aucune expérience des choses de la mer. C'est à un tel homme que le gouvernement de la Restauration confiait les destinées de plus de quatre cents hommes et la conduite d'une expédition importante. Le 2 juillet suivant, la *Méduse*, qui avait été séparée des autres bâtiments, échoua sur le banc d'Arguin, à quarante lieues de la côte d'Afrique. Pendant cinq jours on essaya en vain de remettre le bâtiment à flot; et quand on eut reconnu qu'il était absolument impossible de le sauver, on construisit à la hâte un radeau de 20 mètres de long et 7 de large, sur lequel se réfugièrent cent quarante-neuf malheureux. Le reste de l'équipage se précipita dans cinq canots qui remorquèrent le radeau ; dix-sept hommes ivres étaient abandonnés sur la frégate, qui ne devait pas tarder à s'abîmer dans les flots; quant à M. Duroy de Chaumareys, il avait déjà pris la fuite sur son canot. La construction vicieuse du radeau gênant la marche des embarcations, on fit couper les amarres, et le radeau se trouva seul au milieu de l'immensité des mers! La plume se refuse à décrire les scènes d'horreur qui se passèrent alors sur le radeau entre ces malheureux laissés sans vivres.

. . . .

Ce supplice surhumain, qui rappelle l'enfer du Dante, durait depuis douze jours, quand le radeau fut aperçu par le brick l'*Argus*, l'un des bâtiments de transport chargés d'accompagner la *Méduse*.

On recueillit quinze mourants ; les autres étaient au fond de la mer ou avaient été dévorés par les survivants.

Quand les détails de cet épouvantable drame furent connus, il n'y eut d'un bout à l'autre du pays qu'un cri d'horreur. MM. Corréard et Savigny, deux des naufragés, firent connaître dans une publication intéressante les détails de cet épouvantable événement. Notre grand peintre Géricault les reproduisit sur la toile, et toute la France put admirer au Salon de 1819 cette scène terrible et navrante, un des chefs-d'œuvre de l'école française. L'artiste a représenté dans ce tableau le moment où le brick est aperçu. Savigny est debout, adossé au mât, et Corréard lui indique le point d'espérance que la Providence leur envoie.

Le *Naufrage de la Méduse* offrait aux dramaturges des situations trop émouvantes, pour que le théâtre ne s'en emparât pas à son tour. Un drame des plus saisissants attira bientôt la foule à l'*Ambigu*, ce qui donna lieu à l'étrange quiproquo suivant de la part d'un journaliste. Ce dernier, annonçant dans sa feuille la première représentation du *Naufrage de la Méduse*, ajoutait : « Le décor final reproduira fidèlement le tableau célèbre de *Jéricho*. » Le lendemain, un indulgent confrère relevait ainsi cette énormité : « Et les murs de l'imprimerie où s'est commise cette boulette monumentale ne se sont pas écroulés comme s'écroulèrent jadis les murailles de *Géricault !* »

Voici encore un mot plaisant qu'on nous pardonnera de mêler à une sombre tragédie ; il caractérise on ne peut mieux cette légèreté française qui ne saurait abdiquer son empire, même au milieu des scènes les plus lamentables. Les naufragés espéraient toujours être rencontrés par l'un des trois bricks dont ils avaient été séparés dans les premiers jours du voyage, et l'un d'eux en donnait l'assurance à ses compagnons, en leur disant : « Il est impossible que nous ne soyons pas aperçus par l'*Argus*. »

Sachez, au sujet des partis, que plus la localité est petite, plus l'animosité est grande, plus la lutte est vive. Dans cet étroit espace, il n'y a pas un coup qui ne porte. On ne peut sortir de chez soi sans coudoyer un ennemi. On se mange un peu tous les jours : *c'est le radeau de la Méduse.*

CHARLES SAUVESTRE, *l'Opinion Nationale.*

Ces événements atroces (1) n'arrivent pas, j'en suis sûr, dans les climats où l'aisance et une vie abondante ne dépravent pas leur naturel. Mais en nos pays, si nombreuses, avec un gibier bien plus rare, dans une violente concurrence, ces malheureuses sont entre elles comme les *naufragés du radeau de la Méduse*.

Michelet, *l'Insecte.*

Madame Magloire rentra. Elle apportait un couvert qu'elle mit sur la table.

— Madame Magloire, dit l'évêque, mettez ce couvert le plus près possible du feu. Et, se tournant vers son hôte : — Le vent de nuit est froid dans les Alpes. Vous devez avoir froid, monsieur?

Chaque fois qu'il disait ce mot *monsieur* avec sa voix doucement grave et de si bonne compagnie, le visage de l'homme s'illuminait. *Monsieur* à un forçat, c'est un verre d'eau à un *naufragé de la Méduse*. L'ignominie a soif de considération.

V. Hugo, *les Misérables.*

NEMROD.

Nemrod, petit-fils de Cham, passe pour le fondateur de Babylone, et quelques historiens l'identifient avec Bélus. L'Écriture l'appelle un *fort chasseur devant le Seigneur*, et le donne comme le premier des conquérants.

Nemrod, grand chasseur, adroit, vigoureux et robuste, fit plus tard des soldats de ses compagnons de chasse, et s'en servit pour conquérir les terres de ses voisins. « Aussi, dit M. Elzéar Blaze, Voltaire s'est trompé dans *Mérope*; il aurait dû dire :

Le premier qui fut roi fut un *chasseur* heureux. »

Le nom de Nemrod est devenu synonyme de chasseur infatigable, très habile dans l'art de faire la guerre aux animaux.

Aux songes dont se berçait Emma, venait toujours se mêler le souvenir de Paul; la jeune fille restait fidèle aux goûts de l'enfant. Paul, mêlé au tourbillon de Paris, avait pu oublier les scènes de sa vie adolescente; Emma ne les oubliait pas ainsi. Elle s'était fait un

---

(1) L'auteur parle des araignées, qui se dévorent les unes les autres.

idéal et voyait tout à travers ce prisme. Quand sa pensée se tournait vers les paysages de Champfleury, elle avait soin de les peupler de figures aimées. C'était Muller, cueillant quelques plantes pour son herbier, ou Paul, son *Nemrod*, se montrant sur la lisière du bois, le fusil sur l'épaule et en habit de chasse.

Louis Reybaud, Romans et Contes.

On est censé avoir chassé toute la journée dans les forêts environnantes. Le soir, en revenant à Paris, on feint de succomber sous le poids d'un gibier énorme. Nous nous sommes trouvée, il y a quelques jours, au débarcadère de Saint-Germain, avec un de ces *Nemrod* de banlieue. Le carnier monstrueux qu'il portait fièrement sur son dos excitait notre étonnement et un peu aussi notre défiance.

Mme de Girardin, Lettres parisiennes.

NE POUVANT S'ÉLEVER JUSQU'A MOI, ILS M'ONT FAIT DESCENDRE JUSQU'A EUX.

La bataille d'Austerlitz venait de terminer une merveilleuse campagne de deux mois. Napoléon voulut honorer dignement la grande armée en érigeant, avec le bronze de douze cents canons enlevés aux Autrichiens et aux Russes, une colonne qui serait dédiée à la gloire des soldats français. Telle est l'origine de la colonne Vendôme, œuvre de l'architecte Le Père, qui fut terminée le 5 août 1810. Depuis la base jusqu'au sommet, se déroulent les plus brillants faits d'armes de la campagne de 1805. Napoléon avait eu le projet de la couronner de la statue de la Paix; mais la guerre ayant recommencé, il y fit placer sa propre image. Le vainqueur d'Austerlitz était représenté en empereur romain, la tête ceinte de lauriers.

En 1814, à l'époque de la première Restauration, on essaya de renverser ce monument de la gloire française. Ce fut un jour de fête pour l'aristocratie parisienne. On attacha un câble au cou de la statue, et des chevaux blancs tirèrent à toute force. Toutes les grandes dames du noble faubourg assistaient, comme à un spectacle, à cette triste exécution, et l'on en vit fixer à la corde leurs mouchoirs brodés, et aider de leurs puérils efforts à la chute du colosse. Mais la colonne résista. On scia alors la statue, qui, précipitée à terre, se brisa en tombant. Les morceaux servirent à fondre la statue d'Henri IV.

Toute la France ne s'associait pas à cette basse vengeance de ceux que le génie du grand homme avait fait trembler pendant quinze ans; car, le lendemain, on trouva collée sur le piédestal cette protestation éloquente : « *Ne pouvant s'élever jusqu'à moi, ils m'ont fait descendre jusqu'à eux.* »

Cet événement nous rappelle une protestation d'une tout autre nature. On venait d'élever, sur la place de la Concorde, une statue équestre à Louis XV. Aux façades du piédestal, on avait sculpté en bas-relief les quatre vertus cardinales : la Prudence, la Justice, la Force et la *Tempérance*. C'était une ironie commise de bonne foi. Mais le trait ne se fit pas attendre, et le lendemain on lisait au pied de la statue cette épigramme sanglante :

> Grotesque monument, infâme piédestal !
> Les vertus sont à pied, le vice est à cheval !

— Monsieur le marquis, me disait ce grand jurisconsulte, les temps sont mauvais ; adoptons le peuple, pour qu'il nous adopte ; *descendons jusqu'à lui, pour qu'il ne monte pas jusqu'à nous.*
JULES SANDEAU, *Mademoiselle de la Seiglière.*

Le petit garnement, alléché par la vue de ces cinq petites têtes qui dépassaient les bords du nid et jetaient un premier regard sur la nature, avait d'abord secoué l'arbre de toutes ses forces ; puis il avait cherché à abattre le nid à coups de pierres ; voyant enfin tous ses efforts inutiles, il quitta sa veste et ses sabots, et monta à l'assaut.

— Voilà un drôle, me dis-je, qui comprend la politique à sa manière : *ne pouvant les faire descendre jusqu'à lui, il se décide à grimper jusqu'à eux.* *Galerie de littérature.*

La pauvre enfant commençait à comprendre que son amour était sans espoir. *Elle ne pouvait monter jusqu'à son amant,* et elle savait la mère de Léon trop fière pour permettre à son fils de *descendre jusqu'à elle.* *Revue de Paris.*

NÉRON.

La vie de Néron ne fut qu'un tissu de crimes. Il ouvrit l'ère des persécutions contre les chrétiens, et fit périr un nombre incalculable de Romains. D'autres tyrans ont commis peut-être plus de forfaits que lui, mais ce qui lui assure une horrible supériorité, c'est qu'il parut prendre un affreux plaisir à se baigner dans le sang de ceux qui auraient dû lui être les plus chers. Parmi les victimes de sa cruauté, on compte son frère Britannicus, qui pouvait lui disputer le trône ; Agrippine, sa mère, dont l'ascendant et les reproches lui étaient devenus importuns ; Octavie, son épouse, qu'il avait délaissée pour Poppée, femme de son favori

Othon; le vertueux Thraséas; les poètes Pétrone et Lucain; Burrhus, son gouverneur; Sénèque, qui avait élevé son enfance. Enfin ce monstre a mérité de donner son nom aux plus cruels tyrans, pour lesquels ce nom exécré est même une injure. C'est ce que Racine a exprimé dans ces vers qu'Agrippine adresse à son fils :

> Ta main a commencé par le sang de ton frère;
> Je prévois que tes coups viendront jusqu'à ta mère.
> . . . .
> Tes remords te suivront comme autant de furies;
> Tu croiras les calmer par d'autres barbaries :
> Ta fureur, s'irritant soi-même dans son cours,
> D'un sang toujours nouveau marquera tous tes jours.
> Mais j'espère qu'enfin le ciel, las de tes crimes,
> Ajoutera ta perte à tant d'autres victimes;
> Qu'après t'être couvert de leur sang et du mien,
> Tu te verras forcé de répandre le tien;
> Et ton nom paraîtra, dans la race future,
> Aux plus cruels tyrans une cruelle injure.

Il faut bien le dire, pendant la Terreur, le salut public, fanatisme des âmes sincères, fut le prétexte dont se couvrirent d'ignobles fureurs. Ce qui était le but des uns servit de masque aux autres. A côté de ceux qui se donnèrent un cœur implacable, parce qu'ils se crurent des soldats lancés dans une guerre à mort contre le mensonge et le mal, il y eut ceux qui étaient nés pour avoir des caprices et savourer des joies de tyran. Il y eut des Fouché, des Collot-d'Herbois, des Carrier, des Fouquier-Tinville : *Nérons* de la plèbe en démence, Caligulas du sans-culottisme.

Louis Blanc, Révolution française.

NE TOUCHEZ PAS A LA HACHE.

Après la funeste journée de Naseby (1645), Charles Ier se réfugia au milieu des Écossais, qui eurent la lâcheté de le vendre à Cromwell pour la somme de huit cent mille livres sterling (vingt millions de francs). Traduit devant le parlement, il fut condamné à mort et subit sa sentence devant le palais de Whitehall, le 30 janvier 1649.

Pendant tout le cours du procès, Charles montra une grande fermeté, et il parut devant ses juges non point avec la timidité d'un accusé, mais avec la dignité d'un roi. Traversant un couloir, après une première séance, il vit la hache fatale qui menaçait sa vie. « Tu ne me fais pas peur, » dit-il en la touchant dédaigneusement d'une baguette qu'il tenait à la main. Comme il descendait les degrés de Westminster pour retourner à sa prison, un soldat, saisi d'une émotion involontaire, dit à haute voix : « Dieu bénisse la majesté tombée ! » Son capitaine, qui l'entendit, se précipita sur lui et l'accabla de coups. « Il me semble, dit le roi, que la peine excède le délit. » Un autre soldat osa lui cracher au visage; Charles tira son mouchoir et s'essuya, sans même daigner se plaindre. Quelques heures avant le moment fixé pour l'exécution, il fut transféré de sa prison au palais de Whitehall, sous les fenêtres duquel un échafaud tendu de noir avait été dressé. Plusieurs régiments de cavalerie empêchaient le peuple d'approcher, et le roi, désespérant d'en être entendu, adressa un discours au petit nombre de personnes qui l'environnaient. Il attesta qu'il n'avait rien à se reprocher au sujet des guerres fatales qu'on l'avait obligé de soutenir, qu'il ne s'était décidé à prendre les armes qu'après que le parlement lui en avait donné l'exemple, qu'il n'avait eu d'autre but que de conserver intacte l'autorité royale, telle qu'elle lui avait été transmise par ses ancêtres. Il en était là de son discours, lorsqu'il aperçut quelqu'un qui s'approchait de la hache ; alors s'interrompant vivement, il s'écria : « *Ne touchez pas à la hache !* » Puis il reprit le fil de son discours, qu'il termina en priant pour ses bourreaux et en demandant au ciel le salut de son malheureux peuple. Enfin s'étant dépouillé des vêtements qui eussent pu gêner l'exécuteur, il s'adressa au colonel Hacker, et lui dit : « Prenez soin, je vous prie, que l'on ne me fasse pas souffrir, et, s'il vous plaît, monsieur... » Au même moment, apercevant de nouveau quelqu'un qui s'approchait de la hache : « *Prenez garde à la hache !* s'écria-t-il, *ne touchez pas à la hache !* » Puis, s'adressant à l'exécuteur, qui était masqué : « Quand j'étendrai les mains... » Alors, il posa le cou sur le billot, et, ayant fait le signal convenu, l'exécuteur lui trancha la tête d'un seul coup.

La terrible hache est, aujourd'hui encore, conservée dans un musée de Londres, et chaque fois qu'un visiteur s'en approche, le gardien répète ces mots : « *Ne touchez pas à la hache !* » particularité qui n'a pas peu contribué à rendre cette phrase proverbiale.

❦

A la Chambre de Pékin, le député Péi-ko-lu-lu proposa à ses collègues un impôt sur le sel et sur les palanquins de luxe. La première partie de la motion fut adoptée à l'unanimité; l'autre souleva un haro général. Imposer les palanquins ! *Ne touchez pas à la hache !*
Chronique.

Si j'avais la naïveté de dire : « Mon nez est d'un rouge inquiétant, » en me regardant à la glace avec des minauderies de singe, tu me répondrais : « Oh ! madame, vous vous calomniez ! D'abord, cela ne se voit pas ; puis, c'est en harmonie avec la couleur de votre teint... Nous sommes, d'ailleurs, tous ainsi après dîner ! » Et tu partirais de là pour me faire des compliments... Est-ce que je te dis, moi, que tu engraisses, que tu prends des couleurs de maçon, et que j'aime les hommes pâles et maigres?...

On dit à Londres : *Ne touchez pas à la hache !* En France il faut dire : Ne touchez pas au nez de la femme !...

HONORÉ DE BALZAC, *Petites Misères de la vie conjugale.*

NE TOUCHEZ PAS A LA REINE.

Les rois d'Espagne ont fondé une règle d'étiquette exagérée jusqu'à la stupidité. Tout individu qui avait touché le pied de la reine, pour quelque raison que ce fût, était condamné à mort et exécuté sur-le-champ.

Une jeune reine d'Espagne, femme de Charles II, monte un jour à cheval pour aller faire une promenade avec ses dames et ses courtisans. Tout à coup son coursier se cabre, la renverse; le pied de la princesse reste accroché à l'étrier, et l'animal fougueux la traîne sur le pavé. Une foule immense regardait ce triste spectacle, mais personne n'osait lui porter secours à cause de l'étiquette. Elle allait périr, lorsque deux jeunes officiers français, qui se trouvaient là par hasard, se dévouèrent pour la sauver. Ils se précipitent, et pendant que l'un se pend à la bride du cheval pour l'arrêter, l'autre parvient à dégager le pied de la reine, qui en fut quitte pour la peur et pour quelques contusions. Ils s'éclipsèrent aussitôt, et il était temps, car ils allaient être arrêtés, et Dieu sait ce qu'aurait fait l'étiquette ! Le lendemain, la reine, très souffrante, fut obligée de quitter sa chambre pour se rendre chez le roi, où elle parvint à obtenir la grâce de ses sauveurs, mais à la condition qu'ils quitteraient l'Espagne dans le plus bref délai.

Du reste, il était presque aussi dangereux de toucher au roi en dehors des lois sévères de l'étiquette. Voici, à ce sujet, un fait qu'on aurait peine à croire s'il n'était historique. Un roi d'Espagne, Philippe III, étant malade, se trouvait placé dans un fauteuil tout près de la cheminée, où l'on venait d'allumer du feu, et où l'on avait entassé une grande quantité de bois. Bientôt la chaleur devint intolérable, et le roi dit aux courtisans de retirer quelques bûches; mais comme le duc d'Ussède, grand boute-feu de la couronne, n'était pas là, et que lui seul avait le droit de toucher au feu de la chambre royale, aucun des assistants n'osa commettre une aussi grande infraction à l'étiquette. D'autre part, personne ne peut toucher au fauteuil du roi si ce n'est le grand chambellan, qui se trouva également absent; enfin, il est défendu, sous peine de mort, de toucher à la personne sacrée de Sa Majesté, d'où il résulta que les courtisans laissèrent tranquillement rôtir le roi, tout en se lamentant sur son triste sort. Quand le grand boute-feu et le chambellan arrivèrent, il n'était plus temps; le roi était mourant, et il ne survécut à ce cruel supplice que jusqu'au lendemain.

Oui; mais si l'Angleterre a déshérité ses jeunes filles de la fortune paternelle, elle conserve dans son vieil arsenal des lois très sévères qui les protégent. *Ne touchez pas à la reine*, et, en Angleterre, toutes les jeunes filles sont reines devant les magistrats.

Edmond Texier, *les Choses du temps présent.*

Ne touchez pas à la hache;
Ne touchez pas à la reine;
Ne touchez pas à V. Hugo.

Atteint et convaincu du crime de lèse-majesté pour avoir écrit franchement sa pensée sur les *Misérables*, M. J. Barbey d'Aurevilly a attiré sur son front maudit les foudres du carbonarisme hugolâtre.

Albéric Second, *l'Univers illustré.*

NOUS DANSONS SUR UN VOLCAN.

Dans les dernières années de la Restauration, les tendances réactionnaires du gouvernement de Charles X se manifestaient de plus en plus; les prétentions du clergé, l'audace des anciens émigrés, croissaient chaque jour; on revenait à grands pas vers les abus et les privilèges du passé. Enfin l'avénement du ministère Polignac, le plus insolent défi peut-être qu'on eût jamais jeté à une nation, annonça sans équivoque que le gouvernement répudiait complètement les principes sur lesquels était constituée la société nouvelle.

Frappés des tristes préventions dont ils étaient l'objet, les ministres essayèrent de les dissiper : « Nous sommes des hommes nouveaux, dirent-ils, nos intentions vous sont inconnues, attendez nos actes avant de nous accuser. — Vos noms seuls sont des actes, » leur répondit-on, et ces paroles expliquent éloquemment la profonde méfiance qu'ils inspiraient. En même temps, les journaux ultra-monarchiques et religieux s'écriaient : « *Plus de concessions! Le combat est rétabli entre la royauté et la révolution!* »

La nation ne devait pas tarder à relever ces provocations insensées. A une séance de la Chambre des députés, M. Dupin ne craignit pas de dire : « On nous demande, au nom des ministres actuels, ce que nous répondrons s'ils ne nous présentent que de bonnes lois, et ce que dira le peuple français si nous les rejetons. La France dira comme nous : *Timeo Danaos et dona ferentes.* Oui, les ministres vinssent-ils à nous les mains pleines de présents, ils resteraient pour nous *Danaos.* » Enfin, si Charles X avait été assez aveugle pour n'être point frappé de la sourde fermentation qui agitait les esprits, ce passage de la fameuse adresse des 221 aurait dû lui dessiller les yeux :

« Sire, la Charte que nous devons à votre auguste prédécesseur consacre, comme un droit, l'intervention du pays dans la délibération des intérêts publics. Cette intervention devait être, elle est en effet indirecte, sagement mesurée, circonscrite dans des limites exactement tracées, et que nous ne souffrirons jamais que l'on ose tenter de franchir; mais elle est positive dans son résultat, car elle fait du *concours permanent* des vues politiques de votre gouvernement avec les vœux de votre peuple la *condition indispensable* de la marche régulière des affaires publiques. Sire, notre loyauté, notre dévoûment, nous condamnent à vous dire QUE CE CONCOURS N'EXISTE PAS. »

Le résultat de cette adresse fut la dissolution de la Chambre, déguisée provisoirement sous la forme d'une prorogation. Quelques jours plus tard, Charles X, en proie à ce funeste aveuglement dont parle le poète, dit : « *Je lutterai.* » Et, faisant allusion au sort de son frère Louis XVI, il ajoutait : « *J'aime mieux monter à cheval qu'en charrette.* »

Tel était l'état des esprits au milieu de l'année 1830 ; chacun attendait les événements dans une inquiétude fiévreuse et se tenait prêt pour la lutte, qui semblait imminente; on se sentait à la veille d'une catastrophe. Au mois de juin, le roi de Naples était à Paris; le duc d'Orléans, son beau-frère, lui donna, ainsi qu'à Charles X, une fête brillante au Palais-Royal. « Ce soir, dit M. de Salvandy, une magnificence royale a prodigué les draperies, les fleurs, les lumières, et là où les salons finissent, d'autres féeries commencent. » Quatre mille conviés se pressent à la porte du palais, tandis que le peuple inonde le jardin, où des guirlandes de feu courent d'arbre en arbre et d'arcade en arcade. Bientôt le bal commence. « Au milieu de ces danses triomphantes, dit l'écrivain que nous venons de citer, je sentais sous mes pieds la tempête qui a englouti Herculanum... Je venais de m'entretenir avec un des membres du cabinet des dangers de la lutte engagée par l'autorité royale : « Nous ne reculerons pas d'une semelle, » m'avait-il dit. « Eh bien, lui répondis-je, le roi et vous reculerez d'une frontière. »

Quelques instants après, M. de Salvandy passant auprès du duc d'Orléans, qui recevait de nombreux compliments sur sa fête, lui adressa ce mot devenu célèbre : « C'est une fête toute napolitaine, monseigneur; *nous dansons sur un volcan.* »

La métaphore de M. de Salvandy était une prophétie qui ne tarda pas à s'accomplir : un mois après, le volcan faisait irruption et engloutissait pour jamais la plus antique dynastie de l'Europe.

Vous rappelez-vous ce bal donné en 1830, au Palais-Royal, chez M. le duc d'Orléans, bal dans lequel M. de Salvandy dit ce mot devenu historique depuis : « *Nous dansons sur un volcan!* » Je vous réponds que le bal d'hier à Milan, avec ses scintillements d'épaulettes, ses froissements de sabre, ses soupirs d'exilés, sentait son Vésuve et son Etna au moins autant que celui du Palais-Royal.

ALEX. DUMAS, *Lettres d'Italie.*

M. Tricart, la bouche démesurément ouverte, ronflait comme le cratère du Vésuve. Madame Tricart, vivement surexcitée, ferma son livre, considéra son mari avec une indicible expression de mépris et de colère, et murmura : « *Je ne danse pas sur un volcan*, mais je dors à côté d'un volcan. » Puis, après quelques minutes de silence, elle ajouta : « Et dire que ce n'est pas un cas de divorce ! »
Galerie de littérature.

OEUF (L') DE CHRISTOPHE COLOMB.

Le 15 mars 1493, Christophe Colomb, qui venait de faire une des plus admirables découvertes dont s'honore l'esprit humain, rentrait au port de Palos, d'où il était parti sept mois et demi auparavant. Il fut reçu avec enthousiasme. On sonna les cloches; les magistrats, suivis de tous les habitants, vinrent le recevoir sur le rivage. Son voyage pour se rendre à la cour fut un triomphe continuel ; on accourait de toutes parts pour considérer l'homme qui avait terminé si heureusement une entreprise que tout le monde avait jugée impossible. Il fit une entrée publique à Barcelone. Toute la ville alla au-devant de lui. Il marchait au milieu des Indiens qu'il avait amenés et qui avaient conservé le costume de leur pays. Une foule d'objets inconnus à l'ancien monde et dont la vue frappait vivement les esprits, étaient portés devant lui dans des corbeilles et des bassins découverts. Il s'avança ainsi au milieu d'un concours immense jusqu'au palais des rois d'Espagne. Ferdinand et Isabelle l'attendaient assis sur leur trône. Lorsqu'il parut au milieu de son cortège, ils se levèrent. Colomb vint se précipiter à leurs pieds, et ils lui ordonnèrent de s'asseoir en leur présence. L'illustre navigateur leur rendit compte alors de son voyage et des découvertes qu'il avait faites. Ensuite, il leur présenta les Indiens qui l'accompagnaient et les objets précieux qu'il avait apportés. Tout le monde se mit à genoux, et l'on chanta, dans la salle même du trône, un cantique d'actions de grâces. Ferdinand confirma à Colomb tous ses privilèges, et lui permit de joindre, dans son écusson, aux armes de sa famille, celles du royaume de Castille et de Léon, avec les emblèmes de ses dignités et de ses découvertes. Tous ses parents furent comblés des marques de la munificence royale.

Après des honneurs aussi éclatants, Christophe Colomb pouvait se croire à l'abri des retours soudains de la fortune. Cependant jamais homme ne les ressentit d'une manière plus terrible et plus cruelle. Les premiers transports de l'enthousiasme étaient à peine calmés, que la malignité et l'envie commencèrent à dresser la tête. On chercha, par des insinuations perfides, à affaiblir le mérite de cette immortelle découverte. « Après un premier pas, le nouveau monde était venu en quelque sorte à lui ; tout son génie n'avait été qu'une longue et vulgaire patience ; en un mot, pour découvrir l'Amérique, *il n'avait fallu qu'y penser*... » Telle était déjà la hardiesse des détracteurs, que ces propos malveillants circulaient tout haut, un jour, à la table d'un grand d'Espagne où avait été invité Colomb. Le grand homme resta silencieux durant toute la discussion; seulement, après un instant de réflexion, il se fit apporter un œuf, et, le présentant aux nobles convives : « Qui de vous, messieurs, leur dit-il, se sent capable de faire tenir cet œuf debout sur une de ses extrémités? » L'œuf circule, passe de main en main et revient à Colomb sans que le problème ait été résolu. Alors celui-ci prend l'œuf, le frappe légèrement sur son assiette, et l'œuf reste en équilibre. Chacun se récria : « Ce n'était pas difficile. — Sans doute, répliqua Colomb avec un sourire ironique, mais *il fallait y penser* (1). »

L'œuf de Christophe Colomb a passé en proverbe, et il y est fait allusion à propos d'une chose qu'on n'a pas pu faire et que l'on trouve facile après coup.

Maintenant, ce qu'on dit à Colomb quand il défia de faire tenir un œuf debout, vous le direz peut-être à l'ingénieux oiseau pour sa cité suspendue. Vous lui direz : « C'était bien simple. » A quoi l'oiseau répondra comme Colomb : « *Que ne le trouviez-vous ?* »

MICHELET, *l'Oiseau.*

C'est sur le boulevard que se produisent, pour la première fois, toutes les inventions du génie. Paris cherche, invente, fabrique, et c'est le boulevard qui consacre. Hier, j'ai vu, sur ce même boulevard des Italiens, un homme qui faisait tenir en équilibre *un œuf sur le petit bout sans le casser.* « Voilà, s'écriait-il avec un légitime orgueil, ce que n'a pu faire Christophe Colomb ! »

EDMOND TEXIER, *le Siècle.*

Je te parlais tout à l'heure d'un progrès très important qui vient

---

(1) On a contesté l'authenticité de cette démonstration ingénieuse pour en faire honneur au célèbre architecte florentin Brunelleschi, qui l'aurait employée près d'un siècle auparavant dans les circonstances suivantes.

Il s'agissait de couronner la cathédrale de Florence au moyen d'une immense coupole. Tous les plans présentés par les ingénieurs italiens, se conformant aux procédés de l'art gothique, étayaient la coupole sur une foule de piliers et d'arcs-boutants. Brunelleschi, inspiré par un génie supérieur, assurait qu'il fixerait sa voûte sans aucune espèce de soutien ou forme intérieure de charpente. On le railla, on l'insulta, on le poussa même hors de la salle. C'est alors que, pour montrer que son plan était exécutable, il aurait fixé un œuf en le cassant par un de ses bouts, et prouvé par cette expérience concluante, qu'une voûte peut se passer d'appuis intérieurs.

Que Colomb, Italien lui-même, ait connu cette circonstance et s'en soit inspiré, il n'y a rien là d'impossible; mais nous ne voyons aucune connexité entre les deux anecdotes. L'acte de Christophe Colomb est celui d'un homme qui ferme la bouche à ses détracteurs au moyen d'une expérience ingénieuse, tandis que Brunelleschi ne se proposait que de démontrer la possibilité d'une invention dont il voulait garder le secret.

d'être réalisé, grâce auquel la préparation des cuirs se fera désormais avec une grande promptitude. Au lieu de jeter les peaux dans une fosse et d'attendre qu'à force de tannin elles se soient transformées en cuir, on les place dans un immense tonneau qui tourne sans cesse, et ce mouvement fait plus en un jour que l'immobilité en un mois.

C'est *l'œuf de Colomb*, comme tu vois. Eh bien, cette simple transformation va révolutionner toutes les industries du cuir.

Louis Jourdan, *Contes industriels*.

OIES (LES) DU CAPITOLE.

Après la victoire de l'Allia, les Gaulois, maîtres de Rome, assiégeaient le Capitole, où s'étaient renfermés le sénat, les magistrats, les prêtres, et mille des plus braves de la jeunesse patricienne. Après plusieurs assauts inutiles, et désespérant de s'en emparer de vive force, les Gaulois avaient changé le siège en blocus. Ils étaient campés depuis sept mois autour de la forteresse, quand une escalade audacieuse faillit les en rendre maîtres. Camille venait d'être proclamé dictateur par les Romains réfugiés à Véies ; mais il fallait la sanction du sénat et des curies pour confirmer l'élection et rendre à Camille les droits de citoyen qu'il avait perdus par son exil. Un jeune plébéien, Cominius, traversa de nuit le Tibre à la nage, évita les sentinelles ennemies, et, s'aidant des ronces et des arbustes qui tapissaient les parois escarpées de la colline, il parvint jusqu'à la citadelle. Il en redescendit aussi heureusement, et rapporta à Véies la nomination qui devait lever les scrupules de Camille. Dès le lendemain, les Gaulois remarquèrent les traces de son passage, et, par une nuit obscure, ils montèrent jusqu'au pied du rempart. Déjà ils atteignaient les créneaux, quand les cris des oies consacrées à Junon réveillèrent un patricien renommé pour sa force et son courage, Manlius, qui renversa du haut du mur les plus avancés des assaillants. La garnison couvrit bientôt tout le rempart, et les Gaulois échouèrent complètement dans leur tentative. « Le Capitole était sauvé, grâce à Manlius, » dit M. Duruy ; nous dirons, nous, grâce aux oies sacrées.

S'il est un fait historique qui se prête aux allusions plaisantes, c'est, sans contredit, celui que nous venons de raconter. En voici quelques exemples :

Le *Journal amusant* rendait ainsi compte de la première représentation d'un débutant :

« Un chanteur, qu'on a beaucoup prôné à l'avance, vient de débuter assez malheureusement à l'Académie impériale de Musique. Un enthousiaste s'avisa de le défendre en parlant de la puissance de sa voix, ne pouvant pas vanter sa méthode et son talent absents. — Certes, il a la voix forte, répondit quelqu'un ; mais elle eût produit plus d'effet à l'antique Capitole qu'à l'Opéra. Là elle n'aurait endormi personne; elle eût au contraire tiré Manlius du sommeil, et sauvé Rome... concurremment avec les oies. »

— Le chancelier Maupeou plaisantait un jour dans un cercle madame Lepelletier de Beaupré, laquelle, dans l'affaire des parlements, avait engagé tous ses parents, qui étaient présidents ou conseillers, à résister aux changements qu'il voulait opérer; il lui représentait que les femmes se mêlaient d'affaires auxquelles elles ne s'entendaient pas plus que des oies, etc. « Eh! ne savez-vous pas, monsieur le chancelier, lui répondit madame de Beaupré, que ce sont les oies qui ont sauvé le Capitole! »

— Un jour, à la Convention, Gensonné manifestait avec énergie le mépris que lui inspiraient les *montagnards*; il déployait le hideux tableau des excès dont ils s'étaient souillés. Alors une voix fit entendre ces mots : « Ils ont pourtant sauvé la patrie! — Oui, répond Gensonné, comme les oies ont sauvé le Capitole. »

Il fut un temps où les eaux de la Seine, au-dessous de Paris, étaient couvertes d'une si grande quantité de cygnes qu'une île de ces parages en avait pris le nom. Aujourd'hui encore, presque tous les fossés de nos citadelles du nord sont gardés par des cygnes; on y voit aussi des canons et des soldats de la ligne; mais j'aimerais mieux des cygnes tout seuls, les cygnes étant les meilleurs gardiens de forteresses et de propriétés que je connaisse. J'ai toujours été tenté de leur attribuer le *salut du Capitole*.

TOUSSENEL, *Monde des Oiseaux*.

Voici la vérité sur la cigogne, toute la vérité, et rien que la vérité : C'est le modèle des amantes, des épouses et des mères. Elle adore les enfants et se plaît à folichonner avec eux dans la captivité. Elle rivalise de vigilance avec l'oie et le cygne pour la garde du domicile de l'homme. Elle aurait parfaitement *sauvé le Capitole*, si on le lui avait confié.

TOUSSENEL, *Monde des Oiseaux*.

J'avais deux Anglais à promener. Ils s'en sont retournés après avoir tout vu, et je trouve qu'ils me manquent beaucoup. Ceux-là n'étaient pas enthousiastes de leur pays. Ils remarquaient que notre langue s'était perfectionnée, tandis que la leur était restée presque barbare... C'est, leur dis-je, parce que nous avons quarante... *oies qui gardent le Capitole* (1).

DIDEROT, *les Deux Académies*.

(1) Cette épigramme, trop peu attique, s'explique : Diderot occupait ce que M. Arsène Houssaye a appelé spirituellement le quarante et unième fauteuil.

En 1840, par exemple, il n'était pas rare, le soir ou le lendemain du jour où Lamartine avait illuminé la Chambre des splendides clartés de sa parole, il n'était pas rare de voir les hommes les plus médiocres se faire contre lui un avantage de leur infériorité, l'appeler poëte d'un air dédaigneux, comme si la saine politique ne se pouvait faire qu'en mauvais langage; comme si les lois devaient être discutées de même qu'elles sont trop souvent écrites, en patois; comme si, pour *sauver le Capitole*, il fallait absolument la voix et le langage des *oies*.   ALPHONSE KARR, *Trois cents pages*.

OMAR.

Omar, parent de Mahomet et deuxième calife des Musulmans, fut un des apôtres les plus fervents de l'Islamisme, et l'un des plus terribles conquérants qui aient désolé la terre. Par lui-même ou par ses lieutenants, il subjugua l'Égypte, la Syrie, la Palestine, et porta ses armes jusqu'à Tripoli. On dit que, pendant son califat, il détruisit quatre mille églises et construisit quatorze cents mosquées.

Toutefois ce dévastateur farouche avait les qualités de son fanatisme; il était simple et d'une grande sobriété, vivait de pain d'orge, ne buvait que de l'eau, et pratiquait rigoureusement toutes les austérités prescrites par le Coran. Il avait chargé Amrou, son lieutenant, et l'un des plus grands capitaines de l'époque, d'envahir l'Égypte. Après la prise d'Alexandrie, Amrou, dont la générosité égalait la valeur, fit respecter cette ville, tant de fois mise au pillage par les conquérants, et traita les habitants avec une si grande douceur, qu'ils s'aperçurent à peine qu'ils avaient changé de maître. Il ne put cependant conserver aux siècles futurs les restes de cette fameuse bibliothèque des Ptolémées, déjà deux fois incendiée. Il demanda des ordres au calife, qui lui répondit : « Ou ces livres sont conformes à l'Alcoran, et alors ils sont inutiles; ou ils renferment des doctrines contraires, et ils sont dangereux; dans l'un et l'autre cas, il faut les détruire. » Amrou, forcé d'obéir à ce dilemme barbare, livra aux flammes tous les trésors de la savante antiquité (641). Les historiens rapportent que ces manuscrits précieux suffirent à chauffer pendant six mois les bains publics d'Alexandrie.

Il y a des écrivains, et ils sont aujourd'hui assez nombreux, qui s'ingénient à prendre l'histoire en défaut, et à battre en brèche les événements les moins contestés; ils nient l'incendie de la bibliothèque d'Alexandrie. D'autres, tout en admettant l'authenticité de ce triste événement, lui enlèvent son caractère et ses conséquences à jamais déplorables, en prétendant que le nombre des volumes dévorés par le feu était beaucoup moins considérable qu'on ne l'a dit, et que, d'ailleurs, ils ne traitaient que de controverses théologiques. Malheureusement les uns et les autres n'apportent aucune preuve sérieuse à l'appui de leurs assertions. M. Édouard Fournier assure qu'Omar n'a jamais été à Alexandrie, et il triomphe. D'après le récit qu'on vient de lire, et qui est, du reste, celui de tous les historiens, cette preuve n'appartient à aucune catégorie de raisonnements; ce n'est pas même la *raison démonstrative* du maître d'armes de M. Jourdain. Mettons-la donc dans la catégorie des raisons qui enfoncent une porte ouverte.

L'éléphant, l'hippopotame, le rhinocéros, l'aurochs, l'élan, le daim, le bouquetin, le cerf, aussi bien que l'outarde, le coq de bruyère et le faisan, ces races d'élite, sont menacés d'une extinction prochaine. Étrange et indéchiffrable logogriphe de la raison humaine! Nous sommes inexorables dans notre indignation contre les Érostrate et les *Omar qui brûlent* des temples ou *des bibliothèques,* et nous n'avons pas même une imprécation charitable à jeter à la face de ceux qui détruisent criminellement l'œuvre de Dieu!

Toussenel, *Ornithologie passionnelle.*

Ma curiosité se révoltait, en entendant condamner au feu ce registre que je n'avais pu lire. Figurez-vous un vieux bibliophile qui eût entendu, caché dans quelque coin, l'arrêt porté par *Omar contre la bibliothèque d'Alexandrie.* Ma curiosité était bien aussi entêtée que la passion d'un bibliomane. Et puis, j'avais besoin de savoir. Le nom du prince Maxime ne se trouvait-il pas dans ces pages? Quelle ardeur je mettais à chercher le moyen de sauver ma *bibliothèque d'Alexandrie!*   Paul Féval, *Madame Gil Blas.*

Il me suffirait d'un mot, j'en suis sûre, pour qu'il me suivît où le caprice m'entraînerait; si j'en témoignais le désir, il deviendrait lui-même l'*Omar incendiaire de sa bibliothèque,* l'Érostrate de son étude; il passerait ses jours à papillonner autour de moi, à me tenir la musique quand je suis au piano; mais un homme doit tenir dans la famille le rôle qui lui appartient : un mari sigisbé ne me conviendrait point.

Moléri et Amédée Gouet, *un Été heureux.*

— Ces abominables révolutions n'en font jamais d'autres, dit Langerac avec une gravité affectée. Ainsi donc le chef-d'œuvre de monsieur votre bisaïeul a péri dans la tourmente de 89?

— Je l'ai vu jeter par le père Toussaint-Gilles dans le feu que venaît d'allumer ce *nouvel Omar*, reprit M. Bobilier, dont la perruque aux cent boucles parut se hérisser d'horreur à ce souvenir.

CHARLES DE BERNARD, *le Gentilhomme campagnard*.

Marmontel avait calculé qu'un homme qui emploierait huit heures par jour à lire tous les ouvrages que contient la Bibliothèque de la rue Richelieu, y mettrait cent cinquante-sept ans et huit mois. Depuis la date de ce calcul (1796), cette bibliothèque s'est augmentée à ce point qu'il faudrait aujourd'hui plusieurs siècles pour tout lire. Que deviendront donc les livres? Nos neveux en seront-ils réduits à souhaiter la venue d'un *nouveau calife Omar*, et à bénir cette fois au lieu d'exécrer sa mémoire? *Revue de Paris.*

OREILLE DE DENYS.

L'histoire a représenté Denys, roi de Sicile, comme le type de la tyrannie; toutefois, on se ferait de ce prince une idée incomplète et même fausse, si l'on ne voyait en lui qu'un tyran vulgaire; et quoi qu'en aient dit Plutarque et Diodore, ce vieux prince sicilien ne fut rien moins que ridicule. « Il avait, dit M. Paul de Saint-Victor, le génie rusé et les goûts d'artiste d'un duc italien du moyen âge; le tyran même, en lui, avait les fantaisies d'un poète. » On sait, du reste, qu'il cultivait la poésie avec amour, sinon avec succès. Spirituel dans ses actes non moins que dans ses reparties, il portait cet esprit jusque dans ses impiétés. A Syracuse, la statue de Jupiter était couverte d'un manteau d'or massif; Denys le fit enlever et mettre à la place un manteau de laine, « infiniment préférable à l'autre, trop froid en hiver et trop lourd en été. » C'est par une pareille facétie sacrilège qu'il ôta à Esculape sa barbe d'or : « Apollon, dit-il, n'en ayant pas, il ne serait pas convenable que le fils en portât. »

Mais ce qui démontre surtout son génie inventif et artistique, c'est sa prison d'État sculptée en oreille. Les victimes de sa tyrannie étaient renfermées dans les fameuses carrières, ou Latomies, de Syracuse. Les voûtes de ces souterrains avaient été disposées de telle sorte que les sons les plus faibles s'y répercutaient, et allaient aboutir à un endroit secret construit en forme d'oreille et placé au centre des Latomies. C'est là que se rendait le tyran, et qu'il pouvait entendre distinctement tout ce qui se disait dans la prison : par ce moyen ingénieux, il surprenait les plaintes, arrivait à connaître les pensées les plus secrètes des prisonniers, et pouvait frapper avec certitude ses véritables ennemis.

C'est à cette sorte de tympan que les historiens ont donné le nom d'*oreille de Denys*.

On a écrit que le tyran de Syracuse avait construit un édifice où tous les entretiens et les murmures secrets du peuple venaient, par un effet d'acoustique, se répercuter et se grossir dans un centre sonore. L'*oreille vivante de Denys*, c'était véritablement de nos jours le cœur de Béranger. Cette puissance de souffrir pour tous, de compatir à tous, lui donnait la puissance d'exprimer pour tous, et tous aussi reconnaissaient leurs gémissements dans sa voix.

LAMARTINE.

— Ah! mon Dieu! murmura madame Bonacieux, nous n'allons plus rien entendre.

— Au contraire, dit d'Artagnan, nous n'entendrons que mieux.

D'Artagnan enleva les trois ou quatre carreaux qui faisaient au plancher de sa chambre une autre *oreille de Denys,* étendit un tapis à terre, se mit à genoux, et fit signe à madame Bonacieux de se pencher, comme il faisait, vers l'ouverture.

ALEX. DUMAS, les Trois Mousquetaires.

Frottant sur le mur une allumette qui prit feu, il me montra, sous le renfoncement de la muraille, contre le pilier, une petite ouverture, simulant l'absence d'une brique. J'y collai mon œil, et ne vis pas le plus petit rayon de lumière.

— Il n'y a rien là pour la vue, continua le cicerone de cet arcane domestique. Cela serpente dans le mur; c'est arrangé pour entendre. C'est comme une *oreille de Denys.*

GEORGE SAND, la Daniella.

— Je voudrais, dans votre intérêt, mon cher voisin, que vous ne dissiez pas aussi haut le mal que vous pensez de ces gens-là. Les murs du dépôt de la mairie ont les oreilles bien ouvertes : prenez garde à *celle de Denys.*

— Mais je n'étais pas au château le 10 août.

— Croyez-vous qu'on ait oublié certain rapport...?

GEORGES DUVAL, Souvenirs de la Terreur.

OTE-TOI DE MON SOLEIL.

Dans sa vieillesse, Diogène, qui vivait à Corinthe, avait repris ses habitudes d'Athènes, et promenait sur les places publiques son indépendance pittoresque et son tonneau des anciens jours. Ce fut dans cette ville qu'eut lieu son entrevue avec Alexandre le Grand, entrevue dont les circonstances sont si connues. Le vieux philosophe était tranquillement étendu au soleil dans le Cranion, quand le brillant cortège du roi de Macédoine s'arrêta devant lui. Faut-il reproduire tous les détails de cette scène incomparable? D'un côté, une ambition immense, pour laquelle le monde était trop étroit; de l'autre, un immense dédain pour toutes les choses de la vie. Le conquérant offrit au sage les faveurs et les richesses dont il comblait les philosophes courtisans qu'il traînait à sa suite. Pour toute réponse, Diogène étendit la main et dit tranquillement : « Ote-toi de mon soleil, » comme s'il eût voulu dire : « Ne me retire pas les biens de la nature, je méprise ceux de la fortune. »

Beaucoup n'ont vu dans cette réponse de Diogène au conquérant qu'un dernier trait de ce cynisme philosophique dont il s'était fait gloire toute sa vie. C'est dans ce sens qu'Helvétius a dit :

« Quand, dans un moment d'emportement, où Vespasien menace de la mort Helvidius, celui-ci répond au tyran : « Vous ai-je dit que je fusse immortel? » Vous ferez votre métier de tyran en me donnant la mort; moi, celui de citoyen » en la recevant sans trembler; » Helvidius est un homme ferme. Mais quand Alexandre demande à Diogène, assis dans son tonneau, ce qu'il désire de lui, et que Diogène lui répond : « Que tu te retires de mon soleil, » Diogène est un impudent. »

L'empereur remarqua l'absence de Wieland et en éprouva quelque surprise. Il ne fit pas précisément comme *Alexandre avec Diogène*. Ce n'est guère l'usage des conquérants et des victorieux de visiter les philosophes en leur tonneau; et je soupçonne l'ami Plutarque de nous en avoir conté. Mais il exprima deux ou trois fois son regret de ne pas voir Wieland au bal de la duchesse de Weimar.   WEISS, *Revue de l'Instruction publique.*

Les anciens cyniques méprisaient tout, l'or, la table, les plaisirs et les rois, pour s'estimer eux-mêmes. Le pauvre Rousseau n'est pas bien éloigné de ressembler à ces gens-là, et n'en est que plus à plaindre. Les cyniques avaient grand nombre d'admirateurs, et ils avaient quelquefois la satisfaction d'insulter à des rois qui étaient assez bons pour les aller voir. Mais ce temps passé n'est plus, et je ne crois pas que jamais Jean-Jacques ait eu le plaisir de dire à Louis XV : *Ote-toi de mon soleil*.

La marquise DE POMPADOUR.

Le sentiment chrétien commence à réchauffer le cœur de cette société, dans les veines de laquelle le dogmatisme philosophique avait fait circuler le froid du tombeau ; les intelligences nagent dans les fraîches eaux de la croyance ; elles ouvrent leurs voiles aux vents qui doivent les pousser au port, et le monde moral, secouant les ténèbres glacées qui l'enveloppent, crie au scepticisme : *Ote-toi de mon soleil!*

Revue des Deux Mondes.

Eh bien! je vous donne ma parole d'honneur que je vais m'efforcer de trouver la solution qui vous intéresse. On n'improvise pas une destinée nouvelle. J'ai besoin de réfléchir, de m'interroger ; mais soyez certain, mon ami, que *je me retirerai de votre soleil*, et si vous aimez celle que j'aime, mon amour vous bénira et vous unira tous les deux.

LOUIS ULBACH, *Histoire d'un Honnête homme.*

Capitaine, disait le vieux maréchal, au nom du ciel ! laissez-nous voir ce qui se passe là-bas. Que diable ! vous avez tout le temps, vous autres, vous êtes jeunes, vous avez les yeux d'un aigle amoureux, pendant que madame de Boislandy et moi nous n'y voyons guère ; capitaine, *ôte-toi de mon soleil!*

J. JANIN, *les Gaîtés champêtres.*

Les Français de ce temps ont vu paître dans les gazons des Tuileries des chevaux qui avaient coutume de brouter l'herbe au pied de la grande muraille de la Chine ; et des vicissitudes inouïes dans le cours des choses ont réduit de nos jours les nations méridionales à adresser à un autre Alexandre le vœu de Diogène : *Retire-toi de notre soleil.*

V. HUGO, *Littérature et Philosophie mêlées.*

OU IL N'Y A RIEN, LE ROI PERD SES DROITS.

Ce mot, que Grimm attribue par erreur à Sophie Arnould, a une origine beaucoup plus modeste; il est d'un agent de police qui en fit un emploi si spirituel, si juste, si sanglant, qu'il a mérité de passer en proverbe.

On représentait à la Comédie-Française avec un immense succès le *Siège de Calais*, tragédie de de Belloy. Le rôle principal était rempli par mademoiselle Clairon, si connue pour ses aventures galantes sous le nom de Frétillon. Un comédien assez obscur, nommé Dubois, qui remplissait un rôle dans cette pièce, était accusé par ses camarades d'un acte d'improbité. Ceux-ci, mademoiselle Clairon en tête, refusèrent de paraître sur la scène en sa compagnie, et le *Siège de Calais* fut interrompu à la vingtième représentation. Le public s'en émut; des désordres eurent lieu au parterre. Mademoiselle Clairon surtout se faisait remarquer parmi les plus obstinés. Un exempt se présenta chez elle pour la conduire au Fort-l'Évêque. Alors elle lui dit, avec une emphase toute théâtrale, qu'elle allait le suivre, que Sa Majesté pouvait tout sur ses biens et sur sa liberté, mais rien sur son *honneur*. « On le sait, mademoiselle, répondit l'exempt; *où il n'y a rien, le roi perd ses droits.* »

— Ça ne peut durer comme ça, dit-elle; jamais le verjus n'a fait de bons estomacs. Puisqu'on te fait brosser les bottes des camarades, il faut qu'on te nourrisse. Quiconque travaille doit manger.

— C'est bon à dire; mais *là où il n'y a rien, le plus affamé perd son droit.*

Louis Reybaud, *J. Paturot à la recherche d'une position sociale.*

Saint Augustin rapporte que sous le proconsulat de Septimius Acyndinus, en l'an 340 de notre salut, un pauvre homme ne pouvant payer à César ce qui appartenait à César, fut condamné à la mort, malgré la maxime : *Où il n'y a rien, le roi perd ses droits.*

Voltaire, *l'Ingénu.*

Ces diamants, je les ai vus, moi, de très près, tout à l'heure. L'agrafe, la poignée des armes, les bagues, du strass, rien que du strass. Ce nabab est capable d'avoir eu des dettes vis-à-vis de la compagnie des Indes, et d'être venu vendre ses diamants véritables aux Russes de Derbent, afin d'en conserver la valeur. Et maintenant on peut dire : *Où il n'y a rien, la compagnie des Indes perd ses droits.*

Oscar Honoré, *Feuilletons.*

OU LA VERTU VA-T-ELLE SE NICHER !

Molière alliait au génie les plus belles qualités du cœur, et chez lui l'âme était au niveau de l'esprit. Son caractère était doux, complaisant, généreux ; sa conduite avec ses camarades de théâtre était celle d'un protecteur, d'un ami, d'un père, et l'on peut dire que c'est ce dévoûment qui a précipité, peut-être causé sa mort. Le jour de la quatrième représentation du *Malade imaginaire*, il souffrait de la poitrine plus qu'à l'ordinaire. Ses amis, qui s'aperçurent de son état, le conjuraient de ne pas jouer ; il résista à toutes les instances en disant : « Eh ! que feront tant de pauvres gens qui n'ont que leur travail pour vivre ? Je me reprocherais d'avoir négligé un seul jour de leur donner du pain. » Il joua donc comme à l'ordinaire, fut pris d'un vomissement de sang en prononçant le mot *juro*, et, le soir même, il mourait entre les bras de deux sœurs de charité auxquelles il avait donné asile.

On lira toujours avec intérêt les deux traits suivants qui peignent la générosité de son cœur. Il avait conçu pour Baron, jeune acteur de sa troupe, une vive amitié ; il le traitait comme son propre fils, et voulait de bonne heure l'habituer à soulager les malheureux. Un jour ce jeune homme vint annoncer à Molière qu'un comédien de province, appelé Mondorge, n'osait, à cause de son extrême misère, se présenter devant lui, et qu'il sollicitait quelque secours, afin de pouvoir rejoindre sa troupe. Molière, qui ne perdait pas une occasion d'exercer le cœur de son élève, demanda à Baron d'un air indifférent combien il fallait donner au pauvre diable : « Quatre pistoles, répondit au hasard le jeune homme. — Donne-lui, dit Molière, ces quatre pistoles pour moi, mais en voilà vingt que tu lui donneras pour toi, car je veux qu'il t'ait l'obligation de ce service. »

Cet esprit de charité ne l'abandonnait jamais. Une autre fois, un mendiant lui demanda l'aumône au moment où il partait pour Saint-Germain. Molière lui jette une pièce de monnaie et monte en voiture. Quelques instants après, il aperçoit le pauvre qui le suivait en courant ; il fait arrêter : « Monsieur, lui dit cet homme, vous n'aviez probablement pas dessein de me donner un louis d'or ; je viens vous le rendre. — Tiens, mon ami, lui dit Molière, en voilà un autre. » Et comme son génie était continuellement en sentinelle et qu'il étudiait partout la nature en homme qui la voulait peindre, il s'écria : « *Où la vertu va-t-elle se nicher ?* »

Les curieux qui visitent le bagne l'honorent, il est vrai, d'une attention toute particulière. Le drôle le sent bien, et, les arrêtant d'un air superbe, leur dit :

— Là, là, ne courez pas si vite et regardez-moi un peu... j'en vaux bien la peine... Je suis très connu, très célèbre... j'ai occupé tout Paris. C'est moi qui ai volé les diamants de mademoiselle Mars ; vous savez bien, ces magnifiques diamants que vous avez tant admirés ?

Où la vanité va-t-elle se nicher ? mon voleur se croit un héros.

ROGER DE BEAUVOIR, *Confidences de Mademoiselle Mars.*

Toute femme, belle ou laide, qui porte un chapeau, un châle, un ruban, une robe, un voile (*où vas-tu te nicher, ô modestie ?*) est nécessairement la proie et la dupe de la marchande à la toilette, qui est la tentatrice universelle. Cette Pandore en jupon sale a pour elle deux irrésistibles moyens de séduction : elle flatte les femmes et elle leur fait crédit. J. Janin, *Littérature dramatique.*

Cet officier a vu Geneviève ; elle lui plaît, et il s'est mis en tête de la protéger contre une passion aussi déterminée que celle du vicomte ; le tout par honnêteté et sans intérêt. Un homme de trente-cinq ans ! *Où diable la vertu va-t-elle se nicher ?*
Amédée Achard, *les Dernières Marquises.*

Vous lui parlez de sa femme, il croit que c'est de la rente qu'il s'agit ; vous l'interrogez sur la rente, il s'imagine qu'il est question de sa femme.

Il faut convenir que voilà une bien singulière organisation pour un homme de finance : *Où diable la distraction va-t-elle se nicher ?*
De Pène, *Mémoires de Bilboquet.*

OUVREZ, C'EST LA FORTUNE DE LA FRANCE.

La bataille de Créci (1346) est un des plus grands désastres qu'ait essuyés la France. Les Anglais comptaient à peine trente mille hommes ; les Français étaient plus de cent mille. L'armée anglaise battait en retraite, serrée de près par Philippe VI, et se trouvait dans la position la plus critique : tous les ponts de la Somme étaient occupés par les Français ; Édouard, cerné de toutes parts, privé de vivres et de secours, était à moitié vaincu avant de combattre ; il ne fallait qu'attendre. Mais l'impétuosité désordonnée et l'indiscipline de la chevalerie française perdirent tout. Ils s'élancèrent tumultueusement, à l'envi les uns des autres, contre un ennemi trois fois moins nombreux, mais dont toutes les dispositions avaient été prises avec prudence, et qui exécutait avec autant de calme que de bravoure les ordres transmis par les chefs. La défaite se changea en déroute, et les Anglais n'eurent bientôt plus qu'à tuer. Onze princes, douze cents chevaliers et trente mille soldats restèrent sur le champ de bataille. Enfin, au dire de Froissart, le nombre des Français tués surpassait celui de l'armée victorieuse. Édouard fit inhumer en terre sainte les corps de tous les grands chevaliers.

« C'était la chevalerie elle-même qu'on portait au tombeau. La bataille de Créci démontre sans réplique l'impuissance de cette milice féodale qui avait usurpé en Occident la place des immortelles légions romaines; elle fait voir la chevalerie vaincue en bataille rangée par l'infanterie; car les gens d'armes anglais n'avaient combattu que comme infanterie de réserve. La féodalité était vaincue, et elle ne devait sa défaite qu'à elle-même, qu'à ses vices radicaux, à son incurable indiscipline... Ainsi la milice féodale a été jugée et condamnée à Créci; l'honneur du moins lui reste; mais après Créci va venir Poitiers, et elle ne pourra même plus dire : « Tout est perdu, fors l'honneur (1) ! »

On fut obligé d'arracher le roi de France du champ de bataille. « La nuit pluvieuse et obscure, dit M. de Chateaubriand, favorisa la retraite de Philippe. Il arriva au château de Broye; les portes en étaient fermées. On appela le commandant; celui-ci vint sur les créneaux et dit : — « Qu'est-ce là? Qui appelle à cette » heure? » Le roi répondit : — « OUVREZ, C'EST LA FORTUNE DE LA FRANCE ! » Parole plus belle que celle de César dans la tempête, confiance magnanime, honorable au sujet comme au monarque, et qui peint la grandeur de l'un et de l'autre dans cette monarchie de saint Louis. »

Mais il paraît prouvé aujourd'hui qu'il y a dans cette belle réponse une légère variante qui en modifie profondément le sens et la valeur; Froissart avait écrit : « *Ouvrez, c'est l'infortuné roi de France !* » Les commentateurs lurent mal ce texte et imprimèrent : « *Ouvrez, c'est la fortune de la France.* » Voici, du reste, le texte même de Froissart :

« Sur le vespre tout tard, ainsi que à jour vaillant, se partit le roy Philippe, tout déconforté, il y avoit bien raison, lui cinquième des barons tout seulement... Si chevaucha ledit roy tout lamentant et complaignant ses gens, jusques au châtel de Broye. Quand il vint à la porte, il la trouva fermée et le pont levé; car il estoit toute nuit, et foisoit moult brun et moult épais. Adonc fit le roy appeler le châtelain, car il vouloit entrer dedans. Si fut appelé et vint avant sur les guérites, et demanda tout haut : — « Qui est là? Qui heurte à cette heure? » Le roy Philippe qui entendit la voix, répondit et dit : — « *Ouvrez, ouvrez, châtelain;* » *c'est l'infortuné roy de France !...* »

C'est en s'abandonnant ainsi à la loyauté des Français que Louis XVIII prouve invinciblement la légitimité de ses droits et la solidité de son trône. Il semble qu'il nous ait crié, en arrivant à Calais, comme Philippe de Valois aux portes du château de Broye : « *Ouvrez, c'est la fortune de la France !* » Nous lui avons ouvert; et nous lui prouverons que nous sommes dignes de l'estime qu'il nous a témoignée, lorsqu'il a si noblement confié à notre foi ses vertus et ses malheurs.

CHATEAUBRIAND, *Mélanges politiques et littéraires.*

(1) Henri Martin.

PARDONNEZ-LEUR, MON PÈRE, ILS NE SAVENT CE QU'ILS FONT.

Jésus-Christ, dont la vie, les actions et la doctrine avaient été toute mansuétude et toute miséricorde, n'eut sur la croix que des paroles de douceur pour ses bourreaux eux-mêmes, sur la tête desquels il appela le pardon de son père. « Or, on conduisait avec lui deux autres hommes, qui étaient des criminels, pour les mettre à mort, et lorsqu'ils furent arrivés au lieu dit le Calvaire, Jésus fut crucifié entre deux voleurs, l'un à droite, l'autre à gauche, et il disait en parlant de ses bourreaux : « *Pardonnez-leur, mon Père, car ils ne savent ce qu'ils font.* » (*Saint Luc*, chap. 23.)

Cette parole tombée du haut de la croix, au milieu des angoisses de la mort et des souffrances les plus cruelles, résume admirablement l'esprit évangélique et la morale sublime du sermon sur la montagne.

L'application de cette parole suprême n'a lieu généralement que dans le style familier.

Je suis indigné contre votre nation et contre ceux qui en sont les chefs, de ce qu'ils ne répriment point l'acharnement cruel de vos envieux. La France se flétrit en vous flétrissant; et il y a de la lâcheté en elle de souffrir cette impunité. C'est contre quoi je crie, et ce que n'excuseront point vos généreuses paroles : « *Seigneur, pardonnez-leur, car ils ne savent ce qu'ils font !* »

FRÉDÉRIC II, à Voltaire.

Ah ! jeunes gens, c'est bien mal à vous d'abuser ainsi de la jeunesse et de la vie ! c'est bien mal à vous de gaspiller ainsi ce trésor de santé et de vie qui s'en va si vite ! *Pardonnez-leur, mon Dieu, ils ne savent pas ce qu'ils font.*

J. JANIN, un Cœur pour deux amours.

PARIS VAUT BIEN UNE MESSE.

Henri IV, a dit un historien, fut un *grand* roi plutôt qu'un *bon* roi. En effet, cette réputation de bonhomie qui s'est en quelque sorte incarnée dans le Béarnais, et les complaisantes traditions qui font de Henri IV le type du monarque franc, humain et populaire, ne remontent guère au delà du dix-huitième siècle, et ont été surtout propagées par l'esprit de parti. Sans doute, on ne peut méconnaître ce que ce prince a fait pour l'unité et la nationalité françaises : la dissolution de la Ligue, faction stipendiée par l'étranger, et qui conduisait la nation à sa ruine par l'anarchie; l'anéantissement de l'influence espagnole en France; la répression des tentatives d'indépendance féodale et quasi souveraine des gouverneurs de provinces; la restauration de l'ordre politique et de l'administration; le développement donné au commerce, à l'industrie et à l'agriculture, sont des faits dont il faut tenir compte au génie de Henri IV. On doit encore honorer en lui le champion, quelquefois tiède et infidèle, mais à la fin le martyr de la liberté de conscience.

Ces réserves faites, c'est avec raison que l'histoire lui reproche son ingratitude envers ceux qui avaient tout sacrifié pour lui, son égoïsme et sa sécheresse de cœur (attestés par ses amis mêmes), les scandales de sa vie privée, sa sensualité, ses prodigalités folles envers ses maîtresses et ses bâtards, tandis que le peuple, déjà ruiné par les guerres civiles, mourait de misère et de faim; sa duplicité spirituelle et l'absorption des libertés publiques par l'absolutisme de son pouvoir. Quant aux traditions sur son *tendre amour* pour le peuple, il faut bien reconnaître qu'elles sont peu conformes à la réalité historique. La *poule au pot*, si ce n'est pas une légende, est au moins un de ces mots d'apparat qui coûtaient si peu à sa verve gasconne. Pendant la plus grande partie de son règne, le peuple fut écrasé d'impôts, et l'effroyable misère qui le décimait le poussa à des révoltes qui furent impitoyablement réprimées. On trouve dans les écrits contemporains, dans Sully, d'Aubigné, Villegoublain, l'Estoile, des détails curieux sur le vrai caractère de ce roi, et qui contredisent singulièrement la tradition.

Mais le côté le plus saillant de son caractère était la ruse et la finesse, et il montra dans maintes occasions qu'il savait sacrifier sa conscience à ses intérêts. Le mot qui fait l'objet de cet article est trop bien dans la nature de son esprit pour que nous nous rangions à l'opinion de ceux qui en contestent l'authenticité. Henri IV avait son trône à conquérir; mais sa religion lui était un obstacle invincible dans un pays aussi profondément catholique. Il assiégeait Paris; la Ligue s'affaiblissait, déchirée par les divisions; les catholiques modérés commençaient à ouvrir les yeux sur les projets ambitieux de l'Espagne, et gémissaient sur les malheurs de la patrie; le peuple, moissonné par la famine, se lassait des prédications fanatiques de ses moines tribuns. Mayenne voyait bien que ni l'Espagne ni la Ligue ne lui donneraient la couronne, et il paraissait disposé à traiter. Mais Henri IV lui-même n'était pas moins embarrassé que ses ennemis; il voyait se perpétuer la guerre sans résultat décisif, et ouvrait l'oreille à ceux qui lui répétaient que la lutte ne pouvait finir que par la ruine de la France, ou par une transaction dont la seule base possible était sa conversion au culte de la majorité; en réalité, cette transaction était depuis longtemps dans sa pensée, et il en avait même promis la réalisation aux catholiques qui suivaient son parti. On peut raisonnablement croire qu'un changement de religion n'était pas pour lui une affaire de conscience, mais une affaire d'État, et qu'il n'attendait qu'un moment favorable pour enlever à ses ennemis ce dernier prétexte. Après bien des hésitations, il prit à la fin son parti, et, à la suite de quelques conférences à Saint-Denis avec des évêques, conférences qui n'étaient qu'une vaine formalité, il se déclara convaincu, écrivit assez légèrement à sa maîtresse qu'il allait faire *le saut périlleux*, et abjura solennellement le protestantisme dans l'antique église de l'abbaye (25 juillet 1593).

Au dernier moment, il aurait dit ce mot, qui, nous le répétons, n'est nullement invraisemblable : « *Paris vaut bien une messe.* »

Henri IV fit lui-même une allusion spirituelle à ce mot, un jour qu'il visitait l'Arsenal avec un ambassadeur étranger. « Je crois, lui dit ce dernier, qu'il n'y a pas de meilleurs canons que ceux-ci. — Ventre-saint-gris ! repartit le roi, ceux de la messe valent bien mieux ! »

La cour de Rome, si scrupuleuse dans ces sortes de choses, ne s'abusa pas sur la sincérité du Béarnais ; on craignait qu'une fois sur le trône, Henri IV ne retournât au protestantisme : aussi l'absolution papale se fit-elle attendre plus d'une année.

J'entends dire qu'on va signer à Paris des traités infâmes ! que l'émigré qui s'intitule prince par la grâce de Dieu, au lieu de chercher à s'abriter une fois dans les rangs français, signera sa honte et la nôtre devant les caissons de Blücher. Et Paris se laisse dépouiller, sous le nom de restitution, des monuments des arts ! Paris ne rend inviolables ni ses habitants ni ses musées : n'a-t-il pas pour intérêt plus noble la hausse ou la baisse de la Bourse ! C'est pour cette molle cité qu'*Henri IV écouta la messe.*

HENRI DE LATOUCHE, *Mirage.*

Lorsque je me trouvai en Prusse et surtout à Berlin, j'aurais volontiers renoncé définitivement, comme beaucoup de mes amis, à tout lien d'Église, quel qu'il fût ; et si je ne l'ai pas fait, c'est uniquement parce que les autorités du pays défendaient le séjour de la Prusse, et surtout celui de Berlin, à quiconque n'était pas membre d'une des religions positives reconnues et privilégiées par l'État. Comme Henri IV, de goguenarde mémoire, avait dit jadis : « *Paris vaut bien une messe !* » je pouvais bien dire à mon tour : « *Berlin vaut bien un prêche !* » HENRI HEINE, *l'Allemagne.*

Par le traité du 23 avril, que Marmont lui-même a qualifié de *monstrueux*, le comte d'Artois venait de céder d'un trait de plume et sans compensation, cinquante-quatre places garnies de dix mille pièces de canon, que nous possédions encore en Italie, en Belgique, en Allemagne, etc.

Cette largesse d'enfant de famille était un à-compte sur les dettes de l'émigration. D'ailleurs, *Paris vaut bien une messe !*

LOUIS COMBES.

— Il faut voir, il faut attendre, répétait madame de Vaubert. Henri IV n'a pas conquis son royaume en un jour.

— Il l'a conquis à cheval, à la pointe d'une épée sans tache.

— Vous oubliez la *messe*.

— C'était une messe basse ; celle que j'entends dure depuis trois mois, et je n'en suis encore qu'à l'*Introït*.

Jules Sandeau, *Mademoiselle de la Seiglière*.

— A propos, général, me dit alors la duchesse de Berry, me sera-t-il permis d'avoir des journaux ?

— Je n'y vois aucun inconvénient, madame, et si Votre Altesse Royale veut m'indiquer ceux qu'elle désire lire ?...

— Mais voyons : l'*Écho* d'abord, la *Quotidienne* et le *Constitutionnel*.

— Vous, madame, le *Constitutionnel* ?

— Pourquoi pas ?

— Seriez-vous prête à abjurer votre politique comme Henri IV a fait de sa religion, et diriez-vous : « *Paris vaut bien une charte ?* »

Le général Dermoncourt, *Revue des Deux Mondes*.

En y réfléchissant, le diable de marquis se frottait les mains, se renversait sur son fauteuil, se livrait à des ébats de chat en gaîté, et, se rappelant ce que la baronne lui avait tant de fois répété, que *Paris vaut bien une messe,* il éclatait de rire dans sa peau en songeant que tout ceci allait finir précisément par une messe, par une messe de mariage. Jules Sandeau, *Mademoiselle de la Seiglière*.

PASQUIN.

Vers la fin du quinzième siècle, il y avait à Rome un savetier, d'autres disent un tailleur, nommé Pasquin, qui était caustique, satirique, enclin au sarcasme, et qui avait coutume de poursuivre de ses plaisanteries tous ceux qui passaient devant son échoppe. Des fouilles exécutées après sa mort, sur l'emplacement de sa demeure, ayant fait découvrir la statue mutilée d'un gladiateur, on dressa ce débris à la place où s'était élevée l'échoppe, et on le décora du nom de *Pasquino*; puis, en souvenir des brocards que le malin savetier faisait pleuvoir de son vivant, on imagina de se servir du personnage discret de la statue pour faire la critique des abus et des ridicules du jour. On y placardait clandestinement des épigrammes et des vers satiriques contre le gouvernement pontifical, les cardinaux et les grands dignitaires ecclésiastiques.

Depuis, on a appelé *pasquinade* toute raillerie mordante contre les puissances politiques, et, par extension, toute ironie bouffonne et triviale.

Voici quelques pasquinades qui sont restées historiques :

Sur Alexandre VI, qui fit un honteux trafic de toutes les dignités de l'Église :

> Vendit Alexander claves, altaria, Christum;
> Emerat ille prius, vendere jure potest.

« Alexandre vend les clefs de saint Pierre, les autels, le Christ lui-même ; il peut à bon droit les vendre, puisqu'il les avait achetés lui-même. »

Sur Urbain VI (Barberini), qui avait fondu l'airain du Panthéon pour faire des canons :

« *Quod non fecerunt barbari Romæ, fecit Barberini.* — Ce que les barbares n'ont point fait à Rome, Barberini l'a fait. »

Cependant, comme il était à craindre que Pasquin ne s'ennuyât à dialoguer seul, on déterra, près du Capitole, une autre statue à laquelle on donna le nom de Marforio. Chaque matin, c'étaient entre les deux compères des dialogues où Marforio interrogeait et Pasquin répondait : la question était insidieuse ou maligne ; la réponse était toujours étourdissante. En voici un des plus spirituels échantillons :

Le pape Sixte-Quint était d'une origine très modeste, ainsi que l'indique suffisamment le surnom de *Pâtre de Montalte*, sous lequel il est si connu dans les biographies. Il fit venir à Rome et installa dans un palais sa sœur, qui était auparavant blanchisseuse. Quelques jours après, on vit la statue de Pasquin couverte d'une chemise sale ; puis Marforio lui demanda, dans un écrit que tout le monde put lire, le motif d'une pareille négligence. Le lendemain, Pasquin répondit : « C'est que ma blanchisseuse est devenue princesse. »

Cet usage de faire parler les statues n'était d'ailleurs pas nouveau à Rome. Il suffit de rappeler les excitations adressées à Brutus, le meurtrier de César, et déposées sur le piédestal de la statue du fondateur de la république, ainsi que les inscriptions satiriques placardées sur les images de Néron.

Le pape Adrien VI (mort en 1523) voulut étouffer la voix moqueuse de l'intarissable Pasquin, et avait déjà ordonné de le jeter dans le Tibre. Il en fut détourné, dit-on, par l'ambassadeur d'Espagne, Louis de Sessa, qui lui représenta que la statue, bien qu'ensevelie au fond de l'eau, ne se tairait pas plus que les grenouilles.

Ce Théophile, si vaillant à sauver les autres, avait bien de la peine à se sauver lui-même, mais je doute fort qu'il se soit hasardé à mettre flamberge au vent pour intimider le duc de Luynes, qui le menaçait de coups de bâton, le soupçonnant d'être l'auteur de certains *pasquins* dirigés contre lui.

VICTOR FOURNEL, *du Rôle des coups de bâton dans les relations sociales.*

Chaque mur, placardé d'un vers républicain,
Sera pour mes lazzis le socle de *Pasquin*.

HÉGÉSIPPE MOREAU.

PAYSAN ENNUYÉ D'ENTENDRE APPELER ARISTIDE LE JUSTE.

Le personnage d'Aristide nous apparaît, dans la poésie des anciens récits, comme un modèle de probité austère, de désintéressement et d'équité. La confiance des Athéniens dans Aristide était si grande, qu'un jour Thémistocle ayant annoncé qu'il avait conçu un projet très important pour la République, mais qu'il ne pouvait pas le communiquer à l'assemblée entière, le peuple désigna Aristide pour en prendre connaissance; et, lorsque celui-ci eut déclaré que rien n'était plus utile, mais aussi rien de plus injuste que ce projet, l'assemblée le rejeta à l'unanimité sur cette simple affirmation. Il s'agissait d'assurer la supériorité maritime d'Athènes en brûlant la flotte des alliés.

Représentant du vieil esprit aristocratique, Aristide était constamment dans la cité en lutte contre Thémistocle, moins probe et moins scrupuleux que lui, mais plus populaire, et d'un génie plus actif et plus hardi.

Fatigué de cette lutte, et peut-être aussi de la prépondérance d'Aristide, le peuple finit par l'éloigner au moyen d'un décret d'ostracisme (1) ou exil de dix ans, moins, à ce qu'il semble, pour frapper un homme dont il estimait le caractère, que pour affaiblir le parti des grands en le privant de son chef.

On rapporte que le jour où cette sentence fut rendue, Aristide, invité à écrire son propre nom sur la coquille d'un habitant de la campagne qui s'était adressé à lui sans le connaître, demanda à cet homme si Aristide l'avait personnellement offensé : « Non, répondit le paysan, mais *je suis las de l'entendre toujours nommer le Juste.* »

---

(1) L'ostracisme était, à Athènes, une sentence du peuple qui frappait d'un exil de dix ans, par voie de suffrage et sans forme de jugement, un citoyen devenu trop puissant dans la cité, soit par ses richesses, soit par son éloquence, soit par sa gloire et ses vertus, et dont on craignait de voir l'ascendant devenir un danger pour la liberté publique et dégénérer en tyrannie. Tel était l'esprit de l'institution. Mais il est à peine nécessaire d'indiquer que, dans la pratique, l'ostracisme était le plus souvent une arme aux mains des partis.

Quand la question était posée devant le peuple, les citoyens inscrivaient sur une coquille enduite de cire (*ostrakon*, coquille, d'où *ostracisme*) le nom de celui qu'ils jugeaient nécessaire d'éloigner. Il fallait au moins six mille suffrages exprimés pour que la sentence fût prononcée.

Ce n'était point là une punition infligée à un coupable, mais une mesure de prudence pour empêcher les luttes de factions de dégénérer en guerre civile. Les biens du banni n'étaient pas confisqués; sa considération n'en souffrait pas; bien au contraire, cette crainte de ses concitoyens le grandissait singulièrement, et l'ostracisme était comme la consécration des hautes renommées.

Quelques déclamations que les rhéteurs aient faites à ce sujet, il faut bien reconnaître avec Montesquieu que cette institution témoigne de la douceur de la démocratie athénienne, qui, pouvant frapper les candidats à la tyrannie, se contentait de les éloigner, et le plus souvent les rappelait avant le terme légal de leur exil.

Institué, dit-on, par Clisthène, vers 509 av. J.-C., l'ostracisme fut aboli vers 338, après une durée de 171 ans, quand on l'eut pour ainsi dire profané en en frappant un certain Hyperbolus, citoyen obscur et méprisé.

Les hommes les plus célèbres auxquels l'ostracisme fut appliqué sont Aristide, Thémistocle, Cimon et Thucydide l'ancien.

Aristide s'éloigna d'Athènes en formant des vœux pour la prospérité de sa patrie.

Rentré à Athènes trois années après, ce grand citoyen ne songea qu'à rendre de nouveaux services à sa patrie. Investi de plusieurs charges de finances, il s'en acquitta avec une rigide exactitude et une intégrité qui sont l'honneur de ces sortes d'emplois, et qui lui méritèrent des Athéniens ce surnom de *Juste* que la postérité lui a conservé. Cet homme, qui avait manié les finances de la Grèce, ne laissa pas, en mourant, de quoi payer les frais de sa sépulture, et la République se vit obligée de doter sa fille sur le trésor de l'État.

C'est une erreur de croire que Gœthe, jusqu'à sa mort, n'a rencontré qu'une aveugle adoration. Une opposition retentissante s'était élevée, au contraire, contre sa toute-puissance. C'était un véritable ostracisme que cette critique qui, dans ces derniers temps, s'évertuait chaque matin pour lui dire dans sa langue : « *Je suis las de t'entendre appeler le Juste.* »

Edgar Quinet, *Allemagne et Italie.*

La fécondité, autrefois estimée comme un des plus heureux dons du poëte, est devenue, dans ces derniers temps, une cause de réprobation. L'abondance stérile de quelques improvisateurs a fait condamner la riche veine des plus heureux génies; fatigués d'entendre toujours la même voix, *nous avons fait comme le paysan d'Athènes, qui bannissait Aristide;* nous avons voulu économiser l'admiration trop souvent sollicitée.

Émile Souvestre, *Causeries historiques et littéraires.*

Ceux qui, naguère encor, d'une commune voix,
T'ont proclamé leur chef dans le temple des lois,
Tous, contre toi ligués, par un saint fanatisme,
La coquille à la main, demandent l'ostracisme
Du même ton qu'aux jours où, las de ruminer,
Ils criaient : « *La clôture!* » à l'heure du dîner.
Pour punir tant d'ingrats, point de conseil timide;
Villèle, fais-toi Grec, tranche de l'Aristide.

Barthélemy et Méry, *Épître à M. de Villèle.*

Qui le croirait? mademoiselle Mars était exposée à des outrages sans pitié ! Ce sera l'honneur de la critique d'avoir protégé et défendu obstinément cette illustre artiste, tant sur la fin de sa vie elle avait peine à se défendre contre les impatients qui se fatiguaient d'entendre dire : « *Aristide est juste.* » Ou bien : « Mademoiselle Mars est la plus grande artiste de son temps ! »

J. Janin, Littérature dramatique.

De la mode, toujours de la mode. De ces sources, les unes sont fameuses, les autres ne le sont plus, ne le sont pas encore, et le seront plus tard. Pour ma part, je suis plus *las que le rustique d'Athènes à l'endroit d'Aristide,* d'entendre toujours invoquer et préconiser Cauterets, Saint-Sauveur, Bagnères-de-Bigorre, Baréges, etc., et je veux aujourd'hui vous conduire à l'une des sources les moins connues, mais non les moins salubres des Pyrénées.

Félix Mornand, la Vie des eaux.

Il y a un impôt progressif que je veux signaler au public. Il se prélève toute l'année, non sur la vanité, mais sur la gloire. Qu'un homme fasse un beau trait, un beau livre, un beau drame, une comédie charmante, le lendemain du succès il a contre lui, non seulement ses confrères par esprit de concurrence, et les critiques par esprit de dénigrement, mais le public lui-même. On réagit contre son bonheur, on s'ennuie de l'entendre appeler brillant, comme *les Athéniens se fâchaient contre Aristide le Juste.* Ce phénomène ne s'est jamais vu que dans deux villes : Athènes et Paris.

Edmond About, le Constitutionnel.

PENDS-TOI, BRAVE CRILLON, NOUS AVONS VAINCU A ARQUES, ET TU N'Y ÉTAIS PAS.

Crillon, le plus brave capitaine de son temps, s'illustra sous cinq règnes par des actes d'une valeur éclatante. Les soldats l'appelaient l'homme sans peur; Charles IX et Henri III le saluaient du nom de *brave*, et Henri IV, son ami, le surnomma le *brave des braves.* Aussi remarquable par sa générosité et sa franchise que par ses talents militaires, il a mérité l'honneur d'être comparé à Bayard, et ce parallèle suffit à son éloge. Le récit de ses actions d'éclat, qui suffirait seul à remplir un volume, n'entre pas dans le plan de ce livre; nous citerons seulement quelques-uns des traits les plus caractéristiques de sa vie.

Une flotte espagnole bloquait Marseille; Crillon était dans cette ville, à la suite du jeune duc de Guise, nommé gouverneur de Provence. Une nuit, ce dernier, au sortir d'un festin prolongé, imagina de mettre à l'épreuve la valeur de Crillon. Il entre brusquement dans sa chambre, l'éveille en sursaut, et lui annonce que les Espagnols, maîtres du port, occupent les principaux points de la ville, et que tout est perdu. Guise propose alors à Crillon de se sauver avec lui; mais Crillon répond sans s'émouvoir qu'il vaut mieux mourir les armes à la main. Il s'habille à la hâte, sort de sa chambre, et il descendait l'escalier, lorsque le duc éclate enfin de rire : « Jeune homme, lui dit Crillon d'une voix sévère en lui serrant fortement le bras, ne te joue jamais à sonder le cœur d'un homme de bien... Harnibleu! (c'était son juron) si tu m'avais trouvé faible, je te poignardais sur-le-champ! »

Henri IV s'était rendu à Lyon au-devant de Marie de Médicis. Un jour, entouré de sa cour et des ministres étrangers, il dit en mettant la main sur l'épaule de Crillon : « Messieurs, voilà le premier capitaine du monde. — Vous en avez menti, sire! répondit vivement Crillon ; je ne suis que le second, c'est vous qui êtes le premier! »

Ce guerrier redoutable avait une foi profonde, qui se traduisit un jour par une naïve et singulière exclamation. Il assistait à un sermon sur la passion; au moment où l'orateur faisait un tableau pathétique de la cruauté des bourreaux et des souffrances du Christ, Crillon, transporté d'indignation, s'écria en se levant et en tirant à moitié son épée : « Où étais-tu, Crillon ? » (1)

Mais le mot qui est resté historique, parce qu'il peint énergiquement sa bravoure et l'amitié de Henri IV, est le billet fameux que ce prince lui écrivit après a victoire d'Arques : « *Pends-toi, brave Crillon, nous avons vaincu à Arques, et tu n'y étais pas!* Adieu, mon brave; je t'aime à tort et à travers! »

M. Victor Hugo, dans son ode sur la bataille de Navarin, compare à Crillon l'intrépide Canaris, héros grec de la guerre de l'Indépendance, qui ne put assister à la destruction de la flotte turque par les flottes combinées de la France, de l'Angleterre et de la Russie.

>   Canaris! Canaris! pleure! cent vingt vaisseaux!
>   Pleure! une flotte entière! — Où donc, démon des eaux,
>   Où donc était ta main hardie?
>   Se peut-il que sans toi l'Ottoman succombât?
>   Pleure comme Crillon exilé d'un combat;
>   Tu manquais à cet incendie!

Le général d'Aspre était sujet à d'horribles accès de goutte, et cette maladie avait pour premier effet de paralyser en un clin d'œil tous ses mouvements. En campagne, avoir la goutte! sentir dans sa poitrine battre le cœur d'un héros, et ne pouvoir remuer la main

(1) On a attribué cette même exclamation à Clovis : « *Que n'étais-je là avec mes Francs?* »

pour boucler son ceinturon, quand déjà gronde la canonnade, supplice oublié par le Dante dans son *Enfer*.

Pends-toi, brave Crillon, on s'est battu sans toi!

D'Aspre, lui, ne voulait pas qu'on se battit; il aimait mieux, cet homme intraitable, compromettre le succès d'une journée que d'envoyer ses troupes au combat quand il ne pouvait pas les y conduire.

Henri Blaze, *Souvenirs et Récits des campagnes d'Autriche*.

Il serait honteux de finir en queue de poisson un article consacré à la sculpture. Permettez-moi donc de placer ici, comme une borne au bout d'un champ, la statue de Crillon, par M. Veray.

Si le héros était de cette corpulence, je comprends que son maître lui ait écrit : « *Pends-toi, brave Crillon!* » Le roi malin était bien sûr que la corde casserait.

Edmond About, *nos Artistes au Salon de 1857*.

— *Pends-toi, Crillon!* lui cria M. Bobilier lorsqu'ils furent assez près l'un de l'autre pour pouvoir s'entendre.

— Et pourquoi diable faut-il que je me pende? demanda le baron, dont la physionomie annonçait une curiosité mêlée de quelque inquiétude.

— Parce qu'il nous est né un garçon, et que vous n'étiez pas là, reprit le vieillard d'une voix éclatante; un gros garçon! un superbe garçon!! un magnifique garçon!!!

Charles de Bernard, *le Gentilhomme campagnard*.

La société philharmonique des matous revient maintenant à son état primitif sans art, à la naïveté naturelle. Tel est le programme de la société, et, dans l'enthousiasme de ses idées, elle a donné cette nuit son premier concert d'hiver sur les toits. Prodigieusement effroyable fut l'exécution de la grande pensée, du programme pompeux. « *Pends-toi*, mon cher Berlioz, *tu n'y étais pas!* »

Henri Heine, *Légendes*.

PÉRISSENT LES COLONIES PLUTOT QU'UN PRINCIPE.

Les mots historiques, nous en avons déjà eu plusieurs exemples dans le cours de cet ouvrage, ont été rarement prononcés dans les termes mêmes où ils sont passés en proverbe. Contrairement à Minerve, qui sortit tout armée du cerveau de Jupiter, ils ont besoin d'être arrangés, polis, léchés, comme le petit ours qui vient de naître, et ce n'est qu'après avoir reçu ce coup de lime qu'ils passent définitivement dans la langue proverbiale.

Le mot célèbre qui nous occupe est dans ce cas. Il a été généralement attribué à Barnave ; on l'a donné aussi à Robespierre, à qui il appartient en effet avec plus de raison. Voici la vérité sur ce sujet :

L'Assemblée constituante, dans ses décrets sur les colonies, s'était d'abord montrée favorable à l'émancipation des hommes de couleur, et l'on pouvait s'attendre qu'elle couronnerait son œuvre en leur accordant les mêmes droits qu'aux blancs ; mais ceux-ci s'étaient récriés, prétendant que les esclaves, enhardis par les concessions faites aux mulâtres, se soulèveraient, et que la France perdrait ses colonies. La ruine de notre marine et de notre commerce devait en être la suite. C'est sous l'empire de ces préoccupations que le comité colonial de la Constituante proposa, le 7 mai 1791, de donner aux assemblées coloniales, toutes composées de blancs, l'initiative des lois sur l'état des personnes, c'est-à-dire sur la condition respective des blancs, des hommes de couleur et des noirs qualifiés de *non-libres*. On désertait ainsi la cause de la philanthropie, on se dépouillait du pouvoir en faveur des blancs, auxquels on livrait sans défense les deux autres classes. La discussion fut longue et orageuse. Dans la séance du 13, Dupont de Nemours s'écria, répondant à ceux qui prétendaient que nos colonies étaient perdues si l'on n'y maintenait, dans toute sa rigueur, la distinction des castes : « Si toutefois cette scission devait avoir lieu, s'il fallait sacrifier l'intérêt ou la justice, *il vaudrait mieux sacrifier les colonies qu'un principe.* » L'abbé Maury fit un sombre tableau de l'insurrection qui déchirerait les colonies. « Elles *périront*, dit-il, dès qu'elles ne seront plus habitées par les blancs. » Moreau de Saint-Méry demanda même, pour rassurer entièrement les colons, que le mot *esclaves* fût mis dans la loi à la place de celui de *non-libres* qui était proposé. Alors Robespierre, plein d'une généreuse indignation, dit qu'on voulait déshonorer l'Assemblée par ce mot *esclaves*, et s'écria : « *Périssent les colonies*, s'il doit nous en coûter notre honneur, notre gloire, notre liberté ! *Périssent les colonies*, si les colons veulent, par les menaces, nous forcer à décréter ce qui convient le plus à leurs intérêts ! » Moreau de Saint-Méry dut retirer son amendement. A la séance du 15, Rewbell obtint cette concession, que les hommes de couleur nés de parents libres seraient admis aux assemblées coloniales.

Quant à Barnave, lui qui avait d'abord combattu sous les drapeaux de l'émancipation, il défendit dans ces débats les intérêts des colons, et eut la honte de se voir opposer à lui-même par Grégoire et Sieyès. Il n'a donc pu prononcer le mot fameux qui fait l'objet de cet article. Ce mot, comme on le voit, a été composé de deux beaux mouvements oratoires de Dupont de Nemours et de Robespierre. Condensé de la sorte, il acquiert une remarquable énergie. Il est devenu une maxime de haute moralité, à savoir que nous ne devons jamais hésiter à sacrifier notre intérêt à la justice.

Cette phrase nous en rappelle une autre de la même époque, également célébre : « *Périsse notre mémoire, pourvu que la France soit sauvée !* » On en fait plus particulièrement honneur à Danton ; mais ces mots formaient en quelque sorte la devise suprême des hommes de la Révolution. « Alors, dit M. Henri Martin, le peuple absolu fut substitué au roi absolu et au pape absolu, la république apparut comme une religion d'État, et le sacrifice de l'individu à la société, comme un fait normal. »

« Les droits de la cité dominent ceux du citoyen, écrivait Carnot : le salut du peuple est la suprême loi (1). L'histoire fera la part de chacun après la patrie sauvée, ajoutait-il. — Mais si vous périssez avant ? — Le sacrifice de nos mémoires est fait. »

L'abonné qui nous écrit sous le pseudonyme de *Memento*, et qui traite de la perpétuité de la propriété littéraire, serait tout vif imprimé à cette place, si, au lieu d'être avec tant d'esprit l'adversaire de cette propriété, il s'en était déclaré le partisan. Notre correspondant craint que la perpétuité du droit d'auteur ne fasse payer les livres trop cher : nous répondrons par une exclamation fameuse : « *Périsse l'économie plutôt qu'un principe !* »

JULES LECOMTE, *le Monde illustré.*

Vous me répondez par ce mot fameux dont on a fait si stupidement un crime à la Révolution française : « *Périssent les colonies plutôt qu'un principe !* » Ce mot qu'on accuse est tout simplement le cri sublime de la conscience, c'est le cri de la justice, c'est le *qu'il mourût !* de Corneille.   PIERRE LEROUX, *De l'Égalité.*

On passera six mois de l'année dans une terre dont tu feras les honneurs aux gentilshommes de la province ; l'hiver, tu donneras des bals dans ton hôtel de la rue Saint-Dominique. M. le marquis de Montalais, que j'ai sondé, ne me paraît pas de ces hommes indomptables qui disent : « *Périssent les colonies plutôt qu'un principe !* » Il courberait la tête galamment pour passer sous les fourches caudines d'une ambassade.

AMÉDÉE ACHARD, *Petites Misères d'un Millionnaire.*

On reproche aux principes d'être fiers ; ils ont peut-être le droit

(1) *Salus populi suprema lex esto.*

de l'être, puisque tous nos noms ont été attachés à leur violation, et que, comme le disait un orateur dans une session précédente, les colonies n'ont pas péri, parce qu'on a dit : « *Périssent les colonies plutôt qu'un principe!* » Elles ont péri, parce qu'on a dit : « Périssent les principes plutôt que tel ou tel intérêt particulier. »

Benjamin Constant, *Discours*, 3 mai 1819.

PHARNABAZE.

On appelait satrapes les gouverneurs de provinces dans l'ancienne Perse. Choisis le plus ordinairement parmi les membres de la famille royale ou des familles les plus distinguées du pays, les satrapes jouissaient dans leurs gouvernements d'un pouvoir en quelque sorte absolu. La vie voluptueuse et le luxe effréné de ces petits despotes ont fait du nom de satrape le synonyme d'homme puissant et corrompu. Les immenses richesses dont ils disposaient leur permettaient de renchérir encore sur le luxe asiatique devenu proverbial; rien n'égalait leur faste et leur mollesse.

Celui qui a laissé le nom le plus célèbre dans l'histoire est le satrape Pharnabaze, à la cour duquel s'était retiré Alcibiade. C'est à ce roi du luxe asiatique que la simplicité spartiate donna un jour une leçon. Agésilas, roi de Sparte, ravageait les provinces de Pharnabaze; celui-ci demanda une entrevue au Lacédémonien. Agésilas arriva le premier au rendez-vous avec une suite modeste, et, en attendant le satrape, il s'assit à l'ombre d'un arbre sur le gazon. Pharnabaze arriva bientôt, accompagné d'une brillante escorte et vêtu magnifiquement. Ses gens étendirent à terre des peaux soyeuses et à longs poils, de riches tapis de diverses couleurs et de moelleux coussins. Mais Pharnabaze, voyant Agésilas assis simplement à terre, eut honte de sa mollesse, et s'assit comme lui sur l'herbe nue. « Ainsi, ajoute Rollin, on vit dans cette occasion tout le faste persan rendre hommage à la simplicité et à la modestie lacédémoniennes. »

Pourquoi ce faste de meubles? Laissez au *satrape Pharnabaze* ces riches tapis. Agésilas s'assied par terre, et là dicte des lois au grand roi de Perse.

Camille Desmoulins, *Révolutions de France*.

Heureusement tu n'es pas habitué, au séminaire, à l'existence de *Pharnabaze* ni à des festins de Balthazar; je connais cela. Donc, nous ferons tous les trois contre fortune bon cœur; nous partagerons ce qu'il y aura, et nargue des créanciers!

Alexandre de Lavergne, *le Cadet de famille*.

PHRYNÉ.

Phryné, l'une des plus célèbres courtisanes grecques, originaire de Thespies, en Béotie, vivait dans le quatrième siècle av. J.-C. Les hommes les plus illustres de la Grèce se disputèrent ses faveurs. Praxitèle, qui en était éperdument amoureux, la prit pour modèle de sa Vénus de Cnide, considérée comme le chef-d'œuvre de la sculpture antique (1). C'est après l'avoir vue dans le bain, qu'Apelle peignit sa Vénus Anadyomène. Accusée d'impiété devant le tribunal des Héliastes, elle allait être condamnée, quand Hypéride, son défenseur et son amant, eut l'idée d'arracher le voile qui couvrait les épaules et le sein de la courtisane (2). La vue de tant de charmes désarma les juges, et elle fut ramenée chez elle en triomphe. Cet événement mit le comble à sa réputation. A partir de ce jour, elle se voila soigneusement, et n'accorda plus ses faveurs qu'à des prix excessifs. On rapporte que, pour donner plus de piquant à ses attraits, il lui arriva un jour de se plonger toute nue dans la mer, en présence du peuple entier. Mais tous les manèges de sa coquetterie échouèrent contre la rigide vertu du philosophe Xénocrate. Aussi dit-elle, en le quittant, que ce n'était pas à un homme, mais à une statue qu'elle avait eu affaire. Comme elle avait amassé des richesses considérables, elle offrit aux Thébains de reconstruire à ses frais leur cité, détruite par le conquérant macédonien, pourvu qu'une inscription apprît à la postérité qu'*Alexandre avait détruit Thèbes, et que Phryné l'avait rebâtie*. Cette offre orgueilleuse ne fut pas acceptée.

Phryné, comme Laïs, est restée le type de la courtisane recherchée pour les charmes de sa figure et les agréments de son esprit. Son nom se retrouve souvent sous la plume des écrivains et surtout des poètes.

> Vous dont l'œil est si pur, dont le front est si doux,
> Savez-vous ce que c'est que Marion Delorme?
> Une femme, de corps belle, et de cœur difforme!
> Une *Phryné* qui vend à tout homme, en tout lieu,
> Son amour qui fait honte et fait horreur!... Adieu!
>   V. Hugo, *Marion Delorme.*

> . . . . Quand la virginité
> Disparaîtra du ciel, j'aimerai les statues;

(1) De toutes les extrémités de la terre, on naviguait vers Cnide pour contempler cette merveille du génie grec. Le roi Nicomède offrit aux Cnidiens, s'ils voulaient la lui céder, d'acquitter en échange la totalité de leurs dettes, qui étaient considérables. Ils refusèrent noblement de vendre le chef-d'œuvre qui faisait la splendeur de leur ville. Les poètes, les historiens, les orateurs de la Grèce, ont célébré à l'envi la Vénus de Cnide, cette reproduction divinisée de la belle courtisane. L'*Anthologie* nous a laissé du chef-d'œuvre de Praxitèle un éloge délicat, dont voici la traduction :

> Cypris passait à Cnide; elle y trouve Cypris.
>   « O ciel! dit la déesse émue,
> Quel objet se présente à mes regards surpris!
> Aux yeux de trois mortels j'ai paru toute nue :
>   Adonis, Anchise et Pâris;
> Mais Praxitèle, où m'a-t-il vue? »

(2) Un de nos artistes les plus célèbres, M. Gérôme, qui emprunte de préférence ses sujets à la savante antiquité, a exposé au salon de 1861 un magnifique tableau représentant Phryné devant le tribunal d'Athènes. Hypéride couronne son discours par l'*éloquente* péroraison que nous venons de signaler.

> Le marbre me va mieux que l'impure *Phryné*
> Chez qui les affamés vont chercher leur pâture,
> Qui fait passer la rue au travers de son lit,
> Et qui n'a que le temps de nouer sa ceinture
> Entre l'amant du jour et celui de la nuit.
>
> ALFRED DE MUSSET.

Là, j'ai vu rouler sur la chaussée, dans des calèches couvertes de dorures, de riches prostituées, des danseuses de l'Opéra aux joues fardées, à l'œil coquet, impudique, la tête et la gorge surchargées de diamants. Les nobles seigneurs de la cour qui les entretenaient ne rougissaient pas d'escorter, montés sur de fringants coursiers, les chars de leurs *Phrynés*.

AMAURY DUVAL, *Livre des Cent-et-un*.

Enfin, Suleau s'adresse aux femmes, et, s'il leur fait grâce de la censure, par un sentiment mixte de justice et de courtoisie, du moins elles n'échappent point à ses avertissements. Mais il est bon d'observer qu'il n'a point en vue les femmes de la bourgeoisie, dont l'empire est à peu près circonscrit dans la sphère de leur ménage; c'est aux dames de haut parage, aux célèbres *Phrynés*, qu'il veut parler, parce que ce sont elles qui donnent le ton, et qui par là ne manquent jamais de corrompre l'opinion publique, quand elles mettent dans les affaires les passions et les fantaisies de leur sexe.

HATIN, *Histoire de la presse*.

PILATE SE LAVANT LES MAINS.

Ponce-Pilate, gouverneur de la Judée sous Tibère, serait complètement inconnu aujourd'hui si son nom ne se trouvait mêlé au plus grand événement de l'histoire. Jésus, en butte depuis longtemps à la haine des princes des prêtres et des pharisiens, avait été traduit devant le tribunal du grand-prêtre Caïphe, et condamné à mort pour s'être dit le Christ, fils du Dieu vivant. Mais cette sentence ne pouvait être exécutée sans les ordres du gouverneur romain. Les Juifs conduisirent donc Jésus à Pilate. Celui-ci, convaincu de son innocence, troublé d'ailleurs par un rêve étrange que sa femme Claudia Procula avait eu pendant la nuit, et qui avait éveillé en elle le plus vif intérêt pour le Christ, cherchait à éluder l'arrêt de mort. Mais la populace ayant réclamé le dernier supplice avec des cris de fureur et menacé Pilate lui-même de la colère de César, le faible gouverneur abandonna Jésus à la rage de ses bourreaux; cependant, voulant protester contre ce qu'il considérait comme une suprême injustice, il se fit apporter de l'eau, et, se lavant les mains devant le peuple, il s'écria : « Je suis innocent de la mort de ce juste; c'est vous qui en répondrez. — Oui, oui, répondirent ces forcenés, que son sang retombe sur nous et sur nos enfants! » Et ils le crucifièrent.

Quelques années plus tard, Pilate, disgracié sous Caligula, fut exilé à Vienne en Dauphiné, où, poursuivi par les remords, il se tua, dit-on, de désespoir.

La sentence inique que Pilate prononça contre Jésus pèsera toujours sur sa mémoire, et jusqu'à la fin des siècles Pilate sera le type de ces magistrats pusillanimes qui, obéissant à la voix de la peur et de leurs intérêts, ont la lâcheté de prononcer des condamnations que réprouve leur conscience. Ils auront beau *s'en laver les mains*, le sang innocent répandu laissera toujours une souillure que rien ne saurait effacer, et qui sera pour eux une marque indélébile d'infamie.

C'est en faisant allusion à l'action de Pilate, qu'on dit dans le langage familier : *Je m'en lave les mains,* pour déclarer qu'on ne se croit pas responsable des conséquences d'événements auxquels on se trouve mêlé.

Dans son livre des *Libres Penseurs*, M. Louis Veuillot raconte l'anecdote suivante, où, par une de ces petites méchancetés si familières à sa plume, il met en relief l'*érudition* d'un de ses confrères :

M. DE MONTALEMBERT, *à la tribune :* « ... Ainsi faisait Pilate, ainsi font les hommes d'État ses successeurs... »

UN RÉDACTEUR EN CHEF, *dans la loge des journalistes, à ses confrères :* « Comment a-t-il dit, Pilate?...

— Oui, Pilate. — Qu'est-ce que c'était que ce ministre-là, Pilate? »

⁂

Je ne suis pour rien dans la formation du pouvoir actuel; je n'ai cessé de combattre, dans la république et hors de la république, les éléments divers qui devaient fatalement l'amener; *je puis, comme Pilate, me laver les doigts de cette création spontanée;* Dieu sait ce que j'ai osé pour en étouffer le germe!

P.-J. PROUDHON, *la Révolution sociale démontrée par le coup d'État.*

Outre la Commission exécutive, il y avait au conseil plusieurs ministres, M. Cavaignac, et un autre général nommé Fouché. Les deux ennemis étaient en présence, en champ clos pour ainsi dire : le général Cavaignac d'un côté, la Commission exécutive de l'autre. Et la bataille n'avait pas commencé, que déjà le cri du sang se faisait entendre, que chacun disait, comme Pilate : « *Je m'en lave les mains!* »

HIPPOLYTE CASTILLE, *Histoire de la Deuxième République.*

Les mauvaises sociétés ont leur caractère, leurs goûts, leur parler, leurs habitudes ; et ceux qui en ont fait leur fréquentation ne peuvent plus guère se défaire de ces stigmates pour rentrer dans le monde honorable. On a beau vouloir après cela *se laver,* la fange tient désormais aux mains comme le sang à celles de Pilate.

Alphonse Esquiros, *Vierges folles.*

S'agit-il d'un procès politique? Tout est changé. Le pouvoir ne s'en remet pas seulement aux lois du soin de le venger : il change l'ordre des juridictions, il cherche des juges dévoués, il violente ou dirige leurs consciences, il dispense des formes légales, il abrége les délais ; il ne leur demande pas justice : il leur demande du sang... ils en donnent.

Lave tes mains, Pilate!... elles sont teintes du sang innocent. Tu l'as sacrifié par faiblesse ; tu n'es pas plus excusable que si tu l'avais sacrifié par méchanceté.

Dupin aîné, *Mémoires.*

Interrogé si l'accusation contre Thomas Morus était fondée, le lord chef de justice, sir John Fitz-James, répondit par des paroles à double sens, comme toutes celles des hommes publics dans les temps de tyrannie, quand il arrive que chacun, sommé de dire son avis, se replie sur celui des autres, dérobe sa lâcheté derrière la lâcheté générale, et *se lave les mains, comme Pilate,* dans une eau que tout le monde a salie.

Nisard, *Thomas Morus.*

PINDARE.

Pindare, l'un des plus illustres poètes de la Grèce, surnommé le Prince des lyriques, naquit dans le sixième siècle av. J.-C., à Thèbes en Béotie, donnant ainsi un éclatant démenti aux railleries spirituelles de la moqueuse Athènes, sur la stupidité proverbiale des Béotiens. On sait peu de chose sur la vie de ce grand poète, qui fut comblé de faveurs par les princes et les tyrans de son siècle, et qui célébra avec enthousiasme la gloire de ses protecteurs. La brillante imagination des Grecs a entouré de prodiges le berceau de leur grand lyrique. Dans son enfance, il s'endormit sur le chemin de Thespies, et, pendant son sommeil, des abeilles vinrent se poser sur ses lèvres et y laissèrent un rayon de miel, emblème gracieux de l'éloquence et de la douceur. Mais ce qui est moins contestable, car on a raconté le même prodige de Platon, c'est l'enthousiasme des Grecs et les faveurs éclatantes qu'ils accordèrent à Pindare : les Athéniens lui concédèrent le droit de cité; Thèbes lui érigea de son vivant une magnifique statue où il était représenté le front ceint du diadème; aux fêtes d'Apollon, il siégeait sur un trône, couronné de lauriers. Enfin, Alexandre le Grand devait ajouter un dernier éclat à sa gloire. Plus d'un siècle après la mort du poète, au moment où la colère terrible du conquérant passait sur Thèbes, il ordonna que l'épée macédonienne épargnât les descendants de Pindare, et que la torche incendiaire respectât sa maison.

La plupart des chants sublimes du grand lyrique sont perdus : prières, odes sacrées, chœurs pour les danses religieuses, poésies de deuil ou d'allégresse, élégies pleines de larmes ou de tendresse érotique, tout a disparu; le temps a dévoré toutes les harmonies tombées de cette lyre d'or, dont les échos enivraient la Grèce et la soulevaient d'enthousiasme. La hardiesse des pensées et des métaphores, l'harmonie, l'éclat et la majesté du style, l'énergie de l'expression, l'abondance et la richesse des images, la chaleur et la pompe extraordinaire du récit, la puissance audacieuse de l'invention, sont les qualités dominantes des odes qui sont parvenues jusqu'à nous, et auxquelles, toutefois, on reproche un peu d'obscurité et d'enflure.

Aujourd'hui on donne quelquefois le nom de *Pindare* aux poètes, aux écrivains qui, sans avoir les brillantes qualités du grand lyrique, n'en imitent que l'emphase et les expressions trop recherchées.

Pindariser, mot de Ronsard, le plus pindarique de nos poètes, se prend toujours aujourd'hui en mauvaise part; il exprime l'enflure, l'affectation; mais, dans l'esprit de Ronsard, *pindariser* signifiait purement et *modestement* imiter Pindare :

> Si, dès mon enfance,
> Le premier, en France,
> J'ai *pindarisé*;
> De telle entreprise,
> Heureusement prise,
> Je me vois prisé.

A leurs moments perdus, ces *Pindares* travaillent en cachette, avec cette ivresse connue du seul poëte, à leurs œuvres capitales, où ils versent toute leur tête et tout leur cœur; ce sont ordinairement des charades monumentales, des énigmes dignes de rivaliser avec celles du sphinx, qu'ils polissent avec la sage lenteur recommandée par Boileau, et qu'ils envoient au *Journal des Demoiselles* ou au *Magasin des Familles*, pour exercer la sagacité des Œdipes du foyer.

VICTOR FOURNEL, *Ce qu'on voit dans les rues de Paris.*

PLAIDER POUR SA MAISON.

(PRO DOMO SUA.)

C'est le titre d'une des harangues de Cicéron. Un patricien nommé Clodius, ennemi de Cicéron, s'étant fait élire tribun du peuple, proposa aussitôt une loi contre ceux qui avaient fait mettre à mort des citoyens romains sans jugement préalable. C'était un coup porté à Cicéron, qui, dans la conspiration de Catilina, avait fait étrangler dans leur prison les complices du conspirateur, sans que l'affaire fût portée devant le peuple. Soutenu par le sénat et par l'ordre équestre, Cicéron aurait pu lutter; il préféra céder à l'orage et se retira de Rome. Non content de l'avoir forcé à s'exiler, Clodius s'était jeté sur sa maison du mont Palatin, y avait fait mettre le feu, s'était approprié la plus grande partie du terrain, et avait fait élever sur le reste un temple et une statue de la liberté.

Rappelé par les suffrages publics, Cicéron rentra à Rome après une absence de dix-sept mois; son retour fut un vrai triomphe. Jaloux de recouvrer au moins son domaine, il plaida *pour sa maison* devant le tribunal des pontifes, et défendit sa propre cause avec autant de succès qu'il avait si souvent défendu celle des autres.

Depuis, les mots *plaider pour sa maison*, se disent de quelqu'un qui plaide dans sa propre cause, qui défend ses intérêts les plus chers.

— L'affaire qui regarde le bien de madame votre femme est pour moi d'une grande importance; il me semble qu'il s'agit pour vous d'un bien considérable. Si je vous ai déjà dit que c'est Cicéron qui *plaide pour sa maison*, je vous le répète.

Voltaire, Correspondance.

« Mirabeau tenait de son père et de son oncle, *qui, comme* Saint-Simon, écrivaient à la diable des pages immortelles. » Cette observation de Chateaubriand s'applique on ne peut mieux aux prosateurs les plus célèbres de France. L'auteur des *Mémoires d'Outre-Tombe*, le grand maître en cacophonies acerbes, ne semble-t-il pas avoir parlé pour son propre compte et *plaidé pour sa maison?*

Castil-Blaze.

PLI DE ROSE DU SYBARITE.

Sybaris avait été bâtie par les Achéens à l'ombre des belles montagnes de la Laconie. Cette ville s'était laissé corrompre par ses richesses. Son nom est resté immortalisé pour ses vices, et la mollesse de ses habitants a passé en proverbe jusqu'à nos jours. Ils décernaient des prix à ceux qui inventaient de nouvelles voluptés. On ne les voyait occupés que de festins, de jeux, de spectacles et de parties de plaisir. Il y avait des récompenses publiques et des marques de distinction pour les citoyens qui traitaient avec le plus de magnificence. On récompensait splendidement les cuisiniers qui réussissaient à faire de nouvelles découvertes dans le grand art de flatter le goût et de satisfaire le palais. Ils conviaient les gens à manger un an avant le jour du festin, pour avoir le loisir de le faire plus délicat. Enfin ils portaient si loin le raffinement de la mollesse, qu'ils bannirent les coqs de peur d'en être éveillés, et qu'ils écartèrent sévèrement de leur ville tous les artisans qui faisaient trop de bruit en travaillant. On rapporte qu'un Sybarite suait à grosses gouttes en voyant un esclave qui fendait du bois, et qu'un autre, nommé Sminiride, se plaignit d'avoir passé toute une nuit sans dormir, parce que, *parmi les feuilles de roses dont son lit était semé, il y en avait une qui s'était pliée en deux*.

Laissons à la plume spirituelle de Fontenelle le soin de raconter le fait qui a donné naissance à la locution :

SMINIRIDE. « Tu es donc bien glorieux, Milon, d'avoir porté un bœuf sur tes épaules aux jeux Olympiques?

MILON. Assurément l'action fut fort belle. Toute la Grèce y applaudit, et l'honneur s'en répandit jusque sur la ville de Crotone, ma patrie, d'où sont sortis une infinité de braves athlètes. Au contraire, ta ville de Sybaris sera décriée à jamais par la mollesse de ses habitants.

SMINIRIDE. Tu te moques des Sybarites; mais toi, Crotoniate grossier, crois-tu que se vanter de porter un bœuf, ce ne soit pas se vanter de lui ressembler beaucoup?

MILON. Et toi, crois-tu avoir ressemblé à un homme, quand tu t'es plaint d'avoir passé une nuit sans dormir, parce que parmi les feuilles de roses dont ton lit était semé, il y en avait une sous toi qui s'était pliée en deux?

SMINIRIDE. Il est vrai que j'ai eu cette délicatesse; mais pourquoi te paraît-elle si étrange?

MILON. Et comment se pourrait-il qu'elle ne me le parût pas?

SMINIRIDE. Quoi! n'as-tu jamais vu quelque amant qui, étant comblé des faveurs d'une maîtresse à laquelle il a rendu des services signalés, soit troublé dans la possession de ce bonheur, par la crainte qu'il a que la reconnaissance n'agisse dans le cœur de la belle plus que l'inclination?

MILON. Non, je n'en ai jamais vu; mais quand cela serait?

SMINIRIDE. Et n'as-tu jamais entendu parler de quelque conquérant qui, au retour d'une expédition glorieuse, se trouvât peu satisfait de ses triomphes, parce que la fortune y aurait eu plus de part que sa valeur, et que ses desseins auraient réussi sur des mesures fausses et mal prises?

MILON. Non, je n'en ai point entendu parler; mais, encore une fois, qu'en veux-tu conclure?

SMINIRIDE. Que cet amant et ce conquérant, et généralement presque tous les hommes, quoique couchés sur des fleurs, ne sauraient dormir s'il y a une seule feuille pliée en deux. Il ne faut rien pour gâter les plaisirs. Ce sont des lits de roses où il est bien difficile que toutes les feuilles se trouvent étendues et qu'aucune ne se plie; cependant le pli d'une seule suffit pour incommoder beaucoup.

MILON. Je ne suis pas fort savant sur ces matières-là; mais il me semble que toi, et l'amant, et le conquérant que tu supposes, et tous tant que vous êtes, vous avez extrêmement tort. Pourquoi vous rendez-vous si délicats?

SMINIRIDE. Ah! Milon, les gens d'esprit ne sont pas des Crotoniates comme toi; mais ce sont des Sybarites encore plus raffinés que je n'étais (1). »

Le bonheur d'une âme sensible est altéré par l'aspect de la plus légère souffrance; c'est pour elle le *pli de rose* du Sybarite.

PETIT-SENN, *Bluettes et Boutades.*

Le soir, il va comme de coutume au souper du roi. Au lieu d'un petit souper, c'est un grand souper. Frédéric place Voltaire auprès de lui entre deux princesses qui, selon l'expression du roi, ont voulu ce soir-là être du banquet de Platon. On soupe, on parle, on rit, Voltaire oublie l'orange (2), le nuage s'envole de son front, *le pli de rose* est effacé. Il prend la parole, il n'a jamais eu plus d'esprit.

ARSÈNE HOUSSAYE, *le Roi Voltaire.*

Si nous sommes trop sévères, trop délicats, trop froissés par le mauvais *pli d'une feuille de rose* comme le Sybarite, ne vous y trompez pas, ce n'est pas mollesse, c'est conscience; rien de ce qui froisse l'âme ou ternit la pudeur ne doit être pardonné à celui qui écrit pour la jeunesse, ce printemps de la pureté. LAMARTINE.

Un soir, je m'étais rendu chez la déesse pour lui faire ma cour habituelle; je la trouvai triste et mélancolique.

---

(1) *Dialogues des Morts.*

(2) Lamettrie, qui se trouvait à la cour de Frédéric en même temps que Voltaire, dit un jour à celui-ci : « Le roi, notre maître, ne tiendra pas toujours table ouverte; ne vous y fiez pas; car hier, comme on s'étonnait devant lui de votre faveur, il nous a dit négligemment : « Oh! quand on a sucé le jus de l'orange, on jette l'écorce! »

— Qu'avez-vous ? lui demandai-je, *quel pli de rose vous blesse?* Paris n'est-il pas à vos genoux?

De Pène, *Mémoires de Bilboquet.*

— Je vous attends, venez, mais prenez vos aises et vos commodités. Je serais fâché si vous veniez avec la moindre répugnance. Je sais, par expérience, ce que c'est qu'une *feuille de rose qui s'est pliée en deux*, dans tout ce qui tient au cœur ou à l'imagination.

Joubert.

Il y a des souffrances acceptées avec résignation, recherchées avec amour, auprès desquelles nos prétendus malheurs ne sont que des tracasseries d'enfants gâtés. Nous rions de pitié quand on nous présente un Sybarite blessé par *le pli d'une fleur sur le lit de roses où il est couché;* mais que penserait de nous l'ouvrier qui n'a que du pain et de l'eau après treize heures de fatigue, s'il nous entendait gémir sur la frugalité de nos repas; ou le moine, élevé comme nous dans l'abondance, qui a quitté le monde et les délices du monde, pour aller sur le mont Saint-Bernard vivre de privations et sauver la vie aux voyageurs égarés ? Jules Simon, *le Devoir.*

C'est avec un de ces canots d'écorce que je navigue depuis quelques jours sur les flots de l'Ottawa. Il faut avouer que cette coquille flottante est un peu étroite; je ne puis m'y étendre dans une molle posture, comme un pacha sur son divan, et il ne m'est pas difficile de croire que Cléopâtre était assise plus commodément dans la galère aux voiles de pourpre et aux lambris dorés, avec laquelle elle s'en allait, sur le Cydnus, à la rencontre d'Antoine; mais grâces au ciel, je ne suis pas encore assez Sybarite pour ne pouvoir souffrir un froissement un peu plus dur que celui du *pli d'une rose.*

Xavier Marmier, *Gazida.*

PŒTUS, CELA NE FAIT PAS DE MAL.

Cecina Pœtus, personnage consulaire, se trouva engagé dans la révolte malheureuse de Scribonianus contre l'empereur Claude. Arria, femme de Pœtus, n'ayant aucun espoir de sauver son mari, et voyant qu'il n'avait pas le courage de se donner la mort, prit un poignard, se l'enfonça dans le sein, et, le retirant, elle le lui présenta en disant froidement : « *Pœtus, cela ne fait pas de mal.* » Pœtus se frappa aussitôt à l'exemple de sa femme.

Gaston de Neuil, s'il avait eu trente ans, se serait enivré; mais ce jeune homme, encore naïf, ne connaissait ni les ressources de l'expérience ni les expédients de l'extrême civilisation. Il n'avait pas là près de lui un de ces bons amis de Paris qui savent si bien vous dire : *Pœtus, cela ne fait pas de mal*, en vous tendant une bouteille de vin de Champagne.

    Honoré de Balzac, *la Femme abandonnée.*

Je pourrais finir ici ma lettre; mais je veux vous demander par occasion comment vous vous portez d'être grand-père. Je crois que vous avez reçu une gronderie que je vous faisais sur l'horreur que vous me témoigniez de cette dignité; je vous donnais mon exemple, et je vous disais : *Pœtus, cela ne fait pas de mal.*

    Mme de Sévigné, *Au Président de Moulceau.*

POISONS DE MITHRIDATE.

Mithridate, le plus redoutable ennemi des Romains après Annibal, dévoila dès sa plus tendre jeunesse son âme ambitieuse et indomptable. Il avait à peine treize ans quand il fit mourir sa mère, qui devait gouverner pendant sa minorité. Ses courtisans effrayés cherchèrent à se délivrer d'un maître si terrible; il déjoua tous leurs complots. Entouré d'embûches et dévoré de soupçons, il quitta son palais, et, durant sept années, il ne reposa jamais sous un toit; il errait dans les bois, courait les plaines et les montagnes à la chasse des bêtes fauves, faisant parfois mille stades en un jour, et acquérant dans ces violents exercices cette robuste constitution qui affronta les fatigues d'une guerre d'un demi-siècle. Brave, autant qu'agile et fort, il était le meilleur soldat de son armée, et il dirigeait sans peine trente-deux chevaux dans leur course. Agé de soixante-dix ans, il continuait à combattre, et son corps était couvert d'autant de cicatrices qu'il avait livré de batailles. Par la pompe dont il aimait à s'entourer, par son mépris pour la vie humaine, c'était un roi de l'Asie; par son indomptable courage, un chef barbare; par son goût pour les lettres, les sciences, les médailles, c'était un prince grec. Il avait appris les idiomes de tous les peuples de l'Asie et pouvait parler vingt-deux langues, et s'entretenir sans interprètes avec autant de nations à demi barbares. Il fatigua trois des plus illustres généraux qu'ait produits Rome : Sylla, Lucullus et Pompée. Vaincu enfin après une lutte gigantesque de plus de cinquante ans, trahi par ses fils, il se donna la mort.

Tout jeune, et continuellement en butte aux intrigues, aux complots, aux conspirations d'une cour qu'il faisait déjà trembler, il avait étudié les plantes vénéneuses, à l'exemple d'Attale de Pergame, et s'était si bien familiarisé avec les poisons les plus violents, qu'il en était arrivé à n'avoir plus rien à craindre de leur effet. Lorsqu'il se vit sur le point de tomber au pouvoir de ses ennemis, il prit un poison très subtil qu'il portait toujours avec lui ; mais la liqueur mortelle fut impuissante contre ce corps accoutumé depuis longtemps à tous les antidotes. Il essaya alors de se percer de son épée, sa main le trompa encore ; enfin, un Gaulois lui rendit ce dernier service.

Dans la tragédie de *Mithridate*, de Racine, Arbate, confident du roi de Pont, raconte ainsi ses derniers moments :

> . . . .
> Pour éviter l'affront de tomber dans leurs mains,
> D'abord il a tenté les atteintes mortelles
> Des poisons que lui-même a cru les plus fidèles ;
> Il les a trouvés tous sans force et sans vertu.
> « Vain secours, a-t-il dit, que j'ai trop combattu !
> Contre tous les poisons soigneux de me défendre,
> J'ai perdu tout le fruit que j'en pouvais attendre,
> Essayons maintenant des secours plus certains,
> Et cherchons un trépas plus funeste aux Romains. »

—L'histoire, ma fille, l'histoire ! il faut bien que je t'en donne. Et je te la donnerai, franche et forte, simple, vraie, amère, comme elle est ; ne crains pas que, par tendresse, je l'édulcore d'un miel faux. Mais il ne m'est pas imposé, pauvre enfant, de te faire boire tout, de te prodiguer à flots ce terrible fortifiant où dominent les poisons, de te donner jusqu'à la lie *la coupe de Mithridate*.

MICHELET, *la Femme*.

—J'ai étudié la chimie parce que, décidé à vivre particulièrement en Orient, j'ai voulu suivre *l'exemple du roi Mithridate*.

—Mithridate ? dit l'enfant en découpant des silhouettes dans un magnifique album ; le même qui déjeunait tous les matins avec une tasse de poison à la crème ?   ALEX. DUMAS, *Monte-Cristo*.

Il existe beaucoup d'hommes qui se sont habitués aux sentiments bas, comme on dit que *Mithridate s'était habitué au poison ;* leur

souplesse est extrême, ils adoptent tous les masques, ils affectent toutes les vertus pour atteindre le but qu'ils se proposent.
Galerie de littérature.

. . . . . Ah! fiers amants, magnanimes amants,
Gonflés de tragédie et de beaux sentiments!
Qu'avez-vous fait du rire et de l'amour folâtre?
Tout ce siècle est perdu par les gens de théâtre,
Et chaque soupirant taille sa passion
Sur les ardeurs d'Achille ou bien d'Agamemnon!
Au temps de ma jeunesse, ah! l'admirable chose
Quand on prenait l'amour, c'était à faible dose,
Et, comme ce bon prince aux *poisons aguerri*,
On avait tant aimé qu'on en était guéri.
LOUIS BOUILHET, *Madame de Montarcy.*

« La première fureur passée, les gens d'esprit et de jugement me reviendront; je ne conserverai pour ennemis que des sots ou des méchants. Bientôt il n'y aura plus de traces des libelles écrits contre moi, tandis que mes monuments et mes institutions me recommanderont à la postérité la plus reculée. La calomnie a épuisé tous ses venins sur ma personne, elle ne saurait plus me heurter; elle n'est plus pour moi que *le poison de Mithridate.* »
Mémorial de Sainte-Hélène.

Montrant Mazarin, habile à tirer parti de l'excès même des accusations et des haines, à les neutraliser et à les tourner à son profit: « Le cardinal Mazarin, dit madame de Motteville, avait fait des injures ce que *Mithridate avait fait du poison*, qui, au lieu de le tuer, vint enfin, par la coutume, à lui servir de nourriture. »
SAINTE-BEUVE, *Causeries du lundi.*

Vaincu, persécuté, sans abri, sans état, errant de roc en roc, l'ours, comme *Mithridate*, a dû s'habituer de bonne heure à manger toutes sortes de choses, et à se faire un estomac à l'épreuve de tous les poisons. L'arsenic, qui est un des plus violents poisons pour l'homme, ne mord pas sur l'ours.
TOUSSENEL, *Mammifères de France.*

POMME DE NEWTON.

Newton, un des génies les plus extraordinaires dont s'honore l'esprit humain, naquit à Woolstrop, petit village de la Grande-Bretagne, le jour de Noël 1642, l'année même où mourut Galilée. Il vint au monde à sept mois, si faible et si chétif qu'on désespérait de le conserver à la vie. Dès l'enfance, il se fit remarquer par un goût très vif pour les inventions mécaniques. A peine âgé de douze ans, il avait fabriqué un petit moulin d'une nouvelle invention, et des horloges qui marchaient par l'écoulement de l'eau et marquaient l'heure avec une exactitude extraordinaire. Il résolvait les propositions d'Euclide à la seule lecture de l'énoncé. Ainsi il parut jouir, dès le commencement, de la plénitude de son génie, et il serait à peu près impossible de déterminer une gradation dans les développements de cette étonnante intelligence.

Les travaux de ce grand homme ont opéré toute une révolution dans les sciences physiques et dans la philosophie naturelle. Mais ce qui a surtout immortalisé son nom, c'est la magnifique découverte de l'attraction universelle, découverte qui a coordonné en une puissante et féconde synthèse, et comme réuni en un foyer unique, toutes les découvertes antérieures de Galilée, de Képler et de Huyghens.

Depuis longtemps Newton étudiait profondément la théorie de Képler sur les lois qui président aux mouvements des planètes, et sans doute des lueurs avaient déjà traversé ce cerveau puissant, quand un accident des plus vulgaires vint le dégager tout à coup des obscurités qui l'enveloppaient encore. La peste régnait à Londres; Newton se retira dans son domaine de Woolstrop, où il put s'abandonner sans distractions à ce bonheur de la méditation qui était tout pour lui. Un jour que, livré à ses pensées, il était assis sous un pommier, une pomme tomba à ses pieds. Ce hasard le jeta dans de profondes réflexions sur la nature de cette singulière puissance qui sollicite les corps vers le centre de la terre, et les y précipite avec une vitesse accélérée. Aussitôt un éclair illumina son esprit. Pourquoi, se demanda-t-il, ce pouvoir de l'attraction ne s'étendrait-il pas jusqu'à la lune? et alors quelle est la force qui retient celle-ci dans son orbite autour de la terre...? Puis il étendit cette interrogation jusqu'aux planètes, qui se meuvent autour du soleil. Newton était sur la voie de la grande découverte que ses calculs devaient bientôt déterminer rigoureusement.

Le pommier de Woolstrop a survécu à Newton, et les Anglais, si enthousiastes de toutes leurs illustrations nationales, prirent le vieil arbre en vénération; lorsqu'enfin il tomba de vétusté, les débris en furent religieusement conservés dans les musées. Quelques parties servirent même à confectionner des tabatières, que leurs heureux possesseurs regardent encore aujourd'hui comme de véritables reliques. Quant à Newton, ses restes avaient été déposés à Westminster, dans la sépulture des rois, au milieu d'un immense cortège que conduisaient les ministres, le lord chancelier et toute l'aristocratie anglaise.

Ce roman est, comme tant d'autres, le résultat d'une promenade, d'une rencontre, d'un jour de loisir.

La pomme qui tombe de l'arbre fait découvrir à Newton une des grandes lois de l'univers. A plus forte raison le plan d'un roman peut-il naître de la rencontre d'un fait ou d'un objet quelconque.

George Sand, *le Meunier d'Angibault.*

Les chants retentissaient dans la cathédrale de Pise ; l'encens fumait ; l'orgue jetait des torrents d'harmonie ; tous les assistants étaient plongés dans le recueillement. L'un d'eux fut tout à coup distrait par les oscillations d'une lampe, et cette circonstance vulgaire devint pour Galilée la *pomme de Newton*.

Revue des Deux Mondes.

PORTER LA PAIX OU LA GUERRE DANS LES PLIS DE SON MANTEAU.

Rome et Carthage étaient en paix ; mais les deux rivales, dont chacune aspirait à l'empire du monde, n'attendaient qu'un prétexte pour recommencer la guerre. Annibal, alors âgé de vingt-six ans, le fournit en s'emparant de Sagonte, alliée des Romains, malgré la résistance héroïque des habitants et la protestation impérieuse du sénat. Une ambassade se rendit à Carthage pour demander une solennelle réparation (1). Les Carthaginois, prenant l'offensive, accusèrent les Romains d'avoir violé les traités. La discussion se prolongeait. Alors Fabius, chef de l'ambassade, relevant un pan de sa toge : « Je porte ici la paix ou la guerre, dit-il fièrement ; choisissez ! — Choisissez vous-même, s'écria-t-on de toutes parts. — Eh bien, la guerre ! » reprit Fabius ; et il laissa retomber sa toge, comme s'il eût secoué sur Carthage la mort et la destruction.

Le Tasse s'est emparé de ce trait, qu'il a revêtu des admirables couleurs de son génie poétique. Au second chant de son immortel poème, les croisés sont de-

---

(1) Chez les peuples anciens, les ambassadeurs ne faisaient que porter dans les cours étrangères les négociations dont ils étaient chargés ; mais on ne les établissait pas en permanence et dans le but avoué d'une surveillance réciproque.

Ces ambassades n'avaient, du reste, ni la fréquence, ni la durée, ni les complications qu'elles offrent de nos jours ; elles présentaient le plus souvent de simples déclarations de guerre, ou des propositions de paix assez laconiques, et dans lesquelles chaque nation apportait le ton de son caractère ou de sa puissance ; pour Athènes, c'étaient des manières nobles, chevaleresques ; de la part de Rome, des actes impérieux et sans courtoisie ; c'était un envoyé formant deux plis de sa robe et disant au souverain étranger : « L'un contient la paix, l'autre la guerre : choisissez » ; ou bien Popilius Lænas, qui, voulant arracher un aveu définitif à la décision d'Antiochus, traçait un cercle autour de ce prince et lui commandait de répondre avant d'en sortir !

Lepelletier de la Sarthe, *du Système social.*

vant les murs de la cité sainte, qu'ils se préparent à attaquer. Deux ambassadeurs sarrasins, Alète et Argant, se présentent devant Godefroi, entouré des principaux chefs chrétiens, et lui offrent la paix au nom de leur maître. Le héros refuse ces propositions perfides, « et sa réponse porte dans le cœur du farouche Argant le dépit et la rage ; il ne peut les contenir : l'œil étincelant, il s'approche de Bouillon : « Tu ne veux pas la paix, dit-il, tu auras la guerre : tu la désires, » puisque tu te refuses aux conditions que te propose notre souverain. »

» Il prend un pan de sa robe, il y forme un pli, et d'un ton plus insultant et plus farouche : « O toi, dit-il, qui braves les hasards les plus douteux, je t'apporte » ou la paix ou la guerre ; choisis, mais choisis à l'instant. »

» A ce discours, à ce geste outrageant, tous les héros chrétiens se lèvent ; tous, sans attendre la réponse de Bouillon, s'écrient : « La guerre ! la guerre ! » Le barbare déploie sa robe et la secoue. « Je vous la déclare, dit-il, et je vous la » déclare mortelle. » A son air audacieux, terrible, on l'aurait pris pour un Romain ouvrant le temple de Janus. »

Le fier mouvement de l'ambassadeur romain est souvent rappelé par les poètes :

Prenez garde! — La France, où grandit un autre âge,
N'est pas si morte encor qu'elle souffre un outrage !
. . . .
L'étranger briserait le blason de la France !
On verrait, enhardi par notre indifférence,
Sur nos fiers écussons tomber son vil marteau !
Ah ! comme ce Romain qui remuait la terre,
Vous portez, ô Français ! la paix et la guerre
    Dans le pli de votre manteau.
                  V. Hugo, *Odes et ballades*.

« Je le reconnais là. . . . . »
Dit Martignac ; fuyons, regagnons notre barque. »
Il dit, et secouant par un geste hautain
Les pans d'un frac d'azur rassemblés dans sa main :
« Vous voulez donc la guerre, insensés que vous êtes !
La voilà ! que ses maux retombent sur vos têtes ! »

Ils partent ; sous l'esquif l'eau du fleuve a blanchi ;
Et du rivage au camp le chemin est franchi.
                  Barthélemy et Méry, *la Villéliade*.

La Restauration, en apportant la paix à la France dans *les plis du manteau royal*, donnait l'essor aux fortunes industrielles.
                Nettement, *Littérature sous la Restauration*.

Tous les diplomates, opposant aux raisons de M. de Caulaincourt une sorte de clameur générale, s'écrièrent tous ensemble qu'il ne s'agissait pas de pareilles questions, que ce n'était pas des propositions de Francfort qu'on avait à s'occuper, mais de celles de Châtillon; que c'était sur celles-là et non sur d'autres qu'il fallait se prononcer séance tenante; que l'on n'avait pas mission de les discuter, mais de les présenter, et de savoir si elles étaient agréées ou rejetées, et, *un pan de leur manteau* à la main, ils firent entendre que c'était la paix ou la guerre, la guerre jusqu'à ce que mort s'ensuivît, qu'il s'agissait de décider, en répondant sur-le-champ par oui ou par non.

THIERS, *Histoire du Consulat et de l'Empire.*

Citoyens représentants, jamais peut-être question plus grave et plus solennelle n'a été soulevée devant vous : elle peut *porter dans ses plis la paix ou la guerre.*

WOLOWSKI, *15 mai 1848, Question de la Pologne.*

C'est vous qui donnez la paix ou la guerre aux nations, *qui portez dans les pans de votre étroite robe les destinées du genre humain.* Descendez sur la place publique, élevez votre voix. J'entends les continents s'émouvoir et se dire : « Qui donc a remué? » Ce qui a remué, c'est vous, c'est vous, fils de la Bible !

LACORDAIRE, *Conférences.*

POULE (LA) AU POT.

Si l'on en croit la tradition, Henri IV,

Le seul roi dont le peuple ait gardé la mémoire,

avait surtout à cœur le bien-être des classes laborieuses, si fort opprimées et pressurées pendant la guerre civile. « Tout allait mal, disait-il, quand le père n'y était pas; aujourd'hui il a soin de ses enfants, et tout prospère. » Durant son règne, ce prince réprima avec une grande sévérité les exactions des financiers et la licence des gens de guerre. « Ventre-saint-gris! disait-il, si l'on ruine mon peuple, qui me nourrira? qui soutiendra les charges de l'État? Vive Dieu! s'en prendre à mon peuple, c'est s'en prendre à moi-même. » On connaît ce vœu si cher à son cœur, dont le poignard de Ravaillac empêcha l'accomplissement, et qu'il exprimait dans ces mots tant de fois répétés : « *Je veux que chaque laboureur de mon royaume puisse mettre la poule au pot le dimanche.* »

Telle est l'idée que la plupart des historiens ont donnée du caractère de Henri IV; mais la critique moderne, se défiant de traditions suspectes, et s'appuyant sur des documents authentiques, a brisé l'idole et nous a présenté le chef de la maison de Bourbon sous un tout autre aspect. (Voir *Paris vaut bien une messe*.)

Le poète Saint-Gelais raconte ainsi une conversation entre Henri IV et son ministre, qui lui proposait d'augmenter les impôts. La réponse du roi peut être rangée au nombre de celles qui montrent le mieux la vivacité de repartie du spirituel Béarnais :

> Dans le besoin pressant qui vous menace,
> Sire, il faudrait recourir aux impôts.
> — Ah ! des impôts !... laissons cela, de grâce :
> Mon pauvre peuple a besoin de repos.
> Le voulez-vous sucer jusqu'à la moelle ?
> Je prétends, moi, qu'il n'en soit pas ainsi.
> — Sire, songez quel est en tout ceci
> Mon embarras ; songez que de la poêle
> Qui tient la queue est le plus mal loti.
> — Qui dit cela ? — Qui ? le proverbe, sire.
> — Ventre-saint-gris ! le proverbe a menti ;
> Car, de par Dieu, c'est celui qu'on fait frire.

La poule au pot a été maintes fois le sujet d'épigrammes lancées contre ses successeurs.

Quand Louis XVI monta sur le trône, quelqu'un écrivit en gros caractères, au bas de la statue de Henri IV qui était sur le Pont-Neuf : *Resurrexit*, il est ressuscité. Le lendemain on y trouva attaché ce distique :

> *Resurrexit* : J'approuve fort ce mot,
> Mais pour y croire, il faut *la poule au pot*.

Deux mois après, on faisait le quatrain suivant sur le même sujet :

> Enfin, *la poule au pot* sera donc bientôt mise ;
> On doit du moins le présumer,
> Car depuis deux cents ans qu'on nous l'avait promise,
> On n'a cessé de la plumer.

Voici un impromptu de C. Desmoulins au sujet du ministre Calonne, qui venait d'augmenter les impôts :

> Calonne fait la chattemite
> Et nous promet *la poule au pot* ;
> Mais il demande double impôt.
> Or, comment profiter d'un présent hypocrite,
> Quand chacun, pour payer, a vendu sa marmite.

Ce qui nous émeut tous aujourd'hui, c'est la publication d'un admirable programme, une révolution démocratique descendue d'en haut, la promesse d'un bien-être que tous les gouvernements avaient refusé aux classes pauvres. *La poule au pot* rêvée par Henri IV deviendra sous peu une réalité palpable, et ceux qui n'aiment pas la poule bouillie seront libres de la remplacer par un chapon rôti.

Edmond About.

— 503 —

Je crois encore, comme je le disais dans les trois dernières lignes de mon histoire des Brissotins, que vous avez tant fêtoyée, qu'il n'y a que la république qui puisse tenir à la France la promesse que la monarchie lui avait faite en vain depuis deux cents ans : *La poule au pot pour tout le monde.*
      CAMILLE DESMOULINS, *le Vieux Cordelier.*

En même temps, monseigneur faisait clandestinement imprimer des pamphlets encyclopédistes; il subventionnait Diderot, écrivait à Voltaire, conspirait *contre l'infâme* chez d'Holbach, offrait un ermitage à Jean-Jacques, et passait à Paris pour être le père du peuple. On disait que, dans sa province, le moindre corvéable avait *la poule au pot.* LOUIS VEUILLOT, *les Libres Penseurs.*

Pour ménager la pitié que tu serais peut-être, mon cher Georges, tenté d'accorder à ma situation, je te dirai qu'après que nous eûmes bu notre thé, qui répandit un courant de chaleur dans tous nos membres, l'habile Passe-Partout nous a fait, avec du riz et un morceau de lard, un plat excellent. Si le galant Henri IV l'eût connu, il l'aurait souhaité aux paysans de France au lieu de *la poule au pot.*
      XAVIER MARMIER, *Gazida.*

Lorsqu'il n'y avait dans nos sociétés d'Europe ni commerce ni argent, la bienfaisance songeait à donner au pauvre *la poule au pot.* Aujourd'hui que les nations regorgent d'argent, qu'elles couvrent les mers de leurs bâtiments et les marchés de leurs denrées, la philanthropie les met à la soupe économique.
      DE BONALD, *Mélanges littéraires.*

PRENDS ET LIS.

Ces mots décidèrent de la conversion de saint Augustin, ainsi qu'il le raconte lui-même dans ses *Confessions.* Agité par les remords, lié par l'habitude, entraîné par la crainte, subjugué par la passion, il veut et ne veut pas. Un jour, enfin, livré aux plus violentes agitations, il avait fui la compagnie de quelques amis fidèles pour aller chercher sous un bosquet de son jardin la solitude et le calme qui manquaient à son cœur; il invoquait, bien que confusément, le secours du ciel. Tout à coup il croit entendre sortir, comme d'une maison voisine, une voix qui lui disait : *Prends et lis (tolle et lege)*. Surpris, se demandant de quel endroit est partie cette voix, et surtout quelle lecture lui était indiquée, il court retrouver Alype, jeune chrétien, son ami. Un livre était placé sous ses yeux; c'étaient les Épîtres de saint Paul. Augustin l'ouvre au hasard et tombe sur ce passage de l'apôtre : *Ne passez pas votre vie dans les festins et les plaisirs de la table... mais revêtez-vous de votre Seigneur Jésus-Christ, et gardez-vous de satisfaire les désirs déréglés de la chair*. Augustin n'eut pas besoin d'en lire davantage; un rayon de lumière avait dissipé les ténèbres de son intelligence, et embrasé son cœur d'une flamme toute céleste.

Le facteur sait tout prévoir; il comprend que ce petit billet est une fête, et il est joyeux de le donner lui-même à la jeune dame, au jeune monsieur : « *Prenez et lisez !* » Sa boîte est un monde, un abîme, un fantôme, un gouffre.

J. JANIN, *les Petits Bonheurs*.

Des philosophes ne se convertissent pas par la vertu des brochures. Quand cela leur arrive, il leur faut, comme à La Harpe, le coup de tonnerre dans le sang de la place Louis XV (1) et le chemin de Damas (2) de la guillotine. Mais quant à des livres, ils en font trop pour que le *prends et lis* du figuier d'Augustin se renouvelle.

BARBEY D'AUREVILLY, *les Œuvres et les Hommes*.

Ne sachant plus comment subvenir aux besoins de leur nourriture, Hubert fit comme il avait vu faire à certains Genevois, qui, dans les cas difficiles, ouvrent leur Bible au hasard pour y trouver un bon conseil. Il ouvrit le premier livre qui lui tomba sous la main (*la Cuisinière bourgeoise*), et il lut : « Prenez un lièvre; — prenez un chevreuil; — prenez trois faisans; » autant de paroles cabalistiques qui produisaient sur l'esprit d'Hubert l'effet du

---

(1) Allusion à la mort de Louis XVI, époque à laquelle un revirement soudain se manifesta dans les idées philosophiques de La Harpe.
(2) Voyez *Saint Paul sur la route de Damas*.

prends et lis, qui a tiré saint Augustin des abîmes et des gouffres dans lesquels trébuchait sa jeunesse.

J. Janin, *les Gaîtés champêtres.*

PSAPHON EST UN DIEU.

La vanité pousse quelquefois les hommes à des actes d'extravagance qui vont jusqu'à la destruction des monuments et des villes. Celle de Psaphon était d'une nature moins dangereuse, sans être moins folle. C'était un jeune Libyen qui ne visait à rien moins qu'à se faire passer pour un dieu. Il rassembla un grand nombre d'oiseaux auxquels il apprit à répéter ces mots : *Psaphon est un dieu, Psaphon est un dieu*. Lorsqu'il les jugea suffisamment instruits, il les lâcha dans la campagne, et bientôt les bosquets ne retentirent plus que de ces paroles : *Psaphon est un dieu!* Ce prétendu prodige frappa vivement la multitude, qui ne tarda pas à décerner à l'adroit Libyen les honneurs divins.

Abd-el-Moumen usa d'un stratagème à peu près semblable pour se faire décerner la couronne. Il était premier ministre d'Al-Mahadi, un des premiers califes d'une nation africaine. Celui-ci étant venu à mourir, Abd-el-Moumen cacha cet événement au peuple pendant trois années, et continua de gouverner au nom du prophète. Lorsqu'enfin il jugea le moment venu de dévoiler la mort de Mahadi, il fit construire une grande salle, dans les combles de laquelle il cacha la cage d'un oiseau auquel il avait enseigné à répéter, en arabe et en berbère, ces paroles : « Abd-el-Moumen est le rempart et l'appui de l'État. » Puis, ayant rassemblé les principaux chefs, il leur révéla la mort du calife. En ce moment, une voix qui semblait venir du ciel, prononça distinctement ces mots : « Victoire et puissance au calife Abd-el-Moumen, prince des croyants, le rempart et l'appui de l'État! » A ces mots, les chefs le proclamèrent calife d'une voix unanime.

Vilate, dans les *Causes secrètes de la révolution du 9 thermidor*, fait jouer à une femme, à l'égard de Robespierre, le rôle des oiseaux de Psaphon : « Robespierre, dit-il, au lieu d'oiseaux, s'entourait d'une nuée de femmes qui s'appliquaient à le diviniser. Une vieille baronne, espèce de coryphée, donnait le ton aux adorations. Elle allait partout répétant : « Ce Robespierre est un dieu ; il est sans pareil ; c'est l'homme divin ; c'est le fils de l'Être suprême. »

Père Duchesne, que tu aies reçu de Bouchotte, en un seul jour, soixante mille francs pour crier dans ta feuille aux quatre coins de la France : *Psaphon est un dieu*, et pour calomnier Danton, c'est la moindre de tes infamies. Tes numéros et tes contradictions à la main, je suis prêt à prouver que tu es un avilisseur du peuple français et de la Convention.

Camille Desmoulins, *le Vieux Cordelier.*

Quelle est cette belle courtisane athénienne qui s'en vient sur les bords de la mer Égée, pour prendre un bain dans le flot obéissant? Elle dénoue d'une main presque timide sa blonde chevelure, et elle s'en fait un chaste manteau; c'est la belle Phryné dans un accès de modestie, ou c'est la comédie d'Aristophane qui s'est faite pudique un instant. La comédie grecque se permet tout, même les louanges; plus d'une fois elle a ouvert la volière de Psaphon, et les oiseaux de s'envoler en chantant : *Psaphon est un dieu!*

J. Janin, Littérature dramatique.

Est-on convenu de celui qu'on veut porter ou étouffer, on ne s'occupe que de lui seul; on le prône ou on le décrie partout; la Renommée a le mot pour emboucher l'une ou l'autre des deux trompettes que Voltaire lui donne. C'est là tout le secret des cabales. C'est l'histoire du Libyen *Psaphon.*

De Jouy, l'Ermite de la Chaussée d'Antin.

PYTHONISSE D'ENDOR.

Au fond d'une vallée solitaire, non loin de la petite ville d'Endor, habitait une fameuse pythonisse, qui était en grande réputation parmi la nation juive. Sur le point d'en venir aux mains, la veille de la bataille de Gelboé, Saül, saisi de terreur et d'un sinistre pressentiment en voyant se déployer les tentes innombrables de ses ennemis, interrogea le Seigneur, qui ne lui répondit ni en songe, ni par la voix des prêtres, ni par celle des prophètes. Alors s'étant déguisé, il vint à Endor consulter la célèbre magicienne. « Découvre-moi, lui dit-il, l'avenir par l'esprit qui est en toi, et fais apparaître celui que je te désignerai. » Et sur sa demande, elle évoqua l'ombre de Samuel : « Pourquoi as-tu troublé mon repos? lui dit le prophète; pourquoi m'interroger quand le Seigneur s'est éloigné de toi pour passer à ton rival? Il t'arrachera le sceptre des mains pour le donner à David. Demain vous serez avec moi, toi et tes fils. »

Le lendemain, la bataille se livra sur la montagne de Gelboé; les Israélites furent vaincus, trois fils de Saül furent tués, et lui-même, pour ne pas tomber entre les mains des incirconcis, se perça de son épée.

M. de Lamartine a consacré sa dix-huitième méditation poétique à cette célèbre évocation. Dans ce dialogue, la pythonisse refuse d'abord de répondre aux questions de Saül; puis, saisie tout à coup de l'esprit divin, elle annonce au roi les malheurs terribles qui vont fondre sur lui :

<blockquote>
Mais quel rayon sanglant vient frapper ma paupière!
Mon œil épouvanté cherche et fuit la lumière!
</blockquote>

Silence!... l'avenir ouvre ses noirs secrets!
Quel chaos de malheurs, de vertus, de forfaits!
Dans la confusion je les vois tous ensemble!
Comment, comment saisir le fil qui les rassemble?
Saül... Michol... David... malheureux Jonathas!
Arrête! arrête, ô roi! ne m'interroge pas.
. . . .
Le sceptre est arraché de tes mains sans défense;
Le sceptre dans Juda passe avec ta puissance;
Et ces biens, par Dieu même à ta race promis,
Transportés à David, passent tous à ses fils.
Que David est brillant! que son triomphe est juste!
Qu'il sort de rejetons de cette tige auguste!
Que vois-je? un Dieu lui-même!... O vierges du saint lieu!
Chantez, chantez David! David enfante un Dieu!..

Tu me laisses sur les épaules toute la matinée cet assommant Bergenheim, qui m'a fait compter, je crois, tous les baliveaux de son parc et tous les crapauds de son étang. Ce soir, quand cette *vieille sorcière d'Endor* a proposé son infernal whist, tu t'es excusé sous prétexte d'ignorance, et cependant tu joues au moins aussi bien que moi. CHARLES DE BERNARD, *Gerfaut*.

Nous avons dessein de montrer que, des cendres du genre humain où dorment pêle-mêle avec les siècles le bien et le mal, les ténèbres et la lumière, les passions exécrables et les magnanimes, nos descendants feront sortir avec autorité tous les rêves de leur propre esprit, bien plus qu'ils n'en feront sortir la vérité, comme *la pythonisse d'Endor,* qui, pour avoir évoqué une fois du passé l'ombre de Samuel, n'en évoqua pas moins mille fois tous les spectres de l'enfer. LACORDAIRE, *Conférences de Notre-Dame*.

QUART D'HEURE DE RABELAIS.

On appelle ainsi le moment quelquefois embarrassant où il faut payer son écot, délier les cordons de la bourse, et, par extension, tout moment fâcheux et désagréable.

Une tradition, probablement apocryphe, fait remonter à Rabelais l'origine de ce proverbe. Il revenait de Rome et passait par Lyon, où il se trouva retenu dans une auberge faute d'argent. On raconte qu'alors il disposa dans un endroit apparent de sa chambre, des petits paquets sur lesquels il avait écrit: *Poison pour le roi, poison pour la reine, poison pour le dauphin.* L'hôte, épouvanté de cette découverte, courut en prévenir les autorités de Lyon, qui firent conduire Rabelais à Paris par la maréchaussée. François Ier est prévenu de l'arrestation d'un grand criminel ; il veut le voir, et l'on conduit devant lui Rabelais, dont la vue fait aussitôt sourire le roi. « C'est bien fait à vous, dit François Ier aux notables de Lyon, qui avaient accompagné leur capture ; ce m'est une preuve que vous n'avez pas peu de sollicitude pour la conservation de notre vie ; mais je n'aurais jamais soupçonné d'une méchante entreprise le bonhomme Rabelais. » Là-dessus, il congédie très gracieusement les Lyonnais confondus, et retient à souper Rabelais, qui but largement à la santé du roi et à la bonne ville de Lyon.

M. Geruzez révoque en doute l'authenticité de cette anecdote. « Quelle que soit, dit-il, l'autorité d'un proverbe, il est impossible à un homme de sens d'admettre un pareil fait. Rabelais était-il bien sûr que son procès ne s'instruirait pas sur place, et qu'on le conduirait ainsi, bien nourri, bien voituré, jusqu'à Paris? Il s'exposait au moins à faire le voyage en mauvais équipage, et à éprouver quelques traitements fâcheux de la population des villes déjà irritées de l'empoisonnement trop réel du dauphin. En outre, s'il manquait d'argent, je suppose que ses amis, et, en désespoir de cause, le libraire François Juste, qui avait imprimé plusieurs années auparavant son *Gargantua*, et qui le réimprima plus tard, ou les Gryphes, éditeurs de son *Hippocrate*, lui auraient fait volontiers quelques légères avances. Ajoutons qu'il avait alors plus de soixante ans (1). »

Nous croyons en effet nous-même que l'anecdote de Lyon est peu vraisemblable. Toutefois, il n'en est pas moins vrai que le *quart d'heure de Rabelais* est une expression restée dans la langue avec une signification bien précise ; assurément elle n'est pas tombée du ciel, et elle a une origine à laquelle se trouve mêlé le nom de Rabelais. Le curé de Meudon ne s'est jamais fait remarquer par l'esprit d'ordre et l'opulence ; ce qui n'est pas contestable, c'est qu'il manquait souvent d'argent, et qu'il a dû se trouver plus d'une fois dans l'embarras. Il ne serait donc pas étonnant que cet état de gêne, qu'il eut soin de constater lui-même dans son testament (2), fût devenu proverbial et eût donné naissance à une des locutions les plus pittoresques de notre langue.

Le quart d'heure de Rabelais est connu de tout le monde, même des personnes les moins lettrées. Voici cependant une exception. Un banquier avait invité plusieurs personnes à dîner. L'une d'elles, qui arrivait en retard, s'excusait de son mieux : « Bah ! bah ! s'écria l'amphitryon, plus aimable qu'érudit, est-ce qu'il n'y a pas le *quart d'heure de Rabelais?* » Notre financier confondait avec le quart d'heure de grâce accordé à tout convive retardataire.

Un triste réveil suit les folles ivresses du carnaval. Les dandys

(1) Voltaire est encore plus péremptoire. « Les auteurs de cette plate historiette, dit-il, n'ont pas fait attention que, sur un indice aussi terrible, on aurait jeté Rabelais dans un cachot, qu'il aurait été chargé de fers, qu'il aurait subi probablement la question extraordinaire, et que, dans des circonstances aussi funestes et dans une occasion aussi grave, une mauvaise plaisanterie n'aurait pas servi à sa justification. »

(2) « Je n'ai rien, je dois beaucoup ; je donne le reste aux pauvres. »

trouvent chez leur concierge des protêts, des commandements, des cartes d'huissier; les ouvriers trouvent leur logement vide et froid. Plus de pain sur la planche, plus d'argent dans les tiroirs de la commode...

C'est le *quart d'heure de Rabelais*. La cloche de la nécessité tinte aux oreilles des carnavaliseurs; carême leur montre sa face blême de pécheur repentant; il faut payer sa dette de mardi gras, il faut solder ses extravagances.

Benjamin Gastineau, *Journal pour tous*.

Ce sentiment contribua beaucoup à diminuer les embarras et les périls du départ pour une armée innombrable d'employés venus à la suite des baïonnettes, et qui n'avaient plus de baïonnettes pour les défendre, quand arriva cette catastrophe inévitable de l'évacuation, qui est le *quart d'heure de Rabelais* du triomphateur.

Charles Nodier, *Portraits*.

A ce moment, à ce terrible *quart d'heure de Rabelais*, qui ne fut épargné par la Terreur à aucun de ceux qui l'avaient servie, le duc d'Orléans put voir quelle somme de dettes sanglantes sa frivolité, aussi prodigue dans le mal que dans la munificence, avait lâchement accumulée.

Édouard Fournier, *Chroniques parisiennes*.

J'ai trouvé ce qu'il nous faut, dit-il en entrant comme un ouragan; c'est un trésor, une perle; figurez-vous un logement sortant de la main des fées : deux pavillons, trois pièces en haut, quatre en bas, etc., etc. Mais, dès le premier coup d'œil, je pensai qu'il y aurait au bout de tout cela un *quart d'heure de Rabelais*.

Louis Reybaud, *Scènes de la Vie moderne*.

QUATRE-VINGT-TREIZE (UN).

Nous ne nous étendrons pas sur les excès qui ont été commis à cette époque célèbre qu'on appelle la Terreur. Qui n'a pas frémi au récit des massacres de septembre, des noyades de Nantes, des mitraillades de Lyon? Le souvenir en est encore vivant dans tous les esprits; et ces mots : *c'est un quatre-vingt-treize*, sont l'image la plus énergique que l'on puisse employer pour caractériser un bouleversement profond, un renversement général, dans quelque ordre de choses que ce soit.

Chateaubriand n'est pas sans reproche, jugé au point de vue de la langue. Il le sentit quand il vit les excès du romantisme, qu'il avait fini par prendre à guignon, jusqu'à nier quelquefois les grands talents qu'il a produits. Je me faisais un jeu d'appeler les romantiques ses enfants : « Je les renie, s'écriait-il; ils ont fait un *quatre-vingt-treize* de la langue, et encore n'y a-t-il pas un Danton parmi eux. » BÉRANGER, *Correspondance*.

Les applaudissements ne sont plus qu'un trafic;
Le goût, la liberté, sont bannis du parterre;
Il y faut par prudence approuver ou se taire,
Et si quelque honnête homme ose, pour son argent,
Au milieu des bravos se montrer exigeant,
Aussitôt il provoque un horrible tumulte,
Et voit fondre sur lui la menace et l'insulte.
Ainsi des soudoyés l'insolente fureur,
Au théâtre aujourd'hui fait régner la terreur :
Il faut que devant eux l'opinion se taise,
Et la littérature a son *quatre-vingt-treize*.
BARTHÉLEMY et MÉRY, *les Semainiers du Théâtre-Français*.

Remontant d'un seul bond à l'esprit du christianisme dans sa force première, Grégoire VII a senti qu'il portait en lui la conscience du moyen âge; de là, le droit d'interdit, d'excommunication, qui enlevait aux empereurs leurs empires, n'était qu'une conséquence naturelle et légitime.

Aucun livre ne donne l'idée de ce système ni de cet homme; imaginez un terrorisme moral, un *quatre-vingt-treize* spirituel qui tient l'anathème en permanence suspendu sur les âmes des suspects. EDGAR QUINET, *le Christianisme et la Révolution française*.

QUE CELUI QUI EST SANS PÉCHÉ LUI JETTE LA PREMIÈRE PIERRE.

Les scribes et les pharisiens amenèrent à Jésus une femme qui avait été surprise en adultère, et ils lui dirent : « Maître, cette femme vient d'être surprise en adultère. Or la loi de Moïse nous ordonne de lapider les adultères. Quel est sur cela votre sentiment ? »

Ils lui parlaient ainsi pour le tenter, et afin de pouvoir l'accuser. Mais Jésus-Christ, se baissant, écrivit du doigt sur la terre.

Et comme ils continuaient de l'interroger, il se leva et leur dit : « *Que celui d'entre vous qui est sans péché lui jette la première pierre.* »

A cette parole, ils se retirèrent l'un après l'autre ; il ne resta plus que Jésus seul et cette femme, qui se tenait toujours debout.

Jésus lui dit alors : « Personne ne vous a condamnée ; je ne vous condamnerai donc pas non plus. Allez et ne péchez plus à l'avenir. » (*Évangile selon saint Jean, chap. VIII*).

L'INDULGENCE DES PRUDES.

Qu'en son faux zèle une prude est amère !
Damner le monde est un plaisir d'élus ;
Mais le Sauveur à la femme adultère
Dit sans courroux : « *Allez, ne péchez plus.* »
Telle est du ciel la sublime indulgence !
Il plaint l'erreur, il pardonne à l'offense ;
Il n'aime point ni le fer ni le feu.
La pécheresse eut sa grâce accordée ;
Mais, qu'on suppose à la place de Dieu
Prude ou docteur..., elle était lapidée.

PALISSOT.

Alexandre Dumas ne prétend nullement guérir le malade ; il vient s'asseoir à son chevet comme un ami, et loin de lui parler de sa souffrance et de l'entretenir des douleurs qui l'attendent, il s'applique à lui faire oublier son état ; il lui improvise des aventures sur tout le monde, sur le passé, sur le présent, sur lui-même. Destinée heureuse ! rôle à part ! sa muse est la distraction. Il ne doute de rien ! il se croit poëte, artiste, créateur ; il a raison. Il a un orgueil naïf, une vanité à fleur de lèvres. *Que celui de nous qu'il n'a pas amusé lui jette la première pierre.*   LAURENT PICHAT.

La pie-grièche se nourrit généralement de jeunes oiseaux au nid ; après tout, n'est-elle pas en droit de se croire moins coupable que ces enfants dénaturés des hommes qui portent tous les jours sur les nids des oiseaux une main sacrilége, et qui n'ont pas même à objecter, pour justifier leur crime, l'excuse de la faim ? Je n'entends pas proclamer la blancheur immaculée de la pie-grièche; je demande seulement que celui de nous qui n'a pas détruit des oiseaux innocents pour le seul plaisir de détruire *lui jette la première pierre*.

TOUSSENEL, *le Monde des oiseaux.*

———

Ninon de Lenclos a été une femme extraordinaire. Sa fragilité était commune à beaucoup de femmes de haut rang de son temps. Ses vertus sont à elle seule. Le temps a jeté son voile d'indulgence sur les erreurs qu'il n'a pu faire oublier. La philosophie les a vues à travers le médium de l'âge auquel elles appartenaient. La charité a pardonné ce qu'elle ne pouvait excuser ; et, rappelant les vertus qui les accompagnaient, elle dit : « *Que ceux qui sont sans péché lui jettent la première pierre.* »   Lady MORGAN, *Revue de Paris.*

———

Le grand désir de redonner de la popularité au *Constitutionnel* par l'éclat d'un grand nom ne me rendit exigeant ni sur le sujet ni sur le but moral de l'ouvrage (*le Juif-Errant*). J'apportai certainement dans cette affaire autant d'imprévoyance que de légèreté. *Que celui qui n'a jamais commis de fautes dans la vie me jette la première pierre.*

Le Dr VÉRON, *Mémoires d'un Bourgeois de Paris.*

———

Choisissons un exemple : cette détestable prépondérance que la littérature et le théâtre ont laissé prendre de nos jours à la courtisane. M. Cuvillier-Fleury a écrit, sur la *Dame aux Camélias*, de charmantes pages pleines de justesse, de bonne morale et de bon sens : nous voilà d'accord. Montons plus haut, à *Fleur de Marie :* le *Journal des Débats* fut jadis son piédestal ; mais enfin il s'en est repenti, et *que celui de nous qui n'a pas péché lui jette la première pierre !*

ARMAND DE PONTMARTIN, *les Semaines littéraires.*

QUE LA LUMIÈRE SOIT; ET LA LUMIÈRE FUT.

Au commencement, Dieu créa le ciel et la terre. La terre était informe; les ténèbres couvraient l'abîme, et l'esprit de Dieu était porté sur les eaux. Dieu dit alors : « *Que la lumière soit (fiat lux)* »; et la lumière fut. Alors il sépara la lumière d'avec les ténèbres, et il donna à la lumière le nom de jour, et aux ténèbres le nom de nuit. Ce fut là le premier jour.

Ces paroles sublimes, par lesquelles Moïse exprime l'acte d'une volonté toute-puissante qui est à l'instant obéie, sont devenues la devise de toute grande découverte. On représente généralement l'inventeur de l'imprimerie tenant un rouleau de papier à demi développé, sur lequel on lit ces mots : *Fiat lux*.

Le *Discours de la Méthode* a été, au dix-septième siècle, le *fiat lux* de la philosophie.

Où donc l'auteur a-t-il ou a-t-elle trouvé tant de beautés littéraires? Lui en a-t-il coûté beaucoup pour produire ces merveilles? Non, je ne puis le croire; non, les fleurs de ce magnifique jardin sont nées d'elles-mêmes. Il semble que madame Sand n'ait eu qu'à dire : « *Qu'un chef-d'œuvre soit!* » et un chef-d'œuvre a été.

CHARLES BRIFAUT, *Passe-temps d'un reclus*.

Donc, c'est moi qui suis l'ogre et le bouc émissaire :
Dans ce chaos du siècle où votre cœur se serre,
J'ai foulé le bon goût et l'ancien vers françois
Sous mes pieds, et, hideux, j'ai dit à l'ombre : « *Sois!* »
Et l'ombre fut. — Voilà votre réquisitoire.

V. HUGO, *Réponse à un acte d'accusation*.

Ce qu'il y a d'étonnant dans le talent de Vernet, c'est que l'artiste se rappelle les effets de marine à deux cents lieues de la nature, et qu'il n'a de modèle présent que dans son imagination; c'est qu'il peint avec une vitesse incroyable; c'est qu'il dit : « *Que la lumière se fasse!* » et la lumière est faite; que la nuit succède au jour et le jour aux ténèbres; et il fait nuit, et il fait jour.

DIDEROT, *Salon*.

Bons ou mauvais, les jours de l'aristocratie sont passés. Le torrent populaire qui coule avec fureur depuis cinquante ans ne rebroussera pas chemin. Le temps a dit : « *Que la démocratie soit!* »

et elle est. Acceptons-la comme une œuvre de Dieu; étudions-la pour la diriger, s'il est possible.

Sylvestre de Sacy, *Variétés littéraires.*

QUE L'ON ME DONNE TROIS LIGNES DE L'ÉCRITURE DE QUELQU'UN, ET JE LE FERAI PENDRE.

Rien n'a autant prêté à la critique et à la satire que les lois. Le Scythe Anacharsis les comparait à des toiles d'araignée, qui prennent les petites mouches et laissent passer les grosses. La Fontaine a rimé la même idée quand il a dit :

> Selon que vous serez puissant ou misérable,
> Les jugements de cour vous rendront blanc ou noir.

La sagesse des nations ne confirme-t-elle pas les jugements du philosophe et du fabuliste, quand elle accorde au condamné vingt-quatre heures pour maudire ses juges? Mais la chicane, la procédure, notre code en un mot, ne justifie-t-il pas aujourd'hui ces accusations? et les traits que nous venons de citer sont-ils une calomnie ou une médisance? Le président d'Ormesson nous semble avoir répondu à cette question quand il a dit : « Si j'étais accusé d'avoir volé les tours Notre-Dame, et que j'entendisse crier derrière moi : « Au voleur ! » je me sauverais à toutes jambes. » Cette terreur qu'inspire la justice, même au plus innocent, est pleinement justifiée par ces paroles : « *Que l'on me donne trois lignes de l'écriture de quelqu'un, et je le ferai pendre.* » Les érudits sont partagés sur l'auteur de cette phrase célèbre, qu'ils attribuent tour à tour à Laubardemont, au père Joseph, à Richelieu, à Jeffries, et que M. Proudhon, plus prudent, attribue... à un criminaliste.

Le cardinal de Richelieu, qui connaissait la puissance de l'équivoque, citait un jour cette phrase devant ses secrétaires. L'un d'eux, croyant l'embarrasser, écrivit sur une carte : « Un et deux font trois. — Blasphème contre la Sainte Trinité ! s'écria le cardinal ; un et deux ne font qu'un. »

En instituant le jury et en arrachant l'accusé à des juges accoutumés à voir un coupable dans un prévenu, la Révolution a donné la plus juste satisfaction à la conscience humaine. Pour qu'il prononce une condamnation, il faut plus de *trois lignes* à l'homme qui, hier encore, était à un comptoir ou à ses affaires.

Revue germanique.

Donnez-moi trois lignes d'un homme, disait un criminaliste, *et je le ferai pendre.* Je ne connais de la vie de madame Sand que ce qu'il lui a plu d'en révéler dans ses confessions : eh bien ! il n'est pas d'indignité dont je ne me fisse fort, par son propre récit, de la convaincre, s'il n'était encore plus évident pour moi que ce récit est fantastique, venant d'une émancipée, d'une folle ! Ah ! madame, vous fûtes autrefois une bonne fille ; cessez d'écrire, et vous serez encore une bonne femme.

  P.-J. PROUDHON, *de la Justice dans la Révolution et dans l'Église.*

QUE SERAIT-CE, SI VOUS AVIEZ ENTENDU LE MONSTRE LUI-MÊME ?

 Eschine, orateur athénien, gagné par Philippe, fut l'adversaire le plus constant et le plus redoutable de Démosthène. La lutte entre ces deux hommes célèbres devait enfanter le chef-d'œuvre du grand orateur.
 Il était d'usage à Athènes que le peuple décernât des couronnes aux citoyens qui avaient bien mérité de la patrie ; mais une loi défendait de proposer de couronner un citoyen en charge qui n'aurait pas rendu ses comptes ; en second lieu, aux termes d'une autre loi, les couronnes décernées par le peuple ne pouvaient être données que dans l'assemblée du peuple, et les couronnes décernées par le sénat ne pouvaient l'être que dans la salle de ses séances. Démosthène, chargé avec neuf autres citoyens de surveiller la reconstruction des murs d'Athènes, détruits par Philippe, roi de Macédoine, après la bataille de Chéronée, avait fait cette opération à ses frais. Avant ses comptes rendus, l'Athénien Ctésiphon, son ami, proposa de lui décerner une couronne d'or sur le théâtre, quoique ce ne fût pas le lieu fixé par la loi, et de faire proclamer que *Démosthène recevait cette récompense à cause de sa vertu et des services qu'il avait rendus au peuple athénien.* Eschine accusa Ctésiphon d'avoir voulu, contre la teneur des lois, décerner une couronne à un citoyen en plein théâtre, et d'avoir faussement exalté sa vertu et son patriotisme, puisque, selon lui, Démosthène n'était ni un honnête ni un zélé citoyen.
 Ce débat mémorable s'ouvrit à Athènes, l'an 330, en présence, pour ainsi dire, de la Grèce entière. Dans une harangue d'une forte argumentation et d'une grande véhémence de langage, Eschine embrassa l'ensemble de la vie de son rival, accumula contre lui les imputations les plus graves et les plus odieuses, et le représenta comme l'auteur de tous les maux qui avaient frappé la Grèce. Sa péroraison, qui est un chef-d'œuvre d'habileté, a pour objet de prémunir à l'avance les esprits contre l'éloquence de Démosthène. Ces précautions, qui se renouvellent plusieurs fois dans le cours de sa harangue, décèlent assez combien Eschine redoutait la supériorité de son adversaire, et, de tous les hommages qui ont été rendus à la puissance oratoire de Démosthène, il n'en est pas de plus remarquable peut-être. Ces appréhensions étaient fondées. Jamais Démosthène ne déploya une éloquence aussi foudroyante. Cette magnifique apologie, nommée le *discours pour la couronne* (*pro corona*), est trop connue pour que nous en donnions ici des extraits, qui sont dans la mémoire de tous les lecteurs.

Eschine, condamné à une amende de 1,000 drachmes, qu'il ne voulut point acquitter, se vit forcé de s'expatrier. Il se retira à Rhodes, où il ouvrit une école d'éloquence qui acquit bientôt une grande célébrité. Il commença sa première leçon par la lecture des deux harangues qui avaient causé son bannissement. Celle d'Eschine transporta les auditeurs; il lut ensuite la réplique de Démosthène : c'est alors qu'éclatèrent des applaudissements comme la parole n'en avait jamais soulevé : « *Que serait-ce donc*, s'écria Eschine, *si vous aviez entendu le monstre lui-même ?* »

L'appréciation suivante sur Démosthène, que nous empruntons à Lamennais (*Esquisse d'une philosophie*), ne sera pas déplacée dans cet article :

« Démosthène semble avoir posé dans la Grèce encore libre les bornes de l'art. Ce n'est pas que d'autres n'aient eu des qualités qui lui manquaient; mais les plus éminentes, il les possédait toutes, et toutes à un degré qu'on n'a point égalé. Quel que soit son sujet, il l'agrandit naturellement et sans effort. A mesure qu'il le dessine, vous y voyez l'empreinte d'une puissance extraordinaire : on dirait le torse d'Hercule. Dans tous les membres de ce corps on sent couler une vie énergique ; ses muscles tendus se gonflent et palpitent; un souffle plus qu'humain bruit profondément dans sa vaste poitrine. Le colosse se meut, lève le bras, et, avant même qu'il ait frappé, nul ne doute un instant que la victoire puisse être indécise. Ce qui domine dans Démosthène, c'est une logique sévère, une dialectique vigoureuse, serrée, un étroit enchaînement d'où résulte un tout compacte et indissoluble. Ne cherchez point en lui la souplesse élégante, la grâce flexible et molle, l'insinuation craintive, la ruse qui s'enveloppe et fuit pour revenir ; il va droit à son but, renversant, brisant de son seul poids tous les obstacles. Sa diction est nerveuse, concise, et cependant périodique. Pas une phrase oiseuse dans le discours, pas un mot oiseux dans la phrase. Il force la conviction, il entraîne à sa suite l'auditeur maîtrisé, et, s'il hésite, ouvrant une soudaine issue à la tempête qu'il retenait en soi, il l'emporte comme les vents emportent une feuille sèche. »

M. Larive, acteur du Théâtre-Français et orateur de la députation, a prononcé un discours, le plus beau peut-être que l'Assemblée nationale ait encore entendu. En donnant à mes lecteurs ce discours de M. Larive, c'est bien le cas de dire comme Eschine : « *Que serait-ce, si vous l'aviez entendu lui-même ?* »

Camille Desmoulins, *Révolutions de France.*

Où est l'orateur lui-même ? où est ce geste terrible ? où sont ces accents passionnés ? où est cette voix qui parcourt avec la même plénitude toute l'étendue de cette vaste enceinte ? Je dirais volontiers comme Eschine : « *Ah ! qu'auriez-vous donc senti, qu'auriez-vous dit, si vous aviez vu, si vous aviez entendu le monstre ?* »

Garat, *Éloge de Mirabeau.*

Cette admiration pour les *Philippiques* de Démosthène, ce n'est que justice : jamais pensées plus élevées, jamais plus nobles passions, jamais sentiments plus généreux n'ont été exprimés dans un style plus rapide et plus brûlant. Aujourd'hui même, si je puis ainsi parler, on ne lit pas ces discours, on les écoute encore; il semble que l'on soit transporté au milieu de l'Agora, et que, comme disait Eschine, « *on entende encore le monstre lui-même rugir à la tribune.* »

Mᵉ Plocque, bâtonnier, *Discours d'ouverture de la conférence des avocats.*

QU'EST-CE QUE CELA PROUVE?

Nous n'avons pas la prétention d'exprimer une vérité bien neuve en disant que les mathématiques ne sont pas sœurs de la poésie, quoique Uranie soit une des neuf Muses; et s'il n'était pas mathématicien, il était digne de l'être, celui qui, interrogé sur l'effet que lui produisait l'audition d'un opéra : « Le même, répondit-il, que celui d'un sac rempli de clous, que l'on agiterait violemment. » Le mathématicien, habitué à tout mesurer avec la règle et le compas, à tirer des déductions par des raisonnements évidents, reste presque toujours insensible aux beautés d'harmonie et de sentiment.

Un géomètre assistait à une représentation de *Phèdre* ; tandis que tous les autres spectateurs versaient des larmes, émus par cette magnifique poésie qui montre sur la scène

la douleur vertueuse
De Phèdre, malgré soi, perfide, incestueuse,

il restait froid, impassible, et se contentait de dire, aux endroits les plus pathétiques : « *Qu'est-ce que cela prouve?* »

L'astronome français Villemot, qui était moins exclusif que son confrère en mathématiques, ne manquait jamais de dire d'un morceau de poésie qui lui faisait plaisir : « Cela est beau comme une équation. » C'était pour lui le superlatif de l'admiration.

Il faut repousser ce pyrrhonisme qui rendrait tout douteux dans le monde, cette apathie qui flétrit tout, ce matérialisme qui porta un algébriste fameux à dire, en entendant les scènes délicieuses de Racine : « *Qu'est-ce que cela prouve?* »   *Galerie de littérature.*

Les anecdotes du livre d'Helvétius (*de l'Esprit*) étaient toutes connues avant qu'il les insérât : elles peuvent y faire une sorte d'épisode de pur agrément; mais, si l'on veut les convertir en preuves d'un système métaphysique, c'est le cas d'appliquer fort à propos ce qu'un géomètre disait de *Phèdre* : « *Qu'est-ce que cela prouve ?* »

LA HARPE, *Cours de littérature.*

QUEUE DU CHIEN D'ALCIBIADE.

Alcibiade, si fameux par son ambition, sa corruption précoce, sa vanité, sa passion du pouvoir et de la renommée, aimait déjà dans sa jeunesse à étonner les Athéniens par son faste, sa vie licencieuse et son extravagante frivolité. Amant de la renommée plutôt que de la vraie gloire, il la cherchait dans la singularité avant de songer à la mériter par des services rendus à la république. Une telle conduite montra d'ailleurs qu'il connaissait bien son époque et sa génération. Il avait acheté un chien magnifique, qui lui avait coûté 7,000 drachmes (un peu plus de 6,000 francs). Quand toute la ville l'eut bien admiré, il lui coupa la queue, son plus bel ornement, pour que cette mutilation fît pendant quelque temps le sujet des conversations des frivoles Athéniens. Au reste, la vanité ne fut peut-être pas le seul mobile de cette extravagance. « Tant que les Athéniens s'occuperont de mon chien, répondait-il à ses amis, ils ne diront rien de pire sur mon compte. »

En ce moment, la ville de Saumur était plus émue du dîner offert par Grandet aux Cruchot qu'elle ne l'avait été la veille par la vente de sa récolte, qui constituait un crime de haute trahison envers le vignoble. Si le politique vigneron eût donné son dîner dans la même pensée qui coûta *la queue au chien d'Alcibiade,* il aurait été peut-être un grand homme; mais, trop supérieur à une ville de laquelle il se jouait sans cesse, il ne faisait aucun cas de Saumur.

HONORÉ DE BALZAC, *Eugénie Grandet.*

Combien je plaindrais M. Véron, s'il n'avait d'autre ressource contre le désœuvrement que celle d'écrire des brochures politiques ! N'en croyons rien. M. Véron est mieux avisé. Non qu'il ne soit capable, comme nous tous, de chercher parfois dans le bruit de son nom cette satisfaction innocente qui active en nous la circulation du sang et qui tient nos humeurs dans un agréable équilibre; le Bourgeois de Paris aime aussi à *couper* de temps en temps *la queue du chien d'Alcibiade.*

CUVILLIER-FLEURY, *Études littéraires et historiques.*

J'ai pu entendre passer dans l'air, à l'occasion, cette formule de liberté illimitée, véritable jeu d'esprit des mystificateurs émérites qui aiment à *couper la queue de leur chien* en politique, pour occuper l'oisiveté d'Athènes.

Eugène Pelletan, *Droits de l'homme.*

———

Cet économiste si sagace peut-il commettre, sans s'en apercevoir, les balourdises d'un ignorant fieffé? Ou bien ne faut-il voir dans les monstruosités qu'il débite que l'effronté calcul d'un spéculateur de famosité, qui *coupe la queue de son chien* et mutile les statues des dieux avant d'être Alcibiade? On se poserait ces questions si M. Proudhon n'était pas révolutionnaire; mais c'est la passion révolutionnaire qui l'emporte.

Eugène Forcade, *Revue des Deux Mondes.*

QUI M'AIME ME SUIVE.

Philippe VI de Valois était à peine sur le trône de France, qu'il songea à guerroyer contre les Flandres. La plupart des barons lui conseillaient d'attendre jusqu'à l'année suivante, « pour ce que l'hiver viendrait avant qu'on eût préparé tout ce qui était nécessaire à une si grosse expédition. Comme ces paroles déplaisoient moult au roi, il se tourna devers messire Gautier de Châtillon, connétable du royaume de France : « Et vous, connétable, qu'en dites-vous ? — Qui a » bon cœur trouve toujours bon temps pour la bataille, » s'écria Gautier de Châtillon.

» Quand le roi eut ouï cette parole, il accola le connétable, en disant : « *Qui* » *m'aime me suive !* » Et donc fut crié que chacun, selon son état, fût prêt à Arras, pour la Magdeleine. » (*Chronique de Saint-Denis,* citée par M. Henri Martin.)

S'il est un mot dont personne n'ait nié jusqu'ici l'authenticité, un mot historique, c'est évidemment celui-là. Cependant on avait compté sans M. Édouard Fournier, qui, en sa triple qualité d'érudit, de critique et de chroniqueur, renvoie le mot de Philippe VI aux calendes grecques.

M. Fournier, qui a fait de l'histoire un domaine particulier, où il a planté le piquet, où il taille, émonde, arrache, enfin qu'il exploite à sa fantaisie, affirme, avec son imperturbabilité ordinaire, que Philippe de Valois, sans doute l'un des plus forts latinistes de son temps, a emprunté ce mot aux Latins. M. Fournier, en fouillant les trésors de son érudition, a découvert que ce cri a une origine beaucoup plus ancienne; il l'a trouvé dans Virgile; il le met dans la bouche de Cyrus, et, si on le poussait un peu, il le ferait dire à Noé, quand ce patriarche invita les pêcheurs endurcis à le *suivre* dans l'arche.

Citons M. Fournier : « Montaigne croyait ces mots bien plus anciens, puisqu'il les fait dire par Cyrus *enhortant ses soldats.* » Nous ouvrons Montaigne au passage indiqué par M. Fournier, et nous lisons : « Cyrus respond à celui qui le presse d'*enhorter son ost* sur le poinct d'une battaille : Que les hommes ne se rendent pas courageux et belliqueux sur-le-champ par une bonne harangue ; non plus qu'on ne devient incontinent musicien, pour ouïr une bonne chanson. » M. Fournier traduit ces mots par « *qui m'aime me suive.* »

Voyons s'il sera plus heureux avec Virgile. « Ce qui paraît encore plus *certain*, c'est qu'à Rome on employait ces mots en façon de proverbe, puisque Virgile s'en est ainsi servi :

« Pollio, *qui te amat veniat*, quo te quoque gaudet. »

Ainsi, dans la conviction de M. Fournier, *qui te amat veniat* signifie, clair comme le jour, *qui m'aime me suive*, et il en est si profondément convaincu, qu'il en fait un proverbe. Suivant lui, on disait à Rome *qui m'aime me suive*, comme nous disons chez nous : « *adieu*, — *bonjour*, — *portez-vous bien*. » Or, voici, d'après Charpentier, collection Panckoucke, la traduction exacte du vers de Virgile, que nous allons prendre la permission de rétablir :

Qui te, Pollio, amat, veniat quo te quoque gaudet.

« Puisse, celui qui t'aime, ô Pollion ! monter au rang où il se réjouit de te voir parvenu. »

Quand il voit là *qui m'aime me suive*, M. Fournier nous paraît envier les lauriers de cet étymologiste qui disait que *Paris* vient de *Lutèce*, en changeant *Lu* en *Pa* et *tèce* en *ris*.

C'est sans doute pour que les lecteurs ne soient pas trop surpris de ces joyeusetés, que M. Édouard Fournier commet certainement avec connaissance de cause, qu'il a intitulé son livre : *De l'esprit* DANS *l'histoire*.

Ce titre prudent nous rappelle une petite anecdote qui range M. Fournier en fort bonne compagnie. Madame Du Deffant venait de lire l'*Esprit des lois*, de Montesquieu. « Voilà qui est très bien, dit-elle ; mais si j'étais à la place de l'auteur, je modifierais un peu le titre, et je mettrais : *De l'esprit* SUR *les lois*. » M. Fournier a voulu prévenir ce reproche, et pour que son livre ne jurât pas avec son titre, il l'a spirituellement intitulé : *De l'esprit* DANS *l'histoire*.

Cette facilité avec laquelle M. Fournier fait jaillir les étymologies de textes qui disent tout le contraire, nous engage à lui conseiller de prendre pour épigraphe de sa troisième édition cette devise fameuse d'un célèbre éducateur : « *Tout est dans tout.* »

Voici, à propos du mot de Philippe VI, deux petites anecdotes, l'une comique, l'autre tragique.

— Un original avait inséré cette clause dans son testament :

« Je veux être inhumé au pied de la croix du cimetière de Saint-Jules, qui, depuis soixante ans, est mon promenoir du matin. La serpillière, la civière, les porteurs, le cordelier, le luminaire, et le chant qui accompagne les morts les plus pauvres de l'Hôtel-Dieu, voilà tous les frais de ma sépulture : et *qui m'aime me suive !* »

— Une ville venait d'être prise d'assaut et livrée à la fureur du soldat. Un officier entre dans la chambre d'une jeune fille, d'une beauté éblouissante. Trop certaine du déshonneur dont elle est menacée, à la vue des regards enflammés de l'officier, elle essaye en vain de l'arrêter par ses supplications. Elle va succomber, quand, s'arrachant par un violent effort à ses brutales étreintes, elle s'élance vers la fenêtre entr'ouverte, et jetant sur le vainqueur un regard de mépris et d'ironie : « *Qui m'aime me suive !* » s'écrie-t-elle, et elle se précipite.

Envoyé en Dauphiné par une fatalité déplorable, et se trouvant sur le chemin de Napoléon, La Bédoyère n'avait pu résister à l'entraînement qui le portait vers lui. Mais incapable d'attendre que la fortune se fût prononcée pour se prononcer lui-même, il avait, à la nouvelle de l'approche de Napoléon, réuni son régiment sur l'une des places de Grenoble, fait tirer d'une caisse l'aigle du 7e, crié *Vive l'Empereur !* et brandissant son épée, dit à ses soldats : « *Qui m'aime me suive !* » Le régiment presque entier l'avait suivi.

Thiers, *Histoire du Consulat et de l'Empire*.

Madame Récamier ranima son mari, qui avait un peu perdu la tête, sourit à l'adversité, régla tranquillement son budget d'après sa nouvelle fortune, et n'eut qu'à dire : « *Qui m'aime me suive !* » Tout le monde la suivit. La beauté, à cette époque surtout, ressemblait au philosophe Bias : elle portait tout son bien avec elle.

Armand de Pontmartin, *Causeries littéraires*.

Ces beaux vers de M. Victor Hugo, ces tentatives illustres, ces batailles, ces rêves, cet idéal éblouissant, tel était notre idéal nouvellement conquis à la pointe de nos plumes fraîchement taillées. Nous allions, vainqueurs, l'arme au bras et le chapeau sur l'oreille, à ces batailles d'Iéna et d'Austerlitz. — Et *qui m'aime me suive !* — Et chacun nous suivait par curiosité et tout simplement pour savoir où nous irions.

J. Janin, *Littérature dramatique*.

Aucun des assistants ne parut supposer qu'une réquisition formulée en termes pareils pût le concerner personnellement ; quelques-uns même, bien loin d'y obtempérer, arrachèrent au vieillard son prisonnier.

— Il ne s'agit pas de nous amuser aux bagatelles de la porte, s'écria Bancroche dès qu'il se vit en liberté, *qui a soif me suive !*

Charles de Bernard, *le Gentilhomme campagnard*.

QUI T'A FAIT COMTE? — QUI T'A FAIT ROI?

La faiblesse des derniers Carlovingiens avait permis à la féodalité de pousser de profondes racines parmi les Francs, et de se rendre à peu près indépendante ; et lorsqu'en 987 Hugues Capet fut élu roi de France à Noyon par ses propres vassaux et quelques petits feudataires voisins, il resta ce qu'il avait été auparavant, comte de Paris, possesseur de vastes domaines, mais n'étant guère, au milieu des puissants barons, que le *primus inter pares*. Aussi tout son règne fut-il troublé par les révoltes de ceux mêmes qui l'avaient porté au trône, et qui refusaient de reconnaître sa suprématie. On pourra juger par la réponse hautaine de l'un d'eux de quel œil ils considéraient la royauté nouvelle. Un comte de Périgueux, Adalbert, avait entrepris des conquêtes vers le nord et usurpé les titres de comte de Poitiers et de Tours. Le roi de France lui envoie un messager avec ces paroles : « Qui t'a fait comte ? — Qui t'a fait roi ? » répondit Adalbert.

Ce mot, souvent cité, est toute une époque.

Nés du désordre, tous les pouvoirs de la Révolution se montrèrent et devaient se montrer impuissants à le réprimer, parce qu'il n'arriva jamais à aucun d'eux de vouloir faire face à la révolte sans reconnaître dans ses rangs son ancien drapeau et ses anciens complices. Si, enivrés de leur gloire usurpée, ces pouvoirs parvenus osèrent quelquefois dire à l'émeute : « *Qui t'a fait Agrippa ?* » l'émeute put toujours leur répondre : « *Qui t'a fait César ?* »

GRANIER DE CASSAGNAC, *Causes de la Révolution française.*

On reproche violemment au gouvernement de Turin d'avoir fait M. Garibaldi, et le reproche est fondé en principe. Mais le gouvernement de Turin pouvait-il faire autrement, voulant ce qu'il voulait? C'est toujours la vieille histoire : *Qui t'a fait comte ? — Qui t'a fait roi ?...*, avec cette circonstance essentiellement aggravante que le roi et le comte se sont faits mutuellement ce qu'ils sont pour dépouiller le voisin, se donnant l'un à l'autre ce qui n'appartenait à aucun d'eux.   *La Gazette de France.*

QUOI DE NOUVEAU?

Que n'a-t-on pas dit de la frivolité, de la légèreté, de la curiosité des Athéniens ? C'est surtout lorsque les souvenirs glorieux de Marathon et de Salamine commencèrent à s'affaiblir parmi eux, lorsque l'amour de la liberté fit place à l'indifférence, qu'abandonnant à des orateurs corrompus la direction des affaires publiques, ils ne s'occupèrent plus que de choses frivoles, et se laissèrent aller à toute la légèreté de leur caractère. On les voyait s'aborder sur les places publiques et se dire : *Quoi de nouveau ?* alors que Philippe s'avançait de conquête en conquête, et minait sourdement l'indépendance hellénique. C'est en vain que Démosthène cherchait à les réveiller aux éclats de sa mâle éloquence ; les reproches du grand orateur ne parvenaient pas à les tirer de leur apathie. « Quand donc, Athéniens, s'écriait-il, quand donc sortirez-vous de cette fatale indifférence ? Vous allez vous questionnant çà et là sur la place publique : « Que dit-on de nouveau ? — Eh ! qu'y a-t-il de plus nouveau que de voir un barbare, un Macédonien, maître de la Grèce ? — Philippe est-il mort ? — Non, par Jupiter ! il est malade. — Mort ou malade, qu'importe ? qu'il meure, et à l'instant votre indifférence fera surgir un autre Philippe. »

D'autres fois, il réveillait leur attention au moyen d'artifices ingénieux, d'images vives et originales, capables de les faire rougir de leur frivolité. Un jour qu'il haranguait le peuple sans en être écouté : « Un voyageur, dit-il, allait d'Athènes à Mégare, monté sur un âne qu'il avait loué. C'était au temps de la canicule, et vers le milieu de la journée. Ne pouvant résister à l'ardeur du soleil, et ne trouvant pas même un buisson sur la route pour se mettre à l'abri, il prit le parti de descendre de sa monture, de s'asseoir près d'elle et de se rafraîchir à son ombre. L'ânier, qui l'accompagnait, revendiqua cette place, alléguant qu'il avait loué sa bête et non pas l'ombre. La dispute s'échauffa, des paroles on en vint aux coups, et il en résulta un procès... »

Sur ce mot, l'orateur s'arrête ; les Athéniens, attentifs cette fois, le pressent d'achever. Il relève alors éloquemment l'intérêt puéril qu'ils accordent à ce récit, et leur reproche avec colère d'accorder leur attention à une dispute sur *l'ombre d'un âne*, tandis qu'ils n'éprouvaient qu'une criminelle indifférence pour les intérêts de la patrie.

L'orateur Démades employa un jour un artifice à peu près semblable, dans une circonstance importante. La Fontaine a fait de ce trait d'histoire une de ses plus jolies fables.

> Dans Athène autrefois, peuple vain et léger,
> Un orateur, voyant sa patrie en danger,
> Courut à la tribune ; et, d'un art tyrannique,
> Voulant forcer les cœurs dans une république,
> Il parla fortement sur le commun salut.
> On ne l'écoutait pas. L'orateur recourut
>   A ces figures violentes
> Qui savent exciter les âmes les plus lentes ;
> Il fit parler les morts, tonna, dit ce qu'il put ;
> Le vent emporta tout ; personne ne s'émut.
>   L'animal aux têtes frivoles,
> Étant fait à ces traits, ne daignait l'écouter ;
> Tous regardaient ailleurs : il en vit s'arrêter
> A des combats d'enfants, et point à ses paroles.
> Que fit le harangueur ? il prit un autre tour.
> « Cérès, commença-t-il, faisait voyage un jour
>   Avec l'anguille et l'hirondelle :
> Un fleuve les arrête ; et l'anguille en nageant,
>   Comme l'hirondelle en volant,
> Le traversa bientôt. » L'assemblée, à l'instant,
> Cria tout d'une voix : « Et Cérès, que fit-elle ?
>   — Ce qu'elle fit ? un prompt courroux
>   L'anima d'abord contre vous.

— 524 —

>Quoi ! de contes d'enfants son peuple s'embarrasse ;
>Et du péril qui le menace,
>Lui seul entre les Grecs il néglige l'effet !
>Que ne demandez-vous ce que Philippe fait ? »
> A ce reproche l'assemblée,
> Par l'apologue réveillée,
> Se donne entière à l'orateur.
> Un trait de fable en eut l'honneur.

Et le Bonhomme termine par cette réflexion qui peint si bien ses goûts naïfs et sa nature insouciante :

>Nous sommes tous d'Athène en ce point ; et moi-même,
> Au moment où je fais cette moralité,
>   Si Peau-d'Ane m'était conté,
> J'y prendrais un plaisir extrême.

Les peuples qui ont contracté l'habitude des émotions de la vie politique sont avides d'événements et d'impressions. Démosthène nous représente les Athéniens se promenant sur la place publique et se demandant des nouvelles de la santé du roi de Macédoine. Au Forum, les Romains ne s'abordaient pas sans se dire : *Quoi de nouveau en Afrique ?* Paris a hérité de cette mobilité inquiète du Forum et de l'Agora : il lui faut chaque matin des sensations nouvelles.

Revue de Paris.

La vie politique en Grèce était très active sans doute ; mais, resserrée dans de petits États, elle ne demandait point d'aussi puissants instruments de publicité que l'empire romain, par exemple, qui embrassait le monde presque tout entier dans son immense domination. Les citoyens d'Athènes vivaient sur la place publique ; Démosthène nous les montre se promenant dans l'Agora et se demandant les uns aux autres : *Quoi de nouveau ?*

HATIN, *Histoire de la presse.*

QU'ON ME RAMÈNE AUX CARRIÈRES !

« L'amour des fleurs, disait Bernardin de Saint-Pierre, est un amour innocent. » En effet, on ne peut aimer les fleurs sans être doux, humain ; or, les fleurs sont sœurs de la poésie, et il semble que l'amour des vers devrait avoir la même influence sur le caractère. Si telle est la règle, cette règle est confirmée par d'éclatantes, de royales exceptions ; Néron cultivait les arts : « Quel artiste le monde va perdre ! » s'écria-t-il en mourant ; Charles IX faisait des vers, et l'on connaît ceux qu'il adressait à Ronsard :

> L'art de faire des vers, dût-on s'en indigner,
> Doit être à plus haut prix que celui de régner.
> Tous deux également nous portons des couronnes;
> Mais, roi, je les reçois; poëte, tu les donnes.

Le grand Frédéric était poète, en dépit de Minerve et de Voltaire. Mais tous ces princes, célèbres autrement que par leurs goûts bucoliques, avaient eu un prédécesseur dans Denys le Tyran. Avide de toute sorte de gloire, Denys pratiquait la médecine et la chirurgie, il brillait dans la musique; mais c'est surtout dans la poésie qu'il avait l'ambition d'exceller, et il aurait volontiers donné une victoire pour une couronne des jeux olympiques. Il fit partir des musiciens et des déclamateurs chargés d'y lire ses vers; à son grand désappointement, il éprouva plusieurs échecs successifs dont le consolèrent les flatteries de ses courtisans. Rebuté à Olympie, il se flatta qu'Athènes, dont le goût était plus délicat, saurait mieux apprécier ses ouvrages. Il y envoya une tragédie, qui fut représentée aux fêtes de Bacchus et qui remporta le prix. Le courrier porteur de cette nouvelle à Syracuse fut magnifiquement récompensé. Le tyran se livra à la joie la plus immodérée; il fit offrir des sacrifices aux dieux, ordonna des fêtes et des réjouissances publiques, et célébra son triomphe par un grand festin où il se livra sans réserve à tous les excès. « Il mourut, dit M. Paul de Saint-Victor, au milieu de cette bombance d'amour-propre, d'une indigestion de lauriers. »

Roi et poète, Denys, on le comprend, ne devait pas aimer la critique. Parmi les poètes qu'il hébergeait à sa cour, Philoxène tenait le premier rang. Parasite spirituel (1), il ne sacrifiait cependant pas aux intérêts de son estomac ceux de

---

(1) Philoxène porta très loin l'art de la versification, et ajouta beaucoup à la richesse de la langue lyrique. Il se rendit encore plus célèbre comme gourmand. Il avait composé, sur l'art culinaire, un poëme didactique intitulé le *Souper*, dont il reste quelques fragments. Sa gourmandise était originale; mécontent de la nature, il demandait aux dieux un gosier de trois coudées, pour avoir le plaisir d'avaler plus longtemps. Il engageait les cuisiniers des maisons où il était invité à servir brûlant, afin de pouvoir manger tout seul; car, comme il avait pris l'habitude de se gargariser avec de l'eau bouillante, personne ne pouvait le suivre; et pendant que les autres convives attendaient et soufflaient, il avait le temps de toucher à tous les plats. C'est lui qui est le héros de cette historiette versifiée par La Fontaine :

> A son souper un glouton
> Commande que l'on apprête
> Pour lui seul un esturgeon.
> Sans en laisser que la tête,
> Il soupe. Il crève; on y court.
> On lui donne maints clystères;
> On lui dit, pour faire court,
> Qu'il mette ordre à ses affaires.
> « Mes amis, dit le goulu,
> M'y voilà tout résolu;
> Et, puisqu'il faut que je meure,
> Sans faire tant de façon,
> Qu'on m'apporte tout à l'heure
> Le reste de mon poisson. »

Ce qu'il fit dans une autre circonstance à la table de Denys est de meilleur ton. On avait servi au tyran un très grand surmulet, et un fort petit à Philoxène. Peu content de son lot, le poëte prit le poisson, et, l'approchant de son oreille, eut l'air de s'entretenir avec lui. Denys lui demanda la raison de ce badinage : « Comme j'écris, répondit Philoxène, un poëme de *Galatée*, je faisais à ce petit surmulet quelques questions sur Nérée; il me répond qu'il est trop jeune, mais que son camarade placé devant vous est un vieux poisson qui sait parfaitement tout ce que je veux apprendre. » Le tyran sourit et envoya au parasite le gros surmulet.

Tous nos lecteurs ont déjà reconnu, dans cette anecdote, le sujet qui a inspiré à La Fontaine sa jolie fable *le Rieur et les Poissons*.

la littérature et de la saine critique; il était poëte encore plus que parasite. Un jour Denys lut à souper un mauvais poème de sa façon, et il demanda l'avis de Philoxène. Quoique à table, Philoxène répondit avec une courageuse liberté que les vers ne valaient rien; et le tyran, furieux, l'envoya aux Carrières (1). Quelques jours après il reçut, avec sa liberté, une nouvelle invitation à souper. A la fin du repas, nouvelle lecture; et le goût de Philoxène est de nouveau consulté. Comme les vers n'étaient pas meilleurs que les précédents, il se contenta de se retourner vers les officiers de Denys en leur disant : « *Qu'on me ramène aux Carrières.* » Le tyran ne put s'empêcher de rire de cette saillie, et son ressentiment fut désarmé.

Ah ! les petits infaillibles, oracles gourmés d'un petit grand monde, ils ont une plume depuis hier et ils épousent les vieilles querelles! Ils se montrent rigoureux pour Chateaubriand, qui leur a paru inconvenant; ils apprennent à vivre à sa mémoire. Le bon ton préoccupe vivement cet *âge sans pitié;* il faut donner satisfaction à une coterie qui s'est émue. A tous ces scrupules prétentieux, je préfère encore les excès de la folle bohême, qui n'est pas bégueule au moins : *Qu'on me ramène aux carrières.*

LAURENT PICHAT, *Revue de Paris.*

A partir de Strasbourg, nous retombons dans des complications inextricables. Afin de ne pas couper les fortifications, il a fallu faire un détour énorme et rebrousser chemin jusqu'à la station de Vendeinheim, à neuf kilomètres, pour revenir *extra muros* jusqu'à la station de la porte d'Austerlitz. C'est un voyage au long cours, et les trains mettent près d'une heure à faire le trajet de Strasbourg à Kehl : *Qu'on me ramène aux citadines de famille et aux omnibus de la place Kléber!* CHARLES BRAINNE, *l'Opinion Nationale.*

Si l'amour prétendu de la révolution n'est qu'un cri d'inimitié et de violence, s'il consiste à provoquer tous les trois mois des catastrophes et à y applaudir, à ne mettre aucun terme à cette anarchie favorable aux factieux seuls, ni aucun choix dans les moyens d'ac-

---

(1) On appelait Carrières, ou Latomies, des lieux souterrains situés aux environs de Syracuse. C'est là que se trouvait la fameuse *Oreille de Denys.* Voyez ce mot.

quérir la liberté ; s'il consiste à méconnaître tous les principes et à saper successivement la constitution elle-même ; à troubler l'ordre public, la sûreté, la liberté individuelle, sous prétexte de vigilance et de zèle civique ; à constituer un état de guerre épouvantable entre les faibles et les forts ; à persécuter pour un soupçon, à susciter des insurrections renaissantes pour des ombrages, et à faire de la souveraineté du peuple un despotisme illimité, multiplié autant de fois qu'il existe de sections dans l'empire ; si c'est là, dis-je, ce qu'il faut préconiser comme le plus beau système de gouvernement humain, *qu'on me ramène aux carrières !*

MALLET, *Histoire de la presse, par Hatin.*

— ... Et de l'aventure, vous voilà... — En prison, où je dois rester tant que je n'aurai pas écrit une lettre d'excuses et de regrets à Napoléon. Dans le fort où l'on me conduit, je passe six semaines sans vouloir condescendre à la moindre bassesse. Un matin le roi me fait venir et me parle raison ; je lui parle dignité : nous ne nous entendons pas, et *on me ramène aux carrières*, où je ne trouve plus ni valet de chambre pour me servir, ni préau pour me promener, ni être vivant pour m'entendre et me répondre.

CHARLES BRIFAUT, *Passe-temps d'un reclus.*

Ou le mariage, ou les galères : telle est l'alternative à laquelle les tribunaux condamnent celui qui a traité une fille comme si elle était sa femme.

J'ai vu un bel homme qui sort de la chaîne des galères où il a passé cinq ans, plutôt que de consentir à un bail indéfini dans les chaînes de l'hymen. On eut beau le prêcher sur les douceurs et les avantages du lien conjugal, rien ne put ébranler sa résolution, et il persista à donner la préférence aux travaux forcés. Il est libre aujourd'hui ; mais si pareille aventure lui arrivait encore, il serait homme à dire : « *Ramenez-moi aux carrières.* »

Tablettes romaines.

RABELAIS.

Ce nom si populaire, et qui semble résumer tout l'esprit et tout le scepticisme du seizième siècle, est devenu un nom générique pour désigner un homme, un écrivain qui se fait remarquer par un mélange de verve, d'incrédulité et de cynisme railleur. (V. QUART D'HEURE DE RABELAIS, et TIREZ LE RIDEAU, LA FARCE EST JOUÉE.)

Swift, prêtre, curé, docteur, recteur, prédicateur, et, ce qui est bien au-dessus, le *Rabelais* de l'Angleterre, disait un jour en chaire, devant une nombreuse assemblée : « Il y a trois sortes d'orgueil : l'orgueil de la naissance, celui de la richesse, celui de l'esprit. Je ne vous parlerai pas du dernier; il n'y a personne parmi vous qui ait à se reprocher un vice aussi condamnable. »
Étrennes d'Apollon.

La philosophie allemande aurait déjà eu son *Rabelais*, si ce n'était pas un châtiment assez humiliant pour elle que de n'avoir apporté au monde aucun principe nouveau, et d'être morte un beau matin de la main même de ses enfants, au milieu de l'indifférence générale. LANFREY.

RACHEL NE VOULANT PAS ÊTRE CONSOLÉE.

Dans ses *Lamentations* éloquentes, le prophète Jérémie pleure sur les malheurs du peuple juif, dont les plus jeunes et les plus vaillants ont été emmenés en captivité à Babylone : « Une voix a été entendue sur les hauteurs; voix de lamentation, de deuil et de larmes : c'est la voix de *Rachel pleurant ses enfants, et ne voulant pas être consolée, parce qu'ils ne sont plus.* »

Saint Mathieu (*chap.* II, *verset* 18), après avoir rapporté le massacre des Innocents, reproduit ce cri douloureux de Rachel.

Le style de l'Écriture est souvent métaphorique; beaucoup de mots cachent un sens mystique et ne doivent pas être pris dans le sens propre. C'est ainsi qu'il y a deux Jérusalem : la Jérusalem terrestre, la ville embellie par David et Salomon, celle que Titus a prise et détruite; et, par analogie, la Jérusalem céleste, qui n'est plus la ville, mais la phalange des élus qui jouissent de la béatitude éternelle au ciel et dans le sein de Dieu.

Rachel, ce nom privilégié de la Bible, est aussi dans ce cas. Au figuré, Rachel n'est plus la fille de Laban, l'épouse préférée de Jacob, l'heureuse mère de Joseph et de Benjamin; c'est le peuple juif tout entier, ou plutôt c'est la femme juive, la mère israélite; c'est Jérusalem pleurant sur ses propres ruines et sur ses enfants captifs, qui ont suspendu leur lyre aux saules du fleuve de Babylone. Voilà ce que les Écritures entendent par cette *Rachel qui pleure et qui ne veut pas être consolée.*

Je vais donc demander le triste abri de son toit à une mère à laquelle il ne reste plus que sa douleur. En échange d'une nuit hospitalière, je verserai quelques paroles de paix dans ce cœur ravagé; paroles sans doute impuissantes auprès de cette *Rachel, qui ne voudra pas se laisser consoler, parce que son enfant n'est plus.*
Kératry, le Dernier des Beaumanoir.

Cette femme n'était plus jeune, mais l'on voyait encore sur ses traits des restes de beauté, qui n'étaient pas entièrement effacés par les traces profondes d'une inexprimable douleur. Jamais les tristes et douloureuses amertumes de la vie ne s'étaient peintes sur un visage de femme avec une plus sombre énergie. Cette figure faisait mal à voir : c'était la *Rachel* de la Bible, *ne voulant pas même être consolée;* c'était Marie au pied de la croix, l'âme en proie à la plus amère désolation. Madame Ancelot, *Un Mystère douloureux.*

M. de Pont-Thibaud, qui voulait à tout prix distraire sa femme de cette douleur profonde, ouvrit ses salons à Paris, comme il avait fait à Stuttgard et à Copenhague.

Mais Antonie était comme cette mère dont parle la Bible : *elle ne voulait pas être consolée.*
Amédée Achard, la Chambre rouge.

Figurez-vous un ciel d'où a disparu l'étoile qui dit au voyageur où il va; voilà sa vie! Sa fille (1), c'était son avenir; mais c'était plus encore pour sa déplorable mère, elle qui n'a ni la gloire, ni le bruit, ni les couronnes, ni les applaudissements de la tribune, ni les vers qui semblent enlever la douleur en l'exhalant, ni l'admiration du monde, pour étouffer de temps en temps cette voix qui monte dans le vide du cœur, la voix de *Rachel qui ne veut pas être consolée, parce que ses enfants ne sont plus.* Nisard, *Revue de Paris.*

(1) M. de Lamartine perdit Julia, sa fille unique, lors de son voyage en Orient.

RACINE PASSERA COMME LE CAFÉ.

A l'époque où madame de Sévigné écrivit les paroles qui servirent d'éléments à la phrase proverbiale qui figure en tête de cet article, le café était loin de jouir de la vogue universelle dont il est aujourd'hui en possession. Voltaire et Fontenelle ne l'avaient point encore mis à la mode ; Delille ne l'avait point encore célébré dans les vers si connus :

> Il est une liqueur au poëte plus chère,
> Qui manquait à Virgile et qu'adorait Voltaire ;
> C'est toi, divin café.....

Les établissements de ce nom n'existaient point, et quelques rares amateurs, qui passaient plutôt pour originaux que pour gourmets, en faisaient usage seulement. Il n'est donc pas étonnant que madame de Sévigné n'ait point cru aux brillantes destinées du moka ; elle a pu en parler ainsi sans irrévérence. Mais Racine?... Eh bien, Racine n'avait encore écrit ni *Britannicus*, ni *Phèdre*, ni *Athalie*. Il est vrai qu'*Andromaque* avait arraché déjà bien des larmes, et l'on a droit de s'étonner que la femme à qui l'amour maternel a fait écrire tant de pages éloquentes, soit restée insensible aux douleurs de la mère d'Astyanax. Il ne faut pas oublier que madame de Sévigné était enthousiaste de Corneille, qu'elle partageait les préventions et l'antipathie du vieux tragique à l'égard de son jeune rival ; et puis, Racine avait figuré dans une folie de jeunesse où s'étaient aussi rencontrés le fils de madame de Sévigné et la Champmeslé : voilà bien des circonstances atténuantes. Mais laissez le temps emporter les nuages qui obscurcissent son jugement, laissez venir *Phèdre* et *Athalie*, et madame de Sévigné battra des mains plus fort que les admirateurs les plus passionnés de Racine. Ne prêtons donc pas trop vite un aphorisme ridicule à une femme d'esprit, d'autant plus que si elle est coupable du fond de la pensée, elle ne lui a jamais du moins donné la forme péremptoire qui l'a fait passer en locution proverbiale ; c'est à Voltaire, puis à La Harpe, qu'en revient la responsabilité.

En 1672, madame de Sévigné disait, alors qu'elle subissait les préventions que nous avons constatées : « Racine fait des comédies pour la Champmeslé ; *ce n'est pas pour les siècles à venir* ; si jamais il cesse d'être amoureux (1), ce ne sera plus la même chose. Vive donc notre *vieil ami* Corneille ! » Ainsi, nous avons déjà la première partie de la proposition posée en termes qui ne ressemblent guère à un aphorisme. *Quatre ans* après, elle écrivait à sa fille : « Vous voilà donc bien revenue du *café* ; mademoiselle de Méri l'a aussi chassé. Après de telles disgrâces, peut-on compter sur la fortune ? » Ce second terme est encore bien moins explicite que le premier.

« Il y avait quatre-vingts ans, dit M. Geruzez (2), que ces deux petites phrases reposaient à distance respectueuse, chacune à sa place et dans son entourage qui la modifie, lorsque Voltaire s'avisa de les rapprocher en les altérant : « Madame » de Sévigné croit toujours que Racine *n'ira pas loin* ; elle en jugeait comme du » café, dont elle disait *qu'on se désabuserait bientôt...* » La Harpe ne trouva pas à cette idée un air assez sentencieux ; brochant sur les paroles de son maître,

---

(1) On sait que Racine était amoureux de cette actrice célèbre.
(2) *Nouveaux Essais d'histoire littéraire.*

il rapprocha encore les deux termes de la proposition, et lui donna cette forme brève et incisive qui est devenue sacramentelle : « *Racine passera comme le café.* »

Et voilà justement comme on écrit l'histoire.

» M. Suard adopta la phrase ainsi formulée, et les moutons de Panurge vinrent ensuite. C'est ainsi que s'est composé ce petit mensonge historique, qui sera longtemps encore une vérité pour bien des gens. »

Mais on ne doit pas mettre à la charge de madame de Sévigné les souvenirs incomplets d'un écrivain spirituel et le ton dogmatique d'un rhéteur ; comme nous l'avons déjà dit, le titre d'amie de Corneille et d'*ennemie* de Racine peut l'absoudre d'une injustice passagère, dont, au reste, la postérité a bien vengé le plus grand de nos poètes. Quant au café, il doit plus volontiers se consoler de l'erreur de madame de Sévigné et se passer de notre apologie ; il lui reste encore plus d'amis qu'à Racine.

M. Pommier ne veut que des gens d'une santé douteuse, ni trop gras, ni trop maigres ; ni trop gais, ni trop sérieux ; ni savants, ni ignares ; en un mot, il s'est créé un lecteur idéal et il n'en veut pas d'autre. Et notez ce point important, ce lecteur, ce phénix, ne doit ni jouer au billard ni admirer Béranger. C'est un double cas d'exclusion qui s'appliquera à bien des gens, aujourd'hui surtout, car je crains fort qu'il n'en soit de Béranger et du billard *comme de Racine et du café*.

VICTOR CHAUVIN, *Revue de l'Instruction publique.*

— Ne me parlez pas de vos chemins de fer des environs de Paris, me disait l'autre jour un pessimiste : des jambes cassées, de la fumée, du charbon dans les yeux, un bruit à rendre les gens sourds. Vous verrez que nous en reviendrons aux coucous, et que cela passera comme les tables tournantes.

— Dites plutôt, répondis-je, comme *Racine et comme le café.*

Petite Gazette.

RÉGULUS A CARTHAGE.

Régulus est un des types les plus purs de ces vieux Romains, pauvres, désintéressés, et dont toutes les passions se résumaient en une seule : l'amour de la patrie. Sur la même ligne, on trouve les Brutus, les Curtius, les Cincinnatus, les Fabius, les Caton ; mais Régulus les domine peut-être à cause de l'héroïsme de sa mort. Aussi ce nom est-il un des plus légendaires de l'histoire. On connaît Régulus sans avoir appris l'histoire romaine, et si nous voulions en donner une preuve qui touche presque au comique, nous n'aurions qu'à rappeler cette époque de notre grande révolution, où la plupart des citoyens-portiers de Paris donnaient à leurs fils le nom de *Régulus*.

Nommé consul la neuvième année de la première guerre Punique, Régulus transporta en Afrique le théâtre de la guerre; son premier combat fut une victoire. Après avoir battu près d'Agrigente la flotte carthaginoise, forte de trois cent cinquante navires et de cent quarante mille hommes, il put débarquer sans obstacle en Afrique, et y défit successivement tous les généraux qui lui furent opposés. Il s'arrêta à Tunis, à cinq lieues de Carthage, où il établit ses quartiers d'hiver. Les dures conditions qu'il voulait imposer aux Carthaginois ayant été rejetées, ceux-ci appelèrent à leur secours le Spartiate Xantippe, capitaine consommé. Cette fois, Régulus fut complètement battu, toute son armée exterminée, et lui-même fait prisonnier et conduit à Carthage. Sur ces entrefaites, Asdrubal, qui était allé attaquer les Romains jusque dans Panorme, en Sicile, fut vaincu à son tour par Métellus : vingt mille Africains périrent, cent quatre éléphants furent pris, et un grand nombre de prisonniers, parmi lesquels plusieurs nobles carthaginois, furent emmenés à Rome. Les Carthaginois, fatigués de la guerre, proposèrent un échange de prisonniers, et, pour en appuyer la demande, ils envoyèrent Régulus à Rome. Arrivé aux portes de la ville, ce grand capitaine, qui avait noblement supporté sa captivité, refusa d'entrer dans la cité : « Je ne suis plus citoyen, » disait-il ; et quand il fut question de l'échange des prisonniers, il dissuada les sénateurs de l'accepter, et il partit en repoussant les embrassements de sa femme Marcia et de ses enfants.

Les plus horribles supplices l'attendaient à Carthage. On lui coupa les paupières et on le plongea dans un sombre cachot, d'où il fut tiré après quelques jours et exposé, tout enduit de miel, à l'ardeur d'un soleil dévorant et aux piqûres insupportables des insectes. On l'enferma ensuite dans un tonneau hérissé de pointes de fer, que l'on fit rouler du haut en bas d'une montagne.

Le supplice de Régulus est resté un des points les plus controversés de l'histoire. M. Édouard Fournier le nie formellement. Nous allons dépouiller avec quelques détails toutes les pièces de ce procès.

Trois historiens latins, Tite-Live, Florus et Valère-Maxime ; trois historiens grecs, Appien, Dion Cassius et Zonaras ; Cicéron, dans deux passages ; Horace, dans une ode, et enfin le poète Silius Italicus, parlent des tortures de Régulus. Tout cela est sans autorité aux yeux de M. Fournier. Viennent les historiens Polybe et Diodore de Sicile, qui ont omis de mentionner le fait, et cette preuve du silence suffit à l'auteur de l'*Esprit dans l'Histoire* ; pour lui, la cause est entendue et jugée. Le supplice de Régulus n'est plus qu'un mythe, une fable inventée par Tite-Live pour la honte éternelle de Carthage. Régulus, le silence de Polybe le prouve éloquemment, a été magnifiquement traité ; peut-être même l'a-t-on mis à l'épinette, et le fameux tonneau n'était qu'une cage ; Régulus était suivi d'esclaves qui, pour garantir ses paupières du soleil brûlant de l'Afrique, tenaient sur sa tête un splendide parasol ; enfin, comme M. de la Palisse, il serait mort bien mollement, la tête sur un lit de plume.

Et toutes ces belles choses, parce que Polybe et Diodore n'ont pas jugé à propos de mentionner le fait.

Pour rentrer dans le sérieux, nous dirons que ces lacunes de certains historiens, même s'ils sont contemporains, ne prouvent absolument rien. Cela montre tout au plus que le fait omis n'entrait pas dans le courant des idées que cherchait à développer l'auteur. Il y a certains faits très importants de l'Empire et de la Restauration qui ne sont ni dans Thiers ni dans Vaulabelle. Est-ce une raison pour que les critiques futurs, qui voudront faire de l'*Esprit dans l'Histoire*, en nient l'authenticité? Nous avons en ce moment sur notre bureau une dizaine d'Histoires de France qui vont jusqu'en 1848, aucune ne parle du glorieux épisode de Mazagran. Nous conseillons à M. Édouard Fournier de faire figurer cette *légende* dans sa prochaine édition.

Un historien distingué, qui a précédé Nieburh dans la critique historique, Louis de Beaufort, révoque aussi en doute le supplice de Régulus, mais par une raison qu'il nous est impossible d'accepter.

Deux généraux carthaginois, Balcar et Amilcar, avaient été livrés à Marcia, femme de Régulus, et à ses fils. Pour se venger, ceux-ci firent mettre les prisonniers dans une armoire étroite hérissée de pointes de clous, et les y laissèrent cinq jours sans nourriture, après quoi on les trouva morts. C'est sur cette vengeance que Beaufort base son doute : « Si l'on pouvait, dit-il, conjecturer le vrai à travers tant de contes, on trouverait peut-être que le supplice de Régulus fut supposé pour excuser celui que ses fils firent subir aux prisonniers carthaginois (1). »

Il faut avouer, après cela, que Régulus, que cet homme, *plus illustre par sa prison que par ses victoires*, est encore plus maltraité par les historiens qu'il ne l'a été par les Carthaginois, puisque Beaufort tire une conséquence négative d'un fait qui prouve le supplice jusqu'à la plus complète évidence. La vengeance de Marcia et de ses fils serait barbare, atroce, inexplicable, si, en effet, ce n'était pas une *vengeance*.

Loin d'être invraisemblable, le supplice de Régulus paraît naturellement amené par les circonstances qui l'accompagnent; il n'y a aucune dissonance entre le cadre et le tableau.

Carthage, nation marchande, où les hommes coûtent cher, où les bras sont précieux, a de nombreux prisonniers à Rome. Elle envoie Régulus, séparé de sa patrie depuis plus de cinq années, de son petit champ qu'il aime, qu'il regrettait de savoir en friche, alors qu'il était en Afrique, à la tête d'une armée victorieuse, — il venait d'apprendre que son fermier était mort, que son champ de sept arpents, seule ressource de sa famille, allait rester sans culture. — Voilà l'ambassadeur que Carthage choisit pour aller proposer un échange de prisonniers. Tout le monde à Rome désire cette conclusion : le sénat, les prêtres, le peuple; un homme seul en dissuade les Romains; cet homme, c'est Régulus, et ses raisons s'appuient sur les sentiments d'un égoïsme étroit bien fait pour irriter Carthage : « la plupart des prisonniers romains sont de vieux légionnaires arrivés au terme de leur carrière; au contraire, les prisonniers carthaginois sont jeunes et vigou-

---

(1) Cette citation est tirée de l'ouvrage de Beaufort (*Incertitude des cinq premiers siècles de Rome*), et rapportée par M. Taine (*Essais sur Tite-Live*), qui réfute ensuite les *exagérations de Beaufort*. Or, M. Fournier, qui paraît n'avoir lu Beaufort que dans M. Taine, met cet extrait sur le compte de ce dernier. S'il s'était donné la peine de tourner le feuillet et de lire six lignes de plus, il aurait aperçu un guillemet, qui a dû bien rire, dans sa forme cornue, du malin tour qu'il jouait au critique. Depuis le singe de la fable, on n'avait jamais vu prendre aussi complètement le Pirée pour un homme.

reux. Il est de l'*intérêt* de la République de refuser les propositions de sa rivale. »
On pressent dans l'héroïque ténacité du vieux Romain la ruine future de Carthage, le *delenda Carthago*, et c'est peut-être ce que Carthage y vit elle-même, quand elle se vengea si cruellement.

Ne jugeons donc pas ici de Régulus en Romains, jugeons en Carthaginois. Cet acte, ce conseil regardé à Rome comme le comble de l'héroïsme, a dû soulever à Carthage la plus vive, et, disons-le, la plus légitime indignation; car il est vraimblable qu'avant de quitter Carthage Régulus avait laissé espérer à ses vainqueurs un résultat favorable. Autrement, cette singulière ambassade, où ce sont les prisonniers eux-mêmes que l'on charge de porter des paroles de paix, ne se comprendrait nullement. Voilà les dispositions dans lesquelles Régulus dut trouver Carthage à son retour en Afrique; il venait les braver pour ainsi dire après les avoir trompés à Rome, ou, du moins, après avoir singulièrement trompé leurs espérances.

Après ces explications il n'y a plus, nous le pensons, dans le supplice de Régulus de quoi étonner personne, et il ne reste que l'étonnement de M. Fournier qui nous étonne.

Au bagne, l'extrême malheur est fanfaron, absolument comme le bonheur dans notre société. Sans doute ces malheureux ont entre eux des heures secrètes et mystérieuses, où ils échangent de désolantes paroles; mais en présence des visiteurs, ils tiennent à honneur de faire de l'insouciance et de la gaîté. Alors ce sont des *Régulus qui se roulent en riant sur la pointe des clous*, des Scévola qui badinent avec le tison qui ronge leurs os. Voilà la définition de l'honneur au cachot du bagne.   MÉRY, *Revue de Paris*.

J'ai accepté d'avance toutes les conséquences de ma rébellion, et, le 29 mai dernier, j'ai vu entrer chez moi le garde chargé de m'arrêter; je lui ai demandé un sursis de trois jours; alors il tira de sa poche un papier qu'il me pria de signer, et par lequel je m'engageais sur l'honneur à me constituer prisonnier, le 1er juin, avant huit heures du soir; je signai. A partir de ce moment, j'étais le *Régulus* de la garde nationale.

ALEX. DUMAS fils, *Un Cas de rupture*.

— Qu'allez-vous faire? s'écria Langerac en s'abritant prudemment derrière le battant de la porte qui était resté fermé; car le souvenir des cailloux qui, à deux reprises, avaient failli l'atteindre, sifflait encore à ses oreilles.

— Mon devoir! répondit M. Bobilier avec une intrépidité que

nous oserons comparer à l'héroïsme de *Régulus retournant à Carthage.* Charles de Bernard, *le Gentilhomme campagnard.*

Devenu officier de marine, Gesril fut pris à l'affaire de Quiberon. L'action finie et les Anglais continuant de canonner l'armée républicaine, Gesril se jette à la nage, s'approche des vaisseaux, dit aux Anglais de cesser le feu, leur annonce le malheur et la capitulation des émigrés. On le voulut sauver, en lui filant une corde et le conjurant de monter à bord. « Je suis prisonnier sur parole ! » s'écrie-t-il du milieu des flots, et il retourne à terre à la nage. Il fut fusillé avec Sombreuil et ses compagnons. N'a-t-il pas effacé sur un plus petit théâtre l'héroïsme de *Régulus ?* Il n'a manqué à sa gloire que Rome et Tite-Live.
Chateaubriand, *Mémoires d'Outre-Tombe.*

RENDEZ A CÉSAR CE QUI EST A CÉSAR, ET A DIEU CE QUI EST A DIEU.

Quelques jours avant la célébration de la Pâque, Jésus fit une entrée triomphante à Jérusalem, au milieu d'un concours immense de peuple, qui criait : « Hosanna au fils de David ! béni soit celui qui vient au nom du Seigneur ! » Les princes des prêtres et les scribes cherchèrent alors les moyens de le perdre et de le prendre dans ses paroles par des questions insidieuses. Les Hérodiens s'approchèrent donc de lui et lui dirent : « Maître, nous savons que vous êtes vrai dans vos paroles, et que vous enseignez la voie de Dieu sans faire acception de personnes. Dites-nous donc la vérité sur ceci : « Est-il permis de payer le tribut à César ? » Jésus, pénétrant leur intention, répondit : « Montrez-moi la pièce d'argent qu'on paye pour le tribut. » Ils lui présentèrent un denier. Alors Jésus leur dit : « De qui est cette monnaie ? — De César. — Rendez donc à César ce qui est à César, et à Dieu ce qui est à Dieu. »

Henri IV qui, avant d'entrer à Paris, avait été obligé d'acheter fort cher les chefs de la Ligue, modifia à ce sujet, de la manière la plus originale et la plus spirituelle, le mot de l'Évangile. Un jour, après son dîner, suivant le *Journal de l'Estoile,* Henri IV dit à son secrétaire : « Que penses-tu me voir ainsi à Paris comme j'y suis ? — Je dis, sire, qu'on a rendu à César ce qui était à César, comme il faut rendre à Dieu ce qui appartient à Dieu... — Ventre-saint-gris ! reprit le roi, on ne m'a pas fait comme à César, car on ne me l'a pas *rendu,* à moi, mais bien *vendu.* »

Bossuet trancha d'une main hardie et d'un coup d'État sacré les prétentions théocratiques qui subordonnaient, dans les âges de ténèbres, le pouvoir temporel des peuples au pouvoir spirituel des papes. Il *rendit à César ce qui était à César*, et pour cela il mérita bien à la fois de la conscience et de la politique.

LAMARTINE, *Vies des Grands Hommes.*

———

Nous le répétons, ce que l'on appelle aujourd'hui l'école moderne n'a rien inventé dans le fond même du drame, et si l'on veut rendre justice aux véritables novateurs, il faut nommer Aristophane, il faut nommer Sophocle, il faut nommer Plaute et Térence, il faut nommer Corneille, il faut nommer Shakespeare, il faut nommer quiconque a vécu de sa propre vie au théâtre; en un mot, ce sera toujours une faute, dans ces sortes de dissertations, de ne pas *rendre à César ce qui est dû à César.*

J. JANIN, *Littérature dramatique.*

———

Dans le dernier entretien particulier que j'eus avec Sa Majesté prussienne, je lui parlai d'un imprimé qui courut, il y a six semaines, en Hollande, dans lequel on proposait des moyens de pacifier l'empire, en sécularisant des principautés ecclésiastiques en faveur de l'empereur et de la reine de Hongrie. Je lui dis que je voudrais de tout mon cœur voir le succès d'un tel projet; que c'était *rendre à César ce qui appartient à César;* que l'Église ne devait que prier Dieu pour les princes; que les bénédictins n'avaient pas été institués pour être souverains, et que cette opinion, dans laquelle j'avais toujours été, m'avait fait beaucoup d'ennemis dans le clergé.

VOLTAIRE, *Lettre à M. Amelot.*

———

— Monseigneur, dit l'architecte, me permettra, en ce qui me concerne, de ne pas accepter, sans restriction, les éloges qu'il veut bien donner à ce groupe; mais les propres paroles du Christ me font un devoir de *rendre à César ce qui appartient à César.* C'est moi qui ai sculpté l'ange de gauche; celui de droite, au contraire, est l'œuvre de mon élève André.

CLÉMENT CARAGUEL, *Soirées de Taverny.*

Cette faculté (le goût) est susceptible d'un tel point de perfection, que les gourmands de Rome distinguaient, au goût, le poisson pris entre les ponts de celui qui avait été pêché plus bas. N'en voyons-nous pas, de nos jours, qui ont découvert la saveur supérieure de la cuisse sur laquelle la perdrix s'appuie en dormant? Et ne sommes-nous pas environnés de gourmets qui peuvent indiquer la latitude sous laquelle un vin a mûri, tout aussi sûrement qu'un élève de Biot ou d'Arago sait prédire une éclipse?

Que s'ensuit-il de là? Qu'il faut *rendre à César ce qui est à César*, et proclamer l'homme le *grand gourmand de la nature*.

Brillat-Savarin.

RENIEMENT DE SAINT PIERRE.

Pierre était le disciple préféré du Sauveur, qui l'arracha à ses filets pour en faire un pêcheur d'hommes et gouverner après lui la barque symbolique de son Église. Dans toute la vie du Sauveur, on voit que Pierre est distingué entre les autres disciples et honoré de la préférence du Maître. Il l'accompagne sur la montagne du Thabor au moment de sa transfiguration miraculeuse; c'est Pierre qui le suit dans le jardin de Gethsémani, et qui est près de lui lorsque, livré aux angoisses de sa passion prochaine, une sueur de sang découle de son corps. C'est que Simon-Pierre était le seul qui eût reconnu, comme d'intuition, la divinité de Jésus-Christ. Un jour que Jésus interrogeait ses disciples sur ce que disait le peuple à son égard, ils répondirent : « Les uns disent que vous êtes Jean-Baptiste, d'autres Élie, d'autres Jérémie, ou quelqu'un des prophètes. » Le Sauveur ajouta : « Et vous, Pierre? » Et Pierre, prenant la parole, dit : « Vous êtes le Christ, le Fils du Dieu vivant. » C'est dans cette circonstance que Jésus fit entendre ces paroles fondamentales : « Tu es Pierre, et sur cette pierre je bâtirai mon Église. » Puis il lui donna le pouvoir de lier et de délier.

Qui aurait cru qu'un apôtre favorisé de tant de grâces, en viendrait un jour à renier son Maître? La veille de sa passion, Jésus avait dit à ses disciples : « Cette nuit même je serai pour vous un sujet de scandale. » Et comme Pierre protestait, Jésus ajouta : « En vérité, en vérité, je vous le dis, le coq ne chantera point que vous ne m'ayez renoncé trois fois. »

Quand Jésus fut saisi par les soldats et conduit chez Caïphe, tous ses disciples s'enfuirent; Pierre seul le suivit de loin, et se mêla aux groupes qui étaient dans la cour pour voir la fin de tout cela; alors une servante l'abordant, lui dit : « Mais vous aussi, vous étiez avec Jésus le Galiléen. » Pierre le nia devant tout le monde, en disant : « Je ne sais ce que vous voulez dire. » Comme il se retirait, une autre servante dit à ceux qui l'entouraient : « Celui-là était aussi avec Jésus de Nazareth. » Pierre le nia une seconde fois, ajoutant avec serment : « Je ne connais point cet homme. » Enfin, quelques instants après, plusieurs personnes s'approchèrent en disant : « Certainement vous êtes de ces gens-là, et votre langage vous fait assez connaître. » Pierre alors se mit à faire des imprécations, et jura de nouveau qu'il ne connaissait point Jésus. A l'instant le coq chanta, et Jésus ayant jeté sur son disciple un regard qui le remplit de douleur, celui-ci sortit de la cour et pleura amèrement.

Le Père Félix, rapportant dans la chaire de Notre-Dame cet épisode de la Passion, a comparé, par une métaphore éloquente et hardie, les faux amis, lâches au jour du danger, à une multitude d'oiseaux qui ont joui longtemps de la fraîcheur de l'ombrage sur les branches d'un chêne élevé. Arrive le bûcheron, qui frappe le tronc du tranchant de sa cognée ; alors tous ces oiseaux, tous ces amis de la prospérité abandonnent le chêne, qui reste seul, *solus eris*.

Il est des vices et des vertus de circonstance. Nos dernières épreuves étaient au-dessus de toutes les forces humaines ! Et puis, j'ai été plutôt abandonné que trahi ; il y a eu plus de faiblesse autour de moi que de perfidie : c'est *le reniement de saint Pierre;* le repentir et les larmes peuvent être à la porte.

Mémorial de Sainte-Hélène.

Il voulait votre épée au lieu de vos discours,
Lorsque sa royauté, mourante de faiblesse,
Au perron de Saint-Cloud convoquait la noblesse.
Mais, timides amis, loin du royal château,
Vous versiez dans ces jours vos pleurs incognito.
Devant une servante, on vous eût vus peut-être
Au premier chant du coq renier votre maître.

BARTHÉLEMY, *l'Exil des Bourbons.*

L'inventeur du régime de la communauté venait d'être élevé au rang d'un dieu quand la mort l'enleva. Peut-être y eut-il dans cette éclipse profit pour sa mémoire. Sous un jour vaporeux, ses idées acquirent plus de crédit, prirent plus d'empire. Il se survivait dans des apôtres zélés, mais qui pour cela n'en étaient pas moins prudents ; plus d'un, en effet, *renia le maître avant le premier chant du coq.* C'est l'histoire de toutes les révélations.

LOUIS REYBAUD, *J. Paturot à la recherche de la meilleure des républiques.*

RÉSURRECTION DE LAZARE.

Il y avait à Béthanie, petit bourg situé aux portes de Jérusalem, une famille pieuse chez laquelle Jésus était descendu plusieurs fois et qu'il aimait beaucoup.

Ces heureux amis du Sauveur étaient deux saintes femmes, Marthe et Marie, et Lazare, leur frère. Or, tandis que Jésus était au delà du Jourdain, Lazare tomba malade et mourut. Jésus, suivi de ses disciples, s'en vint donc à Béthanie. Marthe, en l'apercevant, s'écria : « Seigneur, si vous aviez été ici, mon frère ne serait pas mort. — Je suis la résurrection et la vie, répondit le Sauveur; celui qui croira en moi vivra éternellement; » et Marie vint aussi en pleurant se jeter aux pieds de Jésus. Alors il se fit conduire auprès du tombeau et commanda d'ôter la pierre qui fermait le sépulcre. Marthe lui dit : « Seigneur, il sent déjà mauvais, car il est mort depuis quatre jours. » Alors Jésus leva les mains au ciel et fit une prière; puis il cria d'une voix forte : « Lazare, sortez. » Et le mort se leva, les pieds et les mains encore enveloppés des bandelettes funèbres et le visage couvert du linceul.

La résurrection de Lazare est considérée par les Écritures comme le plus éclatant des miracles de Jésus-Christ. Ce cadavre à moitié corrompu, qui se dresse et sort vivant du sépulcre pour obéir à l'ordre d'une voix toute-puissante, offre à l'esprit une image frappante à laquelle il est fréquemment fait allusion en histoire, en littérature et surtout en poésie :

> Jésus, ce que tu fis, qui jamais le fera?
> Nous, vieillards nés d'hier, qui nous rajeunira?
> Nous sommes aussi vieux qu'au jour de ta naissance.
> Nous attendons autant, nous avons plus perdu.
> Plus livide et plus froid, dans son cercueil immense,
> Pour la seconde fois *Lazare* est étendu.
> Où donc est le Sauveur pour entr'ouvrir nos tombes?
> ALFRED DE MUSSET, *Rolla*.

> Regrettez-vous le temps où d'un siècle barbare
> Naquit un siècle d'or, plus fertile et plus beau?
> Où le vieil univers fendit avec *Lazare*
> De son front rajeuni la pierre du tombeau?
> ALFRED DE MUSSET, *Rolla*.

L'héroïque et malheureuse Pologne, qui attend encore du fond de son sépulcre la voix qui doit l'appeler un jour à une inévitable et glorieuse résurrection, a été souvent comparée à Lazare :

> L'Europe, où retentit le tocsin des alarmes,
> O Pologne! attendait un éclair de tes armes.
> . . . .
> Chaque goutte de sang a sa fécondité.
> Lève-toi du cercueil, dans ta vigueur première,
> *Lazare* aimé du Christ, et revois la lumière!
> Rejette le linceul et l'esclavage étroit,
> Car tu n'as pas douté de Dieu ni de ton droit.
> VICTOR DE LAPRADE.

Les médecins, qui, loin d'avoir jamais ressuscité personne,........, ont trouvé matière féconde à plaisanteries dans la résurrection de Lazare.

L'épigramme suivante, versifiée par un anonyme, est du fameux Chirac, qui méprisait souverainement Hippocrate et Galien, et avait l'habitude de tirer à boulets rouges sur ses troupes :

> En présence d'un médecin,
> On parlait un jour de *Lazare*
> Ressuscité par un pouvoir divin.
> « Parbleu! dit le docteur, le fait n'a rien de rare;
> Mais s'il était mort de ma main!... »

Toutes les branches de l'administration accusent d'insouciance et d'égoïsme le gouvernement romain; le Forum, surtout, atteste son incurie; l'inégalité du sol réclame des travaux de déblais qui mettraient à découvert les antiquités qui y sont enfouies à peu de profondeur. Rome ne demande qu'à sortir de ses ruines; mais il faut qu'une voix puissante lui crie : « *Lève-toi, et secoue la poussière du tombeau.* » *Tablettes romaines.*

Qui assurait, en effet, que l'empire universel de Rome fût tombé pour toujours? Peut-être il ne fallait qu'un effort, une parole pour redresser le géant. La Comédie divine ne serait-elle pas cette parole qui doit évoquer la société morte? Que le poëte prête son souffle; le grand *Lazare*, étendu depuis les Alpes jusqu'à la mer de Sicile, se relèvera souverain de la terre.

EDGAR QUINET, *Révolutions d'Italie.*

Oh! oui, pauvre âme blessée par le mal, vous ne sauriez éteindre en vous la conscience ; et plus les sens vous poussent bas, plus il peut y avoir en vous des résurrections subites, de ces *résurrections de Lazare*, qui arrachent l'âme au tombeau, et prouvent que la dégradation même renferme un levain de vie et d'immortalité.

LACORDAIRE, *Conférences de Notre-Dame.*

Foudroyé à vingt ans, j'avais dit adieu à tous les riants fantômes du matin de la vie; j'avais dit à l'amour un adieu éternel. Mon cœur n'était qu'un monceau de cendres. Il ne restait plus qu'à m'envelopper d'un linceul et à me coucher dans ma tombe, lorsque vous m'êtes apparue. Bienfait et bénédiction! étiez-vous descendue sur la terre pour guérir les blessés et réveiller les morts? En vous voyant, je me sentis renaître, et, comme *Lazare*, je tendis vers le ciel mes bras ressuscités. JULES SANDEAU, *Sacs et Parchemins.*

Au bruit de la doctrine qui ravivait les morts, le paganisme lui-même se ranima comme un affreux *Lazare*. Il jeta encore dans son agonie une lueur extraordinaire; voyant de quel côté penchait le monde, il consuma sa dernière heure à se transfigurer. Chose incroyable! ce corps délabré essaya de lutter de jeunesse, de spiritualité, d'idéalité, de pureté, avec la parole nouvelle.

EDGAR QUINET, *Génie des Religions.*

De peur de profaner la solennité dominicale, Londres n'ose plus faire un mouvement; c'est tout au plus s'il se permet de respirer. Ce jour-là, tout bon Anglais se claquemure dans sa maison pour méditer la Bible, offrir son ennui à Dieu, et jouir devant un grand feu de charbon de terre du bonheur d'être chez lui et de n'être ni Français ni papiste, source de voluptés inépuisables. A minuit, le charme est rompu; la circulation reprend son niveau, les maisons se rouvrent, la vie revient à ce grand corps tombé en léthargie, le *Lazare* dominical ressuscite à la voix de cuivre du lundi et se remet en marche. THÉOPHILE GAUTIER, *Zigzags.*

RETRAITE DU PEUPLE SUR LE MONT AVENTIN.

Dès l'origine, sous Romulus, deux ordres avaient été établis à Rome : les patriciens et les plébéiens. Le corps des patriciens avait le monopole exclusif des honneurs, des dignités, de la puissance politique, des fonctions militaires, civiles et sacerdotales, la plus forte part dans les terres conquises et la meilleure partie du butin. Les plébéiens, c'est-à-dire le dernier ordre de l'État et l'immense majorité du peuple, étaient exclus des fonctions publiques, et étaient en outre assujettis aux patriciens par une sorte de vasselage appelé *patronage*, qui rendit long et difficile leur affranchissement politique. La révolution, tout aristocratique, qui substitua la république consulaire à la royauté, changea peu de chose au sort des plébéiens, mais elle eut au moins pour résultat de débarrasser la scène du contrepoids qui tenait en équilibre les deux ordres, et de laisser libre le champ clos où allait s'entamer cette guerre de races qui forme une des parties les plus dramatiques et les plus émouvantes de l'histoire romaine.

Les premiers effets de cette lutte se firent sentir l'an 493 av. J.-C. La plèbe, ruinée par l'usure, était devenue la proie et la victime des patriciens; car à Rome, comme à Athènes avant Solon, la loi livrait au créancier la liberté et la vie du débiteur. La misère du peuple croissant sous une loi si dure, une révolte était inévitable. « Déjà les murmures éclataient au sein de la foule, lorsqu'un homme parut tout à coup sur le forum, pâle, effrayant de maigreur. C'était un des plus braves centurions de l'armée romaine; il avait assisté à vingt-huit batailles. Il raconta que, dans la dernière guerre, l'ennemi avait brûlé sa maison, sa récolte, et pris son troupeau. Pour vivre, il avait emprunté; et l'usure, comme une plaie honteuse, dévorant son patrimoine, avait atteint jusqu'à son corps; son créancier l'avait emmené chargé de fers, déchiré de coups, et il montrait son corps tout saignant encore... (1) »

(1) Duruy.

Quelques mois après, les plébéiens brisaient enfin l'unité de la cité par une retraite armée sur le mont Aventin; l'oligarchie patricienne, épouvantée par cette permanence, n'osa pas sévir. Il y avait alors à Rome un patricien d'origine plébéienne, nommé Ménénius Agrippa. Ménénius était aimé de la plèbe, car il avait toujours déploré la rigueur dont on usait envers le peuple. Il proposa d'envoyer des députés vers ces malheureux, pour essayer de les ramener par la persuasion. C'est alors que, chargé lui-même de porter la parole dans cette circonstance importante, il raconta au peuple l'apologue des *Membres* révoltés contre l'*Estomac* :

> De travailler pour lui les membres se lassant,
> Chacun d'eux résolut de vivre en gentilhomme,
> Sans rien faire, alléguant l'exemple de Gaster.
> « Il faudrait, disaient-ils, sans nous qu'il vécût d'air.
> Nous suons, nous peinons comme bêtes de somme;
> Et pour qui? pour lui seul : nous n'en profitons pas;
> Notre soin n'aboutit qu'à fournir ses repas.
> Chômons, c'est un métier qu'il veut nous faire apprendre. »
> Ainsi dit, ainsi fait. Les mains cessent de prendre,
> Les bras d'agir, les jambes de marcher.
> Tous dirent à Gaster qu'il en allât chercher.
> Ce leur fut une erreur dont ils se repentirent :
> Bientôt les pauvres gens tombèrent en langueur;
> Il ne se forma plus de nouveau sang au cœur;
> Chaque membre en souffrit; les forces se perdirent.
> Par ce moyen, les mutins virent
> Que celui qu'ils croyaient oisif et paresseux,
> A l'intérêt commun contribuait plus qu'eux (1).

Cet apologue, rapporté par Denys d'Halicarnasse, Tite-Live et Florus, ramena le peuple à des sentiments moins hostiles; mais, pour prix de sa soumission, il exigea l'abolition des dettes et la création de magistrats choisis dans son sein et chargés de veiller à ses intérêts. Ce furent les tribuns du peuple.

Abélard avait son école, son camp, comme il l'appelle, sur la montagne, alors presque solitaire, où s'élève aujourd'hui le temple de Sainte-Geneviève.

Ce fut le *mont Aventin* d'un peuple de disciples quittant les écoles anciennes pour venir écouter la parole jeune et hardie d'Abélard.

LAMARTINE, *Vies des Grands Hommes.*

La grève est à l'ordre du jour parmi les ouvriers. Dans quelques localités, les boulangers refusent de faire du pain; les tailleurs imitent les boulangers; les cordonniers suivent l'exemple des tailleurs, et *se retirent sur le mont Aventin.*

ALPHONSE KARR, *les Guêpes.*

(1) La Fontaine, *les Membres et l'Estomac.*

« Ne cherchez pas le salut de la liberté dans une prétendue balance des pouvoirs. C'est la tyrannie elle-même qu'il faut extirper; c'est le peuple qu'il faut mettre à la place de ses maîtres et de ses tyrans! Je n'aime point que *le peuple se retire sur le mont Sacré;* je veux qu'il reste dans Rome et qu'il en chasse ses oppresseurs! Le peuple ne doit avoir qu'un seul tribun, c'est lui-même! »

ROBESPIERRE, Discours à la Convention.

C'était le plus souvent sur l'emplacement de la Bastille, ce *mont Aventin* du peuple, camp national, où la place et les pierres lui rappelaient sa servitude et sa force, que des masses aveugles, prêtes à l'action, se réunissaient à l'appel de leurs chefs.

LAMARTINE, les Girondins.

Les élèves de Sainte-Barbe, à l'approche d'un jour de congé, eurent l'idée de demander au Théâtre-Français une représentation exprès pour eux. Interdiction de cette représentation par la police. Que vont faire les barbistes? Ils *se retirent sur le mont Aventin* de toutes les émeutes bourgeoises, chez un restaurateur, et là... ils dînent.

LOUIS VEUILLOT, l'Univers.

Quand par hasard la race asservie se révolte pour réclamer ses droits, ou simplement pour demander du pain et du travail, les délégués de la classe victorieuse lui répondent par *l'apologue insolent de Ménénius Agrippa :*

« Nous, le sénat romain, les patriciens, ou les lords d'Angleterre, ou les magnifiques seigneurs de Venise, nous sommes *l'estomac du corps social,* dont la fonction est de *digérer la substance du travail public ;* vous, le peuple, les manants, vous êtes *les jambes et les bras condamnés au travail et à la peine, et chargés par Dieu d'alimenter nos loisirs.* Travaillez donc, et bénissez-nous au lieu de vous révolter et de vous plaindre. »

TOUSSENEL, les Juifs.

RIEN N'EST CHANGÉ EN FRANCE, IL N'Y A QU'UN FRANÇAIS DE PLUS.

Ce mot, devenu fameux, et sur lequel la Restauration, durant d'assez longs mois, a politiquement vécu, a été prêté au comte d'Artois par MM. de Talleyrand et Beugnot. En voici l'histoire : « Lors de la première Restauration, le *Moniteur* devait publier le récit officiel de l'entrée à Paris du comte d'Artois, et donner le texte des différents discours prononcés à cette occasion. Ce travail rentrait dans les attributions de M. Beugnot, ministre intérimaire de l'intérieur, et, comme tel, chargé de la direction et de la police de la presse. M. de Talleyrand lui avait remis la copie de sa phrase (1); le comte d'Artois n'ayant prononcé que quelques mots sans suite, il était impossible d'avoir retenu sa réponse. Il en fallait une cependant pour les journaux et pour le public. *Inventez!* dit le prince de Bénévent au ministre. Ce dernier se mit à l'œuvre et rédigea une espèce de discours que terminait une pensée assez heureuse. M. de Talleyrand prit le discours, en biffa la plus grande partie, ne laissant que la fin. Le lendemain, on lisait dans le *Moniteur:*

« Voici, à peu près, ce qu'on a retenu de la réponse de *Monsieur* au prince de Bénévent :

» Messieurs les membres du gouvernement provisoire, *je vous remercie de tout
» ce que vous avez fait pour notre patrie.* J'éprouve une émotion qui m'empêche
» d'exprimer tout ce que je ressens. Plus de divisions : la paix et la France; je
» la revois, et *rien n'y est changé,* si ce n'est qu'il s'y trouve *un Français de plus.* »

» Ces derniers mots eurent un immense succès dans le monde officiel : tous y voyaient le maintien de leurs titres et de leurs honneurs, de leurs places et de leurs traitements. Le sénat, surtout, les acceptait comme le gage de la conservation de ses dignités et de ses dotations; de là l'insistance de ses membres à répéter partout et à tous : « *Rien n'est changé, il n'y a qu'un Français de plus!* »

ACHILLE DE VAULABELLE.

Ce mot heureux est resté dans la langue, et on l'emploie souvent, en en modifiant la seconde partie selon les circonstances et généralement sous une forme plaisante, comme le prouvent les deux citations qui suivent :

— Quand la première girafe vint en France, on fit circuler, à propos de ce curieux quadrupède, une médaille portant cette légende : « *Il n'y a rien de changé en France, il n'y a qu'une* BÊTE *de plus.* »

— Sous la Restauration, on venait d'élever au grade de vice-amiral un contre-amiral qui avait donné plusieurs preuves de son incapacité. Le lendemain, on lisait dans un journal : « *Il n'y a rien de changé en France, il n'y a qu'un* VICE *de plus.* »

Béranger ne laissa pas échapper le mot; et en mai 1814, on chantait sur l'air de *J'ons un curé patriote,* le *Bon Français,* dont voici le premier couplet :

> J'aime qu'un Russe soit Russe,
> Et qu'un Anglais soit Anglais;
> Si l'on est Prussien en Prusse,
> En France soyons Français.
> Lorsqu'ici nos cœurs émus
> *Comptent un Français de plus,*
> Mes amis, mes amis,
> Soyons de notre pays.

---

(1) Le prince de Talleyrand, entouré des ministres et des autorités parisiennes, avait adressé au comte d'Artois, en le recevant à la barrière de Bondy, cette phrase obscure et laconique : « Monseigneur, le bonheur que nous éprouvons en ce jour de régénération est au-dessus de toute expression, si *Monsieur* reçoit avec la bonté céleste qui caractérise son auguste maison, l'hommage de notre religieux attendrissement et de notre dévoûment respectueux. »

Il voulut se lever et s'enfuir; mais la jeune fille lui dit :

— Ce fut longtemps la place de votre père : ce sera désormais la vôtre.

— *Rien n'est changé ici*, ajouta le marquis; *il n'y a qu'un enfant de plus dans la maison.*

JULES SANDEAU, *Mademoiselle de la Seiglière.*

La mort de l'empereur d'Autriche, dont la nouvelle est arrivée hier à Paris, est un événement qui aura tout juste l'importance nécessaire pour amener une baisse de quelques centimes. Il est mort ce brave empereur dont l'habit blanc et la grande queue et les attelages de corde amusaient tant les Parisiens en 1815 ! Mais après lui reste M. de Metternich, et M. de Metternich, c'est la monarchie autrichienne. *Il n'y a* donc *rien de changé à Vienne; il n'y a qu'un Autrichien de moins.* *Revue de Paris.*

Les évêques entrèrent avec joie dans les cadres de l'administration impériale; ils prirent aux pontifes païens leurs priviléges, leurs titres, leurs honneurs, comme ils prenaient au paganisme ses temples et ses fondations; *rien ne fut changé dans l'État, il n'y eut que quelques fonctionnaires de plus.*

ÉDOUARD LABOULAYE, *Revue nationale.*

Je suis servi par les jeunes mains de la fille même de l'établissement. Il s'agit d'essayer le crayon. Je demande un canif qui m'est octroyé un peu en rechignant; je taille le crayon ; il casse. « C'est que vous ne savez pas vous y prendre, monsieur. — Essayez vous-même, mademoiselle. » Mademoiselle essaye : le crayon casse, casse, casse... Après tout, *il n'y a rien de changé en France, il n'y a qu'un mauvais crayon de moins.* DE VILLEMESSANT, *le Figaro.*

ROBE ROUGE DE RICHELIEU.

Le cardinal de Richelieu est un des plus grands génies politiques des temps modernes On peut lui reprocher l'inflexible rigueur d'une volonté despotique, qui fut souvent cruelle, qui ne s'arrêta pas même toujours devant les obstacles que lui opposait la justice ; mais l'histoire impartiale doit reconnaître qu'il s'est toujours proposé pour but la grandeur et l'unité de la France, et que ce but, il l'a atteint. Avant lui la puissance royale n'était guère qu'un vain nom, et la haute noblesse ne se soumettait aux lois promulguées par le roi qu'autant qu'elle le jugeait conforme à ses intérêts ; d'un autre côté, les querelles religieuses, pour être moins violentes que du temps de la Ligue, étaient toujours imminentes, et il y avait en réalité deux France, la France catholique et la France protestante. Enfin, notre pays n'avait en Europe qu'une importance très secondaire, et nous étions complètement effacés par la maison d'Autriche, héritière de la prépondérance attachée au titre d'empereur d'Allemagne.

Richelieu dompta les résistances de la noblesse, enleva aux protestants leur dernière forteresse et les força à se soumettre aux lois ; enfin il abaissa l'orgueil de notre puissante rivale et releva l'honneur de nos armes ; mais, pour obtenir de si grands résultats, il lui fallut déployer une grande énergie de volonté : les têtes les plus illustres tombèrent sous le glaive du bourreau ; la reine-mère elle-même dut supporter les rigueurs d'un exil que ses intrigues sans cesse renaissantes avaient rendu nécessaire. Rien ne coûtait à Richelieu lorsqu'il s'agissait d'assurer le succès de ses vues politiques : « *Quand une fois j'ai pris une résolution*, disait-il lui-même, *je vais droit à mon but ; je renverse tout, je fauche tout, et ensuite je couvre tout de ma robe rouge.* »

Ce grand ministre mourut jeune encore, épuisé par les immenses travaux d'une vie occupée tout entière des plus grands intérêts qu'un homme puisse se proposer sur la terre. Comme son confesseur l'engageait à pardonner à ses ennemis, il fit cette belle réponse : « Je n'en ai jamais eu d'autres que ceux de l'État. » Louis XIII ne l'aimait guère, car il avait toujours vu en lui plutôt un maître qu'un ministre ; mais il avait compris que ce maître ne travaillait en définitive que pour la gloire de la royauté et l'intérêt de la France ; et même après sa mort, il conservait une telle confiance dans sa politique, qu'il défendit d'y rien changer.

M. Henri Martin juge en ces termes la politique impitoyable de Richelieu : « Pour accomplir son œuvre, il lui fallut l'inflexibilité de ces hommes du destin, qui, les yeux fixés sur l'avenir, bravent les malédictions de leurs contemporains, et immolent, non sans douleur, mais sans remords, la génération qui passe au salut de la patrie qui ne passe pas. »

Placé sur le seuil du dix-septième siècle, Richelieu arrêtait la société, encore toute haletante de sa course, à travers la féodalité et la Ligue, et forçait la France à jeter toutes ses libertés en passant sous le pan de sa *robe rouge*, cette nouvelle espèce de fourches caudines sous lesquelles l'époque tout entière, avec son roi en tête, devait s'incliner.

ALFRED NETTEMENT, *Ruines morales et intellectuelles.*

On a besoin de rechercher dans le mérite de la mise en œuvre le raison de l'accueil si sympathique fait à de pareilles monstruosités, et l'on sait que pour le public le talent est comme la *robe du cardinal, il couvre tout*. Le talent de l'auteur de *Fanny*, qu'on a tour à tour rabattu ou exagéré, comme il arrive aux choses nouvelles, me semble suffire, par la littérature qui court, pour expliquer, de compte à demi avec les dangereux instincts qu'il flatte, un si rapide succès.   VAPEREAU, *l'Année littéraire*.

ROI D'YVETOT.

> Il était un roi d'Yvetot,
>   Peu connu dans l'histoire;
> Se levant tard, se couchant tôt,
>   Dormant fort bien sans gloire,
> Et couronné par Jeanneton
> D'un simple bonnet de coton,
>   Dit-on.
> Oh! oh! oh! oh! ah! ah! ah! ah!
> Quel bon petit roi c'était là!
>   La, la.

Ce charmant badinage du grand chansonnier, qui parut en 1813, cachait une leçon sous des fleurs. La France était revenue de Moscou, on sait comment, et elle commençait à se fatiguer d'une gloire qui lui coûtait tant de larmes et de sang; c'est alors que Béranger exhuma le souvenir de ce *Bon petit roi d'Yvetot*,

> Qui n'agrandit point ses États,
>   Fut un voisin commode,
> Et, modèle des potentats,
>   Prit le plaisir pour code.

L'allusion était transparente : on vit dans les couplets du poëte une sorte de *Mazarinade*, et toute la France chanta *le Roi d'Yvetot*, qui passa dès lors dans notre littérature comme le type de l'insouciance, de la franche gaîté.

Mais quelle est l'origine de cette royauté lilliputienne? Si l'on en croit Gaguin, historien du seizième siècle, cette origine remonterait jusqu'à Clotaire Ier, c'est-à-dire aux premiers temps de la monarchie française. Clotaire ayant assassiné son vassal Gauthier d'Yvetot, dans la cathédrale de Soissons, un vendredi saint, se vit bientôt poursuivi par ses remords et menacé d'excommunication par le pape Agapet. Alors le meurtrier aurait affranchi de tout lien de vasselage et érigé en souveraineté indépendante la seigneurie d'Yvetot, en faveur des descendants du malheureux Gauthier.

Cette historiette a été contestée; mais il n'en est pas de même de l'existence des rois d'Yvetot. Dès 1066, les historiens parlent d'un sire d'Yvetot, qui guerroyait à côté de Guillaume à la bataille d'Hastings; à partir de Philippe Auguste, Robert d'Yvetot figure parmi les seigneurs normands, puis Jean d'Yvetot, Perrinet d'Yvetot, Pierre Ier, Baucher Ier, etc.; mais, à part l'anecdote, évidemment controuvée, de Gaguin, on ne voit pas l'époque de cet étrange phénomène politique d'un modeste fief normand érigé en royaume.

En cette qualité, le roi d'Yvetot jouissait des droits de pleine souveraineté et n'avait pas de supérieur hiérarchique.

Martin Ier, roi d'Yvetot, battait monnaie au moyen d'un morceau de cuir taillé portant une empreinte avec une tête de clou au milieu : mais le travail le plus considérable qu'exécuta l'un d'eux, et qui fit bénir son nom dans tout le royaume d'Yvetot, c'est un puits que Guillaume Ier, prenant en considération les plaintes de ses sujets, qui manquaient d'eau potable, fit creuser dans la cour de son château : ce puits existe encore aujourd'hui et porte le nom de *puits du Château*.

Toutefois, la royauté d'Yvetot était sans cesse troublée par des orages judiciaires, et les officiers de robe de la couronne, auxquels cette indépendance portait ombrage, ne lui laissaient ni repos ni trêve. Alors les rois d'Yvetot s'adressaient à leur *cousin*, le roi de France, qui donnait toujours raison à son royal parent ; c'est ce que firent en différentes circonstances Louis XI, Charles VIII, François Ier et Henri II. Henri IV, entre autres, avait pris le roi d'Yvetot en grande amitié. Comme le successeur de Martin II se trouvait au couronnement de Marie de Médicis, le Béarnais s'étant aperçu qu'aucune place ne lui avait été réservée dans la cérémonie, s'écria tout haut : « Je veux que l'on donne une place honorable à mon petit roi d'Yvetot. » Enfin, la royauté d'Yvetot devait être emportée dans la tempête révolutionnaire. Camille III mourut en 1789, en sorte que le prince et la principauté finirent ensemble.

En 1830, la France fatiguée voulut inaugurer enfin une république monarchique du bien-être ; le *roi d'Yvetot* était devenu l'idéal universel. Béranger l'avait chanté ; Courier avait consacré au bonnet de coton de ce monarque pacifique ses pages les plus goguenardes et les plus charmantes.

PHILARÈTE CHASLES, *Études sur la France au dix-neuvième siècle*.

Chez M. Béranger, le travestissement systématique appliqué aux idées religieuses a quelque chose de vraiment inexcusable. Dieu lui-même devient l'objet des quolibets de cette muse effrontée, qui le chansonne dans *le Bon Dieu à sa fenêtre* comme le soliveau de la monarchie universelle, comme le *roi d'Yvetot* de la création.

ALFRED NETTEMENT, *Littérature sous la Restauration*.

ROMULUS ENLEVÉ DANS UN ORAGE.

Romulus fut la victime de l'aristocratie qu'il avait constituée dans Rome naissante. Le sénat, qu'il ne consultait plus, s'inquiéta de l'accroissement de sa puissance, et une conspiration s'ourdit contre la vie de Romulus. Un jour qu'il passait une revue de ses troupes près du marais de la Chèvre, un orage dispersa le peuple; mais, quand il revint, il chercha inutilement Romulus : les sénateurs l'avaient assassiné et avaient emporté sous leurs toges ses membres déchirés. Comme ils craignaient la vengeance du peuple, l'un d'eux, nommé Proculus, assura qu'il venait de le voir monter au ciel sur le char de Mars, au milieu de la foudre et des éclairs. La multitude accepta ce prodige avec enthousiasme et l'adora sous le nom de *Quirinus*. Ainsi les meurtriers échappèrent au soupçon en élevant des autels à leur victime. Ils préféraient l'avoir pour Dieu que pour maître, et il leur coûtait peu de l'adorer au ciel pourvu qu'ils n'eussent plus à le redouter sur la terre.

On compare souvent à cette disparition mystérieuse de Romulus au milieu d'une tempête, les pouvoirs, les trônes, les rois qu'emporte le vent des révolutions.

Pourquoi faut-il que ces pitres héroïques aient eu une fin si tachée de prose? Bobêche et Galimafré se devaient à eux-mêmes de *disparaître tout à coup dans une nuée comme Romulus*. Au lieu de cela, Bobêche est allé s'éteindre en province, directeur de troupe; la belle avance! Galimafré, lui, se fit machiniste à l'Opéra-Comique.
CHARLES MONSELET, *le Monde illustré.*

Je me figure cette noble et malheureuse famille (les Bourbons) semblable à ces législateurs de l'antiquité qui, après avoir donné à un peuple les lois qui allaient le faire grand, devaient, dans l'intérêt de ces lois, disparaître à jamais, sans qu'on sût seulement où reposaient leurs cendres. L'exil a été pour elle comme le *ciel mystérieux où fut enlevé Romulus.*
CHARLES WEISS, *Revue de l'Instruction publique.*

Benjamin Constant a été homme d'esprit jusqu'au bout; il est mort au moment où cessait son rôle, lorsqu'il sentait l'impossibilité de renfermer plus longtemps le dégoût des hommes qu'il portait en lui. Ne trouvant plus la force de jeter aux peuples des paroles d'espérance, et de remplir les tristes fonctions du prêtre qui prêche encore la foi quand le dieu s'en est allé, il *a disparu dans la tempête comme Romulus au milieu du sénat*, lorsque sa tâche fut accomplie. *Revue britannique.*

Une de ces tempêtes qui précèdent, accompagnent ou suivent les équinoxes, éclata au moment de la mort du Protecteur d'Angleterre : le poëte Waller, qui chantait tout le monde, annonça en fort beaux vers que les derniers soupirs de Cromwell avaient ébranlé l'île des Bretons ; que l'Océan s'était soulevé en perdant son maître ; que Cromwell, *comme Romulus, avait disparu dans un orage.* Les faits se réduisaient à une fièvre et à un coup de vent.

CHATEAUBRIAND, *Mélanges politiques et littéraires.*

RUISSEAU (LE PETIT) DE LA RUE DU BAC.

Que n'a-t-on pas dit et que ne peut-on pas dire encore sur l'amour de la patrie ? La patrie, c'est le lieu qui fut le témoin des pures joies de notre enfance, des premiers sentiments de notre âme, des premières émotions de notre cœur. La patrie, c'est le pays où l'homme a reçu les premières leçons de religion et de morale, où il se réjouit de reposer auprès du tombeau de ses pères, après avoir vécu près du berceau de ses enfants. L'amour du sol natal est inné dans le cœur de l'homme, et on le regrette d'autant plus qu'on y a été plus malheureux. L'Écossais, sous un ciel brillant, redemande ses brouillards et ses montagnes couvertes de neige. Un sauvage regrette plus sa hutte qu'un prince son palais. On raconte qu'un mousse anglais avait un tel attachement pour un vaisseau à bord duquel il était né, qu'il ne pouvait souffrir qu'on l'en séparât un moment. Quand on voulait le punir, on le menaçait de l'envoyer à terre ; il courait alors se cacher à fond de cale en poussant des cris. C'est l'amour seul de la patrie qui attachait ce matelot à une planche battue des vents.

« Quelles sont donc, dit Chateaubriand, ces fortes attaches qui nous enchaînent au lieu natal ? C'est peut-être le sourire d'une mère, d'une sœur ; c'est peut-être le souvenir de ceux qui ont partagé nos joies d'enfance ; ce sont peut-être les soins que nous avons reçus d'une nourrice ; enfin, ce sont quelquefois les circonstances les plus simples, les plus triviales même : un chien qui aboyait la nuit dans la campagne, un rossignol qui revenait tous les ans dans le verger, le nid de l'hirondelle à la fenêtre, le clocher de l'église qu'on voyait au-dessus des arbres. »

Au milieu des splendeurs de sa résidence de Coppet, madame de Stael regrettait son *petit ruisseau de la rue du Bac.* Elle passa vingt années de sa vie en exil, sans que l'on sache au juste si l'histoire doit s'en prendre au génie orgueilleux et aux prétentions ambitieuses (1) de cette femme célèbre, ou à l'au-

---

(1) On a dit qu'il y avait, dans l'opposition si vive et si persistante de madame de Stael, le dépit d'une femme dédaignée ; Béranger, dans sa *Biographie*, paraît être de cet avis : « Je n'ai,

tocratie ombrageuse de celui qui fit trembler l'Europe pendant quinze ans.

Elle paraissait jouir de son exil avec une fierté hautaine ; mais le regret perçait souvent sous ces dehors trompeurs : « Je suis l'Oreste de l'exil, écrit-elle. La fatalité me poursuit... on est presque mort quand on est exilé (1). »

Avec une imagination ardente et toujours poétique, madame de Stael était, avant tout, amie du vrai. Elle ne pouvait souffrir que l'on cherchât à lui faire illusion sur ses sentiments par des mots. C'est ainsi qu'un jour, étant à Coppet, exilée de Paris, le séjour de la terre le plus cher à ses yeux, quelqu'un ayant voulu lui faire valoir le plaisir qu'elle devait goûter à considérer les verts bocages et à entendre le murmure des ruisseaux : « Ah ! s'écria-t-elle, il n'y a pas pour moi de *ruisseau qui vaille celui de la rue du Bac.* »

Le *petit ruisseau de la rue du Bac,* comme le Simoïs tant de fois regretté par Andromaque à la cour de Pyrrhus, est resté une expression proverbiale pour exprimer poétiquement et énergiquement le regret que laisse dans le cœur la patrie absente.

L'Ilissus est mouillé quand il pleut; le Céphise a toujours un peu d'eau, mais divisée en mille petits ruisseaux qui auraient rappelé à madame de Stael *son ruisseau de la rue du Bac.*

EDMOND ABOUT, *Grèce contemporaine.*

Elle naquit au cœur du faubourg Saint-Germain, sur les bords de ce bienheureux *ruisseau de la rue du Bac* que madame de Stael préférait à tous les fleuves de l'Europe.

EDMOND ABOUT, *les Mariages de Paris.*

Voir, c'est avoir. Je comprends très-bien que M. Théophile Gautier aime à quitter de temps en temps ce *ruisseau de la rue du Bac,* ou tout autre ruisseau, et à dater ses feuilletons du Prado ou de l'Alhambra, des cimes neigeuses de l'Atlas ou des poétiques sommets du Taygète, de Saint-Marc ou de Sainte-Sophie.

CUVILLIER-FLEURY, *Voyages et Voyageurs modernes.*

De plus, l'héroïne de mon prochain roman devant être très

---

dit-il, connu ni désiré connaitre madame de Stael. Quoique douée d'un esprit et d'un talent supérieurs, sa fortune et sa position ne contribuèrent pas peu à exagérer la réputation littéraire qu'elle méritait. Napoléon avait dédaigné d'en faire son Égérie; la chute du grand homme fut une joie pour ce cœur de femme. Aussi, dans ses salons, ne cessa-t-elle de faire aux étrangers les honneurs de notre ruine. »

(1) Ovide, chez les Sarmates, avait dit : « L'exil, c'est la mort. » Victor Hugo, à Jersey, a écrit sur la porte de son cabinet de travail : « L'exil, c'est la vie, *exilium vita est.* »

blonde, je faisais, comme on dit, d'une pierre deux coups. Je n'allais pas, comme le père Enfantin, en Orient chercher la femme libre ; j'allais au Nord chercher la femme blonde. Voilà donc les motifs qui ont poussé un honnête et naïf Parisien à faire une courte infidélité à son cher *ruisseau de la rue Saint-Honoré.*

Théophile Gautier, *Zigzags.*

SABINES SE JETANT ENTRE LES COMBATTANTS.

Après l'enlèvement des Sabines, Rome eut différentes guerres opiniâtres à soutenir contre les peuples voisins, qui avaient résolu d'anéantir la ville naissante ; mais ils commirent l'imprudence de l'attaquer séparément. Trois armées avaient déjà été battues, quand les Sabins de Cures, qui avaient été les plus cruellement offensés, s'avancèrent contre les ravisseurs. Ils pénétrèrent jusqu'au mont Capitolin, et s'emparèrent par ruse de la citadelle bâtie par Romulus. Déjà ils avaient remporté une première victoire et les Romains fuyaient, quand Romulus, vouant un temple à Jupiter *Stator,* renouvela le combat. C'est alors que les Sabines accoururent, portant leurs enfants dans les bras, se jetèrent entre leurs époux et leurs pères, et arrêtèrent les combattants. La paix fut signée, et Sabins et Romains ne firent plus qu'un seul peuple.

Cet événement a fourni à David le sujet d'un magnifique tableau que l'on admire au Louvre.

L'autre jour, aux Tuileries, j'ai vu des bretteurs de dix ans, aux cheveux blonds et aux joues roses, croiser le fer au pied d'un marronnier ; heureusement leurs bonnes *se sont vite jetées, comme jadis les Sabines, entre les combattants.*

Hippolye Rigault, *Conversations littéraires.*

A la vue de ces deux hommes prêts à en venir aux mains, mademoiselle Gobillot, qui s'était levée toute violette d'émotion, poussa deux ou trois cris inarticulés ; mais, au lieu de *se jeter entre les combattants, comme les Sabines,* elle se mit à courir à toutes jambes sur la pelouse. Charles de Bernard, *Gerfaut.*

Est-ce à dire que les femmes soient condamnées à perpétuité aux servitudes intellectuelles, ou seulement à ce rôle, noble assurément, mais un peu sacrifié, des *Sabines,* auquel des moralistes, bien intentionnés d'ailleurs, voudraient les vouer exclusivement ?

Lanfrey.

SACRIFICE D'ABRAHAM.

Dieu, voulant éprouver la foi d'Abraham, lui dit : « Prends ton fils unique qui t'est si cher, et va me l'offrir en holocauste sur la montagne que je te montrerai. » Abraham, soumis à la volonté du Très-Haut, allait accomplir le sacrifice; le couteau était déjà levé sur la victime, quand un ange du Seigneur cria du haut des cieux : « Abraham, Abraham, ne frappe pas l'enfant et ne lui fais aucun mal, car je sais maintenant que tu crains Dieu, puisque, pour lui obéir, tu n'as pas épargné ton fils unique! » En même temps, Abraham aperçut derrière lui un bélier embarrassé par les cornes dans un buisson. Il l'offrit en holocauste à la place d'Isaac. Le Seigneur renouvela alors au saint patriarche les promesses qu'il lui avait déjà faites.

Un religieux, voulant consoler une dame de la mort de son fils unique, lui citait l'exemple d'Abraham tout prêt à immoler le sien pour obéir aux ordres de Dieu. « Ah! mon père! Dieu n'aurait jamais commandé ce sacrifice à une mère! »

Dieu n'a pas permis que notre père succombât, dit Julie avec une douce piété, comme Dieu n'a pas permis qu'*Abraham sacrifiât son fils;* au patriarche comme à nous, il a envoyé un ange qui a coupé à moitié chemin les ailes de la mort.

ALEX. DUMAS, *Monte-Cristo.*

Les mains dans ses mains, le cou tendu, la bouche béante, Salomon écoutait les dernières confidences de son fils. Mais un bruit de pas se fit entendre dans le corridor, et un coup sourd fut frappé à la porte. C'était l'heure fatale. Le pauvre père l'avait oubliée. Déjà les prêtres avaient entonné leurs cantiques de mort; le bourreau était prêt; le cortége était en marche, lorsque Salomon parut tout à coup sur le seuil de la prison, le regard enflammé, le front rayonnant de l'auréole des patriarches. Le vieillard se redressa de toute sa hauteur, et levant d'une main le couteau ensanglanté :

« Le sacrifice est consommé, dit-il d'une voix sublime. *Dieu n'a pas envoyé son ange pour arrêter la main d'Abraham...* » La foule le porta en triomphe (1). FIORENTINO, *Crimes célèbres.*

(1) Salomon avait tué son fils pour le soustraire à l'échafaud.

SAINT-BARTHÉLEMY (UNE).

Catherine de Médicis, « la plus grande comédienne du seizième siècle, » avait résolu d'exterminer le parti protestant. Pour atteindre ce but d'une manière plus complète et plus sûre, elle eut recours à la ruse, son arme habituelle. Par la paix de Saint-Germain (8 août 1570), elle accorda aux réformés de grands avantages afin de leur inspirer une aveugle confiance; elle voulut même que Marguerite de Valois, sœur du roi Charles IX, fût donnée en mariage au jeune Henri de Béarn, qui était un de leurs chefs, et les fêtes qui furent célébrées à l'occasion de cette alliance attirèrent à Paris les principaux seigneurs protestants. Saisissant cette occasion, elle persuada sans peine au faible Charles IX que les huguenots en voulaient à son autorité et même à sa vie, et obtint son consentement au massacre général qu'elle projetait depuis longtemps. Le 24 août donc (1572), jour de la Saint-Barthélemy, vers les deux heures du matin, le bourdon de Saint-Germain-l'Auxerrois, la paroisse royale, se fait entendre, et, à ce lugubre signal, la boucherie commence. Coligny tombe le premier sous les coups de l'Allemand Besme, un des serviteurs du duc de Guise. Puis on entend de tous côtés le cri : « Tue! tue! » La plupart des protestants sont surpris dans leur lit; on égorge sans pitié tout ce qui tombe sous la main; les femmes mêmes et les enfants ne sont pas épargnés; on pille, on vole dans tous les quartiers de Paris, et, pendant trois jours que dura ce carnage, le nombre des victimes s'éleva à 2,000 selon les uns, à 10,000 selon les autres. De la capitale, la fureur du meurtre s'étendit aux provinces, et dans presque toutes nos grandes villes on vit se renouveler les mêmes horreurs.

Ce drame, le plus triste et le plus sanglant de notre histoire, a fourni à la langue un terme expressif pour désigner une exécution collective, générale, mais où heureusement le sang répandu n'est pas toujours du sang humain. C'est ainsi que l'on dit, dans un sens plaisant, que l'ouverture de la chasse est le signal d'une Saint-Barthélemy de lièvres et de lapins.

Nous le demandons à M. de Lamartine, est-ce que la République n'est pas chaque jour tuée partiellement, en détail, par toutes les libertés tuées en elle depuis une année? Liberté de conscience, tuée; liberté de réunion, tuée; liberté d'association, tuée; liberté d'enseignement, tuée; liberté même des larmes sur les tombeaux, tuée. Pour peu que cette *Saint-Barthélemy* parlementaire continue, que restera-t-il bientôt de la République? EUGÈNE PELLETAN.

Il y a dans Paris des esprits extrêmes ou malintentionnés, des demi-philosophes que la superstition de la naissance rend malheureux : elle a succédé aux superstitions religieuses dans l'ordre de leur haine. Le seul mot *noblesse* les met en fureur; et extirper tous les nobles serait peut-être à leurs yeux une *Saint-Barthélemy philosophique.* RIVAROL, *Mémoires sur la Révolution.*

Pendant qu'on rédigeait la déclaration des droits de l'homme et les articles de la nuit du 4 août, nuit désastreuse qu'on peut appeler la *Saint-Barthélemy* des propriétés, le royaume était désolé par le fer et par le feu autant que par la disette.
RIVAROL, *Mémoires sur la Révolution.*

— Le château! le château! ils n'ont plus que ce mot-là à la bouche, les lâches esclaves qu'ils sont! Vois-tu, Vermot, si je ne me retenais, je ferais une *Saint-Barthélemy* à moi tout seul.
— Il est sûr que d'assister à de pareilles infamies, cela vous fait prendre la vie en dégoût; il n'y a plus de patrie, mon vieux Toussaint Gilles, il n'y en a plus.
CHARLES DE BERNARD, *le Gentilhomme campagnard.*

Marat, dans tous ses pamphlets, écho des Jacobins ou des Cordeliers, soufflait chaque jour les inquiétudes, les soupçons, les terreurs au peuple. « Citoyens, disait-il, veillez autour de ce palais, asile inviolable de tous les complots contre la nation. On y bénit les armes de l'insurrection contre le peuple; on y prépare la *Saint-Barthélemy* des patriotes. » LAMARTINE, *les Girondins.*

On rencontre des colombes à Venise comme on rencontre des chiens à Paris. On sait qu'aux anciens temps, le jour des Rameaux, il était d'usage de lâcher une multitude de pigeons avec un petit rouleau de papier à la patte, ce qui les forçait de tomber après quelques instants de lutte. Le peuple se ruait dessus et leur tordait le cou pour souper : c'était la poule au pot de Henri IV. Il arriva que chaque année trois ou quatre pigeons échappèrent à cette *Saint-Barthélemy* et se réfugièrent sur les plombs du palais ducal, où ils se multiplièrent à l'infini.
ARSÈNE HOUSSAYE, *Voyage à Venise.*

SAINT LOUIS SOUS LE CHÊNE DE VINCENNES.

Louis IX ne fut pas seulement remarquable par sa grande piété, qui lui mérita l'honneur d'être mis au nombre des saints reconnus par l'Église; ce fut encore un de nos meilleurs rois, un de ceux qui montrèrent le plus constamment dans leurs actes le désir de ne rien négliger pour assurer le bonheur du royaume. Convaincu que des lois sages étaient le moyen le plus sûr de faire régner partout le bon ordre et la paix, il donna toute son attention à opérer les réformes nécessaires; mais il ne se contentait pas d'élaborer les mesures législatives avec ses conseillers et de présider les grandes assises, il croyait de son devoir de rendre quotidiennement la justice en personne à tous ceux qui la demandaient, voulant imiter ainsi les rois et les juges d'Israël. « Lorsque le sire de Nesle, le comte de Soissons et moi et autres des siens amis, raconte Joinville, avions été le matin à la messe, il falloit que nous allassions ouïr *les plaids de la porte,* puis le bon roi nous demandoit s'il y avoit quelques gens qu'on ne pût dépêcher sans lui. S'il y en avoit, il les envoyoit quérir et les contentoit, et les mettoit en raison et droiture. Maintes fois, après qu'il avoit ouï messe en été, il s'alloit ébattre au bois de Vincennes, et s'asseyoit au pied d'un chêne et nous faisoit tous seoir auprès de lui. Ceux qui avoient affaire à lui venoient lui parler, sans qu'aucun huissier ni autre leur donnât empêchement, et il leur demandoit hautement de sa propre bouche s'il y avoit nul qui eût partie (procès); et quand il y en avoit aucun, il les expédioit l'un après l'autre. »

Jules Janin s'en est allé paisiblement à la campagne; semblable à *saint Louis, il rend la justice assis au pied d'un chêne :* c'est de là qu'il juge les pièces nouvelles qu'on représente à Paris, au Gymnase, à l'Ambigu, au Vaudeville. Là, ses arrêts ne sont influencés par rien, pas même par la présence de ceux qu'il condamne.

Mme ÉMILE DE GIRARDIN, *Lettres parisiennes.*

Son sommeil était court, ses repas d'une extrême frugalité, ses mœurs d'une pureté irréprochable. Il ne connaissait ni le jeu ni l'ennui : son seul délassement était la promenade, encore trouvait-il le secret de la faire rentrer dans ses exercices de bienfaisance. S'il rencontrait des paysans, il se plaisait à les entretenir. On le voyait assis sur l'herbe au milieu d'eux, comme autrefois *saint Louis sous le chêne de Vincennes.* Il entrait même dans leurs cabanes et recevait avec plaisir tout ce que lui offrait leur simplicité hospitalière. Sans doute ceux qu'il honora de semblables visites racontèrent plus d'une fois à la génération qu'ils virent naître que leur toit rustique avait reçu Fénelon. LA HARPE, *Éloge de Fénelon.*

Qu'a fait le socialisme au pouvoir? Était-il, oui ou non, le maître de la situation? La preuve qu'il l'était, c'est qu'il s'installait au Luxembourg, malgré le vœu secret du gouvernement provisoire. Il n'y avait point d'armée régulière, dites-vous : c'était justement votre force. Au lieu de pratiquer la réforme en grand, il ne fallait pas user le temps à concilier quelques petits conflits, à faire la besogne d'un juge de paix, ou, s'il faut employer ici une image plus noble, à imiter *saint Louis rendant la justice sous le chêne de Vincennes.*
ÉMILE SAISSET, *Revue des Deux Mondes.*

SAINT PAUL SUR LA ROUTE DE DAMAS.

Saint Paul, qui devait être un jour la lumière la plus resplendissante et le plus illustre propagateur du christianisme, naquit à Tarse, en Cilicie, dans les premières années de l'ère chrétienne. Ses parents étaient Juifs, de la secte des pharisiens, et jouissaient, comme tous les habitants, du titre de citoyens romains. Le premier nom du futur apôtre était Saul. Son éducation judaïque et l'impétuosité de son caractère en firent d'abord l'ennemi le plus acharné du christianisme naissant. Jeune encore, il gardait les habits des bourreaux qui lapidaient le diacre saint Étienne. Il fut un des instruments les plus actifs de la première persécution : dans l'ardeur de son zèle, il se rendait l'exécuteur des ordres des chefs de sa synagogue; il chargeait de chaînes et faisait battre de verges ceux qui croyaient en Jésus-Christ.

Poussé par un fanatisme aveugle, il se rendit un jour en Syrie pour rechercher les nouveaux chrétiens et les conduire à Jérusalem. Comme il était sur la route de Damas, entouré de cavaliers et de chariots, voilà que vers le midi, au milieu de la plus grande chaleur du jour, un éclat de lumière, plus vif et plus resplendissant que le soleil, l'environna, lui et tous ceux qui l'accompagnaient. Il tomba ébloui, tandis que les autres s'arrêtaient, saisis de frayeur, contenant à peine leurs chevaux épouvantés. Or Saul entendit, mais entendit seul, une voix éclatante qui lui dit : « Saul, Saul, pourquoi me persécutes-tu?—Qui êtes-vous, Seigneur? répondit Saul atterré. — Je suis Jésus que tu persécutes, » dit la voix. Et Saul reprit : « Seigneur, que voulez-vous de moi ? — Lève-toi, et entre dans la ville, où l'on te dira ce qu'il faut que tu fasses. » Alors il lui sembla qu'à une si vive clarté avaient succédé les ténèbres; il était aveugle. Ses compagnons, qui étaient restés confondus d'étonnement, le prirent par la main, et le conduisirent lentement à Damas comme on conduit un vieillard infirme. C'est ainsi qu'en un espace de temps aussi court que la durée d'un éclair, celui que devançait la terreur n'inspira plus que la pitié.

Arrivé à Damas, il resta trois jours sans boire ni manger, absorbé dans des réflexions profondes. Or, il y avait dans la ville un vieillard nommé Ananie, qui professait la loi nouvelle. Ananie entendit une voix qui lui disait : « Va fortifier de la parole divine mon serviteur Saul; va, car cet homme est un vase d'élection qui portera mon nom devant les rois et devant les Gentils. » Ananie alla trouver Saul de Tarse ; il l'exhorta, lui prêcha l'Évangile, lui imposa les mains, lui rendit la vue et le baptisa.

Saul, converti, changea son nom en celui de Paul, et, devenu tout à coup un autre homme, il commença cette vie apostolique, si laborieuse et si éclatante, entremêlée de prédications enthousiastes, de conversions merveilleuses, de persécutions bravées avec un courage sublime, subies avec une constance et une foi inébranlables. La fondation des principales églises de l'Orient, la fixation de points importants de doctrine, la solution de questions douteuses, l'accord ramené parmi les chrétiens divisés, des luttes oratoires sans nombre contre les Juifs des diverses sectes et contre les philosophes grecs, enfin l'éloquence la plus sublime mise au service de la nouvelle religion : telles sont les œuvres principales de ce grand apôtre, une des plus imposantes figures du christianisme, qui portait en lui l'enthousiasme d'un martyr, la fougue orageuse d'un tribun, le génie d'un législateur, le cœur d'un soldat, l'âme d'un héros, l'austère simplicité d'un philosophe, et la dévorante activité d'un conquérant.

Dans le style élevé, *la route de Damas*, témoin de la conversion subite qui s'opéra dans l'âme du plus ardent persécuteur des chrétiens, est une image frappante que l'on emploie pour caractériser une illumination soudaine qui transforme entièrement nos idées, nos sentiments, nos opinions. C'est une des métaphores les plus poétiques de notre langue.

Plus tard, M. de Lamennais tomba de cheval, non pas *sur le chemin de Damas*, mais sur la route de Rome ; il devint le saint Paul d'une autre religion ; comme l'apôtre, il avait gardé les manteaux des bourreaux pendant qu'ils lapidaient les justes.

LAMARTINE.

Bourdaloue était né prêtre ; il a vécu prédicateur ; il est resté apôtre jusqu'à la mort. Il n'a pas eu besoin, pour aller à Dieu, d'une de ces crises singulières qui disposent l'âme et qui l'enlèvent à la terre ; il n'a pas eu son rayon *sur le chemin de Damas !* Non ; il a très simplement grandi dans un milieu catholique.

ARSÈNE HOUSSAYE, *le Quarante et unième Fauteuil*.

Ils suivaient cependant ces traces célèbres que J.-J. Rousseau avait suivies naguère lorsqu'il s'en allait dans le parc de Vincennes pour embrasser Diderot, son ami... Ce chemin est, à vrai dire, le *chemin de Damas*, où les yeux de saint Paul se sont ouverts. Là se sont ouverts les yeux de J.-J. Rousseau, ébloui le premier de la confusion ardente de ces vérités, de ces erreurs, de ces mensonges qui l'étourdirent jusqu'à l'ivresse.

J. JANIN, *les Gaîtés champêtres*.

Lamartine, vous avez eu ce destin; vous avez eu, vous aussi, votre *coup de tonnerre sur la route de Damas*. Vous avez entendu la voix de l'air; et, au signal de cette voix, vous avez passé du dogme de la royauté au dogme de la démocratie.

Eugène Pelletan, *le Monde marche*.

La *Gazette de France* affirme que c'est bien sincèrement qu'elle et son parti sont convertis à la liberté.

Comme *saint Paul renversé de son cheval sur le chemin de Damas*, le parti royaliste

Tombe persécuteur et se relève apôtre.

Dieu soit loué ! Cependant la *Gazette* devrait comprendre que le passé de son parti lui interdit de donner à qui que ce soit des leçons de liberté. Peyrat, *la Presse*.

SAINT THOMAS L'INCRÉDULE.

Saint Thomas est resté le type de ceux qui ne croient une chose qu'à bon escient, qu'après avoir vu, examiné, *touché du doigt* la vérité qu'on leur affirme.

Jésus-Christ, quelques jours après sa résurrection, apparut à ses disciples assemblés et leur parla. Or, Thomas, appelé Didyme, n'était point à cette réunion; mais dès que les autres disciples le virent, ils lui apprirent avec empressement cette merveilleuse apparition. Mais Thomas, nouvel apôtre, n'était pas homme à croire sur parole un prodige si étonnant, et bien qu'il n'ignorât point que le Sauveur devait ressusciter, puisqu'il l'avait prédit à ses disciples, bien qu'il ne doutât point de sa puissance et de sa divinité, il répondit : « Si je ne vois dans ses mains la marque des clous, et si je ne mets mon doigt dans ses plaies, et ma main dans son côté, je ne le croirai point. »

Et huit jours après, comme ses disciples étaient encore dans le même lieu, et Thomas avec eux, Jésus vint, les portes étant fermées, et il se tint debout au milieu d'eux, et dit : « La paix soit avec vous! »

Il dit ensuite à Thomas : « Porte ici ton doigt; approche ta main et mets-la dans mon côté; et ne sois plus incrédule, mais fidèle. »

Thomas répondit : « Mon Seigneur et mon Dieu ! »

Jésus lui dit : « Tu as cru, Thomas, parce que tu as vu : heureux ceux qui n'ont point vu et qui ont cru ! » (Évang. selon saint Jean, chap. xx.)

L'application que l'on fait de ce passage de l'Évangile est le plus souvent plaisante.

Un débiteur promettait à son créancier d'acquitter sa dette dans un avenir prochain. Celui-ci, auquel la même assurance avait déjà été donnée vainement plusieurs fois, marquait un peu d'incrédulité. Le débiteur s'en offensa et murmura entre ses lèvres le nom de saint Thomas : « Certainement, reprit le créancier ; je professe envers le débiteur l'incrédulité de l'apôtre : je ne crois qu'après avoir *touché.* »

— Allons donc ! s'écria M. de Boville avec le ton de la plus complète incrédulité ; cinq millions à ce monsieur qui sortait tout à l'heure, et qui m'a salué en sortant comme si je le connaissais !

— Peut-être vous connaît-il sans que vous le connaissiez, vous. M. de Monte-Cristo connaît tout le monde.

— Et vous lui avez compté cinq millions ?

— Voilà son reçu. Faites comme *saint Thomas : voyez et touchez !*

ALEX. DUMAS, *Monte-Cristo.*

— A parler franchement, interrompit le docteur, je vous avouerai que mon désir le plus ardent a toujours été de pouvoir disséquer une âme.

— Et comme on n'en a point étendu sur vos tables d'amphithéâtre, vous refusez d'y croire ? Plus difficile que *Thomas,* qui voulait *toucher la vérité du doigt,* il vous faut la toucher du scalpel.

CLÉMENT CARAGUEL, *Soirées de Taverny.*

M. Tardif n'entend pas raillerie sur son assassinat. Il vient de publier un mémoire dans lequel il se défend hautement d'avoir été son propre meurtrier. M. Tardif prouve, clair comme le jour, qu'il n'a nullement trempé la main dans son sang de substitut. Et puis, à ceux que n'aurait point encore satisfaits cette justification, M. Tardif offre des preuves irrécusables et positives. Comme Jésus-Christ disait à *Thomas,* M. Tardif dit aux incrédules : « Approchez, je me montre ; venez voir mes vingt-quatre blessures à la poitrine. »

Revue des Deux Mondes.

Je suis loin d'accuser le ministère actuel : je suis même disposé à croire que d'une mauvaise affaire il a cherché à en faire une bonne et à s'en tirer le moins mal possible. L'ancien ministère seul est coupable d'avoir si mal placé l'argent de la France, et il me tarde d'être convaincu que l'administration actuelle a agi pour le mieux. Mais je dirai toujours comme notre cher collègue *M. Thomas*. « Je ne refuse pas de croire, mais *je veux voir;* sans cela, je reste incrédule. »   Dupin aîné, *Mémoires.*

Après trois années, Pierrette venait d'avoir pour la première fois un sommeil agréable. Les souvenirs de son enfance avaient mélodieusement chanté leurs poésies dans son âme. Le premier couplet, elle l'avait entendu en rêve, le second l'avait fait lever en sursaut, au troisième elle avait douté : les malheureux sont de l'école de *saint Thomas;* au quatrième couplet, arrivée en chemise et nu-pieds à sa croisée, elle avait reconnu Brigaut, son ami d'enfance.

Honoré de Balzac, *Pierrette.*

SAMARITAIN (LE BON).

Un docteur de la loi, qui voulait passer pour juste, dit à Jésus : « Qui est mon prochain? » Jésus répondit : « Un homme descendait de Jérusalem à Jéricho; il tomba entre les mains des voleurs, qui le dépouillèrent et le laissèrent à demi mort. Un prêtre, qui suivait le même chemin, vit cet homme et passa outre; un lévite, qui survint, le vit et passa de même.

» Mais un Samaritain (1), qui suivait la même route, fut ému de compassion; et, s'approchant, il versa de l'huile et du vin sur ses plaies et les banda; puis, le mettant sur son cheval, il le conduisit dans une hôtellerie et en prit soin. Le lendemain il tira deux deniers de sa bourse, et les donnant à l'hôte, il lui dit : « Ayez soin de cet homme, et tout ce que vous dépenserez de plus, je vous le » rendrai à mon retour. » Lequel des trois vous semble le prochain de celui qui tomba entre les mains des voleurs? — C'est, répondit le docteur, celui qui a usé de miséricorde envers lui. » Jésus lui dit : « Allez donc, et faites de même. » (Saint Luc, chap. x.)

Jamais le dogme de la fraternité humaine n'a été enseigné aussi éloquemment que dans cette simple et touchante parabole. La morale évangélique éclate ici dans toute sa divine nouveauté; elle répudie hardiment les traditions du monde ancien, cette législation barbare qui établissait des degrés infranchissables entre les différentes classes de citoyens, et elle appelle au même titre d'homme, de *prochain*, tous les déshérités de la naissance; elle relève tous ceux qui ont vécu jusque-là courbés sous d'orgueilleux préjugés, et leur restitue l'égalité qu'ils avaient reçue en sortant des mains du Créateur. La parabole du Samaritain, c'est le préambule d'une nouvelle constitution qui devra régir le monde, faire jouir tous les hommes des mêmes droits, et apporter à tous les peuples l'immense bienfait de la liberté.

(1) Homme d'une classe méprisée à Jérusalem.

Les écrivains font souvent allusion au bon Samaritain. Hégésippe Moreau le rappelle d'une manière touchante dans les vers suivants du *Myosotis* :

> Mon cœur, ivre à seize ans de volupté céleste,
> S'emplit d'un chaste amour dont le parfum lui reste.
> J'ai rêvé le bonheur, mais le rêve fut court...
> L'ange qui me berçait trouva le fardeau lourd,
> Et, pour monter à Dieu dans son vol solitaire,
> Me laissa retomber tout meurtri sur la terre,
> Où, depuis, mon regard dans l'horizon lointain
> Plongeait sans voir venir le *bon Samaritain*.

On voit avec quelle délicatesse de sentiment et d'expression Pierre le Vénérable ramène, jusque dans la mort, l'image de ces noces éternelles, impérissable aspiration d'Héloïse ! *L'huile du Samaritain* ne coulait pas plus onctueusement sur les blessures du corps, que la parole de ce saint homme sur celles du cœur.

LAMARTINE, *Vies des Grands Hommes.*

Dans les premières années du dix-septième siècle, le cardinal Frédéric Borromée étant archevêque de Milan, deux femmes assassinées et à demi mortes furent trouvées sur la route de Monza en Milanais... Telle était à cette époque la terreur causée dans le Milanais et dans toute l'Italie par la domination espagnole, que les paysans n'osèrent d'abord recueillir les infortunées. Deux *bons Samaritains* se présentèrent enfin.

CHARLES ASSELINEAU, *Revue de l'Instruction publique.*

La douleur impitoyable qui brisait Mougeot n'éveillait plus en lui de jaloux ressentiment; c'était un compagnon de misère qu'il visitait. L'organisation du jeune homme, sa nature modeste, candide, rencontraient dans son cœur de merveilleuses sympathies. Au-dessus de ces lois vulgaires de l'honneur qui entravent dans le monde l'élan des plus belles âmes, il venait lui-même apporter le *baume du Samaritain* aux blessures saignantes de son ennemi.

ROGER DE BEAUVOIR, *la Lescombat.*

On le force (l'exilé) à continuer sa route vers de nouveaux déserts : le ban qui l'a mis hors de son pays semble l'avoir mis hors du monde. Il meurt, et il n'a personne pour l'ensevelir. Son corps gît délaissé sur un grabat, d'où le juge est obligé de le faire enlever, non comme le corps d'un homme, mais comme une immondice dangereuse aux vivants. Ah! plus heureux lorsqu'il expire dans quelque fossé au bord d'une grande route, et que la *charité du Samaritain* jette en passant un peu de terre étrangère sur ce cadavre. CHATEAUBRIAND, *Génie du Christianisme*.

SAMSON ET LA MACHOIRE D'ANE.

Samson, un des hommes les plus célèbres de l'Écriture, connu surtout par sa force prodigieuse, fut élevé en Nazaréen, c'est-à-dire qu'il fut consacré au Seigneur dès sa naissance, qu'on lui laissa croître la chevelure, et qu'il s'abstint de vin et de toute autre liqueur fermentée. L'esprit de Dieu ne tarda pas à se manifester en lui. A peine âgé de dix-huit ans, il mit en pièces un jeune lion furieux et rugissant, comme il aurait fait d'un chevreau. Ayant eu à se plaindre des Philistins, chez lesquels il avait pris une épouse, il résolut de leur faire tout le mal possible. Ayant donc rassemblé trois cents renards, il les lia deux à deux par la queue, y attacha des torches allumées, et les lâcha à travers les moissons des Philistins, qui furent consumées par les flammes. Les Philistins prirent les armes et attaquèrent la tribu de Juda, où Samson s'était réfugié. Ceux-ci, effrayés, se saisirent de Samson, le lièrent avec des cordes et le livrèrent aux Philistins. Arrivé au milieu de ses ennemis, qui se réjouissaient de cette capture, le jeune Hébreu rompit les cordes neuves dont il était garrotté, avec la même facilité, dit l'Écriture, que le lin se consume lorsqu'il sent le feu; et saisissant *une mâchoire d'âne* qu'il trouva sous sa main, il s'en servit comme d'une massue et assomma mille Philistins.

La mâchoire d'âne de Samson est restée célèbre; c'est un texte fécond de plaisanteries et de reparties piquantes. En voici un exemple entre mille :

Dans un repas auquel assistait Piron, qui, à l'exemple de Fontenelle, soupait rarement chez lui, un parasite, connu par sa gloutonnerie, se vantait d'avoir mangé autant de petits poissons que Samson avait tué de Philistins. Ce trait d'érudition lui coûta cher, car Piron repartit aussitôt : « *Avec les mêmes armes.* »

. . . . . . Le glouton
N'était pas content, ce dit-on.

De tous ses rivaux, le chevalier n'en haïssait pas un plus que le prince de Marsillac, tant parce qu'il le croyait le mieux traité, que parce qu'il lui semblait qu'il le méritait le moins. Il appelait les amants de madame d'Olonne les Philistins, et disait que le prince de Marsillac, à cause qu'il avait peu d'esprit, les avait tous défaits avec une *mâchoire d'âne*.

BUSSY-RABUTIN, *Histoire amoureuse des Gaules*.

Moi qui viens d'accuser M. Pommier d'excentricité, j'en suis cruellement puni et le châtiment ne s'est pas fait attendre, puisque je me vois bien et dûment convaincu d'être un cuistre, un pédant, et qui plus est *un Philistin!* Encore si j'étais un *Philistin avant la mâchoire,* je me consolerais peut-être ; mais, après un pareil coup, je ne dois pas me dissimuler que je suis bien bas et que j'ai peu de chances de m'en relever.

VICTOR CHAUVIN, *Revue de l'Instruction publique.*

Quelquefois le pamphlétaire s'embusquera aux abords du Palais-Bourbon, et là, s'armant comme *Samson d'une mâchoire d'âne,* il lui plaira d'abattre à ses pieds trois cents Philistins. Ou bien il ébranlera de ses robustes épaules les colonnes du temple, et il renversera sous leur chute les ministres et leurs projets, dût-il périr avec eux dans les décombres. CORMENIN, *Livre des Orateurs.*

SAMSON EMPORTANT LES PORTES DE GAZA.

Samson, nommé juge en Israël, exerça la judicature pendant vingt années. S'étant rendu à Gaza, ville des Philistins, il s'en alla loger chez une courtisane. Les habitants, qui avaient appris sa présence au milieu d'eux, fermèrent soigneusement les portes de la ville, dans l'espoir de le saisir et de le tuer lorsqu'il sortirait le matin. Samson dormit jusqu'à minuit, et s'étant levé alors, il alla prendre les deux portes de Gaza avec leurs poteaux et leurs ferrures, les mit sur ses épaules et les porta sur le haut de la montagne d'Hébron.

Nos grands poëtes ont encore su faire jaillir leur génie à travers toutes ces gênes. C'est souvent en vain qu'on a voulu les murer dans les dogmes et dans les règles. Comme le *géant hébreu, ils ont emporté avec eux sur la montagne les portes de leur prison.*

V. HUGO, *Préface de Cromwell.*

Le postillon frappa avec le manche de son fouet; rien ne bougea dans l'hôtel.

— Frappe plus fort, dit Justin.

Au moment où le postillon se disposait à traiter la porte de l'hôtel de France, comme *Samson traita jadis les portes de Gaza*, une fenêtre s'ouvrit, et la mèche blanche d'un bonnet de coton parut à la croisée.

ALBÉRIC SECOND, *un Voyage d'agrément aux Pyrénées.*

Une commotion terrible ébranla dans toute son étendue la toile qu'une araignée avait tissée. Celle-ci crut arrivé le jour suprême de la dissolution de la nature. C'était une abeille qui, prisonnière un instant dans cette citadelle de fils entrelacés, en avait, par une secousse vigoureuse, brisé les portes, dont elle entraînait les débris sur ses ailes, comme *Samson, lorsqu'il chargea sur ses épaules les portes des Philistins.*

HIPPOLYTE RIGAULT, *Querelle des Anciens et des Modernes.*

SAMSON ET DALILA.

Samson se passionna pour une femme nommée Dalila, de la vallée de Sorec, chez les Philistins. Comme il se rendait fréquemment chez elle, les Philistins résolurent de tirer parti de cette circonstance. Ils promirent à Dalila onze cents pièces d'argent si elle parvenait à découvrir le secret de la force de cet homme extraordinaire. Pressé par les vives instances de Dalila, Samson lui répondit : « Si on me liait avec des cordes faites de nerfs encore frais et humides, je deviendrais faible comme les autres hommes. » Dalila fit mettre des gens en embuscade dans sa chambre et garrotta Samson pendant son sommeil; puis elle s'écria : « Samson, voici les Philistins ! » Aussitôt Samson rompit ses liens aussi facilement qu'on rompt un fil qui a senti le feu. Comme Dalila se plaignait d'avoir été trompée, il lui dit : « Si on me liait avec des cordes toutes neuves, dont on ne se serait jamais servi, je deviendrais faible et semblable aux autres hommes. » Dalila le fit et s'écria de nouveau : « Samson, voici les Philistins ! » Et il rompit les cordes comme il avait brisé les liens. Alors Dalila recommença ses plaintes avec plus d'importunité, et Samson lui dit : « Si tu tresses les touffes de mes cheveux autour d'un rouleau de tisserand fixé à terre au moyen d'un clou, je perdrai toutes mes forces. Dalila le fit et s'écria encore : « Samson, voici les Philistins ! » Aussitôt Samson s'éveillant se débarrassa du clou et du rouleau. Dalila se voyant trompée pour la troisième fois, se plaignit amèrement, et lui reprocha de n'avoir pour elle aucun amour. Enfin, elle l'importuna tellement, que sa fermeté finit par céder et qu'il lui révéla la vérité tout entière : « Je suis Nazaréen, dit-il, dès le ventre de ma mère; si on me rase la tête, toute ma force, qui est dans mes cheveux, m'abandonnera, et je deviendrai faible comme le reste des hommes. » Dalila s'aperçut alors que Samson lui avait ouvert son cœur. Elle manda les chefs des Philistins, qui apportèrent l'argent convenu. Elle fit endormir Samson sur ses genoux, appela un homme à qui elle commanda de raser les sept touffes de cheveux, puis elle le réveilla en criant : « Samson, voilà les Philistins! » Samson, s'éveillant, dit en lui-même : « J'en sortirai comme j'ai fait auparavant, et je me dégagerai d'eux; » car il ne savait pas que le Seigneur s'était retiré de lui. Mais les Philistins s'emparèrent de sa personne, lui crevèrent aussitôt les yeux, le menèrent à Gaza, chargé de chaînes, et l'enfermèrent dans une prison, où ils lui firent tourner la meule d'un moulin.

Dalila, qui cause la perte de Samson, est l'image de l'influence funeste qu'exerce trop souvent l'amour sur les hommes les plus énergiques et les plus forts. Les Dalila ont toujours joué un grand rôle en ce monde, et les allusions y sont fréquentes. C'est ainsi que les Grecs ont fait filer aux pieds d'Omphale le Samson mythologique.

Ulysse sut échapper aux charmes trompeurs des sirènes; aussi l'appelle-t-on le prudent Ulysse. Le Tasse a approprié l'histoire de Dalila au ton de l'épopée, en plaçant l'invincible Renaud dans les jardins enchantés d'Armide.

Les cheveux de Samson, dans lesquels résidait toute sa force, ont aussi passé dans la langue, et il y est fait souvent allusion. La duchesse de Fronsac, jeune et jolie, mais dont la magnifique chevelure était d'un *blond hardi*, comme on disait à l'hôtel de Rambouillet, fut un jour la victime d'un rapprochement cruel de la part d'une *amie*. Celle-ci, qui avait les mœurs de la Régence, sous laquelle on vivait alors, était impatientée d'entendre vanter la vertu de la belle-fille de Richelieu. « Parbleu! s'écria-t-elle, elle est comme Samson, toute sa force réside dans ses cheveux. »

Le régime de l'association était tout le secret de la supériorité industrielle du castor dans les deux mondes. Du jour où le castor de France a dû renoncer au régime sociétaire, c'en a été fait de son habileté tant vantée, comme de la *force de Samson après le coup de ciseau de Dalila*. L'association vivifie, l'isolement tue.

TOUSSENEL, *Mammifères de France*.

Toute la force de cette nation lui vient de sa féodalité gouvernementale et bourgeoise. Le peuple, la masse servile, exploitée, mais non organisée, est sans valeur politique. Supposez pour un instant cette multitude, devenue maîtresse par un coup de baguette révolutionnaire, passant le niveau sur l'Église et sur l'État : aussitôt, et jusqu'à nouvelle organisation, la France, dépouillée, *comme Samson par Dalila de sa chevelure*, n'est plus qu'une masse inerte; il y a bien une matière sociale, il n'y a plus de société.

P.-J. PROUDHON, *la Révolution sociale démontrée par le coup d'État du 2 décembre*.

Là où les hommes, fatigués d'agir au dehors, ont cherché l'oubli des choses, les femmes en ont cherché l'explication. Elles se sont plu à surprendre, dans l'ivresse des sens et de la raison, le secret de la nature masculine, parce que de ce secret dépendait souvent toute leur destinée. Il y a eu toujours jusqu'ici, il y aura longtemps encore un peu de *Dalila* dans chaque femme.

DANIEL STERN, *Esquisses morales et politiques.*

Il y aurait une grande économie à habiller les troupes en blanc. On dit avec raison que le bleu n'a pas mal réussi jusqu'à présent aux armées françaises; mais je ne pense pas que leur force soit dans la couleur de leur habit, comme celle de *Samson était dans ses cheveux.*

Mémorial de Sainte-Hélène.

— C'était il y a un an environ, reprit Deslauriers. J'eus un matin l'idée saugrenue de faire couper ma barbe et mes moustaches pour me présenter chez ma fiancée. Le lendemain, *Dalila* donnait congé au pauvre *Samson rasé* comme un substitut. Voilà, mon ami, à quoi tient l'amour !

ALBÉRIC SECOND, *A quoi tient l'amour.*

Rempli d'irrésolution, le général T*** quitte le palais et rentre chez lui, combattu par cent idées différentes. Sa femme l'attendait, et l'accueille avec un sourire malin; puis elle le pousse dans un fauteuil disposé à cet effet. Aussitôt un valet lui passe une serviette autour du cou; un autre, le plat à barbe à la main, le savonne; un troisième, armé du rasoir, s'empresse de faire tomber ces poils épais, qui forment la garantie de sa fidélité à Ferdinand (1), semblables à ces *longs cheveux d'où Samson tirait sa force.*

ABEL HUGO, *Revue des Deux Mondes.*

SAMSON ÉBRANLANT LES COLONNES DU TEMPLE.

Samson, redevenu comme un autre homme après la perte de ses cheveux, gémissait entre les mains des Philistins. Cependant sa chevelure commençait à

---

(1) Il avait juré de ne point se raser tant que durerait la captivité de ce prince.

repousser, et ses forces croissaient en même temps. Un jour que les Philistins célébraient, dans le temple de Dagon, leur idole, une grande fête en réjouissance de la prise de Samson, ils firent amener leur prisonnier, comme pour insulter à son malheur. Samson dit au jeune enfant qui lui servait de guide de le conduire entre les deux colonnes qui soutenaient le toit de l'édifice. Invoquant alors le Seigneur, il le pria de lui rendre son ancienne force, pour se venger d'un seul coup de ses ennemis, et, secouant en même temps avec violence les deux colonnes, il ébranla l'édifice, qui écrasa dans sa chute plus de Philistins qu'il n'en avait tué durant sa vie. Ainsi mourut Samson.

Je crois que votre *Discours sur l'étude* est celui de vos ouvrages qui m'a fait le plus de plaisir, soit parce que c'est le dernier, soit parce que je m'y retrouve. Somme totale, vous êtes un grand penseur et un grand metteur en œuvre; mais ce n'est pas assez de montrer qu'on a plus d'esprit que les autres. Allons donc, rendez quelque service au genre humain; renversez le fanatisme, sans pourtant risquer de *tomber sous les ruines du temple*.

VOLTAIRE, *Lettre à d'Alembert*.

Ceux qui ébranlèrent le trône du bon et malheureux Louis XVI, ce furent ces fidèles sujets, ces nobles rivés dans leur tyrannie, ces magistrats révoltés pour leurs priviléges, ce clergé opulent et simoniaque; ce furent ceux qui calomnièrent la royauté dans ses intentions, qui l'outragèrent dans ses ministres, qui la vainquirent dans ses bons et paternels efforts. Les insensés faisaient, sans le savoir, l'œuvre de *Samson* égaré par la colère et *renversant les colonnes du temple*.

GRANIER DE CASSAGNAC, *Causes de la Révolution française*.

Esprits vastes, mais inquiets et turbulents, capables de tout soutenir, hors le repos; qui tournent sans cesse autour du pivot même qui les fixe et qui les attache, et qui, semblables à *Samson*, sans être animés de son esprit, aiment encore mieux *ébranler l'édifice et être écrasés sous ses ruines*, que de ne pas s'agiter et faire usage de leurs talents et de leur force. Malheur au siècle qui produit de ces hommes rares et merveilleux! et chaque nation a eu là-dessus ses leçons et ses exemples domestiques.

MASSILLON, *Sermon pour le dimanche de la Passion*.

Législateurs, la licence, ce fantôme effrayant de la liberté, vous poursuivra dans cette même salle, sous ces mêmes voûtes où, comme *Samson*, vous avez rassemblé le peuple, et *vous vous ensevelirez comme lui sous les débris du temple*, pour en avoir ébranlé les plus fortes colonnes, *la sûreté personnelle et la propriété*.

RIVAROL, *Mémoires sur la Révolution*.

> La presse est le pilier qui soutient l'édifice;
> Les afficheurs publics sur ses bords anguleux
> Peuvent coller parfois des feuillets scandaleux;
> . . . .
> Qu'importe! ce pilier est le ferme soutien
> Qui fait notre salut et doit faire le tien;
> Et si, nouveau *Samson*, aveuglé de délire,
> Tu sapes ce pilier où le peuple vient lire,
> La poutre des lambris qui se démoliront
> *Sur le pavé du temple écrasera ton front.*

BARTHÉLEMY, *au procureur général Persil*.

Voltaire! immense génie de destruction, à qui la Providence avait donné un bélier formidable pour abattre cet échafaudage de rhétorique païenne et de religion de palais qui pesait sur la France; aveugle *Samson* qui ne se doutait guère qu'il allait *s'ensevelir lui-même sous les ruines du temple*, avec ses deux bras de géant : sa littérature et sa philosophie. *Revue des Deux Mondes*.

SARDANAPALE.

Sardanaple, dernier roi du premier empire d'Assyrie, dont le nom a été flétri par l'histoire, est devenu synonyme de tout ce que la mollesse, la débauche et la lâcheté ont de plus infâme. Voilà ce qui est regardé aujourd'hui comme une vérité incontestable. On lui reproche une vie et des habitudes efféminées, une grande magnificence et un goût excessif pour les plaisirs de la table. Sur son tombeau, on lui aurait élevé une statue dans l'attitude d'un danseur à moitié ivre, avec cette inscription qu'il avait, dit-on, composée lui-même : « Passant, mange, bois, divertis-toi; tout le reste n'est rien, » inscription qu'on a renfermée dans ces deux mauvais vers :

> Je n'ai fait que manger, boire et m'amuser bien,
> Et j'ai toujours compté tout le reste pour rien.

« Épitaphe, dit Aristote, plus digne d'un pourceau que d'un homme. »

Sardanapale était le descendant d'une longue suite de rois, sous lesquels l'Assyrie paraît avoir été paisible et florissante, et tout ce que l'histoire reproche à ce prince paraît n'être que le résultat d'une longue paix, d'un long usage de la puissance, d'une civilisation avancée et de la corruption qui en est la suite. Quel est le prince de l'Orient, placé dans cette situation, auquel on ne pourrait pas adresser les mêmes reproches? Il n'y a parmi eux, à cet égard, d'autre différence que celle qui existe entre les fondateurs de dynastie et les princes nés dans la pourpre. Sardanapale est resté, il est vrai, le type de ces princes de l'Orient, mous, efféminés, passant leur vie dans leur palais, au milieu de leurs eunuques et de leurs femmes; mais ce que l'histoire constate, sans que l'on en ait su gré au dernier descendant de Sémiramis, c'est que, attaqué par des satrapes rebelles, il sut déployer dans la mauvaise fortune un certain courage et de grands talents; et que vaincu enfin, après avoir triomphé dans trois grandes batailles, et soutenu dans Ninive, sa capitale, un siège de deux années, il sut par une mort volontaire échapper à la honte de subir le joug de ses sujets révoltés. Il n'y a rien de méprisable dans une telle conduite. Près de tomber entre les mains de ses ennemis, il fit élever dans une des cours de son palais un immense bûcher, sur lequel il plaça ses trésors, ses ornements royaux, ses femmes et ses eunuques; y mit lui-même le feu, et périt avec tout ce qu'il avait de plus cher et de plus précieux (817 av. J.-C.).

Frascati s'était illuminé comme pour ses bals; il voulait mourir joyeusement aux clartés de toutes ses girandoles de fête. Comme le sage *Sardanapale*, il avait entassé sur son bûcher funèbre ses femmes, ses joyaux, ses écrins, afin de périr avec ses richesses et de s'ensevelir dans des cendres d'or.

Méry, *les Nuits de Londres*.

Le capital ne ressaisira jamais sa prépondérance : son secret est dévoilé. Qu'il célèbre sa dernière orgie : demain il faut qu'il se brûle, sur ses trésors, comme *Sardanapale*.

P.-J. Proudhon, *Confessions d'un révolutionnaire*.

Vainement l'homme de volupté veut multiplier l'acte pour reprendre le bonheur évanoui, à chaque fois qu'il lui échappe; à force d'interpeller la sensation, il en épuise bientôt la saveur, il arrive bientôt à la satiété, et par la satiété à la mélancolie. Dans son impatience de jouir, il a brisé l'instrument même de la jouissance, et, triste comme *Sardanapale* et mort comme lui à l'émotion, il n'a plus qu'à monter d'avance sur son bûcher au milieu des spectres de ses voluptés passées.

Eugène Pelletan, *le Monde marche*.

Si chaque civilisation effectivement, en disparaissant de la scène, a emporté avec elle dans son tombeau toutes ses découvertes, comme ce *roi d'Orient emporta un jour dans les flammes de son bûcher les trésors de son palais*, vous avez raison, le progrès devant l'histoire a perdu son procès; mais loin de là, chaque civilisation, au moment de son abdication, a reversé religieusement son contingent d'idées dans la civilisation suivante, qui a amplifié de son travail le patrimoine reçu.

Eugène Pelletan, le Monde marche.

SAÜL CHERCHANT LES ANESSES DE SON PÈRE.

Sous le pontificat de Samuel, le peuple se lassant du gouvernement des juges, vint dire au prophète : « Donnez-nous un roi comme en ont toutes les nations. » Samuel essaya de les détourner de ce dessein contraire à la loi mosaïque, qui donne Jéhovah seul pour roi à son peuple. Mais le Seigneur, qu'il consulta, lui répondit : « Fais ce que ce peuple te demande, car ce n'est pas toi, c'est moi qu'il rejette. » En vain Samuel peignit aux Israélites l'oppression qu'un roi appesantirait sur eux : « Il prendra vos enfants, il les fera monter sur ses chevaux et sur ses chariots de guerre; il fera de vos filles ses servantes; il prendra ce qu'il y aura de meilleur dans vos champs, dans vos vignes, dans vos plants d'oliviers; il lèvera la dîme de vos troupeaux et vous serez ses esclaves. » Le peuple s'obstina dans sa demande, et le prophète jeta les yeux sur une obscure famille de la plus petite tribu d'Israël.

Il y avait alors en Benjamin un homme du nom de Cis, dont le fils, appelé Saül, était d'une taille avantageuse et d'une beauté remarquable. Un jour, les ânesses de son père s'étant égarées, Saül fatigué de les chercher s'en alla consulter le *voyant*. Samuel, averti dès la veille par le Seigneur, reconnut aussitôt celui que Dieu destinait à la royauté, et, l'ayant tiré à l'écart, il lui répandit une petite fiole d'huile sur la tête en disant : « Le Seigneur, par cette onction, te sacre prince sur son héritage. »

L'énorme disproportion entre la chose cherchée et l'objet trouvé se prêtait trop à l'antithèse pour ne pas tomber dans le domaine littéraire, et y devenir l'objet d'allusions presque toujours plaisantes.

Il y a toujours dans les proverbes quelque trait particulier qui en indique le sens, et ce sens n'est jamais impénétrable pour qui sait le chercher. En cherchant bien on finit par trouver, et quelquefois mieux que ce qu'on cherchait. C'est le cas d'appliquer le proverbe : *Saül cherchait des ânesses et il trouva une couronne.*

Quitard, Études sur le langage proverbial.

Il ne manque plus maintenant au prétendant français que de reparaître, comme autrefois le prétendant anglais, dans sa patrie. Eh! mon Dieu, qu'il vienne! je lui prédis le sort inverse de celui de *Saül, qui cherchait les ânes de son père et qui trouva une couronne :* le jeune Henri viendra en France pour y chercher une couronne et il n'y trouvera que les ânes de son père.

HENRI HEINE, la France.

SAUT DE LEUCADE.

Sapho, la plus illustre des femmes poètes, et surnommée la dixième muse, naquit à Mitylène, dans l'île de Lesbos, vers l'an 600 av. J.-C. Amie du poète Alcée, elle fut entraînée dans la conspiration contre le tyran Pittacus, et finit ses jours dans l'exil.

Les anciens la représentent dévorée de passions et livrée à la fureur des sens, ils n'appelaient pas ses poésies des vers, mais des *ardeurs*, des *flammes*; et, acceptant les mœurs bien connues des Lesbiennes avec l'indulgence cynique de cette époque, ils s'enflammèrent d'un enthousiasme sans bornes pour le lyrisme désordonné de ses chants, pour la grâce exquise, l'harmonie ravissante, le style de feu de ses odes. Il ne nous en reste que deux presque entières, l'*Hymne à Vénus* et celle qui a pour titre *A une Femme aimée*, monument de ses mœurs dépravées comme de son incomparable génie. Une tradition raconte qu'éprise de l'insensible Phaon, jeune Lesbien d'une grande beauté, et ne pouvant vaincre ses mépris, elle se précipita, de désespoir, du haut de Leucade dans la mer.

L'île de Leucade était fameuse par un promontoire, formé de rochers escarpés qui dominaient sur la mer. C'était là que les amants malheureux venaient chercher un remède à leurs maux, en se précipitant du haut du promontoire dans les flots. C'est ce qu'on appelait *faire le saut de Leucade*. Ceux qui échappaient à la mort après ce saut périlleux étaient guéris de leur amour. Mais on comprend que peu résistaient à ce remède héroïque.

M. de Lamartine a consacré une de ses *Méditations* à raconter les plaintes de Sapho avant de s'élancer dans la mer :

. . . .
Mais déjà s'élançant vers les cieux qu'il colore,
Le soleil de son char précipite le cours.
Toi qui viens commencer le dernier de mes jours,
Adieu, dernier soleil! adieu, suprême aurore!
Demain, du sein des flots vous jaillirez encore;
Et moi, je meurs! et moi, je m'éteins pour toujours!
Adieu, champs paternels! adieu, douce contrée!
Adieu, chère Lesbos à Vénus consacrée!
Rivage où j'ai reçu la lumière des cieux;
Temple auguste où ma mère, aux jours de ma naissance,
D'une tremblante main me consacrant aux dieux,
Au culte de Vénus dévoua mon enfance;
Et toi, forêt sacrée, où les filles du ciel,
Entourant mon berceau, m'ont nourri de leur miel.

> Adieu ! Leurs vains présents que le vulgaire envie,
> Ni des traits de l'amour, ni des coups du destin,
> Misérable Sapho, n'ont pu sauver ta vie !
> Tu vécus dans les pleurs, et tu meurs au matin !
> Ainsi tombe une fleur avant le temps fanée ;
> Ainsi, cruel Amour, sous le couteau mortel,
> Une jeune victime à ton temple amenée,
> Qu'à ton culte en naissant le pâtre a destinée,
> Vient tomber avant l'âge au pied de ton autel.

Malgré les diversions inévitables, les sourires donnés à la foule et reçus, le monde devint comme une plage solitaire de *Leucade* à cette *Sapho* désespérée (madame Desbordes-Valmore) ; et sa plainte éternellement déchirante répète à travers tout :

> Malheur à moi ! je ne sais plus lui plaire,
> Je ne suis plus le charme de ses yeux...

SAINTE-BEUVE, *Revue des Deux Mondes*.

Plaignons-les, ceux qui ont vécu sans aimer ! Plaignons-les comme disait du diable sainte Thérèse, cette *Sapho* chrétienne, qui s'élançait dans l'infini du haut du rocher des passions.

ARSÈNE HOUSSAYE, *l'Amour comme il est*.

> ..... Laissons là des détours superflus :
> Je vous aimais tantôt, je ne vous aime plus.
> Vous avez su d'un mot me remettre à ma place ;
> Mais j'y suis retombé le cœur frappé de glace.
> Les chutes que l'on fait d'une telle hauteur
> Sont des *sauts de Leucade*, et guérissent le cœur.

ÉMILE AUGIER, *Philiberte*.

En a-t-on vu de ces amoureux transis, qui se consolaient des rigueurs ou des négligences de leurs maîtresses, à solliciter un regard de l'Académie de Dijon, un sourire des poëtes de Lyon, une couronne des philosophes de Mâcon, ou tout simplement l'églantine des Jeux Floraux de Toulouse. L'Académie française elle-même, la mère et le modèle de toutes les autres, ne dédaignait pas de mêler ses lauriers et ses larmes aux larmes et aux lauriers du poëte qu'elle couronnait de ses mains. Alors, ô triomphe ! notre homme s'en revenait glorieux et consolé. L'Académie française, en ce temps-là, c'était le *saut de Leucade* des amoureux et des amours.

J. JANIN, *les Gaîtés champêtres.*

SCAMANDRE (LE FLEUVE).

Le Scamandre, petit fleuve de la Troade, a été immortalisé par Homère et par les plus grands poètes de l'antiquité. Il avait été déifié par les anciens, et les Troyens lui avaient élevé un temple et donné des sacrificateurs. Ses eaux jouissaient, dit-on, de la propriété de rendre blonds les cheveux des femmes qui s'y baignaient. Suivant une vieille tradition, les jeunes filles, la veille de leurs noces, allaient se plonger dans ses eaux et lui offraient leur virginité. Le dieu, flatté d'une pareille offrande, sortait du milieu des roseaux, prenait la jeune fille par la main et la conduisait au fond de sa grotte.

Cette superstition populaire donna lieu à une aventure que l'orateur Eschine rapporte ainsi dans ses lettres : « Callirhoé, jeune Troyenne d'une rare beauté, étant allée, selon la coutume, offrir sa virginité à Scamandre, un jeune homme de la ville, qui l'aimait depuis longtemps en secret et sans espérance, fit si bien par son stratagème, qu'il reçut ce qui était destiné au dieu. Quelques jours après, Callirhoé entrant dans un temple, au bras de son époux, aperçut le jeune homme et s'écria ingénûment : « *Voilà le Scamandre !* »

Certainement, lecteur, vous avez été victime, au moins une fois en votre vie, d'un de ces petits accidents pareils à celui que je vais vous raconter. Vous êtes en pleine rue ; vous marchez en fredonnant le finale du dernier opéra. Tout à coup vous donnez de la tête contre un volet, une poutre, une barre de fer ; soudain s'allument sous votre crâne autant de chandelles qu'il y en avait dans le temple de Salomon. De là une bosse au front, quelquefois deux, car après le coup vient le contre-coup. Voilà, aux deux bosses près, puisque nous passons du physique au moral, ce que sentit et ressentit l'*heureux* époux de la jeune Troyenne.

Fontenelle raconte ainsi cette aventure dans un de ses *Dialogues des Morts :*

« PAULINE. Pour moi, je tiens qu'une femme est en péril dès qu'elle est aimée avec ardeur. De quoi un amant passionné ne s'avise-t-il pas pour arriver à ses fins ? J'avais longtemps résisté à Mundus, qui était un jeune Romain fort bien fait ; mais enfin, il remporta la victoire par un stratagème. J'étais très dévote au dieu Anubis. Un jour, une prêtresse de ce dieu me vint dire de sa part qu'il était amoureux de moi, et qu'il me demandait un rendez-vous dans son temple. Maîtresse d'Anubis! figurez-vous quel bonheur. Je ne manquai pas au rendez-vous ; j'y fus reçue avec beaucoup de marques de tendresse : mais, à vous dire la vérité, cet Anubis, c'était Mundus. Voyez si je pouvais m'en défendre. On dit bien que des femmes se sont rendues à des dieux déguisés en hommes, et quelquefois en bêtes ; à plus forte raison devra-t-on se rendre à des hommes déguisés en dieux.

CALLIRHÉE. En vérité, les hommes sont bien remplis de vices. J'en parle par expérience, et il m'est arrivé presque la même aventure qu'à vous. J'étais une fille de la Troade, et sur le point de me marier ; j'allai, selon la coutume du pays, accompagnée d'un grand nombre de personnes, et fort parée, offrir ma virginité au fleuve Scamandre. Après que je lui eus fait mon compliment, voici

Scamandre qui sort d'entre ses roseaux et qui me prend au mot. Je me crus fort honorée, et peut-être n'y eut-il pas jusqu'à mon fiancé qui ne le crût aussi. Tout le monde se tint dans un silence respectueux. Mes compagnes enviaient secrètement ma félicité, et Scamandre se retira dans ses roseaux quand il voulut. Mais combien fus-je étonnée un jour que je rencontrai ce Scamandre qui se promenait dans une petite ville de la Troade, et que j'appris que c'était un capitaine athénien qui avait sa flotte sur cette côte-là!

PAULINE. Quoi! vous l'aviez donc pris pour le vrai Scamandre?

CALLIRHÉE. Sans doute.

PAULINE. Et était-ce la mode en votre pays que le fleuve acceptât les offres que les filles à marier venaient lui faire?

CALLIRHÉE. Non; et peut-être s'il eût eu coutume de les accepter, on ne les lui eût pas faites. Il se contentait des honnêtetés qu'on avait pour lui et n'en abusait pas..... Mais vous, qui ne voulez pas que j'aie été la dupe du Scamandre, vous l'avez bien été d'Anubis.

PAULINE. Non, pas tout à fait. Je me doutais un peu qu'Anubis était un simple mortel.

CALLIRHÉE. Et vous l'allâtes trouver! Cela n'est pas excusable.

PAULINE. Que voulez-vous? j'entendais dire à tous les sages que, si l'on n'aidait soi-même à se tromper, on ne goûterait guère de plaisirs............»

La Fontaine a rimé cette histoire, dont il a un peu modifié les détails.

> Si, dans ces vers, j'introduis et je chante
> Certain trompeur et certaine innocente,
> C'est dans la vue et dans l'intention
> Qu'on se méfie en telle occasion.
> J'ouvre l'esprit, et rends le sexe habile
> A se garder de ces pièges divers.
> Sotte ignorance en fait trébucher mille,
> Contre une seule à qui nuiraient mes vers.
>
> Cimon. . . . .
> Se promenait près du Scamandre.
> Une jeune ingénue en ce lieu se vint rendre,
> Et goûter la fraîcheur sur ces bords toujours verts.
> Son voile au gré des vents va flottant dans les airs;
> Sa parure est sans art; elle a l'air de bergère,
> Une beauté naïve, une taille légère.
> Cimon en est surpris, et croit que sur ces bords
> Vénus vient étaler ses plus rares trésors.
> Un antre était auprès : l'innocente pucelle
> Sans soupçon y descend, aussi simple que belle.
> Le chaud, la solitude et quelque dieu malin,
> L'invitèrent d'abord à prendre un demi-bain.
> Notre indiscret se cache; il contemple, il admire;
>   Il ne sait quels charmes élire;
> Il dévore des yeux et du cœur cent beautés.
> Comme on était rempli de ces divinités
>   Que la fable a dans son empire,
> Il songe à profiter de l'erreur de ces temps;
> Prend l'air d'un dieu des eaux, mouille ses vêtements,
> Se couronne de joncs et d'herbe dégouttante,
> Puis invoque Mercure et le dieu des amants.
> Contre tant de trompeurs qu'eût fait une innocente?
> La belle enfin découvre un pied dont la blancheur
>   Aurait fait honte à Galatée;

Puis le plonge en l'onde argentée,
Et regarde ses lis, non sans quelque pudeur.
Pendant qu'à cet objet sa vue est arrêtée,
Cimon approche d'elle; elle court se cacher
    Dans le plus profond du rocher.
Je suis, dit-il, le dieu qui commande à cette onde ;
Soyez-en la déesse, et régnez avec moi :
Peu de fleuves pourraient dans leur grotte profonde
Partager avec vous un aussi digne emploi.
Mon cristal est très pur; mon cœur l'est davantage :
Je couvrirai pour vous de fleurs tout ce rivage :
Trop heureux si vos pas le daignent honorer,
Et qu'au fond de mes eaux vous daigniez vous mirer!
    Je rendrai toutes vos compagnes
    Nymphes aussi, soit aux montagnes,
Soit aux eaux, soit aux bois; car j'étends mon pouvoir
Sur tout ce que votre œil à la ronde peut voir.
L'éloquence du dieu, la peur de lui déplaire,
Malgré quelque pudeur qui gâtait le mystère,
    Conclurent tout en peu de temps.
La superstition cause mille accidents.
On dit même qu'Amour intervint à l'affaire.
Tout fier de ce succès, l'amoureux dit adieu.
    Revenez, dit-il, en ce lieu :
    Vous garderez que l'on ne sache
    Un hymen qu'il faut que je cache :
Nous le déclarerons quand j'en aurai parlé
Au conseil qui sera dans l'Olympe assemblé.
La nouvelle déesse à ces mots se retire;
Contente? Amour le sait. Un mois se passe, et deux,
Sans que pas un du bourg s'aperçût de leurs jeux.
O mortels! est-il dit qu'à force d'être heureux
Vous ne le soyez plus? Le trompeur, sans rien dire,
Ne va plus visiter cet antre si souvent.
    Une noce enfin arrivant,
Tous, pour la voir passer, sous l'orme se vont rendre.
La belle aperçoit l'homme, et crie en ce moment :
    Ah! voilà le fleuve Scamandre!
On s'étonne, on la presse; elle dit bonnement
Que son hymen se va conclure au firmament.
On en rit, car que faire? Aucuns, à coups de pierre
Poursuivirent le dieu, qui s'enfuit à grand' erre (1);
D'autres rirent sans plus. Je crois qu'en ce temps-ci
L'on ferait au Scamandre un très méchant parti.
    En ce temps-là semblables crimes
S'excusaient aisément; tous temps, toutes maximes.
L'épouse de Scamandre en fut quitte à la fin
    Pour quelques traits de raillerie :
Même un de ses amants la trouva plus jolie.
C'est un goût : il s'offrit à lui donner la main.
Les dieux nè gâtent rien; puis, quand ils seraient cause
Qu'une fille en valût un peu moins, dotez-la;
    Vous trouverez qui la prendra :
    L'argent répare toute chose.

(1) Grand train, promptement.

Quelques jours après son mariage, une lettre imprudemment oubliée au fond d'un tiroir et signée Arthur, lui donna singulièrement à réfléchir. Il commença à soupçonner qu'il n'était pas aussi heureux qu'il l'avait cru d'abord, et comme il lui restait quelques bribes de la mythologie apprise au collége, il se gratta l'oreille en songeant qu'Arthur pourrait bien être un descendant du *dieu Scamandre*, honneur dont il se serait aisément passé.

La Chronique.

Jugez de ma surprise quand je rencontrai, au lieu de la caricature que je m'étais figurée, un homme d'une élégance achevée et d'une beauté parfaite. Sa vue me frappa d'une émotion toute nouvelle, il dépassait de bien loin tous les beaux amoureux que les femmes rêvent quand elles n'ont pas encore aimé. Et cela me venait au moment où je me croyais livrée au monstre, passez-moi le mot ; parce qu'il me semble que j'éprouvai un peu de l'heureux étonnement de la vierge qui, livrée au *fleuve Scamandre*, trouva à sa place un beau jeune homme. FRÉDÉRIC SOULIÉ, *Mémoires du Diable.*

SÉJAN.

Ce favori de Tibère est resté le type des ministres cruels et corrompus. Tout-puissant sur l'esprit de son maître, il aspirait lui-même secrètement à la pourpre impériale, et obtint de Tibère la mort de ses proches par le fer ou par le poison. Il avait décidé l'empereur à se retirer à Caprée et à lui abandonner les rênes du gouvernement ; enfin il était sur le point de recueillir le fruit de ses intrigues en frappant le dernier coup, lorsque Tibère, informé des complots de celui qu'il nommait *son cher Séjan*, envoya l'ordre secret de l'arrêter, et le fit plonger dans un cachot où il fut étranglé le jour même.

Séjan a laissé une mémoire exécrée ; le peuple déchira son cadavre et en jeta les restes dans le Tibre.

Puisse 1828 être un an de grâce pour la France et pour les écrivains ! Puissions-nous nous-mêmes devenir ministériels, et changer la verge de la satire contre le luth de la liberté ! Si cet espoir était encore une illusion, si des *Séjans* succédaient aux *Séjans*, nous conserverions toujours le poste que nous avons choisi ; notre verve serait inépuisable comme la haine que les tyrans inspirent.

BARTHÉLEMY et MÉRY, préface des *Étrennes à M. de Villèle.*

Thomas a dit que Louis XI, Henri VIII, Philippe II, n'auraient jamais dû voir Tacite dans une bibliothèque sans une espèce d'effroi ; et lorsque cette observation eut été confirmée, il y a vingt ans, par les aveux d'un usurpateur et de ses flatteurs, un poëte (Chénier) s'empressa de la reproduire :

> Tacite en traits de flamme accuse nos *Séjans* ;
> Et son nom prononcé fait pâlir les tyrans.

Biographie universelle.

SEM ET JAPHET COUVRANT LEUR PÈRE D'UN MANTEAU.

Noé, étant sorti de l'arche, cultiva la terre et planta la vigne (1). Ne connaissant pas la force du vin, il en but jusqu'à s'enivrer, et s'étendit sous sa tente dans une posture indécente. Cham, l'ayant aperçu, en fit un objet de risée et de moquerie, et appela ses deux frères pour s'en amuser avec lui. Mais Sem et Japhet, mettant un manteau sur leurs épaules et marchant en arrière, *couvrirent la nudité de leur père* ; action qui, prise dans le sens propre et dans le sens figuré, doit servir d'exemple et de règle de conduite à tous les enfants bien nés. Noé, à son réveil, apprenant la conduite différente de ses enfants, bénit Sem et Japhet, et maudit Cham dans la personne de son fils Chanaan.

Piron a fait de l'action de Cham une application assez plaisante, mais trop sévère, à Louis Racine, connu surtout par un grand respect filial. Dans des *Mémoires pour servir à la vie de l'illustre Racine*, Louis avait recueilli quelques détails puérils. Piron dit à ce sujet : « C'est un nouveau Cham qui met à nu les turpitudes de son père. »

Les salons les plus honorables lui ouvriront leurs portes à deux battants. Toute aristocratie est naturellement franc-maçonne ; et un duc, quoi qu'il ait fait, a des droits imprescriptibles à l'indulgence de ses égaux. Le faubourg Saint-Germain, comme les *fils respectueux de Noé, couvrit d'un manteau de pourpre* les anciens égarements du vieillard. Les hommes le traitèrent avec considération ; les femmes avec bienveillance.   EDMOND ABOUT, *Germaine*.

Pendant les horribles saturnales qui coûtèrent tant de larmes à

---

(1) Suivant une vieille tradition hébraïque, comme Noé venait de planter le premier cep de vigne, un être d'une figure extraordinaire lui apparut, et lui conseilla d'arroser le jeune arbuste avec du sang de quatre animaux divers : le tigre, le dindon, le paon et le perroquet. Ce conseiller était le diable. Voilà pourquoi l'usage immodéré du vin rend l'homme furieux comme le tigre, stupide comme le dindon, orgueilleux comme le paon, ou bavard comme le perroquet.

la France, les traditions de l'honneur continuaient de se perpétuer parmi nous. Nos armées, sur les frontières, étendaient un rideau de gloire sur tant de calamités, sur des forfaits qu'elles ne protégèrent jamais de leurs armes victorieuses. Elles ressemblaient aux *deux enfants de Noé jetant un voile sur l'ivresse de leur père.*
BALLANCHE, *Institutions sociales.*

C'est bien assez d'étaler vos repentirs emphatiques ou votre impertinence altière dans une confession publique; c'est bien assez de nous livrer votre personne. Les plaies de vos familles, cachez-les; portez-y, en reculant s'il le faut, le *manteau de Sem :* à ses proches on doit le respect devant le public, ou tout au moins le silence. CUVILLIER-FLEURY, *Étude sur George Sand.*

L'Église catholique porte le respect des peuples pour le pouvoir à son plus haut degré : elle change le maître en père; de sorte que, si le père se trompe, les enfants font comme les *fils du patriarche, ils couvrent ses fautes du manteau* de leur respect.
LACORDAIRE, *Conférences de Notre-Dame.*

J'ai dit les vertus et les grandeurs du dix-huitième siècle : peut-être ai-je trop laissé dans l'ombre ses défauts. Ils ne sont que trop présents à notre mémoire, puisqu'ils ont pu nous fermer les yeux sur ses bienfaits. Assez d'autres, d'ailleurs, se chargeront du crime de *Cham et profaneront la nudité paternelle!*
LANFREY, *l'Église et les Philosophes.*

Noé but du vin, s'enivra et se découvrit dans sa tente.

Cham, le père de Chanaan, ayant vu la honte de son père, le dit à ses frères, qui étaient dehors.

Sem et Japhet prirent une couverture, qu'ils posèrent sur leurs épaules, et, allant à reculons, ils couvrirent la honte de leur père; le visage détourné, ils ne virent pas la honte de leur père.

C'est sur nos mères surtout qu'il faut *jeter notre manteau*, et, au besoin, nous tenir devant, debout, l'épée nue à la main, afin que personne n'y touche. MAXIME DU CAMP, *le Livre posthume.*

SÉPULCRES BLANCHIS.

Dans le chapitre XXIII de l'Évangile selon saint Mathieu, Jésus-Christ s'élève contre les fourbes et les hypocrites avec une force d'expressions, une véhémence de langage, qui étonnent dans cette bouche divine, habituée à ne faire entendre que des paroles de mansuétude et de charité. Il n'a flétri aucun vice avec autant d'énergie, et lorsqu'on se rappelle sa céleste indulgence envers la femme adultère, on est étonné de l'anathème terrible qu'il lance contre les scribes et les pharisiens. C'est que, dans les inspirations de sa sublime nature, Jésus-Christ puisait la certitude que l'hypocrisie est capable de tous les crimes, qu'elle les renferme tous en germe, et qu'elle ne met de limites à leur accomplissement que ses intérêts et les soins de sa réputation usurpée.

« Malheur à vous! s'écrie-t-il, scribes et pharisiens hypocrites, parce que vous fermez aux hommes le royaume des cieux et n'y entrez pas, et, n'y entrant pas, vous n'y laissez pas entrer.

» Malheur à vous! scribes et pharisiens hypocrites, qui dévorez les maisons des veuves à l'aide de vos longues prières ; c'est pour cela que vous subirez un jugement plus rigoureux.

» Malheur à vous! scribes et pharisiens, qui parcourez la terre et les mers pour faire un seul prosélyte ; et, lorsqu'il l'est devenu, vous le rendez digne de l'enfer deux fois plus que vous.

. . . .

» Malheur à vous! scribes et pharisiens hypocrites, qui purifiez le dehors de la coupe et du vase, pendant qu'au dedans vous êtes pleins de rapines et de souillures.

» Pharisiens aveugles, purifiez d'abord le dedans de la coupe et du vase, afin que le dehors soit pur aussi.

» Malheur à vous! scribes et pharisiens hypocrites, parce que vous êtes semblables à des *sépulcres blanchis* qui, au dehors, paraissent beaux aux hommes, mais au dedans sont pleins d'ossements et de corruption.

» Ainsi, au dehors, vous paraissez justes aux hommes ; mais, au dedans, vous êtes pleins d'hypocrisie et d'iniquité.

. . . .

» Serpents, race de vipère, comment éviterez-vous le jugement du feu ? »

L'application de ces mots, *sépulcres blanchis*, quand ils s'adressent aux personnes, ressort assez clairement du texte que nous venons de citer ; quant aux choses, ils caractérisent tout ce qui a plus d'apparence, de brillant, que de fond et de réalité.

Qu'on nous permette de glisser ici une petite anecdote que nous empruntons à nos souvenirs personnels. C'était dans la petite ville de L...., quelques heures avant la distribution des prix. Une tente magnifique se déployait au fond du jardin. Les prix, richement reliés, ornés de rubans multicolores, s'étalaient sur une longue table placée derrière l'estrade. Quelques élèves de philosophie, admis à visiter cette exposition, la savouraient du regard, comme le renard savoure de loin le chant du coq. Le professeur de rhétorique était le dragon commis à la garde de ce jardin des Hespérides : « N'est-il pas vrai, messieurs, que voilà de magnifiques volumes? disait-il en souriant et en paraissant désigner d'une manière particulière six gros et lourds in-octavo, de compilation, dont il était l'auteur. — C'est vrai, monsieur, répondit un élève en portant visiblement ses regards dans la même direction; mais il y en a beaucoup qui sont des *sépulcres blanchis.* »

Cet âge est sans pitié.

Richelieu, qui, dans ce qu'il entreprit, fut heureux comme Sylla, Richelieu ne peut réussir à cicatriser ces horribles blessures. Elles se rouvrent et s'élargissent sous le beau règne de Louis le Grand, ce règne brillant comme un *sépulcre blanchi.* Ce furent alors les maltôtiers, les gouverneurs et intendants des provinces, la Meilleraye, d'Épernon, Foucault; ce fut l'armée royale, ce fut l'armée des Frondeurs, qui se chargèrent de courir sus aux paysans.

Henri d'Audigier, *Revue de l'Instruction publique.*

Nous connaissons les faiblesses, les vices, les ambitions, les orgueils, les hypocrisies d'état, emmaillotés de bure ou de lin; l'Évangile lui-même lève la pierre des *sépulcres blanchis* pour décréditer les saintes apparences. Oui, la robe ne transforme pas les difformités du corps.

Lamartine, *Vie de Bossuet.*

Il avait longtemps cru qu'il suffisait de posséder la *forme* pour avoir le droit de parler à ses contemporains. Le jour où il est entré dans la vie littéraire, les écailles sont tombées de ses yeux; il a vu et compris qu'il fallait aussi avoir l'*idée*, et que sans elle on n'était qu'un *sépulcre blanchi.*

Maxime du Camp, *les Chants modernes.*

SERMENT D'ANNIBAL.

Annibal, le plus implacable ennemi des Romains, n'avait que neuf ans lorsque voyant son père, l'illustre Amilcar Barca, aller au temple pour offrir un sacrifice aux dieux et leur demander d'être favorables dans la guerre qu'il allait porter en Espagne, il se jeta à son cou, et le conjura de le mener avec lui. Attendri et vaincu par les caresses de son fils, en qui il voyait déjà un futur héros, Amilcar le prit entre ses bras, et, arrivé dans le temple, il lui fit jurer au pied des autels une haine éternelle aux Romains. On sait comment le vainqueur de Cannes devait tenir son serment.

« A mesure que j'introduirai de nouveaux personnages, dit Thackeray quelque part, s'ils sont niais et bêtes, le lecteur pourra en rire à son aise et tout bas dans sa barbe; s'ils sont dépravés et sans cœur, oh! alors, nous les attaquerons avec toute l'énergie que permet la politesse. » De telles paroles sont claires. Quand nous transcririons le passage tout entier, nous ne surprendrions pas mieux le secret du talent de l'auteur et de son livre. Thackeray a fait le *serment d'Annibal* contre le vice et le ridicule.

Revue de l'Instruction publique.

Sur les questions politiques, même divergence. Le démagogue allemand resté pur doit haine et mort à la France. Du moins, cet *Annibal l'a juré en classe sur l'autel d'Amilcar*. En conséquence, il prêche sa croisade contre ce peuple de mécréants.

Edgar Quinet, *Allemagne et Italie.*

M. de Montalembert, dès le premier jour, entra en lice avec une idée absolue. Tout enfant, il avait fait contre l'Université le *serment d'Annibal*, il lui avait juré haine et guerre éternelles. Ce fut là, durant dix-huit ans, sa conclusion réitérée et acharnée, son *delenda Carthago*, comme pour Caton.

Sainte-Beuve, *Causeries du lundi.*

Notre société est pleine d'impatients qui ont fait le *serment d'Annibal*, esprits forts qui méprisent leurs semblables et font des infamies pour être conséquents avec de faux principes et rester à la hauteur de leur expérience précoce. La peur d'être dupes les jette dans l'intrigue; ils ne recherchent, en somme, que l'argent et les places, et, pour avoir le droit d'écraser impunément les lois de la justice, ils proclament des aphorismes audacieux, et font croire au vulgaire que leur esprit plane de très haut sur ce monde.

Laurent Pichat, *Gaston.*

SI C'EST POSSIBLE, C'EST FAIT ; SI C'EST IMPOSSIBLE, CELA SE FERA.

> Un lion décrépit, goutteux, n'en pouvant plus,
> Voulait que l'on trouvât remède à la vieillesse.
> *Alléguer l'impossible aux rois, c'est un abus.*

Voilà une vérité que Calonne, contrôleur général des finances sous Louis XVI, était trop fin courtisan pour ignorer. Léger, spirituel, incapable d'un plan fortement conçu et patiemment suivi, il devait laisser les finances du royaume dans un état encore plus déplorable qu'il ne les avait trouvées en entrant au ministère. Ses opérations aventureuses ne devaient qu'augmenter le malaise général et le nombre des mécontents. Dans cette cour, si prodigieusement insouciante à la veille d'une catastrophe, et où Louis XVI avait seul le sentiment de ses devoirs, sans être doué de l'énergie nécessaire pour les bien remplir, le luxe et la prodigalité étaient aussi insatiables que si les coffres de l'État eussent été remplis. Pour se créer des prôneurs parmi les gens de lettres, le ministre accorda des pensions à un grand nombre d'entre eux. On répandit ce quatrain, où l'on mettait en opposition l'économie de Necker et la prodigalité de son successeur :

> Nargue d'hier ! vive aujourd'hui !
> Fi de Necker ! honneur à Calonne !
> A droite il prend, à gauche il donne ;
> L'honnête homme ! il n'a rien pour lui.

Marie-Antoinette elle-même donnait l'exemple du luxe, et n'imposait aucun frein à son goût pour la dépense. Un jour qu'elle avait besoin d'une somme considérable, elle s'adressa au contrôleur général, dont elle connaissait la trop facile condescendance. Avant de lui exposer sa demande, elle lui dit de ce ton de femme et de reine qui ne veut pas être refusée : « Ce que j'ai à vous demander, monsieur de Calonne, est peut-être bien difficile. — Madame, répondit le spirituel ministre en s'inclinant gracieusement, *si c'est possible, c'est fait ; si c'est impossible, cela se fera.* »

On ne pouvait pas commenter plus finement le vers de La Fontaine.

Dans les guerres de la République, la possibilité de l'*impossible* fut exprimée d'une manière plus noble par un général français, dans la chaleur d'un combat acharné. Un officier, qu'il venait de charger d'une opération périlleuse, lui répondit que c'était impossible. — « Impossible, monsieur ? reprit le général ; sachez que ce mot n'est pas français. »

— Le Bernard est en cage ; le lion est muselé : vous tenez votre proie.

— Elle est jolie, ma proie !… Pour Dieu ! dites-moi, je vous prie, ce que vous voulez que j'en fasse ?

— Le temps vous l'apprendra. Ce matin, il s'agissait d'installer l'ennemi dans la place : *c'est fait*. Il s'agit maintenant de l'en expulser : *ça se fera.*

JULES SANDEAU, *Mademoiselle de la Seiglière.*

Menschikoff, établi sur les hauteurs de l'Alma, comme un vautour sur la pointe d'un rocher, croyait pouvoir braver tous les efforts de l'armée française; et immense fut son étonnement lorsqu'il vit nos zouaves grimper jusqu'à lui comme des chats sauvages. Il apprit alors à ses dépens que le zouave semble avoir pris pour devise cette phrase galante : « *Si c'est possible, c'est fait; si c'est impossible, ça se fera.* »   *Le Moniteur de l'Armée.*

SI LA BONNE FOI ÉTAIT BANNIE DU RESTE DE LA TERRE, ELLE DEVRAIT SE RETROUVER DANS LE COEUR ET DANS LA BOUCHE DES ROIS.

Jean II, dit le Bon, succéda à son père, Philippe de Valois, en 1350; il trouva la France affaiblie par la guerre désastreuse qui avait amené la déroute de Crécy. La trêve conclue avec les Anglais après cette journée funeste étant rompue, les deux nations rivales se rencontrèrent de nouveau dans les champs de Poitiers, et là, comme à Crécy, l'ardeur désordonnée des chevaliers français causa la perte de la bataille. Le roi Jean fit personnellement des prodiges de valeur, mais il ne put parvenir à rallier son armée, et, emporté par son courage au milieu des Anglais victorieux, il se vit obligé de se rendre. Emmené d'abord à Bordeaux, puis à Londres, il fut traité avec les égards dus à son rang, sans qu'on négligeât toutefois les précautions nécessaires pour s'assurer de sa personne. La captivité du roi se prolongea plus de trois ans, pendant lesquels la France eut à souffrir tous les maux de l'anarchie et de la misère publique. Le traité de Brétigny rendit la liberté à Jean le Bon, mais il dut s'engager à payer une rançon de trois millions d'écus d'or et à livrer des ôtages, parmi lesquels on comptait deux de ses fils. Quelque temps après, un de ceux-ci s'étant échappé des mains des Anglais, Jean, loin d'approuver ce manque de foi, se crut obligé par l'honneur à se rendre de nouveau prisonnier entre les mains de ses ennemis. Ses conseillers voulaient le détourner de ce dessein; ce fut alors qu'il prononça ces belles paroles, si souvent citées depuis : « *Si la bonne foi était bannie du reste de la terre, elle devrait se retrouver dans le coeur et dans la bouche des rois.* »

Quelques historiens assurent que le roi Jean retourna en Angleterre, non par une raison d'honneur, mais parce qu'il voulait revoir la comtesse de Salisbury, dont il était éperdument amoureux; et comme, cette version une fois admise, la belle parole du roi devient sans objet, ils la nient. Nous n'avons rien trouvé dans l'histoire qui vienne à l'appui de cette opinion. Le roi Jean avait alors près de soixante ans, âge auquel un roi se détermine plutôt par loyauté que par amour; et si nous en voulions un autre témoignage, nous le trouverions dans ce vif désir de Jean le Bon, qui, dit un chroniqueur, « ne désirait autre chose fors sa délivrance, à quelque méchef que ce fût. »

Le seul qui fût parfaitement à son aise était Fougas. Il avait passé l'éponge sur ses fredaines, lui; il ne gardait rancune à personne de tout le mal qu'il avait fait. Très-paternel avec Clémentine, très gracieux avec M. et madame Renault, il témoignait à Léon l'amitié la plus franche et la plus cordiale.

« Mon cher garçon, lui disait-il, je t'ai étudié, je te connais, je t'aime bien; tu mérites d'être heureux; tu le seras. Tu verras bientôt qu'en me rendant à la vie tu n'as pas fait une mauvaise affaire. *Si la reconnaissance était bannie de l'univers, elle trouverait un dernier refuge dans le cœur de Fougas.* »

Edmond About, *l'Homme à l'oreille cassée.*

Nos compatriotes de la Charente, à vrai dire, ne sont pas tendres tous les jours envers ceux de leurs concitoyens dont la profession consiste à noircir du papier blanc. Notez que la fabrication du papier étant une des sources principales de la richesse de notre département, on devrait y tenir dans une estime particulière ceux qui poussent à la consommation de l'article. *O logique! si tu es jamais exilée de la terre, ce n'est point dans le chef-lieu de la Charente que tu trouveras un doux refuge!*

Albéric Second, *l'Univers illustré.*

De tous les amis du prisonnier, pas un seul ne répondit à son appel. En effet, supposer que dans cette circonstance une seule bourse pût s'ouvrir, n'était-ce pas méconnaître les principes de cette charité bien ordonnée et commençant par soi-même, qui, *si elle pouvait être bannie de la terre, se retrouverait dans le cœur des viveurs?...*

Charles de Bernard, *les Ailes d'Icare.*

C'est pour réparer ce tort involontaire, fait par vous deux à ma pauvre enfant, que tu me demandes sa main pour ton fils; c'est bien, c'est très-bien!... Je n'en avais pas besoin pour savoir que *si la loyauté et la délicatesse étaient exilées de la terre, on les retrouverait dans le cœur d'un d'Auberive.*

Armand de Pontmartin, *Contes et Nouvelles.*

Pendant les premiers jours, rien ne transpira de la cause réelle du départ de Léon. Mais bientôt une rumeur sourde courut dans le monde, et dix versions plus ou moins exactes circulèrent dans les salons, les foyers de théâtres et les boulevards, sur l'absence d'Irène et sa coïncidence avec le voyage du jeune banquier. Quelques hommes se rappelèrent leurs anciennes relations; le père Ambroise, questionné, ne se fit pas faute d'indiscrétions, et il fut bientôt avéré que si Léon n'avait pas eu le courage d'un enlèvement, il en avait du moins tous les profits. On en parla à M. de Loweindalh, qui sourit : « Que voulez-vous, dit-il, j'ai toujours pensé que *si la rouerie disparaissait du reste de la terre, on la retrouverait dans la caisse d'un banquier.* » AMÉDÉE ACHARD, *la Robe de Nessus.*

Si l'apologue qui fait parler les bêtes est le plus riche répertoire de raison et de sagesse que possède le monde, c'est la réaction de notre loyauté native qui en est cause. Voyant que *la vérité était bannie du langage des hommes*, nous l'avons forcée à *chercher un asile dans celui des oiseaux.* TOUSSENEL, *le Monde des Oiseaux.*

SI LE ROI LE SAVAIT!

Cette exclamation proverbiale n'a pas de date certaine. Elle remonte aux temps féodaux, où le peuple, taillable et corvéable à merci, avait à souffrir continuellement de la part des seigneurs les exactions, les injustices, l'oppression, les mauvais traitements. Persuadé néanmoins que le roi ignorait toutes les cruautés dont il était victime, il n'en faisait point remonter jusqu'à lui la responsabilité, et, lorsqu'un de ces petits tyrans abusait de son autorité, le peuple faisait entendre ce cri qui devait attendre une époque mémorable pour trouver un écho : « *Ah! si le roi le savait!* » Le roi alors s'appela la Révolution, la France, le peuple.

Mais, dans votre citadelle des îles Marquises, le patient sera réduit à soupirer douloureusement : *Ah! si le peuple le savait!* Oui, là-bas, à cette épouvantable distance, dans ce silence, dans cette solitude murée, où n'arrivera et d'où ne sortira aucune voix humaine, à qui se plaindra le misérable prisonnier? qui l'entendra? Il y aura entre sa plainte et vous le bruit de toutes les vagues de l'Océan. V. HUGO, *Discours sur la Déportation.*

Toutes les fois que quelqu'un souffre dans le monde, il se tourne du côté de la France. Rome avait des empires dans sa clientèle; nous, nous avons les instincts des peuples. Ils disent tous : *Si la France le savait !* comme on disait autrefois du roi ; et ils ont raison de se tourner vers nous, ces peuples en détresse.

Mme Émile de Girardin, *Correspondance parisienne.*

Quand, dans les vieux siècles de notre France, les peuples étaient foulés par les seigneurs féodaux, ils avaient coutume de dire : *Ah ! si le roi le savait !* Eh bien ! quand les papes savaient que tels ou tels souverains violaient les lois religieuses ou morales, alors, les successeurs de Pierre, gardiens fidèles de la religion et de la morale, lançaient l'anathème au nom de Dieu, qui est le bien suprême et l'ennemi du mal. Poujoulat, *Histoire de Constantinople.*

SINON, NON.

La fierté castillane, qui est passée en proverbe, était particulièrement l'apanage des Aragonais ; c'est sous le règne de leurs princes nationaux, c'est-à-dire avant que l'Aragon appartînt à la couronne d'Espagne, que s'établit cette constitution célèbre d'Aragon, la plus remarquable de toutes celles que présente le moyen âge. La haute souveraineté nationale se manifestait à chaque vacance du trône par cette circonstance, que l'héritier ne prenait le titre de roi qu'après avoir prêté serment de respecter les *fueros*, ou privilèges du royaume. L'autorité royale était limitée par celle des barons, par celle des comtes et celle d'un magistrat spécial appelé justicier. On connaît la fameuse formule dont se servait le justicier en déférant la couronne au nouveau roi : « Nous qui, séparément, sommes autant que toi, et qui, réunis, pouvons davantage, nous te faisons roi, à condition que tu garderas nos privilèges ; *sinon, non.* »

Du reste, chez les Aragonais, l'esprit de résistance était depuis longtemps passé en proverbe : « Donnez un clou à l'Aragonais, il l'enfoncera avec sa tête mieux qu'avec un marteau. »

Les Espagnols étaient vraiment grands, alors que le peuple était indépendant et le roi maître, que la nation disait : *Sinon, non ;* que le monarque absolu signait : *Moi, le roi.* Les deux libertés complètes de la démocratie de *tous* et de l'autocratie d'un *seul* se rencontraient sans se renverser et se parlaient leur fier langage ; spectacle qui ne s'est jamais vu que dans les Espagnes.

Chateaubriand, *le Congrès de Vérone.*

Il ne faut pas confondre la fierté avec la vanité ; la fierté vient de l'âme, et elle est plus souvent un mérite qu'un défaut : le fier *sinon, non*, des Aragonais, vaut à lui seul toute une constitution.

Comte de Ségur, *Galerie morale et politique.*

SODOME ET GOMORRHE.

Sodome et Gomorrhe, villes de l'ancienne Palestine, situées sur les bords du lac Asphaltite, avaient comblé la mesure de leurs iniquités. La corruption de leurs mœurs, qui est restée proverbiale, attira enfin sur elles la colère céleste, que *dix justes seulement auraient pu détourner*, et elles périrent ensevelies sous une pluie de feu et de soufre, après que Loth, conduit par des anges, en fut sorti avec sa famille.

Cette contrée, qui était autrefois fertile et bien cultivée, n'offre plus aujourd'hui la moindre trace de végétation ; les rochers mêmes, noirs et arides, semblent encore porter l'empreinte d'une catastrophe terrible.

Chateaubriand, dans son *Itinéraire*, a donné une description frappante des bords arides, calcinés, de la mer Morte... « Ce sont de noirs rochers à pic, qui répandent au loin leur ombre sur les eaux du lac. Le plus petit oiseau du ciel ne trouverait pas dans ces rochers un brin d'herbe pour se nourrir ; tout y annonce la demeure d'un peuple réprouvé ; tout semble y respirer l'horreur et l'inceste d'où sortirent Ammon et Moab. Çà et là des arbustes chétifs croissent péniblement sur cette terre privée de vie ; leurs feuilles sont couvertes du sel qui les a nourris, et leur écorce a le goût et l'odeur de la fumée. »

Victor Hugo décrit ainsi la nuée que la colère divine précipita sur les villes criminelles :

> La voyez-vous passer, la nuée au flanc noir ?
> Tantôt pâle, tantôt rouge et splendide à voir,
>   Morne comme un été stérile ?
> On croit voir à la fois, sur le vent de la nuit,
> Fuir toute la fumée ardente et tout le bruit
>   De l'embrasement d'une ville.
>
> D'où vient-elle ? des cieux, de la terre ou des monts ?
> Est-ce le char de feu qui porte des démons
>   A quelque planète prochaine ?
> O terreur ! de son sein, chaos mystérieux,
> D'où vient que par moments un éclair furieux
>   Comme un long serpent se déchaîne ?

Paris est fort triste. Ceux qui ne l'ont pas vu depuis trois mois ne le reconnaîtraient plus. Dans ses plus riches quartiers, il ressemble à une ville maudite, à une *Gomorrhe menacée*, ayant reçu en secret l'avis de sa prochaine destruction.

Mme Émile de Girardin, *Correspondance parisienne.*

Voici que tout à coup le vent s'élève avec violence. Opposé au cours de la Seine, il entraîne les baguettes artificielles, et les disperse en pluie de feu sur les spectateurs. On commence par rire de l'incident ; de joyeuses comparaisons courent de bouche en bouche : *Sodome, Gomorrhe,* l'aspersion métallique de Danaé, les baptêmes de feu de l'empereur sous le feu des ennemis, etc.

Baudin, *Livre des Cent-et-un.*

SOLDATS, DU HAUT DE CES PYRAMIDES QUARANTE SIÈCLES VOUS CONTEMPLENT !

Bonaparte, après sa glorieuse campagne d'Italie, poussa le Directoire à entreprendre la conquête de l'Égypte ; il voulait « s'enfoncer dans ces contrées de la lumière et de la gloire, où Alexandre et Mahomet avaient vaincu et fondé des empires, y faire retentir son nom et le renvoyer en France répété par les échos de l'Asie. » Après avoir, en passant, conquis l'île de Malte, que ses chevaliers dégénérés défendirent à peine, les Français débarquèrent le 1ᵉʳ juillet 1798 à quatre lieues d'Alexandrie, qui fut emportée d'assaut le lendemain. Bonaparte leur fit ensuite prendre la route du Caire ; ils traversèrent le désert de Damanhour sous un ciel de feu, avec des fatigues et des privations de toutes sortes. Après quelques escarmouches contre les mameluks, on arriva près des ruines de l'antique Memphis, et l'armée fut saisie d'admiration à la vue des pyramides gigantesques de Giseh, que dorait l'éclat du soleil. Alors Bonaparte, galopant devant les rangs de son armée, s'écria : « *Soldats, songez que du haut de ces pyramides quarante siècles vous contemplent !* »

L'histoire, en effet, nous apprend que ces antiques monuments de la puissance des Pharaons remontent à plus de quatre mille ans, et si, dans le cours d'une si longue existence, ils ont pu être témoins de grandes choses, ils n'en virent jamais de plus grande que la victoire complète remportée par les Français sur les mameluks, victoire qui nous permit d'entrer le lendemain en triomphateurs dans la capitale de l'Égypte.

De Giseh l'on arrive au champ de bataille des Pyramides, ainsi nommé sans doute parce que de là précisément les pyramides ne sont pas visibles (1). Que devient alors la fameuse prosopopée des *quarante siècles ?* Charles Didier, *les Nuits du Caire.*

Les adversaires sérieux du régime monarchique promettent pour un prochain avenir, aux masses populaires, des satisfactions deve-

---

(1) Il est probable que le temps était sombre quand M. Charles Didier visita le champ illustré par nos armées ; n'a-t-il pas du reste intitulé son livre *les Nuits du Caire.*

nues chères à toutes les classes, et auxquelles aujourd'hui tous les hommes pensent avec raison, dans une certaine limite, avoir acquis des droits sacrés. Traçant le plus séduisant tableau de la prospérité de la démocratie américaine, ils affirment que si, en France, les ouvriers et les paysans ne sont pas aussi magnifiquement partagés, c'est à la monarchie qu'il faut s'en prendre. La monarchie, personnifiée dans la dynastie de Juillet, est mise en demeure de montrer que, mieux que qui que ce soit, elle a puissance de guider les populations vers la terre promise. Il ne dépend que d'elle et de ceux qui lui sont dévoués, qu'elle sorte avec éclat de cette épreuve décisive. L'instant critique est arrivé, instant solennel où l'on peut appliquer à la France cette parole, que *quarante siècles la contemplent;* non quarante siècles du passé, mais quarante siècles d'avenir, de qui les destinées politiques seront fixées par le résultat des expériences que va tenter l'Europe, sous les auspices et à la suite de la France. MICHEL CHEVALIER, *des Intérêts matériels en France.*

SONATE, QUE ME VEUX-TU?

La sonate, aujourd'hui presque abandonnée, avait été mise à la mode par les compositeurs du dix-huitième siècle, tels que Tartini, Viotti, etc. Jusqu'au premier empire, elle trôna despotiquement dans les salons et figura dans tous les concerts. Mais il ne faut pas abuser des meilleures choses, et les fanatiques de la sonate ne le comprirent pas ainsi ; on n'entendait que sonates dans les réunions, dans les concerts et au théâtre. Tout le monde commençait donc à en être fatigué, quand un mot de Fontenelle, écho spirituel de la lassitude générale, vint lui porter le dernier coup. « *Sonate, que me veux-tu ?* » s'écria un jour, impatienté, l'auteur de la *Pluralité des Mondes.*

S'il vivait aujourd'hui, il dirait certainement : « *Piano, que me veux-tu? Feuilleton, que me veux-tu? Loterie, que me veux-tu? Question romaine,* etc., etc., etc., *que me veux-tu ?* »

M. Fétis, faisant allusion au discrédit dans lequel est tombée la sonate, a dit dans sa *Biographie des musiciens* : « *Sonate, où es-tu ?* »

Aujourd'hui cette interrogation comique s'adresse à toute chose monotone et fatigante.

— Des canons dans la cour du Muséum! pourquoi faire? *Canon, que me veux-tu?* Vous voulez donc mitrailler l'Apollon du Belvédère? Qu'est-ce que les gargousses ont à faire avec la Vénus de Médicis?   V. HUGO, *les Misérables.*

Se moquer, démolir, c'est bientôt fini; mais remplacer, mettre la correction à la place de la faute, là commence la difficulté; c'est là aussi que le poëte tourne sur ses talons et nous tire sa révérence. Il est content de lui-même, il se croit quitte dès qu'il a pincé de la lyre : *Sonate, que me veux-tu ?*

GÉNIN, *Récréations philologiques.*

— Nous ne sommes plus au moyen âge, cher ami, et il n'y a plus de Sainte-Vehme, il n'y a plus de francs-juges; que diable allez-vous demander à ces gens-là : *Conscience, que me veux-tu ?* comme dit Sterne. Eh! mon cher, laissez-les dormir, s'ils dorment en dépit des morts qui encombrent leur hôtel; laissez-les pâlir dans leurs insomnies s'ils ont des insomnies, et, pour l'amour de Dieu, dormez, vous qui n'avez pas de remords qui vous empêchent de dormir.

ALEX. DUMAS, *Monte-Cristo.*

— Permettez, me dit un habitué de mon cabinet de lecture, *quelque peu clerc*, comme le loup de La Fontaine; le cousin de ma femme vous dira que je suis très fort. Où d'autres se noient, je me baigne; et pourtant, depuis qu'on m'a forcé de prendre cet in-8° couvert de toile comme l'aile d'un moulin à vent, je me demande à chaque page : HISTOIRE DU ROI DE BOHÈME ET DE SES SEPT CHATEAUX, *que me veux-tu ?*

Revue de Paris.

En empruntant aux anciens alchimistes l'expression par laquelle ils désignaient une certaine vapeur métallique très légère, nous dirons que les comètes sont *un rien visible.* Elles n'ont pas pour nous d'autre qualité, d'autre propriété physique que leur visibilité. — Eh bien! alors, me disait un interlocuteur enchanté d'en finir avec les comètes, s'il en est ainsi, *comète, que me veux-tu ?*

BABINET, *Études et Lectures sur les sciences d'observation.*

SOUVENT FEMME VARIE.

Didon, résignée à la volonté des dieux, a consenti au départ d'Énée, mais déjà, dans son désespoir, elle songe à le retenir. Ses larmes, ses supplications, troublent la résolution du héros troyen. Mercure apparaît alors à Énée pour lui rappeler la volonté de Jupiter. « Pars, lui dit-il, pars sans différer, et souviens-toi que *la femme varie* et change toujours, *varium et mutabile semper... femina.* »

François Ier, qui savait aussi bien que Mercure à quoi s'en tenir sur la constance de la femme, rêvait un jour assis dans une des chambres du château de Chambord. Le vers de Virgile lui revint à la mémoire. Prenant alors un diamant, il traça ce distique sur une vitre :

> Souvent femme varie;
> Bien fol est qui s'y fie.

La reine Marguerite de Navarre, sœur de François Ier, cette femme si célèbre par son esprit, ses grâces, la fermeté de son caractère, et surtout par le profond attachement qu'elle portait à son frère, ayant lu cette boutade poétique du royal amant de la belle duchesse d'Étampes, lui reprocha d'avoir manqué de galanterie envers un sexe qu'il avait moins que personne le droit d'accuser, et qu'elle devait naturellement défendre.

Louis XIV, à la prière de mademoiselle de La Vallière, fit briser la vitre malséante. Il devait bien le sacrifice de cette devise de l'inconstance à la femme qui lui avait témoigné une affection si profonde et si inaltérable.

Les caprices des femmes, quand elles en ont, ne sont que le résultat d'un pervertissement causé par l'homme. « *Souvent femme varie,* » disait François Ier; être ondoyant et divers, changeant comme l'onde... vaines phrases que tout cela ! La femme mobile ! elle est au contraire l'élément de fixité dans le monde, au dire de M. Michelet.
TAXILE DELORD, *le Siècle.*

— Ne vous ai-je pas dit toute la sympathie que ma mère avait pour vous?

— *Souvent femme varie,* a dit François Ier; la femme, c'est l'onde, a dit Shakespeare. L'un était un grand roi et l'autre un grand poëte, et chacun d'eux devait connaître la femme.
ALEX. DUMAS, *Monte-Cristo.*

SOUVIENS-TOI.

Quand Charles Ier fut sur l'échafaud (V. *Ne touchez pas à la hache*), il demanda son bonnet de nuit à l'évêque Juxon, son ami, qui l'accompagnait; et, l'ayant mis sur sa tête, il dit à l'exécuteur : « Mes cheveux vous gênent-ils ? » Puis, se tournant vers l'évêque : « J'ai pour moi, lui dit-il, une bonne cause et un Dieu clément. — Il n'y a plus qu'un degré à franchir, répondit l'évêque; il est plein de trouble et d'angoisses, mais il est de peu de durée, et il vous transporte de la terre au ciel. » Charles ajouta : « Je quitte une couronne corruptible pour une couronne incorruptible, et dont je jouirai sans trouble. » Alors se dépouillant de son manteau, il remit son Saint-Georges au prélat, en lui disant : « *Remember*, souviens-toi ! » Quelques secondes après, sa tête tombait sous la hache.

On n'a jamais su positivement à quoi se rapportait ce mot suprême. Quelques écrivains ont prétendu, mais sans en fournir aucune preuve positive, et Hume a répété ensuite, qu'après l'exécution du roi, le conseil d'État, inquiet de savoir ce que cet appel au souvenir de l'évêque pouvait signifier, avait mandé Juxon, et l'avait pressé avec menaces de l'expliquer. Juxon répondit que le roi, la veille de sa mort, lui avait expressément recommandé d'engager son fils, si jamais il montait sur le trône, à pardonner à ses meurtriers ; et que c'était cette promesse qu'il rappelait en lui remettant son Saint-Georges, destiné à son fils. Whitelocke rapporte cette parole sans en donner aucune explication ; Clarendon ne l'explique pas davantage.

On imprima, en 1649, le discours du roi sur l'échafaud et les détails de ses derniers moments ; on y trouve la mention du mot adressé à l'évêque, mais sans aucun commentaire qui fasse allusion au sens généreux que le roi donnait à ce mot célèbre. Bushworth, racontant le même fait, dit simplement qu'on jugea que le roi remettait son Saint-Georges à l'évêque pour le rendre à son fils, et il n'ajoute aucune réflexion. Mais son silence, ainsi que celui de Clarendon et de Whitelocke, donne, au contraire, de la probabilité à l'opinion de Hume ; Bushworth devait éviter de faire connaître un sentiment généreux de la victime de Cromwell, à qui il était dévoué ; quant au silence de Clarendon et de Whitelocke, il s'explique suffisamment par la sévérité de Charles II envers les meurtriers de son père.

Quelques heures après être rentré chez moi, je reçus une boîte soigneusement cachetée. Je l'ouvris ; elle contenait une tresse de cheveux blonds à faire pâlir Bérénice, dont la chevelure était si belle qu'on en fit une constellation, et un seul mot, celui que Charles Stuart dit avant de poser son cou sur le billot tendu de noir : « *Souviens-toi !* »   MAXIME DU CAMP, *le Livre posthume*.

SPARTACUS.

Spartacus, chef de cette fameuse révolte des gladiateurs qui mit Rome à deux doigts de sa perte, était Thrace de nation, et d'origine numide ; il avait servi quelque temps comme auxiliaire dans les légions ; mais trop fier pour accepter une servitude déguisée sous le nom d'alliance, il s'était enfui à la tête d'une troupe de ses vaillants compatriotes. Repris et vendu comme esclave, son courage et sa force physique l'avaient fait réserver pour les combats de gladiateurs, ce spectacle si cher aux Romains. Enfermé chez un *laniste* de Capoue, qui dressait des esclaves pour le cirque, comme on dresse encore aujourd'hui des coqs en Angleterre, il forma avec ses compagnons le dessein de s'enfuir et de conquérir la liberté le fer à la main. Ils s'échappèrent donc au nombre de soixante-dix-huit, après s'être armés de couteaux et de couperets trouvés dans les cuisines, pillèrent des chariots remplis d'armes de gladiateurs, grossirent leur troupe d'autres esclaves fugitifs, et s'emparèrent d'un lieu très fortifié aux environs du Vésuve. Puis, s'étant organisés militairement, ils élurent pour chef Spartacus.

Rome, qui méprisait cette révolte, envoya le préteur Claudius, qui vint bientôt investir le rocher sur lequel s'étaient retranchés les révoltés. Une seule issue leur était ouverte : c'était un endroit où le terrain, coupé à pic, formait un précipice immense; Spartacus n'hésita pas. Il fit couper tous les sarments de vigne sauvage qui couvraient les rochers, en forma de longues cordes, puis, le soir venu, il fit descendre ses soldats, homme par homme et dans le plus profond silence. Enveloppant ensuite rapidement tout le camp du préteur, il précipita sa troupe sur les Romains surpris, les écrasa avant qu'ils eussent eu le temps de se rallier, et resta maître des bagages et des armes. Ce premier succès d'une bande méprisée fut décisif. Dès qu'on sut que le terrible pilum des légionnaires s'était brisé contre des armes d'esclaves, une multitude de fugitifs vinrent se ranger autour du chef audacieux, et il en compta bientôt soixante-dix mille.

Ce ne fut plus alors un chef de bande, mais un général d'armée. Il vainquit, dans un combat décisif, le préteur Varinius, qui perdit ses troupes, ses bagages, son cheval, et jusqu'à ses faisceaux prétoriens. En voyant ces victoires étonnantes et les proclamations enflammées que Spartacus adressait à tous les opprimés d'Italie, les maîtres du monde commencèrent à trembler : Spartacus marchait sur Rome. Le sénat, épouvanté, envoya Crassus avec trente-cinq mille hommes de vieilles troupes, auxquelles se rallièrent les débris des armées détruites. Le général romain se borna à couvrir le Latium, n'osant hasarder une bataille contre le terrible gladiateur. Alors le sénat envoya pour seconder Crassus, Pompée, qui venait de rentrer d'Espagne, et Lucullus, qui revenait d'Asie.

Mais bien que Spartacus dominât ses troupes par son courage et son génie, il n'exerçait qu'une autorité précaire sur ce ramas tumultueux d'hommes de toutes les nations, entre lesquels aucun lien n'avait encore eu le temps de se former. Ces dissentiments causèrent sa perte. Contraint par ses soldats de combattre et de changer tous ses plans, il livra bataille sur les bords du Silarus, et se prépara à jouer cette partie suprême avec un héroïsme grandiose et désespéré. Au moment de donner le signal du combat, il tua son cheval d'un coup d'épée : « Vainqueur, dit-il, j'en trouverai assez d'autres chez les Romains; vaincu, je ne veux pas fuir. » Et il entraîna les siens sur les légions, plongea jusqu'au centre de l'armée romaine, afin de joindre Crassus, tua deux centurions de sa propre main, et quand il fut déchiré de blessures, combattit longtemps encore à genoux, jusqu'à ce qu'il tombât enseveli sous les cadavres de ceux qu'il avait abattus. Quarante mille esclaves périrent avec le sublime vaincu de cette glorieuse défaite, qui rivait pour des siècles les chaînes des races asservies.

Est-il besoin de dire, après ce récit, que le nom de Spartacus est resté le type, la personnification du bon droit persécuté, et qui brise tout à coup ses entraves?

La statue de Spartacus, par Foyatier, est dans le jardin des Tuileries, à Paris.

L'artiste a représenté le héros au moment où il vient de briser ses fers. Il tient à la main une épée et un tronçon de chaîne; ses traits respirent la force, l'énergie et une inexprimable indignation.

Le *Spartacus noir*, prédit par Raynal, venait d'apparaître. Toussaint-Louverture, des derniers rangs de l'armée, s'était élevé à la toute-puissance. *Révolution de Saint-Domingue.*

Partout où l'arbre hideux de l'esclavage pousse encore des rejetons malheureux, les lois sont sans force et la religion sans honneur. La rage et la vengeance couvent au fond des cœurs avilis par la servitude, et ces hommes que l'esclavage a flétris soupirent après le jour où, à la voix d'un nouveau *Spartacus*, ils ramasseront les débris de leurs chaînes pour en écraser la tête de leurs maîtres durs et impitoyables. *L'École Normale.*

Entre la révolution mitigée et la révolution radicale, entre le révolutionnaire monarchiste ou républicain et l'anarchiste pur, entre *Spartacus* et Vindex, la querelle continue et l'accord n'est pas possible. La victoire, de quelque côté qu'elle se prononce, menace également l'ordre et la liberté, c'est-à-dire la civilisation.

Louis Veuillot, *Vindex.*

Le roi ne capitule pas avec des sujets rebelles, dites-vous. Mais Louis XIV a bien capitulé avec Cavalier, ce garçon boulanger, le *Spartacus* des Cévennes.

Camille Desmoulins, *Révolutions de France.*

Rousseau conservait au milieu des humiliations sans nombre de sa destinée, et jusque dans l'abaissement moral où il tomba souvent par sa faute, l'indomptable fierté d'un héros de Plutarque; il en avait les mâles inspirations. Comme *Spartacus*, il sentait gémir et tressaillir en lui les fils d'une race asservie; il devait en être le rédempteur; il était marqué au front du sceau fatal des prédestinés. Lanfrey.

STATUE DE MEMNON.

Memnon, personnage fameux des légendes de l'antiquité, était fils de Tithon et de l'Aurore. Il fut envoyé par son père, roi d'Égypte et d'Éthiopie, au secours de Troie assiégée par les Grecs. Après avoir tué Antiloque, fils de Nestor, il périt lui-même de la main d'Achille. On lui fit de magnifiques funérailles, et un grand nombre de villes de l'Asie et de l'Égypte lui élevèrent des monuments. L'Aurore, au désespoir, alla, les cheveux épars et les yeux baignés de larmes, se jeter aux pieds de Jupiter, et le supplier d'accorder à son fils quelque privilège qui le distinguât du reste des mortels. Des faits merveilleux éclatèrent autour de son bûcher; toutefois ces prodiges ne calmèrent pas les douleurs de l'Aurore; et depuis elle n'a cessé, chaque matin, de verser des larmes : c'est la rosée, à laquelle les disciples d'Apollon ont donné le nom poétique de *pleurs de l'Aurore*.

Mais la célébrité attachée à Memnon lui vient surtout de la fameuse statue qui lui avait été élevée aux environs de la ville de Thèbes. Lorsque les rayons du soleil levant venaient à la frapper, elle faisait entendre des sons harmonieux, comme si Memnon avait voulu saluer l'apparition de sa mère. Cambyse, voulant pénétrer ce mystère, qu'il croyait un effet magique, fit briser la statue depuis la tête jusqu'au milieu du corps, et la partie renversée continua de rendre le même son. Ce fait est attesté par Strabon.

Cette idée de Memnon saluant la présence de sa mère réveilla tous les souvenirs poétiques et religieux de la Grèce et de Rome; chacun voulut entendre cette voix qui, après tant de siècles, sortait d'un colosse brisé, comme pour attester la vérité des plus antiques traditions, et Memnon effaça dès lors toutes les merveilles de Thèbes aux cent portes. Enfin, après deux siècles et demi, Septime-Sévère rétablit la statue dans son premier état; mais Memnon devint muet.

Cet étrange phénomène a beaucoup occupé les savants, et de nombreuses dissertations ont été faites sur la statue vocale de Memnon. Suivant Kircher, cette singulière particularité ne peut être attribuée qu'à quelque supercherie, telle qu'un ressort secret ou une espèce de clavecin renfermé dans la statue, et dont les cordes, relâchées par l'humidité de la nuit, se tendaient à la chaleur du soleil et se rompaient avec éclat comme une corde de violon. De nouvelles études, faites sur les lieux mêmes, paraissent démontrer que les sons n'étaient qu'un effet physique et naturel; la statue étant faite d'une espèce particulière de pierre, dure, cassante et très dilatable. Le changement subit de température, causé par les rayons du soleil succédant au froid de la nuit, produisait des vibrations sonores d'autant plus fortes, que la statue était fendillée en une foule d'endroits.

La littérature ne pouvait manquer de s'emparer d'un phénomène si remarquable, et d'en tirer des images vives et frappantes, car il exprime admirablement l'influence mystérieuse qu'une chose, un homme exerce sur un autre :

> Nous t'avons oublié. Ta gloire est dans la nuit.
> Nous faisons bien encor toujours beaucoup de bruit;
> Mais plus de cris d'amour, plus de chants, plus de culte,
> Plus d'acclamations pour toi dans ce tumulte !
> Le bourgeois ne sait plus épeler ton grand nom.
> Soleil qui t'es couché, tu n'as plus de Memnon !
> Victor Hugo à Canaris (*Chants du crépuscule*).

Dans le *Malade imaginaire*, Molière a rappelé on ne peut plus plaisamment le souvenir de la statue de Memnon. Le jeune Thomas Diafoirus fait en ces termes sa déclaration d'amour à la belle Angélique :

« Mademoiselle, ne plus ne moins que la statue de Memnon rendait un son harmonieux lorsqu'elle venait à être éclairée des rayons du soleil, tout de même me sens-je animé d'un doux transport à l'apparition du soleil de vos beautés ; et, comme les naturalistes remarquent que la fleur nommée héliotrope tourne sans cesse vers l'astre du jour, ainsi mon cœur dores-en-avant tournera-t-il toujours vers les astres resplendissants de vos yeux adorables, ainsi que vers son pôle unique. Souffrez donc, mademoiselle, que j'appende aujourd'hui à l'autel de vos charmes l'offrande de ce cœur qui ne respire et n'ambitionne autre gloire que d'être toute sa vie, mademoiselle, votre très humble, très obéissant et très fidèle serviteur et mari. »

La nature n'est point le sombre sphinx qui étourdit ou égare l'esprit de l'homme par ses oracles confus ; c'est une âme palpitante dont les secrets se révèlent à l'intelligence qui la scrute, à l'âme qui l'interroge ; c'est la *statue de Memnon*, dont les lèvres de granit s'émeuvent aux rayons de l'aurore et rendent un son harmonieux
XAVIER MARMIER, *Gazida*.

Il advint que madame d'Anglure, cette petite poupée qui ne pensait pas, et qui, comme la *statue de Memnon*, ne savait dire que bonjour et bonsoir d'une voix harmonieuse, se prit à aimer M. de Maulevrier avec une intrépide naïveté.
BARBEY D'AUREVILLY, *L'Amour impossible*.

Enfin l'esprit de vie paraît, la voix de Dieu retentit par l'organe de la nature entière, et le premier rayon de lumière est la première révélation. De même que dans les déserts d'Égypte la *statue de Memnon* résonne aux premières heures du jour, ainsi la pensée de l'homme, atteinte et ébranlée par l'apparition de l'univers visible, y répond par une soudaine harmonie de symboles et d'idées, de cultes et d'images, fidèle écho du Dieu cosmique.
EDGAR QUINET, *Étude sur Herder*.

Certaines lueurs de raison, de bon sens, de jugement, certains éclairs de libéralisme, apparaissaient comme l'aurore de la révolution. Le foyer de ce feu créateur brûlait à Paris, et ses rayons éclatants allaient se refléter dans chaque ville, dans chaque village, qui, s'animant aussitôt comme la *statue de Memnon* quand elle était frappée par les rayons du soleil, faisaient entendre dans un concert unanime ces mots dont la magie fut la puissance de tous les siècles : *La liberté de l'homme et l'indépendance des peuples est un droit naturel.*   Victor Ducange, *l'Artiste et le Soldat.*

STATUE DE NABUCHODONOSOR.

Nabuchodonosor II, dit le *Grand*, roi de Babylone, avait eu un songe effrayant, mais dont le souvenir s'était effacé entièrement à son réveil. Aucun des mages qu'il avait à sa cour ne put lui rappeler sa vision. Le jeune Daniel, alors captif à Babylone, fut mandé auprès de Nabuchodonosor et lui dit : « O roi ! voici ce que tu as vu : Il y avait une statue immense dont la tête était d'or, la poitrine et les bras d'argent, le ventre et les cuisses d'airain, les jambes de fer et les pieds d'argile. Tout à coup une pierre se détacha d'elle-même de la montagne ; elle alla frapper les pieds de la statue et la mit en pièces. Alors les quatre métaux brisés devinrent comme la poussière qui remplit l'air durant l'été, et un grand vent s'étant levé, tout fut emporté. Mais la pierre qui avait frappé la statue devint une montagne immense qui remplit toute la terre. Voilà ton songe, ô roi, et en voici l'interprétation : Tu es le roi des rois, c'est donc toi qui es la tête d'or. Il s'élèvera après toi un royaume moindre que le tien et qui sera d'argent, puis un troisième en airain qui commandera à toute la terre. Le quatrième royaume réduira tout en poudre comme le fer brise toute chose ; mais, ainsi que la statue dont les pieds étaient d'argile, il sera divisé à son tour. Alors Dieu suscitera un royaume à jamais éternel, qui renversera et détruira tous les royaumes, comme la pierre, détachée de la montagne, a brisé la statue et jeté au vent sa poussière. »

C'était l'image des quatre grands empires d'Assyrie, de Perse, de Macédoine, de Rome, qui, se détruisant successivement les uns les autres, devaient tous être absorbés par un empire immense et immortel, celui de Jésus-Christ en ce monde.

Dans le style élevé, on fait souvent allusion au colosse de Nabuchodonosor, quand on veut exprimer qu'il y a de l'alliage dans les choses en apparence les plus pures, que les génies les plus sublimes se rattachent par quelque endroit faible aux côtés vulgaires de l'humanité, que la puissance qui paraît la mieux établie n'a souvent qu'une base fragile que la circonstance la plus imprévue peut faire écrouler. C'est ainsi qu'un écrivain a dit, en parlant de la guerre de 1809, qui fut l'origine de tous les malheurs de Napoléon : « C'est à l'autre extrémité du continent, c'est en Espagne que se fit sentir le premier craquement, et qu'on s'aperçut tout à coup que la statue colossale avait un pied d'argile (1). »

Le ministre Turgot vint un jour voir Voltaire chez le marquis de Villette à Paris. « Ah ! vous voilà, monsieur Turgot, dit Voltaire, comment vous portez-

---

(1) Sainte-Beuve.

vous? — J'ai beaucoup de peine à marcher, la goutte me tourmente. — Messieurs, s'écria Voltaire en s'adressant à ceux qui étaient présents, toutes les fois que je vois M. Turgot, je crois voir Nabuchodonosor. — Oui, reprit le ministre, avec les pieds d'argile. — Et la tête d'or, répliqua Voltaire. »

Les financiers lancent des prospectus, la foule accourt et échange son argent contre du papier. La liquidation arrive et la justice est obligée d'intervenir. Si de pareilles opérations avaient pu être prises corps à corps, la presse aurait montré au public que *le colosse d'argent avait des pieds d'argile*, et le public se serait défié.
Jules Favre, *Discours à la Chambre.*

La chute, messieurs, n'est-elle pas assez profonde? Que lui manquait-il, grand Dieu! La fortune? il l'avait faite : en trois ans 4 millions. Le crédit? il l'avait! Les flatteurs? il les avait! L'orgueil pour les siens? il était satisfait : il avait placé dans sa famille un blason des vieux siècles! L'orgueil pour lui-même? pouvait-il monter plus haut! L'apogée est conquise; la mesure est comble! Un moment s'écoule : une parole s'élève, ce souffle suffit; *la statue d'or s'écroule, ses pieds étaient d'argile.*
Réquisitoire de M. le procureur général dans l'affaire Mirès.

Je ne suis pas sûr que M. Sainte-Beuve ait voulu d'avance faire sortir de son livre Chateaubriand aussi amoindri. Il a abordé le personnage, le dieu avec respect; mais en le regardant de près, avec ses habitudes d'analyse, il a vu que non seulement *les pieds de l'idole étaient d'argile,* mais que le métal de toutes les autres parties était loin d'être pur. Vapereau, *l'Année littéraire.*

Son teint, rougeaud à l'état ordinaire, s'enflammait en cas d'émotion, et sa large figure ne ressemblait pas mal alors à un bassin de cuivre rouge. Le fût de la colonne ne dédommageait pas du chapiteau; mais, indemnité insuffisante, au contraire de la *statue du songe de Nabuchodonosor,* qui, avec sa tête d'or et sa poitrine d'argent, péchait par la base, cet ensemble disgracieux se terminait par d'assez jolis pieds. Charles de Bernard, *l'Écueil.*

Entre ces deux extrêmes ils ne voient rien, ils ne devinent rien ; et cependant toute la femme est là. Il en est peu parmi les moins dignes qui n'aient quelque qualité que pourrait développer une culture intelligente ; il n'en est pas parmi les plus sages qui, comme la *statue de Nabuchodonosor*, n'ait un peu d'argile mêlée aux métaux les plus précieux.   CHARLES DE BERNARD, *Gerfaut*.

SUIVEZ MON PANACHE BLANC, VOUS LE TROUVEREZ TOUJOURS AU CHEMIN DE L'HONNEUR !

Tous les grands généraux ont compris la puissance de l'imagination sur les esprits les plus incultes ; pour enflammer le courage de leurs soldats, les guerriers se sont souvent faits orateurs, et ils ont su trouver de ces mots magiques qui vont remuer toutes les fibres du cœur et qui transforment en héros ceux qui, livrés à eux-mêmes, n'éprouveraient que des sentiments bas et vulgaires. Tite-Live, Polybe et tous les historiens de l'antiquité sont pleins de magnifiques harangues, dont quelques-unes sont peut-être de leur composition, mais qu'ils nous donnent comme ayant été prononcées par les chefs d'armée les plus célèbres, et comme ayant souvent contribué à assurer la victoire par l'enthousiasme qu'elles inspiraient aux soldats. Dans les temps modernes, tout le monde connaît les fameux *bulletins de la grande armée*, qui égalent, s'ils ne surpassent en éloquence, les harangues les plus célèbres de l'antiquité.

Plus d'une fois aussi notre Henri IV, ce roi vaillant et gascon, qui cachait une profonde habileté sous des formes familières et presque bourgeoises, usa de ce moyen pour électriser le courage de la petite armée avec laquelle il parvint à *conquérir son royaume*. Avant de livrer la bataille d'Ivry contre un adversaire redoutable, le duc de Mayenne, dont l'armée était deux fois plus forte que la sienne, on vit Henri s'élancer tête nue en avant de ses troupes, et adresser à Dieu une fervente prière. Puis, prenant son casque ombragé de plumes blanches, et donnant le signal du combat : « Mes compagnons ! s'écria-t-il, vous êtes Français, je suis votre roi, voilà l'ennemi... Si les cornettes (étendards) vous manquent, *ralliez-vous à mon panache blanc ; vous le trouverez toujours au chemin de l'honneur et de la victoire !* » Il paya en effet de sa personne comme un simple soldat ; mais chaque combattant tint à honneur de se montrer digne d'un chef si brave, et les ligueurs, taillés en pièces, s'enfuirent de toutes parts.

Les hôtels sont pleins ; les cafés sont pleins ; les théâtres sont pleins ; les fiacres sont pleins ; ils sont même très élégamment habités ; hier, nous avons vu passer cinq chapeaux à plumes dans le même fiacre. O province ! tu peux aussi t'écrier avec le héros béarnais : « Vous me reconnaîtrez en fiacre à *mon panache blanc !* »

Correspondance parisienne.

Je n'ai qu'à fermer les yeux pour revoir le tableau de *Henri IV jouant avec ses enfants*. Au premier plan, le roi gascon marche à quatre pattes, et se retourne dans sa collerette pour sourire à l'héritier du trône. Louis XIII, à cheval sur le vainqueur de la Ligue, agite le feutre paternel et ce *panache blanc qu'on vit toujours au chemin de l'honneur*.

EDMOND ABOUT, *Nos artistes au Salon de* 1857.

———

Ainsi, dit la duchesse, vous m'attribuez une influence souveraine, et vous croyez que nous réussirons?

— Eh! madame, le hasard lui-même est à vos ordres.

— Cyrus n'eût pas mieux dit à Mandane, mais je vous en préviens, la chasse sera, je crois, fertile en incidents de toute sorte.

— Tant mieux.

— Vous êtes donc prêt à les affronter tous?

— Je suis prêt, répondit Hector.

— Eh bien! *suivez mon panache blanc, vous le trouverez toujours sur le chemin du bonheur.*

Elle abaissa les rênes et son cheval franchit le cercle des courtisans en quatre bonds. AMÉDÉE ACHARD, *la Chasse royale.*

SYLLA ABDIQUANT.

Quand Sylla (Lucius Cornélius) fut débarrassé de Marius, son redoutable rival, ses instincts sanguinaires ne connurent plus aucun frein. Il rassembla le sénat au moment même où il faisait égorger sept mille prisonniers samnites dans l'hippodrome, et annonça qu'il allait *rétablir la tranquillité*. Alors d'horribles exécutions commencèrent; Rome et l'Italie furent inondées de sang; des populations entières furent enveloppées dans ces massacres. L'odieux tyran, comme pour ajouter l'ironie à la cruauté, voulut bien consentir à publier sur des *tables de proscription* les noms de ceux qu'il vouait à la mort, afin, ajoutait-il, de *tirer les autres d'incertitude;* treize généraux, une foule de sénateurs, seize cents chevaliers, un nombre incalculable de citoyens parurent successivement sur ces listes sanguinaires. Jamais pareille hécatombe humaine n'avait été offerte à la vengeance, à l'ambition et à la cupidité d'un homme. Les dépouilles de l'Italie furent jetées en pâture aux bourreaux et aux soldats syllaniens. Au milieu de la terreur universelle, il lui plut de revêtir ses actes d'un simulacre de sanction publique, et il se fit nommer dictateur perpétuel. Puis il se mit à changer toute la constitution dans le sens de la suprématie patricienne, en abolissant et en faisant des lois à son gré. Ce qu'il voulait surtout, c'était un retour à l'esprit et aux formes de l'antique constitution romaine, le triomphe de l'ancienne aristocratie sur la nouvelle et sur la plèbe. Il régla dans ce sens l'admission aux charges, abolit les comices par tribus, réduisit presque à rien la puissance tribunitienne, rendit au sénat, remanié par lui, l'initiative des lois, la distribution des provinces, le pouvoir judiciaire, priva tous les Italiens de leurs droits, en expropria des multitudes au profit de ses légionnaires et de ses créatures, choisit dix mille esclaves qu'il combla de richesses, qu'il appela, de son nom, *cornéliens*, et dont il se forma une garde aveuglément dévouée.

Il ne pouvait venir à la pensée de personne qu'une domination acquise par tant de crimes et de spoliations pût être presque aussitôt déposée volontairement. C'est pourtant ce que fit Sylla. Au moment où les comices, autorisés par lui, allaient procéder à des élections consulaires, il descendit sur le forum, déclara qu'il était prêt à rendre compte de ses actes, abdiqua la dictature, congédia ses licteurs et ses gardes, et se promena avec ses amis au milieu de la foule stupéfaite. Personne n'osa lui demander compte du sang versé, et il put rentrer dans la vie privée sans le moindre danger.

L'audace d'une telle retraite n'a rien, néanmoins, de bien surprenant : Sylla ne déposa en réalité que le titre de dictateur ; il en garda le pouvoir et resta jusqu'à la fin le maître de l'État. Il avait pour lui le sénat peuplé de ses complices, ses créatures gorgées de dépouilles, deux cent cinquante mille légionnaires établis en Italie dans les domaines des proscrits, et ses cornéliens, qui ne pouvaient trouver que dans sa sûreté l'impunité de leurs crimes.

Dans un dialogue de Montesquieu, entre Sylla et Eucrate, le premier fait parfaitement connaître le secret de ce pouvoir qui survivait à l'exercice de sa terrible dictature :

« J'ai un nom, et il me suffit pour ma sûreté personnelle et celle du peuple romain. Ce nom arrête toutes les entreprises ; et il n'y a point d'ambition qui n'en soit épouvantée. Sylla respire, et son génie est plus puissant que celui de tous les Romains ; Sylla a autour de lui Chéronée, Orchomène et Signion ; Sylla a donné à chaque famille de Rome un exemple domestique et terrible ; chaque Romain m'aura toujours devant les yeux, et, dans ses songes même, je lui apparaîtrai couvert de sang ; il croira voir les funestes tables, et lire son nom à la tête des proscrits. On murmure en secret contre mes lois ; mais elles ne seront pas effacées par des flots même de sang romain. Ne suis-je pas au milieu de Rome ? Vous trouverez encore chez moi le javelot que j'avais à Orchomène, et le bouclier que je portais sur les murailles d'Athènes. Parce que je n'ai point de licteurs, en suis-je moins Sylla ? J'ai pour moi le sénat, avec la justice et les lois ; le sénat a pour lui mon génie, ma fortune et ma gloire. »

Sylla se retira dans une de ses villas, près de Puteoli, et se plongea dans des débauches effrénées, qui développèrent en lui une maladie horrible ; une intarissable vermine sortait de ses chairs corrompues, malgré des soins continuels. Cet homme extraordinaire fut si bien le maître de la république jusqu'au dernier moment, que, dix jours avant sa mort, il arrêtait d'un mot les troubles de Puteoli, qui réformait son régime municipal, et qu'il dictait aux habitants de nouvelles lois. Le questeur de cette ville refusant de rendre ses comptes, il le fit étrangler en sa présence. Il mourut le lendemain (78 av. J.-C.). Ceux de sa faction lui firent des obsèques magnifiques ; son cadavre fut apporté à Rome et enterré dans le champ de

Mars, honneur qui n'avait été décerné à personne depuis les rois. Lui-même avait composé son épitaphe : « *Nul n'a fait autant de bien à ses amis, ni autant de mal à ses ennemis.* »

En toute chose il faut écrire à temps le mot *finis*, il faut se contenir, quand cela devient urgent, tirer le verrou sur son appétit, mettre au violon sa fantaisie et se mener soi-même au poste. Je vous recommande donc la modération dans vos désirs. Heureux celui qui, lorsque l'heure a sonné, prend un parti héroïque, et *abdique* comme *Sylla*. V. Hugo, *les Misérables*.

Je te plains, c'est vrai, dit Pierre; mais enfin, tu as, j'imagine, de quoi vivre grassement, même à Paris; pourquoi continuer? qui t'y contraint? et si cela t'agace tant de gagner des millions, fais comme l'antique *Sylla* de l'histoire, *abdique* au milieu de la pourpre. Amédée Achard, *Petites Misères d'un millionnaire*.

Le maître d'école remit à chacun de ses élèves, comme gage de son abdication, deux gros sous pour aller jouer au bouchon sur la place, où plus tard on le vit tranquillement se promener au milieu d'eux, comme *Sylla* dans les rues de Rome, après qu'il eut déposé les insignes de la dictature. Jules Sandeau, *Catherine*.

TARQUIN ABATTANT LES TÊTES DE PAVOTS.

Tarquin le Superbe, sentant que sa tyrannie le rendait odieux à ses sujets, chercha à consolider son pouvoir en s'alliant avec les peuples voisins, et à flatter la vanité romaine par des conquêtes. Les Étrusques reconnurent sa suprématie; mais les Volsques ayant refusé d'accepter son alliance, il résolut de les y contraindre. Il tourna ses armes contre Gabies et s'en empara par perfidie, après l'avoir vainement assiégée pendant sept années : Sextus, son fils, feignant de s'être brouillé avec lui, alla demander dans cette ville un asile contre la colère de Tarquin, et chercha à gagner la confiance des habitants. Il y réussit au point que bientôt ils lui confièrent un des postes les plus importants, et qu'il devint un des principaux de la ville. Sûr alors de sa puissance, il envoya secrètement demander à son père de quelle manière il devait se conduire. Tarquin conduisit l'envoyé dans son jardin, s'y promena pendant quelque temps avec lui, *abattant*, au moyen d'une baguette qu'il tenait à la main, *les têtes de pavots les plus hautes*; puis il le renvoya sans prononcer une parole. Sextus comprit la réponse muette, mais significative, de son père ; il fit périr les principaux citoyens, s'empara du pouvoir et ouvrit ensuite les portes de la ville à Tarquin.

Saint-Just, le séide de Robespierre, fit une application à la fois plaisante et terrible de l'action de Tarquin. Envoyé à la Convention par le département de l'Aisne, il était voisin du comte de Lauraguais, qui habitait le château de Manicamp. Un jour, voulant braver et effrayer en même temps son noble voisin, qui avait eu le courage imprudent de persifler les hommes et les choses de la révolution, il se rendit au château à la tête d'une foule de paysans des environs. Le comte était alors à la chasse. L'intendant se présenta devant le terrible conventionnel pour savoir de lui ce qu'il devait rapporter à son maître. Ils étaient alors dans le parc du château. Saint-Just, avisant une fougère qui dépassait de beaucoup les autres, l'abattit d'un coup de sa badine, et, sans ajouter un mot, il fit volte-face.

Cette menace silencieuse devait recevoir en partie son exécution. La comtesse de Lauraguais périt sur l'échafaud ; le comte lui-même, enfermé à la Conciergerie, ne dut son salut qu'à la journée du 9 thermidor.

Dans son poème de la *Conversation*, Delille a rappelé d'une manière plus innocente le mouvement de Tarquin :

> Dans ses promenades royales,
> Autrefois, nous dit-on, le superbe Tarquin,
> Des plantes de son parc tyran républicain,
> Mutilait sans pitié les tiges inégales
> Dont la tête orgueilleuse ombrageait leurs rivales,
> Et nivelait les fleurs de son jardin.
> Tel est l'orgueil ; dans sa fierté chagrine,
> Il voit d'un œil jaloux tout ce qui le domine ;
> Et, détestant l'empire d'un rival,
> Ne souffre point de maître, et craint même un égal.

Le terrorisme, pour niveler la société, n'imagina rien de mieux que le jeu de *Tarquin : il abattit toutes les têtes qui dépassaient le niveau de la médiocrité.* *Dictionnaire de Boiste.*

La faux de *Tarquin* dans la main de Richelieu, cruel par goût autant au moins que par politique, *avait abattu toutes les têtes* qui tendaient à se relever à la cour et dans les provinces. Ce grand niveleur à tout prix avait fait une proscription de Marius pour crime de supériorité. Malheur aux grands ! c'était sa maxime. Il ne voulait qu'un seul grand, le roi, et c'était lui qui était le roi sous sa pourpre. LAMARTINE, *Cours de Littérature.*

De tout ce grand bruit qu'a fait pendant vingt ans le roman moderne, nous n'avons plus que l'écho affaibli dans des souvenirs qui

s'effacent. Ce n'est pourtant pas le talent qui manque à ces héritiers de nos grands faiseurs, et les intentions mêmes sont meilleures que jamais. Mais le temps a fait là sa moisson, comme la faisait *Tarquin avec sa baguette démocratique :* il a abattu toutes les têtes qui s'élevaient par dessus les autres. Les maîtres sont partis, les disciples sont restés.
   Cuvillier-Fleury, *Études historiques et littéraires.*

Le lendemain même du jour où mon père célébrait son mariage, son père et sa mère furent arrêtés, conduits à Besançon, et, vingt-quatre heures après, guillotinés ; car alors, vous le savez, les sentences capitales étaient rapidement exécutées. Pour les farouches agents de la Révolution, les têtes humaines les plus belles, les plus vénérables, étaient comme ces *têtes de pavots que Tarquin abattait avec son bâton en se promenant.*   Xavier Marmier, *Gazida.*

Nous allons aujourd'hui vous parler de Boileau. Boileau est à lui seul un procès littéraire. Est-ce un grand homme de lettres ? Est-ce une pâle médiocrité ? Est-ce un *Tarquin* de notre littérature, *ayant fauché du tranchant de ses satires toutes les tiges naissantes de l'esprit français qui menaçaient de dépasser sa platitude ?*
   Lamartine, *Cours de Littérature.*

TARQUIN ET LUCRÈCE.

Les Romains gémissaient sous le joug de Tarquin le Superbe, et le tyran semblait plus affermi que jamais sur son trône, lorsqu'un événement inattendu vint l'en précipiter tout à coup.

Tarquin assiégeait Ardée, petite ville du Latium située aux environs de Rome. Pendant le siège, Sextus, fils aîné du roi, donnait un soir à souper dans sa tente à plusieurs de ses amis, parmi lesquels se trouvait son cousin Tarquin Collatin. Sur la fin du repas, et un peu échauffés par le vin, ils vantèrent à l'envi la beauté et les vertus de leurs femmes. Collatin, époux de Lucrèce, soutint que la sienne l'emportait sur toutes les autres. A cette espèce de défi, Collatin est pris au mot, et les jeunes princes montent à cheval et se rendent aussitôt à Collatie pour en juger par leurs propres yeux. Là, ils trouvent la belle et vertueuse Lucrèce au milieu de ses femmes, occupée à faire des ouvrages de tapisserie. L'éclat de ses charmes, qu'augmentait encore son embarras, fit sur le cœur de Sextus une vive impression, qu'il eut pourtant l'art de dissimuler. A quelques jours de là, il s'échappa furtivement du camp et revint pendant la nuit à Collatie, où il fut reçu par Lucrèce avec tous les égards qu'elle croyait devoir à son rang. Après le souper, on le conduisit dans l'appartement qui lui était destiné ; mais, dès que les domestiques se furent retirés, il pénétra dans la chambre de Lucrèce, qu'il surprit au milieu de son sommeil, et lui déclara son amour dans les termes les plus passionnés. Voyant qu'elle était inébranlable, il menaça de la tuer, et de placer dans son lit le corps d'un esclave, afin de faire croire que l'ayant surprise en adultère, il avait vengé l'honneur de son cousin. Lucrèce céda à cette crainte, et Sextus retourna au camp comme en triomphe.

Le lendemain, de grand matin, Lucrèce envoya prier son père et son époux de la venir trouver sur l'heure, accompagnés d'un ami fidèle. Ils accoururent, suivis de Brutus. En les voyant entrer, elle fondit en larmes, leur raconta son malheur, et, après les avoir suppliés de ne point laisser impuni un tel attentat, elle s'enfonça dans le cœur un poignard qu'elle tenait caché sous sa robe. Tandis que le père et l'époux de Lucrèce étaient dans l'accablement, Brutus arracha du sein de la victime le poignard tout sanglant, et jura de la venger en exterminant les tyrans. Il porte le cadavre sur la place publique, raconte le déshonneur et la mort de l'infortunée Lucrèce, et soulève la ville entière contre les Tarquins. Quelques jours après, la royauté était abolie à jamais.

Des écrivains ont trouvé matière à critique dans l'action de Lucrèce. Fontenelle, dans un de ses *Dialogues des Morts*, met ces paroles dans la bouche de l'interlocutrice de Lucrèce : « Il y a des gens qui ont été en quelque sorte blessés de votre trop d'ardeur pour la gloire ; ils ont fait ce qu'ils ont pu pour ne vous pas tenir autant de compte de votre mort qu'elle le méritait ; ils ont dit que vous vous étiez tuée un peu tard ; que votre mort en eût valu mille fois plus, si vous n'eussiez pas attendu les derniers efforts de Tarquin ; mais qu'apparemment vous n'aviez pas voulu vous tuer à la légère et sans bien savoir pourquoi. »

Le chevalier Piis a traduit cette pensée maligne dans les vers suivants :

> On nous vante beaucoup Lucrèce,
> Qui, sans doute, crut théâtral
> De se poignarder par sagesse
> Lorsque Tarquin l'eut mise à mal.
> Sur son aventure funèbre,
> La peste si l'on m'en revend !
> Lucrèce eût été plus célèbre
> En se tuant auparavant.

Notre histoire nous offre un épisode qui semblerait donner raison à la critique un peu railleuse de Fontenelle et du poète.

La belle Marguerite de Provence, femme de saint Louis, était assiégée dans Damiette, pendant que son époux guerroyait contre les infidèles. « La bonne dame reine, dit Joinville, avait eu sa grande part dans nos misères à tous. Elle était enceinte depuis le commencement de la guerre. Trois jours avant qu'elle accouchât, lui vinrent les nouvelles que le bon roi son époux était pris ; de quoi elle fut si troublée, que, dans son sommeil, il lui semblait que toute la chambre fût pleine de Sarrasins. Elle faisait veiller toute la nuit au pied de son lit un chevalier vieil et ancien, de l'âge de quatre-vingts ans et plus. Avant que d'accoucher, elle fit vider sa chambre des personnes qui y étaient, fors du vieux chevalier, et se jeta à genoux devant lui, et lui requit un don. Et le chevalier le lui octroya d'avance et par serment, et la reine lui dit : « Sire chevalier, je vous » requiers, sur la foi que vous m'avez donnée, que, si les Sarrasins prennent cette » ville, vous me coupiez la tête avant qu'ils me puissent prendre. » Et le chevalier lui répondit que très volontiers il le ferait, et qu'il avait eu déjà la pensée d'ainsi faire, si le cas y échéoit. »

Il n'y a pas dans toute l'antiquité un si bel exemple de vertu. Cette prévoyance, cette simplicité sublime est bien au-dessus du sacrifice de Lucrèce.

> Des fureurs de Tarquin malheureuse victime,
> Lucrèce, vante moins ton généreux effort :
> Le crime a prévenu ta mort;
> Ta mort eût prévenu le crime.

Quoi qu'il en soit, le nom de Lucrèce est justement resté dans notre langue pour désigner une femme belle et vertueuse ; mais l'esprit français, qui se complaît dans l'ironie, l'emploie souvent par antiphrase, pour désigner une femme d'une vertu équivoque :

> De retour d'un voyage, en arrivant, crois-moi,
> Fais toujours du logis avertir la maîtresse.
> Tel partit tout baigné des pleurs de sa *Lucrèce*,
> Qui, faute d'avoir pris ce soin judicieux,
> Trouva... tu sais....   BOILEAU, *Satire X*.

> L'éventail à la main, Lucrèce,
> Dans tous nos cercles se vantant,
> Parle toujours de sa sagesse,
> Mais nous en parle en *s'éventant*.
> Lucrèce a beau faire et beau dire,
> Je crois qu'auprès d'un bon vivant,
> De sa vertu, sans trop médire,
> Autant en emporte le vent.
>   BRAZIER.

Le lâche attentat de Sextus a inspiré un grand nombre de peintres ; le tableau de Luc Giordano et celui de Guido Cargnacci nous paraissent répondre le mieux à notre explication et au récit que Tite-Live a donné de ce dramatique événement.

Les saintes ne sont pas à la mode aujourd'hui, et l'on trouve que les Madeleines, pourvu qu'elles aient l'air de se repentir de temps en temps, et pas trop longtemps, valent bien les *Lucrèces*, de leur nature fort maussades. Notre siècle aime les bonnes filles, et Lucrèce, avec son couteau, n'a rien de plaisant.

EUGÈNE VÉRON, *Revue de l'Instruction publique*.

L'innocence de Clarisse est plus forte que tout. Sa chasteté sera vaincue, non soumise. On sent, dès qu'on la voit, que la pudeur est l'air qu'elle respire, et qu'elle ne survivra pas au déshonneur. Ce n'est pas une femme, c'est une hermine : elle meurt d'une tache. Elle est plus *Lucrèce* que Lucrèce, car elle aime *Sextus*.

Auguste Vacquerie, *Profils et Grimaces*.

— Voyons, dit le misérable, la paix ne vaut-elle pas mieux qu'une pareille guerre? Je vous rends la liberté à l'instant même, je vous proclame une vertu, je vous surnomme la *Lucrèce* de l'Angleterre.

— Et moi, je dis que vous en êtes le *Sextus*, moi je vous dénonce aux hommes, comme je vous ai déjà dénoncé à Dieu, et s'il faut que, comme Lucrèce, je signe mon accusation de mon sang, je la signerai.

Alex. Dumas, *les Trois Mousquetaires*.

« Après les horreurs dont on a été témoin, disent certains Français, personne ne veut plus entendre parler de liberté. » Si des caractères sensibles se laissaient aller à cette haine involontaire et nerveuse, qui tient à des souvenirs, à des associations de terreurs qu'on ne peut vaincre, il faudrait leur dire qu'on ne doit pas forcer la liberté à *se poignarder comme Lucrèce*, parce qu'elle a été profanée.

Mme de Stael, *Considérations sur la Révolution française*.

— Mais, madame, qu'avez-vous?... En vérité, c'est incroyable... Je suis là, tranquille dans mon fauteuil, très loin de vous, vous contemplant avec le plus grand respect, et à vous voir ainsi suppliante, effarouchée, on dirait que je me conduis en *Tarquin*... Allons donc! belle *Lucrèce*, vous n'êtes pas juste... Savez-vous que si j'étais fat, je croirais que vous me reprochez ma réserve... pour provoquer mon audace.

Eugène Sue, *Mathilde*.

TAUREAU DE PHALARIS.

Phalaris, tyran d'Agrigente, vivait dans le vi^e siècle av. J.-C. Ayant usurpé l'autorité suprême, il se rendit à jamais et tristement célèbre par un raffinement de cruauté dont l'histoire n'offre pas deux exemples. On rapporte qu'un Athénien nommé Pérille lui fabriqua un taureau d'airain, dont les flancs pouvaient contenir un homme, qu'on y brûlait à petit feu ; et l'histoire ou la légende ajoute que l'artiste fut la première victime du supplice qu'il avait inventé. Phalaris faisait renfermer ses ennemis et les citoyens les plus considérables d'Agrigente dans les flancs du taureau, et leurs gémissements étaient, dit-on, plus suaves aux oreilles du tyran que la plus ravissante harmonie. A la fin, le peuple, révolté, fit périr le monstre par le même supplice après un règne de seize ans.

Des historiens, s'appuyant sur de prétendues lettres de Phalaris, ont cherché à le réhabiliter, en traitant de fable l'existence du taureau. Ces amis du paradoxe sont en histoire ce qu'était en littérature le savant P. Hardouin, qui passa soixante ans à prouver que les plus beaux ouvrages de l'antiquité ont été composés par des moines du treizième siècle, et que nous devons l'*Énéide* à un bénédictin. Où s'arrêtera cette manie de réhabilitation, qui nous donnera bientôt un calendrier où nous verrons figurer saint Judas Iscariote vendu et livré par son maître ?

Quand les peuples ont besoin de frein et de châtiment, les dieux leur envoient des princes cruels et des tyrans impitoyables, et ils ne détruisent ces instruments d'affliction et de désolation que quand le mal qu'il fallait guérir est extirpé. C'est ainsi que le règne de *Phalaris* fut proprement une médecine pour les Siciliens, comme la domination de Marius en fut une pour les Romains.
PLUTARQUE.

Les lettres de cachet, ce chef-d'œuvre d'une ingénieuse tyrannie, sont plus dangereuses pour les hommes que le *taureau d'airain, cette infernale invention de Phalaris*, parce qu'elles réunissent à l'égalité la plus odieuse un imposant appareil de justice.
MIRABEAU, *Essai sur le Despotisme.*

Nous pénétrâmes dans les flancs de l'énorme diligence à neuf heures du soir ; nous y restâmes soixante-douze heures, trois jours et trois nuits, comme Jonas dans la baleine. Mais, à la différence du prophète, qui naviguait mollement assis sur des banquettes de saindoux, sur un sol liquide, nous étions secoués, cahotés, et nous en sortîmes disloqués, meurtris, en capilotade ; nous pûmes alors nous faire une idée exacte du *taureau de Phalaris*.
Revue de Paris.

« On m'a représenté, dit Bentley, brûlant dans le taureau de Phalaris. Soit, je suis le patient ; et de même que le taureau du tyran était fabriqué de telle sorte que les cris des victimes se changeaient en musique pour les oreilles de Phalaris, mes plaintes, à ce qu'il paraît, forment un concert qui charme l'ouïe de M. Boyle. Mais que *Phalaris Junior* prenne garde, et qu'il se souvienne que Phalaris aîné a brûlé à son tour. »

HIPPOLYTE RIGAULT, *Querelle des Anciens et des Modernes.*

TEMPLE DE JANUS.

Ce temple fameux, qui fut fondé à Rome par Numa, était ouvert pendant la guerre et fermé pendant la paix. Janus, le plus ancien roi d'Italie, sur lequel les mythologues ont beaucoup de peine à s'entendre, passait pour avoir eu un règne long et paisible, ce qui l'avait fait regarder comme le dieu de la paix et l'avait mis en grand honneur auprès de Numa, le roi le plus sage qui ait régné à Rome. Pendant une période de près de mille ans, le temple de Janus ne fut fermé que huit fois : la première, sous le règne de Numa ; la deuxième, l'an 519 de Rome, après la première guerre punique ; la troisième, l'an 723, après la bataille d'Actium ; la quatrième, l'an 730, après la guerre des Cantabres ; la cinquième, l'an 740, après la pacification de la Germanie ; la sixième, l'an 824, par Vespasien, après la conquête de la Judée ; la septième, l'an 834, par Domitien, après la guerre des Daces ; la huitième, l'an 994, par Gordien III, vainqueur des Perses. C'est la dernière mention que l'histoire fasse de cette cérémonie.

Dans son VII° livre de l'*Énéide*, Virgile donne la description suivante du temple de Janus, et du cérémonial qui présidait à son ouverture :

> Deux portes qu'on nomma les portes de la guerre,
> Se rouvrant, se fermant, font le sort de la terre;
> Janus en est le garde, et Mars le souverain :
> De cent barres de fer, de cent verrous d'airain
> L'invincible barrière, et plus encor la crainte,
> Du temple redouté garde à jamais l'enceinte.
> Ainsi dès que, de Mars provoquant la fureur,
> Le décret du sénat porte au loin la terreur,
> Sous les pans bigarrés de la toge romaine,
> Le consul, renouant la robe gabienne,
> Des portes qui de Rome annoncent le courroux
> Fait tomber les barreaux et crier les verrous.
> Sous leurs vieux gonds rouillés aussitôt elles s'ouvrent,
> Et du temple de Mars les voûtes se découvrent;
> Lui-même, sur le seuil, appelle les combats ;
> La jeunesse à sa voix joint ses brillants éclats;
> Par ses accents guerriers le clairon les seconde,
> Et sonne le réveil de la reine du monde.
>
> (*Traduction de Delille.*)

C'est par allusion à ce temple, qu'on dit dans le style soutenu, et surtout en poésie, *ouvrir le temple de Janus*, pour faire la guerre, la commencer, la déclarer ; et *fermer le temple de Janus*, pour conclure la paix, mettre fin aux hostilités.

Ces périphrases se rencontrent souvent sous la plume de Voltaire, surtout dans sa correspondance avec le roi philosophe, qui, de son côté, ne le cède guère au roi Voltaire en érudition mythologique :

> . . . .
> Pour moi, très désintéressé
> Dans ces affaires de la Grèce,
> Pour Frédéric seul empressé,
> Je quittais étude et maîtresse;
> Je m'en étais débarrassé;
> Si je volai dans son empire,
> Ce fut au doux son de sa lyre;
> La trompette m'en a chassé.
>
> Vous ouvrez d'une main hardie
> Le temple horrible de Janus;
> Je m'en retourne tout confus
> Vers la chapelle d'Émilie.
> <div style="text-align:right">VOLTAIRE, <i>à Frédéric II.</i></div>
>
> Je regrette ces maux dont le monde est couvert,
> Ces nœuds que la Discorde a su l'art de dissoudre.
> Les aigles prussiens ont suspendu leur foudre
> Au temple de Janus que mes mains ont ouvert.
> N'insultez point, ami, l'intrépide courage
> Que mes vaillants soldats opposent à l'orage;
> L'intérêt n'agit point sur mes nobles guerriers...
> <div style="text-align:right">FRÉDÉRIC II, <i>à Voltaire.</i></div>
>
> Quitte enfin le séjour de la voûte azurée,
> Déesse dont dépend notre félicité;
> O Paix, aimable Paix, si longtemps désirée,
> Viens fermer de Janus le temple redouté !
> Bannis de ces climats l'intérêt et l'envie;
> Rends la gloire aux talents, à tous les arts la vie;
> Alors nous mêlerons à nos sanglants lauriers
> Tes myrtes et tes oliviers !
> FRÉDÉRIC II.

Le Mont-de-Piété lui-même, l'usurier du misérable, cette infâme boutique où le pauvre est volé au nom du pauvre, était sur le point de fermer ses portes; le Mont-de-Piété, c'est chez nous le *temple de Janus qui ne s'est jamais fermé.*

J. JANIN, le Chemin de traverse.

La Révolution avait aboli la noblesse : les hommes de 89 se flattaient, dans leur enthousiasme, de *fermer le temple de Janus* et de clore l'âge guerrier. Napoléon refit des nobles; guerrier, il suivit son principe, comme la Révolution avait dû suivre le sien.

P.-J. PROUDHON, la Guerre et la Paix.

Notre république était en paix avec le monde entier, le *temple de*

Janus était fermé chez nous, l'échoppe de Bacchus se trouvait seule ouverte, lorsque éclata tout à coup le grand feu où nous avons péri.

Henri Heine, *Lutèce*.

Si l'on en croyait les prophètes de certaine religion industrielle, l'industrie serait appelée, et dans un avenir prochain, à *clore définitivement le temple de Janus;* le réseau complet des chemins de fer et des télégraphes électriques inaugurerait l'ère de la fraternité universelle. C'est compter sans les forces morales qui meuvent l'humanité. L'industrie n'a pas cette sublime vertu.

Vacherot, *la Démocratie*.

TERRE PROMISE.

Après la mort de Joseph, les descendants de Jacob ne tardèrent pas à être persécutés par les Égyptiens, qui les employaient aux plus durs travaux. Mais Dieu, qui avait toujours les yeux fixés sur son peuple, suscita Moïse, auquel il ordonna de conduire les Hébreux dans la *terre de Chanaan*, berceau de leurs pères. « C'était, dit l'Écriture, une terre de promission, produisant des grappes de raisin que deux hommes pouvaient porter à peine, et où coulaient des ruisseaux de lait et de miel. » Mais les Israélites, sans cesse rebelles, furent condamnés à errer quarante années dans le désert, en vue de cette terre de délices, sans pouvoir y entrer. Enfin ils y pénétrèrent sous la conduite de Josué. (V. *Moïse mourant en vue de la terre promise*.)

La *terre promise* est une expression qui a passé dans toutes les langues pour désigner un état, un bonheur auquel on aspire depuis longtemps :

> . . . . . . Jamais villes impériales
> N'éclipseront ce rêve aux splendeurs idéales.
> Gardons l'illusion ; elle fuit assez tôt.
> Chaque homme, dans son cœur, crée à sa fantaisie
> Tout un monde enchanté d'art et de poésie.
> C'est notre Chanaan que nous voyons d'en haut.

V. Hugo, *les Feuilles d'automne*.

C'était dans les années qui suivirent immédiatement la Révolution de 1830... on venait de renverser très héroïquement un grand pan de la muraille qui cache l'avenir ; on découvrait un horizon inconnu et qui semblait immense ; on pouvait distinguer de loin la *terre promise*, ce qui vaut peut-être mieux que d'y entrer ; les hommes, enfin, avaient l'imagination et les choses avaient le mirage.

Paul Meurice, *Scènes du foyer*.

Malesherbes, ce Franklin de vieille race, avait très nettement embrassé la société moderne dans ses articles fondamentaux; il l'avait d'avance prévue et anticipée; mais s'il ne s'était pas trompé sur le but, il s'était fait illusion sur les distances et les incidents du voyage. Il avait, en un mot, cru à la *terre promise* avant le passage de la mer Rouge. Sainte-Beuve, *Causeries du lundi*.

Vous n'oublierez pas de faire mille assurances d'estime à madame la marquise du Châtelet, dont l'esprit ingénieux a bien voulu se faire entrevoir par un petit échantillon. Ce n'est qu'un rayon de ce soleil qui perce à travers les nuages; que ne doit-ce point être lorsqu'on la contemple sans voiles? Quand même j'en perdrais la vue, il faut, avant de mourir, que je jouisse de cette *terre de Chanaan*, ce pays des sages, ce paradis terrestre.
Frédéric II, *à Voltaire*.

Les peuples vont où Dieu les mène; si éloignée que soit la *terre promise*, si grand que soit le nombre des générations qui devront succomber à la tâche pendant ce long et rude voyage, les générations vivantes y marchent avec une entière confiance, avec cette foi profonde que rien n'ébranle, et que nous sommes heureux de partager. Louis Jourdan.

Le frère et la sœur commençaient à trouver l'atmosphère de la rue Saint-Denis malsaine, et l'odeur des boues de la halle leur faisait désirer le parfum des roses de Provins. Ils avaient à la fois une nostalgie et une monomanie contrariées par la nécessité de vendre leurs derniers bouts de fil, leurs bobines de soie et leurs boutons. La *terre promise* de la vallée de Provins attirait d'autant plus ces Hébreux, qu'ils avaient réellement souffert pendant longtemps, et traversé, haletants, les déserts sablonneux de la mercerie.
Honoré de Balzac, *Pierrette*.

L'humanité marche vers la *terre promise* à travers une mer rouge de sang et saccagée; son séjour dans le désert sera peut-être long; c'est les mains déchirées et saignantes qu'elle arrivera au sommet de la montagne. Richter, *Titan*.

THÉBAÏDE.

La Thébaïde, une des trois grandes divisions de l'Égypte ancienne, et qui avait Thèbes pour capitale, est fameuse par les déserts qui, à l'est et à l'ouest, environnaient sa partie habitée. C'est dans ces solitudes qu'aux premiers siècles du christianisme se réfugièrent un grand nombre de chrétiens, pour fuir la persécution ou pour se dérober aux séductions du monde, et se livrer au jeûne, à la prière, à toutes les austérités de la vie ascétique. Le plus illustre d'entre eux, saint Antoine, avait donné l'exemple en distribuant sa fortune aux pauvres pour vivre du travail de ses mains. Sa réputation de sainteté se répandit au loin, et bientôt des milliers de disciples vinrent se grouper autour de lui. Pendant quelque temps, le désert fut en quelque sorte repeuplé de moines et d'anachorètes. Mais enfin la dépopulation générale de l'Égypte amena l'extinction de presque tous les monastères qui s'étaient formés. Des cellules vides, marquées du symbole des chrétiens, indiquent seules aujourd'hui le séjour de ces religieux dans les temples païens ruinés et les grottes sépulcrales de la *Thébaïde*.

Dans le langage ordinaire, *Thébaïde* se dit d'un désert, d'une solitude profonde, où l'on vit retiré du monde ; mais ce mot est loin de se prendre toujours en mauvaise part. On en fait souvent usage, en poésie surtout, pour désigner une retraite favorite, que l'on s'est choisie soi-même, pour jouir, loin du tumulte, des douceurs de l'amitié ou même de sentiments plus tendres :

> Un frais cottage anglais, voilà sa Thébaïde;
> Et si son front de nacre est coupé d'une ride,
> Ce n'est pas, croyez-moi, qu'elle songe à la mort :
> Pour craindre quelque chose elle est trop esprit fort.
> Mais c'est que de Paris une robe attendue
> Arrive chiffonnée et de taches perdue.
> THÉOPHILE GAUTIER, *Melancholia*.

Ce Port-Royal est une *Thébaïde;* c'est un paradis ; c'est un désert où toute la dévotion du christianisme s'est réfugiée ; c'est une sainteté répandue dans tout le pays à une lieue à la ronde.

Mme DE SÉVIGNÉ, *à sa fille.*

Çà et là s'élevaient des arbres verts aux formes élégantes, aux feuillages variés. Puis, des grottes habilement ménagées, des terrasses massives avec leurs escaliers dégradés et leurs rampes rouillées, imprimaient une physionomie particulière à cette sauvage *Thébaïde*. L'art y avait élégamment uni ses constructions aux plus pittoresques effets de la nature. HONORÉ DE BALZAC, *Adieu*.

Je ne sache rien d'aussi flasque que la dévotion de ces ascètes musqués du XIX° siècle. Qu'ils soient obligés de passer, je ne dis pas une année dans les déserts d'une *Thébaïde* ou une semaine dans le galetas du prolétaire, mais seulement un jour et une nuit d'hiver dans la cellule d'un chartreux, et vous verrez s'ils résisteront à cette bénigne épreuve.

LAROQUE, *Examen critique des Doctrines de la Religion chrétienne.*

A cette époque, où des forêts séculaires couvraient les montagnes, rétrécissaient les horizons, dérobaient le ciel; où les eaux des torrents débordés dans les prairies formaient des lacs, des étangs, des marécages; où nulle autre route que des sentiers creusés par le pied des mules ne débouchait dans ce bassin d'eau courante et de feuillage; où quelques rares chaumières de chasseurs, de pêcheurs, de bûcherons fumaient de loin en loin sur la cime des bois, la gorge de Cluny était une *Thébaïde* des Gaules.

LAMARTINE, *Vies des grands hommes.*

TIBUR.

Tibur, aujourd'hui Tivoli, était situé à quelques lieues de Rome, sur une colline au pied de laquelle coulait l'Anio, qui formait plusieurs cascades. Sa situation était enchanteresse, son aspect délicieux, ses sites pittoresques. Les plus riches d'entre les Romains y possédaient des habitations de plaisance. Mais cette ville est surtout célèbre par le séjour d'Horace, auquel Mécène avait donné une petite maison de campagne attenante à sa propre villa. Le grand poète a souvent chanté les sites charmants de Tibur, et ce nom, immortalisé par ses vers, est resté dans notre langue pour désigner une demeure riante et champêtre, séjour favori de la poésie et des lettres. Auteuil était le *Tibur* de Boileau.

Fénelon, l'abbé Fleury, l'abbé Laugeron, l'élite de l'Église et de la littérature sacrée, suivaient Bossuet dans sa retraite… Germigny, maison de campagne de ce prélat, était un *Tibur* français de génie, de philosophie et de sainteté, supérieur, par les hommes et par les choses, au Tibur de Rome.

LAMARTINE, *Vies des grands hommes.*

Ce nom de Pétrarque signifiait l'amour sans espérance ici-bas, la félicité achetée par le sacrifice, les fiançailles dans la mort, le mariage dans l'éternité, en un mot, la pensée de douleur qui s'exhale de chacune des relations humaines au moyen âge.

Visitez Vaucluse. Ce désert stérile, ces antres, ces rochers, cette nature âpre et sauvage, ce glapissement des oiseaux de proie, tout, dans ces lieux, parle de sacrifice, de renoncement intérieur aux voluptés de la terre; ne cherchez pas dans cette Thébaïde de l'amour chrétien le *Tibur* d'Horace.

Edgar Quinet, *Révolutions d'Italie.*

TIREZ LE RIDEAU, LA FARCE EST JOUÉE.

Rabelais, le plus philosophe des bouffons et le plus bouffon des philosophes, naquit près de Chinon, en Touraine, vers 1483. Ses biographes sont pauvres en faits authentiques; ils abondent en anecdotes romanesques: de là ce type de curé joyeux et tolérant, ami de la bouteille et de la danse, et que l'on n'aime que comme une exception. Le genre tout particulier de son génie a été parfaitement peint par La Bruyère : « Où Rabelais est mauvais, il passe bien loin au-delà du pire ; c'est le charme de la canaille; où il est bon, il va jusqu'à l'exquis et à l'excellent, et il peut être un mets des plus délicats. » Du reste, ce sentiment du moraliste paraît avoir été dicté par Rabelais lui-même, qui recommandait à ses lecteurs « d'ouvrir la boîte pour en tirer la drogue, et de briser l'os pour en sucer la moelle. » Mais ce qui domine dans sa vie et dans ses écrits, c'est un scepticisme railleur qui s'attaque à toutes les croyances, à toutes les institutions, à tous les sentiments, et qui éclate surtout dans les derniers moments de sa vie.

Parmi les nombreuses versions qui ont été données de sa mort, on trouve celle-ci. Le cardinal de Châtillon, son ami, ayant envoyé un page s'informer de sa santé, il répondit : « Dis à Monseigneur en quelle galante humeur tu me vois. Je vais quérir un grand *peut-être*. Il est au nid de la pie : dis-lui qu'il s'y tienne; et pour toi, tu ne seras jamais qu'un fou. » Puis il rendit l'âme dans un grand éclat de rire accompagné de ces paroles : « *Tirez le rideau, la farce est jouée.* »

Cette idée, de considérer la vie comme un spectacle et les hommes comme des comédiens, a été également attribuée à Démonax, philosophe crétois, qui vivait au temps de Marc-Aurèle. On connaît aussi le mot d'Auguste aux courtisans qui entouraient son lit de mort : « N'ai-je pas bien joué mon rôle? — Oui, répondirent-ils. — Eh bien donc, mes amis, applaudissez ! » *Plaudite*, expression qu'employaient les comédiens romains pour solliciter des applaudissements au moment de quitter la scène.

Promenant ensuite tout autour de lui un regard à demi fermé

qu'il arrêta sur George, et se drapant, pour mourir, dans la fatuité des gladiateurs de Rome : « Quant à vous, monsieur de Sordeuil, dit-il, je ne peux pas vous charger de mes commissions pour Blanche; c'est à moi, au contraire, de prendre les vôtres, puisqu'il paraît que la *farce est jouée*, comme disait je ne sais quel empereur.

Charles de Bernard, *la Peine du talion*.

> C'est en vain qu'avec elle on boit jusqu'au matin
> La folie oublieuse avec le chambertin ;
> On veut qu'un peu d'amour couronne l'aventure ;
> On saisit corps à corps la belle créature :
> Hélas! le vin se change en eau dans ce festin ;
> Et, quand tombe sur elle un rayon du matin,
> Que voit-on devant soi ? la mort, vieille enrouée,
> Qui *baisse le rideau quand la farce est jouée*.

Arsène Houssaye, *le Bal de l'Opéra*.

Je n'ai de raison d'être intellectuellement et moralement que par la doctrine du progrès, et pour l'apostolat de cette doctrine... Si elle est fausse, j'ai fait métier d'erreur, j'ai menti, je mens, ou plutôt l'étude, la réflexion, la voix de toute certitude ont menti en moi ; je n'ai plus rien à faire sur cette terre qu'à prendre congé de l'homme, qu'à fuir l'éternelle Circé de la pensée, et à dire, comme je ne sais quel sceptique en voyant tomber un héros : « *Allons souper, la farce est finie.* » Eugène Pelletan, *le Monde marche*.

TONNEAU DE DIOGÈNE.

Dans son mépris des richesses et des plus simples commodités de la vie, Diogène avait fini par se donner pour logis habituel un tonneau, qui devint populaire dans toute la Grèce. Satire vivante des hommes et de la société, il s'en allait roulant à travers les places et les rues d'Athènes cette étrange cellule, qui était en même temps sa tribune, du haut de laquelle il accablait de ses railleries intarissables et transperçait de ses sarcasmes aigus les hommes corrompus, les efféminés, les tribuns esclaves de la foule, la foule esclave de ses préjugés, les magistrats infidèles, les prêtres menteurs et hypocrites, les généraux gorgés de rapines, les sophistes aux déclamations retentissantes, les orateurs vendus aux Lacédémoniens, enfin toutes les corruptions, tous les mensonges et toutes les lâchetés. (V. *Diogène*.)

M. de Pradt, archevêque, voulut voir le journaliste Hoffmann, qui le déchirait si malicieusement. A cet effet, il va à Chaillot, monte au cinquième, et trouve celui qui le faisait trembler écumant son pot-au-feu avec la gravité de Caton. Hoffmann reçoit l'archevêque assez légèrement, répond à son patelinage en soutenant son avis et en achevant ses graves occupations. M. de Pradt, scandalisé, se lève, se retire accompagné de quelques coups de tête assez brusques; puis, s'arrêtant au quatrième et se retournant vers Hoffmann qui rentrait chez lui : « Ce drôle-là, dit-il, parce qu'il est dans une mansarde, se croit *dans un tonneau.* »   *Chronique.*

Qu'on se représente madame la marquise Du Deffant aveugle, assise au fond de son cabinet, dans ce fauteuil qui ressemble au *tonneau de Diogène,* et son vieil ami Pont de Veyle couché dans une bergère près de la cheminée. C'est le lieu de la scène. Voici un de leurs derniers entretiens.........

GRIMM, *Correspondance littéraire.*

J'aurais pu être un grand financier, continua Béranger; mais à quoi bon? Emporte-t-on son or ou sa puissance à la semelle de ses souliers? J'ai mieux aimé n'être rien ; j'ai eu l'ambition de *Diogène;* mais mon *tonneau* est plus grand et plus commode que le sien : il contient bien des amis et il a contenu un fidèle amour; il dépasse encore mes désirs.   LAMARTINE.

Je suis le partisan de M. Diderot, parce qu'à ses profondes connaissances il joint le mérite de ne vouloir point jouer le philosophe, et qu'il l'a toujours été assez pour ne pas sacrifier à d'infâmes préjugés qui déshonorent la raison. Mais qu'un Jean-Jacques, un valet de *Diogène, crie, du fond de son tonneau,* contre la comédie, après avoir fait des comédies; que ce polisson ait l'insolence de m'écrire que je corromps les mœurs de sa patrie; qu'il se donne l'air d'aimer sa patrie (qui se moque de lui); tous ces traits rassemblés forment le portrait du fou le plus méprisable que j'aie jamais connu.

VOLTAIRE, *à M. Damilaville.*

Jean-Jacques, à force d'être sérieux, est devenu fou; il écrivait à

Jérôme, dans sa douleur amère : « Monsieur, vous serez enterré pompeusement, et je serai jeté à la rivière. » Pauvre Jean-Jacques ! voilà un grand mal d'être enterré comme un chien, quand on a vécu dans le *tonneau de Diogène !* Ce véritable pauvre diable a voulu jouer un rôle difficile à soutenir; il est bien loin de rire !

VOLTAIRE, *à M. Thiriot.*

On ne pouvait mieux confondre le Jean-Jacques de Genève. Il n'y a rien à répondre à ce que vous dites. Ce malheureux singe de *Diogène*, qui croit s'être réfugié dans quelques vieux ais de son *tonneau*, mais qui n'a pas sa lanterne, n'a jamais écrit ni avec bon sens ni avec bonne foi. Vous l'appelez Zoïle; il l'est de tous les talents et de toutes les vertus.   VOLTAIRE, *Correspondance.*

Les philosophes sont désunis, le petit troupeau se mange réciproquement. C'est contre votre Jean-Jacques que je suis le plus en colère. Cet archi-fou, qui aurait pu être quelque chose, s'il s'était laissé conduire par vous, s'avise de faire bande à part; il écrit contre les spectacles après avoir fait une mauvaise comédie; il écrit contre la France qui le nourrit; il trouve quatre ou cinq douves pourries du *tonneau de Diogène;* il se met dedans pour aboyer; il abandonne ses amis. Il m'écrit, à moi, la plus impertinente lettre que jamais fanatique ait griffonnée (1).

VOLTAIRE, *Lettre à d'Alembert.*

TORTUE D'ESCHYLE.

Eschyle, le père de la tragédie grecque, naquit à Éleusis l'an 525 av. J.-C. Devenu vieux, et jaloux des succès du jeune Sophocle, qui venait de le vaincre dans une lutte poétique, il se retira en Sicile, où, suivant une tradition, il périt d'une façon singulière. Un oracle lui avait prédit qu'il mourrait de la chute d'une maison. Afin d'éluder cette sinistre prédiction, Eschyle abandonna la ville de Syracuse pour s'en aller vivre en pleine campagne. Un jour, un aigle qui planait au haut des airs, tenant dans ses serres une *tortue* qu'il avait enlevée, aperçut le

---

(1) Voltaire avait généreusement offert à Rousseau, persécuté pour sa *Profession de foi du vicaire savoyard*, un refuge à Ferney. Rousseau avait répondu : « Je ne vous aime pas, monsieur. En établissant les spectacles à Genève, vous avez corrompu ma patrie pour prix de l'asile qu'elle vous avait donné. » *Inde iræ.*

crâne chauve du vieux poète, qu'il prit pour un rocher. Il laissa tomber la tortue pour en briser la carapace : l'oracle était accompli.

Je ne sais pas s'il y a une providence, mais c'est amusant d'y croire. Voilà pourtant une pauvre petite princesse qui allait épouser, à son corps défendant, un animal immonde, un cuistre de province à qui le hasard a laissé tomber une couronne sur la tête, comme l'aigle d'*Eschyle* sa tortue.

ALFRED DE MUSSET, *Fantasio*.

TOUT EST PERDU, FORS L'HONNEUR.

François Ier, à qui deux défaites essuyées par ses généraux Lautrec et Bonnivet avaient fait perdre le Milanais, voulut reconquérir ce duché, et franchit les Alpes à la tête d'une nouvelle armée. Bientôt il put rentrer à Milan; mais, au lieu de poursuivre l'ennemi à outrance, il s'obstina au siège de Pavie, et, comme ce siège traînait en longueur, il eut l'imprudence de s'affaiblir en détachant 12,000 hommes qui devaient se porter sur Naples. Cependant les Impériaux se renforçaient, et arrivaient au secours de Pavie. Une bataille eut lieu; elle fut acharnée. Le roi fut blessé au front; son armure, que nous avons encore, fut toute faussée de coups de feu et de coups de pique. Mais le nombre l'emporta sur le courage; la bataille fut perdue, et François Ier fait prisonnier (1525). Il remit son épée au vice-roi de Naples, Lannoy, qui la reçut à genoux.

« Ce fut du camp impérial, près de Pavie, que François Ier écrivit à sa mère une lettre devenue célèbre, grâce à la tradition, qui l'a fort altérée en lui donnant la forme d'un laconisme sublime : « *Madame, tout est perdu, fors l'honneur!* » Voici le texte véritable, que de récentes recherches ont fait découvrir : « Madame, » pour vous faire savoir comme se porte le reste de mon infortune, *de toutes choses* » *ne m'est demeuré que l'honneur et la vie, qui est sauve*. Et pour ce que, en » votre adversité, cette nouvelle vous fera un peu de reconfort, j'ai prié qu'on me » laissât vous écrire cette lettre, ce que l'on m'a aisément accordé; vous suppliant » ne vouloir prendre l'extrémité de vous-même, en usant de votre accoutumée pru- » dence; car j'ai l'espérance à la fin que Dieu ne m'abandonnera point, vous re- » commandant mes petits-enfants et les miens, et vous suppliant faire donner le » passage à ce porteur pour aller et retourner en Espagne, car il va devers l'em- » pereur pour savoir comme il voudra que je sois traité. » (1).

Ainsi, il demeure avéré que la lettre de François Ier a été jetée dans le creuset, où elle a subi l'épreuve de la condensation. Dix lignes assez vulgaires ont été réduites à cinq mots qui ont passé et qui resteront proverbe.

Dans une circonstance également douloureuse, Napoléon a fait allusion au mot de François Ier.

(1) Henri Martin.

Trois jours après la bataille de Waterloo, il rentrait à l'Élysée. En mettant le pied sur les marches du palais, le premier personnage qu'il rencontra fut M. de Caulaincourt, dont il prit et serra fortement la main. Drouot descendant de voiture après lui, et ne pouvant s'empêcher de dire à l'une des personnes présentes que tout était perdu : « *Excepté l'honneur!* » reprit vivement Napoléon. C'était la seule parole qu'il eût prononcée depuis Laon.

Mais jamais le mot du vainqueur de Pavie n'a été plus noblement rappelé que dans l'admirable lettre que le maréchal Moncey écrivit à Louis XVIII pour lui annoncer qu'il refusait de présider le conseil de guerre qui devait juger le maréchal Ney. Cette lettre se terminait ainsi :

« Excusez, sire, la franchise d'un vieux soldat qui, toujours éloigné des in-
» trigues, n'a jamais connu que son métier et la patrie. Il a cru que la même
» voix qui a blâmé les guerres d'Espagne et de Russie pourrait aussi parler le
» langage de la vérité au meilleur des rois. Je ne me dissimule pas qu'auprès
» de tout autre monarque ma démarche serait dangereuse, et qu'elle peut m'at-
» tirer la haine des courtisans; mais si, en descendant dans la tombe, je peux
» m'écrier, avec un de vos illustres aïeux : *Tout est perdu, hormis l'honneur!*
» alors je mourrai content. »

J'ignore quels sont les desseins de Dieu sur ma race et sur moi; mais je connais les obligations qu'il m'a imposées par le rang où il lui a plu de me faire naître. Chrétien, je remplirai ces obligations jusqu'à mon dernier soupir; fils de saint Louis, je saurai, à son exemple, me respecter jusque dans les fers; successeur de François Ier, je veux du moins pouvoir dire comme lui : « *Tout est perdu, fors l'honneur!* »   Louis XVIII, 1803.

On m'a raconté qu'en 1815, cette malheureuse année où, nous aussi, nous avons *tout perdu, fors l'honneur,* on jouait à Londres, dans le Cirque, un mélodrame intitulé *Waterloo*. Dans ce mélodrame, l'empereur Napoléon se jetait aux pieds du duc de Wellington, et, dans l'attitude d'un suppliant, il criait : « Grâce! grâce! » pendant que le duc le repoussait de sa botte. Par hasard, un officier français assistait un jour à cet infâme spectacle; quand on en fut à cette scène, le Français se lève, descend dans l'arène, tire son épée, et, si on n'eût pas arrêté son bras, c'en était fait du pauvre diable qui jouait le rôle de l'empereur.

J. Janin, *Littérature dramatique.*

Ainsi, cette milice orgueilleuse (la chevalerie), qui avait prétendu s'attribuer le monopole des armes, qui avait fait de la guerre sa seule occupation, est reconnue impropre à la guerre dès que luit pour l'art militaire l'aube de la renaissance. La milice féodale a été jugée et condamnée à Créci; l'honneur du moins lui reste. Mais après Créci va venir Poitiers, et elle ne pourra même plus dire : « *Tout est perdu, fors l'honneur !* »

        HENRI MARTIN, *Histoire de France*.

Déplorables misères de la condition conjugale ! Après cent défaites, un amant n'est pas détruit et peut encore espérer la victoire; au moindre revers, un mari succombe pour ne jamais se relever; le premier combat perdu devient pour lui une bataille plus désastreuse que celle de Pavie, ou du moins *l'honneur du vaincu resta sauf*.

     CHARLES DE BERNARD, *la Chasse aux amants*.

«Tu l'as dit : la partie est depuis longtemps engagée entre Marguerite et moi. Elle est arrivée ici en invincible pour nous enlever notre prisonnier à la pointe de ses charmes. Quel triomphe, si, sans rien accorder, j'obtenais..... et si, laissant à Madrid sa fierté et son frère captif, elle repartait sans pouvoir dire comme lui : « *Tout est perdu, fors.....* » Voyons, est-ce que ta haine castillane ne sourit pas à ce plan ? Nous avons triomphé du frère, triomphons de la sœur. »

     EUGÈNE SCRIBE, *les Contes de la reine de Navarre*.

TRANSFIGURATION (LA).

On désigne par ce mot l'aspect glorieux dans lequel le Christ se manifesta tout à coup à trois de ses disciples sur le mont Thabor.

« Six jours après, Jésus prit avec lui Pierre et Jacques, et Jean, son frère, et les conduisit à l'écart sur une montagne élevée ;

» Et il se transfigura devant eux, et son visage resplendit comme le soleil, et ses vêtements devinrent éclatants comme la neige.

» Et en même temps Moïse et Élie leur apparurent, s'entretenant avec lui.

» Or, Pierre dit à Jésus : Seigneur, il nous est bon d'être ici : si vous voulez, bâtissons-y trois tentes : une pour vous, une pour Moïse et une pour Élie.

» Il parlait encore, lorsqu'une nuée brillante les couvrit; et tout à coup on entendit une voix de la nue, disant : Celui-ci est mon fils bien-aimé, en qui j'ai mis toutes mes complaisances; écoutez-le.

» Et les disciples entendant tombèrent la face contre terre dans un grand effroi.

» Et Jésus s'approcha et les toucha, et leur dit : Levez-vous, et ne craignez point.

» Alors, levant les yeux, ils ne virent plus que Jésus seul. » (Saint Mathieu, chapitre XVII.)

La transfiguration de Jésus-Christ sur le Thabor a fourni à Raphaël le sujet de son chef-d'œuvre, et peut-être du chef-d'œuvre de la peinture. On y trouve réunies toutes les qualités du peintre d'Urbin : l'excellence du pinceau, la force de la couleur, la magie du clair-obscur, etc., indépendamment des perfections morales qu'on est habitué à admirer dans toutes les productions de Raphaël. Le grand peintre mourut en mettant la dernière main à cet immortel monument de son génie. Ce tableau fut placé au chevet de son lit, quand il eut rendu le dernier soupir. Rome entière se pressa à ce triste pèlerinage, pour contempler une dernière fois les traits du grand artiste *enseveli dans son triomphe*, à l'âge de trente-sept ans ; et la vue de cette toile sublime ne fit que rendre plus amers les regrets universels qu'excitait une telle perte.

« Oh ! ma reine ! qu'il fait bon avec vous ! » s'écriait à toute heure son frère d'Alençon, tout ravi des mille imaginations gracieuses par lesquelles elle se mettait en frais pour lui varier et lui embellir ce séjour en sa maison de La Fère. Et elle ajouta naïvement, en y mêlant son érudition chrétienne : « Il eût volontiers dit comme saint Pierre : *Faisons ici nos tabernacles*, si le courage tout royal qu'il avait et la générosité de son âme ne l'eussent appelé à choses plus grandes. » SAINTE-BEUVE, *Causeries du lundi*.

Chez Béranger, il y a eu progrès, et progrès immense. Dans son premier volume, il chante *le vin et les filles;* dans le second, il chante *la gloire et la nationalité;* dans le troisième, il chante *la France et le peuple;* dans le quatrième, comme *Jésus au Thabor, il se transfigure,* et, au lieu de chanter, il crie : HUMANITÉ ! HUMANITÉ !
ALEX. DUMAS, *Béranger*.

Tout cela était si riant, si clair, si en fleur, que machinalement je posai une main sur le bras du conducteur, en lui disant : « *Arrêtons-nous ici, et dressons-y trois tentes.* » Le conducteur dormait. Je fus obligé de le secouer avec force pour l'éveiller.
CHARLES MONSELET, *M. de Cupidon*.

Quand il se vit arrivé, sans le savoir et sans le vouloir, dans ce beau lieu d'harmonie et de parfums, quand il se vit au milieu de toute cette vie à la fois calme et bruyante, passionnée et joyeuse; quand il entendit tous ces hommes qui chantaient, qui riaient, qui parlaient, qui se tendaient leurs mains, leurs âmes, leurs femmes et leurs verres, il fut sur le point de s'écrier, comme dans l'Évangile : « *Seigneur, nous sommes bien ici, dressons-y, s'il vous plaît, trois tentes.* »   J. JANIN, *le Chemin de traverse.*

Non ! non ! nous n'irons pas dans la plaine campagne; *nous sommes bien sur cette terrasse, dressons-y nos tentes*. On voit d'ici tout ce qui va et vient sur ce chemin sablonneux et malaisé..... Tantôt c'est un capucin et tantôt un moine qui grimpent la montée ; tantôt l'accordée de village et tantôt le bailli ; ou bien le médecin, gravement assis sur son petit cheval ; ou la berline-poste lancée au galop de ses quatre chevaux. Nous sommes bien ici, Seigneur !

J. JANIN, *les Gaités champêtres.*

TRIBOULET.

L'usage de ces malheureux bouffons, destinés à égayer par leurs plaisanteries un maître maussade ou ennuyé, paraît remonter à la plus haute antiquité. Le type s'en retrouve jusque dans Momus, qui était le *Triboulet* du grand Jupiter. A Athènes ainsi qu'à Rome, les personnages opulents admettaient à leur table des parasites et des bouffons chargés de les faire rire. Plaute et Térence ont peint avec vivacité, dans leurs comédies, la dégradation morale de ces plaisants de bas étage, et Juvénal les a flétris dans ses satires sous des traits plus vigoureux encore. Toutefois, ce n'est, à proprement parler, que le Bas-Empire et le moyen âge qui nous présentent des bouffons en titre, des farceurs officiels recevant des appointements dans les maisons royales. Charles V, celui que notre histoire a surnommé le *Sage*, paraît avoir été le premier de nos rois qui ait eu un *fou* à son service, et cet usage s'est continué jusqu'à Louis XIV.

Le bouffon seul pouvait s'exprimer librement sur le compte du roi, et surtout de ses courtisans. Nul n'avait le droit de s'offenser de ses railleries, quelquefois mordantes. Pour avertir que ses sarcasmes ne tiraient pas à conséquence, il avait un vêtement particulier, aux couleurs éclatantes, des grelots et une marotte. Souvent ce masque de Momus laissait échapper les vérités les plus fines et les plus piquantes.

Les bouffons de cour les plus célèbres sont Chicot, le fou de Henri III ; l'Angely, fou de Louis XIII, dont Boileau s'est servi pour caractériser Alexandre

> ... cet écervelé qui mit le monde en cendre,
> Ce fougueux l'Angely, qui, de sang altéré,
> Maître du monde entier, s'y trouvait trop serré.

Mais le plus connu de tous ces bouffons, celui dont le nom est devenu nom commun pour désigner une cervelle détraquée, est *Triboulet*, fou de François Ier.

Il n'épargnait personne, et le roi était lui-même la première victime de son impertinence et de ses sarcasmes. Il portait ordinairement des tablettes sur lesquelles il inscrivait le nom des courtisans qui avaient fait, selon lui, des actes de folie. Un jour, ayant appris que Charles-Quint, se fiant à la loyauté de François Ier, allait traverser Paris et se livrer ainsi à la discrétion de son rival, il s'écria que ce prince était un fou, qui méritait bien de figurer sur sa liste. « Mais, répliqua le roi chevalier, si je le laisse passer, que diras-tu? — En ce cas, sire, j'effacerai son nom, et je mettrai le vôtre. » Machiavel n'aurait pas mieux dit.

M. Victor Hugo, dont le génie se complaît dans les contrastes bizarres, forcés, a fait de Triboulet, dans *le Roi s'amuse*, le héros de l'amour paternel ; cherchant ainsi à cacher la laideur physique sous la beauté morale.

Pourtant Iphicrate ne fut pas nommé cette fois-là, mais il le fut six mois après, et jamais succès plus légitime n'attira sur un homme illustre de plus injustes violences. Que les *Triboulets* sérieux ou grotesques de la presse révolutionnaire fussent acharnés contre lui, il n'y avait pas là de quoi s'étonner ; mais la société polie et charmante qui se réunissait chez Harpagona ! le phénomène était plus étrange et donnait lieu à des réflexions plus tristes.

Armand de Pontmartin, *les Jeudis de madame Charbonneau*.

TROMPETTES DE JÉRICHO.

Jéricho fut la première ville que rencontrèrent les Hébreux à leur entrée dans la terre promise. Elle était fermée de hautes murailles. Par l'ordre de Dieu, Josué fit faire à son armée le tour de la ville pendant sept jours. L'arche d'alliance était portée en grande pompe et précédée de sept prêtres qui sonnaient de la trompette ; tout le peuple suivait en silence. Le septième jour, on fit sept fois le tour de la ville, et tout le peuple, par l'ordre de Josué, ayant jeté un grand cri, à l'instant les murailles tombèrent. La ville fut réduite en cendres et tous les habitants passés au fil de l'épée.

En littérature, on fait souvent allusion *aux trompettes de Jéricho*, que l'on oppose à la lyre d'Amphion. Ce contraste n'a pas échappé au roi philosophe, qui écrit à son ami Voltaire :

« Empressé à servir le genre humain, vous consacrez votre vie entière au bien public. La Providence vous avait réservé pour apprendre aux hommes à préférer la lyre d'Amphion, qui élevait les murs de Thèbes, à ces instruments belliqueux qui faisaient tomber ceux de Jéricho. »

— 626 —

Votre imagination, mon cher ami, nous rend conquérants à bon marché; aussi soyez persuadé que nous en aurons toute l'obligation à votre générosité. Je sais bien que si de ma vie j'allais à Cirey, ce ne serait pas pour l'assiéger. Votre éloquence, plus forte que les *instruments destructeurs de Jéricho, ferait tomber les armes de mes mains.*
          Frédéric II, *à Voltaire.*

Puisque je suis réduit à parler de moi, non-seulement pour donner du poids à mes opinions politiques, mais même pour me défendre, bientôt j'aurai mis le dénoncé et les dénonciateurs à leur véritable place, malgré les *grandes colères* du père Duchesne, qui prétend que *sa pipe ressemble à la trompette de Jéricho, et que, lorsqu'il a fumé trois fois autour d'une réputation, elle doit tomber d'elle-même.*
      Camille Desmoulins, *le Vieux Cordelier.*

Dans certaines parties de notre belle Suisse, il est défendu de construire des murs ayant au delà de trois pieds d'élévation, dans les lieux surtout où une hauteur plus considérable enlèverait les admirables aspects de nos contrées : aussi, quand je vois ces murailles insolentes qui nous grillent et nous éblouissent durant les beaux jours de l'été, j'ai souvent désiré qu'elles fussent celles de *Jéricho*, et d'avoir moi-même entre les mains la *trompette de Josué.*
         Petit-Senn, *la Haie et le Mur.*

  Vainement, pour punir ces burlesques pamphlets,
  Nos courageux journaux saisiront leurs sifflets :
  Bientôt, sous le bâillon, leurs voix seront muettes ;
  Ta main saura briser ces *bruyantes trompettes*
  Dont les magiques sons, reproduits par l'écho,
  Menacent ton palais du *sort de Jéricho.*
        Barthélemy et Méry, *la Peyronnéide.*

Dans l'ordre politique, le despotisme, c'est le mal, et le vieux général (Radetzky) qui commande en Lombardie est un Lucifer impérial. Élevez contre lui la croix de Savoie, vous pouvez en faire un labarum ; agitez votre épée au nom du Père, du Fils et du Saint-Esprit, et, devant Peschiera ou Vérone, faites résonner la *trompette* de *Josué,* après avoir fait la prière des hommes libres ; le vieux corbeau reculera, et les *murailles s'écrouleront.*

Laurent Pichat, *la Sibylle.*

Quand les Hugo, les Lamartine, les Barbier, les de Vigny, se levèrent, semblables à des prêtres de régénération, les vieilles murailles du monument littéraire s'ébranlèrent à leur voix, et tombèrent comme *les remparts de Jéricho au bruit des trompettes israélites.* Toute une jeune race forte et libérale se rangea derrière eux, et la révolution, longtemps disputée, put enfin s'accomplir.

Maxime du Camp, *les Chants modernes.*

TU AS VAINCU, GALILÉEN !

Julien, empereur romain, à qui les historiens ecclésiastiques ont donné le nom d'*Apostat*, parce qu'il avait abjuré la religion chrétienne et tenté de relever le paganisme, naquit à Constantinople vers l'an 330 de notre ère. Il eut une jeunesse studieuse, et ses compagnons d'école à Athènes étaient saint Basile et saint Grégoire de Nazianze. Parvenu à l'empire, et voyant la discipline méprisée, les lois sans vigueur, les antiques vertus romaines oubliées, il s'imagina, par une aberration de jugement incroyable chez un prince aussi éclairé, qu'il fallait attribuer la décadence de l'empire à l'abandon des anciennes croyances, et résolut de leur rendre leur première splendeur. Dès lors il fit servir tous ses efforts à créer une espèce d'église païenne et un sacerdoce polythéiste à l'imitation du sacerdoce chrétien ; il voulut faire de ses prêtres un corps enseignant, chargé d'expliquer les traditions de la mythologie dans un sens philosophique et moral. Le tort irrémissible de Julien fut donc de lutter contre les progrès de son temps, et de vouloir faire du fanatisme en faveur d'un passé qui ne pouvait plus revivre. Cette tentative insensée a fait oublier ses talents, ses vertus et tous les actes réparateurs de son règne. Toutefois l'histoire ne peut lui reprocher aucun acte de vengeance ou de cruauté ; il fit rouvrir les temples, mais il ne fit pas fermer les églises, et s'il persécuta le christianisme, du moins ce ne fut pas avec les armes des fanatiques, le fer et le feu. Jaloux de faire mentir les prédictions de Jésus-Christ, il entreprit de réunir les Juifs en corps de nation, et de rebâtir le temple de Jérusalem ; alors, s'il faut en croire Ammien Marcellin et quelques Pères, des globes de feu sortirent du sein de la terre et dévorèrent les ouvriers.

Dans une guerre qu'il entreprit contre Sapor, roi de Perse, Julien fut blessé mortellement, et après avoir passé ses derniers moments à s'entretenir sur l'immortalité de l'âme, il expira à l'âge de trente-deux ans. On dit que lorsqu'il fut frappé par le javelot, il recueillit dans sa main du sang de sa blessure, et le lança contre le ciel en s'écriant : « *Tu as vaincu, Galiléen !* » Ce trait n'est rapporté que par Théodoret, évêque de Syrie, qui vivait peu d'années après ce prince, et qui, parmi les hypothèses auxquelles il se livre sur la mort de Julien, incline à croire qu'il a été frappé par une main invisible (1). Socrate et Évagre, écrivains ecclésiastiques qui vivaient vers le même temps, ne disent pas un mot de l'exclamation de Julien, bien qu'ils racontent la mort de ce prince.

« On m'a dit que vous étiez Français, fils d'émigré, dit l'empereur à notre houzard; vous rachetez ce que votre famille a fait de mal, vous continuez ce qu'elle a pu faire de bien. Je veux me souvenir de vous; voici ce qui m'aidera à vous reconnaître. »

Et il attacha au dolman de Cadolles la croix de la Légion d'honneur.

Cadolles sentit que l'heure était venue pour lui où l'âme crie : « *Tu as vaincu, Galiléen!* » Il s'inclina sur le cou de son cheval par un mouvement où l'empereur reconnut en souriant la grâce délicate et fière d'une autre race que celle d'où sortaient d'habitude ses héros. DE MOLÈNES, *Souffrances d'un Houzard.*

A l'avénement du christianisme, tous ceux qui ont voulu contrarier sa marche ont été punis. Le plus grand de tous, Julien, qui était pourtant un sage selon le monde, n'a réussi qu'à flétrir son nom d'une épithète odieuse. La postérité traitera de même les hommes qui résistent à l'esprit de la révolution; lutter contre elle, c'est lutter contre Dieu. Le jour viendra où, blessés à leurs propres armes, ces ennemis de l'avenir *jetteront eux-mêmes leur sang vers le ciel,* en s'écriant : « *Révolution, tu as vaincu!* »

ALPHONSE ESQUIROS, *Histoire des Montagnards.*

TU DORS, BRUTUS!

Après la bataille de Pharsale, qui rendit César maître de la république, ce grand homme ne songea qu'à s'attirer par la clémence ceux que ses armes avaient

(1) Quis tamen justissimum illud vulnus inflixerit, nemo ad hunc usque diem rescire potuit. Alii enim a quopiam effugiente visum humanum illatum : alii a quodam pascua sequente eorum, qui Ismaelitæ dicuntur : nonnulli militem quempiam fame et deserto itinere instigatum : sed sive impactus ensis illi ab angelo seu ab homine fuit, certum est quicumque fecerit divinæ illum voluntatis administrum fuisse. Julianum quidem, vulnere accepto, implesse manum suam ferunt sanguine, et sparso illo in aera dixisse : *Vicisti, Galilæe*, simulque et victoriam confessum et maledictum ausum esse, ita erat ille attonitus. Sed post cædem ejus, patuere præstigiæ incantationum ipsius. (*Histoire ecclésiastique*, liv. III, chap. xxv.)

vaincus. Mais il y avait encore à Rome trop d'âmes fières et indépendantes pour que son pouvoir pût se consolider sans de redoutables conspirations. Au nombre de ceux qui se faisaient remarquer par l'exaltation de leurs principes et la sombre énergie de leur caractère, Brutus tenait le premier rang. Caressé par César, dont sa fierté républicaine se reprochait les bienfaits, il n'en était pas moins l'espoir de ceux qui voyaient le salut de la république dans la mort du dictateur. Des excitations secrètes venaient encore enflammer son patriotisme et faire taire ses hésitations ; chaque jour il trouvait sur son tribunal de préteur un billet anonyme contenant d'amers reproches sur son inaction : « *Tu dors, Brutus! Non, tu n'es pas Brutus!* » D'autres fois, ces mots étaient jetés au pied de la statue de son aïeul. Brutus se réveilla... (V. *Et toi aussi, mon fils!*)

Perrault proclamait sans balancer les modernes supérieurs aux anciens, mettait au-dessus d'Homère non-seulement nos premiers écrivains, mais les Scudéri, les Chapelain, les Cassagne, et jugeait les poëmes d'*Alaric,* de la *Pucelle*, du *Moïse sauvé*, des chefs-d'œuvre en comparaison des rapsodies du grand poëte grec.

Boileau se crut personnellement offensé dans ce *factum;* toutefois, il prit sur lui de ne pas éclater d'abord, il commençait à être dégoûté de la satire ; mais le savant prince de Conti le menaça d'aller écrire sur son fauteuil académique ces trois mots : « *Tu dors, Brutus!* » Pour le coup, c'en était trop, Despréaux n'y tint plus...

Dictionnaire de la Conversation.

Tu dors, Brutus, et... Crévier veille!

Souffrirez-vous, mon cher et intrépide philosophe, que ce cuistre de Crévier attaque si insolemment Montesquieu dans les seules choses où l'auteur de l'*Esprit des Lois* a raison ? N'est-ce pas vous attaquer vous-même, après le bel éloge que vous avez fait du philosophe de Bordeaux ? VOLTAIRE, *à d'Alembert.*

Un des derniers soirs du mois de janvier, raconte M. de Lamartine, Danton et Camille Desmoulins sortaient du Palais de Justice avec Souberbielle, juré du tribunal révolutionnaire. La journée avait été sanglante. Les trois amis s'entretenaient, le cœur serré, du sinistre spectacle qu'ils venaient d'avoir sous les yeux

— Sais-tu bien, dit Danton à Souberbielle, que du train dont on y va, il n'y aura bientôt plus de sûreté pour personne ?

— C'est vrai, répondit Souberbielle; mais que puis-je, moi? je ne suis qu'un patriote obscur. Ah! si j'étais Danton!

— *Danton dort*, tais-toi! répliqua le rival de Robespierre; il se réveillera quand il en sera temps. Tout cela commence à me faire horreur. Je suis un homme de révolution; je ne suis pas un homme de carnage.   HATIN, *Histoire de la Presse.*

Goergei quitta le service et se rendit à Prague pour s'y livrer exclusivement à la chimie, sous la direction du professeur Redtenbach, alors célèbre en Allemagne. Cependant, il y avait à Prague, à cette époque, une jeune Française très agréable, placée chez un banquier en qualité de gouvernante. Notre savant s'en éprit et l'épousa, et bientôt le jeune ménage s'en retournait dans le Zips vivre heureux et tranquille au fond d'une petite gentilhommière située non loin du lieu de naissance de Goergei, et qu'un de ses oncles venait en mourant de lui laisser. C'était compter sans les événements. Le 15 mars 1848, la patrie se soulève; le sol hongrois crie au soldat devenu campagnard : « *Tu dors, Brutus!* » et Goergei, à cet appel, accourt à Pesth se mettre à la disposition du ministère magyar.

BLAZE DE BURY, *Souvenirs et Récits des campagnes d'Autriche.*

TU ES CET HOMME.

David avait conçu une passion coupable pour Bethsabée, femme d'Urie, un de ses officiers. Afin de pouvoir l'épouser, il envoya secrètement à Joab, général de ses armées, qui assiégeait alors la capitale des Ammonites, l'ordre d'exposer Urie à l'endroit le plus périlleux. Celui-ci y fut tué, et David épousa Bethsabée. Mais bientôt Dieu lui envoya le prophète Nathan, qui lui parla ainsi : « Il y avait dans une ville deux hommes, l'un riche, l'autre pauvre. Le riche possédait un grand nombre de brebis et de bœufs; le pauvre n'avait pour tout bien qu'une petite brebis qu'il élevait avec ses enfants. Il la nourrissait de son pain, la faisait boire dans sa coupe et dormir sur son sein; il la chérissait comme sa fille. Un étranger étant venu loger chez le riche, celui-ci ne voulut point toucher à ses brebis et à ses bœufs pour lui donner à souper, mais il prit la brebis du pauvre et la servit à son hôte. — Cet homme mérite la mort, s'écria David; il rendra quatre brebis pour une. — Tu es cet homme, *tu es ille vir*, reprit Nathan. Tu as méconnu la parole de Dieu, qui t'a fait roi ; le Seigneur te punira. »

Pendant le carême de 1675, le Père Bourdaloue expliquant un jour la parabole de Nathan en présence de Louis XIV, qui vivait alors avec la marquise de Montespan, osa la lui appliquer directement; et plus d'une fois, dans son discours, le terrible « *tu es ille vir* » retentit aux oreilles du souverain. Au sortir de la chapelle royale, Louis XIV demande ce que Bourdaloue a voulu dire. Les courtisans restent muets, quand tout à coup le duc de Montausier, dont la rigide franchise ne connaît pas les ménagements, s'écrie : « Sire, il a dit à Votre Majesté : *Tu es cet homme-là* (1). »

En face de ce colosse d'érudition et de pédantisme (le P. Hardouin), madame Dacier fut légère et spirituelle : « Quand je lui ôterais le mérite d'avoir entendu Homère et pénétré l'art de la poésie, disait-elle du docte jésuite, je ne lui ôterais presque rien ; il lui resterait des richesses infinies : au lieu que moi, si le révérend Père m'avait ravi le médiocre avantage d'avoir passablement traduit et expliqué ce poëte et démêlé l'art du poëme, je n'aurais plus rien ; c'est la *seule petite brebis que je possède ; je l'ai nourrie avec soin, elle mange de mon pain et boit dans ma coupe :* serait-il juste qu'un homme si riche vînt me la ravir ? »

Sainte-Beuve, *Causeries du lundi.*

L'orateur, ce jour-là, demeura longtemps le front dans les mains, plongé dans une rêverie profonde. Il sort tout à coup de son recueillement, les yeux illuminés d'un enthousiasme inconnu. Sa parole vibrante résonne sous les voûtes. Ce n'est plus le jeune homme développant avec calme les textes du livre saint, c'est le *prophète Nathan* parlant avec feu en présence de David.

Revue de l'Instruction publique.

TUEZ TOUT; DIEU RECONNAITRA LES SIENS.

Ce qui caractérise surtout la fin du douzième siècle et le commencement du treizième, c'est une intolérance religieuse dont le blâme retombe principalement sur l'esprit dont étaient animées alors toutes les classes de la population.

---

(1) M. de Montausier, le mari de la belle Julie d'Angennes, passait pour le plus honnête homme de la cour de Louis XIV; on pense généralement que c'est lui que Molière a voulu peindre dans le *Misanthrope*. M. de Montausier s'en montra d'abord offensé; mais, dès qu'il connut la pièce, le grand seigneur fut très honoré de se reconnaître dans l'homme animé de

ces *haines rigoureuses*
Que doit donner le vice aux âmes vertueuses.

Les croisades, en réveillant dans les cœurs un zèle, au moins extérieur, pour tout ce qui touchait à la religion, avaient donné naissance à un fanatisme qui explique, sans les excuser, les mesures sanguinaires qui sont le caractère dominant de cette époque. Le midi de la France était infesté par l'hérésie des Albigeois, qui, en refusant d'admettre les principaux dogmes du catholicisme et l'autorité du pape, se montraient les précurseurs de la Réforme. Déjà circulait partout cette pensée, que les pires ennemis de la foi n'étaient plus aux rives du Nil et du Jourdain. « Alors, dit M. Henri Martin, sur la chaire de saint Pierre était assis un de ces hommes dont l'œil d'aigle embrasse d'un regard tous les dangers et toutes les ressources, et dont l'âme inflexible ne recule devant aucune nécessité ; Innocent III, pareil à l'ange exterminateur, prépara durant dix années l'épouvantable orage qu'il devait enfin précipiter sur les pays provençaux. »

Plusieurs légats furent successivement envoyés pour essayer de ramener les hérétiques, entre autres Arnaud Amauri, abbé de Cîteaux, « cet homme qui avait sous sa robe de moine le génie destructeur de Genséric et d'Attila. » Mais le temps approchait où l'on allait employer d'autres armes que celles de la parole. L'un des légats du pape, Pierre de Castelnau, homme violent et emporté, ayant été assassiné par un gentilhomme de Raymond VI, comte de Toulouse, que le légat avait excommunié, Innocent III poussa un cri de vengeance qui retentit dans l'Europe entière. Simon de Montfort fut chargé de commander l'armée des croisés, et le pape fit don, à lui et aux siens, de tous les domaines de ceux qu'ils étaient chargés d'exterminer. Tout ce que le cœur humain recèle de passions cupides et sanguinaires fut alors déchaîné avec une épouvantable violence. Après plusieurs combats, cinquante mille au moins des malheureux Albigeois, traqués comme des bêtes fauves dans les campagnes, avaient cherché un refuge dans les murs de Béziers. Cette ville fut prise par les croisés : « Là, dit un historien, eut lieu le plus grand massacre qui se fût jamais fait dans le monde entier ; car on n'épargna ni vieux ni jeunes, pas même les enfants qui tétaient ; on les tuait et les faisait mourir. Voyant cela, ceux de la ville se retirèrent, ceux qui le purent, tant hommes que femmes, dans la grande église de Saint-Nazaire : les prêtres de cette église devaient faire tinter toutes les cloches quand la population entière serait exterminée ; mais il n'y eut ni son ni cloche ; car ni prêtre, vêtu de ses habits, ni clerc, ne resta en vie. » — « *Tuez-les tous,* » avait répondu le légat, Arnaud Amauri, aux soldats qui lui demandaient comment distinguer les hérétiques de ceux qui ne l'étaient pas, « *tuez-les tous ; Dieu reconnaîtra les siens. — Cædite eos, novit enim Dominus qui sunt ejus.* » Tout fut en effet passé au fil de l'épée, pas un seul n'échappa. Soixante mille personnes furent, dit-on, égorgées ; Arnaud Amauri en avoue vingt mille dans la lettre où il rend compte au pape de sa victoire. « Ce meurtre et tuerie furent la plus grande pitié qu'on ait jamais vue ni entendue. »

Ce mot épouvantable du légat est attesté par un contemporain des massacres, moine de Cîteaux lui-même, par dom Vaissette, savant bénédictin du Languedoc, et par les historiens les plus dignes de foi.

M. Édouard Fournier (*Esprit dans l'histoire*) se prononce, quoique timidement, contre l'authenticité des paroles attribuées au légat. Malheureusement le document qu'il invoque est tout négatif : il fonde son hypothèse sur le silence du moine Pierre de Vaulx-Cernay, qui était, dit M. Henri Martin, « vassal et compagnon de Simon de Montfort, » et, ajoute la *Biographie Michaud*, « connu pour son zèle ardent contre les Albigeois, son dévoûment aveugle à la cour de Rome, et sa partialité pour Simon de Montfort. »

Mieux eût valu ne rien dire.

Si ces témoignages ne suffisent pas encore pour porter la lumière dans l'esprit de M. Édouard Fournier, nous l'invitons à vouloir bien jeter les yeux sur les noms qui apostillent les phrases suivantes.

Depuis qu'à la lumière de la civilisation, le genre humain a recouvré ses titres, les gouvernements et les peuples, les magistrats et les écrivains proclament à l'envi qu'il vaut mieux laisser échapper cent coupables que de risquer de punir un innocent. Le projet de loi respire tout entier la maxime contraire. N'était-il pas animé et comme illuminé de l'esprit de votre loi, cet inquisiteur qui, dans la guerre des Albigeois, faisait *jeter dans les mêmes flammes les orthodoxes avec les hérétiques* pour se mieux assurer que pas un seul de ceux-ci ne serait épargné?

ROYER-COLLARD, *Discours à la Chambre des députés*.

S'il arrivait que, recevant de vos paroles une impression condamnée par vos sentiments, des malheureux ne jugeassent bons qu'à être exterminés des hommes dénoncés comme exterminateurs, au moins faudrait-il qu'il n'y eût pas confusion et que les coups de poignard ne se trompassent pas de poitrine. La Saint-Barthélemy eut lieu pendant la nuit : c'est assez d'une fois, et il sera bon que de nos jours on ne répète pas ce cri fameux d'égorgeurs : « *Dieu reconnaîtra les siens !* » LOUIS BLANC, *le Nouveau-Monde*.

Il y a six cents ans, monsieur, si mes pareils vous avaient rencontré, ils vous auraient assailli avec colère, comme un odieux persécuteur, et les vôtres, ardents à enflammer les vainqueurs contre les hérétiques, se seraient écriés : « *Frappez ! frappez toujours, Dieu saura bien reconnaître les siens !* » Vous avez eu à cœur, monsieur, et je n'ai garde de vous le contester, vous avez eu à cœur de laver de telles barbaries la mémoire de l'illustre fondateur de l'ordre auquel vous appartenez; ce n'est pas à lui, en effet, c'est à son siècle et à tous les partis, pendant bien des siècles, qu'il faut les reprocher.

Guizot, *Réponse au Père Lacordaire lors de sa réception à l'Académie.*

Nous sommes ici, vous et moi, monsieur, les témoignages vivants et les heureux témoins du sublime progrès qui s'est accompli parmi nous dans l'intelligence et le respect de la justice, de la conscience, du droit, des lois divines, si longtemps méconnues, qui règlent les devoirs mutuels des hommes quand il s'agit de Dieu et de la foi en Dieu. Personne aujourd'hui ne frappe plus et n'est plus frappé au nom de Dieu; personne ne prétend plus à usurper les droits, à devancer les arrêts du souverain Juge. C'est maintenant l'Académie seule qui est appelée à *reconnaître les siens*.

Guizot, *idem.*

TUNIQUE DE JÉSUS-CHRIST.

« Les soldats, après avoir crucifié Jésus, prirent ses vêtements et en firent quatre parts, une pour chaque soldat. Ils prirent aussi la tunique; or, la tunique était sans couture et d'un seul tissu depuis le haut jusqu'en bas.

» Ils se dirent donc les uns aux autres : « Ne la coupons point; mais tirons au » sort à qui elle sera, » afin que cette parole de l'Écriture fût accomplie : ils ont partagé entre eux mes vêtements, et ils ont tiré ma robe au sort. » Et voilà ce que firent les soldats. » (*Saint Jean*, chap. XIX.)

Ce partage de la tunique de Jésus-Christ, au moment de sa mort, reçoit deux sortes d'application : tantôt on y fait allusion pour désigner le partage des dépouilles d'un innocent; tantôt on rappelle cette circonstance que la tunique du Christ était d'un seul tissu, pour faire entendre qu'une chose ne peut souffrir aucun partage.

Auditeur silencieux et solitaire du formidable arrêt des destinées, nous aurions été moins ému si nous eussions été dans la mêlée : le péril, le feu, la cohue de la mort, ne nous auraient pas laissé le temps de méditer; mais seul sous un arbre, dans la campagne de Gand, comme le berger des troupeaux qui paissaient autour de nous, le poids des réflexions nous accablait. Quel était ce combat?(Waterloo) était-il définitif? Napoléon était-il là en personne? le monde, comme la *robe du Christ, était-il jeté au sort?*

Chateaubriand, *le Congrès de Vérone.*

Les richesses, les titres, le faste, qui sont l'extérieur du pouvoir et comme ses vêtements, peuvent se partager; mais le pouvoir lui-même est indivisible; c'est la *tunique sans couture*, qu'on ne peut partager sans la déchirer : dans les révolutions, elle *se tire au sort entre les soldats*, et le plus heureux l'emporte.

De Bonald, *Pensées*.

La mission de l'esprit français est de servir de médiateur entre l'Europe du midi et l'Europe du nord. L'histoire, la vie, la poésie du monde moderne, ne tendent point à la suppression de l'un des éléments du génie européen, mais à la réconciliation. Dans cette œuvre, la France n'a-t-elle pas tout reçu de la Providence pour clore le débat, rapprocher les membres de la famille divisée, réparer la *tunique partagée du Christ?*

Edgar Quinet, *Révolutions d'Italie*.

TU N'IRAS PAS PLUS LOIN.

Cette parole, qui exprime d'une manière si énergique la puissance du Créateur, se trouve dans le livre de Job.

Job est raillé par sa femme, renié par ses amis, accablé de tous les maux à la fois. Quelques mots de doute sur la justice de Dieu s'échappent des lèvres du patriarche si cruellement éprouvé. Tout à coup, du milieu d'un tourbillon, la voix du Très-Haut éclate sur celui qui prétend mesurer sa puissance et discuter sa justice :

« Où étais-tu quand je posai les fondements de la terre? dis-le moi, si tu le sais. Où étais-tu quand les anges du ciel saluèrent en chœur les astres nouveaux que j'attachai au firmament? Où étais-tu quand j'enfermai dans ses barrières la mer sortie frémissante du sein maternel, et que je lui dis : *Tu viendras jusqu'ici, et tu n'iras pas plus loin.*

» Est-ce toi qui commandes à l'aube matinale? est-ce toi qui fixes à l'aurore la place où elle doit paraître pour envelopper le monde et chasser les impies devant sa lumière?

» As-tu marché sur les gouffres de la mer? es-tu descendu dans les profondeurs des abîmes? les portes de la mort se sont-elles ouvertes devant toi? Parle donc, si tu le peux.

» Où est le séjour de la lumière? où est le séjour des ténèbres? tu le sais, car alors, sans doute, tu étais né déjà; le nombre de tes jours est si grand !

» Est-ce toi qui donnes à l'épervier ses ailes puissantes? et l'aigle, qui monte au-dessus des nuées, obéit-il à tes commandements? »

A cette foudroyante apostrophe, à ce magnifique tableau de la création, succède l'admirable description du cheval. (V. *Cheval de Job*.)

Les insurgés proclamaient, le *samedi*, un lieutenant général du royaume. Le *dimanche*, par un nouveau sacrifice, Charles X confirmait cette nomination, et autorisait le duc d'Orléans à faire l'ouverture des Chambres; il croyait sauver sa couronne, mais on n'arrête pas une révolution commencée; on ne lui dit pas : *Tu n'iras pas plus loin;* le mouvement, une fois imprimé, suit fatalement son cours; toute chose tentée pour entraver sa marche vient, au contraire, l'accélérer.

ACHILLE DE VAULABELLE, *Histoire des Deux Restaurations.*

La chasse à l'hirondelle est l'abomination de la désolation, elle a commencé à s'accomplir vers les rives de l'Arno, s'est étendue peu à peu vers celles du Pô et de l'Adige; après quoi elle a franchi les monts, déshonorant les unes après les autres les vallées de l'Isère, du Rhône et de la Saône. Quel dieu pourrait dire maintenant à ce fléau : *Tu n'iras pas plus loin !*

TOUSSENEL, *le Monde des Oiseaux.*

M. de Boroze n'engageait jamais ces soi-disant gastronomes qui ne sont que des gloutons, dont le ventre est un abîme, et qui mangent partout, et de tout. Il trouvait à souhait, parmi ses amis, des convives aimables qui, savourant avec une attention vraiment philosophique, et donnant à cette étude tout le temps qu'elle exige, n'oubliaient jamais qu'il est un instant où la raison fait entendre à l'appétit ces divines paroles : *Tu n'iras pas plus loin !*

BRILLAT-SAVARIN, *Physiologie du goût.*

Lorsque Octave eut bien tendrement caressé cette main qu'on ne lui disputait plus, il leva la tête pour obtenir une faveur nouvelle; car un amant n'est jamais comme la mer, à laquelle il a été dit : *Tu n'iras pas plus loin !* Cette fois madame de Bergenheim ne détourna pas les yeux.   CHARLES DE BERNARD, *Gerfaut.*

De ce jour, le chemin de fer est le maître; il vous emporte avec lui, vous, vos douanes, vos prohibitions surannées vos registres vermoulus ; et bien hardi sera le gendarme qui osera dire au chemin de fer : *Tu n'iras pas plus loin !*

CUVILLIER-FLEURY, *Voyages et Voyageurs.*

TURBOT DE DOMITIEN.

Domitien, après les débuts d'un règne qui semblait promettre à Rome un digne successeur de Titus et de Vespasien, ne tarda pas à dévoiler la cruauté d'une nature perverse. Il fit périr les citoyens les plus riches et les plus recommandables ; son plus grand plaisir était d'assister au supplice des malheureux qu'il avait condamnés, et de se repaître de leurs gémissements et de leurs cris. Lorsqu'il était seul dans sa chambre, son passe-temps consistait à tuer des mouches avec un poinçon aigu ; ce qui donna occasion au sénateur Vibius Priscus, à qui on demandait s'il n'y avait personne chez l'empereur, de répondre assez justement : « Personne, pas même une mouche ; » plaisanterie qui lui coûta la vie. Il aimait à causer des angoisses et des terreurs inexprimables à ceux qu'il dédaignait de faire mourir. Il réunit un jour les plus grands personnages de l'empire à un festin, dans une salle tendue de noir, éclairée par des lampes funéraires. On y avait disposé des cercueils sur chacun desquels les convives purent lire leur nom. Après s'être amusé de leur frayeur, Domitien les fit reconduire à leur domicile.

Il ressentait pour le sénat un mépris que ce corps méritait bien du reste par sa lâcheté, et qu'il poussa jusqu'à le faire délibérer sur la manière d'accommoder un turbot. Dans son poème de *la Gastronomie*, Berchoux raconte ainsi cette anecdote :

> Domitien un jour se présente au sénat :
> « Pères conscrits, dit-il, une affaire d'État
> M'appelle auprès de vous. Je ne viens point vous dire
> Qu'il s'agit de veiller au salut de l'empire,
> Exciter votre zèle, et prendre vos avis
> Sur les destins de Rome et des peuples conquis ;
> Agiter avec vous ou la paix ou la guerre :
> Vains projets sur lesquels vous n'avez qu'à vous taire.
> Il s'agit d'un turbot ; daignez délibérer
> Sur la sauce à laquelle on doit le préparer. »
> Le sénat mit aux voix cette affaire importante,
> Et le turbot fut mis à la sauce piquante.

Pour trouver un emploi à l'obélisque de Louqsor, depuis un an bientôt, les raisonneurs s'évertuent ; jusqu'à nos députés qui agitent cette haute question dans leur Chambre. Autrefois à Rome, dans une perplexité semblable,

> Le sénat mit aux voix cette affaire importante,
> Et le turbot fut mis à la sauce piquante.

Berchoux, à quelle sauce mettre cet obélisque? Berchoux, inspire messieurs de notre sénat!

PÉTRUS BOREL, *Livre des Cent-et-un.*

Charles VI n'aimait pas à revenir bredouille; il se mettait dans de violents accès de colère lorsque la chasse ne se terminait point par la mort de la bête. Un jour il destitua son grand veneur, maître Guillaume de Gamaches, parce que la chasse avait été tout de travers, et il nomma à cette place messire Loys d'Orguechin. Du Tillet raconte qu'à ce sujet il y eut procès au parlement entre le remplaçant et le remplacé. La haute cour fut appelée à juger si Guillaume de Gamaches avait réellement commis des fautes contre l'art de la vénerie :

> Le sénat mit aux voix cette affaire importante,
> Et le turbot fut mis à la sauce piquante.

ELZÉAR BLAZE, *le Chasseur conteur.*

TU SAIS VAINCRE, ANNIBAL, MAIS TU NE SAIS PAS PROFITER DE LA VICTOIRE.

La défaite de Cannes (216 ans av. J.-C.) est le plus grand désastre que Rome ait jamais essuyé. Les calculs les plus modérés portent à soixante mille, parmi lesquels quatre-vingts sénateurs, le nombre des Romains qui périrent dans cette fameuse journée, à laquelle les Gaulois de l'armée d'Annibal eurent une grande part. Les historiens rapportent que le vainqueur envoya à Carthage un boisseau d'anneaux d'or arrachés aux doigts de plus de six mille chevaliers restés sur le champ de bataille.

Jamais victoire n'avait été plus complète et plus décisive. A cette terrible nouvelle, l'épouvante régna dans Rome (1), qui croyait à chaque instant voir Annibal à ses portes. « Laisse-moi prendre les devants avec ma cavalerie, disait à Annibal, le soir de la bataille, Maharbal, un de ses officiers, et dans cinq jours tu souperas au Capitole. » Et, sur le refus du héros carthaginois, il ajouta ces paroles restées célèbres : « *Tu sais vaincre, Annibal, mais tu ne sais pas profiter de la victoire.* »

Ce mot de Maharbal a été répété à satiété. Cependant, il est à peu près démontré aujourd'hui qu'Annibal a pensé et agi sagement : affaibli par ses victoires mêmes, ne recrutant que difficilement son armée, ne recevant aucun secours de sa patrie, ne possédant dans l'Italie méridionale ni places fortes, ni

---

(1) On offrit des sacrifices humains aux dieux infernaux : deux vestales, soupçonnées d'avoir violé leur vœu de chasteté, furent mises à mort; deux Gaulois furent enterrés tout vivants.

magasins, ni ports, il ne pouvait espérer enlever par un coup d'audace Rome, dont il était d'ailleurs séparé par plus de quatre-vingts lieues, des fleuves, des montagnes, des villes fortifiées, des populations hostiles, et qui était en outre protégée par son prestige militaire, par de hautes murailles, des fossés profonds, et tout un peuple en armes prêt à défendre ses foyers avec le courage du désespoir.

Voici, sur cette opinion controversée, le sentiment de Montesquieu :

« Il y a des choses que tout le monde dit, parce qu'elles ont été dites une fois. On croit qu'Annibal fit une faute insigne de n'avoir point été assiéger Rome après la bataille de Cannes. Il est vrai que d'abord la frayeur y fut extrême ; mais il n'en est pas de la consternation d'un peuple belliqueux, qui se tourne presque toujours en courage, comme de celle d'une vile populace, qui ne sent que sa faiblesse. Une preuve qu'Annibal n'aurait pas réussi, c'est que les Romains se trouvèrent encore en état d'envoyer partout des secours. »

L'allusion que l'on tire des paroles de Maharbal, qu'elles soient ou non justifiées par l'histoire, s'adresse à celui qui ne sait point tirer parti d'un avantage et s'endort sur un premier succès.

M. de Lafayette aimait l'orage, il n'était pas son complice ; il ne craignait pas la foudre, mais il n'eût jamais consenti à en faire un des ministres de son gouvernement ; le désordre pouvait venir, il lui tenait tête, et à aucun prix, même au prix de sa vie, il n'eût accepté l'appui, les services et les bons offices du désordre. Au milieu des plus grandes révolutions, il était resté le capitaine qui *sait vaincre et qui ne sait pas profiter de la victoire.*

J. JANIN, *Littérature dramatique.*

Napoléon à Vienne ne voulait pas s'y repaître de la vaine gloire d'occuper la capitale de l'empire germanique. Il voulait terminer la guerre. On pourra lui reprocher dans sa carrière d'avoir abusé de la fortune, on ne lui reprochera jamais, comme à *Annibal, de n'avoir pas su en profiter* et de s'être endormi dans les délices de Capoue. THIERS, *Histoire du Consulat et de l'Empire.*

L'assiégée et l'assiégeant faisaient bonne garde : Louison, pour ne rien perdre de ses remparts, Hubert, pour ne rien abandonner de ses sapes ; un rien pouvait tout perdre, un rien tout gagner. Mais mons Hubert ne se hâtait pas ; *il savait vaincre, et surtout il savait profiter de ses victoires ;* il prenait ces délais et ces hésitations en patience. J. JANIN, *les Gaîtés champêtres.*

TUSCULUM.

Tusculum (aujourd'hui Frascati) était une antique petite ville du Latium, bâtie sur le penchant d'une colline, à vingt kilomètres de Rome, dans une situation délicieuse. Les plus riches citoyens de Rome y avaient fait élever de magnifiques villas, qu'ils appelaient *Tusculanum*, du nom de la ville elle-même. Le *Tusculanum* de Cicéron est célèbre entre tous ; c'était la résidence favorite du grand orateur. Il donna à ses dialogues philosophiques le titre de *Tusculanes*, parce que ce fut dans cette maison de plaisance qu'il les composa.

Dans l'application, *Tusculum* jouit à peu près de la même signification que Tibur. Seulement, le Tibur d'Horace sera plutôt le séjour favori d'un poète, d'un homme à imagination lyrique ; le Tusculum de Cicéron sera la retraite de l'orateur et de l'homme d'État.

Ce goût cicéronien du magistrat à demi Romain, ce faible du chancelier de France qui se croyait à *Tusculum* dans ses exils de Fresnes et qui voyait partout des reflets consulaires, se retrouve avec une naïveté revêtue d'élégance et animée d'onction dans la belle et touchante *Vie* que d'Aguesseau a donnée de son père.

SAINTE-BEUVE, *Causeries du lundi*.

TYRTÉE.

Dans la seconde guerre de Messénie, les Lacédémoniens, vivement pressés par Aristomène, envoyèrent consulter l'oracle de Delphes sur les moyens de s'assurer la victoire. L'oracle leur conseilla de demander un général aux Athéniens. Ceux-ci, par dérision, leur députèrent Tyrtée, homme contrefait, louche, boiteux, et qui paraissait entièrement étranger à la guerre. Mais Tyrtée se trouva être un grand poète, qui releva le courage des Spartiates par ses chants guerriers et leur donna les plus judicieux conseils. Il chantait lui-même ses élégies, sortes de harangues belliqueuses inspirées par un brûlant patriotisme, une vertu guerrière portée jusqu'à l'enthousiasme, et faisait passer dans toutes les âmes l'ardeur qui l'enflammait lui-même. Après une longue alternative de succès et de revers, la lutte se termina par le triomphe des Lacédémoniens, qui déclarèrent en être redevables à Tyrtée, lui accordèrent le droit de bourgeoisie, et décidèrent qu'à l'avenir ses hymnes seraient des chants nationaux qu'on déclamerait en temps de guerre aux troupes réunies autour de la tente du général.

Des élégies, chants lyriques, marches, etc., composés par Tyrtée, il ne nous est parvenu que trois fragments remarquables qui, par l'énergie dont ils sont remplis, peuvent nous faire comprendre, jusqu'à un certain point, comment Tyrtée s'était placé, dans l'estime des Grecs, au premier rang des poètes, et comment il avait mérité qu'Horace plaçât son nom à côté de celui d'Homère. Voici le premier de ces trois fragments :

« Il est beau pour un homme brave de tomber aux premiers rangs de la bataille, et de mourir en défendant sa patrie. Mais il n'est pas de plus lamentable destin que d'abandonner sa ville, ses fertiles domaines, et d'aller mendier par le monde, en traînant après soi une mère chérie, et un vieux père, et de petits enfants, et une légitime épouse. Le fugitif sera un objet de mépris parmi ceux à qui il viendra demander asile, poussé par le besoin et l'affreuse pauvreté. Il déshonore sa race, il dégrade sa beauté ; à sa suite marchent tous les opprobres. Non, cet homme ainsi errant, nul éclat ne luit sur sa personne, nul respect ne fleurit désormais sur son nom. Combattons avec courage pour cette terre, et mourons pour nos enfants. N'épargnez plus votre vie, ô jeunes gens ! mais combattez de pied ferme, serrés les uns contre les autres. Ne vous laissez aller ni à la fuite honteuse, ni à la crainte ; excitez dans votre âme un grand et vaillant courage, et ne songez pas à vous-mêmes dans la lutte contre les guerriers. Quant aux vieillards, dont les genoux ne sont plus agiles, ne fuyez pas en les abandonnant ; car c'est chose honteuse, que, tombé aux premiers rangs de la bataille, gise, en avant des jeunes gens, un vieillard à la tête chenue, au menton grisonnant, exhalant dans la poussière son âme valeureuse... Mais tout sied à la jeunesse. Tant qu'il a la noble fleur de la jeunesse, le guerrier est pour les hommes un objet d'admiration, un objet d'amour pour les femmes, durant sa vie ; et il est beau encore quand il tombe aux premiers rangs de la bataille. »

Le sentiment patriotique qui dicta à Tyrtée ses élégies a passé dans les *Messéniennes* de C. Delavigne, placées sous l'invocation du poète athénien ; elles n'ont pas exercé une action immédiate comme les hymnes du vieux chantre de Lacédémone, mais il faut reconnaître qu'elles n'ont pas été sans influence sur notre esprit public.

Le véritable *Tyrtée* de la France fut Rouget de l'Isle ; c'est au chant de la *Marseillaise* que nos armées se précipitaient à la frontière, dès que la Convention avait déclaré la patrie en danger.

Tel est aussi le sentiment de Béranger, qui a si bien mérité lui-même le titre de *Tyrtée national,* qu'il donne à l'auteur de la *Marseillaise* dans le passage suivant de sa *Correspondance :*

« Une souscription a été faite pour Rouget de l'Isle. C'est Bérard qui, à ma prière, s'est mis à la tête de cette œuvre patriotique. Depuis plus d'un an elle sert à soutenir l'existence du *Tyrtée national,* et les souscripteurs se sont engagés au payement d'une cotisation annuelle. »

Cette opinion n'est pas celle de M. Granier de Cassagnac, qui, dans son *Histoire des Girondins,* appelle la *Marseillaise* « le chef-d'œuvre boursouflé d'un *Tyrtée* de garnison. »

Ce jugement *attique* de l'*admirateur* de ce *polisson de Racine* ne peut guère infirmer celui du grand chansonnier : cela fait ombre au tableau, voilà tout.

De là ces dévoûments héroïques à la science, inconnus du vulgaire ; ces martyrs du travail et de l'industrie, que dédaignent les romans et le théâtre ; de là le *Mourir pour la patrie,* tant répété depuis *Tyrtée*. Laissez-moi vous saluer, vous tous qui sûtes vous lever et mourir, en 89, en 92 et en 1830! Vous êtes dans la communion de la liberté, plus vivants que nous qui l'avons perdue.

P.-J. Proudhon, *de la Justice dans la Révolution et dans l'Église.*

Chénier parut un grand poëte lyrique lorsqu'il célébrait les victoires et les violences de la Révolution. Écho des passions de la foule, il semblait un *Tyrtée*.

Villemain, *Littérature au dix-huitième siècle.*

Depuis quand la pensée ne peut-elle plus monter en croupe derrière l'action? Depuis quand l'humanité ne va-t-elle plus au combat comme *Tyrtée*, son épée d'une main, et sa lyre de l'autre? Puisque le monde d'aujourd'hui a un corps, il a une âme; c'est au poëte à la comprendre, au lieu de la nier.

Alfred de Musset, *Revue des Deux Mondes.*

On se disputait, dans les lieux d'étape, à qui logerait, comme des enfants de la famille, les volontaires qui se rendaient à la frontière. Les sociétés patriotiques allaient à leur rencontre et les conviaient à leurs séances. Le président les haranguait, les orateurs des clubs fraternisaient avec eux, et enflammaient leur courage par des récits d'exploits militaires empruntés aux histoires de l'antiquité. On leur enseignait les hymnes des poëtes Lebrun et Chénier, ces deux *Tyrtées* de la Révolution française. On les enivrait de la sainte rage de la patrie, du fanatisme de la liberté.

Lamartine, *les Girondins.*

Olaf traversa la Baltique et la Suède; trois mille chrétiens se réunirent à lui, ce furent les premiers croisés de l'Europe. Il livra son dernier combat non loin de Nidaros, à Stikklestad. Avant d'engager l'action, il avait appelé près de lui trois skaldes ou bardes islandais. « Vous chanterez ce soir, leur dit-il, ce que vous aurez vu aujourd'hui. » Deux de ces poëtes tombèrent au premier rang, dans la mêlée; le troisième, percé d'une flèche et sentant que sa vie allait fuir avec son sang, avant d'arracher la flèche, chanta le bardit suprême; les trois *Tyrtées* étaient morts.

LOUIS ÉNAULT, *Norwége*.

UGOLIN ET SES FILS

Ce nom, comme celui d'Inès de Castro, de Françoise de Rimini et de beaucoup d'autres, a été tellement grandi par l'épopée, qu'il appartient aujourd'hui plus à la poésie qu'à l'histoire. Ugolin de Gherardesca, un des tyrans les plus cruels qui aient ensanglanté l'Italie au moyen âge, a été tellement poétisé par les vers immortels du Dante, qu'on a oublié ses crimes pour ne plus se souvenir que de ses malheurs. Pise, sa patrie, était le dernier rempart de la faction gibeline. Gibelin lui-même, Ugolin contracta des alliances secrètes avec les Guelfes, et fit perdre aux Pisans, par une fuite infâme et calculée, une grande bataille navale qui, en épuisant la république, devait la mettre à sa merci. En effet, Pise, réduite à la dernière détresse, n'eut d'autre parti à prendre que de se jeter dans les bras de l'homme dont la trahison l'avait poussée dans l'abime. L'ambition d'Ugolin était satisfaite. Alors il affermit son autorité dans Pise, écrasa ses ennemis, dont il fit raser les maisons, et domina par la terreur. Enfin une conspiration à la tête de laquelle était Roger (Ruggieri) Ubaldini, archevêque de cette ville, éclata le 1ᵉʳ juillet 1288. Après une résistance désespérée, Ugolin tomba au pouvoir de ses ennemis, avec deux de ses fils et deux de ses petits-fils. L'archevêque, usant lui-même d'une cruauté sauvage, fit enfermer ces malheureux dans la tour de Gualandi. Ne sachant comment assouvir sa vengeance, il jeta les clefs dans l'Arno, condamnant ainsi les prisonniers à mourir de faim. Ugolin succomba le dernier, après avoir essayé de se nourrir de ses enfants. Depuis, cette tour a été nommée la *Tour de la faim*.

Le Dante a fait de la mort d'Ugolin et de ses fils un des épisodes les plus terribles de sa *Divine Comédie*. Dans son voyage à travers l'enfer, le Dante, conduit par Virgile, arrive à la troisième enceinte, où sont punis les traîtres. Il aperçoit « dans une fosse deux damnés dont la tête de l'un dominait et couvrait celle de l'autre; comme un homme affamé dévorant du pain, l'un d'eux dévorait la tête de son compagnon, là où le cerveau s'unit à la nuque. Il lui dit : « O toi qui » montres une haine si féroce contre celui que tu déchires ainsi, dis-moi quelle » est la cause de ta fureur. » Le coupable interrompit son féroce repas, et après avoir essuyé sa bouche aux cheveux de la tête qu'il rongeait par derrière, il commença ainsi :

> « C'est le comte Ugolin, si tu veux me connaître,
> Que tu vois, et Roger l'archevêque est ce traître.
> Je suis un dur voisin, oui, mais apprends pourquoi.
>
> Que ce fut à l'effet de son lâche artifice,
> En me fiant à lui, que j'ai dû mon supplice,
> Ma prison et ma mort, tu le sais comme moi.
>
> Mais ce que tu ne peux avoir appris sans doute,
> C'est combien cette mort fut atroce : or, écoute;
> Et tu pourras juger ce qu'il m'a fait souffrir.

Par l'étroit soupirail de la prison obscure,
Dite *Tour de la Faim*, du nom de ma torture,
Et qui doit après moi pour d'autres se rouvrir,

La lune avait brillé plusieurs fois tout entière,
Quand un rêve effrayant, comme un trait de lumière,
Déchira de mon sort les voiles bienfaisants.

Devant cet homme-là, fier seigneur en campagne,
Un loup et ses petits fuyaient vers la montagne
Par qui Lucque est cachée aux regards des Pisans.

Avec de maigres chiens, meute avide, efflanquée,
En avant et de front sur la bête traquée,
Galandi, Sismondi, Lanfranchi, s'élançaient.

Après quelques instants de course dans la plaine,
Le loup et ses petits me semblaient hors d'haleine,
Et les crocs des grands chiens dans leurs flancs s'enfonçaient.

Quand je me réveillai, longtemps avant l'aurore,
J'entendis près de moi mes fils, dormant encore,
Qui demandaient du pain et gémissaient tout bas.

Bien cruel est ton cœur, s'il ne saigne d'avance
A ce qui s'annonçait pour le mien de souffrance ;
Et de quoi pleures-tu, si tu ne pleures pas ?

Ils s'éveillent, et l'heure était déjà sonnée
Où l'on nous apportait le pain de la journée ;
Et tous, se rappelant le rêve, étaient tremblants ;

Et j'ouïs sous mes pieds qu'on verrouillait la porte
De cette horrible tour où l'espérance est morte,
Et sans dire un seul mot regardai mes enfants.

Je ne pleurais pas, moi : je devenais de pierre.
Eux pleuraient ; mon petit Anselme me dit : « Père,
Quels étranges regards tu nous jettes, qu'as-tu ? »

Je demeurai sans pleurs, mes yeux ne pouvaient fondre.
Tout ce jour et la nuit je restai sans répondre,
Jusqu'à ce qu'un nouveau soleil eût reparu ;

Quand un faible rayon, filtrant dans notre cage,
Me fit voir la pâleur de mon propre visage
Sur quatre fronts d'enfants tout blêmis par la faim.

Je me mordis les mains dans un accès de rage.
Croyant que de la faim c'était l'horrible ouvrage,
Ces malheureux enfants de se lever soudain

Et de dire : « Bien moins nous souffrirons, mon père,
Si tu manges de nous : de ces chairs de misère
Tu nous as revêtus ; tu nous les reprendras. »

Je me calmai, de peur d'accroître leur souffrance.
Ce jour et le suivant tous gardions le silence.
Terre dure ! ah ! pourquoi ne t'entr'ouvris-tu pas ?

Au quatrième jour, sans force contre terre,
Gaddo tombe à mes pieds en murmurant : « Mon père,
Tu ne viendras donc pas au secours de ton fils ! »

> Il meurt, et comme ici tu me vois, j'ai, de même,
> Vu de mes yeux tomber, de ce jour au sixième,
> Les trois l'un après l'autre ; et puis plus rien ne vis.
>
> Sur leurs corps, à tâtons, je me traine et chancelle.
> Ils sont morts, et trois jours encor je les appelle :
> La faim fut plus puissante alors que la douleur. »
>
> Quand il eut achevé, roulant un œil farouche,
> Le forcené reprit le crâne dans sa bouche,
> Et fouilla jusqu'à l'os, comme un chien en fureur.
>
> (*Traduction de M. Louis Ratisbonne.*)

Dans la chute de l'empereur, la Providence s'est montrée de plus près à la terre que dans tout autre événement, et les éléments ont été chargés de frapper les premiers le maître des hommes. On peut à peine se figurer aujourd'hui que, si Bonaparte avait réussi dans son entreprise contre la Russie, il n'y avait pas un coin de terre continentale qui pût lui échapper. Tous les ports étant fermés, le continent était, comme la *tour d'Ugolin*, muré de toutes parts, fermé à toutes ressources extérieures.

Mme DE STAEL, *Considérations sur la Révolution.*

Il n'est ni égoïsme, ni système, ni loi capable de fermer tout secours aux indigents, de les condamner, par un abandon absolu, à une mort certaine. De propos délibéré, faire pour eux, de la société, un *cachot d'Ugolin*, oh! non : nos entrailles n'ont pas atteint ce haut degré de stoïcisme !   ROSSI.

Mon sang, mêlé au sang de mon frère dans le vase révolutionnaire, aurait eu la même saveur, comme un lait fourni par le pâturage de la même montagne. Mais si les hommes ont fait tomber la tête de mon aîné, de mon parrain, avant l'heure, les ans n'épargneront pas la mienne : déjà mon front se dépouille ; je sens un *Ugolin, le temps*, penché sur moi, qui me ronge le crâne.

CHATEAUBRIAND, *Mémoires d'Outre-Tombe.*

Ne sont-ils pas dans un cercle de l'enfer tous ces malheureux sur qui pèse une misère infâme, héréditaire? Ce sont eux que le poëte a peints quand il nous montre Ugolin et ses fils reproduisant éternellement le supplice de la faim; symbole plus poignant mille fois

que l'antique figure de Tantale affamé et mourant de soif au milieu des ondes et des fruits. Car vous souffririez encore volontiers la faim et la soif comme Tantale, prolétaires; mais souffrir comme *Ugoline voir pâlir vos enfants, et les sentir dévorés par cette faim qui rong, vos entrailles,* voilà ce qui est affreux et vraiment digne de l'enfer!
Pierre Leroux, *De l'Égalité.*

UN CHEVAL! UN CHEVAL! MON ROYAUME POUR UN CHEVAL!

Richard III, roi d'Angleterre, quatrième fils de Richard, duc d'York, porta d'abord le titre de duc de Glocester. Il soutint de tout son pouvoir, pendant la guerre des Deux-Roses, son frère aîné Édouard IV contre la maison de Lancastre. Mais à la mort d'Édouard, qu'on l'accuse d'avoir empoisonné, il fut nommé régent de ses enfants, et montra alors sans contrainte toute la cruauté de son caractère : il fit périr sous divers prétextes tous ceux qui avaient été attachés au dernier roi et qui portaient intérêt à ses fils, et finit par faire étouffer les jeunes princes eux-mêmes dans la tour de Londres, pour régner sans contestation. C'est alors que s'éleva un vengeur, Henry Tudor, rejeton de la maison de Lancastre et connu sous le nom de comte de Richmond. Richard marcha contre lui à la tête d'une armée et fut vaincu et tué à la bataille de Bosworth (1485). La mêlée fut terrible. Richard, à la vue des bataillons du comte de Richmond, qui s'avançaient en bon ordre, parut frappé d'une sorte de vertige et saisi de frénésie. Il s'écria plusieurs fois, hors de lui-même : « *Un cheval! un cheval! Mon royaume pour un cheval!* » Puis, lorsqu'on lui eut amené son coursier de bataille, il s'élança comme un forcené au milieu des rangs, cherchant à joindre son rival; mais ayant été entouré, il tomba percé de coups.

Casimir Delavigne et Shakespeare ont mis tous deux Richard III sur le théâtre. Le tragique anglais a décrit la bataille, et c'est surtout la scène IV de l'acte V qui a popularisé le cri d'impatiente colère de Richard :

CATESBY. Du secours, milord de Norfolk! du secours! du secours! Le roi a fait des prodiges au-dessus des forces d'un homme. Il brave audacieusement tous les dangers. Son cheval est tué, et il combat à pied, cherchant Richmond jusque dans le sein de la mort. Du secours, cher lord, ou la bataille est perdue!

LE ROI RICHARD *accourant.* Un cheval! un cheval! Mon royaume pour un cheval!

CATESBY. Retirez-vous, seigneur, et je vous ferai trouver un cheval.

LE ROI RICHARD. J'ai joué ma vie sur un coup de dé, j'en veux courir les risques. — Je crois en vérité qu'il y a six Richmond sur le champ de bataille; j'en ai déjà tué cinq pour un que je cherche! *Un cheval! un cheval! Mon royaume pour un cheval!*

« *Un cheval! un cheval! Mon royaume pour un cheval!* » s'écriait Richard III. Adolphe eût donné la terre entière pour pouvoir à l'in-

stant même quitter Lyon au galop. Il respirait à peine; ses artères battaient dans son cerveau à le rendre sourd; il avait la fièvre. Force lui fut cependant d'attendre le départ de la lourde voiture, si improprement nommée diligence, où sa place était retenue pour le lendemain.
BERLIOZ, *Soirées de l'Orchestre.*

Un jour d'avril, j'étais en train de faire un peu de *copie*, quoiqu'il y eût un bon soleil au ciel. J'entre dans ma chambre. Je cherche l'outil principal. Point de plume d'oie ni de métal. Je me mets à crier comme Richard III : « *Une plume ! une plume ! Tout mon royaume de la Bohême pour une plume !* »
HENRY MURGER.

Il aurait fallu une corde, Jean Valjean n'en avait pas. Où trouver une corde à minuit, rue Polonceau? Certes, en cet instant-là, si Jean Valjean avait eu un *royaume, il l'eût donné pour une corde.*
V. HUGO, *les Misérables.*

La révélation foudroyante de Lucrèce Borgia annonçant aux convives de la princesse Negroni qu'elle vient de les empoisonner tous, ne produisit peut-être pas sur le moral de ces jeunes seigneurs une impression de terreur égale à celle que m'a fait éprouver à moi la lecture de l'ouvrage de M. A. Chevalier : *Traité sur les Méfaits du commerce.* — *Tous mes écrits, tous mes fusils, tous mes chiens pour un cheval...* je veux dire pour un bateau à vapeur qui m'emporte bien vite loin de ces bords empestés. Mais où se cacher? où fuir pour éviter l'atteinte de la persécution?
TOUSSENEL, *le Monde des Oiseaux.*

UN EMPEREUR DOIT MOURIR DEBOUT.

Vespasien, empereur romain, avait dépassé sa soixante-neuvième année, lorsqu'il fut atteint de la maladie qui le conduisit au tombeau, non par de vives souffrances, mais par un affaiblissement progressif. Conservant jusqu'au bout sa sérénité d'âme, il tournait en plaisanterie l'apothéose qui allait lui être décernée. « Je m'aperçois que je commence à devenir dieu, » disait-il gaîment, à mesure que sa situation devenait désespérée. Malgré son extrême faiblesse, il n'interrompit pas un instant ses occupations accoutumées; il vaquait aux affaires, et donnait audience dans son lit ; enfin, se sentant défaillir, il fit un dernier et suprême effort pour se lever, disant : « *Il faut qu'un empereur meure debout — Decet imperatorem stantem mori;* » puis, s'étant fait habiller, il expira entre les bras de ses officiers.

Louis XVIII, dans les derniers jours de sa vie, a dit un mot qui rappelle les paroles de Vespasien. Malgré le dépérissement de ses forces, il continuait de se montrer en public et dans les conseils. Le 25 août 1824, jour de la Saint-Louis, il répondit au comte d'Artois, son frère, qui lui conseillait de ne pas recevoir : « Un roi de France meurt, mais il ne doit pas être malade. »

Madame de Rumfort avait passé sa vie dans le monde à rechercher pour elle-même et à offrir aux autres les plaisirs de la société. Le monde, la société étaient sa seule affaire ; elle vivait surtout dans son salon. Elle est morte, le 10 février 1836, en quelque sorte debout, selon le mot de Vespasien : « *Il faut qu'un empereur meure debout.* »   GUIZOT, *Notice sur madame de Rumfort.*

Au même instant quatre dogues affreux s'élancent ; ils s'approchent, ils reculent ; mais ils s'enhardissent, et se jettent sur le pauvre animal. La résistance était impossible, l'âne ne pouvait que mourir. Ils déchirent son corps en lambeaux, ils le percent de leurs dents aiguës ; l'honorable athlète reste calme et tranquille ; pas une ruade, car il serait tombé, et, comme *Vespasien, il voulait mourir debout.*   J. JANIN, *l'Ane mort.*

Maintenant placez-vous au parterre, et figurez-vous l'auteur du *Misanthrope*, frappé à mort, qui vient, tout exprès, sur ce théâtre en deuil, pour vous faire rire une dernière fois (1). Le matin même il a craché le sang ; sa poitrine est brûlante, sa gorge est sèche, son pouls est agité par la fièvre ; il donnerait sa meilleure comédie pour rester au lit et attendre paisiblement la mort qui va le frapper. Mais non ! *il faut que celui-là meure debout*, le fard à la joue et le sourire aux lèvres.   J. JANIN, *Littérature dramatique.*

Palissot publia pour le 1ᵉʳ janvier 1802 un petit pamphlet intitulé : ÉTRENNES A M. DE LA HARPE, *à l'occasion de sa brillante rentrée dans*

(1) V. *Où la vertu va-t-elle se nicher?*

le sein de la philosophie. Il lui adressa, comme dans un bouquet satirique, un choix de ses plus piquantes palinodies. Marie-Joseph Chénier, vers ce temps aussi, publia sa satire, *les Nouveaux Saints,* dans laquelle La Harpe joue un grand rôle, et où on lui fait dire :

<blockquote>Avant Dieu, j'ai jugé les vivants et les morts.</blockquote>

Il semblait, en effet, que, comme cet *empereur romain qui voulait mourir debout,* La Harpe se fût dit dans sa passion littéraire : « Il convient qu'un critique (même converti) meure en jugeant. »

Sainte-Beuve, *Causeries du lundi.*

VALLÉE DE JOSAPHAT.

Les Écritures disent qu'au jour du jugement dernier tous les corps ressusciteront dans un lieu qu'elles ne désignent pas, et que Jésus-Christ viendra, assis sur les nuées et entouré de toute la cour céleste, pour juger chacun selon ses œuvres, « pour faire, comme le dit Massillon, le terrible discernement des boucs et des brebis, » mettre les uns à gauche et les autres à droite.

On a pensé, d'après deux passages du prophète Joël, que ce grand et dernier événement aurait lieu dans la *vallée de Josaphat,* située au pied de la montagne des Oliviers :

« Sonnez dans Sion, trompettes d'Israël ; jetez des cris sur la montagne sainte ; que tous les habitants de la terre soient dans l'épouvante : le jour de Jéhovah vient, voilà qu'il s'approche. . . . .

» J'assemblerai tous les peuples et je les conduirai dans la *vallée de Josaphat,* et là j'entrerai en jugement avec eux. . . . .

» Nations, venez en foule, accourez de toutes parts, rassemblez-vous. Que les nations se lèvent et montent dans la *vallée de Josaphat* ; car j'y serai assis pour les juger. »

Le monde et les passions, le bal et l'amour, les tendres flatteries des hommes et la tendre jalousie des femmes, l'or et la soie, la fanfare et le tumulte, la dentelle et les pierreries, la danse et la musique : il me semble que ce sont là autant de trompettes plus puissantes à réveiller une âme engourdie que les trompettes de la *vallée de Josaphat,* qui ne vaut pas notre vallée.

J. Janin, *un Cœur pour deux amours.*

L'Égyptien voulait conserver son corps comme la demeure de son âme. Car il doit renaître avec ses dieux ; il le sait : d'avance il bâtit pour l'éternité. Chaque momie, non pas seulement d'homme, mais de serpent, de lion, d'ibis, doit se redresser un jour dans la *Josaphat* du paganisme.   Edgar Quinet, *Génie des religions.*

Il faut donc te rouvrir, tombe longtemps fermée !\
Sanglante *Josaphat* de notre Grande Armée !\
Levez-vous, habitants des plaines de malheur !\
Pour entendre aujourd'hui d'étranges infamies,\
Il faut qu'après quinze ans vos cendres endormies\
Ressuscitent avec douleur !\
Barthélemy et Méry, *Waterloo.*

Il y eut grande foule à Rome ; on compta les pèlerins par cent mille, et bientôt il n'y eut plus moyen de compter ; ni les maisons, ni les églises ne suffirent à les recevoir ; ils campèrent par les rues et les places publiques sous des abris construits à la hâte, sous des toiles, sous des tentes, et sous la voûte du ciel. On eût dit que, les temps étant accomplis, le genre humain venait par devant son juge dans la *vallée de Josaphat.*
  Michelet, *Revue des Deux Mondes.*

Enfin demandez à ces publicistes de Paris qui semblent emboucher chaque matin les trompettes du jugement dernier, dans un *Josaphat* européen, pour dire à toutes les nationalités de se lever et de se reconnaître dans cette vallée des morts, pour protester contre leur annexion à des races étrangères, demandez-leur s'ils trouveraient bon que Bretons, Normands, Francs-Comtois, Alsaciens, Flamands, Basques, Aquitains, se prévalussent de ce droit de nationalité originel pour revendiquer leur indépendance et décomposer la patrie désormais commune.
  Lamartine, *Cours de littérature.*

VARUS, RENDS-MOI MES LÉGIONS !

La Germanie était conquise, mais non domptée. Auguste, croyant pouvoir soumettre ces peuplades guerrières en les civilisant, chargea Varus, un de ses lieutenants, d'introduire dans ces contrées barbares les formes de la jurisprudence romaine. Cette contrainte d'un genre nouveau blessa profondément le caractère fier et indocile des Germains. Un jeune chef, Arminius, le grand *Hermann* des ballades allemandes, les rappela aux vieilles traditions, aux usages révérés, aux patriotiques souvenirs de leurs ancêtres. A ses paroles, toute la Germanie frémit d'indignation et prépara contre les vainqueurs un soulèvement terrible. L'armée romaine fut attirée par de faux avis dans l'intérieur de la Germanie; arrivée dans un défilé sauvage, au milieu de la forêt de Teutberg, elle se vit tout à coup enveloppée par une multitude de Germains en armes, que commandait Arminius. Poussés dans des marais impraticables, les Romains se défendirent pendant trois jours; mais la valeur dut céder au nombre, et toute l'armée fut anéantie. Varus, déjà blessé, se tua pour ne point survivre à la honte de sa défaite. Les Romains n'avaient point éprouvé un pareil revers depuis la défaite de Crassus par les Parthes. La nouvelle de ce désastre affligea profondément Auguste; il laissa croître sa barbe et ses cheveux, et souvent, pendant de longues insomnies, on l'entendait s'écrier : « *Varus, Varus, rends-moi mes légions !* »

Six années après, Germanicus devait venger, et au même endroit, l'honneur des armes romaines. Il pénétra jusqu'au fond des forêts où gisaient sans sépulture les restes des soldats de Varus. « Au milieu du champ de bataille, dit Tacite, on voyait des ossements blanchis, épars ou entassés, suivant qu'on avait fui ou combattu; des monceaux d'arbres brisés, des membres de chevaux, des têtes d'hommes attachées aux troncs des arbres. Dans les bois voisins, on apercevait les autels barbares sur lesquels les vainqueurs avaient égorgé les tribuns et les centurions des premières compagnies. Quelques témoins de cette fatale journée, échappés du carnage, montraient les lieux où l'on tua les lieutenants, ceux où l'on prit les aigles, celui où Varus reçut la première blessure; celui où ce chef infortuné s'acheva de ses propres mains... Enfin, après six ans d'abandon, les ossements de trois légions sont recueillis par toute l'armée. Incertain s'il renfermait dans la terre des parents ou des étrangers, chacun s'intéressait à ces tristes restes comme à ceux d'un proche ou d'un frère... Germanicus posa le premier gazon sur le tombeau qui fut élevé, honorant ainsi les morts par ce devoir pieux, et s'associant à l'affliction des vivants. La vue de ces dépouilles funestes enflamma Germanicus du désir de la vengeance, et dans la sanglante bataille d'Idistavisus, il sacrifia aux mânes des victimes toute l'armée germaine. »

Dans sa *Messénienne* sur Waterloo, Casimir Delavigne a rappelé ainsi le souvenir de Varus :

. . . .
  Cachez-moi ces soldats sous le nombre accablés,
  Domptés par la fatigue, écrasés par la foudre,
  Ces membres palpitants dispersés sur la poudre,
      Ces cadavres amoncelés!
  Éloignez de mes yeux ce monument funeste
      De la fureur des nations :
      O mort! épargne ce qui reste!
  Varus, rends-nous nos légions.

. . . .
  Et vous, peuples si fiers du trépas de nos braves,
      Vous, les témoins de notre deuil,
      Ne croyez pas, dans votre orgueil,
  Que, pour être vaincus, les Français soient esclaves.
  Gardez-vous d'irriter nos vengeurs à venir;
  Peut-être que le ciel, lassé de nous punir,
      Seconderait notre courage.

Et qu'un autre Germanicus
Irait demander compte aux Germains d'un autre âge
De la défaite de Varus.

Interrogé sur les motifs de la haine implacable vouée par lui à la claque, M. Wagner s'est écrié : « Je ne serais pas digne d'Arminius, mon illustre aïeul, si je ne faisais pas une guerre acharnée aux *Romains* (1). » De son côté, le préposé aux succès de l'Opéra, qui se voit à la veille de rester sans emploi, comble le directeur de reproches. Partout où va l'infortuné directeur, se dresse devant lui le spectre de la claque qui lui crie d'une voix lugubre : « *Varus, Varus, rends-moi mes légions !* » *Le Figaro.*

L'espoir de voir son Gaspard reparaître l'avait soutenu jusqu'à la nuit tombante ; mais les étoiles s'allumèrent au ciel, et Gaspard ne revint pas. L'infortuné Levrault tomba dans une mélancolie sombre. Il allait de chambre en chambre, maudissant les La Rochelandier, et redemandant son vicomte à sa fille, comme le vieil *Auguste ses légions à Varus.* Jules Sandeau, *Sacs et Parchemins.*

Quoi ! dans l'unique but de restituer aux fidèles le droit de communier sous les deux espèces, des royaumes soulevés, la Germanie en feu ; une série d'épouvantables massacres, de combats fabuleux, d'embrasements ; et, pour conserver la mémoire de toutes ces fureurs, les campagnes, comme après le désastre de *Varus*, couvertes des ossements blanchis de tant de légions !... Or, telle devait être, dans son principe et ses effets, la guerre dont le procès de Jean Huss contenait le germe sanglant.

Louis Blanc, *Histoire de la Révolution française.*

VATEL.

Célèbre maître d'hôtel du grand Condé, dont la mort tragique a été immortalisée par madame de Sévigné.

(1) Nom donné par ironie aux claqueurs, dont l'institution, plus ancienne qu'honorable, remonte jusqu'à Néron, qui paya le premier des individus chargés de l'applaudir quand il se montrait sur le théâtre.

En 1671, le vainqueur de Rocroy offrit à Louis XIV, dans sa magnifique résidence de Chantilly, un souper splendide que Vatel fut chargé d'organiser. Nous laissons ici la plume à madame de Sévigné, dont le récit est un chef-d'œuvre de mouvement et de naturel :

« Le roi arriva jeudi au soir; la promenade, la collation dans un lieu tapissé de jonquilles, tout cela fut à souhait. On soupa; il y eut quelques tables où le rôti manqua, à cause de plusieurs dîners auxquels on ne s'était point attendu. Cela saisit Vatel; il dit plusieurs fois : « Je suis perdu d'honneur; voici un » affront que je ne supporterai pas. » Il dit à Gourville : « La tête me tourne : » il y a douze nuits que je n'ai pas dormi; aidez-moi à donner des ordres. » Gourville le soulagea en ce qu'il put. Le rôti qui avait manqué, non pas à la table du roi, mais à la vingt-cinquième, lui revenait toujours à l'esprit. Gourville le dit à M. le prince. M. le prince alla jusque dans la chambre de Vatel, et lui dit : « Vatel, tout va bien; rien n'était plus beau que le souper du roi. » Il répondit : « Monseigneur, votre bonté m'achève; je sais que le rôti a manqué » à deux tables. — Point du tout, dit M. le prince, ne vous fâchez point, tout » va bien. » Minuit vient : le feu d'artifice ne réussit point; il fut couvert d'un nuage; il coûtait seize mille francs. A quatre heures du matin, Vatel s'en va partout; il trouve tout endormi. Il rencontre un petit pourvoyeur qui lui apportait seulement deux charges de marée; il lui demande : « Est-ce là tout ? — Oui, » monsieur. » Il ne savait pas que Vatel avait envoyé à tous les ports de mer. Vatel attend quelque temps; les autres pourvoyeurs ne vinrent point. Sa tête s'échauffait; il crut qu'il n'y aurait point d'autre marée. Il trouva Gourville; il lui dit : « Monsieur, je ne survivrai point à cet affront-ci. » Gourville se moqua de lui. Vatel monte à sa chambre, met son épée contre la porte, et se la passe au travers du corps; mais ce ne fut qu'au troisième coup (car il s'en donna deux qui n'étaient pas mortels) qu'il tomba mort. La marée cependant arrive de tous côtés; on cherche Vatel pour la distribuer; on va à sa chambre, on heurte, on enfonce la porte, on le trouve noyé dans son sang. On court à M. le prince, qui fut au désespoir. M. le duc pleura : c'était sur Vatel que tournait tout son voyage de Bourgogne. M. le prince le dit au roi fort tristement. On dit que c'était à force d'avoir de l'honneur à sa manière. On le loua fort; on loua et blâma son courage. »

Un maître d'hôtel célèbre, un cuisinier mourant pour ainsi dire sur la brèche par point d'honneur, devait trouver une place dans les fastes de la gastronomie. Berchoux n'a point oublié Vatel dans son poëme. Nous ne citerons pas ses vers, qui n'offrent qu'une répétition affaiblie du récit de madame de Sévigné, et qui se terminent par ce conseil aux maîtres de cet art si cher aux Apicius de tous les temps :

> O vous qui, par état, présidez aux repas,
> Donnez-lui des regrets, mais ne l'imitez pas.

Nous pourrions citer les noms de plusieurs valets de limiers qui, désespérés d'avoir fait buisson creux, se sont brûlé la cervelle pour échapper aux quolibets de leurs camarades. Ainsi *Vatel se perça de*

— 654 —

son épée parce que le poisson n'arrivait pas. Comme la politique, la broche et le chenil ont eu leurs Catons et leurs Décius.

ELZÉAR BLAZE, *le Chasseur au chien courant.*

Baleine (célèbre restaurateur) descendait, puis il remontait : c'était pitié de le voir... En vain nous cherchions à le rassurer, en lui disant qu'un dîner sans huîtres n'en était pas moins un excellent dîner. Rien ne pouvait lui faire entendre raison. Nous avions vraiment peur qu'il ne se portât à quelque extrémité, et ne renouvelât la scène de l'infortuné *Vatel.* Enfin un garçon vint annoncer la fameuse *bourriche !...*

BRAZIER, *Histoire des Petits Théâtres.*

Quand vint le jour de la fête, les entrepreneurs du festin officiel ne trouvèrent plus une seule pièce de gibier à mettre à la broche. Le poil et la plume, tout était vendu. Le *Vatel* de la sous-préfecture *ne se perça point de son épée*, mais il s'en prit à ses cheveux et s'en arracha deux ou trois poignées. Le brave homme était déshonoré.

AMÉDÉE ACHARD, *Petites misères d'un millionnaire.*

VENDEURS CHASSÉS DU TEMPLE.

« La pâque des Juifs étant prochaine, Jésus fit son entrée à Jérusalem.

» Et il trouva dans le temple des marchands qui vendaient des bœufs, des brebis et des colombes, et les changeurs y étaient assis.

» Et ayant fait un fouet avec des cordes, il les chassa tous hors du temple, ainsi que les brebis et les bœufs, et il renversa l'argent des changeurs et les tables ;

» Et il dit aux marchands : « Il est écrit : Ma maison est une maison de » prières, et vous en avez fait une caverne de voleurs (1). »

Cette expression, *chasser les vendeurs du temple*, s'emploie pour stigmatiser les profanateurs, dans quelque ordre que ce soit, ceux qui font marché de choses respectables, de ce qui devrait être l'apanage exclusif de l'art, des lettres, des sciences, et, en général, de l'intelligence et du talent.

Il est dans Paris plus d'un auteur qui se faufile dans la littérature,

---

(1) Saint Jean, chap. II.

au moyen d'un volume acheté au rabais, ou d'un article écrit par une plume amie.

Il est temps de *chasser du temple de la littérature les vendeurs* qui s'y installent effrontément. *Le Figaro.*

Le tumulte des sens, les suggestions de la vanité, les conseils de l'ambition avaient fait taire dans leur âme les chastes voix de la muse. D'autres, après s'être posés en prédicateurs d'un art nouveau, avaient démenti dans la pratique leurs théories spécieuses. D'autres encore, patriciens de l'intelligence, déshonoraient dans l'orgie leurs titres de noblesse. Il y en avait qui, au lieu de *chasser les vendeurs du temple,* y proclamaient de leur propre voix et y installaient de leurs propres mains la vente et le marché, l'agiotage et les enchères.
Armand de Pontmartin, *Contes et Nouvelles.*

La foule qui encombrait la place Bourbon et ébranlait les grilles de l'Assemblée se dispersa devant nous. Un de nos bataillons entra au pas de charge dans la chambre et *chassa du temple de la loi, non point les vendeurs,* mais les larrons. Les autres bataillons se postèrent aux environs et dans les cours mêmes de l'Assemblée.
de Molènes, *la Garde mobile.*

Tout en dévorant cet écrit (1), on a adressé à l'auteur une foule de reproches que chacun en particulier aurait dû adresser à sa conscience. Tous ces vices qu'il voulait bannir du cœur humain ont crié comme les *vendeurs chassés du temple.* On a craint que l'âme ne restât vide lorsqu'il en aurait expulsé les passions.
V. Hugo, *Littérature et Philosophie mêlées.*

VÊPRES SICILIENNES.

Charles d'Anjou, frère de saint Louis, était devenu roi des Deux-Siciles, par la volonté du pape Clément IV, qui l'avait appelé pour arracher ce pays à la

---

(1) *Essai sur l'indifférence en matière de religion,* par Lamennais.

domination de son ennemi Manfred. Une seule bataille, dans laquelle l'infortuné Manfred fut tué, mit Charles d'Anjou en possession de cette couronne. Le nouveau roi fut bien accueilli d'abord par les Siciliens, fatigués des longs troubles causés par les dissentiments de leurs princes avec les papes; mais, bien loin de chercher à conquérir l'affection de ses nouveaux sujets, Charles les traita en vaincus, les écrasa d'impôts et d'humiliations, et excita enfin leur désespoir par le joug de fer qu'il fit peser sur eux. Bientôt, dans toute la Sicile, le nom français fut voué à l'exécration publique. Un médecin de Manfred, Jean de Procida, que le gouvernement de Charles avait dépouillé de tous ses biens, et qui avait voué une haine implacable aux étrangers qui opprimaient son pays, profita habilement de cette disposition des esprits, parcourut l'Italie, la Sicile et la Grèce pour chercher des ennemis au tyran, et prépara contre lui une explosion formidable, à laquelle une étincelle allait bientôt mettre le feu. Le lundi de Pâques, 30 mars 1282, au moment où les cloches appelaient les fidèles aux vêpres, une jeune fille fut insultée publiquement par un soldat. Cet incident fit éclater la mine chargée par Procida : à l'instant les Siciliens se soulèvent et se jettent sur les Français avec une fureur impossible à décrire; un épouvantable massacre commence : hommes d'armes, marchands, femmes, enfants, vieillards, tout fut égorgé. En deux heures, huit mille personnes furent mises à mort; « vengeance effroyable, dit M. Henri Martin, mais suscitée par l'oppression la plus dure et la plus outrageante qu'une nation puisse endurer. »

Le massacre s'étendit aux autres villes de Sicile et dura un mois. Ce drame sanglant est connu dans l'histoire sous le nom de *Vêpres siciliennes*, parce que les cloches qui sonnèrent les vêpres du lundi de Pâques parurent en donner le signal.

Un ambassadeur espagnol vantait à Henri IV la puissance du roi son maître, qui commandait dans les Pays-Bas, en Allemagne et en Italie. Le roi, pour rabattre le faste espagnol, dit avec beaucoup de vivacité que, s'il lui prenait envie de monter à cheval, il irait déjeuner à Milan, entendre la messe à Rome et dîner à Naples. « Sire, répondit l'ambassadeur, si Votre Majesté va si vite, elle pourrait aussi dans le même jour entendre les *vêpres en Sicile.* »

L'animosité allait croissant; les groupes devenaient plus nombreux, plus tumultueux. Des orateurs de cafés prenaient des tabourets pour trépieds, et de là haranguaient la multitude. Les parasites du commissaire dirigeaient le mouvement; leur plan de campagne était simple et court. Ils voulaient délivrer leur ami de cette nuée d'intrus, et n'excepter que lui seul de ces *vêpres administratives.*

Louis Reybaud, *J. Paturot à la Recherche d'une position sociale.*

VERTU, TU N'ES QU'UN NOM!

Après la deuxième bataille de Philippes, Brutus, vaincu et désespérant du salut de la république, gagna avec quelques amis une hauteur voilée par un rideau d'arbres, où il s'arrêta pour accomplir ce qu'il appelait sa *délivrance*.

Voici, d'après Plutarque, le récit de cette mort héroïque : « . . . La nuit était fort avancée; dans une heure le jour allait reparaître. Brutus se pencha vers Clytus, un de ses serviteurs, et lui dit quelques mots tout bas. Clytus ne répondit point; mais on vit des larmes jaillir de ses yeux. Alors Brutus se tournant vers son écuyer Dardanus, lui dit aussi quelques mots tout bas. Enfin, s'adressant en grec à Volumnius : « Ami, lui dit-il, souviens-toi que nous » sommes des compagnons d'enfance; souviens-toi que nous avons étudié en- » semble; souviens-toi que nous avons été réunis par la même cause; eh bien, » le moment est venu de me prouver ton amitié. Volumnius! Aide-moi à » mourir.

» — Comment cela? demanda Volumnius.

» — En assurant le coup dont je veux me tuer.

» — O Brutus! s'écria Volumnius épouvanté. »

» Et se levant, il s'éloigna rapidement.

» Brutus insista; mais Volumnius, sans répondre, se contenta de secouer la tête en signe de dénégation.

» On entendit alors de l'autre côté de la rivière ce même bruit que l'on avait déjà entendu.

« Il faut fuir, dit un des amis de Brutus.

» — Oui, certes, il faut fuir, répondit celui-ci; mais, pour cette fuite, il faut » se servir des mains et non des pieds. »

» Puis, serrant la main à tous ceux qui se trouvaient là, il leur dit avec un air de gaîté :

« Allons, je vois avec bonheur que je n'ai été abandonné par aucun de mes » amis, et que si j'ai à me plaindre du sort, ce n'est que pour ce qui concerne » la patrie. Je m'estime donc bien plus heureux que mes vainqueurs, non seule- » ment quant au passé, mais pour le présent même; car je laisse après moi une » réputation de vertu que jamais ni leurs armes ni leurs richesses ne pourront » leur acquérir ni faire transmettre à leurs descendants; et, quelque chose qu'ils » fassent, on dira toujours d'eux, qu'injustes et méchants, ils ont vaincu des gens » de bien pour usurper une domination à laquelle ils n'avaient aucun droit. Et, » maintenant, ajouta Brutus, pourvoyez à votre sûreté, amis, et ne vous occupez » plus de moi... »

» Alors Brutus se retira à l'écart avec deux ou trois amis, au nombre desquels était Straton, et, à force de prières, ayant obtenu de celui-ci ce que lui avait refusé Volumnius, il lui remit son épée, dont il fixa des deux mains la poignée contre terre. Brutus s'élança sur la pointe avec une telle roideur, qu'il se perça d'outre en outre et mourut sur le coup... »

On rapporte qu'au moment suprême, il laissa échapper cette parole d'amère déception : « *Vertu, tu n'es qu'un nom!* » Ce mot a paru peu digne d'un si grand courage et d'un philosophe stoïcien; mais nous pensons qu'il a été mal compris. Selon l'opinion des stoïciens, Brutus ne séparait pas la vertu de la liberté. Il ne se donna la mort qu'après avoir été vaincu, c'est-à-dire après avoir acquis la triste certitude qu'avec la corruption des mœurs et l'asservissement de l'empire, la liberté ne pouvait être rétablie ; que ce beau titre de citoyen romain ne devenait qu'une qualification illusoire, qui ne permettait plus l'exercice de la vertu ; de la vertu, qui par là devenait un vain nom, et à laquelle le philosophe qui en avait fait jusque-là son idole, devait se sacrifier.

Cette manière de voir n'est pas celle de M. de Lamartine dans son *Cours de littérature* :

« Vertu, tu n'es qu'un nom ! Ce mot, indigné, de Brutus contre la partialité de la Providence en faveur des méchants, prouve que Brutus n'était pas encore assez philosophe. S'il avait étudié plus profondément la nature des choses, il aurait compris pourquoi le succès est presque toujours ici-bas du côté des mauvaises causes : c'est que le nombre fait le succès, et que, le plus grand nombre des hommes étant ignorant ou pervers, il est toujours facile aux méchants de trouver des complices et d'écraser sous le nombre la justice, la vérité ou la vertu. »

Mais voici une autre version qui tend à modifier l'idée qu'on doit se faire de la suprême exclamation de Brutus. Nous l'empruntons au dernier ouvrage de M. Bonvalot, savant professeur du lycée Charlemagne. « ... Alors levant les yeux au ciel, Brutus prononça les deux vers de la *Médée* d'Euripide :

> Ô Jupiter, ne perds pas de vue l'auteur de pareils maux !
> Vertu, vain nom, vaine ombre, esclave du hasard ! hélas ! j'ai cru en toi ! »

Ainsi, cette maxime que l'on a tant reprochée à Brutus comme étant de lui : « Vertu, tu n'es qu'un nom ! » ne serait point une maxime, ne serait point un mot de Brutus, mais simplement une citation d'Euripide.

Le cri désespéré de Brutus a souvent inspiré la poésie :

> Quand Brutus s'écria sur les débris de Rome :
> « *Vertu, tu n'es qu'un nom!* » il ne blasphéma pas.
> Il avait tout perdu, sa gloire et sa patrie,
> Son beau rêve adoré, sa liberté chérie,
> Sa Porcia, son Cassius, son sang et ses soldats ;
> Il ne voulait plus croire aux choses de la terre.
> Mais quand il se vit seul assis sur une pierre,
> En songeant à la mort, il regarda les cieux.
> Il n'avait rien perdu dans cet espace immense ;
> Son cœur y respirait un air plein d'espérance ;
> Il lui restait encor son épée et ses dieux.
>
> Alfred de Musset, *Rolla*.

> Déjà ton œil rusé lorgne un septième emploi.
> Poursuis, rhéteur doré ; dans nos jours de souffrance,
> Il faudrait seulement, pour affamer la France,
>   Dix philosophes comme toi !
>
> Et nos grands citoyens, qu'un peuple déifie,
> Sont mangés au festin de la philosophie,
> Eux qui montrent des bras noircis par le canon !
> Oh ! devant ces tableaux qui brûlent la paupière,
> Crions, en aiguisant le poignard sur la pierre :
>   *Ô vertu, tu n'es plus qu'un nom !*
>
> Barthélemy, à M. Cousin (*Némésis*).

C'est là ce qui m'a donné cet air de philosophie, qu'on dit que je conserve encore, car je devins stoïcien de la meilleure foi du monde, mais *stoïcien à lier;* j'aurais voulu qu'il m'arrivât quelque infortune remarquable, pour déchirer mes entrailles, comme ce fou de Caton, qui fut si fidèle à sa secte. Je fus deux ans comme cela, et puis, je dis à mon tour, comme Brutus : « *O vertu, tu n'es qu'un fantôme!...* »
Vauvenargues.

Octave et Antoine furent vainqueurs ; le génie de César assassiné combattait avec eux contre ses meurtriers. Cassius et Brutus se tinrent parole ; ils se percèrent de leur épée. C'est de ce champ de bataille de Philippes que s'élèvera éternellement contre les victoires iniques ce dernier cri de Brutus : « *Vertu, tu n'es qu'un nom!* »
Lamartine, *Cours de littérature.*

N'attendons point la trahison prochaine de la bataille de Philippes pour reconnaître cette vérité accablante, et nous écrier avec Brutus, en périssant : « *Vertu, patrie, liberté, égalité, vous n'êtes que des fantômes,* et le ciel fit le peuple pour les tyrans, comme les insectes, pour être la pâture des oiseaux! »
Camille Desmoulins.

— Va, mignonne, il faut bien que ta colère ait son cours, *tu n'es qu'un nom*, rien qu'un nom, tu n'es pas même une fièvre ! — Et la goutte, irritée, redouble de fureur. — Un nom! tu n'es pas même un méchant nom, ô ma chère compagne ; tu es un souvenir, tu es une image éloquente des temps qui ne sont plus !
J. Janin, *les Petits Bonheurs.*

Ah! je connais ces moments de tentation où, mal récompensé de la vertu, on regrette d'y avoir obéi! Qui n'a eu de ces défaillances aux heures d'épreuve, et qui n'a jeté, au moins une fois, le funeste cri de Brutus?

Mais si *la vertu n'est qu'un nom*, qu'y a-t-il donc de réel et de sérieux dans la vie? Non, je ne veux point croire à la vanité du bien !
Émile Souvestre, *un Philosophe sous les toits.*

Il faut l'avouer, ce Guignol qui nous a tant fait rire est un mauvais sujet bien près de devenir un gredin sans ressource. C'est bien le vrai fils de Polichinelle. Cet impitoyable railleur ne respecte ni le gouvernement, ni la propriété, ni la famille, ni aucune des grandes idées qui forment la base de l'édifice social, et il a sur la *vertu* des opinions aussi avancées que celles de *Brutus* mourant. Je pourrais le dénoncer comme le dernier des encyclopédistes.

VICTOR FOURNEL, *Ce qu'on voit dans les rues de Paris.*

VESTALES. — FEU SACRÉ.

La déesse Vesta passait, aux yeux des Grecs et des Romains, pour avoir enseigné aux hommes l'usage du feu, et ils lui avaient élevé des autels. Dans toutes les religions, le feu était regardé comme l'élément le plus immatériel, celui qui, par sa pureté, son activité, se rapprochait le plus de la Divinité. Platon le regarde comme l'élément et le principe des dieux; les mages l'adoraient comme puissance universelle et intelligente; dans l'empire des Incas, il était l'image du soleil). Aussi le culte du feu était-il presque universel, et, à Rome particulièrement, on attachait une grande importance à sa conservation. Lorsque Numa constitua la forme religieuse chez les Romains, il préposa à l'entretien du *feu sacré*, allumé dans le temple de Vesta, de jeunes filles appelées *vestales*. Si ce feu, auquel les Romains semblaient attacher leurs destinées, venait à s'éteindre, on y voyait un présage de calamité publique, et la vestale coupable de cette négligence était battue de verges. Quant à celle qui était convaincue d'avoir violé son vœu de chasteté, elle était lapidée ou enterrée vivante (1). La rigueur de ce vœu et la sévérité de la loi étaient compensées par les plus grandes distinctions; les vestales avaient droit de tester du vivant de leur père et de disposer librement de leurs biens; elles étaient dispensées de prêter serment, et on les croyait en justice sur leur simple parole; en public, un licteur portait les faisceaux devant elles. Si une vestale rencontrait dans les rues un criminel que l'on menait au supplice, elle lui sauvait la vie; elles avaient un rang distingué et une place d'honneur dans le cirque et à tous les spectacles publics. Elles étaient au nombre de six, et quand l'une d'elles venait à mourir, une loi autorisait le grand pontife à choisir dans les familles libres vingt jeunes filles des plus belles, qu'on faisait tirer au sort en pleine assemblée.

Le feu sacré, à la conservation duquel Rome attachait une si grande impor-

(1) Les historiens rapportent que pendant l'espace de onze cents ans que dura l'institution des Vestales, quelques-unes seulement furent convaincues d'avoir enfreint leur vœu de chasteté. On trouve à ce sujet dans Valère-Maxime un trait qui a quelque rapport avec les épreuves en usage au moyen âge. Suivant cet auteur, une vestale, soupçonnée d'avoir violé son vœu, prouva sa chasteté en portant de l'eau dans un crible, depuis le Tibre jusqu'au temple de Cybèle, sans qu'une seule goutte s'en échappât.

tance, a passé dans le langage figuré, et il offre à la poésie une de ses plus belles images :

> Toi, qu'aux douleurs de l'homme un dieu caché convie,
> Compagne sous les cieux de l'humble humanité,
> Passagère immortelle, esclave de la vie,
>   Et reine de l'éternité,
> Ame, aux instants heureux comme aux heures funèbres,
>   Rayonne au fond de mes ténèbres;
>   Règne sur mes sens combattus;
> Oh! de ton sceptre d'or romps leur chaîne fatale,
> Et nuit et jour, pareille à l'antique *vestale*,
>   Veille au *feu sacré* des vertus.
>   V. Hugo, *Odes et Ballades.*

Béranger avait rêvé une pièce dans le genre d'Aristophane, et commencé une satire de mœurs contemporaines sous le nom des *Hermaphrodites*. La jeunesse dorée avait fourni le sujet. Mais le poëte lui-même fut mécontent de son œuvre; il *l'enterra vivante comme une vestale qui a laissé mourir le feu sacré.*
                             Alex. Dumas, *Béranger.*

Encore enfant, j'ai vu souvent avec envie, dans les cafés du Palais-Royal surtout, militaires ou bourgeois, attablés autour d'un bol de punch dont on entretenait soigneusement la flamme bleuâtre, comme les *vestales entretenaient le feu sacré!*
                             Le Dr Véron, *Mémoires d'un Bourgeois de Paris.*

Tous, la voix d'un grand orateur vous l'a dit : « Tous, vous avez une grande chose à faire, c'est votre vie. » Mettez-vous dès maintenant à l'œuvre... en cultivant votre cœur; le cœur, c'est ce *feu sacré que les vestales entretenaient nuit et jour,* à Rome, sous peine d'être ensevelies toutes vivantes; et vous aussi, mes amis, craignez le même sort, si vous laissiez éteindre cette divine flamme!
                             Revue de l'Instruction publique.

Dans les grandes manufactures, c'est le moteur qui est tout. Quand le charbon est allumé, il faut que le métier travaille. Et comme les machines ont une valeur considérable dont l'intérêt court même la nuit, il y a des patrons dont l'usine ne chôme jamais, et dont la chaudière ressemble au *feu des vestales*, qu'on ne devait pas laisser éteindre sous peine de mort.

Jules Simon, *l'Ouvrière*.

Lorsqu'une révolution arrivait dans l'ancien monde, les livres rares, les monuments des arts disparaissaient; la barbarie submergeait une autre fois la terre, et les hommes qui survivaient à ce déluge étaient obligés, comme les premiers habitants du globe, de recommencer une nouvelle carrière. Le flambeau expiré des sciences ne trouvait plus de dépôt de lumières où reprendre la vie. Il fallait attendre que le génie de quelque grand homme vînt y communiquer le feu de nouveau, comme la *lampe sacrée des vestales*, qu'on ne pouvait rallumer qu'à la flamme du soleil, lorsqu'elle venait à s'éteindre. Chateaubriand, *Essais historiques*.

VIEILLARDS (LES DEUX) ET SUZANNE.

Pendant la captivité, Suzanne demeurait à Babylone avec son mari Joachim, qui était un des plus riches de sa nation. Deux vieillards conçurent pour elle une passion criminelle, et choisirent, pour la lui déclarer, le moment où elle prenait un bain au fond de son jardin. L'ayant ainsi surprise, ils la menacèrent de la faire condamner comme adultère si elle refusait de céder à leurs désirs. Suzanne, aimant mieux mourir innocente que de vivre coupable, repoussa avec indignation ces vieillards impudiques. Alors les deux suborneurs appelèrent les gens de la maison, et soutinrent avoir surpris Suzanne avec un jeune homme. Elle fut condamnée à mort. Comme on la conduisait déjà au supplice, le prophète Daniel, très jeune encore, fit suspendre l'exécution, et, interrogeant séparément les deux accusateurs : « Sous quel arbre, demanda-t-il, avez-vous vu commettre le crime? » L'un répondit que c'était sous un lentisque, l'autre que c'était sous une yeuse. Ainsi convaincus de mensonge, les vieillards furent lapidés, et l'innocence de la belle et chaste Suzanne reconnue.

On a souvent comparé Suzanne à Lucrèce. Toutes deux sont placées sous le coup de la même menace; l'une accepte une condamnation et une mort ignominieuses, préférant son innocence à sa réputation; l'autre cède à la menace, mais se tue aussitôt pour ne pas survivre à son déshonneur. Nous croyons que l'avantage reste à la femme juive; elle n'obéit qu'au sentiment du devoir, tandis que la femme de Tarquin cède à une considération mondaine; sa mort, si héroïque qu'elle soit, n'efface pas le caractère de cette faiblesse.

Parmi les tableaux des grands maîtres représentant Suzanne au bain, on cite celui de Santerre, actuellement au Louvre, et qui fut son tableau de réception à l'Académie ; il jouit d'une juste célébrité. Santerre avait un pinceau séduisant, correct, une touche finie, et donnait à ses têtes une expression de grâce exquise.

Elle apporta chez moi sa pantoufle persane :
Dès cet instant je fus chez elle et non chez moi;
L'enfant prodigue avait trouvé sa courtisane;
J'étais heureux, — heureux sans demander pourquoi.
Ma muse effarouchée, — une *chaste Suzanne*, —
Se voilait la figure avec beaucoup d'émoi.
ARSÈNE HOUSSAYE, *les Paradis perdus.*

VIEUX DE LA MONTAGNE.

Les historiens des croisades ont donné ce nom au chef d'une secte d'assassins qui s'étaient établis dans les montagnes de l'Anti-Liban. L'histoire de cette horrible dynastie, dont le chef le plus célèbre est Hassan-ben-Sabbah, n'est guère connue que par les meurtres dont elle est remplie. Les princes et les califes de l'Orient tremblaient au seul nom du Vieux de la Montagne. Sur un mot de lui, les fanatiques qui l'entouraient bravaient les plus terribles dangers pour aller frapper les victimes qu'il avait désignées. Les sultans de la Perse étaient menacés jusqu'au fond de leurs palais. Un jour, l'un d'eux, qui avait tenté de détruire cette horrible secte, trouva à son réveil un poignard enfoncé près de sa tête, avec ces mots : « Quand Hassan voudra, le poignard qu'on a enfoncé près de ta tête sera plongé dans ton sein. » Cette politique, basée sur l'assassinat, et ce dévoûment aveugle des sectaires se maintinrent pendant plus d'un siècle et demi parmi les diverses branches de cette abominable confrérie. Entre autres exemples, les chroniques des croisades rapportent que le comte de Champagne étant allé visiter le terrible Hassan dans le château qui lui servait de repaire, ce chef, pour lui donner une idée de son autorité, commanda à deux de ses *dévoués* de se précipiter du haut de la tour où il avait reçu son noble visiteur, ce qu'ils exécutèrent à l'instant même.

Le chef de ces sectaires surexcitait, dit-on, leur fanatisme religieux par la boisson enivrante connue sous le nom de *haschisch*, dont le chanvre et la jusquiame formaient la base, et dont l'usage les jetait dans une sorte de délire extatique. De là leur nom de *haschischins*, devenu *assassins* dans nos langues occidentales.

On dirait qu'il existe en Europe un *Vieux de la Montagne,* qui élève dans son repaire et qui lâche dans le monde des bandes de sicaires enivrés de folie et de férocité. Et notre fier dix-neuvième siècle a le privilége de voir domiciliée, au cœur du monde civilisé, la tribu de régicides, qui, au moyen âge, se cachait au fond d'une caverne d'Orient.

Hippolyte Rigault, *Conversations littéraires.*

Deburau comptait de vrais séides parmi les titis du paradis; il y avait là, entassés les uns sur les autres, bouche béante, bras ballants, yeux écarquillés, cent gamins, dont chacun, au moindre signe de Pierrot, se fût précipité du haut de la troisième galerie sur la scène, comme les *serviteurs du Vieux de la Montagne*, rien que pour lui baiser le bout du pied.

Victor Fournel, *Ce qu'on voit dans les rues de Paris.*

Il y eut donc dans Paris treize frères qui s'appartenaient et se méconnaissaient tous dans le monde, mais se trouvaient réunis, le soir, comme des conspirateurs; ne se cachant aucune pensée, usant tour à tour d'une fortune semblable à celle du *Vieux de la Montagne;* ayant les pieds dans tous les salons, les mains dans tous les coffres-forts, leurs têtes sur tous les oreillers, et, sans scrupules, faisant tout servir à leurs fantaisies.

Honoré de Balzac, *Histoire des Treize.*

Je me suis fait un drôle de petit royaume dans mon petit vallon des Alpes : je suis le *Vieux de la Montagne*, à cela près que je n'assassine personne. Madame de Pompadour a favorisé ma petite souveraineté écornée. Savez-vous bien, monsieur le duc, que j'ai deux lieues de pays qui ne rapportent pas grand'chose, mais qui ne doivent rien à personne?

Voltaire, *à M. le duc de La Vallière.*

VIGNE DE NABOTH.

Naboth, de Jezraël, avait près de cette ville une vigne qui touchait au jardin du roi Achab. Celui-ci le fit appeler et lui dit : « Vends-moi ta vigne, parce qu'elle est proche de mon palais. — Dieu me garde, lui répondit Naboth, de vous vendre l'héritage de mes pères! » Ce refus irrita Achab, et il en conçut un si vif chagrin qu'il cessa de prendre de la nourriture. Jézabel, sa femme, lui dit : « Que signifie cette tristesse, et pourquoi ne mangez-vous point? » Et ayant su ce qui était arrivé, elle ajouta : « Votre autorité est grande, à ce que je vois, et vous gouvernez bien le royaume d'Israël. Mais levez-vous, mangez, et ayez l'esprit en repos. Je me charge de vous livrer la vigne de Naboth, de Jezraël. » Alors elle aposta deux faux témoins qui dirent : « Naboth a blasphémé contre Dieu et contre son roi. » Sur ce faux témoignage, Naboth fut conduit hors de la ville et lapidé, et Achab s'empara de sa vigne. Alors le prophète Élie vint trouver le roi, et lui dit : « Tu as fait mourir Naboth et tu t'es emparé de sa vigne. En ce même lieu où les chiens ont léché son sang, ils se désaltéreront aussi du tien. Ta maison sera retranchée de dessus la terre, comme celle de Jéroboam et de Baasa, et les chiens dévoreront Jézabel, ton épouse, dans le champ de Jezraël. » Cette terrible menace ne devait pas tarder à s'accomplir. Jéhu s'étant emparé du trône, Achab fut tué dans un combat, et son char, teint de son sang, fut lavé dans la piscine et léché par les chiens. Quant à Jézabel, elle fut précipitée d'une des fenêtres de son palais, et il ne resta plus de son corps

> qu'un horrible mélange
> D'os et de chair meurtris et traînés dans la fange,
> Des lambeaux pleins de sang, et des membres affreux
> Que des chiens dévorants se disputaient entre eux.

Depuis cet événement, la *vigne de Naboth* devint chez les Juifs une sorte de proverbe, pour désigner l'action injuste du riche dépouillant le pauvre d'une manière violente, crime qui reçoit tôt ou tard son châtiment.

L'égalité devant la loi ne souffre ni restriction ni exception. Le plus pauvre citoyen peut appeler en justice le plus haut personnage et en obtenir raison. Qu'un *Achab* millionnaire bâtisse un château sur la *vigne de Naboth*, le tribunal pourra ordonner la démolition de ce château, faire remettre la vigne en son premier état, et condamner, en outre, l'usurpateur à des dommages-intérêts.

P.-J. PROUDHON, *Qu'est-ce que la propriété ?*

— Comment, chers concitoyens, des vérités aussi palpables ont-elles été si longtemps méconnues ? Ainsi, un riche insolent ne pourra plus s'emparer impunément de la *vigne de Naboth ;* ainsi tous les forfaits seront au grand jour : je suis donc autant qu'un monarque.

CÉRUTTI, *Éloge de Mirabeau.*

VIRGINIE.

Les **décemvirs** étaient des magistrats institués à Rome, au nombre de dix, pour rédiger un corps de lois civiles propres à servir de règle dans l'administration de la justice.

Appius Claudius, l'un d'eux, patricien qui s'était toujours fait remarquer par son inflexible sévérité envers le peuple, « ayant remarqué une jeune plébéienne, nommée Virginie, aussi vertueuse que belle, avait résolu de l'enlever à son père Virginius, vaillant centurion, et à son fiancé Icilius, ancien tribun du peuple. Ne pouvant triompher de sa vertu, il abusa d'une manière infâme de son autorité de magistrat, en chargeant un de ses clients d'appeler cette jeune fille devant son tribunal et de la réclamer en justice comme étant son esclave, afin de la lui livrer ensuite. Le client, profitant d'un instant où Virginie traversait le forum, accompagnée de sa nourrice, met la main sur elle, et s'efforce de l'entraîner dans sa maison. Elle résiste; la nourrice appelle du secours; la foule s'assemble, et le client d'Appius, forcé de s'éloigner, la cite pour le lendemain devant le tribunal du décemvir. Virginius, qui était alors sous les drapeaux, est aussitôt averti par ses amis, revient en toute hâte, et, à l'heure fixée, il amène lui-même sa fille devant le siège de son impitoyable juge, au milieu d'un grand concours de peuple. Son visage est couvert de larmes; il implore la pitié de ses concitoyens; mais Appius, sans s'émouvoir, prononce un jugement par lequel il déclare que Virginie est l'esclave de son client, et ordonne à celui-ci de l'emmener avec lui. « Per» mets du moins, s'écrie Virginius, permets à un père désolé de dire à sa fille un » dernier adieu. » A ces mots, il saisit un couteau sur l'étal d'un boucher, perce le cœur de Virginie, s'élance à travers la foule, le fer sanglant à la main, et rejoint l'armée, où il fait partager à tous ses compagnons sa douleur et son indignation. En même temps, Icilius excite la fureur de la multitude assemblée, en lui montrant le cadavre de la jeune plébéienne. Le peuple et l'armée se soulèvent à la fois, et les décemvirs sont mis à mort ou chassés de Rome. Appius lui-même fut jeté dans une prison où on l'étrangla le lendemain (449 ans av. J.-C.).

» Le décemvirat fut aboli, et toutes les anciennes magistratures rétablies aussitôt (1). »

Cet épisode, l'un des plus dramatiques de l'histoire, a été mis sur la scène par un grand nombre de poètes; mais, si l'on en excepte Alfiéri, dont la *Virginie* est un chef-d'œuvre, tous ceux qui ont traité ce sujet ont échoué : Campistron, La Harpe, et, en 1845, M. Latour de Saint-Ybars, malgré l'immense talent de mademoiselle Rachel, qui joua merveilleusement le rôle de Virginie.

Tout en conjurant, tout en défiant son père de la poignarder, Émilie effeuille la rose blanche qui parfumait ses cheveux, et sauve l'horreur du meurtre par sa grâce innocente. Comme Ophélie, comme *Virginie*, elle a la pudeur de la mort.

Théophile Gautier, *la Presse*.

(1) Ansart et Rendu, *Histoire romaine*.

L'aruspice qui devait consulter la sibylle de Cumes sur le sort des chrétiens, avait quitté Rome; il était accompagné d'un satellite d'Hiéroclès, chargé secrètement au nom de Galérius de se rendre l'oracle favorable. Aussitôt que la prêtresse aurait prononcé l'arrêt fatal, le ministre du proconsul avait ordre de s'embarquer pour la Syrie, de saisir Cymodocée dans la ville sainte, de réclamer cette *nouvelle Virginie au tribunal d'un nouvel Appius*, comme une esclave chrétienne échappée à son maître.

CHATEAUBRIAND, *les Martyrs*.

VISAGES PALES QUI DÉPLAISAIENT A CÉSAR.

Cassius, ami de Brutus et l'instrument le plus actif de la conjuration contre César, appartenait à une famille ancienne, quoique plébéienne. Dès sa plus tendre jeunesse, il montra le caractère le plus indomptable et l'amour le plus vif pour la liberté. Voici un trait de son enfance, qui justifie les craintes qu'il devait plus tard inspirer à César; il est cité par Plutarque. Faustus Sylla, fils du tout-puissant dictateur, étant à l'école avec le jeune Cassius, tirait vanité de la domination arbitraire de son père, qu'il se proposait, disait-il, de prendre plus tard pour modèle; au même instant, Cassius lança un rude coup de poing au visage de son condisciple. Ce trait d'audace eut assez de retentissement pour que le grand Pompée fît venir devant lui les deux enfants. Le jeune Sylla se disposait à répéter son propos, lorsque Cassius, sans rien rabattre de sa fermeté, le défia de répéter les mêmes paroles, menaçant de lui infliger de nouveau la même correction.

En grandissant, Cassius ne perdit rien de cette sauvage énergie, et il devint dans la suite l'objet constant des défiances de César. Quelques jours avant la scène sanglante du sénat, on cherchait à prémunir le dictateur contre les desseins secrets de Dolabella : « Ce ne sont pas, dit-il, ces hommes au teint fleuri, amis de la bonne chère, que je redoute, mais les *visages pâles et maigres.* » Il désignait ainsi évidemment Brutus et Cassius.

Cette fois, j'eus à répondre à M. Garnier-Pagès, jeune homme d'une figure enfantine, délicate, à l'air souffrant, une de ces *figures qui déplaisaient à César;* d'ailleurs plein de souplesse pour exprimer ou insinuer à la tribune des opinions qui allaient jusqu'au républicanisme le plus hardi. C'était chose avouée par lui et connue de la chambre.

DUPIN aîné, *Mémoires*.

VOILA BIEN DU BRUIT POUR UNE OMELETTE.

Desbarreaux, fameux épicurien, passa ses jours dans les délices d'une vie voluptueuse ; il portait le raffinement du plaisir jusqu'à changer de climat suivant les saisons de l'année. Il est surtout connu par son incrédulité ; il avait coutume de demander trois choses à Dieu : oubli pour le passé, patience pour le présent, miséricorde pour l'avenir. Ses poésies agréables, mais où l'on remarque une grande licence, le faisaient rechercher des meilleures sociétés de son temps. Toutefois cet *esprit fort* avait ses faiblesses : incrédule en bonne santé, il devenait dévot jusqu'à la superstition à l'apparence de la plus légère maladie. C'est dans un de ces accès qu'il composa le fameux sonnet qui commence par ce vers :

> Grand Dieu, tes jugements sont remplis d'équité...

Un jour de carême, qu'il traversait avec un de ses amis un petit village du Midi, ils entrèrent dans un cabaret où ils ne trouvèrent que des œufs, dont on leur fit une omelette dans laquelle ils ordonnèrent de mettre du lard. Au moment où ils commençaient à la manger, il survint un orage accompagné de coups de tonnerre si terribles, qu'on crut que la maison allait s'écrouler. Desbarreaux, sans se troubler, prit le plat, et le jetant par la fenêtre : « *Voilà*, dit-il, *bien du bruit pour une omelette au lard.* »

Une exclamation si pittoresque devait passer en proverbe.

Cette mauvaise plaisanterie le fit accuser d'impiété et même d'athéisme. C'est depuis cette anecdote que Boileau, dans la *Satire des Femmes*, dit qu'il a vu plus d'une Capanée

> Du tonnerre dans l'air bravant les vains carreaux,
> Et nous parlant de Dieu du ton de Desbarreau.

Mon cher et respectable ami, *voilà horriblement de bruit pour une omelette*. On ne peut être ni moins coupable ni plus vexé. Je n'ai pas manqué une poste, ce n'est pas ma faute si elles sont très infidèles dans les chemins de traverse de l'Allemagne.

VOLTAIRE, *Correspondance*.

— Qu'est-ce? s'écria le marquis ; qu'y a-t-il?
— Madame vient d'apercevoir une énorme araignée sur le mur.
— *Voilà bien du bruit pour une omelette*, reprit M. de Bellamour en éclatant de rire. *Revue contemporaine*.

VOIX DE CELUI QUI CRIE DANS LE DÉSERT.

Saint Jean-Baptiste, fils de Zacharie et de sainte Élisabeth, cousine de la sainte Vierge, se retira fort jeune au désert, menant une vie pleine d'austérités ; il portait une tunique de poil de chameau, nouée autour de ses reins par une ceinture de cuir, et sa nourriture se composait de sauterelles et de miel sauvage. Quand il eut atteint l'âge de trente années, et qu'il se fut préparé par de rudes exercices au ministère qui lui avait été destiné, il vint sur les bords du Jourdain, prêchant la pénitence, annonçant l'accomplissement des prophéties et la venue du Messie, qui l'avait envoyé pour préparer ses voies. « Faites pénitence, s'écriait-il, car le royaume des cieux est proche. » Les habitants des environs accouraient en foule pour l'entendre. Le sanhédrin, frappé de son genre de vie extraordinaire et de son éloquence sauvage, lui députa des prêtres et des lévites pour savoir s'il était le Messie, ou Élie, ou simplement un prophète. Il répondit qu'il n'était ni prophète, ni Élie, ni le Messie. « Qui donc êtes-vous ? car il faut que nous rendions réponse à ceux qui nous ont envoyés. — Je suis la voix de celui qui crie dans le désert : « Rendez droite la voie du Seigneur. » Et il ajoutait : « Celui qui doit venir après moi est plus puissant que moi, et je ne suis pas digne de dénouer les cordons de ses souliers. Moïse vous a donné la loi, mais le Christ vous donnera la grâce et la vérité. »

Aujourd'hui ces mots : *Crier dans le désert*, ont un sens détourné du sens primitif. Ils signifient, dans l'application, prêcher, conseiller, parler en vain.

Le prix que nous attachons à l'éclat des lettres françaises et le sentiment du devoir, auquel nous obéissons toujours, ne nous permettent ni de rester indifférent, ni de rester muet. Nous ne sommes pas obligé de persuader aux hommes de lettres qu'ils s'égarent ; mais, convaincu qu'il en est ainsi, nous nous croyons tenu de le leur dire. Même quand on *crie dans le désert*, on est toujours entendu de Dieu et de sa conscience. GRANIER DE CASSAGNAC.

L'histoire que je viens de raconter est l'histoire du coq de bruyère de la Laponie, de la Souabe, de la Sibérie, de la Bohême, etc., et non celle du coq de bruyère de France. Celui-ci, réduit à la continence par la misère des temps, et à qui sa pauvreté ne permet pas d'entretenir le nombre d'épouses légitimes que sa loi autorise, s'estime quelquefois heureux de trouver une poule qui réponde à sa voix. On en a vu qui *ont prêché* des semaines entières *dans le désert*, et qui sont morts à la peine avant même d'avoir fait leurs frais.

TOUSSENEL, *Ornithologie passionnelle*.

Vous ne savez pas quel est le sort d'un journaliste en province... Incompris, froissé, dédaigné, les moindres phrases qu'il publie sont interprétées et commentées par la mesquinerie des intérêts privés, par une jalousie haineuse, par une stupidité méchante. Exprime-t-il une idée généreuse? on en fait une idée cupide et basse; propose-t-il une amélioration? c'est, dit-on, parce qu'il doit y gagner quelque chose; attaque-t-il un abus? c'est un esprit de vengeance personnelle qui l'anime. Il faut qu'il cache, comme un vice, ses goûts littéraires, car on lui rirait au nez pour tant de présomption. Personne ne l'aide, personne ne l'approuve, même ceux qui le mettent en avant. Oh! voyez-vous : c'est une existence intolérable que d'être ainsi la *voix qui crie dans le désert*, que d'entendre des rires et des injures répondre aux paroles généreuses qu'inspirent la conscience du bien et l'amour du pays.

Henri Berthoud, *Musée des Familles.*

VOL FAVORISÉ A SPARTE.

Lycurgue, en donnant des lois à Sparte, voulut en faire une nation forte et belliqueuse; tous ses efforts tendaient à former des soldats plutôt que des hommes; de là oubli absolu, dans cette dure législation, de certaines lois morales. Si un jeune Spartiate apportait en naissant quelque vice de conformation, il était impitoyablement sacrifié. Les enfants passaient la plus grande partie de leur temps dans les exercices du gymnase; on les accoutumait à supporter le chaud et le froid, à faire de longues courses sans prendre de nourriture, et à se contenter des mets les plus grossiers. On cherchait surtout à les accoutumer à la souplesse, à l'habileté et à la ruse; on leur permettait le vol dans les jardins et dans les repas publics, mais le maladroit qui se laissait surprendre dans son larcin était battu de verges et condamné à un jeûne prolongé. La honte qui résultait de cette maladresse inspirait souvent les actions les plus extraordinaires.

L'un d'eux avait dérobé un jeune renard qu'il tenait caché sous sa robe. Il était soupçonné et on l'interrogeait; pendant qu'il répondait aux questions avec calme et sangfroid, le renard déchirait sa poitrine et lui rongeait les entrailles.

Si la situation du jeune Spartiate rencontre de rares analogies dans l'ordre physique, elle en a de fréquentes dans l'ordre moral; aussi y fait-on allusion quand on veut peindre une douleur vive, un chagrin profond caché sous des apparences calmes. Ces tempêtes du cœur, dissimulées par la placidité du visage, sont le contraire des tempêtes de l'Océan, qui reste tranquille au fond, alors qu'il est le plus agité à la surface.

Les guêpes ont vraiment fort à faire. Vingt ou trente mille bouches à nourrir, c'est une bien grosse maison. Si elles n'avaient que la sage activité des abeilles, leur cité mourrait de faim. Il leur faut une rapidité violente, furieuse, meurtrière; il leur faut les apparences d'une gloutonnerie immense; il leur faut le culte et *l'amour que Sparte avait pour le vol.*   MICHELET, *l'Insecte.*

La police est parfaite à Rome, d'autant plus parfaite, que les rouages en sont invisibles. J'ai souvent laissé sortir à moitié mon mouchoir de ma poche, dans tous les lieux où il y a quelque affluence populaire, et pas un seul va-nu-pieds n'a daigné faire le *Lacédémonien.*   *Tablettes romaines.*

Après quelques instants de silence, Hector continua :
— Tu veux être prêtre, et tu es poursuivi par une idée fixe ; ton cœur est rempli par une passion profane.
— Quelle plaisanterie ! dit Lucien en rougissant.
— Tu caches ton secret, comme le *Spartiate cachait le renard rongeur*. Mais je t'ai observé : tu es amoureux.
       EDMOND TEXIER, *Amour et Finances.*

Les malheurs qui n'ont pas été causés par notre inconduite, et que nous pouvons confier à la sympathie des étrangers, ne sont que des blessures légères qui se guérissent aisément; mais ceux que le crime a produits, et que la honte cache comme le *renard volé du jeune Spartiate,* attaquent les parties vitales, et il nous faut faire mystère de nos souffrances, pendant qu'elles nous rongent le sein.   Comte DE BLESSINGTON.

Un repas de noces est une sorte d'exhibition où les mariés sont toujours en scène. On épie leurs moindres gestes, on veut pénétrer jusqu'à leurs pensées. On ne peut se faire une idée du tourment auquel m'assujettissaient les railleries, les jeux de mots, les allusions. J'ai éprouvé bien des douleurs dans ma vie, jamais d'aussi aiguës que ce jour-là. Dans une autre disposition d'esprit, ces accessoires de toute noce n'eussent été qu'un ennui; frappé au cœur comme je l'étais, ils devenaient une torture. Le *Spartiate qui se laissait dévorer vivant* plutôt que de se trahir, n'avait pas à supporter des souffrances plus vives que celles dont j'endurais les atteintes.   Louis REYBAUD, *l'Employé.*

En apprenant que le mariage de Nadèje avec le prince russe était résolu et officiellement annoncé, Maxime devint pâle et froid comme un marbre, et il demanda la permission de se retirer.

« Ah! monsieur, s'écria Ivanowitch en le voyant changer de couleur, pardonnez-moi; sans le vouloir, je crois que je vous ai fait souffrir.

— Au contraire, reprit Maxime avec l'héroïque sourire du *jeune Spartiate à qui le renard volé mange la poitrine;* je souffrais, et vous m'avez guéri ! »   Louis ÉNAULT, *Nadèje.*

Nous poursuivons les pingouins dans leurs dernières limites, dans les demeures tortueuses où ils se sont réfugiés, et là, avec nos longues pointes de fer, nous sondons le terrain. Mais les vaillants oiseaux reçoivent ces piqûres profondes sans faire entendre le plus léger murmure. Ils bravent la douleur, comme cet *enfant lacédémonien* qui, sans pousser un soupir, *se laissait manger le ventre par un petit renard* qu'il avait dérobé.

JACQUES ARAGO, *Voyage autour du monde.*

Si le maître de la maison vient vous inviter à faire sa partie, il vous est impossible de refuser cette honorable distinction, et vous êtes pris. Acceptez donc de bonne grâce, et surtout gardez le plus imperturbable sang-froid. Ne montrez ni joie si vous gagnez, ni trouble si vous perdez, et que jamais votre figure ne devienne le miroir de ce qui se passe dans votre âme. Faites comme ce *jeune Spartiate qui, sans sourciller, se laissa dévorer le ventre par un renard* qu'il avait caché sous sa robe, plutôt que d'avouer qu'il l'avait volé.

BOITARD, *Guide de la bonne compagnie.*

WATERLOO.

Napoléon, après avoir fondé un empire plus vaste et plus puissant que celui de Charlemagne, après avoir vu l'Europe tout entière trembler devant lui et se soumettre à toutes ses volontés, entreprit cette funeste campagne de Russie, où la plus formidable armée qu'on ait jamais vue réunie fut vaincue, non par les hommes, mais par les éléments et par la rigueur du climat. Cette longue déroute de Russie fut en réalité le terme de cette brillante fortune qui a mis Napoléon au rang et peut-être à la tête des plus illustres conquérants; mais, comme elle rappelle à l'esprit une série multiple de désastres, son nom, quelque funeste qu'il paraisse, ne pouvait pas être choisi pour désigner une ruine subite, un écrasement rapide; c'est la déroute de Waterloo qui a reçu cette consécration.

Après s'être vu forcé d'abdiquer à Fontainebleau, après avoir échangé son puissant empire contre la souveraineté dérisoire d'une île où il comptait à peine quelques milliers de sujets, Napoléon, par une de ces inspirations subites qui faisaient le caractère particulier de son génie, échappe à la surveillance dont il était l'objet, vient débarquer à Cannes, et marche sur Paris sans rencontrer de résistance. Les Bourbons, frappés de terreur, quittent la France, et Napoléon rentre en maître dans le palais des Tuileries, d'où, pendant dix ans, il avait fait la loi à l'Europe. Mais ce succès étonnant n'avait rien de solide; la coalition de l'Europe n'était pas dissoute; elle allait se reformer plus puissante que jamais, et la France, épuisée d'hommes et de ressources, fatiguée de ces guerres interminables qui ruinaient le commerce et l'industrie, n'allait opposer qu'une résistance sans élan, presque passive, et qui serait facilement vaincue. Cependant Napoléon déploie encore une fois cette énergie, cette décision, qui ont foudroyé tant d'ennemis; mais ses lieutenants semblent avoir perdu leur vigueur d'autrefois. A Waterloo, bien qu'il n'ait que cent quinze mille combattants à opposer à des forces doubles des siennes, l'habileté de ses dispositions semble d'abord faire pencher la victoire de son côté; mais le général prussien Blucher, que Grouchy ne sait pas ou ne veut pas arrêter, vient avec ses troupes fraîches changer la face du combat, et l'armée française, la dernière armée de Napoléon, est écrasée. Cette fois, la fortune du César moderne était brisée sans retour, et les derniers efforts qu'il put faire encore ne servirent qu'à jeter un peu d'éclat sur les derniers moments de cet astre naguère si brillant.

Un Waterloo, c'est donc la ruine complète et fatale d'une chose qui fut grande et qui parut longtemps devoir être durable.

La fortune du faisan s'en va toujours croissant avec celle de la famille des Bourbons, depuis Henri IV jusqu'à Louis XVI. Après avoir atteint son apogée sous ce dernier règne, elle subit une éclipse sous la Révolution, puis se relève sous l'Empire. Cette fortune semble même briller d'un éclat plus vif que jamais sous la Restauration; mais cet éclat, hélas! n'est qu'éphémère. Bientôt l'expédition de Rambouillet (1) a lieu, et l'inviolabilité du faisan disparaît dans la catastrophe où sombrèrent tant d'autres inviolabilités. L'expé-

(1) Marche des volontaires de Paris sur Rambouillet, où Charles X s'était retiré après les journées de juillet 1830.

dition de Rambouillet s'appellera dans l'histoire le *Waterloo* du faisan, du daim et du dix-cors. Ainsi tout finit, ainsi tout passe !

TOUSSENEL, *Ornithologie passionnelle.*

Au diable! je voudrais bien ne me devoir qu'à moi-même ; j'aurais soin de ne pas me payer, et je ne serais pas forcé de recourir à ta médecine!... Au fait, tu as raison! Après un *Waterloo* comme celui de ce soir, une retraite honorable, bien gantée et bien cravatée, est le meilleur parti qui nous reste.

ARMAND DE PONTMARTIN, *Contes et Nouvelles.*

XANTIPPE.

Un aphorisme vulgaire, en grand honneur chez le peuple féminin, dit que *les bons maris font les bonnes femmes*. Xantippe a donné le démenti le plus éloquent à cet adage, qui n'existait probablement pas de son temps. On prétend que Socrate, qui connaissait son humeur acariâtre et la violence de son caractère, ne l'avait épousée que pour s'exercer à la patience. On cite une foule de traits d'emportement et d'aigreur qui devaient mettre en effet à une rude épreuve la patience du philosophe. Un jour, après un torrent d'injures, elle lui jeta au visage un vase plein d'eau sale : « Je savais bien, dit Socrate, qu'après le tonnerre devait venir la pluie. » Une autre fois que Socrate avait invité Euthydème sans en prévenir Xantippe, elle renversa la table dans un accès d'emportement. Alcibiade ayant envoyé un excellent gâteau à Socrate, Xantippe l'arracha de la corbeille et le foula aux pieds. Le philosophe se contenta de lui dire en souriant : « Maintenant tu n'en pourras plus manger. »

Ces anecdotes ne paraissent pas avoir une grande autorité historique ; ce qui est certain, ce qui est attesté par Platon en quelques mots pleins d'énergie, c'est l'excès de la douleur de Xantippe dans la matinée du jour où Socrate but la ciguë. Un satirique attribuerait peut-être ce désespoir à la conviction de ne jamais retrouver un mari aussi doux, aussi patient que Socrate. Pour nous, nous nous contentons de citer le fait.

Quoi qu'il en soit, Xantippe est restée la personnification de la femme acariâtre, violente et emportée.

Socin, célèbre jurisconsulte du quinzième siècle, négligeait beaucoup ses travaux depuis qu'il s'était marié. Comme on lui alléguait l'exemple de Socrate qui, depuis son mariage, n'avait pas moins étudié qu'auparavant : « Je n'en suis pas surpris, répondit-il ; Xantippe était laide et méchante ; ma femme est belle et d'une grande bonté. »

Madame Saumaise assistait toujours aux conférences qui se tenaient dans le cabinet de son mari. Elle avait le verbe très-haut, et prononçait sur tout avec un ton dogmatique. Saumaise, au contraire, avait la parole mielleuse et la plume très-caustique, parce que notre moderne *Xantippe* le pressait continuellement de la souiller par des diatribes. *Curiosités de la littérature.*

Galien nous apprend que sa mère, vertueuse d'ailleurs, était avare et d'une humeur acariâtre; que, dans ses emportements, elle mordait ses servantes, et que, nouvelle *Xantippe*, elle rendait son mari très-malheureux. *Biographie Michaud.*

Ma goutte me tourmente un peu; mais je ne puis trop me plaindre, elle s'y prend si joliment avec moi! Elle s'approche avec tant de civilité de peur de m'effrayer : c'est le bout du pied que d'abord elle me pince; elle montera sans doute insensiblement, et quand elle arrivera à l'estomac, je serai fait à elle comme Socrate l'était à sa femme. Au fait, ce pourrait bien être là ma *Xantippe*.

BÉRANGER, *Correspondance.*

XERXÈS FAISANT FOUETTER LA MER.

Xerxès, fils et successeur de Darius, voulant venger la défaite de Marathon, marcha contre la Grèce à la tête d'une armée qu'Hérodote élève à près d'un million d'hommes. Arrivé sur les bords de l'Hellespont, il résolut de le franchir à l'aide d'un immense pont de bateaux, que la tempête détruisit. Xerxès, poussé par une colère insensée, ordonna de fouetter la mer comme une esclave rebelle, et fit jeter des chaînes dans les flots pour dompter leur fureur. Si l'on en croit les historiens grecs, sa marche ne fut qu'une suite d'extravagances plus dignes d'un fou que d'un roi : il écrivit au mont Athos une lettre arrogante pour l'inviter à livrer un passage à son armée. Mais la source où tous ces faits sont puisés est très suspecte. On cite de la vie de ce prince des traits qui tendraient à lui donner une tout autre physionomie. Avant de quitter l'Asie et au moment où ses troupes étaient rassemblées au milieu d'une grande plaine, il monta sur une éminence et versa des larmes en pensant que de tant de milliers d'hommes, il n'en resterait plus un seul dans moins d'un siècle. Ce trait nous semble plus digne d'un philosophe que d'un fou.

Napoléon ne resta pas longtemps dans l'incertitude. Le courrier qui lui apporta la nouvelle de la retraite de Villeneuve à Cadix le trouva au bord de la mer, dévorant du regard les côtes d'Angleterre, qu'un soleil d'été lui montrait blanchissantes au-dessus de la brume du matin. Des imprécations de rage contre Villeneuve éclatèrent de ses lèvres à la lecture de ses dépêches; il les jeta avec impatience dans les flots, et, *nouveau Xerxès*, *il aurait fait battre cet autre Hellespont*, que la pusillanimité de ses amiraux, disait-il, lui fermait plus que la nature.

LAMARTINE, *Vies des grands Hommes.*

Les hommes qui ont préparé une révolution par leurs idées sont presque toujours les premiers à la méconnaître dès qu'elle se réalise. Comme les choses n'arrivent jamais ainsi qu'ils l'ont imaginé, ils sont bientôt blessés de la marche des affaires comme d'une désobéissance à leur génie, et dès lors ils flagellent les événements comme *Xerxès flagellait l'Océan.* EDGAR QUINET, *Marnix.*

ZOÏLE.

Célèbre grammairien et critique grec, du quatrième siècle av. J.-C., dont le nom était déjà proverbial au temps d'Ovide. On ne connaît rien de certain, ni sur le lieu de sa naissance, ni sur les circonstances de sa vie, ni sur son genre de mort. Aucun de ses ouvrages ne nous est parvenu. On sait seulement, par le témoignage à peu près unanime des anciens, qu'il s'acharna contre les œuvres d'Homère. Vitruve prétend que Ptolémée Philadelphe, indigné de ses blasphèmes littéraires, le fit mettre en croix ou brûler vif.

Le nom de Zoïle est devenu le type du critique passionné et de mauvaise foi :

> Et son nom paraîtra, dans la race future,
> Aux plus cruels *censeurs* une cruelle injure.

Je persiste dans mon sentiment, que, non-seulement la liberté des opinions doit être indéfinie pour le député, mais même la liberté de la presse pour le journaliste. Permis à Hébert d'être le *Zoïle* de tous les vieux patriotes, et un calomniateur à gages ! Mais, au lieu de blasphémer contre la liberté de la presse, qu'il rende grâce à cette liberté indéfinie, à laquelle seule il doit de ne point aller au tribunal révolutionnaire, et de n'être mené qu'à la guillotine de l'opinion.

CAMILLE DESMOULINS, *le Vieux Cordelier.*

Dans les courses qu'à pied me prescrit l'hygiène,
Mes pas n'ont pas besoin qu'un bâton les soutienne.
D'un fossé de cinq pieds ma prestesse se rit ;
Et, dût certain *Zoïle* en crever de dépit,
Les vers que fait jaillir ma verve octogénaire
Au public qui m'entend n'ont pas l'air de déplaire.

VIENNET.

Il est des hommes de proie qui suivent à la piste les sociétés en marche, comme les corbeaux suivent les armées, dans l'espoir de quelque pâture sanglante.

Il est des *Zoïles* niais dont les fourbes se servent pour combattre l'influence des honnêtes gens, et dont ils se moquent en secret pendant qu'ils les applaudissent en public.

LOUIS BLANC, *le Nouveau-Monde.*

L'abbé de Breteuil, frère de madame du Châtelet, arrivait toujours la mémoire farcie d'anecdotes piquantes, de petites médisances bien noires, qu'il débitait malgré les holà de Voltaire, qui n'était vraiment méchant qu'à l'endroit de ses *Zoïles*, et qui ne voulait pas qu'on dît même qu'un homme fût ennuyeux, à moins qu'il n'eût critiqué ses ouvrages. *Revue de Paris.*

La critique ne doit pas s'inquiéter du dédain que les inventeurs professent pour elle en mainte occasion : il est si doux de donner à ses juges le nom de *Zoïles* pour se mettre soi-même à côté d'Homère ! Le dédain des poëtes pour la critique n'est qu'une manière ingénieuse d'allumer l'encens dont ils veulent respirer le parfum.

GUSTAVE PLANCHE, *Portraits littéraires.*

FIN DES FLEURS HISTORIQUES.

TABLE DES MATIÈRES

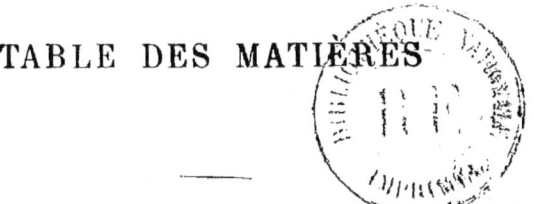

	Pages.
Abîme (l') de Pascal.	1
Absalon suspendu par les cheveux	3
Adam et Ève.	4
A demain les affaires sérieuses	13
Adore ce que tu as brûlé. (Voir : *Courbe la tête, fier Sicambre.*)	158
Agar dans le désert.	14
Ah ! le bon billet qu'a La Châtre !	16
Ai-je dit quelque sottise ?	18
Aigle (l') volant de clocher en clocher jusqu'aux tours de Notre-Dame.	19
Aimer mieux être le premier... que le second... (Voir : *J'aimerais mieux être le premier dans un village que le second à Rome.*)	105
Alcibiade.	20
Alexandre.	22
Alexandre se réservant l'espérance.	24
Alexandre tranchant le nœud gordien	24
Allez dire à votre maître que nous sommes ici par la volonté du peuple, et que nous n'en sortirons que par la force des baïonnettes	33
A l'œil droit de Philippe	34
Améric Vespuce. (Voir : *Christophe Colomb et Améric Vespuce.*)	139
Amis de Job. (Voir : *Job.*)	325
A moi, Auvergne, voilà les ennemis !	35
Ananias, Mizaël et Azaras. (Voir : *Hébreux (les jeunes) dans la fournaise.*)	258
Anch' io son pittore. (Voir : *Et moi aussi je suis peintre.*)	222
Ane de Buridan.	37
Anesse (l') de Balaam	38
Anitus et Mélitus	41
Anneau d'Alexandre. (Voir : *Démembrement de l'empire d'Alexandre.*)	32
Anneau de Gygès	41
Anneau de Polycrate	43
Antinoüs.	45

	Pages
Antisthène. (Voir : *Manteau d'Antisthène.*)	401
Après moi le déluge !	46
Après vous, messieurs les Anglais !	48
Arbre de la science du bien et du mal. (Voir : *Adam et Ève.*) . . .	4 et 8
Arche (l') d'alliance	49
Arche (l') de Noé	50
Archimède. (Voir : *J'ai trouvé !*)	303
Archimède (point d'appui d'). (Voir : *Levier d'Archimède.*).	378
Aristarque	52
Aristide. (Voir : *Paysan ennuyé d'entendre Aristide...*)	478
Aristophane	54
Artémise	54
Aspasie	57
Assas (le chevalier d'). (Voir : *A moi, Auvergne, voilà les ennemis !*) .	35
Attila	58
Au dieu inconnu	59
Augures ne pouvant se rencontrer sans rire. (Voir : *Deux augures ne pouvant...*)	178
Au plus digne	31
Aventin (Mont). (Voir : *Retraite du peuple sur le mont Aventin.*) . .	541
Avez-vous lu Baruch ?	60
Azazel (Bouc) (Voir : *Bouc émissaire.*)	76
Baal	62
Babel	63
Babylone	67
Baguette de Moïse. (Voir : *Verge de Moïse.*)	426
Baiser de Judas. (Voir : *Judas.*)	332
Baiser Lamourette	68
Balaam. (Voir : *Anesse de Balaam.*)	38
Balthazar. (Voir : *Festin de Balthazar.*)	232
Bannière de Jeanne d'Arc. (Voir : *Il avait été à la peine...*) . . .	273
Bâtissons-y trois tentes. (Voir : *Transfiguration.*)	622
Bayard	70
Béatrix	72
Benjamin	73
Béquille de Sixte-Quint	74
Bias. (Voir : *Je porte tout avec moi.*)	313
Biche de Sertorius	75
Bouc émissaire	76
Brennus (Epée de). (Voir : *Malheur aux vaincus !*)	395
Brouet noir (le)	77

	Pages
Brûle ce que tu as adoré. (Voir : *Courbe la tête, fier Sicambre...*)	158
Brûler n'est pas répondre.	79
Brûler ses vaisseaux	81
Brutus	82
Brutus baisant la terre. (Voir : *Folie simulée de Brutus.*)	240
Brutus contrefaisant l'insensé. (Voir : *Folie simulée de Brutus.*)	240
Bucéphale.	84
Buffon. (Voir : *Manchettes de Buffon.*)	399
Buisson d'Horeb.	420
Buridan. (Voir : *Ane de Buridan.*)	37
Cailloux de Démosthène. (Voir : *Harangues de Démosthène...*)	256
Cambronne. (Voir : *Mot de Cambronne.*)	440
Caïn, qu'as-tu fait de ton frère ?	85
Calvaire	88
Candaule (Femme de). (Voir : *Gygès et la femme de Candaule.*)	256
Cantique de Siméon	89
Capitole (Du) à la roche Tarpéienne, il n'y a qu'un pas.	91
Capoue. (Voir : *Délices de Capoue.*)	170
Caprée	93
Captivité de Babylone	94
Catherine II en Crimée.	96
Catilina	97
Catilina est à nos portes. (Voir : *Catilina.*)	97
Caton.	99
Celui-ci est aussi Alexandre	29
Ce n'est pas au roi de France à venger les injures du duc d'Orléans.	100
Cercle de Popilius	101
César.	103
César et sa fortune. (Voir : *Tu portes César et sa fortune.*)	109
C'est la faute à Voltaire, c'est la faute à Rousseau	118
C'est plus qu'un crime ; c'est une faute.	119
C'était écrit	122
Ceux qui vont mourir te saluent.	123
Chacun chez soi, chacun pour soi	126
Chaise curule	128
Cham. (Voir : *Sem et Japhet...*)	578
Chambres de Denys. (Voir : *Denys le tyran...*)	173
Chapeau de Gessler.	129
Charbonnier est maître dans sa maison.	131
Char de feu d'Élie. (Voir : *Manteau d'Élie.*)	403
Charles-Quint au monastère de Saint-Just.	132

Charrue de Cincinnatus. (Voir : *Cincinnatus.*)	142
Chemin de Damas. (Voir : *Saint Paul...*)	557
Chêne de Vincennes. (Voir : *Saint Louis sous le chêne de Vincennes.*)	556
Chénier. (Voir : *J'avais pourtant quelque chose là !*)	305
Chercher un homme. (Voir : *Lanterne de Diogène.*)	349
Cheval d'Alexandre. (Voir : *Bucéphale.*)	84
Cheval de Caligula	134
Cheval de Job	135
Chevelure d'Absalon. (Voir : *Absalon suspendu par les cheveux.*) . .	3
Chevelure de Samson. (Voir : *Samson et Dalila.*)	565
Chien d'Alcibiade. (Voir : *Queue du chien d'Alcibiade.*)	518
Christophe Colomb	137
Christophe Colomb et Améric Vespuce	139
Ci-gît Piron, qui ne fut rien, — Pas même académicien	140
Cimbre (le). (Voir : *Marius et l'esclave cimbre.*)	408
Cincinnatus	142
Cinéas et Pyrrhus	143
Codrus	145
Colombe (la) apportant le rameau d'olivier	146
Colonne de feu ou de fumée conduisant les Hébreux dans le désert .	423
Colosse aux pieds d'argile. (Voir : *Statue de Nabuchodonosor.*) . . .	598
Combat des Horaces et des Curiaces	147
Connais-toi toi-même	149
Continence de Scipion	151
Corbeau (le) de l'arche. (Voir : *Colombe apportant le rameau d'olivier.*)	146
Coré, Dathan et Abiron	152
Corinthe. (Voir : *Il n'est pas donné à tout le monde...*)	276
Coriolan	153
Cornélie	154
Corrége (Cri du). (Voir : *Et moi aussi je suis peintre !*)	222
Coup de Jarnac	156
Couper la queue du chien d'Alcibiade. (Voir : *Queue du chien d'Alcibiade.*)	518
Courbe la tête, fier Sicambre ; adore ce que tu as brûlé, brûle ce que tu as adoré	158
Crésus	161
Curiaces. (Voir : *Combat des Horaces et des Curiaces.*)	147
Curius Dentatus	162
Curtius	163
Dalila. (Voir : *Samson et Dalila.*)	565

	Pages
Damoclès. (Voir : *Épée de Damoclès*.)	210
Daniel dans la fosse aux lions.	165
Danser sur un volcan. (Voir : *Nous dansons...*)	457
Dante et Béatrix. (Voir : *Béatrix*.)	72
David dansant devant l'arche.	166
David et Goliath. (Voir : *Fronde de David*.)	247
David jouant de la harpe devant Saül	167
Décius.	167
De l'audace, encore de l'audace et toujours de l'audace !	169
Délices de Capoue	170
Démembrement de l'empire d'Alexandre	32
Démocrite. (Voir : *Héraclite et Démocrite*.)	259
Démon familier de Socrate	172
Dentatus. (Voir : *Curius Dentatus*.)	162
Denys le tyran ne couchant pas deux nuits de suite dans la même chambre	173
De par le roi, défense à Dieu — De faire miracle en ce lieu.	175
Derniers (les) Romains.	177
Deux augures ne pouvant se regarder sans rire.	178
Dieu est trop haut et la France trop loin.	180
Dieu me les avait donnés, Dieu me les a ôtés, que son saint nom soit béni. (Voir : *Job*.)	325
Dieu reconnaîtra les siens. (Voir : *Tuez tout...*)	631
Dioclétien à Salone.	180
Diogène	182
Diogène brisant son écuelle	184
Diogène et Alexandre. (Voir : *Ote-toi de mon soleil !*)	467
Diogène marchant devant Zénon.	185
Discussions, disputes byzantines.	187
Dix-huit brumaire.	189
Douleur, tu n'es pas un mal !	191
Duc de Clarence noyé dans un tonneau de malvoisie.	193
Du pain et des spectacles.	195
Eau jaillissant du rocher. (Voir : *Verge de Moïse*.)	426
Échelle de Jacob.	197
Écrasons l'infâme !	199
Éden. (Voir : *Adam et Ève*.)	4 et 7
Égérie.	201
Élie et Élisée. (Voir : *Manteau d'Élie*.)	403
Élisée. (Voir : *Manteau d'Élie*.)	403
Empédocle.	204

	Pages
Encore une victoire comme celle-là, et nous sommes perdus.	205
Endor. (Voir : *Pythonisse d'Endor*.)	506
Enfant (l') prodigue.	207
Enlèvement des Sabines.	209
Épée de Damoclès.	210
Épée (l') flamboyante de l'ange. (Voir : *Adam et Ève*.)	4 et 12
Épiménide.	213
Éponine et Sabinus.	215
E pur si muove ! (Voir : *Et pourtant elle tourne !*)	225
Érostrate.	216
Ésaü et Jacob dans le sein de leur mère.	219
Ésaü vendant son droit d'aînesse pour un plat de lentilles.	219
Eschine. (Voir : *Que serait-ce, si vous aviez entendu le monstre lui-même ?*)	515
Eschyle. (Voir : *Tortue d'Eschyle*.)	619
Esclaves de Sparte. (Voir : *Ilotes que l'on forçait à s'enivrer.....*)	281
Esclave suivant le char du triomphateur à Rome.	221
Ésope. (Voir : *Langues d'Ésope*.)	348
Et moi aussi je suis peintre !	222
Et moi aussi, si j'étais Parménion.	29
Et moi, suis-je sur un lit de roses ?	223
Étoile (l') et les rois mages.	224
Et pourtant elle tourne !	225
Et toi aussi, mon fils !	114
Eurêka. (Voir : *J'ai trouvé !*)	303
Ève (une). (Voir : *Adam et Ève*.)	4 et 11
Fabricius.	227
Faites des perruques.	228
Fantôme (le) de Brutus.	230
Femme adultère (la). (Voir : *Que celui qui est sans péché.....*)	511
Femme de Candaule (la). (Voir : *Gygès et la femme de Candaule*.)	256
Femme de César. (Voir : *La femme de César ne doit pas même être soupçonnée*.)	103
Femme de Loth (la) changée en statue de sel.	231
Femme de Putiphar (la). (Voir : *Manteau de Joseph*.)	402
Femme de Socrate. (Voir : *Xantippe*.)	674
Festin de Balthazar.	232
Feu sacré. (Voir : *Vestales*.)	660
Fille de Jephté (la).	234
Fille d'Ève. (Voir : *Adam et Ève*.)	4 et 11
Fils de Crésus (le).	235

	Pages
Fléau de Dieu. (Voir : *Attila*.)	58
Flèche du Parthe.	236
Foi du charbonnier.	238
Foi qui transporte les montagnes.	239
Folie simulée de Brutus.	240
Fontaine d'Agar. (Voir : *Agar dans le désert*.)	14
Fontenoi (Bataille de). (Voir : *Après vous, messieurs les Anglais*.)	48
Fort chasseur devant le Seigneur. (Voir : *Nemrod*.)	451
Fosse aux lions. (Voir : *Daniel...*)	165
Fourches caudines.	242
Franchir le Rubicon.	107
Frappe, mais écoute.	245
Frapper du pied la terre. (Voir : *Je n'ai qu'à frapper...*)	309
Frapper au visage. (Voir : *Soldat, frappe au visage*.)	111
Frère, il faut mourir.	246
Fronde de David.	247
Fruit défendu. (Voir : *Adam et Ève*.)	4 et 9
Fumier de Job. (Voir : *Job*.)	325
Funérailles d'Alexandre.	32
Galien dit non. (Voir : *Hippocrate dit oui, mais Galien dit non*.)	264
Gédéon.	249
Génie familier de Socrate. (Voir : *Démon familier....*)	172
Gessler. (Voir : *Chapeau de Gessler*.)	129
Gibelins. (Voir : *Guelfes et Gibelins*.)	254
Gladiateur tombant avec grâce.	250
Golgotha. (Voir : *Calvaire*.)	88
Goliath. (Voir : *Fronde de David*.)	247
Gomorrhe. (Voir : *Sodome et Gomorrhe*.)	588
Gouffre de Curtius. (Voir : *Curtius*.)	163
Grues d'Ibycus.	251
Guatimozin. (Voir : *Et moi, suis-je sur un lit de roses ?*)	223
Guelfes et Gibelins.	254
Gygès. (Voir : *Anneau de Gygès*.)	41
Gygès et la femme de Candaule.	256
Harangues de Démosthène qui sentent l'huile.	256
Hébreux (les jeunes) dans la fournaise ardente.	258
Héraclite et Démocrite.	259
Herculanum et Pompéi.	261
Héro et Léandre.	263
Hippocrate dit oui, mais Galien dit non.	264

	Pages
Hippocrate refusant les présents d'Artaxerce.	265
Holopherne. (Voir : *Judith*.)	353
Honni soit qui mal y pense!	267
Horaces (les) et les Curiaces. (Voir : *Combat des Horaces et des Curiaces*.)	147
Hôtel de Rambouillet.	269
Ibycus. (Voir : *Grues d'Ibycus*.)	251
Ides de mars.	113
Idole de Jaggrenat.	271
Il avait été à la peine, c'était bien raison qu'il fût à l'honneur.	273
Il est trop tard !	274
Il fallait y penser. (Voir : *Œuf de Colomb*.)	459
Il faut détruire Carthage.	274
Il lui sera beaucoup pardonné parce qu'elle a beaucoup aimé. (Voir : *Madeleine*.)	392
Il n'est pas donné à tout le monde d'aller à Corinthe.	276
Il n'oserait.	277
Il n'y a pas de forteresse imprenable là où peut monter un mulet chargé d'or. (Voir : *Mulet chargé d'or...*)	447
Il n'y a pas de grand homme pour son valet de chambre.	279
Il n'y a plus de Pyrénées.	279
Il n'y a rien de changé en France..... (Voir : *Rien n'est changé en France.....*)	543
Ilotes que l'on forçait à s'enivrer pour l'éducation des jeunes Spartiates.	281
Ils chantent, ils payeront.	283
Ils n'ont rien appris, rien oublié.	286
Il y a des juges à Berlin.	288
Incendie de Rome par Néron.	291
Incitatus. (Voir : *Cheval de Caligula*.)	134
Ingrate patrie, tu n'auras pas mes os.	292
Inscription du temple de Delphes. (Voir : *Connais-toi toi-même*.)	149
Ismaël. (Voir : *Agar dans le désert*.)	14
Jacob chez Laban.	294
Jacob luttant avec l'ange.	295
Jacquerie.	297
Jacques Bonhomme. (Voir : *Jacquerie*.)	297
Jaggrenat. (Voir : *Idole de Jaggrenat*.)	271
J'ai failli attendre.	299
J'aime Platon, mais j'aime encore plus la vérité.	301
J'aimerais mieux être le premier dans un village que le second à Rome.	105
J'ai perdu ma journée.	301

	Pages
J'ai trouvé!	303
Janus. (Voir : *Temple de Janus.*)	610
J'aperçois ton orgueil à travers les trous de ton manteau. (Voir : *Manteau d'Antisthène.*)	401
J'avais pourtant quelque chose là.	305
Jean le Bon (Mot de). (Voir : *Si la bonne foi était bannie...*)	584
Je m'appelle Légion.	308
Je n'ai qu'à frapper du pied la terre pour en faire sortir des légions.	309
J'en appelle à Philippe à jeun.	311
Je ne me sens pas blessé.	313
Je porte tout avec moi.	313
Je prends mon bien partout où je le trouve.	315
Jérémie (Lamentations de).	318
Jéricho. (Voir : *Trompettes de Jéricho.*)	625
Je suis citoyen romain.	320
Je suis venu, j'ai vu, j'ai vaincu.	112
Jeter le mouchoir.	321
Jeter son épée dans la balance. (Voir : *Malheur aux vaincus!*)	395
Je voudrais ne pas savoir écrire.	323
Je voudrais que le peuple romain n'eût qu'une seule tête...	324
Job.	325
Jonas dans le ventre de la baleine.	329
Josaphat. (Voir : *Vallée de Josaphat.*)	649
Joseph (Manteau de). (Voir : *Manteau de Joseph.*)	402
Josué arrêtant le soleil.	330
Judas.	332
Judas Machabée.	334
Judith.	335
Jugement de Salomon.	336
Jugement des rois d'Égypte après leur mort.	338
Jusques à quand, Catilina, abuseras-tu de notre patience?	338
Labarum.	340
La Châtre. (Voir : *Ah! le bon billet qu'a La Châtre!*)	16
La femme de César ne doit pas même être soupçonnée.	103
La garde meurt et ne se rend pas. (Voir : *Mot de Cambronne.*)	440
Laïs.	341
Laissez faire, laissez passer.	343
Laissez passer la justice du roi.	344
Laissez venir à moi les petits enfants.	345
Laitues (les) de Dioclétien. (Voir : *Dioclétien à Salone.*)	180
La lettre tue, mais l'esprit vivifie.	346

	Pages
Lamourette. (Voir : *Baiser Lamourette*.)	68
Langues d'Esope.	348
Lanterne de Diogène.	349
La parole a été donnée à l'homme pour déguiser sa pensée.	351
L'argent n'a pas d'odeur.	352
La Tour-d'Auvergne, premier grenadier de France.	354
Laure et Pétrarque.	355
Laver son linge sale en famille.	357
Lazare et le mauvais riche.	359
Lazare ressuscitant. (Voir : *Résurrection de Lazare*.)	538
Léandre. (Voir : *Héro et Léandre*.)	263
Le corps d'un ennemi mort sent toujours bon.	360
Légion. (Voir : *Je m'appelle Légion*.)	308
Le maître l'a dit.	361
Léonidas aux Thermopyles.	362
Le premier président ne veut pas qu'on le joue.	365
Le roi est mort, vive le roi !	368
Le roi règne et ne gouverne pas.	370
Les lauriers de Miltiade m'empêchent de dormir.	372
L'État, c'est moi.	373
Lève-toi et marche	376
Léviathan.	377
Levier d'Archimède.	378
L'exactitude est la politesse des rois.	380
L'homme absurde est celui qui ne change jamais.	382
Livre d'or.	385
L'ordre règne à Varsovie.	386
Louis XVIII (Mot de). (Voir : *L'exactitude est la politesse des rois*.)	380
Louis XII (Mot de). (Voir : *Ce n'est pas au roi de France à venger les injures du duc d'Orléans*.)	100
Louis XIV entrant botté et éperonné au parlement.	387
Louve de Romulus	389
Lucrèce. (Voir : *Tarquin et Lucrèce*.)	605
Lucullus soupe chez Lucullus.	390
Lumière sous le boisseau. (Voir : *Mettre la lumière...*)	417
Lutte de Jacob avec l'ange. (Voir : *Jacob luttant avec l'ange*.)	295
Luxe de Satrape. (Voir : *Pharnabaze*)	485
Machiavel.	391
Mâchoire d'âne de Samson. (Voir : *Samson et la mâchoire d'âne*.)	563
Madeleine.	392
Mahomet et la montagne. (Voir : *Montagne de Mahomet*.)	436

	Pages
Maison de Socrate.	394
Maître André. (Voir : *Faites des perruques...*)	228
Malheur aux vaincus !	395
Malheureuse France ! malheureux roi !	398
Manchettes de Buffon.	399
Mané, Thécel, Pharès. (Voir : *Festin de Balthazar.*)	232
Manne du désert.	425
Manteau d'Antisthène.	401
Manteau de Joseph.	402
Manteau d'Élie.	403
Marchande d'herbes d'Athènes et Théophraste.	405
Marforio. (Voir : *Pasquin.*)	476
Marius à Minturnes.	407
Marius et l'esclave cimbre.	408
Marius sur les ruines de Carthage.	410
Marque de Caïn. (Voir : *Caïn, qu'as-tu fait de ton frère ?*)	85
Massacre des Innocents.	411
Mausole. (Voir : *Artémise.*)	54
Mauvais riche (le). (Voir : *Lazare et le mauvais riche.*)	359
Mazarin, mazarinades. (Voir : *Ils chantent, ils payeront.*)	283
Mazeppa.	413
Mécène.	414
Médecin (le) d'Alexandre.	27
Méduse. (Voir : *Naufrage de la...*)	449
Mélitus. (Voir : *Anitus et Mélitus.*)	41
Memnon. (Voir : *Statue de Memnon.*)	596
Mère des Gracques. (Voir : *Cornélie.*)	154
Mer Rouge. (Voir : *Passage de la...*)	422
Messaline.	415
Mettre la lumière sous le boisseau.	417
Meunier Sans-Souci (le). (Voir : *Il y a des juges à Berlin.*)	288
Miltiade (Lauriers de). (Voir : *Les lauriers de Miltiade...*)	372
Mithridate. (Voir : *Poisons de...*)	495
Moïse.	419
Moïse mourant en vue de la Terre promise.	432
Moïse priant pendant le combat.	428
Moïse sauvé des eaux.	419
Mon fils, rien ne peut te résister.	23
Mon siége est fait.	434
Montagne de Mahomet.	436
Monter au Capitole.	437
Montons au Capitole en rendre grâce aux dieux	439

	Pages
Mot de Cambronne.	440
Mort au champ d'honneur. (Voir : *La Tour-d'Auvergne...*)	354
Mouchoir (le). (Voir : *Jeter le mouchoir.*)	321
Mourir en vue de la Terre promise. (Voir : *Moïse mourant...*)	432
Mulet chargé d'or, de Philippe.	447
Naboth. (Voir : *Vigne de Naboth.*)	664
Nabuchodonosor changé en bête.	448
Nabuchodonosor. (Voir : *Statue de...*)	598
Nathan (le prophète). (Voir : *Tu es cet homme.*)	630
Naufrage de la Méduse.	449
Nemrod.	451
Ne pouvant monter jusqu'à moi, ils m'ont fait descendre jusqu'à eux.	452
Néron.	453
Néron incendiant Rome. (Voir : *Incendie de Rome...*)	291
Néron (Vœu de). (Voir : *Je voudrais ne pas savoir écrire.*)	323
Ne touchez pas à la hache.	454
Ne touchez pas à la reine.	456
Nœud gordien. (Voir : *Alexandre tranchant le nœud gordien.*)	24
Nous dansons sur un volcan.	457
Nous souperons ce soir chez Pluton. (Voir : *Léonidas aux Thermopyles.*)	362
Nuées (les). (Voir : *Aristophane.*)	54
Numa Pompilius. (Voir : *Égérie.*)	201
O Athéniens! qu'il en coûte pour être loué de vous!	30
Œuf (l') de Christophe Colomb.	459
Oies (les) du Capitole.	461
Omar.	463
On n'oserait. (Voir : *Il n'oserait.*)	277
Oreille (l') de Denys.	465
Ostracisme. (Voir : *Paysan ennuyé d'entendre Aristide...*)	478
Ote-toi de mon soleil.	467
Où il n'y a rien, le roi perd ses droits.	469
Où la vertu va-t-elle se nicher?	470
Ouvrez, c'est la fortune de la France.	471
Panache blanc (le) de Henri IV. (Voir : *Suivez mon panache blanc...*)	600
Pan de la toge de l'ambassadeur romain. (Voir: *Porter la paix ou la guerre...*)	499
Papirius Cursor. (Voir : *Chaise curule.*)	128
Paralytique (le). (Voir : *Lève-toi et marche.*)	376
Pardonnez-leur, mon Père; ils ne savent ce qu'ils font.	473
Paris vaut bien une messe.	473

Parthes. (Voir : *Flèche du Parthe*.)	236
Pasquin.	476
Passage de la mer Rouge.	422
Paysan ennuyé d'entendre Aristide appelé le Juste.	478
Pends-toi, brave Crillon ; nous avons vaincu à Arques, et tu n'y étais pas.	480
Périssent les colonies plutôt qu'un principe.	483
Pétrarque. (Voir : *Laure et Pétrarque*.)	355
Phalaris. (Voir : *Taureau de Phalaris*.)	608
Pharaon englouti. (Voir : *Passage de la mer Rouge*.)	422
Pharnabaze.	485
Philippe, le médecin d'Alexandre.	27
Phocion. (Voir : *Ai-je dit quelque sottise?*)	18
Phryné.	486
Pieds d'argile. (Voir : *Statue de Nabuchodonosor*.)	598
Pigeon de Mahomet. (Voir : *Biche de Sertorius*.)	75
Pilate se lavant les mains.	487
Pindare.	489
Piron (Épitaphe de). (Voir : *Ci-gît Piron qui ne fut rien...*)	140
Plaider pour sa maison.	491
Plaies d'Égypte (les Dix).	421
Plat de lentilles d'Ésaü. (Voir : *Ésaü vendant son droit d'aînesse...*)	219
Plat d'Ésope. (Voir : *Langues d'Ésope*.)	348
Pli de rose du Sybarite.	492
Pœtus, cela ne fait pas de mal.	494
Poisons (les) de Mithridate.	495
Polycrate. (Voir : *Anneau de Polycrate*.)	43
Pomme de Newton.	498
Pompée frappant du pied la terre pour en faire sortir des légions. (Voir : *Je n'ai qu'à frapper du pied la terre...*)	309
Pompéi. (Voir : *Herculanum et Pompéi*.)	261
Porter la paix ou la guerre dans les plis de son manteau.	499
Poule au pot.	501
Prêcher dans le désert. (Voir : *Voix de celui qui crie dans le désert*.)	669
Premier grenadier de France. (Voir : *La Tour-d'Auvergne...*)	354
Prends et lis.	503
Prier pendant le combat. (Voir : *Moïse priant...*)	428
Psaphon est un dieu.	505
Putiphar (Femme de). (Voir : *Manteau de Joseph*.)	402
Pyrrhus. (Voir : *Cinéas et Pyrrhus*.)	143
Pyrrhus (Mot de). (Voir : *Encore une victoire comme celle-là*.)	205
Pythonisse d'Endor.	506

	Pages
Quarante siècles vous contemplent. (Voir : *Soldats, du haut de ces pyramides.....*).	589
Quart d'heure de Rabelais.	507
Quatre-vingt-treize (un).	509
Que celui qui est sans péché lui jette la première pierre.	511
Que la lumière soit; et la lumière fut.	513
Que l'on me donne trois lignes de l'écriture de quelqu'un, et je le ferai pendre.	514
Que me veux-tu? (Voir : *Sonate, que me veux-tu?*).	590
Que serait-ce, si vous aviez entendu le monstre lui-même?	515
Qu'est-ce que cela prouve?	517
Queue du chien d'Alcibiade.	518
Qui m'aime me suive!	519
Qui t'a fait comte? — Qui t'a fait roi?	522
Quoi de nouveau?	522
Qu'on me ramène aux carrières!	524
Rabelais.	528
Rachel ne voulant pas être consolée.	528
Racine passera comme le café.	530
Rambouillet. (Voir : *Hôtel de Rambouillet.*)	269
Rameau d'olivier. (Voir : *Colombe (la) apportant le rameau d'olivier.*)	146
Régulus à Carthage.	531
Refuser les présents d'Artaxerce. (Voir : *Hippocrate refusant.....*)	265
Remember. (Voir : *Souviens-toi.*)	592
Renard déchirant les entrailles du jeune Spartiate. (Voir : *Vol favorisé à Sparte.*)	670
Rendez à César ce qui est à César, et à Dieu ce qui est à Dieu.	535
Rends les armes! (Voir : *Léonidas aux Thermopyles.*)	362
Reniement de saint Pierre.	537
Résurrection de Lazare.	538
Retraite du peuple sur le mont Aventin	541
Réveil d'Épiménide. (Voir : *Épiménide.*)	213
Richelieu. (Voir : *Robe rouge de Richelieu.*)	545
Rien n'est changé en France; il n'y a qu'un Français de plus.	543
Robe (la) de César.	117
Robe rouge de Richelieu	545
Rocher d'Horeb.	426
Roche Tarpéienne. (Voir : *Capitole (du) à la roche Tarpéienne il n'y a qu'un pas.*)	91
Roi d'Yvetot.	547
Rois d'Égypte jugés après leur mort. (Voir : *Jugement des rois d'Égypte.....*)	338

	Pages
Rois mages. (Voir : *Étoile (l') et les rois mages*.)	224
Romulus enlevé dans un orage	549
Route de Damas. (Voir : *Saint Paul sur la route de Damas*.). . .	557
Rubicon (franchir le).	107
Ruisseau (le petit) de la rue du Bac.	550
Sabines se jetant entre les combattants.	552
Sabinus. (Voir : *Éponine et Sabinus*.).	215
Sacrifice d'Abraham.	553
Saint-Barthélemy (une).	554
Saint-Just (monastère de). (Voir : *Charles-Quint au monastère de Saint-Just*.)	132
Saint Louis sous le chêne de Vincennes.	556
Saint Paul devant l'Aréopage. (Voir : *Au dieu inconnu*.)	59
Saint Paul sur la route de Damas.	557
Saint Thomas l'incrédule.	559
Salomon. (Voir : *Jugement de Salomon*.)	336
Samaritain (le bon).	561
Samson et la mâchoire d'âne.	563
Samson emportant les portes de Gaza	564
Samson et Dalila.	565
Samson ébranlant les colonnes du temple	567
Sandales d'Empédocle. (Voir : *Empédocle*.).	204
Sans peur et sans reproche. (Voir : *Bayard*.)	70
Sans-Souci (le meunier). (Voir : *Il y a des juges à Berlin*.) . . .	288
Sapho. (Voir : *Saut de Leucade*.)	572
Sardanapale	569
Saül cherchant les ânesses de son père.	571
Saut de Leucade.	572
Scamandre (le fleuve).	574
Scipion. (Voir : *Continence de Scipion*.)	151
Séjan.	577
Se laver les mains d'une chose. (Voir : *Pilate se lavant les mains*.) .	487
Sem et Japhet couvrant leur père d'un manteau.	578
Sentir l'huile. (Voir : *Harangues de Démosthène*.....)	256
Sépulcres blanchis	580
Serment d'Annibal.	581
Serpent tentateur (le). (Voir : *Adam et Ève*.)	4 et 10
Sertorius (biche de). (Voir : *Biche de Sertorius*.)	75
Si c'est possible, c'est fait; si c'est impossible, ça se fera. . . .	583
Si je n'étais Alexandre, je voudrais être Diogène.	22

	Pages
Si la bonne foi était bannie du reste de la terre, elle devrait se retrouver dans le cœur et dans la bouche des rois.	584
Si le roi le savait !	586
Siméon. (Voir : *Cantique de Siméon*.)	89
Sinaï.	429
Sinon, non !	587
Sixte-Quint. (Voir : *Béquille de Sixte-Quint*.)	74
Sodome et Gomorrhe	588
Soldat, frappe au visage !	111
Soldats, du haut de ces pyramides quarante siècles vous contemplent !	589
Sommeil d'Épiménide. (Voir : *Épiménide*.)	213
Sonate, que me veux-tu ?	590
Souhait de Caligula. (Voir : *Je voudrais que le peuple romain n'eût qu'une tête.....*)	324
Souvent femme varie	591
Souviens-toi.	592
Spartacus.	593
Statue de Memnon.	596
Statue de Nabuchodonosor.	598
Statue de sel. (Voir : *Femme de Loth...*)	231
Stoïcien (le) et la douleur. (Voir : *Douleur, tu n'es pas un mal.*)	191
Suivez mon panache blanc.....	600
Suspendre ses harpes aux saules du rivage. (Voir : *Captivité de Babylone*.)	94
Suzanne. (Voir : *Vieillards (les deux)...*)	662
Sybarite. (Voir : *Pli de rose du Sybarite*.)	492
Sylla abdiquant.	601
Tarquin abattant les têtes de pavots.	603
Tarquin et Lucrèce.	605
Taureau (le) de Phalaris	608
Temple de Janus.	610
Temple d'Éphèse. (Voir : *Érostrate*.)	216
Terre promise	612
Tête d'or. (Voir : *Statue de Nabuchodonosor*.)	598
Thabor (le). (Voir : *Transfiguration*.)	622
Thébaïde.	614
Thémistocle et les lauriers de Miltiade. (Voir : *Lauriers (les) de Miltiade...*)	372
Théophraste. (Voir : *Marchande d'herbes d'Athènes...*)	405
Thermopyles. (Voir : *Léonidas aux Thermopyles*.)	362
Tibur.	615
Tirez le rideau, la farce est jouée !	616
Titus. (Voir : *J'ai perdu ma journée*.)	301

	Pages
Tomber avec grâce. (Voir : *Gladiateur*...)	250
Tonneau (le) de Diogène.	617
Tonneau de Malvoisie. (Voir : *Duc de Clarence*...)	193
Tortue d'Eschyle	619
Tour de Babel. (Voir : *Babel*.)	63
Tour de la Faim. (Voir : *Ugolin et ses fils*.)	643
Tout est perdu, fors l'honneur !	620
Transfiguration (la).	622
Triboulet.	624
Trompettes (les) de Jéricho.	625
Tu as vaincu, Galiléen !	627
Tu dors, Brutus !	628
Tuer le veau gras. (Voir : *Enfant prodigue*.)	207
Tu es cet homme	630
Tuez tout ; Dieu saura reconnaître les siens !	631
Tunique de Jésus-Christ	634
Tu n'iras pas plus loin !	635
Tu portes César et sa fortune !	109
Turbot de Domitien (le).	637
Tu sais vaincre, Annibal, mais tu ne sais pas profiter de la victoire !	638
Tusculum.	640
Tu vaincras par ce signe ! (Voir : *Labarum*.)	340
Tyrtée.	640
Ugolin et ses fils.	643
Un cheval ! un cheval ! mon royaume pour un cheval !	646
Un empereur doit mourir debout !	647
Vallée de Josaphat.	649
Varus, rends-moi mes légions !	650
Vatel	652
Veau d'or (le)	430
Veau gras. (Voir : *Enfant prodigue*.)	207
Vendeurs (les) chassés du temple.	654
Vêpres siciliennes	655
Verge de Moïse.	426
Vertu, tu n'es qu'un nom !	657
Vespasien. (Voir : *Un empereur doit mourir debout*.)	647
Vespasien (Mot de). (Voir : *L'argent n'a pas d'odeur*.)	352
Vestales (les).	660
Vieillards (les Deux) et Suzanne.	662

	Pages
Viens les prendre ! (Voir : *Léonidas aux Thermopyles*.)	362
Vieux de la Montagne.	663
Vigne (la) de Naboth	664
Virginie	666
Visages pâles qui déplaisaient à César	667
Vitellius (Mot de). (Voir : *Le corps d'un ennemi mort..*)	360
Voilà bien du bruit pour une omelette !	668
Voilà mes bijoux ! (Voir : *Cornélie*.)	154
Voix de celui qui crie dans le désert.	669
Vol favorisé à Sparte	670
Waterloo.	672
Xantippe.	674
Xerxès faisant fouetter la mer.	675
Zénon d'Élée niant le mouvement. (Voir : *Diogène marchant devant Zénon*.)	185
Zoïle	676

Paris. — Imp. LAROUSSE, 17, rue Montparnasse.

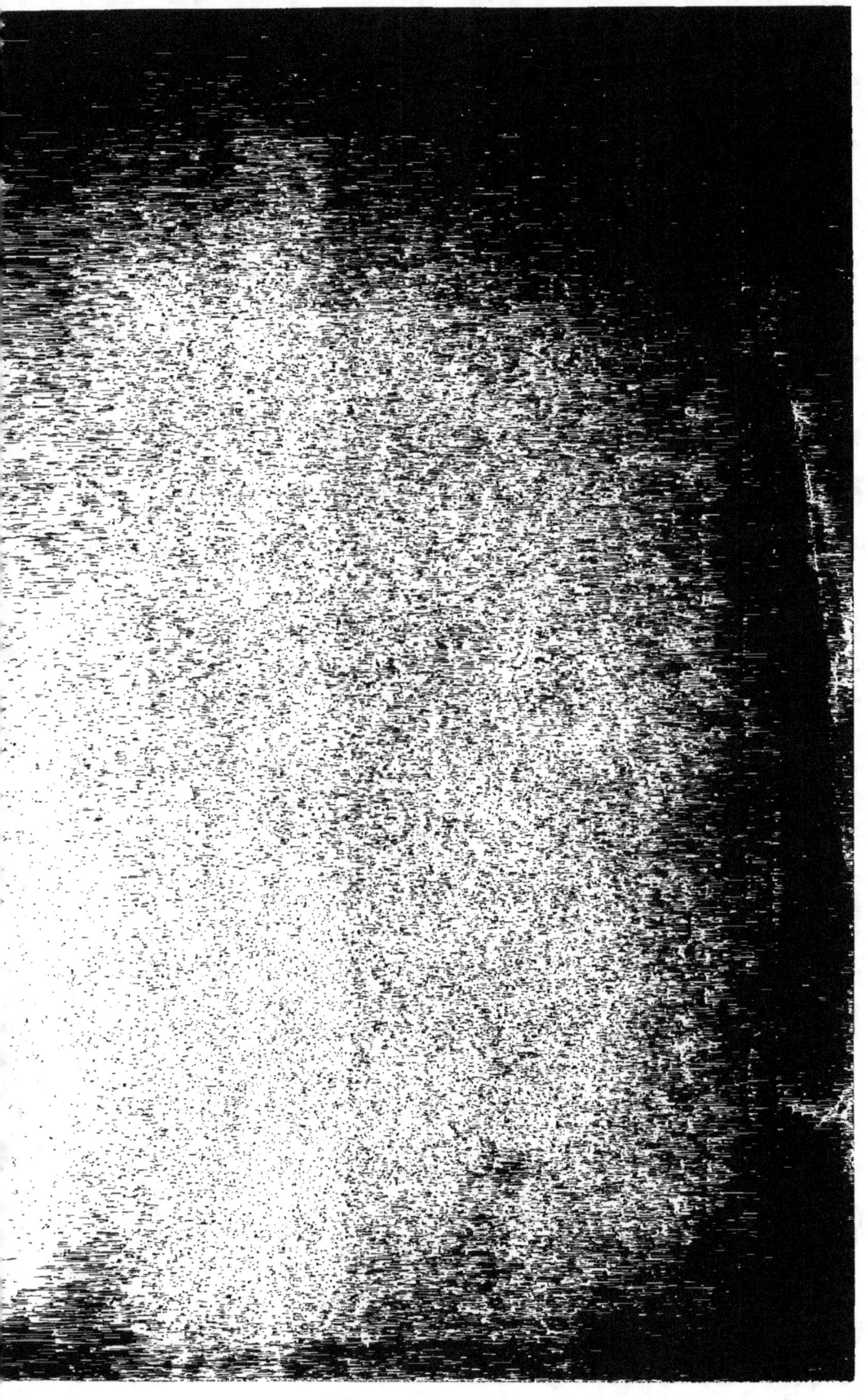

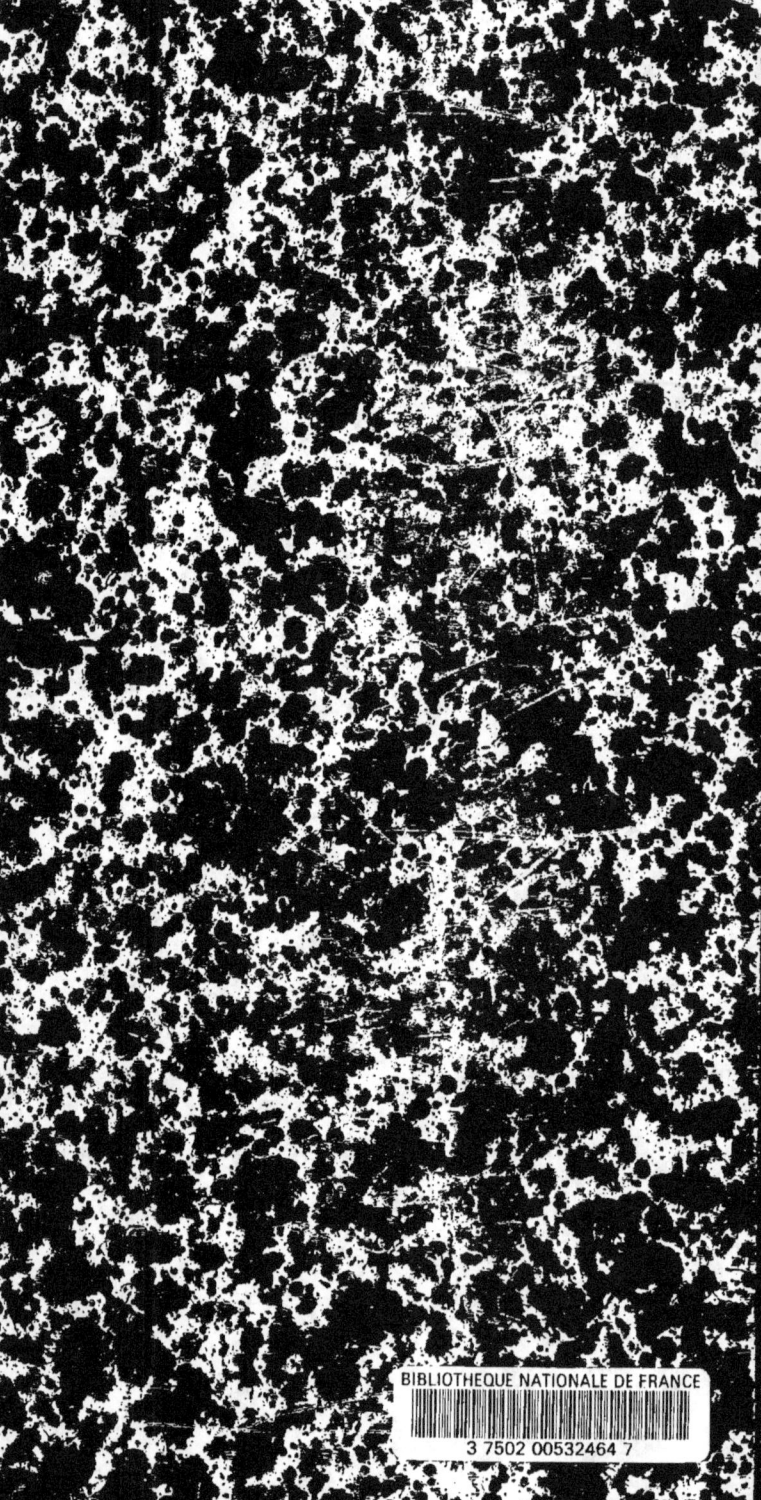

www.ingramcontent.com/pod-product-compliance
Lightning Source LLC
Chambersburg PA
CBHW070717020526
44115CB00031B/1258